Robert Bosch Stiftung (Hrsg.): Reihe Pflegewissenschaft

Ursula Koch-Straube

Fremde Welt Pflegeheim

Eine ethnologische Studie

Verlag Hans Huber
Bern · Göttingen · Toronto · Seattle

Anschrift der Autorin

Dr. Ursula Koch-Straube
Evangelische Fachhochschule
Fachbereich Pflege
Immanuel-Kant-Str. 18–20
D-44803 Bochum

Die Deutsche Bibliothek – CIP-Einheitsaufnahme

Koch-Straube, Ursula:
Fremde Welt Pflegeheim : eine ethnologische Studie / Ursula Koch-Straube. –
1. Aufl. – Bern ; Göttingen ; Toronto ; Seattle : Huber, 1997
(Reihe Pflegewissenschaft)
ISBN 3-456-82775-X

1. Auflage 1997

Satz: Satzspiegel, Bovenden
Druck: AZ Druckhaus, Kempten
Printed in Germany

Inhalt

Geleitwort

Wer sich auf den folgenden Text einläßt, den erwartet eine ganz außergewöhnliche Lesereise. Sie führt in ein Altenheim einer süddeutschen Stadt, einen Ort «fremder Nähe». Insoweit könnte man eine jener typischen ethnographischen Beschreibungen erwarten, die von der Exotisierung ihres Gegenstandes lebt, d. h. das Altenheim wie eine entlegene Insel behandelt, über das seltsame Verhalten ihrer Bewohner den staunenden Daheimgebliebenen berichtet und eventuell dann mit kritisch-belehrenden Bemerkungen über den Entwicklungsstand und das moralische Niveau der Einheimischen schließt.

So leicht macht es sich – und uns – Frau Koch-Straube aber nicht. Ausgehend von der Einsicht, daß Beschreibungen immer die *unseren und die hiesigen* sind (und nicht bloße Abbildungen der Wirklichkeit da draußen), lenkt sie den Blick immer wieder zurück auf sich als Teilnehmende und als Beobachtende, als das eigentliche Instrument der Forschung. Die Spannung zwischen Gegenstand und Beschreibung bleibt grundsätzlich bestehen. Immer wissen wir, wer gerade aus welcher Perspektive heraus gerade spricht. In dem Buch finden sich ganz verschiedene Stimmen: die registrierende Ethnologin, die theoretisierende Altersforscherin bzw. Pflegewissenschaftlerin, die nüchtern-rekonstruierende Ethnomethodologin, die selbstreflexive Ethnopsychoanalytikerin, der Supervisior, mit dem die Autorin ihre Erfahrungen mit sich selbst und in ihren verschiedenen Rollen bespricht, und schließlich durchaus auch die Akteure selbst. Bemerkenswert ist dabei nicht, daß alle diese Perspektiven im Text vorkommen (das gilt für viele andere wissenschaftliche Arbeiten auch), sondern, daß die Autorin diese Perspektiven durch die Art der Gestaltung ihres Textes sichtbar und aufeinander beziehbar macht: So entsteht ein kunstvolles Patchwork aus geschickt arrangierten Textbausteinen, eine Polyphonie von Stimmen und Perspektiven. Hier werden keine Sachverhalte bloß fest-gestellt, sondern soziale Konstellationen durch verschieden positionierte Scheinwerfer in ihren verschiedenen Konturen und Dimensionen zugänglich und verfügbar gemacht. Daß sich dabei die gängigen alterssoziologischen, alterspsychologischen und gerontologischen Theorieangebote und Forschungsergebnisse vorzugsweise in den Fußnoten finden, mag voreilige Leser dazu verleiten, die Arbeit diesbezüglich auf die leichte Schulter zu nehmen. Wer genauer hinsieht, dem wird freilich klar, wie weit sich die etablierte Forschung von der Spezifik und Dynamik ihres Gegenstand entfernt hat und wie beliebig die verschiedenen Theorieangebote vor dem Hintergrund einer derart «dichten Beschreibung» erscheinen, wie sie uns Frau Koch-Straube präsentiert.

Die Leser bekommen also kein fertiges Bild geliefert, welches sie bloß zu akzeptieren oder zu verwerfen bräuchten. Ihnen werden ganz verschiedene und miteinander kontrastierende Annäherungen an den Gegenstand angeboten, die sich nicht auf einen gemeinsamen Nennen reduzieren lassen. Auf diese Weise finden sich die Leser in einer ganz ungewohnten Situation: Sie haben die Wahl. Sie können den Text pragmatisch als treffende und detaillierte Schilderung der Arbeits- und Lebensumstände in Altenheimen lesen (z. B. wenn sie Studierende einschlägiger sozialer Berufe sind); sie können ihn als ein hervorragendes Beispiel qualitativer Sozialforschung zur Kenntnis nehmen und die «disziplinierte Subjektivität» der Autorin bewundern. Sie können ihn aber auch als Versuch reflexiver Textgestaltung genießen, der die Leser, den Gegenstand und die Forscherin in ein ganz eigentümliches Spannungsverhältnis zueinander bringt. Und natürlich legt der Text durch die angesprochenen Themen und ihre sensible Behandlung nahe, sich ganz neben seiner Rolle als wissenschaftlicher Leser mit sehr persönlichen, ja mit grundlegenden existentiellen Fragen auseinanderzusetzen. In jedem Fall ist das Buch eine Zumutung – eine, wie ich glaube, sehr lohnende Zumutung, der sich hoffenlich recht viele Leser stellen werden.

Hannover, September 1996
Prof. Dr. Stephan Wolff

Prolog

Das Pflegeheim ist ein Ort verkürzter Sprache oder des Verstummens. Daß es dennoch gelang, dem dort ablaufenden Leben zu einer entfalteten Sprache zu verhelfen, verdanke ich in erster Linie der nicht selbstverständlichen Bereitschaft der MitarbeiterInnen im Pflegeheim Sommerberg, sich in die Karten und hinter die Fassade schauen zu lassen. Ihnen und den alten Menschen, die meine immer wiederkehrende Anwesenheit ertragen haben, gilt mein vordringlicher Dank.

Der vorliegenden Studie «Fremde Welt Pflegeheim» liegt die am Fachbereich Erziehungs- und Sozialwissenschaften der Universität Hildesheim eingereichte Dissertation zugrunde.

Hoch einzuschätzen weiß ich die Ermutigung und den fachlichen Rat meines Doktorvaters Dr. Stefan Wolff und meiner Supervisoren Dr. Maya Nadig und Dr. Tilmann Moser. Berufskolleginnen und -kollegen standen während der langen Zeit meiner Beschäftigung mit ihrer fachlichen Kompetenz und mit ihrer Zuversicht spendenden Begleitung zur Seite. Stellvertretend für alle möchte ich Angelika Ertl, Dr. Eckart Hammer und Dr. Thomas Klie nennen. Manche meiner WegbegleiterInnen, wie unter vielen anderen die DorfbewohnerInnen von Andissa/ Griechenland, ahnen nicht, welche wesentliche Rolle sie im Prozeß des Werdens der Studie gespielt haben.

Gisela Meßmer übernahm nicht nur gut und zuverlässig sämtliche, auch lästige, anfallende Schreibarbeiten, sondern unterstützte mein Bemühen durch ihr empathisches und engagiertes Interesse an den Themen der Arbeit.

Meine Familie, meine Töchter Sandra und Mirjam, mein Enkel Jonathan, mein Lebensgefährte Thomas übten Geduld, klagten die an die Arbeit vergebene Zeit selten ein, ließen es an Ermutigung nicht fehlen und lockten mich immer wieder in andere Welten.

Oft war und fühlte ich mich allein von den nicht enden wollenden Anforderungen angespornt und ihnen ausgeliefert, schwankte zwischen Forschungsdrang und dem Wunsch aufzugeben. Und letztlich konnte diese Arbeit, trotz aller individueller Leistungen und Anstrengungen, nur gelingen, weil ich mich von einem Netz von Freunden und Gleichgesinnten umgeben und getragen wußte.

Die Robert Bosch Stiftung, Stuttgart, hat durch ihre finanzielle, fachliche und ideelle Unterstützung sehr wesentlich zur endgültigen Fertigstellung dieser Studie beigetragen.

Allen, den Genannten und Ungenannten, gebührt mein tiefer Dank.

Erster Teil

Einführung in die Studie

1. Hintergründe

Menschen, die sich auf eine Expedition vorbereiten, auf die Entdeckung des (noch) Unbekannten, fahren nicht gänzlich ins Blaue. Sie sind ausgerichtet auf ein Ziel, von dessen Zustand sie eine von meist spärlichen Informationen und reichen Phantasien geprägte Ahnung besitzen. Sie sind beherrscht von dem Wunsch, ihr Ziel zu erreichen, es zu erforschen. Das Ungewisse schreckt sie nicht ab, sondern spornt sie im Gegenteil an. Sie scheuen kaum eine Mühe, setzen alle Energien ein. Schwierigkeiten und Rückschläge motivieren sie letztlich zu höherem Einsatz. Manche haben ihr Ziel dennoch nicht erreicht, andere entdecken Unerwartetes.

Die Hintergründe für ihre Besessenheit auf das Ungewisse sind uns selten offenbar. Ist dieses Drängen, diese manchmal schier unglaubliche Opferbereitschaft allein aus dem jeweiligen historisch-kulturellen Kontext zu verstehen? Sicher nicht. Ebenso spielen die Biographie und die ganz persönlichen Lebensumstände eine ganze entscheidende Rolle.

1.1 Berufliche Erfahrungen

Auf meinem Terrain, dem der Gerontologie, auf dem ich mich seit vielen Jahren beruflich bewege[1], erfaßte mich plötzlich und ganz unerwartet ein Expeditionswunsch besonderer Art, der mich trotz mancher Entmutigungen und Zweifel nicht mehr losließ. Zugegeben, es ist ein unspektakuläres Gebiet, ohne

---

1 1970, in einer Zeit, in der die Gerontologie in der BRD noch ein Schattendasein im Reigen der Wissenschaften führte, erhielt ich den Auftrag, für die Ausbildung evangelischer Vikare/Vikarinnen eine Übersicht über die wesentlichen wissenschaftlichen Studien und Untersuchungen zum Thema Alter zu erarbeiten. Aus diesem Studienprogramm entstand meine erste Buchveröffentlichung zusammen mit Hans-Bernd Koch und Rainer Leisner: «Alternsforschung – ein Lernprogramm für die soziale Praxis», Stuttgart 1973. Das war mein Einstieg in die kontinuierliche Beschäftigung mit dem Thema Alter, zunächst in der Erwachsenenbildung (Ausbildung von Ehrenamtlichen), später in der Fort- und Weiterbildung (von MitarbeiterInnen der Altenarbeit/Altenpflege) und als Supervisorin. Begleitend betätigte ich mich weiterhin als wissenschaftlich und praxisorientierte Fachautorin im Bereich der Gerontologie. Die vorliegende Arbeit basiert auf meiner Dissertation: «Auf der Suche nach dem Verborgenen – Ethnologische Studie zum Alltag und Milieu eines Pflegeheims», die ich 1995 an der Universität Hildesheim eingereicht habe.

Aussicht auf weltbewegende Ereignisse, aber ebenso wie andere Expeditionen mit ungewissem Ausgang.

Im Rahmen eines Organisationsentwicklungsprojektes nahm eine Idee von mir Besitz.[2] Ich hatte den Auftrag, die BewohnerInnen eines Pflegeheims zu befragen. Zwei Tage hielt ich mich in diesem Heim auf, das zu dem kleinen, idyllisch gelegenen bayerischen Dorf S. gehörte. Die BewohnerInnen waren durchweg ehemalige Patienten des nächstgelegenen psychiatrischen Landeskrankenhauses. Sie hatten alle eine psychiatrische Diagnose. Sie litten unter anderem an meist schweren demenziellen Störungen. Sie waren fast alle über 70 Jahre alt. Eine Verständigung mit ihnen war, an üblichen Vorstellungen der verbalen Kommunikation unter Erwachsenen gemessen, kaum möglich. Und trotzdem habe ich von diesen Menschen viel erfahren, mit ihnen viel erlebt. In diesen beiden, von überraschenden Begegnungen, Unsicherheiten und Fragen dicht gedrängten Tagen, hatte ich den Eindruck, eine mir fremde Welt, mit ganz anderen Spielregeln als den gewohnten und anderen kulturellen Mustern betreten zu haben. Meine vertrauten Erkenntnisinstrumente reichten nicht mehr aus. Meine Sicherheit spendenden Orientierungen waren mir weitgehend abhanden gekommen. Meine Gefühle, Empfindungen und Gedanken gerieten in Aufruhr. Dies war um so erstaunlicher, als mir Altenpflege vertraut war, da sie zu meinem Tätigkeitsfeld gehört.

Offensichtlich war ein großer Teil des Walles, nämlich die gängigen wissenschaftlichen und alltagspraktischen Erklärungsversuche über das Leben alter Menschen im Heim, die mich vor unmittelbarer Berührtheit bisher weitgehend geschützt hatten, zusammengebrochen. Diese Erfahrung von mich bedrängender Fremdheit im eigenen Kulturkreis verknüpfte sich – scheinbar wie von selbst – mit meinem Interesse an Ethnologie und Ethnopsychoanalyse.[3]

Es wurde mir bewußt, daß der Weg der Verfremdung – also die gezielte Wahrnehmung des Pflegeheims als unbekannte Welt – eine Möglichkeit bietet, ein vertieftes Verständnis für das Leben und Arbeiten in Heimen zu erlangen.

Mein jahrelanges Bemühen in der Fort- und Weiterbildung, die vorliegenden wissenschaftlichen Erkenntnisse mit den Erfahrungen der TeilnehmerInnen zu konfrontieren und gemeinsam an einer Weiterentwicklung und an einer Professionalisierung der Altenarbeit zu arbeiten, schien für mich an eine Grenze geraten zu sein. Bisherige Forschungsergebnisse und Praxiserfahrungen, so

---

2 Projekt des Mobilen Fortbildungsteams Hamburg, 1987.

3 Hier sind vor allem die Veröffentlichungen von Paul Parin und Goldy Parin-Matthey, Mario Erdheim, Fritz Morgenthaler zu nennen (s. Literaturliste). Eine Weile vor dem erwähnten Organisationsentwicklungsprojekt hatte ich das Buch «Die verborgene Kultur der Frau» von Maya Nadig gelesen. Und gerade diese Veröffentlichung verknüpfte sich in besonderer Weise mit meinen Erfahrungen im beschriebenen Pflegeheim.

wie sie sich mir darstellten, deckten neben ihren Erfolgen viel Unbekanntes und Unerklärliches auf.

Für mich verstärkten sich die Fragen nach Ursachen und Zusammenhängen

- der beobachteten Resignation, der Erstarrung der Gefühle, dem Verlust von Lebensfreude und Kreativität;
- der Einschränkung der menschlichen Lebensdimensionen auf die unmittelbare eingegrenzte Gegenwart, also dem Verlust von Vergangenheit, Zukunft und einem entfalteten Gegenwartsbezug;
- nach der weitgehenden Negation von Kompetenzen;
- nach der Zunahme von Aggressivität und sogar Gewalt.

Diese Fragen bezogen sich nicht nur auf die alten Menschen im Pflegeheim, sondern auf alle, die sich dort regelmäßig aufhalten, also auch auf die MitarbeiterInnen.

Die in der gerontologischen Literatur auffindbaren Antworten und Begründungsversuche, teilweise durch empirische Forschung belegt, verweisen auf folgende Ursachenkomplexe[4]:

- Deutliche Veränderungen der Bewohnerstruktur in Alten- und Pflegeheim, vor allem im Hinblick auf Hochaltrigkeit und damit einhergehend
- eine Zunahme an psychischen und physischen Veränderungen, an akuten und chronischen Erkrankungen;
- unzureichende Personalausstattung;
- unzureichend ausgebildetes Personal;
- Mängel in der materiellen Ausstattung von Heimen;
- ungünstige ökologische und institutionelle Bedingungen;
- das Fehlen von tragfähigen Konzepten für die Gestaltung der Arbeit.

---

4 Vgl. Deutsches Zentrum für Altersfragen (Hrsg.), 1982; Akademie der Wissenschaften zu Berlin, Forschungsbericht 5, 1992; W. Saup, 1993; G. Naegele, H.P. Tews, 1993; H. Brandt, E.M. Dennebaum, W. Rückert, 1987; M. Zander (Hrsg.), 1987; J. Hohmeier, H.-J. Pohl (Hrsg.), 1987; W. Rückert, 1992; W. Schmidbauer (Hrsg.), 1992.

Sozialpolitische Forderungen und Maßnahmen basieren weitgehend auf diesen Ergebnissen, ebenso die Bemühungen der Aus-, Fort- und Weiterbildung von MitarbeiterInnen. Diese Erklärungsversuche reichen jedoch nicht aus, um das psychosoziale Milieu, die individuellen und interaktiven Phänomene, die spezifische, fremd erscheinende Kultur im Pflegeheim auch nur annähernd zu erfassen. Das war mein entscheidendes Erleben während meiner Mitarbeit im Organisationsentwicklungsprojekt in S.

Diese Forschungsarbeit ist also der Versuch, meine langjährigen Erkundungen und Erfahrungen in der Gerontologie auf dem Gebiet der stationären Altenhilfe zu ergänzen und zu vertiefen. Doch meine Expeditionsbereitschaft gründet auch auf ganz persönlichen Lebenserfahrungen. Sie bestimmen – neben den beruflichen Hintergründen und aktuellen gesellschaftlichen Bedingungen und Strömungen – die Richtung der Expedition mit, die Energie und die Sensibilität für die fremde Kultur.

1.2 Persönliche Zusammenhänge

Eine andere Wurzel meines Engagements im Bereich der Gerontologie/Altenarbeit, seine spezifische Ausprägung und Konzentration in dieser Studie liegt – und das ist eine relativ späte Erkenntnis – in der Geschichte meiner Familie.

Dort gibt es viel Unbekanntes, viele Geheimnisse und Familienmythen. Die Nachforschungen sind schwierig. Im Dritten Reich verbrannte Dokumente verwischen die Familienwurzeln.

Für mich gibt es keine Möglichkeit, die Familienmythen und Gerüchte zu überprüfen, denn in meiner Kindheit und Jugend breitet sich ein großes Schweigen aus und ein unausgesprochenes, aber bis in die heutige Zeit wirkungsvolles Gebot, das Fragen einzustellen. «Die Stunde Null», am Ende des Zweiten Weltkrieges, ist nicht nur eine politische, sondern richtet – wie in so vielen Familien – eine nahezu undurchdringbare Mauer zwischen dem Vergangenen und der neu zu gestaltenden Gegenwart und Zukunft auf. Erinnerungen an Ruinen, die mir noch im Gedächtnis haften geblieben sind und die sich in unzähligen Träumen wiederholen, verdichten sich in Bildern von Türen, zu denen keine Treppe mehr führt. Sie lassen Vergangenes nur noch ahnen, aber nicht mehr erreichen. Die Kontinuität der Generationen ist durchbrochen.

Schon früh beginne ich auf Umwegen das Suchen, erforsche die Geschichte des 20. Jahrhunderts, bleibe besonders in der des Dritten Reiches haften. Ich nehme begierig alle entsprechenden literarischen Aufarbeitungen auf, verschlinge unzählige Familienbiographien, bin fasziniert und gepackt von Max Frischs Theaterstück «Andorra», verfolge innerlich bebend, aber ansonsten nahezu sprachlos den Auschwitzprozeß in Frankfurt a.M. in den Jahren

1963/64.[5] In der 68er Jahren begebe ich mich nicht nur fragend anklagend zu den alten Menschen (wobei meine eigene Familie ausgespart bleibt), sondern beginne auch meine berufliche Tätigkeit in der Gerontologie. Noch wissenschaftlich distanziert am Anfang, nähere ich mich immer mehr der Welt und dem Alltag der alten Menschen. Eines meiner allerersten praxisverbundenen Themen ist die Frage nach den Lebenserfahrungen Älterer. Lange bevor solche Themen «in Mode» kommen, sah ich darin eine Möglichkeit des Zugangs zu dieser Generation und der Gestaltung der Arbeit mit ihnen. Die Widerstände, die sich mir damals meinen Anstrengungen entgegenstellten, begann ich nur langsam zu begreifen, aber nicht zu akzeptieren.

Die Geschichte meines Engagements in der Gerontologie sehe ich inzwischen als meinen Versuch an, unterbrochene Kontinuitäten zwischen den Generationen wiederherzustellen, die abwesenden Großeltern und die schweigenden Eltern zu ersetzen und mir selbst in der Abfolge der Generationen meinen Platz zu suchen. Dieser Versuch führte mich schließlich ins Pflegeheim und zu den Menschen, die dem Alter meiner Eltern entsprechen und dem meiner Großeltern, als ich geboren wurde.

Doch auch die Menschen im Heim, die Ersatz bieten könnten, schweigen. Sie verwirren ihre Sinne, verlieren ihr Gedächtnis, brechen die Kommunikation ab und nehmen ihre Geheimnisse mit ins Grab. Das Dunkel der Vergangenheit läßt sich auch so nicht aufhellen. Eine Enttäuschung also. Doch diese Erfahrung führt zu einer erhöhten Sensibilität, zu einem vertieften Verständnis der Situation im Heim. Sie wirft ein Licht auf die Schwierigkeiten von Pflegenden und Gepflegten, miteinander eine angemessene Beziehung aufzunehmen.

Aber noch andere lebensgeschichtliche Erfahrungen begegnen mir im Spiegel der Heimrealität: Erfahrungen, von der eigenen Familie abgetrennt zu werden[6], und das Gefühl von Heimatlosigkeit und Fremdsein. Das Kind in mir, mit seinen Erlebnissen, Kränkungen und Sehnsüchten, verbündet sich unversehens mit den Alten, die so verloren im Aufenthaltsraum von Pflegeheimen zu sitzen scheinen. Es sind Verbindungen, die – wenn sie unreflektiert bleiben – die Wahrnehmung der Realität einfärben und verstellen. Doch ich kann sie auch ebenso nutzen, um hinter die Oberfläche landläufiger und zum Teil wissenschaftlich fortgeschriebener Erklärungen zu gelangen, die vorwiegend Krankheiten und natürliche Abbauprozesse für das Verhalten alter Menschen verantwortlich machen.

---

5 Die Zusammenhänge zwischen historischen Ereignissen im Dritten Reich und den persönlichen Prägungen für die Nachgeborenen eröffneten mir erst Bücher wie: Ludwig Rosenkötter, 1979, S. 1024 ff.; Peter Sichrovsky, 1987; Barbara Heimannsberg, Christoph J. Schmidt (Hrsg.), 1988; Dan Bar-On, 1990, S. 222–245.

6 «Ins Heim abgeschoben werden», so formulieren es BewohnerInnen und MitarbeiterInnen.

1.3 Fremde Welt Pflegeheim

Die beschriebenen beruflichen und persönlichen Zusammenhänge für das Entstehen der Studie lassen zwar ahnen, aber nicht ausdrücklich erkennen, aus welcher Position, aus welchem Vorstellungs- und Erfahrungshintergrund mir Pflegeheime als fremde Welt erscheinen, die es zu erforschen gilt. Ich muß mich fragen, welche die von mir vor Beginn der Studie entschlüsselten Faktoren sind, die zu einem solchen Gefühl führen.

Es ist in erster Linie das Erleben von Andersartigkeit, das mich – zunächst undifferenziert und diffus – erreicht. Die Bilder, die schon beim Betreten eines Pflegeheims auf mich einströmen, die Atmosphäre, die ich aufnehme, die Signale, die mir meine Sinne vermitteln, unterscheiden sich von anderen Institutionen, in denen ebenfalls eine größere Gruppe von Menschen zusammenkommt und interagiert. Eine Schule, ein Einwohnermeldeamt, ein Theater, ein Krankenhaus, ein Kaufhaus bieten mir davon abweichende Eindrücke. Die Andersartigkeit drückt sich nicht nur im Wissen über differierende Funktionen und Aufgaben der Institution aus, sondern ebenso bezüglich erahnbarer Normen und Werten, beobachtbarer Interaktionsweisen und der ins Auge fallenden Gestaltung der Umwelt.

Befremdlich wirkt/wirken auf mich:

- daß eine große Gruppe von alten Menschen, die alle krank und geschwächt erscheinen, ihre Tage und Nächte gemeinsam in der Einrichtung verbringen.
- die weitgehende Stille in einem Haus voller Menschen, ihr Schweigen und ihre Inaktivität,
- daß sie von mir – als Fremde – kaum Notiz nehmen, weder neugierig noch freundlich oder abweisend auf meine Anwesenheit reagieren,
- die Präsenz einer anderen Gruppe von Menschen, die deutlich und durchgängig erheblich jünger ist, die schnell und geräuschvoller als die alten Menschen vielfältige Aktivität entfalten,
- Einrichtung und Gestaltung der Räume, die in meinen Augen eher ein Provisorium als einen Wohn- und Lebensraum erkennen lassen,
- starke, ungewohnte Gerüche,
- das anhaltende leise Klagen und Seufzen und die unerwarteten Rufe und Schreie, die die Stille durchbrechen,
- die verrückten Verhaltensweisen einzelner.

Halte ich mich länger in einem Pflegeheim auf, sind also die ersten Eindrücke schon durch Gewöhnung verblaßt, wiederfahren mir andere Fremdheitserlebnisse. Ich suche dort nahezu vergeblich nach meinen Bildern und Vorstellungen vom Leben im Alter. Ich vermisse alte Menschen, die trotz Hilfebedürftigkeit selbstverantwortlich ihr Leben in die Hand nehmen, Entscheidungen treffen und sich mit ihrem sozialen Umfeld und ihrer Lebenssituation auseinandersetzen. Ich vermisse dort Menschen, die ihr Leben im Spannungsverhältnis von Engagement und Abschiednehmen gestalten.

Außerhalb von Pflegeheimen in der Nachbarschaft, in der Familie, in anderen Ländern, begegnen mir alte Menschen, die – obwohl ebenfalls krank, geschwächt und behindert – dennoch in den Grenzen ihrer individuellen Möglichkeiten selbstbewußt ihr Alter gestalten, für ihre eigenen Belange und die anderer eintreten, und die ihr Leben bis hin zum endgültigen Abschied als ein Kontinuum wahrnehmen und Wechselfälle des Lebens darin integrieren.

Der Gegensatz zu anderen Lebenswelten, die mir vertraut sind und in denen ich mich alltäglich bewege, erweckt also das Gefühl von Fremdheit. Es läßt mich zögern, Pflegeheime zu betreten und provoziert gleichzeitig die Neugier auf das, was sich hinter den Mauern abspielen könnte. Darüber hinaus überrascht und befremdet mich die Tatsache, daß mir im Pflegeheim in konzentrierter Form Vertreter einer Generation vor Augen geführt werden, zu deren individuell und historisch-gesellschaftlich geprägten Lebensgeschichte ich keinen unmittelbaren Zugang habe. Das Pflegeheim erscheint mir als ein lebendiges Museum, in dem ich mit Aspekten vergangener Zeiten konfrontiert werde.

2. Forschung im Pflegeheim

Das aus der eigenen Biographie erwachsene Erleben von unterbrochenen Kontinuitäten in der Abfolge und im Zusammenhang der Generationen führte mich ins Pflegeheim. Die Bilder, die sich mir dort im Alltag einprägten und mich berührten, durchbrachen bisher vertraute Erklärungs- und Deutungsmuster. Das Erleben von Fremdheit, das Erstaunen über ungewöhnliche Phänomene lösten Orientierungslosigkeit aus, brachten vernunftgeleitete Einschätzungen ins Wanken.

Hilft eine intensive Auseinandersetzung mit gegenwärtigen, die Altenpflege begleitenden und auf sie Einfluß nehmenden Theorien und Forschungen der Gerontologie weiter? Sind sie nützlich, um verstehen zu lernen, was alltäglich und tagtäglich in der Pflege von alten Menschen in Institutionen geschieht?

2.1 Grenzen gerontologischer Forschung im Pflegeheim

In der gerontologischen Forschung des deutschen Sprachraums nimmt – bei genauerer Analyse – die spezifische Lebens- und Arbeitssituation in Altenpflegeheimen einen nachrangigen Platz ein. Es werden quantitative Erhebungen zur Altersstruktur in Pflegeheimen, zur Verweildauer der MitarbeiterInnen und BewohnerInnen, zur Mitarbeiterstruktur, zu Pflegeleistungen, zum Zeitbudget in der Pflege, zur Wohnqualität und zum Qualifizierungsniveau der MitarbeiterInnen veröffentlicht.[7] Doch umfassendere Einblicke in die institutionalisierte Pflege unterscheiden meist nicht zwischen den verschiedenen Wohnformen wie Altenwohnheim, Altenheim und Pflegeheim, widmen sich nicht explizit der Situation in Pflegeheimen.[8]

Eine ältere empirische Studie liefert Ergebnisse zur materiellen Ausstattung der Heime und zur psychosozialen Situation von BewohnerInnen und Personal. Auf der Basis von Befragungen und standardisierten Interviews mit Mit-

7 Zum Beispiel: Periodisch erscheinende Informationsdienste des Kuratoriums Deutscher Altershilfe, Köln, und des Deutschen Zentrums für Altersfragen, Berlin; W. Krug, G. Reh, 1992

8 Siehe Glossar im Anhang.

arbeiterInnen von 20 Alteneinrichtungen (Altenwohnheime, Altenheime, Pflegeheime) kommen die Autoren zu dem Ergebnis, «daß vor allem soziale, psychologische, ökonomische und gesundheitliche Momente das Verhalten institutionalisierter Personen beeinflussen». Eine differenzierte Unterscheidung zwischen der Lebenssituation von Altenwohnheim-, Altenheim- und PflegeheimbewohnerInnen wird jedoch nur partiell erhoben.[9]

In einer Untersuchung über Konflikte und Belastungssituationen in stationären Einrichtungen der Altenpflege neueren Datums findet die Situation der PflegeheimmitarbeiterInnen keine besondere Berücksichtigung.[10]

Jenseits systematischer Erforschung der Situation im Pflegeheim werden jedoch Erfahrungsberichte veröffentlicht, die auf das «Innenleben» von Pflegeheimen aufmerksam machen. Sie zeigen oft problematische oder skandalöse Zustände in Pflegeheimen auf, mit dem Ziel eine Veränderung zu provozieren.[11]

Auf der Suche nach Einblicken in den Alltag und das Milieu von Pflegeheimen erweisen sich empirische Studien, die sich Einzelaspekten in der Pflege alter Menschen widmen, als ergiebiger. Hier stehen im Vordergrund interventionsgerontologische Studien, sowie Untersuchungen zur Mikroökologie in Heimen.[12]

W. Saup widmet seine Aufmerksamkeit räumlich-sozialen Umweltgegebenheiten und deren Bedeutung für das menschliche Verhalten und Erleben.[13] G. Herberich-Marx (et al.) und H. Hazan beschäftigen sich mit den häufig in Theorie und Praxis übersehenen Themen Sexualität und Körperlichkeit und zeigen die sich in Pflegeheimen vollziehenden Veränderungen im Selbsterleben und Fremdbild der BewohnerInnen auf.[14] Der Zusammenhang von Alter, Krankheit und Hilfeabhängigkeit wird von R. Zimmermann dargestellt.[15]

Auf der Basis der Analyse von Gerichtsakten greift H. Dießenbacher die Fragestellung nach Faktoren institutionellen Gewaltrisikos in Einrichtungen der Altenpflege auf.[16] Darüber hinaus untersucht eine Frankfurter ForscherInnengruppe mit Hilfe von Interviews mit MitarbeiterInnen und HeimleiterInnen die Legitimationsprozesse, die Gewaltanwendungen in Heimen begleiten oder

---

9 Bundesminister für Jugend, Familie und Soziales (Hrsg.), 1978.

10 A. Kruse et al., 1992.

11 Stellvertretend für andere Berichte in der Gerontologie, aber auch für andere Print- und audiovisuelle Medien: Alteninitiativen (Hrsg.), 1983.

12 U. Lehr, 1978; B. Cooper, B. Mahnkopf, H. Bickel, 1984, S. 117 ff.; Untersuchungen im Rahmen des DFG Forschungsprojektes «Veränderung der Mikroökologie im Altenheim», z. B. K. von Sydow et al., 1990.

13 W. Saup, 1982; W. Saup, 1985, S. 264–277.

14 W. Saup, 1993; G. Herberich-Marx, F. Raphael, 1988, S. 331 ff.; H. Hazan, 1988, S. 299 ff.

15 R. Zimmermann, 1977.

16 H. Dießenbacher, 1988, S. 273 ff.; H. Dießenbacher, K. Schüller, 1993.

ihnen nachfolgen.[17] Über das Ausmaß freiheitsentziehender Maßnahmen legen Th. Klie und U. Lörcher eine Untersuchung vor.[18] Die besondere Beziehungsqualität zwischen (jüngeren) MitarbeiterInnen und alten Menschen beleuchten die Veröffentlichungen von H. Schulz und H. Radebold.[19]

Die aus der gerontologischen Forschung exemplarisch ausgewählten Arbeiten zu Einzelaspekten der Pflege in Heimen (Gewalt und Zwang, ökologische Situation, Körperlichkeit und Sexualität, Beziehung, Krankheit) deuten auf zentrale Fragestellungen der institutionellen Altenhilfe hin, geben jedoch kein annähernd umfassendes Bild vom Alltag und Milieu eines Pflegeheimes ab.

Stärker auf Milieuaspekte abhebende Studien und damit näher an den Intentionen des vorliegenden Projektes rückende Untersuchungen sind eine kleine Studie von B. Strauch und die Dissertation von C. Knobling.[20] B. Strauch macht auf der Basis von Gesprächen mit BewohnerInnen und MitarbeiterInnen aus zwei Kölner Altenheimen unter anderem Aussagen zur Alltagsroutine, zu Alterstheorien des Heimpersonals und zu Reaktionen der HeimbewohnerInnen. C. Knobling legt den Fokus auf problem- und konflikthaltige Interaktionssituationen im Altenheim. Narrative Interviews liefern die empirischen Daten, die im theoretischen Bezugsrahmen des Symbolischen Interaktionismus ausgewertet werden. Die Grenzen einer interaktionistischen Interpretation, die in ihrer Ausrichtung auf kognitiven Dimensionen beruht, wird durch die Inanspruchnahme psychoanalytischer Perspektiven ergänzt, die Erlebnisdimensionen und gefühlshaft-irrationale Beeinflussungen von Interaktionen berücksichtigt.

Der gegenwärtige Schwerpunkt der psychologisch orientierten Gerontologie – geprägt von Arbeiten des Instituts für Gerontologie der Universität Heidelberg und der Psychologischen Institute der Universität Erlangen – liegt in der Kompetenz- und Copingforschung.[21] Eine solche Fokusierung läuft jedoch bisher Gefahr, die Situation schwerpflegebedürftiger Menschen in Heimen in den Hintergrund geraten zu lassen.

2.2 Ethnologie im Pflegeheim

Um meinem Ziel näherzukommen, ein möglichst vollständiges und detailliertes Bild der sozialen Wirklichkeit eines Pflegeheims zu erhalten und den Alltag und das Zusammenleben und -arbeiten in einem ganzheitlichen Sinn zu erfassen, genügen die vorliegenden gerontologischen Forschungsergebnisse nicht.

---

17 B. von Eicken et al., 1990.
18 Th. Klie, U. Lörcher, 1994.
19 H. Radebold et al., 1973; H. Schulz, 1979.
20 B. Strauch, 1978; C. Knobling, 1983; C. Knobling, 1985.
21 A. Kruse, 1991.

Sie liefern auf dem Wege punktueller, thematisch und zeitlich begrenzter Zugänge zum Forschungsfeld[22] mehr oder weniger umfassende Einblicke in die Lebenswirklichkeit der alten Menschen oder die Arbeitssituation der MitarbeiterInnen.

Es ist deshalb notwendig, einen in der gerontologischen Forschung neuen Pfad zu betreten und als Feldforscherin in die Welt des Pflegeheims einzutauchen, «sich die Hände schmutzig zu machen»[23] und den Mut aufzubringen, auch die Seele zu beunruhigen. Feldforschung ist das Bemühen, die methodische Aufspaltung des einzelnen Menschen in seine Persönlichkeitsmerkmale und Verhaltenssequenzen zu überwinden. Es ist der Versuch, die soziale Wirklichkeit der Forschungssubjekte, in unserem Falle der Pflegenden und Gepflegten, als von ihrer Interaktion gestaltete Einheit zu begreifen.[24]

Angeregt durch meine Erfahrungen während des zweitägigen Aufenthaltes in einem Pflegeheim[25], bei dem ich mich unbeabsichtigt aus der begrenzten Rolle der Interviewerin zeitweilig herauslöste und mit Befremden auf die sich mir darbietenden Bilder reagierte, fand ich einen für meine Fragestellung angemessenen Weg in der Ethnologie. Anstatt von außen, aus der Distanz auf das Forschungsfeld zu schauen, nötigt der ethnologische Weg der Erkenntnis zur Binnensicht. Nicht anders als eine afrikanische Kultur im Vergleich mit einer europäischen kann das Pflegeheim als ein fremdes Territorium gegenüber anderen sozialen Einheiten betrachtet werden, ausgestattet mit einer eigenen, sich von anderen unterscheidenden Kultur, einer eigenen Philosophie des Lebenssinns, eigenen Werten, Normen und Regeln zur Bewältigung des Alltags.

Die kontinuierliche Beobachtung der Ethnie Pflegeheim ermöglicht eine Entdeckung des Alltags und das Verstehen des sozialen Systems von innen heraus.

Unter den Methoden der qualitativen Sozialforschung stellt der ethnologische Weg eine Besonderheit dar. Er nutzt Fremdheit nicht als eine zu überwindende oder störende Größe im Forschungsprozeß, sondern als Erkenntnisinstrument. Trotz Neugier, die das als fremd wahrgenommene Forschungsfeld hervorruft, trotz Interesse an den beobachtbaren Phänomenen, bleibt die Forscherin eine Fremde, wird nicht Teil, nicht Teilhaberin der fremden Kultur. Sie muß sich einlassen, sich kontinuierlich in der Fremde aufhalten, jedoch ohne in diese Welt gänzlich einzutauchen (eintauchen zu können). Die zugewandte Distanz[26] aus der Position von Fremdheit erlaubt die Entdeckung der inneren

22 Gemeint sind zum Beispiel statistische Erhebungen, Analyse vorhandener Heimdaten, Befragung, Interviews.

23 E. Park, zitiert in: R.G. Burgess, 1982, S. 6.

24 Vgl. H. Legewie, 1991, S. 189 ff.

25 Vgl. 1. Teil, Kapitel 1.1.

26 «Zugewandte Distanz», das ist der Begriff, auf den ich im Laufe der Studie meine Forschungshaltung brachte.

Logik von Phänomenen, Arbeitsabläufen, Regelungen[27], die einerseits dem flüchtigen Blick des Außenstehenden zwangsläufig entgehen müssen und andererseits den im Feld agierenden Personen als gewohnt, als selbstverständlich, nicht mehr bedenkenswert erscheinen und aus diesem Grunde sich ihrer Aufmerksamkeit entziehen.[28] Das Erstaunen über Unbekanntes öffnet den Blick für das Gewöhnliche.

Das Ziel einer Ethnologie im Pflegeheim ist weder die schlichte Aneinanderreihung von Fakten und Beobachtungen[29], noch die Bewertung oder Beurteilung des Arbeitsfeldes oder der Effizienz der darin Handelnden, sondern die Rekonstruktion des Alltags in einer «dichten Beschreibung» der Bedeutungsstrukturen von Ereignissen und Handlungen.[30]

Eine weiterführende Ausdifferenzierung des ethnologischen Weges – in der Erforschung der eigenen Kultur als sozialwissenschaftliche Wende bezeichnet[31] – bieten Ethnomethodologie und Ethnopsychoanalyse. Von beiden Forschungsmethoden gehen die wesentlichen Impulse für die Erkundung von Alltag und Milieu des Pflegeheims Sommerberg in der vorliegenden Studie aus.

Im Zentrum des Interesses der Ethnomethodologie («Studies of Work»)[32] steht die Frage nach den Regeln und Verfahren alltäglicher Arbeitsvollzüge in beruflichen Kontexten. Wesentlich sind jedoch nicht die Abläufe, die von außen gesetzten Regeln und Normen bestimmt werden, sondern diejenigen sich im Alltag herauskristallisierenden, weitgehend vom Einverständnis des Kol-

---

27 Merkmal einer praxisrelevanten Theorie ist, daß sie gegenstandsnah ist, Entdeckungen und Einsichten über ihren Gegenstand vermittelt («Grounded Theory»). Vgl. B.G. Glaser, A.L. Strauss, 1979.

28 Im Text (Zweiter Teil) findet sich eine Beobachtung, die Beispiel für die selektive Wahrnehmung von Realitäten ist. Die im Heim arbeitende Sozialpädagogin ist von meiner Beobachtung überrascht, daß nur die Hälfte der Tische im Aufenthaltsraum mit Tischdecken ausgestattet sind. Sie selbst hat diesen Unterschied nie wahrgenommen und kann mir auch keine Erklärung dafür geben.

29 Die Vorstellung, eine fremde Kultur vollständig und wirklichkeitsgetreu abzubilden, ist eine Illusion. Ganz besonders deutlich zeigen das die Arbeiten von B. Malinowski, dem Begründer einer Ethnologie, in der sich der Forscher als Person der fremden Kultur aussetzt, in der fremden Kultur lebt. Malinowski präsentiert seine Ethnographien (zum Beispiel: Korallengärten und ihre Magik, Frankfurt am Main 1981) als objektive Beschreibungen. Sein subjektives Erleben der fremden Kultur, das unvermeidbar seine Beobachtungen bestimmt und färbt, wird erst in dem posthum veröffentlichten Buch offenbar: B. Malinowski, 1985.

30 Vgl. C. Geertz, 1983, S. 14. C. Geertz setzt sich kritisch mit der Ethnologie auseinander und weist nach, daß die gesammelten Daten selbst der elementarsten Beobachtungen «in Wirklichkeit unsere Auslegung davon sind, wie andere Menschen ihr eigenes Tun und das ihrer Mitmenschen auslegen».

31 W. Lepenies, zitiert in: D. Josczok, B. Rasche, 1994, S. 12.

32 Vgl. H. Garfinkel, 1967; E. Weingarten, F. Sack, J. Schenkein (Hrsg.), 1976; Arbeitsgruppe Bielefelder Soziologen (Hrsg.), 1980; H. Garfinkel, 1986.

lektivs getragenen, sinnstiftenden Deutungsmuster der sozialen Wirklichkeit und die damit verknüpften Praktiken, mit denen die MitarbeiterInnen die Anforderungen des Arbeitsfeldes bewältigen. Es ist der Versuch der Überwindung des Gegensatzes in der Darstellung objektiver Sachverhalte einerseits und der von den Handelnden gestalteten sozialen Ordnung andererseits. «Studies of Work» insistieren statt dessen auf der Unteilbarkeit und Nicht-Reduzierbarkeit der lokalen Produktion von sozialer Ordnung in anderen als den verkörperten Praktiken («embodies practicies») der Handelnden.[33]

Ethnomethodologie, der es «ganz entscheidend um den Nachvollzug der internen Methodizität sozialen Handelns geht»[34], erfordert eine spezifische Forschungshaltung, die S. Wolff beschreibt.[35] Die «Geordnetheit sozialen Geschehens»[36], die sich im Vollzug des Handelns herausbildenden, sich institutionalisierenden Handlungs- und Interpretationsmuster sind als eine interaktive Leistung zu verstehen und bedürfen einer entsprechenden konzentrierten Würdigung. Da interaktiv hergestellte Geordnetheit potentiell allen Ereignissen und Abläufen innewohnt, ist es notwendig, die Daten möglichst umfassend zu erheben und deren «Natürlichkeit und Detailliertheit in höchstmöglichem Maße aufrechtzuerhalten»[37]. Schließlich können soziale Handlungen nicht isoliert, sondern nur in ihrem jeweiligen Kontext verstanden werden. Erklärungszusammenhänge dürfen jedoch nicht einfach von außen an die Analyse herangetragen werden, «sondern nur in dem Maße Berücksichtigung finden, wie auch die Akteure zur Produktion und zum Verständnis ihrer Handlungen aktiv auf sie zurückgreifen».[38]

Die Umsetzung des ethnologischen Forschungsansatzes auf die Erkundung des Pflegeheims Sommerberg führt zu einer Darstellung der Art und Weise, in der die Mitglieder der sozialen Einheit, also die MitarbeiterInnen und die alten Menschen, den Alltag gestalten, wie sie die auftauchenden Probleme und Konfliktsituationen bewältigen und wie sie Entscheidungen und Handlungen während ihres Vollzuges – oder im Nachhinein – begründen oder in einen logischen Zusammenhang stellen. Die «detaillierte Konstruktion und Beschreibung der Methoden und Prozeduren, die bei dem Prozeß der Wirklichkeitserzeugung systematisch verwendet bzw. bei seiner Interpretation unterstellt werden»[39], hat zur Aufgabe, Aufschluß über die alltäglichen Selbstverständnisse

33 J. R. Bergmann, 1991, S. 270.
34 S. Wolff 1991 (a), S. 34.
35 S. Wolff 1991 (a), S. 33–40.
36 S. Wolff 1991 (a), S. 34.
37 S. Wolff 1991 (a), S. 37.
38 S. Wolff 1991 (a), S. 39.
39 S. Wolff 1991 (b).

im Pflegeheim zu geben, die sonst – ohne den fremden Blick – Gefahr laufen, der wissenschaftlichen Reflexion zu entgehen.[40]

Das ethnomethodologisch ausgerichtete Vorgehen, dessen Schwerpunkt in der Bedeutungsstrukturen aufdeckenden Deskription sozialen Handelns liegt, wird in der vorliegenden Studie durch Ethnopsychoanalyse ergänzt und erweitert, die sich vorrangig auf die Rekonstruktion der «deutungs- und handlungsgenerierenden Tiefenstrukturen» konzentriert.[41]

Hier richtet sich die Aufmerksamkeit auf den Forschenden, der in der «Pendelbewegung zwischen dem Eigenen und dem Fremden»[42] und mit Hilfe des Einfühlens – als Versuch, das «Unähnliche im Ähnlichen aufzufinden»[43], die Konstruktion sozialer Wirklichkeit nachvollzieht und die Beweggründe des Handelns erkennt. Erkenntnisinstrument ist die Selbstreflexion der unbewußten Reaktionen des Forschers auf das fremde Forschungsfeld, die Auseinandersetzung mit den «affektiven Verstrickungen des Menschen mit dem Phänomen, das er untersucht».[44]

G. Devereux hat beschrieben, auf welche Weise unbewußte und unreflektierte psychische Prozesse im beobachtenden Forscher die Darstellung der als objektiv erscheinenden Forschungsprozesse beeinflussen.[45] Doch anstatt den aussichtslosen Versuch zu unternehmen, die «affektiven Verstrickungen» zu eliminieren, werden diese in der Ethnopsychoanalyse wahrgenommen, aufgearbeitet und als Erkenntnisinstrumente benutzt.[46] Die (Ethno-)Psychoanalyse lenkt unseren Blick darauf, daß soziale Realitäten und menschliche Interaktion nicht nur kognitiv-rationale und bewußte Dimensionen besitzen, sondern auch von unbewußten, gefühlshaft-irrationalen mitgestaltet werden. Es geht der

---

40 An der Ethnomethodologie orientierte Forschungen, die dem Arbeitsfeld der Altenpflege benachbart sind, stammen aus der Psychiatrie: Ch. und Th. Fengler, 1984; Th. Floeth, 1991; weitere Orientierungen für den ethnomethodologischen Forschungsansatz bieten: S. Wolff, 1983; S. Wolff, 1993, S. 220–229; S. Wolff, 1991. Außerhalb des deutschen Sprachraumes durchgeführte Feldforschungen in Pflegeheimen: J. F. Gubrium, 1975; J. F. Mariné, 1981; R. R. Shield, 1988.

41 W. Bonß, 1991, S. 38.

42 M. Erdheim, 1993, S. 75.

43 W. Pohlmann, 1993, S. 244.

44 G. Devereux, 1967, S. 25.

45 G. Devereux, 1967.

46 Ethnopsychoanalytische Studien existieren im Bereich der Altenpflege/Altenarbeit nicht. Es muß zurückgegriffen werden auf die zahlreichen Veröffentlichungen von P. Parin, G. Parin-Matthey, F. Morgenthaler, F. Weiss und M. Erdheim, die Bevölkerungsgruppen in uns fremden Kulturen untersuchen. Besonders bietet die Arbeit von M. Nadig, 1986, wie bereits erwähnt, eine Übertragbarkeit des methodischen Vorgehens an. Weitere theoretische Grundlagen für einen ethnopsychoanalytischen Forschungsansatz finden sich in den Veröffentlichungen von M. Erdheim, 1984, von P. Parin und G. Parin-Matthey, 1988. Ethnopsychoanalysen in der eigenen Kultur stellen neuere Veröffentlichungen von M. Nadig vor: M. Nadig 1992, S. 151 ff.; M. Nadig, 1995.

Ethnopsychoanalyse nicht – um einem aus der Kenntnis der psychoanalytischen Therapie möglicherweise hervorgerufenen Mißverständniss vorzubeugen – um die Analyse abgegrenzter individueller Persönlichkeitsstrukturen, sondern um das Verstehen von Individuen in ihren sozialen Kontexten, ihren kulturbiographischen Prägungen, und um das Erfassen von Lebenswelten auf dem Wege «szenischen Verstehens».[47]

Auf die Studie im Pflegeheim Sommerberg bezogen, bedeutet es, daß die Beobachtungen und Beschreibungen der Forscherin unter Einbeziehung ihrer subjektiven psychischen und physischen Reaktionen interpretiert werden. Irritationen, die sich sowohl während des Aufenthaltes im Pflegeheim als auch bei der Durcharbeitung des Materials (Protokolle, Forschungstagebuch, Fotografien) auftauchen, werden als Gegenübertragungsphänomene verstanden.[48] Die Grundannahme der Ethnopsychoanalyse ist, daß das Unbewußte des Forschenden das Forschungssubjekt versteht und daß in der Begegnung von Beobachterin und fremder Kultur ein Geflecht von Übertragungs- und Gegenübertragungsphänomenen entsteht, das durch Selbstreflexion der bewußten Wahrnehmung zugänglich gemacht wird.[49] Auf diese Weise findet die Forscherin einen Zugang zu den unbewußten Prozessen der Mitglieder des sozialen Feldes, der fremden Kultur Pflegeheim und erweitert ihr Verständnis für irrational erscheinende Selbstdefinitionen und Verhaltensmuster.

Gleichzeitig bietet der selbstreflektive Einbezug der eigenen Subjektivität eine Chance, die Gefahr der Projektion eigener innerer Prozesse auf das Untersuchungsfeld und -material zu minimieren und eine Idealisierung oder Entwertung der beobachteten Phänomene zu vermeiden. Die Forschenden müssen sich «die Einsicht zueigen machen, daß ihre Daten genau so viel Angst erregen, wie klinische Daten, und daß sie ihrer Angst ins Gesicht sehen müssen, um der Versuchung zu widerstehen, Teile des Materials zu verdunkeln».[50]

---

47 A. Lorenzer, 1983, S. 97 ff.

48 Gegenübertragung als Instrument der Erkenntnis basiert auf dem Konzept von P. Heimann und O. Kernberg in Weiterentwicklung des Konzeptes von S. Freud. Einfühlendes Verstehen und die bewußte Wahrnehmung der emotionalen Reaktionen auf den Patienten wird als wichtiges diagnostisches Instrument verwendet. Ihre These ist, «daß die gefühlshafte Antwort des Analytikers auf seinen Patienten in der analytischen Situation eines der wichtigsten Mittel seiner Arbeit darstellt. Die Gegenübertragung ist ein Forschungsinstrument für die unbewußten Prozesse des Patienten. ... Es wurde nicht genügend betont, daß die analytische Situation in einer Beziehung zwischen zwei Personen besteht. Was diese Beziehung von anderen unterscheidet, ist nicht das Vorhandensein von Gefühlen beim einen Partner, nämlich beim Patienten, und ihre Abwesenheit beim anderen, dem Analytiker, sondern vor allem der Grad der Gefühlserlebnisse, die der Analytiker hat, und dem Gebrauch, den er von seinen Gefühlen macht». P. Heimann, zitiert in H. Thomä, H. Kächele, 1989, S. 88.

49 Vgl. G. Heuft, 1990, S. 299–315.

50 G. Devereux, 1967, S. 127.

Der ständige Balanceakt zwischen Nähe und Distanz, dieses Oszillieren zwischen eigenen Gefühlen und Irritationen und denen der anderen bedarf einer psychoanalytisch orientierten Supervision, damit der lernende Umgang mit dem eigenen Unbewußten gestützt und verstärkt wird. Der ständige Auftrag zur Selbstreflexion, die Unterstützung durch Supervision, die Diskussion der Forschungsergebnisse mit den Mitgliedern des Pflegeheims[51] begleitet – die Ergebnisse überprüfend und validierend – den gesamten Entstehungsprozeß der Studie.

Es genügt also nicht, sich der grundsätzlichen Andersartigkeit des zu erforschenden Feldes, seines Eigensinns bewußt zu sein und eine kritische Position gegenüber den eigenen Erkenntnissen einzunehmen. Es geht vielmehr darum – das sei noch einmal betont – sich dem zu erforschenden Feld und seinem Alltag wie ein ethnologischer Feldforscher auszuliefern, sich den in der Gegenübertragung zeigenden affektiven Reaktionen auf die wahrgenommenen Phänomene zu stellen, alle Sicherheiten aus den bisher gewohnten Erklärungsmustern und Rollenzuschreibungen hinter sich zu lassen und auftauchende Ängste nicht zu verdrängen. Das «Einlassen auf das Unvertraute, Ängstigende, quer zu den eigenen Erwartungen Stehende» hilft, das Eigene im Fremden zu entdecken, denn die «besseren Möglichkeiten erschließen sich nur dem, der durch diese Erfahrung hindurchgegangen ist».[52] Der ethnopsychoanalytische Weg der Erforschung führt nicht allein dazu, das Fremde zu verstehen, sondern auch zu existentiellen Fragen über die eigenen Lebensentwürfe.[53]

Die ethnopsychoanalytische Methode in der Erforschung von Lebenswelten impliziert eine spezifische Forschungshaltung. Es ist die Ehrfurcht vor der Einzigartigkeit und Integrität der Menschen im Forschungsfeld und vor der Art und Weise, wie sie ihre Welt gestalten. Die Beziehung zwischen Forscherin und Beforschten ist eine von Symmetrie getragene. Nicht Aspekte wie größeres Wissen, bessere oder tiefere Einsichten bestimmen Unterschiede, sondern die je andere Perspektive, mit der sie auf das Forschungsfeld schauen.

Die Forscherin bleibt nicht distanziert, reduziert auf ihre Rolle, sondern läßt sich persönlich auf das Forschungsfeld ein. Sie teilt mit den Forschungssubjekten – auf dem Wege der teilnehmenden Beobachtung und der Gespräche – über eine lange Periode den gleichen Raum, gleiche Ereignisse und ähnliche Erfahrungen. Ihre Subjektivität, die bewußten und unbewußten Dimensionen ihres Handelns und Erlebens, ihr Eingebundensein in herrschende Werte und

---

51 Vgl. 3. Teil, Kap. 3.

52 B. Müller, 1986, S. 430; B. Müller schreibt weiter: «Ethnopsychoanalyse kann anleiten, Alltagsorientierung als Forschungsrichtung zu verstehen, die ... nicht von vornherein aus der Verantwortung des Handelns heraus denkt. Die Forschungsrichtung bleibt abstinent gegenüber der Versuchung, zu schnell Verantwortung für das Leben anderer zu übernehmen.»

53 Vgl. 3. Teil, Kapitel 4.

Normen steht – ebenso wie die der Forschungssubjekte – auf dem Prüfstein aufdeckender und kritischer Reflexion. Die Forscherin betritt ohne das Sicherheit spendende Netz von vorausgebildeten Hypothesen, ohne zuvor festgelegte Fragestellungen und im Detail geplante Vorgehensweisen das Forschungsfeld und ist so ungeschützt dem Alltag, seinen Gleichförmigkeiten und seinem undurchdringbar erscheinenden Chaos in ähnlicher Weise ausgesetzt, wie MitarbeiterInnen und alte Menschen.[54] Forscherin und Forschungssubjekte begegnen sich als Lernende, in ihrem Interesse und ihrer Lust am bisher Unbekannten und Verborgenen.[55] Ethnopsychoanalytische Forschungshaltung öffnet sich im höchstmöglichen Maße den Phänomenen des Forschungsfeldes, dabei geht es um «Zuhören, Fühlen und Denken mit einem an der eigenen Subjektivität geschärften sowie mit einem durch Theorie und Wissen geschulten Sensorium.»[56]

Die vorliegende Studie ist der Versuch, die unendliche phänomenale Vielfalt sozialen Lebens und Arbeitens systematisch zu erforschen, die Lebenswelt Pflegeheim, die Wirklichkeit der darin Agierenden (Pflegende und Gepflegte), so wie sie von ihnen erfahren wird, sichtbar werden zu lassen. Sie basiert auf einer erkundenden und nachspürenden Forschungshaltung[57], die mit den Augen des Anderen wahrnimmt, die sich auf den Anderen einläßt, die zwar verstehen, aber nicht besser wissen will.[58] Ziel ist, die Weltsicht der Menschen im Pflegeheim zu erfassen und die Sinnhaftigkeit konkreter Phänomene, Prozesse und Ereignisse zu verstehen.

Um dies zu erreichen, werden methodische Impulse sowohl aus der Ethnomethodologie als auch aus der Ethnopsychoanalyse entnommen. Sie stehen aufgrund ihrer unterschiedlichen Wege zur Erkenntnis in einer Spannung, die sich nicht eliminieren läßt. Gemeinsam ist ihnen jedoch, daß sie die bewußte Konfrontation mit dem Fremden (in der eigenen Kultur) für die Produktion von Wissen nutzen. Gemeinsam ist ihnen auch, daß sie dezidiert auf eine Hy pothesenbildung verzichten und mit einer grundsätzlichen Offenheit das Forschungsfeld betreten. Gemeinsam ist ihnen schließlich das Bemühen um ein Verstehen fremder Lebenswelten und die Ablehnung urteilender Interpretationen.

---

54 Die MitarbeiterInnen haben vermutlich in größerem Maße die Möglichkeit Orientierungslosigkeit abzuwehren, da sie sich in weitgehend festgelegten Strukturen der Arbeitsabläufe verorten können.

55 Dieses gemeinsame Interesse ist die Basis für die Bereitschaft der MitarbeiterInnen, meine forschende Anwesenheit im Heim zu akzeptieren; vgl. 2. Teil, Kapitel 1.2.

56 M. Nadig, 1992, S. 159.

57 Vgl. J.D. Douglas, 1976.

58 Vgl. B. Geer, 1964, S. 372–398.

Unterschiedlich ist der Fokus, auf den sich das Erfassen sozialer Wirklichkeit stützt. Während sich die Ethnomethodologie auf die Beschreibung der Methoden, mit denen die Mitglieder in interaktiven Prozessen zu sinnhaften Strukturen ihres Alltags finden, konzentriert, beleuchtet die Ethnopsychoanalyse das Verhältnis von Subjekt und Ethnie in seinen bewußten und unbewußten Anteilen. In der Studie zur Beschreibung und zum Verstehen des Alltags und Milieus eines Pflegeheims werden die beiden Vorgehensweisen – sich wechselseitig ergänzend und die jeweilige Perspektive auf den Forschungsgegenstand erweiternd – benutzt.[59] Dem Leser, der Leserin der Studie kann es gelingen, die beiden Sichtweisen zu einem Bild zu integrieren. Denn der Alltag und das Milieu eines Pflegeheims werden von der Subjektivität jedes einzelnen seiner Mitglieder und – damit verwoben – von den interaktiven Prozessen aufeinanderbezogenen Handelns strukturiert, geprägt und zum Wandel angeregt.

2.3 Entstehung der Studie[60]

Ein Pflegeheim mit dreißig BewohnerInnen war das Forschungsfeld.[61]

Vorbereitung

Der Idee, eine ethnologisch orientierte Erforschung eines Pflegeheims durchzuführen, folgte die Suche nach vergleichbaren Arbeiten und ein ausführliches Studium ethnomethodologischer und ethnopsychoanalytischer Literatur. Die Anregungen, die ich aus der Literatur erhielt und die Erkenntnis, daß diesbezügliche Forschungen im Bereich der Gerontologie im deutschsprachigen Raum fehlen, bestärkten mich in meinem Vorhaben.

Die Suche nach einem Pflegeheim – der nächste Schritt – erwies sich zu meinem Erstaunen als nicht schwierig. Ein Vorgespräch mit dem Heimleiter und die Präsentation des Forschungsvorhabens im Mitarbeiterteam führte gleich im ersten angefragten Heim zur Zustimmung.[62]

---

59 «Die Ethnopsychoanalyse versucht die Stärke der Ethnologie, den Umgang mit dem Fremden durch teilnehmende Beobachtung mit der Stärke der Psychoanalyse, dem Einbezug des Unbewußten in die Selbstreflexion zu vereinen.» M. Nadig, 1985, S. 106.

60 Da der ursprünglich geplante Ablauf der Erstellung der Studie und die Wahl der Erhebungs- und Auswertungsmethoden zwar in ihren Grundzügen wie geplant vonstatten ging, jedoch im Verlaufe des Forschungsprozesses einige Variationen erfuhr, fand dieses Kapitel erst nach Fertigstellung des Zweiten Teiles seine endgültige Fassung.

61 Die ersten Eindrücke und Daten über das Pflegeheim finden sich im 2. Teil, Kapitel 1.

62 Vgl. 2. Teil, Kapitel 1.

Zur Vorbereitung gehörten auch Übungen zum Erlernen des fremden Blicks.[63] Das heißt, ich begab mich in alltägliche Situationen, wie Busfahren, im Restaurant essen, eine Arztpraxis aufsuchen, und versuchte meine Umgebung so wahrzunehmen, als wäre es das erste Mal. Das Erfassen von Vertrautem aus einer Position von Fremdheit führte zu überraschenden Beobachtungen und machten mich bereit, das Pflegeheim als eine mir fremde Welt wahrzunehmen.

Phase der Anwesenheit im Pflegeheim

In einem Zeitraum von fünfzehn Monaten hielt ich mich im Pflegeheim auf. Seine überschaubare Größe erlaubte es, daß ich relativ schnell einen guten Überblick über die zum Heim gehörenden Räume und Menschen erhielt. Die zentrale Methode, mit der ich die Daten erhob, war die teilnehmende Beobachtung. Hieraus entstanden 52 Protokolle, die ich unmittelbar nach meinen jeweiligen Aufenthalten im Heim aus dem Gedächtnis aufzeichnete. In die Dokumentation der Beobachtung (Gedächtnisprotokolle) gingen Arbeitsabläufe, Ereignisse, Gesprächssequenzen ein, also alles, was sich während des Tages und während der Nacht in diesem Hause realisierte. Die Beobachtungen konzentrierten sich auf die Interaktion aller im Forschungsfeld agierenden Menschen. Schwerpunktmäßig hatte ich die BewohnerInnen und Pflegekräfte im Blick. Innerhalb dieses Rahmens jedoch versuchte ich, mit möglichst großer Offenheit alle Geschehnisse aufzunehmen und engte meine Beobachtungen bewußt nicht auf spezifische Themen ein.[64] Es war der Versuch, die «soziale Wirklichkeit so abzubilden, wie sie alltagsweltlich von den Forschungssubjekten erfahren wird».[65] Die Protokolle enthalten nicht nur die bloße Beschreibung des Geschehens, sondern – im Sinne einer zweiten Spur der Beobachtung – meine subjektiven Eindrücke und gefühlsmäßigen Reaktionen. Die Dokumentation meiner teilnehmenden Beobachtung wurde durch offene Gespräche und Interviews, angelehnt an die Methode des narrativen Interviews, ergänzt.[66]

---

63 Vgl. J. P. Spradley, 1980.

64 Das psychologische Gesetz der selektiven Wahrnehmung zeigt die Grenzen dieser Offenheit auf. Wir wählen in der Wahrnehmung unserer Umwelt unbewußt nur Teile aus. Die Grenzen zu erweitern, dazu dient die Selbstreflexion des Beobachtenden und Supervision.

65 Ch. Hoffmann-Riem, 1980, S. 353.

66 H. Herrmanns, 1991, S. 982 ff. Das narrative Interview folgt nicht «dem sonst üblichen Frage- und Antwortschema. Im narrativen Interview wird der Informant gebeten, die Geschichte eines Gegenstandsbereiches, an der der Interviewte teilgenommen hat, in einer Stegreiferzählung darzustellen. Der Hauptteil eines narrativen Interviews besteht daher aus der Erzählung selbst erlebter Ereignisse durch den Informanten. Aufgabe des Interviewers ist es, den Informanten dazu zu bewegen, die Geschichte des in Frage stehenden Gegenstandsbereiches als eine zusammenhängende Geschichte aller relevanten Ereignisse von Anfang bis Ende zu erzählen». H. Herrmanns, 1991, S. 183.

Hierbei wurden En-passant-Gespräche ebenso einbezogen wie verabredete, zeitintensive Interviews. Zwei Mitarbeiterinnen erklärten sich zu ausführlichen Gesprächen über ihre Arbeitssituation bereit. Mit drei Bewohnerinnen gelang es mir, längere Gespräche – verabredet oder situativ entstanden – zu führen. Die Gespräche wurden teilweise auf Tonträger mitgeschnitten. Informationen lieferten mir darüber hinaus zwei Tonbandaufzeichnungen von Schichtübergaben und die Dokumentation dreier Berichte, in denen ich den MitarbeiterInnen – wie vereinbart – über den Forschungsverlauf und über erste strukturierte Beobachtungen Auskunft gab. Diesen Berichten schlossen sich jeweils kleine Diskussionen an.[67]

Ich versuchte, auch die räumlichen Umweltgegebenheiten möglichst umfassend wahrzunehmen und sie mit den alltäglichen Abläufen als ihrem Rahmen in Beziehung zu setzen. Fotografien von Räumen im Heim, von alltäglichen Situationen und Portraits einzelner BewohnerInnen und MitarbeiterInnen stützen das kognitiv-emotionale Gedächtnis und ergänzen die schriftlich aufgenommenen Beobachtungen vor allem hinsichtlich der Beobachtung von Körpersprache.[68]

Schließlich schrieb ich von einzelnen BewohnerInnen und gestützt von ihren Fotografien kleine Portraits.

Während der Zeit meiner Anwesenheit im Heim, aber auch während der gesamten Zeit der Auswertung führte ich ein Forschungstagebuch, in dem ich zusätzlich zu den in den Beobachtungsprotokollen aufgenommene Notizen, Eindrücke, Reflexionen, auftauchende Schwierigkeiten und Irritationen aufnahm. Auf diese Weise entstand eine Fülle unterschiedlicher Materialien – objektive Daten, Beobachtungen, Eindrücke, subjektive Reaktionen –, die nach einer Sichtung und Ordnung verlangten.

Phase der Auswertung

Beim Lesen der gesamten verschriftlichten Beobachtungen entdeckte ich viele kleinräumige Themen, die das Leben und Arbeiten im Heim charakterisieren. Diese Themen faßte ich zu übergreifenden Themenschwerpunkten zusammen und fertigte dazu Skizzen an. Mit dieser ersten Strukturierung der Beobachtungen ausgestattet, las ich das gesamte Erhebungsmaterial ein zweites Mal. Dies führte zu einer erneuten Veränderung der Themenschwerpunkte. Der nächste Schritt war die Kategorisierung der Beobachtungsprotokolle und Gesprächsaufzeichnungen. Auch daraus ergaben sich ein weiteres Mal Umstrukturierun-

67 Vgl. 3. Teil, Kapitel 3.1.
68 Aus datenschutzrechtlichen Gründen finden die Fotografien keinen Eingang in die Studie.

gen, vor allem an den Punkten, an denen die Vielfalt der Information durch die notwendige Kategorisierung zu sehr eingeschränkt wurde oder Themenüberschneidungen den realitätsbezogenen Blick auf den Heimalltag zu trüben drohten. Nachdem die übergreifenden Themenschwerpunkte endgültig festgelegt waren[69], erfolgte nun die Darstellung des Alltags und Milieus eines Pflegeheims. Die Auswertung und Diskussion der Daten erfolgte in zwei voneinander getrennten Stufen. Zunächst ging es um das Herauslösen und die Analyse wiederkehrender Ereignisse (Handlungen und Interpretationen des eigenen Verhaltens) in unterschiedlicher Gestalt und um das Herausarbeiten ihrer inneren Logik. Diese Stufe der Auswertung orientiert sich an der Ethnomethodologie.[70] Danach schloß sich ein Perspektivenwechsel an, nämlich die ethnopsychoanalytisch orientierte Wahrnehmung der eigenen Reaktionen auf die Ereignisse im Forschungsfeld und deren Reflexion, als Beitrag zur Erhellung des Verhältnisses von Individuum und Institution, verstanden als zirkulärer Prozeß.[71] Die das Forschungsvorhaben begleitende, aber auch vor allem während der Auswertungsphase in Anspruch genommene Supervision einerseits[72] und die Diskussion der Ergebnisse mit einer Gruppe von HeimmitarbeiterInnen andererseits[73], führte zu einer erneuten Überprüfung und Reflexion der Ergebnisse.

Das gesamte Forschungsprojekt, vom Tag, an dem ich das erste Mal das Pflegeheim betrat, bis zu dem Tag der Fertigstellung der Studie nahm, knapp fünf Jahre in Anspruch. Der Grund für diese lange Dauer liegt nicht allein in

---

69 Die Themenschwerpunkte entsprechen den Hauptkapiteln des Zweiten Teiles.

70 Es sind die Fragen nach dem «wie» und dem «wozu» einer Handlung. Vgl. 1. Teil, Kapitel 2.2.

71 Vgl. 1. Teil, Kapitel 2.2; M. Erdheim, 1984. Zur ethnopsychoanalytischen Methode gehört auch das psychoanalytische Gespräch mit den Mitgliedern der Ethnie. Dieses Vorgehen war mir aus unterschiedlichen Gründen nicht möglich. Die alten Menschen im Pflegeheim sind zum großen Teil desorientiert und zu einem kontinuierlichen Gespräch nicht bereit oder in der Lage. Es dennoch zu versuchen – ohne ihr bewußtes Einverständnis einholen zu können – würde den Charakter eines Experiments annehmen, was ethisch nicht zu vertreten ist. Bei den wenigen BewohnerInnen, mit denen eine kontinuierliche Gesprächsführung mental und psychisch zu verwirklichen gewesen wäre, hätte dieses – verstärkt durch die anregungs- und beziehungsreduzierte Welt der Menschen im Pflegeheim – zu einer starken, therapeutisch gefärbten Beziehung, unter Umständen zu massiver Abhängigkeit geführt, der ich mich fachlich und zeitlich nicht gewachsen fühlte. Die MitarbeiterInnen waren zu kontinuierlichen Gesprächen nicht bereit. Aber auch ihnen gegenüber wäre ich an meine fachlichen Grenzen gekommen, da ich zwar eine Supervisionsausbildung (auf der Grundlage der Integrativen Gestalttherapie, die wesentliche Elemente der Psychoanalyse einbezieht) absolviert, selbst eine intensive Psychoanalyse in Anspruch genommen und mich theoretisch ausgiebig mit (Ethno-)Psychoanalyse auseinandergesetzt habe, jedoch keine Ausbildung in psychoanalytischer Therapie besitze.

72 Vgl. 3. Teil, Kapitel 4.2.

73 Vgl. 3. Teil, Kapitel 3.2.

meiner Beanspruchung durch andere Berufstätigkeiten, sondern auch in der Fülle des Materials und der Sorgfalt, mit der ich versuchte, der Realität des Alltags im Pflegeheim gerecht zu werden.

3. Nutzen der Studie

Das Ziel der Studie ist es – wie bereits dargestellt – zu einer möglichst umfassenden und dichten Beschreibung des Alltags der sozialen Ethnie Pflegeheim zu gelangen. Es ist der Versuch einer Annäherung an die verschiedenen Handlungs- und Erlebniszusammenhänge in einem ganzheitlichen Verständnis. Sich der Anstrengung einer aufwendigen Forschungsphase zu unterziehen, entspringt jedoch nicht ausschließlich der individuellen Entdeckungslust. Ein darüber hinausreichender Nutzen ist von Anfang an Motiv: die Weiterentwicklung der Altenpflege.

3.1 Adressaten

Die im Alltag des Pflegeheims verhaftete Studie richtet sich in erster Linie an diejenigen, die unmittelbar in der Praxis der Arbeit mit alten Menschen stehen und meist unter schwierigen Rahmenbedingungen die physische und psychische Situation, das «Elend der alten Leute»[74] im Pflegeheim aushalten, begleiten und mildern helfen. Ihnen soll die Studie zur Selbstreflexion ihrer Einstellungen, Handlungen und Erfahrungen dienen, indem sie in den Ergebnissen ihren Alltag wiederentdecken, sich mit ihm und seinen unterschiedlichen Dimensionen konfrontieren lassen und auf dieser Basis zu selbstverantworteten «Wegen aus dem Labyrinth»[75] finden. Auch an Menschen, die sich mit ihrem Älterwerden auseinandersetzen und nach Perspektiven für ihr Leben im hohen Alter suchen, richtet sich diese Studie. Darüber hinaus sollen von deren Ergebnissen wichtige Impulse für die Aus-, Fort- und Weiterbildung und die Beratung von MitarbeiterInnen in der Altenarbeit ausgehen. Auf die inhaltliche und organisatorische Konzeption von Altenpflegeheimen und für die Gestaltung der Leitungsaufgabe, insbesondere der Mitarbeiterpflege und der Mitarbeitergewinnung, können die Ergebnisse Einfluß haben. Auf sozialpolitische Entscheidungen, Maßnahmen im Rahmen der Altenpflege können sie ebenso einwirken.

---

74 Titel eines Buches von R. Schenda, Düsseldorf 1972, der sich im allgemeinen Sprachgebrauch eingebürgert hat.

75 Titel eines Buches von B. Bettelheim, Stuttgart 1975.

Nicht zuletzt soll diese Studie gerade in Zeiten, in denen über Euthanasie und aktive Sterbehilfe schwerkranker Menschen nachgedacht wird, die Diskussion über den Stellenwert alter Menschen in unserer Gesellschaft und deren Verantwortung für eine menschenwürdige Versorgung anstoßen und entfalten.

Voraussetzung ist jedoch die Bereitschaft, sich – auch als dem Heim Fernstehende – mit Hilfe dieser Studie auf den Alltag im Heim einzulassen und sich von der Lebenssituation der alten Menschen und der Arbeitssituation der MitarbeiterInnen, wie sie sich in meinen Beobachtungen und Reflexionen widerspiegeln, berühren zu lassen.

3.2 Anleitung zum Gebrauch

Die Studie eignet sich wohl kaum zum kursiven Lesen. Auch die Rezeption einzelner thematisch abgeschlossen erscheinender Kapitel bleibt möglicherweise in der Luft hängen, weil sie der Einbettung in den Zusammenhang der gesamten Thematik entbehrt.

Ich selbst habe mich Schritt für Schritt dem Alltag des Heimes genähert. Erst nach und nach fügte sich aus einzelnen Mosaiksteinen ein Bild und brachte ein tieferes Verständnis der Situation. Deshalb empfehle ich der Leserin, dem Leser den Weg, den ich gegangen bin, nachzuvollziehen.

Verständlich wird dann auch der Sinn wiederkehrender Beobachtungen oder der Wechsel von der Oberfläche der Beschreibung, vom relativ distanzierten Zugriff zur persönlichen Betroffenheit und zu Einsichten, die schnell wieder aus der bewußten Wahrnehmung entschwinden.

Es entsteht kein geschlossenes, widerspruchsfreies Bild vom Heim, vielmehr viele Einblicke, die sich manchmal ergänzen, die miteinander konkurrieren oder sich zur neuen Perspektive verdichten.

Die vorliegende Studie ist keine leichte Lesekost, sie erreicht manches Mal die Grenze psychischen Fassungsvermögens, verursacht Unmut und Abwehr. Auch daraus entstanden beim Schreiben manche «Holprigkeiten». So wird auch der Leser, die Leserin zwischen Lust und Unlust, zwischen Neugier und Überdruß hin und herschwanken und dennoch – so hoffe ich – das Interesse am Alltag und Milieu eines Pflegeheims nicht verlieren.

Zur besseren Orientierung dient der folgende Überblick über den Aufbau der Studie.

Nach dem Ersten Teil, der Einführung in die Studie, folgt das Kernstück der Studie, der Zweite Teil. Er enthält nach zentralen Themenbereichen geordnet, die Darstellung des Alltags im Pflegeheim in einer sehr komplexen Form. Die Unterkapitel enthalten die Auszüge aus dem Beobachtungsmaterial und werden einer ethnomethodologisch orientierten Reflexion unterzogen, geben also

Aufschlüsse darüber, wie MitarbeiterInnen und alte Menschen den Alltag regeln, auf welche Weise sie ihre Wirklichkeit erzeugen. Das letzte der Unterkapitel dient jeweils schwerpunktmäßig einer ethnopsychoanalytisch orientierten Reflexion, sie versucht die Befindlichkeit der Mitglieder des Heimes zu verstehen, die unbewußten Prozesse, die Einstellung und Verhalten der alten Menschen und MitarbeiterInnen mit beeinflussen und den Alltag mitgestalten, aufzuzeigen, und damit den gesellschaftlichen Rahmen des Geschehens nicht außer acht zu lassen.[76]

In die laufenden Texte eingestreut, aber klar von ihnen abgesetzt, finden sich Auszüge, die Einblick in mein Forschungstagebuch geben und die Lesenden dazu anregen können, eigene Quergedanken und vor allem Gefühle zuzulassen oder sich an den angebotenen zu reiben.

Absicht ist es insgesamt, nicht nur bestätigt zu finden, was wir ohnehin schon wissen oder geahnt haben, sondern unterschiedliche, vielleicht auch ungewohnte Perspektiven auf das Heim zu provozieren.

Der Dritte Teil enthält – anstelle einer Zusammenfassung – eine Diskussion der Ergebnisse unter vier, das Pflegeheim zentral betreffenden Gesichtspunkten. Darüber hinaus werden die Berichte über die erste «Veröffentlichung» der Studie und schließlich die abschließende Reflexion meiner eigenen Erfahrungen im Verlaufe des Forschungsprojektes niedergelegt.

Der Anhang schließlich liefert Informationen über die Organisation und die Bewohner-Mitarbeiter-Struktur des Heimes, die ich erst nach Abschluß der Studie eingeholt habe.[77] Darüber hinaus komplettieren die Szenen aus dem Alltag, einschließlich der Portraits einzelner BewohnerInnen das Bild vom Leben und Arbeiten im Heim.[78]

---

76 «Ihr (der Ethnopsychoanalyse, Anm. der Verf.) geht es also nur darum, die Subjektivität eines Individuums zu erfassen und gleichzeitig diesen Ausdruck eines Menschen als die Ausgestaltung gesellschaftlicher Möglichkeiten zu verstehen.» M. Nadig, 1992, S. 152.

77 Diese ungewöhnliche «Verspätung» hängt mit dem gewählten Forschungsansatz zusammen. Vorher hätten die Informationen meine Position der Fremdheit empfindlich gestört.

78 Ursprünglich war geplant auch diese Skizzen in den Hauptteil einzufügen, dies hätte jedoch zu einer zu großen Verwirrung beim Lesen des Textes geführt.

4. Die Mitwirkenden

BewohnerInnen[79]

Frau Altmann*
Frau Becker
Frau Beyer*
Frau Blum (Bewohnerin der Altenwohnanlage)
Frau Brehm*
Frau Czerny*
Herr Dupois*
Frau Endrich
Herr Fromm
Herr Graf
Frau Groß
Frau Henninger
Herr Holz*
Frau Huth
Frau Igel
Frau Joka
Frau Kaufmann
Frau Kistner
Frau Köslin
Frau Marek*
Herr Marx
Frau Mehl
Herr Merk
Frau Müller
Frau Nebel
Frau Reukauf
Frau Roman
Herr Ruhpoldt*
Herr Schmidt
Frau Schneider*
Frau Schnur
Frau Schreiber*
Frau Schwindt*
Frau Senefeldt
Frau Sommer
Frau Stark
Frau Vogel
Herr Weber
Herr Weinert
Herr Werner
Frau Wolter

MitarbeiterInnen[80]

Anette (Pflegerin)
Anne (Pflegerin)
Beate (Pflegerin)
Elisabeth (Altenpflegeschülerin)
Gisela (Pflegerin)
Hans (Pfleger)
Herbert (Pfleger)
Ilse (Pflegerin)
Ingeborg (Pflegerin)
Jessika (Altenpflegeschülerin)
Klaus (Zivildienstleistender in der Pflege)
Luise (Pflegerin)
Manuela (Pflegerin)
Markus (Aushilfe in der Pflege)
Mira (Pflegerin)
René (Zivildienstleistender in der Pflege)
Susanne (Altenpflegeschülerin)
Veronika (Pflegerin)
Beate (Hauswirtschaftsleiterin)
Frau Jaschke (Musiktherapeutin)
Frau Wicke (Sekretärin, Leiterin der Gymnastik)
Herr Schmieder (Heimleiter)
Claudia (Sozialpädagogik-Praktikantin)
Holger (Sozialpädagogik-Praktikant)

---

79 Aufgeführt sind alle während der Beobachtungsphase im Heim anwesenden *und* in der Studie genannten BewohnerInnen. Von dem mit * gekennzeichneten Personen findet sich ein kurzes Portrait im Anhang. Die Namen der BewohnerInnen sind anonymisiert.

80 Aufgeführt sind MitarbeiterInnen, die während der Beobachtungsphase im Heim regelmäßig beschäftigt/tätig waren *und* in der Studie genannt werden. Pfleger/in meint examinierte Altenpfleger/in, Krankenschwester und Krankenpfleger. Die Namen der MitarbeiterInnen sind, wie alle der erwähnten Personen, anonymisiert.

Zweiter Teil

Der Alltag im Pflegeheim Sommerberg

1. Annäherungen an das Heim

Sieben Monate vor Beginn meiner regelmäßigen Beobachtungen besuche ich das erste Mal das Pflegeheim.

Das Pflegeheim liegt in einer großen Stadtrandsiedlung einer kleinen Großstadt in Deutschland. Etwa 15 000 Einwohner leben in diesem von Hochhäusern und mehrstöckigen Wohnhäusern dominierten Stadtteil. Deutlich hebt sich dieser Stadtteil von dem historischen Stadtkern und der ebenfalls für den Tourismus attraktiven Umgebung ab. Schon eine Beobachtung der Fahrgäste der Buslinie, die den Stadtteil mit dem Zentrum verbindet, macht auf Besonderheiten dieses Stadtteils aufmerksam.

Mir selbst ist der Stadtteil nicht vertraut. Fremdheit schlägt mir in der Art der Bebauung, in ungepflegten Grünanlagen, in der Armseligkeit des Einkaufszentrums und in manchen Gesichtern der BewohnerInnen entgegen. Eine abgetrennte Welt. Bis zuletzt – obwohl ich eineinhalb Jahre diesen Stadtteil regelmäßig aufsuche – habe ich Orientierungsschwierigkeiten und immer wieder das Gefühl, dort nicht hinzugehören.

1.1 Eindrücke und Kontakte

Das Pflegeheim ist in eines der freundlich aussehenden Wohnblocks (sieben Stockwerke) integriert. Es liegt im Erdgeschoß, etwa 50 Meter abseits von der relativ ruhigen Straße. Darüber befinden sich Altenwohnungen, die dem gleichen Wohlfahrtsverband zugehörig sind und einige Büros dieses Verbandes. Nur ein relativ unscheinbares, etwas vom Gestrüpp überwuchertes Schild an der Straße weist auf diese Einrichtung der Altenhilfe hin. Die großen Fenster des Pflegeheims sind weitgehend von großen Büschen verdeckt. Hinter der schlichten Eingangstür (aus Milchglas, das weitere Einblicke verwehrt) liegt ein Vorraum, von dem zum einen Aufzug und Treppenhaus der Wohnanlage und zum andern eine Glastüre abgehen. Sie gibt einen ersten Blick in das Pflegeheim frei. Die Eingangstüren sind nicht verschlossen.

So wirkt das kleine Pflegeheim[1] einerseits als in den Stadtteil integriert, so selbstverständlich wie andere (soziale) Einrichtungen, andererseits aber auch geschützt, bzw. verborgen, dem Blick der EinwohnerInnen entzogen.

Mit Herzklopfen betrete ich das Heim. Was ist es, was mich so erregt sein läßt? Habe ich Angst, mich dort nicht zurecht zu finden? Habe ich Bedenken, in einen Ort vorzudringen, an den ich nicht gehöre? Habe ich Angst, zurückgewiesen zu werden? Ich fühle mich ein wenig elend und neugierig zugleich. Tagebuch

Etwas unsicher betrete ich das Heim. Ich hatte mich Tage zuvor telefonisch mit dem Heimleiter verabredet, nachdem ich ihm in knappen Hinweisen mein Anliegen geschildert hatte. Ich habe Bedenken, daß meine Anwesenheit im Heim als störend angesehen werden kann, daß die MitarbeiterInnen extrem verunsichert würden, daß der Heimleiter an dem Sinn der Studie, «wo wir doch selbst am besten wissen, was läuft», zweifelt. Der Heimleiter zerstreut meine Bedenken. Er zeigt verhaltene, aber große Bereitschaft. Er ist interessiert an Einblikken in die Interaktion zwischen den BewohnerInnen und MitarbeiterInnen, aber auch innerhalb des Teams. Er erhofft sich Hinweise für die Optimierung der Arbeitsbedingungen. Seine Forderung, die später auch von den MitarbeiterInnen wiederholt werden: Rückmeldung an das Team während des Untersuchungszeitraumes. Schließlich macht er seine Entscheidung von der Zustimmung der MitarbeiterInnen abhängig, die ein halbes Jahr später in einer Vollversammlung darüber informiert und befragt werden sollen.

Ein schneller Rundgang durch das Heim, durch einzelne Zimmer, den Aufenthalts-/Speiseraum, das Dienstzimmer schließt sich an. Bisher hatte ich auf dem Weg vom Eingang des Heimes bis zum Heimleiterzimmer das Umfeld nur sehr peripher wahrgenommen. Ich bin über die Flüchtigkeit der Besichtigung erleichtert, habe das Bedürfnis nach Distanz zum Geschehen, zu den alten Menschen. Das Zimmer des Heimleiters erscheint mir als Flucht zu einem sicheren Ort, obwohl auch von hier der Blick in den Aufenthaltsraum und durch die geöffnete Tür in den Flur fällt.

Meine ersten Eindrücke, die von diesem Besuch zurückbleiben: gedämpfte Atmosphäre, relative Enge, viele Bewegungen von MitarbeiterInnen und BewohnerInnen auf den Fluren, bunte Eintönigkeit, die von der Zuversichtlichkeit, die die MitarbeiterInnen ausstrahlen, aufgehellt wird.

Unerklärlicherweise verwirrt mich die Anordnung der drei Flure, in die auch Küche, Heimleiterzimmer und Dienstzimmer integriert sind. Letzteres ist offen

1 Es leben 30 BewohnerInnen im Pflegeheim. Siehe auch «Daten über das Pflegeheim Sommerberg» im Anhang.

zum Flur hin und zu dem freundlich wirkenden Aufenthalts-/Speiseraum, dem Zentrum des Heimes. Die wenigen Zimmer, die ich betrete, sind erstaunlich groß. Sie machen einen ungemütlichen, unpersönlichen Eindruck auf mich.

Am Ende meines ersten Besuches bleiben vorwiegend Bilder von Kargheit und merkwürdigen Verhaltensweisen mancher BewohnerInnen zurück.

1.2 Begegnung mit dem Pflegeteam

«Endlich schaut mal jemand genau, was wir hier machen.»[2]

Mit der Vorbereitung gebe ich mir besondere Mühe. Ich bin unsicher: Wie kann ich den MitarbeiterInnen meine Absichten verdeutlichen, wo mir doch selbst bewußt ist, daß sich Ziele und Methoden der Studie im Prozeß weiterentwickeln werden? Wie werden die MitarbeiterInnen reagieren, wenn ich ihnen keine klar umrissene, von Hypothesen geleitete Fragestellungen anbieten kann und damit für sie kontrollierbare Grenzen meiner Tätigkeit im Heim? Wie finde ich die Sprache der MitarbeiterInnen, wie treffe ich als Außenseiterin auf ihren Arbeitsalltag? Auf welche Weise können sie aus diesen vorläufigen Informationen herausfiltern, daß die Ergebnisse der Studie für ihre Arbeit selbst und für die Altenpflege insgesamt von Gewinn sein können? Wie vermeide ich die Gefahr, daß sie mein Anliegen, die Beschreibung des Alltags in einem Pflegeheim, mit Absichten der Kritik und dem Aufspüren von Mangelhaftigkeit in der Altenpflege verwechseln?

Vor der Versammlung der MitarbeiterInnen ist noch ein wenig Zeit. Ich schaue mich um: vereinzelte alte Menschen, verteilt im Eingangsbereich und Speiseraum, stumm mit verlorenen Blicken, dösend oder vor sich hineinbrabbelnd. Ich fühle mich der Situation etwas hilflos ausgeliefert.

Mein Blick sucht und findet beruhigend schnell – denn die Atmosphäre bedroht mich – den Blick einer Mitarbeiterin, die mir den Weg ins Heimleiterzimmer weist.

Dort finde ich den Heimleiter im Gespräch mit der Praktikantin (einer Fachhochschule für Sozialarbeit und Sozialpädagogik) über die Beteiligung der BewohnerInnen an der Oberbürgermeisterwahl. Es stellt sich heraus, daß der Heimleiter aus seiner Kenntnis der BewohnerInnen heraus abwägt, wen er zur Wahl auffordert. Ich finde dieses Verfahren befremdlich.

Die Vollversammlung findet in der Übergabe zwischen der Früh- und der Nachmittagsschicht (13.30 bis 14.00 Uhr) statt.[3] Etwa zwölf MitarbeiterInnen

---

2 P 1/3.

3 Diese Besprechung findet täglich statt. Üblicherweise werden dort wichtige Informationen über den Tagesablauf ausgetauscht.

sitzen im Kreis im Dienstzimmer. Sie wirken auf mich offen und ruhig abwartend. Die meisten der MitarbeiterInnen sind relativ jung. Es sind überwiegend Frauen.

Auf die Vorstellung meines Anliegens, das ich mit ziemlichem Herzklopfen starte, reagieren die MitarbeiterInnen unerwartet positiv, jedenfalls diejenigen, die sich explizit dazu äußern (es sind vier oder fünf der anwesenden MitarbeiterInnen).

Ich bin völlig überrascht von dieser Reaktion, die mit Kopfnicken einzelner anderer unterstützt wird und erlebe mich für eine Sequenz des Gespräches als Vertreterin ihrer Bedenken, die sie doch eigentlich haben müßten oder könnten.

Die Argumente ihrer Zustimmung:

Sie finden es gut, daß jemand kommt, der ihre Arbeit genau anschaut und nicht nur auf der Basis einer Fragebogenaktion über ihre Arbeitssituation urteilt.

Sie sind froh, Rückmeldung über ihre Arbeitsweise zu erhalten, da sie selbst nur unzureichend merken, welche problematischen Verhaltensweisen sich im Laufe der Zeit bei ihnen eingeschlichen haben.

Ich bin erleichtert. Meine Bedenken bezüglich meiner Fähigkeit, mein Anliegen anschaulich genug darstellen zu können, und meine Vorurteile über eine eingeschränkte Bereitschaft der MitarbeiterInnen, sich mit der eigenen Arbeit auseinanderzusetzen, haben sich als unbegründet herausgestellt.

Doch was ist mit den MitarbeiterInnen, die sich nicht zu Wort melden? Stimmen auch sie zu, oder haben sie nur nicht gewagt, ihre Bedenken der vorherrschenden Meinung gegenüberzustellen? Diese Unsicherheit bleibt bestehen.

Reflexion 1
Erste Überraschungen

Im Vorfeld meines Forschungsprojektes stand fest: Ich will ein Heim auswählen, das einen guten Ruf hat. Ich will vermeiden, mich mit skandalösen Zuständen – wie sie hin und wieder der Presse zu entnehmen sind – zu beschäftigen, mich daran festzuhalten. Ich will nicht – abgelenkt von der Konzentration auf das Außergewöhnliche – Gefahr laufen, das Alltägliche und die Normalabläufe zu übersehen.

Das Heim Sommerberg hat in der Stadt und unter Fachleuten einen guten Ruf, und meine ersten Eindrücke, die ich automatisch mit meinen Kenntnissen über andere Heime in Deutschland vergleiche, bestätigen dies. Weder im Positiven noch im Negativen erscheint mir das Heim als hervorragend.[4]

Fest steht auch, daß ich mich nicht zum Zwecke der Kontrolle ins Heim begebe, daß ich nicht das Verhalten einzelner MitarbeiterInnen prüfen, nicht Fehler nachweisen, sondern den Heimalltag und die ihn kennzeichnenden Deutungs- und Handlungsmuster, an deren Herstellung MitarbeiterInnen und BewohnerInnen beteiligt sind, erfassen möchte.

Ich gehe davon aus, daß alle MitarbeiterInnen nach bestem Wissen und Gewissen und mit Engagement für die alten Menschen ihre Arbeit durchführen. Mit dieser Haltung, die jedoch nicht gänzlich frei vom Zweifel ist, ob es mir gelingen wird, eine so «neutrale» Position durchzuhalten, betrete ich das von mir ausgewählte Forschungsfeld.

Unsicherheiten bestehen darüber, ob Heimleitung und MitarbeiterInnen bei dem so aufwendigen Forschungsvorhaben mitspielen werden. Ich bin sehr überrascht über ihre Bereitschaft und ihre Offenheit. Ich verstehe sie in erster Linie als Ausdruck ihres Selbstbewußtseins und einer grundsätzlich positiven Selbsteinschätzung ihre Arbeit und ihrer Erfolge. Ist diese Offenheit exemplarisch als eine das Heim charakterisierende Haltung ihrer Umwelt gegenüber zu

---

4 Meine Kenntnisse über das Heim waren, bevor ich das Heim zum ersten Mal betrat, äußerst gering. Der gute Ruf gründete sich auf der gelegentlich zu vernehmenden Meinung, daß sich die MitarbeiterInnen im Pflegeheim Sommerberg sehr bemühen, die alten Menschen gut zu versorgen. Über den Heimleiter, den ich aus beruflichen Zusammenhängen flüchtig kannte, war mir bekannt, daß er sich engagiert für eine Weiterentwicklung der Konzeption im Sinne einer ganzheitlichen Pflege einsetzt.

verstehen? Präsentieren sie sich in entsprechender Weise anderen, die Einblick nehmen, den Angehörigen, den Ärzten, der Aufsichtsbehörde?

Die MitarbeiterInnen signalisieren mir jedoch nicht nur eine grundlegende Haltung von Offenheit und Selbstbewußtsein, sondern reagieren auch auf meine explizit geäußerte Wertschätzung ihrer Arbeit in der Altenpflege. Sie interpretieren darüber hinaus mein Forschungsvorhaben als eine Anerkennung ihrer sonst wenig geschätzten und wahrgenommenen Arbeit und die Ergebnisse als möglicherweise hilfreich für sie. Sie äußern ihre Bereitschaft und ihren Wunsch, ihre Arbeit zu reflektieren.

Ich habe ein unerwartet leichtes Spiel. Im nachhinein erscheint mir ihr Verhalten sogar vertrauensselig. Sie geben sich mit meinen Darstellungen zufrieden, erbitten sich keine weiteren Nachweise meiner Fähigkeiten oder Absichten.[5] Ich meine einen großen Bedarf nach Anerkennung durch Außenstehende wahrzunehmen, und es scheint mir, als ob sich das Wohlwollen eines jeden, der ihnen gegenübertritt, also auch meines, nahezu ungeprüft aufsaugen.

Auch Hilfe und Anstöße für eine Verbesserung ihrer Arbeit versprechen sie sich, obwohl sie aufgrund meiner Ausführungen davon nicht mit Sicherheit ausgehen können.

Vorherrschend ist offensichtlich das angenehme Gefühl, daß sich jemand dezidiert für sie interessiert – sie sind sogar ein wenig erstaunt darüber.

Das Empfinden von Solidarität ist wechselseitig. Ihre Bereitschaft signalisiert mir, daß ich mit meinem Forschungsansatz auf der richtigen Spur bin, daß die Ergebnisse für die MitarbeiterInnen des Heimes (aber auch andere in der Altenpflege) möglicherweise nützlich sind.

Es dämpft meine anfängliche Unsicherheit bezüglich meines qualitativen Vorgehens gegenüber quantitativer Empirie. Vielleicht liegt in der wechselseitig entschlüsselten Solidarität derer, die in einem «exotischen» bzw. ausgegrenzten Gebiet arbeiten, das Geheimnis für die schnelle Verständigung.

Nachdenklich macht mich, daß nur wenige der MitarbeiterInnen, und diese sehr klar und eindeutig, eine explizite Zustimmung aussprechen. Stecken in dieser Beobachtung Hinweise für eine Spaltung des Teams in aktive und passive MitarbeiterInnen, in dominante, das Konzept tragende und eher sich anpassende, mitlaufende? Werden in dieser ersten Begegnung bereits unterschiedliche Macht- und Einflußverhältnisse offenbar?[6]

---

5 Zu bedenken ist, daß ich als Privatperson auftrat, mit einem ganz individuellen Interesse und ohne die Reputation eines Forschungsinstituts oder einer anderen Einrichtung. Ich vermute jedoch, daß der Heimleiter, der meine Arbeit und meine Einstellung zur Altenarbeit/Altenpflege aufgrund von Veröffentlichungen kannte und auch die Konzeption meiner Fortbildungstätigkeit, die MitarbeiterInnen positiv auf die Vollversammlung und die zu fällende Entscheidung eingestimmt hatte.

6 Der Heimleiter ist bei der Vollversammlung anwesend. Er schweigt und überläßt die Diskussion und die Entscheidung allein den MitarbeiterInnen.

Oder steckt hinter dem Schweigen einer großen Zahl der Anwesenden oder hinter ihrem nur zarten Kopfnicken die Skepsis, die ich in der Vorbereitung der Versammlung bei den MitarbeiterInnen generell vermutet hatte: die Befürchtung, kontrolliert zu werden, eine negative Einstellung zum Sinn von Forschung oder Vorbehalte gegenüber der Kompentenz einer fachfremden Frau? Wird mir diese Skepsis im Laufe der Zeit offener begegnen?

Der Wunsch nach regelmäßigen Zwischenauswertungen, bei denen ich von meinen Beobachtungen berichten soll, interpretiere ich nicht nur als Interesse an einer Spiegelung ihrer Arbeit, sondern auch als Möglichkeit, meine Arbeit zu kontrollieren, mögliche Gefahren abzuwenden.[7] Es ist zu vermuten, daß meine Anwesenheit für die MitarbeiterInnen relativ schnell zur Gewohnheit wird, daß ich in den allgemeinen unübersichtlichen Bewegungen (viel Umherlaufen, Hektik) im Heim und der Vielzahl der Menschen, die im Heim ein und ausgehen (MitarbeiterInnen, Angehörige, Ärzte, VertreterInnen ...) untergehe. So sind institutionalisierte Überprüfungsmöglichkeiten notwendig.

Trotz aller Bereitschaft, das Forschungsprojekt im Heim zuzulassen, empfinde ich mich als ein Fremdkörper, der eine andere, verglichen mit der ihren ungewöhnliche Rolle spielen wird: stundenlang herumsitzen, während andere beschäftigt herumlaufen, zuschauen, wenn andere arbeiten, nach eigenem Gutdünken anwesend sein.

Eine gewisse Distanz, eine Vorsicht bestimmt meine Gegenwart im Heim: Ich bin nicht eine von ihnen, ich bin fremd trotz gemeinsamen Interesses.

Von Anfang an bin ich bedacht, das mir gegebene Vertrauen nicht zu verspielen. Ich nehme mir – nicht nur aus Gründen meines Forschungsansatzes – viel Zeit, um die alltäglichen Abläufe zu erfahren. Ich überlasse den MitarbeiterInnen die Bestimmung über das Tempo meines Eindringens. Ich warte ab, bis sie mich einladen, sie bei der Pflege in den BewohnerInnenzimmern zu begleiten. Zuvor halte ich mich ausschließlich in den Fluren und im Aufenthalts-/Speiseraum auf. Indem ich mich auf diesen «Sozialisations- und Selbstdomestizierungsprozeß[8]» einlasse, versuche ich zu verhindern, das Wohlwollen und die Kooperationsbereitschaft der Mitarbeiterinnen zu verlieren.

Diese Behutsamkeit zahlte sich aus. Nach einer Weile bemerken MitarbeiterInnen, daß sie meine Anwesenheit im Heim als selbstverständlich wahrnehmen.

Neugierig bin ich nach den ersten Gehversuchen im Heim, welche meiner ersten Eindrücke sich bestätigen und welche sich verwandeln würden. Mein Abenteuer, meine Suche nach dem Verborgenen kann beginnen.

---

7 Ein Hinweis darauf könnte sein, daß bei den Zwischenauswertungen die meisten der MitarbeiterInnen anwesend sind, bei der Endauswertung, also zum Zeitpunkt als ich schon nicht mehr regelmäßig im Heim mich aufhielt, nur wenige.

8 Vgl. Th. Lau, S. Wolff, 1983, S. 427.

Viele Eindrücke stürmen auf mich ein, manche erscheinen klar, andere eher diffus. Viele Fragen, die daraus erwachsen.
Werde ich jemals begreifen oder wenigstens erahnen, was an diesem Ort geschieht? Natürlich: Altenpflege. Doch was treibt die Menschen dazu, an diesem Ort zu leben und zu arbeiten? Wie gestalten sie ihr Zusammensein? Wie regeln sie ihren Alltag? Was beschäftigt sie? Tagebuch

2. Das Heim als Bastion

Ein Pflegeheim, das ist für Außenstehende in erster Linie ein Gebäude, im Falle des Heimes Sommerberg ein Teil desselben. Die meisten Menschen im Stadtteil gehen daran vorüber, ohne Notiz davon zu nehmen. Manche wissen oder haben gehört, daß dort viele alte Menschen wohnen und versorgt werden. Sie haben mehr oder weniger klare Vorstellungen davon, was dort tagtäglich abläuft. Doch die wenigsten betreten das Haus, um nachzuschauen ... es sei denn, sie haben ein konkretes Anliegen.

> In der ersten Zeit meiner Anwesenheit im Heim bewege ich mich vor allem an der Grenze zwischen «drinnen» und «draußen» Ich empfinde beim Betreten des Hauses deutlich das Überschreiten einer Schwelle. Ich wage mich noch nicht weiter vor, will mich noch nicht ganz einlassen. Will ich noch einen Fuß in der Tür haben, um das Heim ohne weiteres und ungehindert wieder verlassen zu können?
> Spüren auch die Menschen, die im Heim leben und arbeiten, eine Grenze zwischen den Welten? Tagebuch

2.1 Offene Türen

Der Zivildienstleistende Klaus hat Dienstschluß. Er verabschiedet sich freundlich von Frau Hut, der Bewohnerin, die im Rollstuhl vor der Glastür sitzt. Diese Tür führt nach draußen.

K.: Tschüß, Frau Hut.
H.: Gehen Sie weg?
K.: Ja, ich gehe nach Hause.
H.: Nach Hause. (nachdenklich)
K.: Ja.
H.: Das ist schön.
K.: Tschüß, bis Montag.

Kurz danach geht Herbert an Frau Hut vorbei: «Tschüß Frau Hut.» Sie antwortet nicht. (P 33/2)

Die Glastür am Ausgang des Pflegeheims, die den Blick zum Vorraum, zu den Briefkästen, zu den Aufzügen und zur Außentür freigibt, ist die eigentliche Grenze zwischen drinnen und draußen. Es sind nur wenige Schritte nach draußen, der Wechsel ist schnell und ohne Umstände vollzogen.

Die Szene am Eingang spielt sich täglich viele Male ab. Morgens, mittags und abends ist Schichtwechsel. Die MitarbeiterInnen passieren die BewohnerInnen, die dort vereinzelt oder zu zweit, dritt sitzen. Sie demonstrieren immer wiederkehrend den freien Zu- und Ausgang.

Noch viele andere Menschen betreten und verlassen das Heim, je nach ihrem Wunsch oder ihrem Auftrag: die Angehörigen (drei BewohnerInnen erhalten täglichen Besuch von ihrer Ehefrau bzw. ihrem Ehemann, andere kommen in unregelmäßigen Abständen); die Bekannten und Freunde; die wenigen BewohnerInnen der Wohnanlage, die am Mittagstisch des Heimes teilnehmen; Ärzte und Therapeuten; Pfarrer; Vertreter von Pflegehilfsmitteln; Menschen, die sich über das Heim informieren wollen, und Gäste der gelegentlichen Veranstaltungen im Heim (Konzert, Ausstellung).

Ein reges Kommen und Gehen. Der Besucher befindet sich gleich mitten im Geschehen, denn der kleine Eingangsbereich ist nur durch einige Grünpflanzen vom Speise- und Aufenthaltsraum getrennt.

Es ist ein offenes Haus. Völlig ungehindert können die Menschen von etwa 6.00 Uhr morgens bis 21.00 bis 22.00 Uhr abends das Heim betreten und verlassen. Keine Klingel, keine Türöffneranlage bilden eine Barriere.

2.2 Unsichtbare Barrieren

«Du kannst doch nicht einfach so fortgehen!»

> Nachmittags. Aufenthalts-/Speiseraum. Kaffeerunde der MitarbeiterInnen. Die BewohnerInnen sitzen auch noch an ihren Plätzen.
> Die Eingangstür geht auf. Ein junges Pärchen tritt ein. Die MitarbeiterInnen tauschen überaus erstaunte Blicke aus. Sie sind auf dem Sprung, einzugreifen. Sie fragen sich ohne Worte, wohin das Pärchen wohl gehört. Bis einer Kollegin einfällt, daß in ihren Fluren eine Ausstellung läuft und diese Personen wahrscheinlich nur die Bilder anschauen wollen. Erleichterung und der Satz: «Wir dachten gar nicht, daß da überhaupt jemand kommt.» (P 42/1)

Eine Barriere also doch. Eine «sanfte» Kontrolle des Ein- und Ausgangs durch die MitarbeiterInnen, die die Eingangstür bei ihren Gängen durch die Flure und bei ihrer Arbeit in dem Speise-/Aufenthaltsraum permanent im Blick haben, die Eintretenden überprüfen im Hinblick auf das Kriterium ihrer Zugehörigkeit.

Ausstellungsbesucher, die weder zu den alten Menschen wollen, noch zu den MitarbeiterInnen, also nicht dem eigentlichen «Zweck» der Einrichtung dienen, werden als fremd identifiziert.

Eine andere Einschränkung bezüglich der Offenheit ist jedoch viel auffälliger und bündelt sich in dem Satz der Bewohnerin, Frau Groß: «Du kannst doch nicht einfach so fortgehen.»[9], den sie mir, als ich das Heim verlassen will, mit drohendem Unterton nachruft.

Auf der einen Seite also die vielen Menschen, die täglich ein- und ausgehen, und die BewohnerInnen auf der anderen, die, wenn überhaupt, das Haus nur gelegentlich verlassen. Und dies ist nur möglich in Begleitung von Angehörigen, Besuchern oder MitarbeiterInnen, zu Arztbesuchen, kleineren Einkäufen, ins Café, zu Ausflügen. Das sind – aus der Sicht des einzelnen Bewohners – nur äußerst seltene Gelegenheiten.

Diese Diskrepanz der Mobilität zwischen den beiden Gruppen – die einen, die sich freizügig (von Dienstplänen geregelt) der Innen- und der Außenwelt des Heimes «bedienen» können, die anderen, die in der Regel im Haus verharren – blieb mir lange verschlossen. Das Heim ohne Zustimmung, ohne Begleitung der MitarbeiterInnen oder anderer Personen nicht zu verlassen, ist eine so allgegenwärtige Norm, daß sie fast keiner (verbalen) Bekräftigung bedarf.

Wie sehr ich selbst in diese Selbstverständlichkeit involviert war, zeigt mir mein Erstaunen und auch die besondere Aufmerksamkeit der MitarbeiterInnen, als ein Kurzzeitpflegegast nach dem Mittagessen ohne Information bzw. Absprache mit dem Personal seine Zigarre draußen auf der Bank, neben dem Eingang zum Pflegeheim pafft.

Nur das gelegentliche «Entweichen» (so der übliche Ausdruck) von Frau Marek bringt das Personal in gewisse Aufregung. Sie wurde einmal in dem weitläufigen Keller des Gebäudes, ein anderes Mal mit Platzwunde am Kopf in der Grünanlage rund ums Haus gefunden. Alle anderen BewohnerInnen überwinden die Schwelle der inneren Eingangstür, die wie eine unsichtbare Barriere zu wirken scheint, niemals ohne Begleitung; sei es aufgrund unbewußter, bewußter oder realistischer Einschätzung nicht ausreichender physischer Kräfte, sei es aus Scheu vor dem fremden Außenbereich, sei es, daß sie durch die Anwesenheit der MitarbeiterInnen gemahnt oder daran gehindert werden.

Die im Eingangsbereich sitzenden BewohnerInnen, besonders aber Frau Altmann, die in ihrem Rollstuhl viele Stunden des Tages neben der Eingangstür verbringt, wirken als informelle Türwächterinnen, die das unausgesproche-

9 P 52/2. Dieser Satz ist wie so viele andere Aussagen der BewohnerInnen und zum Teil auch der MitarbeiterInnen in Dialekt gesprochen, was der Aussage noch mehr Nachdruck verleiht. Ich habe sie jedoch, um der Verständlichkeit willen, wie auch die folgenden Mundartäußerungen ins Hochdeutsche übertragen.

ne Gebot, das Heim nicht ohne Begleitung bzw. Genehmigung verlassen zu dürfen, gegenüber den MitbewohnerInnen in der Regel erfolgreich durchsetzen.

Die Akzeptanz der Barriere Eingangstür ist um so erstaunlicher, da viele der BewohnerInnen von Phantasien und Wünschen beherrscht sind, nach Hause, zu ihren Familien, zu ihren Kindern, zu ihren Eltern gehen zu wollen oder zu müssen[10].

Für mich entsteht das Bild einer sanften Begrenzung des Lebensraumes und einer freiwilligen Gefangenschaft.[11]

2.3 Beengte Blicke

Noch auf andere Weise beschränken die BewohnerInnen ihren Erlebnisradius auf die Räumlichkeiten des Heimes.

> Anette kommt in den Speise-/Aufenthaltsraum, mit beschwingter Stimme und Bewegung. Sie setzt für mich ganz deutlich einen Kontrapunkt gegen das Schweigen der BewohnerInnen, die triste Stimmung. Wie in einem übervollen Blumenkorb bringt sie Farben und Bewegung, Erlebnisse von draußen mit. Sie bemerkt, wie angenehm es im Raum ist und wie heiß draußen. Doch kein Funke springt über, nur ein ganz zaghaftes Murmeln als Reaktion der BewohnerInnen. (P 41/3)

Die BewohnerInnen nehmen kaum Notiz von dem, was sich außerhalb des Hauses vor den großen Fenstern und Glastüren sowohl der meisten Zimmer als auch des Speise- und Aufenthaltsraumes abspielt. Sie reagieren selten auf den Wechsel des Wetters, der Jahreszeiten, nicht auf Spaziergänger und Radfahrer. Die Blicke bleiben in dem Raum gefangen. Selten fällt es jemandem auf, daß in einem Zimmer im Juni noch die Weihnachts- und Osterdekoration hängt, daß die Hitze draußen brütet oder Schnee gefallen ist. Es sei denn, die eine oder andere Mitarbeiterin erzählt mit Nachdruck, was sie gerade vor der Tür erlebt hat, aber auch dann ernten sie meist nur Schweigen, oder ein leichtes Kopfnikken.

Entsprechende Beobachtungen durchziehen regelmäßig die Protokolle, und ich selbst spüre, obwohl ich meist nur wenige Stunden pro Tag im Heim bin, dieses Zusammenschnurren der Welt.

Geht es den MitarbeiterInnen, die in ihre Arbeitspläne eingespannt sind, ebenso?

---

10 Vgl. Kap. 3.2.
11 E. Goffman, 1977, S. 66.

Die Frisöse, die immer mittwochs kommt, kämmt im Speise-/Aufenthaltsraum einer Bewohnerin die Haare, andere sitzen in der Nähe. Die Frisöse berichtet, daß sie heute ganz durcheinander sei, da ihr Vogel gestorben sei. Die alten Menschen nehmen davon keine Notiz. Sie erklärt es dann mir. (P 2/2) Die Worte fallen ins Leere, die Not der Frisöse erreicht sie nicht.

Mit der Aushilfspflegerin begleite ich Frau Senefeldt im Rollstuhl zum Arzt, ein Fußweg von etwa zehn Minuten, bis zum Einkaufszentrum. Frau Senefeldt bemerkt den Schnee, aber ansonsten schaut sie unter sich. Und weder die Pflegerin noch sie scheinen die Geschäfte zu bemerken, die aufgestellten Weihnachtsbäume. Niemand regt ein Gespräch an, nutzt den Ausflug. Die Wahrnehmung bleibt verengt, es ist als ob auch auf diesem Weg Bewohnerin und Mitarbeiterin vom Heim umschlossen sind. (P 20/2)

Ich übertrete die Schwelle des Pflegeheims, wie ein Schritt in eine eigene, etwas fremde Welt, streife schnell die Eindrücke von draußen ab. Eine Mauer scheint sich hinter mir aufzurichten, die Abläufe im Inneren absorbieren mich. Tagebuch

Die Altenpflegerin Mira betont in einem Gespräch, daß im Gegensatz zu den alten Menschen, die noch zu Hause leben, «die Schwierigkeiten von den alten Menschen im Heim ferngehalten werden».[12]

Das sieht auch die Praktikantin so, und hält es für notwendig, die Themen mit Bedacht auszuwählen, da die alten Menschen schlecht schlafen, wenn sie ihnen aktuelle Ereignisse, wie den Krieg am Golf, aus der Zeitung vorliest.[13]

So machen die kleinen und großen Ereignisse, die die Menschen draußen bewegen, vor der Heimtür halt. Die wenigen BewohnerInnen, die aus eigener Initiative noch fernsehen oder die Tageszeitung lesen, bringen die Nachrichten nicht ins Gespräch, bleiben mit den Ereignissen für sich.

Frau Altmann: «Heute hab ich mich auch mit Politik befaßt. Mein Neffe sagt zwar, ich soll das nicht tun. Aber jetzt, die Flüchtlinge, die in Bari ankommen, das ist doch seine Heimatstadt (die des Neffen). Ich habe mir gleich die Zeitung geholt. Es ist zwar wahr, Frauen brauchen sich nicht mit Politik zu beschäftigen, aber es interessiert mich.» (G 10/8)

Mit diesen und anderen Themen hebt sich Frau Altmann deutlich von den anderen BewohnerInnen ab. Sie betont es auch, wie sehr sie durch den regelmäßigen Besuch des Neffen mit der Welt außen verbunden bleibt und daß die anderen BewohnerInnen ihr «geistig unterlegen» sind.

12 E 1/2.
13 P 24/1.

Das Heim, eine Insel, weitgehend unberührt von den Wogen außerhalb und konzentriert auf Versorgung, Pflege der BewohnerInnen, geschützt vor «unnötigen Beunruhigungen».[14]

2.4 Schutz für die BewohnerInnen

Das Heim und seine MitarbeiterInnen bieten den alten Menschen ihren besonderen Schutz an. Sie schützen sie vor der unwirtlichen Welt draußen, vor den Gefahren des Straßenverkehrs, vor Einbruch, Betrug, vor Überfällen.[15] Sie schützen sie auch vor den Angehörigen, den Ärzten, also vor denjenigen, die unter Umständen in die Pflege und Versorgung der alten Menschen einbezogen sind.

Übergabe. «Die Angehörigen von Herrn Fromm sind schrecklich. Wenn sie kommen, ziehen sie ihn sofort wieder aus und legen ihn ins Bett, auch tagsüber, wenn wir ihn gerade angezogen haben.»
«Und wenn er im Aufenthaltsraum ist, drängen ihn die Angehörigen in sein Zimmer.»
«Sie wollen ihn wie ein Baby haben, sagen, daß er doch sowieso nichts kann und total verwirrt ist.»
«Wir haben schon mit den Leuten gesprochen, doch das hilft überhaupt nicht, vielleicht, wenn der Heimleiter nächste Woche wieder da ist, daß er ...»
«Das hat er schon versucht, aber die verstehen nichts.»
«Die sind religiös, total fanatisch und kein bißchen liberal, die sind total stur.»
«Für sture Angehörige müssen wir eben sture Maßnahmen anwenden, z.B. morgens den Schlafanzug wegschließen, dann kriegen sie vielleicht bald genug.»
«Ich denke, mit der Zeit kommen die weniger, dann löst sich das Problem von selber und Herr Fromm fühlt sich wohler.»
«Vielleicht sollten wir ihn mehr im Speiseraum halten.»
«Er geht ja immer selber in sein Zimmer.»
«Aber vielleicht, wenn wir ihn an der Gymnastik und an den Aktivitäten beteiligen, dann können sie ihn nicht einfach so wegnehmen.»
«Das sind doch ganz weite Verwandte.»

---

14 Vgl. Kap. 5 und 6.
15 Mit solchen Argumenten wird innerhalb und außerhalb die Übersiedlung in eine Einrichtung der Altenarbeit oft begründet.

«Nein, das eine ist seine Halbschwester, die Frau seines Bruders, wo er gewohnt hat.»
«Das geht doch nicht, was die Angehörigen da machen, der Herr Fromm ist doch eine Persönlichkeit. Er hat sich selbst schon darüber beschwert, daß ihn seine Verwandten ins Bett drängen.»
«Wenn erstmal die Verwandten weg sind, dann erholt er sich sicher gut bei uns.»
«Das wäre das beste.» (P 35/1)
«Erst haben sie ihm versprochen, ihn zu pflegen, damit sie in seinem Haus wohnen können, und jetzt haben sie ihn ins Heim gesteckt.»
«Sie haben ihm auch verboten, in den Speiseraum zu gehen. Er soll immer hinten im Zimmer bleiben ...»
«Es wäre das beste, wir würden Besuchsverbot erteilen.»
«Und jetzt geht die Nichte einfach an den Wäschewagen und nimmt sich Sachen von dort. Sie sagt, die Pflege sei ihre Sache, darum brauchen wir uns nicht zu kümmern. Sie macht unsere ganze Arbeit kaputt. Der Herr Fromm kann einem ja so leid tun.» (P 40/3)

Eine alte Frau ist neu gekommen, Kurzzeitpflegegast.
«Das ist ein armes Ding.»
«Sie kann überhaupt nicht sprechen, sie verständigt sich mit Zeichen. Aber verwirrt ist sie nicht, dafür habe ich keine Anzeichen gesehen. Sie versteht von uns jede Silbe. Der Sohn geht in Urlaub, Ansprechpartnerin ist die Tochter, also die Enkeltochter, die lebt aber in S. Der Sohn hat noch gesagt – jetzt haltet euch fest – im Falle ihres Todes kann auch die Beerdigung warten. Die alte Frau war dabei und ist gleich in Tränen ausgebrochen.
Die Frau ist auch sehr lieb, aber verzweifelt. Die braucht schon ein wenig Zuwendung.»
Aus einer Bemerkung einer anderen Mitarbeiterin ist herauszuhören, daß sie vermutet, daß die alte Dame ins Heim abgeschoben werden soll. «Wie lange, sagen Sie, soll die Frau regulär bei uns bleiben?» (P 38/1)

Frau Sommer ist am Nachmittag gekommen. Kurzzeitpflege für vier Wochen, die Tochter und Enkelin haben sie gebracht.
Hans berichtet in der Abendübergabe: «Die Tochter ist eine unmögliche Frau. Im Beisein ihrer Mutter zieht sie über sie her. Als Herbert (der Altenpfleger) Frau S. anspricht, sagt sie: Mit der brauchen Sie gar nicht zu reden, die versteht sowieso nichts. Mit der werden Sie keine Freude haben.
Ich weiß zwar nicht, ob sie das wortwörtlich so gesagt hat, aber so ähnlich – es ist jedenfalls die Formulierung, die ich schon einmal bei anderen gehört habe: Sie war schonmal weg, die waren froh, als sie sie wieder loshatten.» (P 45/1)

Das Heim erscheint den MitarbeiterInnen als Zufluchtsstätte alter Menschen, die «abgeschoben» werden. Sie können sich dort endlich erholen und Ruhe finden, vor den unverständigen oder sogar bösmeinenden Angehörigen. Das Heim ist die bessere Alternative, auch wenn sich die MitarbeiterInnen bewußt sind, daß sie nicht viel mehr bieten können, als Herrn Fromm im Speiseraum zu «halten» und ihn in das Gymnastikprogramm und andere Aktivitäten einzubeziehen.

Es schwingt Konkurrenz um die bessere Versorgung in diesen Darstellungen mit und auch eine Beschwichtigung der Erkenntnis, welche Zumutung es für alte Menschen bedeutet, in einem hohen Alter den Lebensort zu wechseln und sich in eine Gemeinschaft von fremden Menschen zu begeben. Hörbar ist der Versuch, die begrenzten eigenen Möglichkeiten der Versorgung und Zuwendung gegenüber den noch schlimmeren Verhältnissen zu Hause[16] aufzuwerten.

Anette, die Altenpflegerin, sieht durchaus die Notwendigkeit und Chance, mit den Angehörigen zusammenzuarbeiten, doch es scheint schwer zu gelingen:

> «Ich wünsche mir, daß wir die (Angehörigen) manchmal besser miteinbeziehen können, ich wünsche es mir sehr. Also bei Frau Ruhpoldt, die ja nun wirklich sehr präsent ist, gelingt's mir manchmal, daß die im Grunde zu unserem Arbeitsfeld dazugehören. Also wenn man sie miteinbeziehen kann, in irgendeiner Form, ist's toll. Wenn man das Gefühl hat, das ist ein Gegeneinanderarbeiten, dann ist es fürchterlich ... Und es wirkt sich auf die Beziehung zu den Alten aus. Kann man noch so machen, was man will. Das ist nicht unabhängig davon. Zum Beispiel Frau Nebel jetzt, mit den Angehörigen kommt da wirklich keiner klar ... und das fatale ist, das geht dann wirklich auf die Beziehung zu den alten Leuten. Das sehe ich ja auch bei Frau Ruhpoldt. Die haben ja viele echt gefressen und das kriegt er (ihr Ehemann) ab. Das ist ein blöder Mechanismus ...»
> «Ich habe heute z. B. erfahren, daß der Herr Nebel, als der seine Mutter gebracht hat, also von vornherein klargemacht hat, daß wenn ihr irgendetwas passiert, wenn sie nochmal irgendwie die Knochen bricht, er uns dafür auf jeden Fall verantwortlich machen will ... Also erst bringt er sie dahin (ins Heim), und dann muß er sie retten, nee. Aber bei uns retten, nee.» (B 30)

Die MitarbeiterInnen müssen zusammenhalten, gegen den Einfluß und die Ansprüche der Angehörigen, und nehmen in Kauf, daß die BewohnerInnen zwischen den Wünschen und Vorstellungen ihrer Angehörigen und denen der MitarbeiterInnen hin- und hergerissen werden.

---

16 Anette vergleicht: «Die viele Gewalt, die ich in der ambulanten Pflege mitgekriegt habe, die unendlich vielen Familienkonflikte, das ist ja alles weit weg.» (B V1).

Wut schwingt mit gegenüber den Angehörigen, die ihnen die schwere, zermürbende und oft schmutzige Arbeit überlassen, anstatt sich selbst um sie zu kümmern. Sie identifizieren sich mit den Schwachen gegen die Angehörigen, die sie diffus als die Verursacher des Elends, das ihnen täglich begegnet, einstufen.

Auch die Ärzte, die niedergelassenen und die in den Kliniken arbeitenden, werden kritisch betrachtet. Vor ihren Entscheidungen müssen die BewohnerInnen teilweise geschützt werden. Die MitarbeiterInnen mahnen nachlässige Diagnosen per Telefon an, unbedacht verschriebene Medikamente, menschenunwürdige Maßnahmen oder Vernachlässigungen.

> Auf die Diagnose eines Arztes per Telefon reagiert Anette: «Ich mache mir solche Gedanken und der …, wie kann man sich das nur so vom Hals halten.» (P 18/2)

> Frau Schneider will unbedingt ins Krankenhaus. Keiner weiß so recht warum. Sie wird als Hypochonderin eingestuft, die Ärztin spielt mit, verschreibt wie bei ihren anderen Patienten nach Wunsch eine Unmenge Medizin. Alle sind sauer auf die Ärztin. Sie scheint ein großes Problem darzustellen: Auf einen Schlag schrieb sie ohne Rücksprache sieben Überweisungen zu einem Psychiatriefacharzt. Der Heimleiter hat interveniert: «Ich laß mir die Leute doch nicht psychiatrisieren. Die Ärztin ist Star bei den alten Leuten, weil sie alles verschreibt.» (P 21/1)

> Luise beschwert sich über einen Arzt, «der nur nach den Scheinen geiert». (P 44/4)

> «Frau Köslin hat einen zweiten Schlaganfall bekommen. Das ist wieder eine ganz schlimme Geschichte zwischen Krankenhaus und Arzt. Das muß ich ihnen erzählen.» (P 46/1)

> Über Herrn Merck wird in der Übergabe lange gesprochen. Alle sind überrascht und erfreut, daß er wieder zu essen beginnt. Denn, so berichtet mir Luise (genüßlich), «er ist aus dem Krankenhaus zurückgekommen und dort hat man gesagt, daß er aggressiv geworden sei, als man ihm das Essen reingezwungen habe.» (P 49/3)

Die MitarbeiterInnen geraten den Ärzten gegenüber in einen Zwiespalt. Einerseits sprechen sie ihnen die Kompetenz ab, die Lage der BewohnerInnen ausreichend beurteilen zu können, da sie den alten Menschen nur sporadisch und krankheitsbezogen begegnen. Andererseits sind sie der Überzeugung, daß die Ärzte in allen medizinischen Fragen die Verantwortung tragen, die letzte Entscheidung haben und sie selbst deshalb oft Eingriffe in ihre Pflege- und Behandlungspläne hinnehmen müssen. Sie fühlen sich in ihrem Bemühen um eine dem ganzen Menschen zugewandte Begleitung der alten Menschen bedroht. Sie fühlen sich ohnmächtig und ihre Kritik ist entsprechend hart.

An dem Leidensweg von Herrn Werner, der kontinuierlich Thema war, läßt sich ohnmächtige Wut sehr eindrucksvoll nachvollziehen.
Herr Werner lebte in der Wohnanlage, bis er stürzte und deswegen ins Krankenhaus kam. Herr Schmieder, der Heimleiter, kommentiert fragend die Situation, im Ton sehr ungehalten:
«Kannst du verstehen, daß man einen 91jährigen Mann, der wegen der Versorgung einer Platzwunde in die Klinik gebracht wurde, einen Herzschrittmacher eingebaut hat? Er wurde nur gefragt, ob er das wolle – aber er sagt ja zu allem ja, was man ihn fragt. Nicht einmal sein Sohn wußte davon. Jetzt liegt er in F., weil wir ihn nicht aufnehmen können. Er hätte noch weiter in der Wohnanlage wohnen können. Das müßte man anzeigen.» (P 17/2)
Es kommt nicht zu der Anzeige «wie in so vielen anderen Fällen nicht, die ich in meiner Zeit hier erlebt habe», sagt Herr Schmieder. Herr Werner wird nach einiger Zeit ins Pflegeheim aufgenommen, und er muß sich von da an auf eine ständige Wanderschaft zwischen Klinik und Pflegeheim begeben.

«Seine Schwindelzustände (Herrn Werners) sind trotz des Herzschrittmachers keineswegs besser geworden, eher schlimmer, wie überhaupt sein Allgemeinzustand.» Alle fragen sich, ohne das Wort in den Mund zu nehmen, warum man ihn nicht hat sterben lassen. «Er hat von Kopf bis Fuß Durchblutungsstörungen, aber jetzt hat er ein starkes Herz, das regelmäßig und verläßlich schlägt, jetzt aber kann er nicht. Die wollten wohl ein Experiment machen, ob man so einem alten Mann noch einen Herzschrittmacher einbauen kann. Der Sohn ist jedes Mal, wenn er kommt, auch ganz verzweifelt», sagt mir Ilse. (P 31/2)

«Herr Werner mußte ins Krankenhaus. Am Wochenende haben wir über seinem Herzschrittmacher ein Fünfmarkstück großes Loch entdeckt. Das hat mich am Wochenende richtig fertig gemacht», sagt Ingeborg in einer Übergabe und wendet sich ab, ihr kommen die Tränen. (P 38/1)

So nahe am Schicksal dieser alten Menschen kann neben der Traurigkeit und Wut auch der Wunsch aufkommen, man möge mehr Distanz dazu haben, wie z. B. die Ärzte. «Ich mache mir so viele Gedanken und der . . . , wie kann man das sich so vom Hals halten.» In diesem Vorwurf steckt auch eine Frage und ein Wunsch.

Den Angehörigen gegenüber können die MitarbeiterInnen die Einstellung entwickeln, die kompetentere und intensivere Beziehung zu den alten Menschen zu haben.

Sie sind es – als Kollektiv des Pflegepersonals betrachtet – die sich rund um die Uhr, häufig über viele Jahre hinweg, mit den alten Menschen beschäftigen.

Sie versorgen, pflegen ihren Körper, kennen jede Falte, sie trösten sie in schwierigen Situationen, sie kennen ihre Gewohnheiten und Freuden, sie regen sie geistig mit verschiedenen Tätigkeiten an. Niemand sonst – mit Ausnahme vielleicht der Ehepartner[17] – hat eine solche mehrdimensionale, zeitlich so ausgedehnte Beziehung zu den BewohnerInnen. «Wir kennen sie in Freud und Leid, in guten und in schlechten Tagen», sagt Ingeborg.

Interventionen und Forderungen von Angehörigen, denen, anders als den Medizinern, kein spezifisches Fachwissen unterstellt werden muß, prallen leichter an den MitarbeiterInnen ab. Sie sind zwar ärgerlich und lästig, führen jedoch weniger zu Gefühlen von Unterlegenheit und Ohnmacht. Darüber hinaus bietet das ausführliche Thematisieren der Angehörigen eine gute Gelegenheit, sich der gewählten Pflege- und Versorgungskonzeption wechselseitig zu vergewissern.

Die MitarbeiterInnen sehen die Notwendigkeit und möglichen Chancen der Zusammenarbeit mit den Angehörigen. Es mangelt ihnen nicht an grundsätzlichem Verständnis, daß Angehörige ihre alten Menschen «ins Heim geben» («Frau Dupois ist selbst schon so alt und krank, sie kann ihren Mann nicht versorgen.»). Aber letztlich bleibt das Gefühl, daß ihnen das zugeschoben wird von den Angehörigen, von der Gesellschaft insgesamt, was sonst niemand mehr will.

> In einem Gespräch beklagt der Altenpfleger Herbert die zunehmende Singularisierung in der Gesellschaft und den Untergang der Familie. «Die Träume von den siebziger Jahren, von den Gemeinschaften, sind ausgeträumt. Und die Schwierigkeiten, die zwischen den Generationen bestehen, die gegenseitigen psychischen Belastungen, werden immer deutlicher. Die Belastung aus der eigenen Familie, die nicht mehr vom Gebot der Tradition getragen wird, von der traditionsgeleiteten Autorität der Alten. Ich würde niemals meine Eltern oder Schwiegereltern versorgen oder mit ihnen in einem Haushalt leben wollen. Die vielen Frauen, die nach der Kindererziehung dann die Pflege der Eltern übernehmen und sich ihrer eigenen Entfaltungsmöglichkeiten berauben. Es wäre alles besser, wenn freiwilliges Engagement ebenso hoch in der Gesellschaft bewertet würde, wie das bezahlte. Das ist doch das Problem, daß die Versorgungen der Kinder und Alten gesellschaftlich nicht wertgeschätzt wird.» (P 44/9)

17 Nur drei der BewohnerInnen haben noch einen Ehepartner. Diese leben nicht im Heim.

2.5 Das Heim – Wärme und Dunkelheit

In der Zeit, in der ich mit Mira zwei lange Gespräche führe, hat sie sich für ein halbes Jahr vom Heim beurlauben lassen. Sie will Abstand nehmen, plant eine große Reise, arbeitet stundenweise in der ambulanten Betreuung einer alten Dame.
Sie formuliert in diesen Gesprächen ausführlich einen ganz anderen Aspekt. «Ich vermisse das Heim schon sehr. Obwohl ich gar nicht so viel an das Heim denke. Der Abstand ist richtig gut, das klappt gut.» (E.V 1)

«Ich überlege auch immer wieder, ob ich nicht in die Wohnanlage gehe. Die Kollegin dort berichtet, daß das ein sehr schönes Arbeiten ist. Aber ich denke, ich vermisse dann die Dinge, von denen wir vorher gesprochen haben, die Wärme, das Miteinander, das Nest.»
Auf meine nochmalige Nachfrage, was sie denn vermisse, sagt sie:
«Eigentlich so der ganze Alltag, das ganze Leben im Heim ... Da hat halt jemand die Wände beschmiert (mit Kot) und na gut, das ist halt so, da war bei mir so ein Gefühl da, ja, genau das ist das Leben, das abgelaufen ist.»
«Irgendwo vermisse ich schon das ganze Umfeld, so in dem Leben drin zu stecken und das alles mitzukriegen. Und daheim bei mir, jetzt ist es irgendwo, na ja, da macht niemand etwas Verrücktes ...»
«Ja, es ist alles so normal, irgendwie. Also mit Abstrichen. So diesen Höhen und Tiefen, die fehlen irgendwo, es ist mehr so gleichförmig im Moment.» (E 1/1)

«Also, nicht nur die Leute, hoffe ich, daß sie sich ein Stück weit geborgen fühlen durch die Pflege oder durch die Beziehungswirkungen, sondern ich mich eigentlich auch.» (E 2/14)

Offensichtlich bietet das Heim in den Augen der MitarbeiterInnen nicht nur für die alten Menschen Sicherheit, Schutz und Geborgenheit, sondern auch für sie selbst. Das Besondere dieser Welt erleben sie, beim Betreten des Hauses, auch für sich als relevant.

«Also, sobald ich die Eingangstür nicht, (sie meint die erste Tür zum Vorflur) aber die andere Tür (die Tür zum Heim selbst) aufgemacht habe, war ich in einer irgendwo schon ein bißchen in einer anderen Welt drin.»
Auf meine Nachfrage, wie sie diese Welt beschreiben könnte, äußert sie:
«Mir fallen da im Moment eigentlich zwei Assoziationen ein, also Wärme, aber auch Dunkelheit. Also Wärme, erstens einmal von der Temperatur, weil es immer viel wärmer drin ist als draußen, aber auch von so einem feeling von ... es ist so ein Stück abgeschlossene Welt irgendwo für sich. Und Dunkelheit, erst einerseits wieder von den Lichtverhältnissen her und anderer-

seits auch von der Stimmung. Also, es ist doch irgendwo etwas, was so ein bißchen noch drückt. Also, es ist keine so heile Welt oder Paradies, kleines Paradies irgendwo, das abgeschlossen für sich lebt. So empfinde ich es eigentlich nicht. Nein.» (E 2/14)

In diesen Aussagen steckt – begleitet von der Kritik an den gesellschaftlichen Verhältnissen (Singularisierung, schwindende Bedeutung der Familie) – sowohl ein Stück Sehnsucht nach einem Leben in einer tragenden Gemeinschaft (kein kleines Paradies, aber immerhin Wärme und Dunkelheit) als auch nach Ausbruch aus genormten Lebensweisen. Die MitarbeiterInnen wissen die Absonderlichkeiten der alten Menschen zu schätzen.[18]

Verkörpern die alten Menschen eine Kontinuität und Geborgenheit, die sie sonst nicht erleben? Denn die alten Menschen sind immer anwesend. Lassen sie Einblicke in eher verborgene Wünsche zu?

So wie Mira ein halbes Jahr Abstand nehmen mußte, so sprechen die MitarbeiterInnen sehr häufig in den Pausen über das, was sie außerhalb des Heimes tun werden, welche Kontrapunkte sie setzen könnten, «schön essen gehen», wandern, radfahren, ... doch zieht es sie offensichtlich immer wieder in diese abgegrenzte, überschaubar und menschenfreundliche Welt zurück. Sie arbeiten gern dort. Diesen Eindruck vermitteln die MitarbeiterInnen durchweg und sie sagen es auch auf Nachfrage.[19]

---

18 Vgl. Kap. 5.2; 6.3.
19 Vgl. Kap. 5.5.

Reflexion 2

Das Heim – eine andere Welt?

Soziale Organisationen, zu denen das Pflegeheim gehört, entwickeln über Institutionalisierungsprozesse Wert- und Zielvorstellungen, Regeln und Interaktionsmuster. Sie bilden eine soziale Ethnie.[20]

Dem Betrachter des Pflegeheims bündeln sich diese spezifischen Merkmale zunächst in der Atmosphäre des Hauses, in den Anzeichen einer besonderen Kultur. Der Grad der empfundenen Fremdheit, Orientierungslosigkeit oder Verhaltensunsicherheit kann Hinweis geben, in welchem Maß die soziale Ethnie sich von anderen sozialen Ethnien bzw. von dem sie umgebendem sozialen Umfeld und den dort vorherrschenden Selbstverständlichkeiten unterscheidet.

Nicht nur bei meinen ersten Besuchen im Pflegeheim nehme ich Fremdheit wahr. Sie dauern vielmehr an.
Ohne jegliches Hindernis kann ich ein- und ausgehen und trotzdem bleibt mir das Gefühl, eine unsichtbare Schwelle zu übertreten und in eine andere Welt zu geraten. Noch Stunden oder Tage nach meinem Besuch im Heim werde ich von Eindrücken außerhalb des Heimes überschwemmt. Ich sitze im Bus oder im Kino, laufe durch Geschäftsstraßen und realisiere in ganz anderer Weise als sonst die Vielfalt der Eindrücke, die auf mich einstürmen. Mir drängen sich gegensätzliche Bilder auf, mit denen ich diese Erlebnisse zu fassen versuche, ohne zu diesem Zeitpunkt deren Stimmigkeit überprüfen zu können und die Hintergründe zu begreifen.

Im Heim:	außerhalb des Heimes:
Dunkelheit	Helligkeit
gedämpfte Farben	Vielfalt der Farben
spezifischer Geruch	Vielfalt der Gerüche
gleichmäßige Temperierung	Temperaturschwankungen
gedämpfte Stimmung	Lärm
Schweigsamkeit	alltägliche Kommunikation

20 Zu den Begriffen: Organisation, Institution, Institutionalisierung, s. Glossar im Anhang.

Müdigkeit, Langsamkeit Zeitlosigkeit	Hektik Voranschreiten der Zeit, Wechsel der Jahreszeiten

In meiner Phantasie nehme ich die alten Menschen zu den verschiedensten Aktivitäten außerhalb mit. Ich frage mich dann, wie sie diesen Wechsel erleben, wie sie reagieren würden. Tagebuch

BewohnerInnen und MitarbeiterInnen erleben das Heim als eine relativ geschlossene Welt, und sie spüren – besonders beim Wechsel oder an der Schwelle von drinnen nach draußen – die Trennung. Die MitarbeiterInnen finden sowohl im Hinblick auf die BewohnerInnen als auch in bezug auf ihr eigenes Empfinden und Handeln Charakterisierungen für die Andersartigkeit des Heimes und grenzen ihre Arbeitsweisen gegen Außenstehende ab.

Die täglich sich wiederholenden Anforderungen, die an die Pflegenden und Gepflegten gestellt werden, das Hineinwachsen in die institutionalisierten Wertvorstellungen, Regeln und Interaktionsmuster, «die Gewöhnung, die allem menschlichen Tun unterworfen ist»[21], rücken das Pflegeheim ins Zentrum ihres Erlebens. Das gilt nicht nur für die BewohnerInnen, die dort den Rest ihres Lebens verbringen und das Heim selten verlassen, sondern auch für die MitarbeiterInnen – zumindest für die Zeit ihres Aufenthalts im Heim. Die Erfahrungen und Erlebnisse von «draußen» weichen zurück. Und alles, was innerhalb der Mauern des Pflegeheims geschieht, besitzt die Tendenz als unerläßlich, selbstverständlich oder unverrückbar zu erscheinen. Der Blick aus der Distanz geht verloren. Gefühle von Fremdheit gehen verloren. Gewonnen wird eine unumgängliche Habitualisierung des Erlebens und Verhaltens, das Kräfte einspart und allen Beteiligten Sicherheit verschafft.

Da ich weder aufgrund eines Arbeitsvertrages noch aufgrund meiner Lebenssituation darauf angewiesen bin, regelmäßig und kontinuierlich mich im Heim aufzuhalten, kann ich mir Gefühle von Fremdheit leisten. Der Weg, Alltag und Milieu eines Pflegeheims einschließlich seiner institutionalisierten Regelungen zu erfassen und beschreiben zu können, besteht ja in der Bewahrung von Fremdheit. Und trotzdem lief ich manchesmal Gefahr, in den Sog der ablaufenden Prozesse zu geraten, eingehüllt zu werden von der Tristesse der alten Menschen, von der gedämpften Atmosphäre, von der Vielfältigkeit der Aufgaben – eine von ihnen zu werden, die Distanz zu verlieren. Tagebuch

21 Vgl. P.L. Berger, Th. Luckmann, 1990, S. 56.

Alltag und Milieu des Pflegeheims, die dort eingeübten und gewohnten Regelungen und Handhabungen stehen den Mitgliedern der Ethnie «Pflegeheim» jedoch nicht nur als «äußeres, zwingendes Faktum gegenüber, denn sie sind ebenso Produzenten dieser Realitäten, in denen sie leben und arbeiten. Sie sind, wie alle Menschen, fähig, eine Welt zu produzieren, die sie dann nicht als ihr eigenes Produkt erleben, sondern außen, von anderen gesetzte, nahezu unumstößliche Gegebenheiten.»[22] In welcher Weise also tragen Pflegende und Gepflegte zur Entstehung und zum Erhalt der besonderen Kultur in Pflegeheimen bei?

Pflegeheime, die im umgangssprachlichen Gebrauch dem Bereich der «geschlossenen Altenarbeit» zugeordnet werden – im Gegensatz zur sogenannten «offenen Altenarbeit» – unterliegen dem Urteil, die Merkmale einer totalen Institution zu tragen.[23]

In der Öffentlichkeit und auch in der gerontologischen Diskussion um die Pflegeheime werden solche Charakterisierungen oft unkritisch als Willkürakte der MitarbeiterInnen, der Leitungskräfte, der Träger dieser Einrichtungen gegenüber den alten Menschen oder zumindest als Folge von Unwissenheit, Nachlässigkeit, Desinteresse oder mangelndem Einfühlungsvermögen eingestuft.

Die bisherigen Beobachtungen zeigen jedoch, daß sich der Hilfebedarf der psychisch-physisch belasteten BewohnerInnen mit der Hilfe- und Schutzfunktion der MitarbeiterInnen zu einem zirkulären Prozeß gestaltet. Im Einverständnis zwischen Pflegenden und Gepflegten entsteht eine von äußeren Einflüssen weitgehend geschützte Welt. In dem rund um die Uhr sich vollziehenden und den alten Menschen in seiner Ganzheitlichkeit umfassenden Pflegemilieu (Pflege des Körpers, der Seele und des Geistes) entsteht eine Dichte der Zusammenarbeit, des Aufeinander-angewiesen-Seins von Pflegenden und Pfleglingen, angesichts der alle andere Personen, einschließlich der Angehörigen in Distanz geraten. Wer sonst als die Pflegenden (als Kollektiv) hat eine so umfassende Kenntnis von der Situation der einzelnen BewohnerInnen? Die Rund-um-die-Uhr-Pflege, gepaart mit dem Fachwissen und langjährigen Erfahrungen in der Arbeit, ermöglicht den MitarbeiterInnen, ja drängt sie gerade dazu, die Belange der BewonhnerInnen voll und ganz in die Hand zu nehmen.

Die alten Menschen, sowohl durch eigene Schwäche als auch aufgrund ihrer Wünsche und Forderungen nach einer umfassenden Versorgung nahezu vollständig im Heim verhaftet, können der fürsorglichen und schützenden Behandlung der Pflegenden nur wenig entgegensetzen. Der weitgehende Mangel an

22 P.L. Berger, Th. Luckman, 1990, S. 62 ff.
23 E. Goffman, 1977.

Einflüssen, Anregungen und Informationen aus der Außenwelt verstärkt diese Situation.[24]

24 Differenzierte Beschreibungen der weitgehend ausbalanciert erscheinenden wechselseitigen Rollenzuschreibungsprozesse werden die folgenden Kapitel leisten und im Dritten Teil, Kap. 1.1 vertieft reflektiert.

3. Der Rückzug in imaginäre Lebenswelten

Im vorangegangenen Kapitel stand die Eingangstür des Pflegeheimes als Realität und Symbol für die Grenze zwischen Drinnen und Draußen im Mittelpunkt und die Bedeutung dieser Grenze für die BewohnerInnen und die MitarbeiterInnen.

Dem Beobachter oder Besucher fällt nach Überschreiten dieser Grenze der Aufenthalts- bzw. Speiseraum als erstes in den Blick. Er bildet das Zentrum des Heimes und erinnert an einen traditionellen Dorfplatz. Die meisten BewohnerInnen verbringen dort viele Stunden des Tages, fast alle nehmen dort die Mahlzeiten ein, beteiligen sich an den dort von Zeit zu Zeit angebotenen Aktivitäten (Gymnastik, Musiktherapie, Vorlesen, ...). Die MitarbeiterInnen nehmen dort Kontakt zu den BewohnerInnen auf, zum Essenreichen, zum Gespräch. Sie benutzen den Raum, der von drei Seiten zugänglich ist, auch als Durchgangsweg von einem Flur zum anderen, bzw. zum Dienstzimmer.[25]

Was bewegt die alten Menschen, die sich in das Zentrum des Heimes zurückgezogen haben?

3.1 Stimmungen

Die Assoziation «Dorfplatz» gilt nur als eine ungewichtete Addition all dessen, was an diesem Ort geschieht. Der vorherrschende Eindruck des Aufenthaltsraums ist der der Ruhe, Stille, der Bewegungslosigkeit. Die meiste Zeit des Tages sitzen die BewohnerInnen verteilt an den einzelnen Tischgruppen, stumm, in sich gekehrt, viele mit hängendem Kopf, dösend oder schlafend. Nur selten nehmen sie Kontakt zueinander auf, weder mit Blicken, noch mit Berührungen. Vereinzelt flackert eine knappe Anmerkung, ein kurzes Gespräch auf. Manchmal murmelt ein einzelner Bewohner vor sich hin, ohne Gehör zu finden. Oder Rufe nach der Schwester durchbrechen die Stille.

25 Ich selber habe die ersten Wochen meiner Beobachtungszeit dort verbracht, am Kachelofen sitzend mit einem relativ guten Überblick über das Geschehen, mittendrin und doch in gewisser Distanz. An diesem öffentlichen Ort glaubte ich, die BewohnerInnen mit meiner Anwesenheit nicht allzu sehr zu bedrängen oder zu beunruhigen, bzw. selbst noch genügend Abstand halten zu können.

Frühstückszeit der MitarbeiterInnen. ... Auch ein Teil der BewohnerInnen sitzt noch am Frühstück, die einen noch essend, die anderen vor sich hinschauend oder dösend, eine stille, friedliche Atmosphäre. (P 10/1)

Im Speiseraum die vereinzelnd sitzenden BewohnerInnen, stumm, dösend oder schon wieder schlafend. (P 12/1)

Sechs schweigende BewohnerInnen sitzen an den Tischen verteilt. Die Mühsal von Frau Groß, sich selbst ihren Schuh anzuziehen. ... Die Mühsal von Herrn Dupois, mit Hilfe von Hans aus dem Rollstuhl auf den Stuhl zum Kaffeetisch zu gelangen. ...
Im Hintergrund das Geklapper eines Gehgestells, das sich langsam nähert. Es ist ansonsten still und schweigsam. (P 33/2)

Als ich ins Heim komme, ist es absolut still dort. Am Ende des Speiseraums sitzen ein paar Frauen, stumm, dösend. Feiertag. Kleine Personalbesetzung. (P 36/1)

Woher rührt diese Stille? Es sind doch so viele Menschen in einem Raum versammelt. Sie halten sich im Zentrum des Hauses auf. Haben sie sich nichts zu sagen? Haben sie nichts mitzuteilen?

Einige der BewohnerInnen wirken auf mich, «als wären sie nicht mehr von dieser Welt», sie sind ganz in sich versunken, kaum noch berührbar von dem, was um sie herum vorgeht. Leben sie in Trance, in inneren Bildern, zu denen uns der Zugang gänzlich versperrt ist? Eine friedvolle Stimmung geht von manchen aus. So daß mir immer wieder Assoziationen wie «Askese», «Meditation» und der Aufenthaltsraum, das Heim als «Wartehalle zum Tod» in den Sinn kommen. Tagebuch

Wie ruhig es häufig im Raum ist, fällt erst auf, wenn die Stille unerwartet unterbrochen wird.

Herr Marx ist neu im Haus. Mit Mitte 50 ist er der jüngste der BewohnerInnen. Er versucht immer wieder laut und vernehmlich Kontakte zu den MitarbeiterInnen aufzunehmen, aus seinem Leben zu erzählen, die Situation anzusprechen. Meistens findet er jedoch keine Resonanz. Er trifft auf eine Mauer des Schweigens. (P 26/3)
Eine Mitarbeiterin bemerkt dazu: «Manchmal packt er in aller Öffentlichkeit ganz intime Sachen aus, das ist mir dann für ihn ganz peinlich. ... Es wäre schön, wenn sich hier Freundschaften, Paare zusammenfinden würden. Das hatten wir mal, das war richtig schön, aber jetzt ist gar nichts.» (P 27/2)

Ähnlich aufschreckend ist es, wenn ein Streit vom Zaun bricht, meist wenn eine der BewohnerInnen über eine andere eine bitterböse Bemerkung macht oder wenn es um Besitzansprüche geht. Es wirkt wie eine Ventil für die in der Ruhe aufgestauten Gefühle. Meist sinkt der Streit aber schnell wieder in sich zusammen oder wird (eher selten) von den MitarbeiterInnen befriedet.

Im scheinbaren Gegensatz steht die Ruhelosigkeit, mit der manche der BewohnerInnen ihren Tag verbringen.

Herrn Holz hält es oft nicht lange an seinem Platz, trotz der Mühe zu gehen, trotz seines Schwindels steht er, kaum daß eine Mitarbeiterin ihn zum Stuhl begleitet hat, wieder auf und versucht, in sein Zimmer zu gelangen. Das «Spiel» wiederholt sich immer wieder.

Andere machen Anstalten aufzustehen, schaffen es jedoch nicht ohne Hilfe, nichts desto trotz versuchen sie es beständig. Viele nesteln an ihrem Körper, an ihren Kleidern. Andere laufen unermüdlich den Gang auf und ab.

Doch all diese Betriebsamkeit ordnet sich der allgemeinen Gedämpftheit unter. So gelingt es auch den MitarbeiterInnen, den BesucherInnen immer wieder ohne Mühe und unbehelligt vom Anblick der alten Menschen den Raum zu durchqueren.[26]

> Dieser Atmosphäre setze ich mich viele Stunden aus, und sie provoziert bei mir sehr unterschiedliche Reaktionen.
>
> - Bedrückung, Schwere, Traurigkeit, zunehmende Müdigkeit, Lähmung und Versinken in depressiven Gedanken.
> - Ruhig werden, Entspannung, die Friedlichkeit der Situation aufnehmen, als Gegenpol zu der Hektik der MitarbeiterInnen und der Geräusche im Heim (Geschirrgeklapper, schrilles Telefon). Eine andere Welt auch als die, die mich außerhalb des Heimes antreibt und umgibt, eine Möglichkeit, mich davon abzugrenzen.
> - Der Wunsch, die Stille kraftvoll zu durchbrechen, die Schwere aufzulösen, z. B. mit einer alle mitreißenden Aktion.
> - Ärger, daß die Menschen von meiner Anwesenheit keine Notiz nehmen, ungerührt sind.
> - Mich aus der Situation innerlich entfernen, die Anwesenheit der alten Menschen negieren, mich in meine eigene Gedankenwelt «verflüchtigen».
> - Der Wunsch, der Situation zu entfliehen, den Drang, das Leben in allen seinen Dimensionen zu spüren. Tagebuch

26 Die Protokolle meiner Besuche im Heim, auch meine Tagebuchaufzeichnungen sind voll von entsprechenden Beobachtungen. Sie durchziehen wie ein roter Faden meine Beobachtungszeit, prägen das Gefühl der ständigen Wiederkehr und der Ereignislosigkeit.

3.2 Sehnsüchte

«Nach der Heimat möcht' ich wieder»[27]

Die Atmosphäre ist deprimierend und faszinierend zugleich. Mein ambivalentes Erleben schwankt zwischen Last und Erleichterung, zwischen Versinken und die Flucht ergreifen wollen, zwischen Resignation und Lebensdurst. Füllt das auch die alten Menschen aus, die beständig in dieser Lebenssituation verharren? Geben meine eigenen Reaktionen Hinweise auf das Erleben der BewohnerInnen?[28] Welche zusätzlichen Beobachtungen und Ereignisse können die Parallelität der Reaktionen von BewohnerInnen und mir als Beobachterin nahelegen?

Der Weg, die BewohnerInnen im Gespräch mit den eigenen Gedanken und Gefühlen zu konfrontieren oder sie wenigstens nach ihrem Erleben zu fragen, fällt weitgehend aus, da die Kommunikation mit den meisten der BewohnerInnen sehr eingeschränkt bzw. unmöglich ist.

> Herr Holz, der eigentlich noch sprechen könnte und dies auch noch in der Anfangsphase seines Heimaufenthaltes tat, ist völlig verstummt. Er ist vollständig von Hilfe abhängig. Heftige Reaktionen, nonverbale, sehr aggressive zeigt er nur beim Waschen, beim Einlagenwechseln, ganz besonders dann, wenn die Pflegenden seinen Genitalbereich berühren. (P 20/2)

Das Verstummen der BewohnerInnen erscheint mir als eine Flucht in einen inneren Raum, in dem die BewohnerInnen sich vor den Zugriffen, Einblicken und Manipulationen der anderen, der MitarbeiterInnen und der BewohnerInnen schützen können. Denn die BewohnerInnen leben in einer Situation, in der sie sich weitgehend – verglichen mit dem Leben selbständig lebender Erwachsener – physisch und psychisch entblößen müssen. Der Kontrolle der anderen, besonders der MitarbeiterInnen können sie sich kaum entziehen.

Aber was bewegt die Menschen bei ihren inneren Wanderungen? Wir werden diese Geheimnisse niemals wirklich lüften, können uns ihnen nur über den Weg der Selbstreflexion, mit Hilfe von Beobachtungen und den eingegrenzten Äußerungen der BewohnerInnen annähern können.

> Aufenthaltsraum
> Frau Kistner löst sich aus der Runde. Sie möchte ihren Mantel holen: «Es ist kalt hier und dann kann ich ja gleich nach Hause gehen.» (P 30/3)

---

27 Der Vers eines Liedes, das die BewohnerInnen häufig singen oder hören.
28 Gegenübertragung als Erkenntnisinstrument, vgl. 1. Teil, Kap. 2.2 und Glossar.

Als ich gehen will und schon meine Jacke angezogen habe, ruft mich Frau Müller mit eindeutigen Gesten an den Tisch. Ich gehe langsam auf sie zu, rufe aber gleichzeitig dem Heimleiter etwas zu, der dahintersitzt und mit einer anderen Bewohnerin spricht.

U.: «Jetzt bin ich bei Ihnen.»

Frau M.: «Ja, es ist gar nicht so einfach hier.» (Pause)

U.: «Ich geh jetzt nach Hause.»

Frau M.: «Ja, das muß auch mal sein. (Pause) Schlimm, ich kann nicht mehr nach Hause gehen. Es ist schlimm, wenn man nichts mehr hat. Hier wird einem alles weggenommen. ... Ich hatte eine schöne Kette, sie ist nicht mehr da. Ich habe sie überall gesucht. Ich finde sie nirgends.»

U.: «Vielleicht haben Sie Glück und Sie finden sie doch noch, ganz zufällig.»

Frau M.: «Nein, die ist weg. ... Mein Vater ist ja gestorben, aber meine Mutter ist noch da. Vielleicht kommt sie.»

Ich verabschiede mich, als ihr Sprechen versiegt und sie sagt, daß sie jetzt nach Hause gehen wolle. (P 33/3)

Die beiden Szenen erscheinen mir beispielhaft für viele andere, die ich erlebt habe. Drei Elemente will ich herausgreifen.

– Es ist kalt hier (und das in einem objektiv eher überheizten Raum).

– Es ist gar nicht so einfach hier.

– Ich gehe jetzt (gleich) nach Hause.

Die beiden Frauen geben ein allgemeines Urteil über ihren Aufenthaltsort ab («Es ist kalt hier.»). Es könnte auch heißen: Hier ist keine Wärme, keine Geborgenheit. Mir ist's kalt um's Herz, meine Seele friert. Mir läuft es kalt den Rücken herunter. Es sind Formulierungen, die über die Körpersprache Empfindungen ausdrücken und auf diese Weise entschlüsselbare Verbindungen zu unserem inneren Leben herstellen.

Frau Müller weist darüber hinaus auf die Schwierigkeiten hin, die sie im Heim erlebt. Wesentliche Dinge kommen ihr abhanden. Sie verliert die Kontrolle über die Dinge, über ihren Alltag, über ihr Leben.

Und schließlich ziehen beide Frauen die persönliche Konsequenz. Sie wollen diesen Ort verlassen, sie gehen nach Hause.

Der Aufenthaltsraum, das Heim, sie werden höchstens als ein vorübergehender Ort betrachtet, von dem man immer wieder nach Hause zurückkehrt, so wie früher von der Arbeit, von Ausflügen.

Ich komme ins Heim, gegen vier Uhr nachmittags, viele BewohnerInnen sitzen im Speiseraum.Herr Dupois ruft mich zu sich. Für ihn habe ich ein Foto mitgebracht, aber er will das Foto (ein Foto von ihm) zunächst nicht sehen.
Im Hintergrund Musik, Volkslieder, sehr getragen und in wehmütiger Stimmung von der Ehefrau eines Bewohners auf der elektronischen Orgel vorgetragen. Viele der BewohnerInnen singen mit.
Herr D.: «Die Musik gefällt mir nicht (abfällige Handbewegung), das kenn ich schon alles. (Pause) Ich will mal jetzt nach Hause gehen, ich habe noch einen weiten Weg bis E.»
Er sagt mir mehrmals, daß er jetzt nach Hause gehen müsse, daß seine Familie auf ihn warte, er dafür sorgen müsse, daß alle zu essen haben. Auf meine Intervention, daß er doch hier im Heim seine Mahlzeiten einnehme, antwortet er: «Ja, Mittagessen und Abendessen, das esse ich hier. Aber das Abendessen mache ich mir selber, wenn noch was übrig ist.»
Es folgt dann ein Gespräch über seine vier Töchter, in dessen Zusammenhang er auch das Foto sehen will. Er erkennt sich und seine älteste Tochter. Nach einer Weile:
Herr D.: «Jetzt muß ich aber nach Hause gehen, es wird sonst zu spät, meine Familie wartet. (Pause) Oder soll ich vielleicht erst morgen gehen, es ist schon so spät.» (Längere Pause) Er erzählt dann, daß er früher auch musiziert habe, die Musik liebe, er erzählt von seinen Brüdern, seiner Ehefrau. Er warnt mich vor einer Bewohnerin: «Sie ist ein Waldteufel.» Zwischendurch und zum Schluß des Gesprächs bekräftigt er immer wieder: «Ich muß jetzt nach Hause gehen, es ist schon spät und der Weg ist weit.» (G 10/8)

In sehr prägnanten Äußerungen geben die BewohnerInnen zu verstehen, daß sie zurück zu ihrer Familie wollen, dahin, «wo noch alle zusammen waren» (wie es eine andere Bewohnerin ausdrückt), wo sie gebraucht werden, wo das Leben pulsiert. Sie möchten sich entfernen aus dieser Realität, in der es kalt ist, die Lieder schon längst bekannt und wo das Essen höchstens als Mittagstisch zu akzeptieren ist. Sie haben eine Ahnung von dem, was sie verloren, hinter sich gelassen haben.[29]

Frau Müller will, wie manche andere BewohnerInnen, zu ihrer Ursprungsfamilie, zum Vater und vor allem zur Mutter. Sie wünscht sich, von ihnen versorgt zu werden, ungeachtet der Realität, daß sie schon lange nicht mehr leben. Sie sieht sich offensichtlich wieder in der Rolle des Kindes, das des Schutzes bedarf.

---

29 In entsprechender Weise empfinde ich Fluchtimpulse, wenn ich stundenlang mit ihnen im Raum sitze, eruptionsartig, als müßte ich mich mit großer Kraft von der Schwere der Atmosphäre befreien.

Oft verklärt sich in solchen Gesprächssequenzen das Gesicht der BewohnerInnen, die Gesichtszüge werden weich, die Augen leuchten und eine tiefe Sehnsucht nach Geborgenheit liegt in der Stimme.

«Mutter, du bist doch die Beste», dieser Spruch hängt als einziger persönlicher Wandschmuck im Zimmer des Herrn Marx.

Nur selten lassen die BewohnerInnen ihren Worten Taten folgen und machen wirklich Anstalten, das Heim zu verlassen. Auffallend ist der beständige Wechsel, die Flucht aus der Realität in die Familie und das Zurückkehren in die Gegenwart, auch wenn die BewohnerInnen sie teilweise nur noch schemenhaft wahrzunehmen scheinen. Das Festgehaltensein am Ort, die Erkenntnis des verlorenen Paradieses macht sich in Traurigkeit, Resignation, manches mal auch in Wut fest; vermutlich auch in der Schwere der Körper, in der Bewegungslosigkeit (Symptome, die wir jedoch meist ausschließlich als Krankheitsfolgen interpretieren).

Getragen werden die Sehnsüchte nach Geborgenheit in vielen Liedern, die die alten Menschen hören und singen.

> Aufenthaltsraum, nachmittags nach dem Kaffeetrinken.
> «Eine Bewohnerin wünscht sich Musik, vielleicht kann sie – genausowenig wie ich – die belastende Stille aushalten. (Ich hatte kurz zuvor auch diesen Wunsch nach Musik.) Volksmusik sollte es sein. Die Platte wird von einer Mitarbeiterin aufgelegt. Die Lieder wirken auf mich sehr sentimental und getragen. Die BewohnerInnen gehen darauf ein, ganz besonders bei dem Lied »Nach der Heimat möcht' ich wieder«. Traurigkeit macht sich breit, aber die dumpfe Stimmung von vorhin ist verschwunden. Mir kommen (ganz verstohlen) Tränen, ein Gefühl von Verlassenheit und endgültigem Abschied erreicht mich.» (P 6/2)[30]

Die alten Menschen scheinen sich in der Sehnsucht und der Trauer über ihre Verluste im Singen zu verständigen und miteinander zu verbinden, die Vereinzelung ist graduell aufgehoben.

---

30 Die Volkslieder sind zum größten Teil sehr anrührend. In unserem Kulturkreis haben wir sie – als rührselig, ja sogar kitschig klassifizierend und abwertend – weitgehend aus dem Erwachsenenleben verbannt. Schützen wir uns vor der Angst, daß uns die eigenen Sehnsüchte einholen könnten, versuchen wir sie zu verbannen?

3.3 Ängste

«Hier wird einem alles weggenommen.»[31]

Frau Müller äußert in dem kurzen Gespräch mit mir nicht nur den Wunsch, nach Hause gehen zu wollen, sondern darin verwoben auch die Klage, daß ihr etwas abhanden gekommen ist. Frau Müller, wie manche andere BewohnerInnen, suchen häufig nach Verlorenem. Frau Müllers Tage sind oft davon bestimmt.

> Ich erinnere mich an Frau Müller, zwei Fotos liegen vor mir. Das eine mit einem Lächeln für die Fotografin, ein wenig gezwungen, erlernt. Das glatte, große Kinn wirkt kräftig und widerständig. Das andere Foto, unbeobachtet. Sie schaut offen und interessiert, ein wenig versonnen auch. Das Kinn, der Mund sind entspannt.
> Sie läuft ohne Hilfe meist mit zwei Handtaschen herum, ewig auf der Suche nach etwas, was ihr verlorenging, was ihr gestohlen wurde. Sie ist felsenfest davon überzeugt und oft von diesen Gedanken gepeinigt. Sie spricht, wenn man sich ihr zuwendet, ziemlich viel, kommentiert ihr Unglück, ihre Verluste oder die Situation mit Alltagsfloskeln.
> Sie wirkt auf mich sehr damenhaft und gepflegt. Den MitarbeiterInnen macht sie nicht viel Arbeit. Sie erledigt noch alles selbständig, An- und Ausziehen, den Gang zur Toilette, das Waschen. Letzteres überwachen die MitarbeiterInnen, weil sie meist nur glaubt, sie hätte sich gewaschen. (Tagebuch)
> Ihre Situation im Heim scheint sie nicht mehr der Realität entsprechend zu erfassen. In einer der Übergaben wird von ihr berichtet, daß sie in den letzten Tagen häufig weint und selbst nicht recht sagen kann warum. Sie sagt nur: «Schlimm ist's.» Jetzt findet sie ihre Uhr nicht und weint darüber. Der Heimleiter sagt dazu: «Nicht nur die anderen, auch sie selbst spürt jetzt den inneren Zerfall». (P 26/2)

Es ist möglich, die Ängste und Vorwürfe des Bestohlenwerdens als Folge ihrer demenziellen Erkrankung und einer allgemeinen Desorientierung einzuordnen.[32] Aber warum entwickelt Frau Müller gerade dieses Symptom? Welche Sprache spricht es, welchen Sinn vermittelt es uns?

Die Gegenstände, die Frau Müller vermißt, können als Symbole für andere Verluste im Leben verstanden werden. Sie vermißt die Kette, etwas Wertvolles

---

31 Siehe Kap. 3.2.

32 Demenz: hirnorganisch bedingte Veränderungen des Verhaltens und Erlebens; siehe auch Glossar im Anhang.

ging ihr verloren, Erinnerungen, die mit der Kette verbunden sind, oder Dimensionen ihres Lebens, die ihr ein Leben lang verwehrt waren oder die ihr im Laufe des Lebens abhanden kamen. Sie verliert allmählich das Bewußtsein über ihre eigene Persönlichkeit, ihre eigene Identität. (Sie erkennt sich auf dem Foto nicht und wird sogar ärgerlich und aggressiv, als die anderen ihr das einreden wollen.)

«Hier wird einem alles weggenommen.» Diese Aussage weist auf Zeit und Ort des Verlustes hin, denn der Einzug ins Heim ist vermutlich auch für Frau Müller ein gravierender Einschnitt in ihrem Lebenslauf, der mit starken Erschütterungen im eigenen Identitätserleben einhergeht.[33] Frau Müller sucht ihre Uhr, die Zeit geht ihr verloren, die Chronologie, die Kontinuität ihres Lebens. Frau Müller spricht ziemlich viel, aber sie weiß nicht, wie alt sie ist, ob sie gerade Kind, junge oder alte Frau ist. Ihre Erzählungen durchstreifen unkontrolliert alle Lebenszeiten.

Aber die Dinge verschwinden nicht einfach, sie werden ihr gestohlen. Sie muß Angst haben, immer mehr zu verlieren, ihre körperliche Unversehrtheit zum Beispiel. In zwei Handtaschen versucht sie krampfhaft, das Wenige noch zusammenzuhalten und vor dem Zugriff der anderen zu schützen. Die Anderen: die MitarbeiterInnen, die sie durch den Tag dirigieren, sich an ihren Sachen und ihrem Körper zu schaffen machen; die MitbewohnerInnen, mit denen sie Raum, Essen, Aufmerksamkeit der MitarbeiterInnen teilen muß, wie früher vielleicht mit den Geschwistern. Doch fremd sind ihr diese Menschen (Was wollen sie eigentlich von mir? Was habe ich mit ihnen zu schaffen?) und bedrohlich.

Vermutlich beherrschen noch viele andere verborgener Ängste die BewohnerInnen. Manche werden sichtbar: daß die Angehörigen nicht mehr zu Besuch kommen, daß das Geld nicht reichen könnte, daß ins Heim eingebrochen werden könnte, ...

Als Ilse zur ersten Nachtrunde das Zimmer von Herrn Dupois betritt und das Bettgitter hochstellt, beginnt folgender Dialog:

33 Nach H. Petzold konstituieren fünf zentrale Dimensionen menschlichen Lebens Identität, von ihm auch als «Säulen der Identität» bezeichnet: Säule der Leiblichkeit (gesunder Leib, Körperbewegung, Körperempfinden, Sexualität ...); Säule des sozialen Netzes (Zugehörigkeit zu Familie, Freunden, Gruppen, ...); Säule der Arbeit und Leistung (Tätig sein, sich in «Werken» verwirklichen); Säule der materiellen Sicherheit (gesicherte Nahrung, Kleidung, Wohnung, Einkommen, ...); Säule der Werte (Ziele für das eigene Leben, Sinnfindung, religiöse, politische, ethische Orientierung). Erschütterungen, die eine oder gar mehrere Säulen der Identität betreffen, lassen nach Petzold den Menschen aus dem Gleichgewicht geraten, führen u. U. zu krisenhaften Entwicklungen. H. Petzold, 1983, S. 409 ff. Meines Erachtens nach begleiten gravierende Verlusterlebnisse – in interindividuell unterschiedlicher Ausprägung – die Übersiedlung ins Heim.

Herr D.: «Wie geht eigentlich das Bett runter?»
I.: «Sie können nicht aus dem Bett steigen, Herr Dupois, erst morgen, wenn die Schwester wiederkommt.»
Herr D.: «Aber da steht einer mit dem Gewehr.»
I.: «Sie können ganz beruhigt sein, wir schließen alle Türen ab und machen die Fenster zu, da kommen keine Männer mehr rein.»
Herr D.: «Soll ich mich dann nicht lieber einschließen?»
I.: «Nein, das geht nicht, wir müssen doch nach Ihnen schauen, ob alles in Ordnung ist.» (P 45/3)

Diese Szene erinnert an Kindertage – die Sprache der beiden, der Tonfall ist entsprechend gefärbt – an Kinderängste in der Nacht und deutlich wird das Angewiesensein auf die beruhigenden und erklärenden Worte der Schwester, um mit der Angst fertig zu werden. Sich als Erwachsener mannhaft selbst zu schützen, bleibt ihm verwehrt.

Und wer steht da mit dem Gewehr, welche Erinnerungen werden lebendig und verknüpfen sich mit gegenwärtigen Bedrohungen?

Nachtwache. Frau Senefeld klingelt in dieser Nacht mindestens zwanzig Mal. Jedesmal erklärt sie mit kleiner, jammernder Stimme, daß sie nicht schlafen könne. Jedesmal wird sie von Herbert wieder im Bett nach oben gezogen, werden die Kissen zurechtgerückt oder wird das Fenster mehr oder weniger geöffnet. Diese oder andere hilflos erscheinenden kleinen Maßnahmen werden mit dem Satz begleitet: «So, Frau Senefeld, jetzt wird's schon gehen» und Frau Senefeld bedankt sich mit leiser, trauriger Stimme.

Herbert: «Die Frau Senefeld hat ja eigentlich nichts (diese Einschätzung bezieht sich auf den körperlichen Bereich, sie hat keine Schmerzen, kein Hunger, kein Durst, ...); sie will einen nur immer wieder sehen, will, daß man sich um sie kümmert – in manchen Nächten geht das fünfzig Mal.» (P 44/1)

Ängste werden in der Nacht virulent, dann, wenn Orientierungen, die das Bewußtsein über das eigene Selbst stärken, z. B. die Anwesenheit, die Pflege, die Ansprache der MitarbeiterInnen und der MitbewohnerInnen weitgehend wegfallen. Wachsein, Rufe nach der Schwester, Umhergehen helfen die Ängste der Nacht abzubauen, so als könnte man sich auf diese Weise der eigenen Existenz versichern.

3.4 Quälende Fragen

«Ich hab' doch nichts verbrochen, daß ich jetzt hier sein muß.»

Frau Kistner sitzt mit bitterböser Miene im Rollstuhl am Tisch. Sie ruft mit eindringlicher Stimme nach einer Pflegekraft und beschimpft sie mit klagendem Unterton.
Frau K.: «Ich will in meine Wohnung, ich habe doch nichts getan. Warum bin ich hier im Zuchthaus? ... Ich will nach Hause, ich wohne doch in der [...] (unverständlich). Wo sind meine Kleider? Ich kann doch nicht hier im Nachthemd sitzen. Warum habe ich keine Kleider?»
Ingeborg versucht sie zu beruhigen: «Sie sind doch jetzt bei uns. Sie haben bei uns ein Zimmer. Sie können nicht in ihre Wohnung, jetzt, wo Sie sich den Oberschenkelhals gebrochen haben. Wir versorgen Sie hier.»
Frau K.: «Ich will in meine Wohnung, ich habe zehn Kinder, wo sind die? Die können mich doch versorgen. Hinfallen kann jeder mal. Ich hab' doch nichts verbrochen, daß ich jetzt hier sein muß.»
Ingeborg versucht, ihr die Lage noch einmal zu erklären. Frau K. beruhigt sich ein wenig. Trauer ist ihr ins Gesicht geschrieben. Sie klammert sich am Arm von Ingeborg fest und gibt ihr hastig einen Kuß.
Aber schon kurze Zeit später verfinstert sich ihr Gesicht und sie schimpft eine andere Mitarbeiterin herbei.
Die Szene (aber ohne den versöhnlichen Kuß) wiederholt sich an diesem Nachmittag mehrere Male, fast alle MitarbeiterInnen werden einbezogen. Auf Erklärungen der Mitarbeiterin reagiert sie schließlich «Was ihr immer sagt! Wenn ihr in meiner Lage wäret, ihr würdet auch so denken, also ihr habt ja noch keine Ahnung vom Leben». (P 27/1)

Am Abend. Die BewohnerInnen werden in ihre Zimmer begleitet bzw. ins Bett gebracht.
Frau Groß und Frau Marek, die ein Zimmer bewohnen und abends oft noch lange unterwegs sind, kommen jetzt dran.
Frau Groß wird im Flur «aufgegriffen». Sie will – wider Erwarten – ins Bett.
Veronika: «So, wir ziehen uns jetzt aus.» Es geht alles «reibungslos».
Auch Frau Marek wird geholt, sie soll wenigstens schon ins Nachthemd.
Das Zimmer ist ziemlich kahl, eine Ansammlung von Stühlen, Sesseln, Rollstühlen wahllos verstreut.
Frau Groß liegt kerzengerade, wie aufgebahrt im Bett. Plötzlich schaut sie auf und sagt zu mir: «Sie grinsen mich auch so an.» Ich gehe näher zu ihr und beginne, mich mit ihr zu unterhalten.
Frau Groß: «Warum bin ich hier eingesperrt? Wenn das mein Mann wüßte, der würde mich hier herausholen. Der wollte immer, daß wir alle zusammen

sind. Warum muß ich hier sein? Hier kann ich nicht raus. Ich muß doch nach Hause. Ich habe doch niemanden was getan, warum bin ich dann hier? Ich habe doch keine Schuld.»
Meine Erklärungen, daß sie ganz sicher nicht daran Schuld sei, daß sie Pflege braucht und deshalb im Heim sei, prallen an ihr ab. Sie fängt ihr Klagen wieder von vorne an, steigert sich allmählich hinein, beschuldigt Veronika und mich, daß wir sie im Heim eingesperrt haben.
Ohne sie beruhigen zu können, verlassen wir das Zimmer, mit dem Versprechen, noch einmal wiederzukommen. Frau Groß ruft uns nach: «Ihr lügt doch alle».
Kurze Zeit später erscheint sie im Flur, ihre klagenden Beschimpfungen werden noch stärker. Sie richtet sie nun an alle Anwesenden. Diese ignorieren Frau Groß («das kennen wir schon») und bedauern Herbert, der mit ihr sicher eine schwere Nacht haben wird. (P 26/3)

Beide Frauen interpretieren und empfinden ihren Aufenthalt im Pflegeheim als Strafe. Sie fühlen sich eingesperrt (Zuchthaus) und fragen abwehrend nach ihrer Schuldhaftigkeit. «Ich hab doch nichts getan? Ich hab doch keine Schuld! Ich hab doch nichts verbrochen!»

Und sie beschuldigen schließlich die anderen, die Kinder, die MitarbeiterInnen mit einer ungeheuren Wut: Es kann doch nicht sein, daß ich mich aus eigenem Verschulden in diese Lage gebracht haben, daß ich Strafe verdient hätte.

Es sind nicht die einzigen BewohnerInnen, die solche Gedanken zum Ausdruck bringen, die sich fragen, was sie wohl verbrochen haben, daß sie «das» erleben müssen.

Welche Schuld plagt diese Menschen? Welche Versäumnisse verspüren sie? Welche «offenen Rechnungen» sind noch nicht ausgeglichen? Welche Erlebnisse können nicht in den Lebenslauf integriert werden, rumoren weiter?

Die massive Wut, die starken Angriffe der beiden Frauen deuten darauf hin, unter welch großem Druck sie stehen. Oberflächliche Erklärungen und Beschwichtigungen, die den Kern der Fragen in keiner Weise berühren, erreichen die Menschen nicht.

Spürt eine Frau, die zehn Kinder großgezogen hat und sich fragt, wo sie eigentlich geblieben sind, warum sie nicht von ihnen versorgt wird, Beschädigungen in der Beziehung zu ihren Kindern?

Und Frau Groß: Warum holt der Mann sie nicht raus, wo er doch immer alle zusammen haben wollte?

3.5 In Erwartung des Todes

Aufenthaltsraum, Musik von der elektrischen Orgel im Hintergrund. Am Ende eines Gespräches mit Herrn Dupois sagt er: «Ich gehe diese Straße entlang, bis zum Ende dort, so weit muß ich noch gehen. Kommen Sie mit? Ich gehe nach Hause.» (G 10/8)

Der Wunsch nach Hause zu gehen, trägt neben den bereits herausgearbeiteten Dimensionen noch eine weitere, eine religiös-transzendente in sich. Die Worte des Herrn Dupois können eine Metapher dafür sein: Bis dorthin reicht mein Lebensweg noch, dann kehre ich heim – «in die ewige Ruhe», «zum himmlischen Vater», «in den Schoß des Vaters».[34]

Frau Senefeld läuft mit zwei Krücken schwerfällig, aber immerhin kommt sie alleine voran, den Kopf meist nach unten gesenkt. Sie ist von Trauer, daß ihre Tochter vor ihr gestorben ist, ganz erfüllt. Sie klagt und weint oft darüber. Mit ganz leiser, heiserer Stimme fleht sie ihren Herrgott an, daß er sie bald holen möge. Tagebuch

«Warum hat mich der Herrgott noch nicht geholt? Warum muß ich das alles aushalten? (Ein Streit mit einer Mitarbeiterin ist vorangegangen.) Warum ist meine Annegret nicht mehr da?» (P 8/2)

Herr Dupois kann nicht schlafen. In seiner Ruhelosigkeit wiederholt er immer wieder vor sich hinmurmelnd die Frage: »Warum darf ich nicht sterben? Warum holt mich der Herrgott nicht?« Herr Dupois, ein Mensch, dessen tiefe Traurigkeit ihm ins Gesicht und in die Stimme geschrieben ist und der gleichzeitig ein sehr duldsamer Mensch ist. (P 44/2)

So klar äußern sich die BewohnerInnen selten und doch drückt sich der Abschied vom Leben in dem beschriebenen Rückzug, in der gedämpften Atmosphäre, in der Schweigsamkeit der BewohnerInnen und eben auch in der Melancholie des Gesanges aus. (»Meine Lebenszeit ist aus, ich muß aus dem Haus«, ein Fragment eines Liedes, das ich in Erinnerung behalte.) Ich erlebe mich als Augenzeugin von Menschen, die – meist geduldig – auf das Ende ihres Lebens warten, auf ein Ereignis, das mit Gewißheit eintreten wird.

Andere BewohnerInnen wollen diesem Leben noch etwas abgewinnen.

Frau Altmann berichtet, daß es ihr im Pflegeheim gut geht, nachdem sie zuvor andere Einrichtungen erlebt hat, in denen sie zeitweise gelitten hat. »Also und jetzt find ich, ja, also, das gefällt mir. … Irgendwo wird's das

34 Dies sind Metaphern, die auch in den christlichen Liedern häufig gebraucht werden.

Ende sein, was will ich noch verlangen.... Was will man mit 85 Jahren noch verlangen. Aber ich will noch nicht sterben.«
Sie erzählt dann viele Ereignisse aus ihrem Leben und betont zwischendurch immer wieder, daß sie gerne lebe und daß sie – trotz aller schwerer Zeiten – immer gern gelebt habe. Sie erwähnt auch den Tod ihrer Mutter, die innerhalb von zwei Tagen im hohen Alter (mit 80) gestorben sei. »So möcht ich auch mal sterben.« Aber noch viel älter möchte sie selbst werden: »Meine Nichte hat einmal gesagt, als meine Schwester beerdigt worden ist, Tante, du wirst 100 Jahre alt. Und an das halte ich mich.« (G 10/8)

Oder Frau Schnur: sie lebt sehr selbständig, in ihrem Einzelzimmer, braucht nur geringe Pflegehilfe. Die meiste Zeit des Tages verbringt sie zusammen mit ihrem Freund, der in einer Wohnung der Wohnanlage lebt. Auch sie lebt wohl nicht in drängender Erwartung des Todes.[35]

Beide Frauen – und das eben ganz im Unterschied zu den meisten MitbewohnerInnen – haben dem Heim weitgehend «den Rücken gekehrt».[36] Sie leben dort, bedienen sich der Versorgungsleistungen, gestalten trotzdem ihren Alltag weitgehend aus eigener Entscheidung und eigenem Antrieb und sind kontinuierlich mit Menschen außerhalb des Heimes verbunden (Freund, Neffe), die ihnen äußerst wichtig und vertraut sind.
Frau Altmann setzt sich mit ihrem Tod auseinander, möchte aber die Zeit bis dahin noch bewußt nutzen.
Begleitet Ambivalenz zwischen dem Wunsch nach dem Tod und der Furcht vor ihm das Leben der alten Menschen?

Während eines Ausflugs kommen die alten Damen im Café, als sie ihr Lebensalter miteinander vergleichen, auch kurz auf den nahen Tod zu sprechen. Eine der Frauen ruft fröhlich und beschwichtigend aus: «So schnell sterben wir nicht!» (Ich assoziiere: es ist gerade so fröhlich hier, wer will da an den Tod denken.) Frau Senefeld antwortet auf diesen Ausruf etwas verhohlen: «Aber ich möchte sterben.» Gleichzeitig legt sie ihre Hand wieder in die ihres Nachbarn (ein Kurzzeitgast, der erst ganz neu im Heim ist), der es etwas verschämt geschehen läßt und sie vorsichtig anlächelt. Sie dankt es ihm: «Du bist darum auch ein guter Mensch.» (P 7/2)
Monate später stirbt Frau Senefeld. Anne, eine Mitarbeiterin, kommentiert: «Sie, die immer sterben wollte, täglich darum bat, wehrte sich zuletzt doch sehr gegen das Sterben.» (P 49/7)

---

35 Bezeichnenderweise habe ich zu Frau Schnur kaum Kontakt und sehe sie ich auch nur äußerst selten.

36 Frau Altmann sitzt viele Stunden des Tages an der Eingangstür mit Blick nach draußen, dem Heim den Rücken kehrend.

Reflexion 3
Resignation, Verzweiflung oder Abschied?

Von der Mauer, die die alten Menschen zwischen sich und ihrer Umwelt aufrichten, vom Rückzug ins Schweigen, in Erinnerungen, in Phantasien sind die Beobachtungen vorrangig geprägt.

Die BewohnerInnen fühlen sich den Anforderungen und der Komplexität der Situation nicht mehr gewachsen, sie ziehen sich in sich zurück, sie regredieren: Sie phantasieren sich in frühere Lebensphasen, sie verhalten sich teilweise, als ob sie das Erwachsensein weit hinter sich gelassen hätten. Sie kehren «in frühere Entwicklungsformen des Denkens, der Objektbeziehungen und der Strukturierung des Verhaltens» zurück.[37] Es sind durchgehend Phantasien der Geborgenheit und des Schutzes, die sie aufsuchen, Familie, Mutter, Vater, eine Flucht aus der Wirklichkeit, der sie sich nicht stellen. Die Realität des Heimes taucht bei manchen der BewohnerInnen nur ab und an hinter dem Nebel auf.

Welche Zusammenhänge zwischen der Lebenssituation der alten Menschen und ihrem Weg in die Verwirrung[38] sind denkbar, und nachempfindbar? Was ist der Sinn der regressiven Tendenzen im Alter?

- Die gegenwärtige Lebenssituation, das Leben im Heim ist für sie unerträglich. Mit dem Eintritt ins Pflegeheim haben sie ihre gewohnte Umgebung, ihre eingeübten und liebgewordenen Tätigkeiten und ihre vertrauten Menschen (von einem Tag auf den anderen) verloren. Der Ersatz sind neue und von außen bestimmte Tagesabläufe, die Anwesenheit vieler fremder Menschen, eine ungewohnte Atmosphäre. Die Verluste können durch großes Be-

---

37 J. Laplanche, J.B. Pontalis, 1973, S. 436.

38 Nach Aussagen des Heimleiters sind 50 % der BewohnerInnen vollständig desorientiert, und zwar zur Zeit, zum Ort und zur eigenen Person. «Sie sind sehr sehr weit weg.» Die anderen sind zeitweise zeitlich und örtlich desorientiert. Nur von drei BewohnerInnen sagt er, daß sie eine für ihr hohes Alter angemessene oder sogar überdurchschnittliche geistige Leistungsfähigkeit besitzen (S 25).

mühen des Pflegepersonals oder mit Hilfe guter Standards in der räumlichen Ausstattung nicht ausgeglichen werden. Die neuen Verhaltensanforderungen überfordern. Die Kraft zur Gegenwehr reicht nicht mehr aus. Die Übermacht der (wohlwollenden) MitarbeiterInnen, Ärzte, Angehörigen ist zu groß. Der Einzug ins Heim reiht sich in eine Abfolge von vielen Verlusten ein, zu viele, um auch noch diese integrieren zu können.

- Das Nachlassen der Kräfte, die Krankheiten, die zunehmende Hinfälligkeit («sie spürt jetzt den inneren Zerfall»), die Todesnähe verletzen das eigene Selbstwertgefühl. Sie lösen narzißtische Kränkungen aus. Sie widersprechen dem narzißtischen Mythos von der Unversehrbarkeit des Körpers und dem der Unvergänglichkeit des Lebens.[39] In der Verkennung der Realität, auch der Realität der personenbezogenen Veränderungen, in der Verleugnung der abgelaufenen Lebenszeit liegt die Chance, die kränkenden Gefühle abzuwehren. Und Phantasien und Wünsche, in den Armen der Mutter geschützt und geborgen zu sein, mildern die Verletzungen der Gegenwart.
  Der drohende Verlust des Bewußtseins über die eigene Existenz erfordert die Konzentration auf das eigene Selbst und den Körper und das Ausblenden der umgebenden Ereignisse. Der alte Mensch zieht sich in sich zusammen, rollt sich in seinem Körper ein, um dem Auseinanderfallen, der Auflösung des eigenen Selbst zu entgehen, um sich seiner gewiß zu bleiben.[40]

- Die beständige Anwesenheit von Alter und Hinfälligkeit im Pflegeheim, das eigene hohe Alter und seine Beschwernisse, führen dem einzelnen mehr oder weniger bewußt vor Augen, daß das Ende des Lebens nahe herangerückt ist.
  Diese Grenze läßt den Blick bilanzierend zurückschweifen.
  In den Gesprächen, den kurzen Dialogen mit den BewohnerInnen gewinne ich den Eindruck, daß sie viele Geheimnisse mit ins Grab nehmen und daß die Verwirrung ihnen hilft, einige der Ereignisse, Handlungen, Gefühle, die mit der Lebensbilanz auftauchen (könnten), vor sich und anderen verborgen zu halten. Sie verlieren ihr Gedächtnis, sie brechen weitgehend eine für uns handhabbare Kommunikation ab und nur noch Bruchstücke des vergange-

---

39 Viele der BewohnerInnen erkennen sich nicht auf dem Foto, nicht einmal Frau Altmann, die doch völlig orientiert ist und die ihr Foto sehend ausruft: «Das bin ich doch nicht ich, das ist doch eine alte Frau!» Vgl. auch M. Teising, 1992, S. 76. «Ein normal entwickelter Narzißmus und entsprechend gestaltete Objektbeziehungen erlauben es hingegen, die Zeichen des Alters und seine Verluste ohne Verleugnung und ohne das Gefühl der vernichtenden Angst zu erleben.»; vgl. auch H. Kohut, 1979, und O. Kernberg, 1988 (a).

40 Ch. Scharfetter spricht von Ichkonsistenz- und Identitätsstörungen, denen über körpertherapeutische Verfahren begegnet werden kann. Ch. Scharfetter, 1989, S. 16 ff.

nen Lebens – oft in penetranter Wiederholung – tauchen an der Oberfläche auf.

Frau Altmann erzählt viel aus ihrem Leben und bewertet es auch: «Ich habe mein Leben gelebt . . . , und so könnte ich Ihnen erzählen, erzählen von meinem langen Leben und möchte es noch einmal leben».
Selbst Frau Altmann bewahrt ein Geheimnis, kommt immer wieder in Zusammenhang mit ihrem Vater darauf zu sprechen: «Wenn ich Ihnen erzählen würde, ich stamme, ich lüge nicht, . . . (hier bricht das Gespräch kurz ab) was ich war, das ist ein Geheimnis und ich erzähl's niemand.» (G 11/8)

Die fortdauernden Wiederholungen einer Geschichte, eines Gedankens einerseits und die häufig abstrus wirkenden Äußerungen und Verhaltensweisen andererseits weisen auf unbewältigte Ereignisse, die die Menschen aber weiterhin beschäftigen oder quälen. Sie sind meist von hoher Emotionalität begleitet, Veränderungen des Gesichtsausdruckes, Weinen, Unruhe, Zittern.

Warum kommt z. B. Frau Senefeld über den Tod ihrer Tochter, der schon lange zurückliegt, nicht hinweg? Quälen Frau Senefeld Schuldgefühle, weil die Beziehung zwischen Mutter und Tochter belastet war? War die Tochter ein unerwünschtes Kind, und die Tochter hat der Botschaft der Mutter Folge geleistet? Tagebuch

Wir können uns den verborgenen Geschichten auf dem Wege des szenischen und einfühlenden Verstehens und der Intuition nähern und auf diese Weise den Grad der Abstrusität der Geschichten für uns vermindern oder auflösen.[41]

Der Versuch, die Regression der alten Menschen zu interpretieren, einschließlich ihrer Ruhelosigkeit, ihrer Ängste, bestohlen zu werden, aber auch ihrer Vorstellung mit dem erzwungenen Heimaufenthalt bestraft zu werden, führen die Aufmerksamkeit vom individuell-privaten Raum auch zu den historischen Ereignissen dieses Jahrhunderts, in dem die Pflegebewohner ihr Leben verbracht und die ihre individuelle Biographie entscheidend geprägt haben.

41 In der Supervision von MitarbeiterInnen in der Altenarbeit erweist sich dies als äußerst hilfreicher Weg. Die MitarbeiterInnen erweitern ihr Verständnis für das Verhalten der BewohnerInnen und entwickeln daraufhin Verhaltensvarianten, die meistens zur Auflösung oder Milderung von Störungen in der Beziehung zwischen alten Menschen und MitarbeiterInnen führen. Die Möglichkeit eines unmittelbaren psychotherapeutischen Zugangs zu den alten Menschen ist bisher meiner Erkenntnis nach bei desorientierten Pflegeheimbewohnern selten versucht worden. Die positiven Erfahrungen, die in der Psychotherapie, Psychoanalyse mit älteren Menschen, einschließlich von Patienten mit Pseudodemenz, gemacht wurden, zeigen jedoch, welches Aufgabenfeld weitgehend brachliegt. Vielen Menschen könnte im Vorfeld schwerer psychischer und somatischer Erkrankungen geholfen werden. Vgl. H. Radebold, 1992; R.D. Hirsch (Hrsg.), 1994.

Die alten Menschen gehören einer «schwer traumatisierten Generation» an[42], und es fällt nicht schwer, die Belege dafür zu finden: zwei Weltkriege, Wirtschaftskrisen, Hunger, Tod, Vertreibung, Flucht, die Schreckensherrschaft und Ideologie des Nationalsozialismus, Holocaust – Erinnerungen an Bedrohungen, Krisen, Nöte und Verirrungen.[43]

Bestohlen werden

Viele Menschen sind um ihr Leben betrogen worden, Lebensmöglichkeiten wurden ihnen genommen, Beziehungen zerstört (z.B. durch Krieg, Kriegsdienst, «Heldentod», Vertreibung ...). Sie haben ihr Hab und Gut (mehrmals) verloren, Berufswünsche waren nicht zu realisieren, ihre körperliche und seelische Gesundheit (im Krieg, im Flüchtlingslager, im Konzentrationslager) nahmen großen Schaden. Für viele bedeutete auch der Zusammenbruch des Dritten Reiches Verlust der politisch-ideologischen Heimat, deren Bedeutung sofort nach dem Krieg vertuscht bzw. verdrängt werden mußte. Für Auseinandersetzungen und Trauer um die verlorenen Jahre und zerstörten Werte und Hoffnungen war kein Raum. Das Kriegsende brachte das schlagartige Ende aller nationalsozialistischen Träume. Nur ganz wenigen ist es damals gelungen, diesen Bruch im eigenen Verständnis klar und bewußt zu vollziehen, den Anteil der eigenen Schuld zu erkennen und einzugestehen. Die meisten suchten die Vergangenheit wie einen bösen Traum zu vergessen und zu verdrängen, so zu tun, als könnten sie von vorn anfangen. Gefühle wie Wut, Ärger, Trauer, Angst und Scham hatten keinen Platz in der Zeit unmittelbar nach dem Krieg. Angepackt wurde lediglich die Realebene. Sie waren erstaunlich erfinderisch, um das Überleben unter schwersten Bedingungen möglich zu machen und neue Strukturen des Lebens aufzubauen. Aber ein neues Verständnis von sich selbst konnte dabei noch nicht gewonnen und reflektiert werden. Dazu fehlte den meisten die seelische Kraft.

«Der Prozeß der Verleugnung und Verdrängung des nationalsozialistischen Gedankengutes und der dabei mitschwingenden Emotionen geschah so vollkommen und durchgängig, daß es heute, über 40 Jahre danach, schwere psychische Arbeit bedeutet, Erinnerungen aus der damaligen Zeit wieder zuzulassen, Bilder des Grauens wieder zu erleben und darüber zu berichten. Wenn dies

---

42 T. Moser in der die Dissertation begleitenden Supervision.

43 Frau Czerny verläßt ihr Zimmer nie. Ingeborg sagt dazu: «Zunächst war sie ja noch draußen, aber als sie untragbar wurde, blieb sie von da an im Zimmer. Seit über zwei Jahren ist sie nie mehr aus ihrem Zimmer herausgekommen ... Sie hat etwas aus der Zeit des Dritten Reiches nicht verkraftet. Manches von dem, was sie sich da zurechtlegt, stimmt wohl nicht. Aber wenn ich mir vorstelle, was sie so erzählt, dann verstehe ich, daß sie damit nicht fertig ist.» P 33/4.

geschieht, wenn Väter oder Mütter auspacken, dann ist es erstaunlich, wie gegenwärtig und greifbar die damaligen Begriffe, Namen, Orte, Ränge, erlebten Zwänge mit ihrer subjektiven Folgerichtigkeit werden. Der Zuhörer spürt, daß alles noch lebendig ist, aber völlig unsortiert und unverarbeitet.»[44]

Gleichzeitig lieferte die Ideologie des Nationalsozialismus mit seinen extremen Formen des Antisemitismus und der Verfolgung Andersdenkender z. B. im Bild vom «Ewigen Juden», der stiehlt und betrügt, ein glänzendes Muster wie eigene Unzulänglichkeiten und Schwächen durch Projektion abgewehrt werden können («Die Juden sind unser Unglück»).

Die Anderen, die nur Fremden, mit denen ich mich unversehens und unfreiwillig konfrontiert sehe, sind mein Unglück. Sie berauben mich meiner Lebensmöglichkeiten, rauben mir die Zuwendung des Pflegepersonals, nehmen mir das Essen weg, stehlen mir all meine Kraft und meinen Wert.[45]

Bestraft werden

Die Vorstellung vom Heimaufenthalt als Strafe verbindet sich leicht mit Sanktionen, die in der Kindheit und Jugend der BewohnerInnen noch ungebrochen gang und gebe waren: Arrest, Isolieren, Einsperren im Zimmer, Schuppen oder Keller, oder eben die Drohung bei Mißachtung der elterlichen Autorität, ins Heim gesteckt zu werden.[46]

Die alten Menschen bleiben mit ihren klagenden und weinerlichen Fragen nach dem Warum und mit der Beteuerung ihrer Unschuld (ich hab doch nichts getan) in dem System möglicher Schuld und verdienter Strafe kindlich gefangen. Wenn nicht einmal die eigenen Kinder aus dieser Situation erlösen, dann muß es doch einen Grund geben.[47]

---

44 M. Hecker, 1988, S. 189; vgl. auch A. und M. Mitscherlich, 1962; L. Rosenkötter, 1979, S. 1024 ff.

45 Die alten Menschen sehen sich unabhängig vom politischen Zusammenhang im Heim mit der alten familiären Geschwistersituation konfrontiert, mit Gefühlen von Konkurrenz, Neid, Liebesentzug, vgl. Kapitel 9.

46 Vgl. K. Rutschky (Hrsg.), 1977; M. Schatzmann, 1974.

47 Die Versorgung der Eltern durch die Kinder war in dieser Generation weitgehend noch ungeschriebenes Gesetz. Sie selbst hatten sich den eigenen Eltern gegenüber so verhalten, und so waren die Erwartungen an die nachfolgende Generation nahezu unerschütterbar. Den gesellschaftlichen Wandel in Richtung Mobilität und Individualisierung, an dem sie selbst beteiligt waren, haben sie nicht auf ihren Lebensstil im Alter bezogen. E. Beck-Gernsheim, 1993, S. 158 ff.

Ruhelosigkeit

Das Verschwimmen der Chronologie, die Unbeständigkeit des Ortes (zeitliche und räumliche Desorientierung) lassen zu, daß die Ereignisse des Lebens in wilder Abfolge präsent sein können: Kinderängste, Bombennächte, Hochzeiten, Beerdigungen, Bilder vom eigenen Tod, von Geburt, ... und sie als real und gegenwärtig gesehen werden. Die Gewißheit, daß die Dinge ihre Ordnung haben, geht verloren, sogar die Gewißheit, daß die Grundbedürfnisse befriedigt werden, schwindet.

Und die Pflegenden, die Angehörigen, können diesen inneren Wanderungen zwischen den Welten und Zeiten nicht ohne weiteres schützend folgen. Eine enorme Unruhe ist verständlicherweise die Folge.

Verharren

Und die Bewegungslosigkeit, die sich nicht allein in motorischen Einschränkungen, wie dem gehemmten Gang, den kleinen Schritten ausdrückt, sondern auch in der Starrheit der Körper, der eingefrorenen Gesichtszüge? Stauen sich hinter maskenhaften Gesichtern und den starren Bewegungen Gefühle, die früher oder jetzt keinen Ausdruck finden konnten und können?

Die aus der Psychosomatik bekannten Zusammenhänge zwischen Seele und Körper, zwischen psychischen Konflikten und Körpersymptomen bezieht sich nicht allein auf akute Krankheiten, sondern langfristig auch auf chronische Erkrankungen, auf Körperausdruck, Bewegung und Haltung.[48]

Das Konzept der Inkarnation[49] geht davon aus, «daß im Laufe der menschlichen Entwicklung der Leib durch seine Möglichkeit der Wahrnehmung (perzeptiver Leib) und Erinnerung (memorativer Leib) des Erlebens und der Erfahrung die Welt aufnimmt. Der Leib ist gemacht, die Welt aufzunehmen, und das, was aus dem ökologischen und sozialen Raum auf ihn zukommt, von ihm wahrgenommen und verinnerlicht wird, prägt ihn bis in die konkrete Haltung, Mimik, Gestik, Bewegung. Er nimmt nicht nur Worte, Berührungen und Blicke auf, nicht nur Zärtlichkeiten und Schläge, nicht nur Zuwendung und Zurückweisung, Pflege und Verletzung, er nimmt Atmosphären auf, speichert Bilder, Worte, Sätze, Geschichte, Szenen, Sequenzen, Stücke als Ein-Drücke, die ihn prägen.

... Defizite oder traumatische Erfahrungen – Vernachlässigung, Mißhandlung, Mißbrauch – können aber auch dazu führen, daß der Leib sich aus Bereichen des Körpers, die er schon mit Personalität erfüllt hatte, zurückzieht: Hände, die schlaff und leblos werden, Blicke, die gesenkt bleiben, Füße, die leise

---

48 Vgl. K. Singer, 1988; J. Cremerius, 1978.
49 M. Merleau-Ponty, 1965.

auftreten müssen, nicht mehr springen dürfen und dann irgendwann nicht mehr springen können.»[50]

Doch die alten Frauen und Männer, die sich in ihre Welt, in ihren Körper zurückgezogen haben, sind nicht alle erkennbar und nicht dauerhaft von Ängsten und Schmerzen geplagt. Sie wirken entspannt, in sich ruhend, meditativ, sie leben zeitweise oder kontinuierlich in einem tranceähnlichen Zustand, in dem die inneren Wanderungen weniger beunruhigend, angstbesetzt, (ver)zweifelnd, resignativ erscheinen.[51] Sie wirken ausgeglichen und zufrieden. Sie scheinen sich dem seelischen Zustand der «Integrität» angenähert zu haben: Sie akzeptieren ihren Lebensweg als ihren eigenen und einzigartigen, einschließlich aller Höhen und Tiefen, und sie übernehmen Verantwortung dafür. Sie söhnen sich mit den Menschen aus, die ihr Leben begleitet haben, besonders auch mit den Eltern. («... eine neue, eine andere Liebe zu den eigenen Eltern, eine Liebe, die frei ist von dem Wunsch, sie mögen anders gewesen sein, als sie waren.») «Obwohl ein solcher Mensch sich der Relativität der unterschiedlichen Lebensweisen bewußt ist, die dem menschlichen Streben einen Sinn gegeben haben, ist er nach Erlangung seiner Integrität bereit, die Würde seiner eigenen Lebensform gegen alle physischen und wirtschaftlichen Bedrohungen zu verteidigen. Denn er weiß, daß sein individuelles Leben die zufällige Koinzidenz nur eines Lebenskreises mit nur einem Segment der Geschichte ist; und daß für ihn alle menschliche Integrität mit dem eigenen Integritätsstil steht und fällt, an dem er teilhat».[52]

Von solchen Menschen sagt man landläufig – auch die MitarbeiterInnen im Heim –, daß sie ihren Frieden gefunden haben. Sie verabschieden sich vom Leben – manchmal über einen langen Zeitraum –, sie bereiten sich auf ihren Tod vor, sie leben in einem Zustand des akzeptierten Übergangs.[53]

Unter dem Blickwinkel des Abschiednehmens bekommt die Melancholie, die sich so häufig im Aufenthaltsraum ausbreitet ein anderes Gesicht.

---

50 H. Petzold, I. Orth, 1991, S. 120.

51 «Trance, schlafähnlicher Zustand mit deutlich eingeschränkter Ansprechbarkeit Umweltreizen gegenüber, vorherrschend von ungesteuerter Motorik und Mangel an Willkürbewegungen.», J. Drever, W.D. Fröhlich, 1971)
Diese Menschen wirken auf mich äußerst beruhigend und versöhnlich, beschwichtigen immer wieder auftauchende Zweifel am Sinn des Lebens (im Alter) und lassen die Ängste vor dem eigenen Sterben, Tod verblassen.

52 E. Erikson, 1966, S. 60 f. Die verspätete oder nicht vollzogene Ich-Integration drückt sich für E. Erikson in Todesfurcht und Verzweiflung über ein «verpaßtes Leben» aus, die sich hinter Ekel, Lebensüberdruß und Verachtung von Menschen und Institutionen verbirgt.

53 Frau Altmann, die im Gegensatz zu den meisten anderen BewohnerInnen noch Wünsche für das weitere Leben artikuliert, hat dennoch in ihrer Balance zwischen bejahendem Rückblick auf ihr Leben und Todeserwartung, ihr «Abschiedlichleben» deutlich werden lassen.

Neben den vielen Belastungen, die das Leben im Pflegeheim für viele mit sich bringt, finden die BewohnerInnen dort jedoch auch einen Raum, in dem ihre Trauer akzeptiert und aufgehoben ist.

Sie sind mit sich selbst beschäftigt, verfolgen ihre eigenen Erinnerungen, Gedanken und Gefühle, nehmen nur wenig Notiz voneinander und begeben sich doch in eine Art kollektive Trauer. Die Lieder, die sie gemeinsam hören oder singen, zeigen am deutlichsten diese Verbundenheit. Die Trauer um Verluste ist jedoch nicht nur überwältigender Schmerz, sondern zwangsläufig auch Erinnerungen an Wertvolles und Schönes, an das, was eben verlorenging.[54]

Und die jeden Besucher zunächst nur dumpf und depressiv anmutende Atmosphäre offenbart im Laufe der Zeit beruhigende und tröstende Seite.

So betrachtet, muß auch das Nichtstun, das Warten – ohne erkennbares, greifbares Ziel – nicht quälende Langeweile, nicht Stumpfsinn bedeuten, sondern verwandelt sich in eine Zeit der Meditation und der Besinnung.[55]

Schließlich lassen sich die Symptome der geschwächten Orientierung zur Zeit, zum Raum und zur Person auch als eine Form des Abschieds vom Leben im Leben verstehen. Das allmähliche Schwinden dieser Fähigkeiten kann ausdrücken: ich löse mich von meiner eigenen Person, ich löse mich von meiner Umwelt (ich verweigere es, meine mir nahestehendsten Menschen zu erkennen).

Zeit und Raum verflüchtigen sich im Nichts oder in der Ewigkeit. Könnte es sein, daß ein solcher Abschied in erster Linie den Zurückbleibenden zu einer großen Belastung wird, da ihnen eine lange Trauerphase aufgebürdet wird, während die Menschen unbeirrbar und gelassen die Schritte bis zu ihrem Ende gehen?[56]

---

54 Es sind ja nicht nur traurige Lieder, die sie hören und singen, sondern auch fröhliche aus ihrer Kinder- und Jugendzeit. Aber auch ihnen haftet eine Wehmut an.

55 In anderen Kulturen gehören die unbeschäftigt erscheinenden Menschen durchaus zum alltäglichen Bild. Alte Männer in Griechenland zum Beispiel: sie sitzen oft über viele Stunden auf dem Dorfplatz oder im Kafenion, reglos, stumm, vor sich hin schauend. Oder: Die türkische Sprache besitzt kein Wort für Freizeit. »Bos Zaman, wörtlich übersetzt, bedeutet allerdings «leere Zeit». Eine «leere Zeit» aber kann es im traditionellen türkischen Denken gar nicht geben. Es ist eine Art Sünde oder einfältige Dummheit, Zeit zu «verschwenden», antwortet Herr A.« in: G. Göckenjahn, H.J. Kondratowitz, 1988, S. 405 f.

56 Eine literarische Aufarbeitung dieser Erfahrung: Y. Inoue, 1987. Die Trauer um den Verlust – oder das Auflehnen dagegen – beginnt für Angehörige und Betreuende möglicherweise lange vor dem physischen Tod, nämlich dann, wenn die alten Menschen sich in die Verwirrung zurückziehen, wenn sie die Verbindung zu ihrem sozialen Umfeld emotional, geistig oder sprachlich aufgeben.

Ich sitze im Aufenthaltsraum. Es herrscht Stille. Wie meistens. Ich versuche meine Unruhe abzuschütteln, meine Gedanken um die Pflegeheimstudie, um das, was mich außerhalb des Heimes aktuell beschäftigt, Planung für die Woche, Erledigungen … Nach und nach fängt mich die Ruhe um mich herum ein und ganz andere Gedanken tauchen auf. Gemächliche. Was wird sein, wenn ich alt bin und Hilfe brauche? Was sind eigentlich die Wichtigkeiten in meinem Leben? Welche Ziele verfolge ich? Welche Linien zeichnen sich ab? Wie wird mein Leben weitergehen? Ein Stöhnen holt mich zurück ins Heim. Tagebuch

4. Die Konfrontation mit dem Heimalltag

Die alten Menschen wandern nicht nur durch ihre inneren Welten, sie sind ebenso mit dem Gegenwärtigen befaßt, nehmen die Ereignisse um sich herum wahr, sie beteiligen sich und setzen sich mit ihren MitbewohnerInnen und den MitarbeiterInnen auseinander. Das Gegenwärtige ist jedoch mit dem Vergangenen und dem Zukünftigen verwoben, denn im Handeln und Erleben des Augenblicks bündeln sich die Vergangenheit des Menschen und die auf die Zukunft gerichteten Phantasien.[57]

4.1 Rückbesinnung

«Das war die schönste Zeit in meinem ganzen Leben.»

Gespräch in einer kleinen Mitarbeiterrunde während einer kurzen Pause am Abend.
Ein Bewohner (Kurzzeitgast) gesellt sich dazu, drängt sich mit Berichten aus seinem Leben in den Vordergrund. Dabei wiederholt er – refrainartig – immer wieder: «Was ich alles durchgemacht habe, das könnt ihr euch gar nicht vorstellen.» (P 4/1)

Während einer Autofahrt berichtet Frau Beyer der Mitarbeiterin Mira und mir, daß sie im Krieg ein Jahr lang einen 1,5-Tonner, mit Bahlsenkeksen beladen, gefahren habe. Sie schildert ihre damalige Tätigkeit sehr anschaulich und beendet ihren Bericht mit dem Satz: «Das war die schönste Zeit in meinem ganzen Leben.» (P 7/2)

Frau Altmann zeigt mir wiederholt die Fotografien, die am Fußende ihres Bettes hängen, und weist mich ganz besonders auf ein Foto vom Stadtpark in E. hin, den der Vater seinerzeit angelegt und gestaltet habe. (P 40/2)

Frau Roman bastelt seit Wochen mit Papier und Pappe und unter Schweiß und Tränen an einem Modell ihres früheren Hauses (P 44/14).

57 Vgl. J. L. Moreno, 1972, S. 78–80.

Herr Marx, der neu im Heim ist, berichtet den MitbewohnerInnen mit ungewöhnlich lauter und fester Stimme aus seinem Leben. Aufgerichtet und mit erhobenem Haupt sitzt er in seinem Rollstuhl.[58] (P 26/3)

Die Rückbesinnung auf Vergangenes ist nicht nur Erinnerungsarbeit, Ich-zentrierter Aufenthalt in früheren Welten, Lebensrückschau, sondern sie besitzt auch ihren Wert für das Erleben der Gegenwart.

Die Erinnerung an die Leistungen, die man vollbracht, die Anerkennung, die man gefunden hat, schützen vor drohenden Selbstentwertungen, die die Folge der eingeschränkten Lebensmöglichkeiten im Heim, der zunehmenden Krankheiten, Leistungseinbußen, Hilflosigkeit sein können.[59] Mit der Erinnerung an die früher eingenommenen Positionen im Leben heben sich die alten Menschen voneinander ab, treten aus der Menge der grauen Köpfe hervor und demonstrieren ihre Einzigartigkeit gegenüber den MitbewohnerInnen und MitarbeiterInnen.[60]

«Was ich alles erlebt habe, das könnt ihr euch gar nicht vorstellen», in dieser Aussage steckt das Überlegenheit reklamierende Bewußtsein des längeren Lebens und der größeren Fülle der Erfahrungen gegenüber den Jüngeren.

«Was ihr immer sagt! Wenn ihr in meiner Lage wäret, würdet ihr auch so denken», schleudert Frau Senefeld einer Mitarbeiterin ins Gesicht, über die sie sich sehr geärgert hat. (P 27/1)

Auch die desorientierten BewohnerInnen nutzen dieses Medium – meist nur bruchstückhaft verstehbar – um ihren Wert zu präsentieren und die anderen daran zu erinnern, daß sie «auch jemand sind»[61]. Es mutet an, als ob sie sagen wollten: Jetzt bin ich zwar behindert, krank, von Hilfe abhängig, und mein Geist ist getrübt, aber ich war nicht immer so, «ich habe zehn Kinder großgezogen», «ich habe einen anständigen Beruf gehabt», «ich konnte sehr gut Mundharmonika spielen», «ich habe einen sehr guten Mann gehabt», «ich habe einen 1,5-Tonner gefahren» (ich, als Frau!) ...

58 Vgl. Kapitel 3.2.

59 Vgl. Reflexion 3.

60 Beim Betreten von Pflegeheimen gewinnen Außenstehende – und auch ich in diesem Pflegeheim – oft den Eindruck einer relativen Eintönigkeit des Anblicks, bei dem vor allem das Charakteristikum der Hinfälligkeit und Pflegebedürftigkeit in den Vordergrund tritt.

61 Im Heim, in dem die MitarbeiterInnen nur äußerst geringe Kenntnisse von der Biographie der BewohnerInnen haben (vgl. Kapitel 6.1), sind solche Präsentationen und deren oft unermüdliche Wiederholungen sehr wichtig und verständlich.

4.2 Perspektiven

Im Gegensatz zur beobachteten Rückbesinnung der BewohnerInnen, mit der sie die Gegenwart füllen und ihren Selbstwert gewinnen, fällt die Abwesenheit von an der Realität orientierten Plänen und Wünschen für die Zukunft, für die Zeit bis zum Tod auf.

Es sind nur wenige Äußerungen, die in diese Richtung weisen.

> Frau Altmann möchte 100 Jahre alt werden. (G 11/8)
>
> Sie erwartet und wünscht sich den regelmäßigen Besuch ihres Neffen. Als dieser nach einem längeren Urlaub von ihr sehnlichst zurückerwartet wird, kann sie vor Aufregung und Vorfreude kaum schlafen. (P 40/1)

Auch andere BewohnerInnen äußern gelegentlich, daß sie auf den Besuch ihrer Angehörigen warten. Doch dieses Warten ist – so jedenfalls der äußere Anschein – von Gleichmut geprägt. Wünsche nach Aktivitäten, die den BewohnerInnen eigentlich vertraut sind, da sie regelmäßig oder sporadisch angeboten werden, z. B. Ausflüge, Feste, Konzerte, Gymnastik, Musiktherapie werden nicht geäußert. Die Speiseplanbesprechung, in der die Wünsche der BewohnerInnen ermittelt werden, findet nur ein mühseliges Echo.[62]

Wünsche werden eigentlich nur im engen zeitlichen Rahmen geäußert, z. B. der Wunsch aufzustehen, oder ins Bett zu gehen, etwas zu essen oder zu trinken, Musik zu hören, zu baden, ... oder dies alles gerade nicht zu tun. Sie bewegen sich auch selten außerhalb der immer wiederkehrenden Tagesgewohnheiten. Um so mehr erstaunen die MitarbeiterInnen, als Herr Graf, von dem alle glauben, daß er im Sterben liegt, sich Cognac wünscht – und zwar von der besten Sorte. Die meisten BewohnerInnen – so wirken sie auf mich – reihen Stunde an Stunde, Tag an Tag, vollziehen mehr oder weniger bewußt die routinierten Tagesabläufe und die angebotenen Aktivitäten mit. Von ziellosem Warten erscheint mir ihr Dasein geprägt, oder vom Rückzug in andere Welten.[63] Erwarten die Menschen nichts mehr von ihrem Leben und wie nehmen sie die Gegenwart wahr?

---

62 Daß mir längerfristige Pläne und Wünsche während meiner Beobachtungszeit nur sehr selten begegnen, beweist jedoch noch nicht deren Nichtexistenz. Doch selbst das Schweigen darüber – vergleiche ich es mit anderen Äußerungen der BewohnerInnen und mit vermuteten Lebensweisen in früheren Jahren, in denen Pläne, Wünsche, Erwartungen, Befürchtungen die Gegenwart mitbestimmen – versetzt mich in Erstaunen. Offenbar richten sich die Wünsche der BewohnerInnen – wie das vorangegangene Kapitel zeigte – sehr intensiv auf Wünsche, die von der Realität des Lebens im Heim abgekoppelt sind.

63 Vgl. Kapitel 3.

4.3 Die alltäglichen Dinge

Morgendliche Pflege. Gang durch viele Zimmer der BewohnerInnen. Im Zimmer kommt mir ein penetranter Uringeruch entgegen. In diesem Zimmer gibt es kaum noch etwas Persönliches[64], mit Ausnahme des Kuscheltieres (eine Katze im Bett von Frau Kistner). Die Uhren im Zimmer sind stehengeblieben. (P 14/2)

Einzelzimmer, lieblos angehäufter Kram, ein Telefon, das nicht benutzt wird. (P 23/1)

Um das Bett herum Bilder, auf die niemand aufmerksam wird. Künstliche, verstaubte Blumen. (P 23/4)

Das Zimmer von Frau Groß und Frau Marek: ziemlich kahl, eine Ansammlung von Stühlen, Sesseln und Rollstühlen, ziemlich wahllos verstreut. (P 26/3)

Kargheit und Beziehungslosigkeit der Einrichtung und Dinge ist der vorherrschende Eindruck beim Betreten der meisten Zimmer. Zufällig sind die Gegenstände an ihrem Ort, die BewohnerInnen scheinen kaum Gebrauch von ihnen zu machen oder ihre Umgebung bewußt zu gestalten. Der persönliche Raum schrumpft bei den meisten der BewohnerInnen ohnehin nur auf das Bett und teilweise auf den Nachttisch zusammen. Die Handtasche, das Kuscheltier, eine bunte Decke oder Kopfkissen füllen hie und da das Bett und geben ihm eine persönliche Note.[65]

Einen individuelleren Anstrich haben die wenigen Einzelzimmer. Hier erweckt die Ausgestaltung der Räume eher den Eindruck, daß die BewohnerInnen von diesem ihrem Zimmer Besitz ergriffen haben.[66]

---

64 Anders betrachtet jedoch ist Urin und andere körperliche Ausscheidung und Ausdünstungen eine äußerst ‹private Entäußerung›.

65 Ein Tisch, zwei Stühle, ein oder zwei Sessel und Wandschrank sind neben Bett und Nachttisch die übliche Ausstattung der ansonsten relativ geräumigen Zweibettzimmer. Private Einrichtungsgegenstände sind selten, ein Fernseher zum Beispiel.

66 Diesen Unterschied empfinden offensichtlich auch die MitarbeiterInnen. Claudia (sozialpädagogische Jahrespraktikantin) äußert sich: «Wenn ich ein Einzelzimmer betrete, tue ich das im Bewußtsein, das Zimmer von Herrn X bzw. Frau Y zu betreten. Bei Mehrbettzimmern ist es das Zimmer des Heimes.» (P 29/4)

Beispiel: Die Kleidung

Frau Wicke leitet die Gymnastik an, eine große, schlanke Gestalt, modern gekleidet: wohltuend erfrischend gegenüber dem Grau der Bewohnerinnen, mit ihren dicken, verwickelten Strümpfen und altertümlichen Kleidern. (P 2/2)

Frau Groß wird angezogen, eine viel zu große Unterhose für die kleine, zarte Frau und eine viel zu große Strumpfhose. Kein Wunder, daß die meisten Frauen mit ‹ribbeligen› Strümpfen herumlaufen. Es sieht schlampig und lieblos aus. (P 23/3)

Das Anziehen von Frau Senefeld ist mühselig, weil Klaus mit den Frauenkleidern nicht zurechtkommt und ihr gedankenlos ein Kleid über die lange Hose anzieht. Erst als eine Kollegin interveniert, wird das wieder korrigiert. Die Haare werden einfach mit nassem Kamm nach hinten gekämmt, ohne Rücksicht auf die vielen Wirbel und die sonst übliche Frisur der Frau Senefeld.
Am Kleid, das um Frau Hut herumschlabbert, fehlt ein Knopf. «Na ja», kommentiert Markus. (P 31/2)

Frau Marek sitzt im Sessel, stumm und mit halb heruntergelassenen Strümpfen. (P 31/6)

Auffallend ist das ganz bunte Sommerkleid von Frau Marek, kräftige Farben, gleichzeitig trägt sie Winterstiefel. «Die anderen Schuhe sind total verpinkelt», erklärt eine Mitarbeiterin. (P 34/4)

Die BewohnerInnen sind weitgehend auf Hilfestellung beim Anziehen angewiesen. Sie nehmen keinen Anstoß an dem, was ihnen da übergezogen wird. Auch die MitarbeiterInnen haben sich weitgehend an die verrutschten Strümpfe, an die nichtpassenden Kleider gewöhnt. Nur in Extremfällen (Sommerkleid und Winterstiefel, Hose und Rock) merken sie auf.
Doch auch wenn die MitarbeiterInnen sich besondere Mühe geben, erreicht diese Aktion die BewohnerInnen nicht.

Die Kleider, die für Frau Becker bereitliegen, gefallen Manuela nicht. «Ich mag diese Sachen nicht.» Sie wählt mit Sorgfalt etwas anderes aus, macht Frau Becker richtig hübsch, mit Halstuch und Kette. Aber zwischen den beiden findet kein Gespräch darüber statt. Frau Becker reagiert nicht. (P 23/4)

Die Weise der Bekleidung scheint für die meisten der BewohnerInnen (und auch die MitarbeiterInnen) vorrangig zum Schutze ihres Körpers gebraucht zu werden und nicht auch dazu, ihn zu schmücken und die persönliche Note hervorzuheben.

Beispiel: Die Mahlzeiten

> Die BewohnerInnen werden zum Essen gebracht, ziemlich still verläuft die Mahlzeit, das Geklapper der Bestecke ist vorherrschend. Die meisten essen still und in sich gekehrt. Einige werden gefüttert.[67] (P 2/2)

> Abendessen. Anstrengung für alle, wieder an den Eßplatz gebracht zu werden, Zuteilung des Essens. Ruhiges Essen. Hie und da Ungeduld. (P 3/2)

> Das nachmittägliche Kaffeetrinken verläuft fast schweigend. Die meisten sitzen in sich gekehrt oder beobachten stumm ihre Tischnachbarn. Die Stille wird von Frau Beyer unterbrochen, die lautstark verkündet, daß sie aufs Klo gehen muß und nach dem Weg fragt. Dann flackert kurz ein Streit zwischen Frau Beyer und Frau Kistner auf. Ein sehr verhaltenes Gespräch an einem anderen Tisch. Sonst ist es still. Zwei MitarbeiterInnen teilen Kaffee, Milch, Zucker und Kuchen aus. Manche Tische haben eine Decke, andere nicht. (P 6/2)[68]

> Immer wieder die Frage von BewohnerInnen, wann es denn Mittagessen gibt. 25 Minuten vor dem Essen werden «die Leute auf ihre Stühle gesetzt». Sie warten. (Die Zeit vor dem Mittagessen wird von den MitarbeiterInnen «als Ruhe vor dem Sturm» bezeichnet.)
> Küchen- und PflegemitarbeiterInnen verteilen die Mahlzeiten vom Essenswagen aus großen metallenen Behältern. Das Mittagessen verläuft äußerst ruhig. Manche werden «gefüttert». Innerhalb von 20 Minuten sind alle mit dem Essen fertig. Die MitarbeiterInnen machen eine Pause. Die BewohnerInnen warten stumm an den ‹abgegessenen› Tischen, bis sie «abgelegt» werden (d. h. zum Mittagsschlaf in ihre Zimmer gebracht werden). (P 25/2)

Auch an der Art und Weise der Verköstigung nehmen die BewohnerInnen kaum Anstoß. Es ist Nahrungsaufnahme und kein kulturelles, soziales Ereignis, keine Genuß verschaffende Tätigkeit. Der mißratene Bienenstich einer-

---

67 In der Altenpflege wird das Wort ‹Füttern› durch ‹Essen-reichen› ersatzweise eingeführt, mit der zutreffenden Begründung, daß das Wort ‹Füttern› zu sehr an Säuglingsversorgung erinnert: ein hilfloser Versuch in meinen Augen, der die Tatsache des notwendigen Fütterns verschleiert. Im Heim wird nahezu ausschließlich der Begriff ‹Füttern› benutzt.

68 Auf meine Nachfrage, warum manche Tische ‹nackt bleiben›, antwortet eine Mitarbeiterin: «Das ist mir noch gar nicht aufgefallen. Ich weiß auch nicht warum. Man könnte natürlich alle Tische mit Tischdecken versehen, aber das macht dann so viel Arbeit.» (P 18/2)

seits oder das aus dem üblichen Rahmen herausragende und von den MitarbeiterInnen freudig begrüßte Waffelbacken andererseits findet nur eine sehr sparsame Honorierung.

Zugleich bieten die Mahlzeiten die wichtigste Orientierung im Tageslauf. Sie werden als Ereignisse herbeigewünscht (einschließlich der Frage, was es denn zu essen gibt) und von manchen mit großer Ungeduld erwartet. So gibt es auch immer wieder Beschwerden, nicht rechtzeitig oder ausreichend Essen zu bekommen.

> Frau Marek ißt in ihrem Zimmer, weil sie sich nicht beherrschen kann, anderen das Essen wegzunehmen. Sie ist öfters unterwegs, um im Zimmer von MitbewohnerInnen Eßbares zu entdecken.
> Oder Frau Hut. «Sie hat schon nach dem Kuchen gegriffen, bevor ich mit dem Schneiden zu Ende war», flüstert mir Ingeborg amüsiert zu. (P 33/4)

Die alltäglichen Dinge sind für die meisten der BewohnerInnen auf ihren unmittelbaren Nutzen reduziert.

Am ‹Surplus› des Raumes, des Essens, der Bekleidung, an allem schmückendem und ergänzendem Beiwerk, das Freude an den Dingen im alltäglichen Leben, das Wohlbefinden und Genuß ausdrückt, scheinen die BewohnerInnen kein Interesse zu finden.

Als überaus karg und armselig erlebe ich die Gestaltung der alltäglichen Dinge, so daß gleichzeitig sowohl der Wunsch nach Distanz von dieser reduzierten Lebenswelt auftaucht, als auch der, die Situation tatkräftig zu verändern.[69] Tagebuch

Aber wären Veränderungen im Sinne der BewohnerInnen, entsprächen sie ihren Vorstellungen? Woher kommt ihr Desinteresse?

Ist es eine Reaktion auf die notwendige, aber unerwünschte Unterbringung in einer Institution und ihre beschränkten Lebensmöglichkeiten? Resignation also und mangelnde Energie, sich gegen die Einschränkung zu wehren? Oder empfinden die BewohnerInnen die Nichtigkeit aller ‹Eitelkeiten›, allen überflüssigen ‹Tands und Flitters› angesichts des nahen Todes? Haben sie sich bereits von den weltlichen Dingen abgewendet?[70]

---

69 Entsprechend verstehe ich auch die Aktivitäten wie das Waffelbacken. Die MitarbeiterInnen starten sie, um vor allen Dingen sich selbst Freude zu machen. Sie helfen, die Kargheit zu ertragen.

70 Das Interesse an dem, was außerhalb des Heimes geschieht, z. B. Politik und Weltgeschehen, ist ebenfalls – wie im Kapitel 2 aufgezeigt – stark reduziert.

4.4 Höhepunkte im Heimalltag

«Das ist wenigstens eine Abwechslung.»

Die alltäglichen Routinen, also Aufstehen, Waschen, Pflegehandlungen, Mahlzeiten, Schlafengehen werden durch regelmäßig angebotene Aktivitäten (vorwiegend in Gruppen) oder besondere Ereignisse, Veranstaltungen unterbrochen (Ausflüge, Feste, Konzerte, Ausstellungen).[71]

Beispiel: Gymnastik

> Frau Wicke bietet Sitzgymnastik an. Die Frauen sitzen im Kreis. Manche sind intensiv dabei, manche schauen nur zu oder lassen sich händeklatschend oder fußtretend vom Rhythmus der begleitenden Musik anstekken. Mehr Anstrengung als Freude ist auf den Gesichtern abzulesen. Gegen Ende holt das Telefon Frau Wicke abrupt aus dem Kreis. Die alten Frauen machen mit wechselnden Bewegungen weiter, als hätten sie diese bereits einprogrammiert. (P 2/2)

> Die Stühle für die Gymnastik werden von den MitarbeiterInnen aufgestellt. Einige der BewohnerInnen reagieren auf das Signal, andere werden zu den Stühlen gebracht. Zwischendurch beratschlagen die MitarbeiterInnen und zwei BewohnerInnen, wer wohl mitmachen wird, welche Stühle an welchen Platz gehören.
> Eine Mitarbeiterin: «Macht jetzt Gymnastik, damit ihr lange beweglich bleibt.»
> Eine Bewohnerin: «Das ist wenigstens eine Abwechslung.»
> Eine andere Bewohnerin: «Viertel Elf ist's, da rückt das Mittagessen näher.» (P 25/1)

> Zu Beginn der Musik tanzt eine Bewohnerin (aus der Wohnanlage) in der Mitte des Stuhlkreises.
> Frau Wicke: «Gell, Sie können noch im Stehen Gymnastik machen.» Worauf sich die tanzende Bewohnerin – etwas beschämt – sofort wieder hinsetzt. Ernste, fast unbewegliche Gesichter während der Sitzgymnastik. Frau Vogel reagiert nur ab und zu ganz leicht mit den Händen oder Füßen. Ansonsten hat sie die Augen geschlossen, erscheint abwesend. (P 25/1)

---

71 Regelmäßig finden statt: täglich Sitzgymnastik, einmal wöchentlich Musiktherapie, etwa alle 14 Tage ein Kaminabend (Vorlesen, Erzählen), sporadisch, aber immer wiederkehrend Vorlesen aus der Zeitung, Einkäufe, Cafébesuche.

Die Gymnastik wird zwar als angenehme Unterbrechung angesehen, reiht sich aber durch ihre Regelmäßigkeit in die Alltagsabläufe ein, wird routiniert abgewickelt. Als Frau Wicke über mehrere Wochen abwesend war, übernahm eine der BewohnerInnen in sehr verhaltener Weise die Anleitung der Gymnastik, und besonders da zeigte sich, daß die Bewegungen bei den meisten der TeilnehmerInnen bereits gewohnheitsmäßig ablaufen.[72] Die Routine reicht soweit, daß der Impuls einer Bewohnerin, diese mit ihrem Tanz zu unterbrechen, von der Leiterin ohne Kommentar, Protest auch der anderen BewohnerInnen gestoppt werden kann.

Beispiel: Vorlesen und Singen

> Eine Mitarbeiterin liest aus der Zeitung vor, einen lustigen Artikel über den Start des Winterschlußverkaufes, aber nur Frau Roman reagiert auf die Einladung der Mitarbeiterin zum Gespräch. Danach kommt ein Artikel über Martin Schongauer[73], niemand scheint wirklich Notiz davon zu nehmen. Eine leichte Unruhe entsteht (auch von außen, da die anderen MitarbeiterInnen nicht darauf achten, daß noch Lesestunde ist) und immer wieder die Frage, wann es denn Mittagessen gibt. (P 25/2)
>
> Claudia liest lustlos aus der Zeitung vor, weiß nicht so recht, was sie vorlesen soll, liest mit gelangweilter Stimme etwas vom ausgefallenen Fasching vor. Ratlosigkeit verbreitet sich, und mitten im Lesen fordert eine Bewohnerin eine andere auf: «Setzen wir uns schon mal an unseren Platz, (an den Mittagstisch) kommen Sie mit?» (P 28/2)
>
> Es empfängt mich Volksliedersingen mit Gitarrenbegleitung. Anette versucht durch kräftiges Mitsingen und ermunternde Worte die alten BewohnerInnen zum lebhaften Mitsingen und Liederauswählen zu bewegen. «René (Zivildienstleistender) allein schafft das nicht so. Er kann die Stimmung nicht halten», bemerkt Anette. Ein Teil der alten Menschen ist freudig beteiligt, andere nur sehr sporadisch und zurückhaltend. In den ‹hinteren Rängen› dösen andere oder schauen ununterbrochen auf einen (inneren?) Punkt. (P 3/1)

72 Als beim Mitarbeiter-Kaffee besprochen wurde, wie die Gymnastik während der Abwesenheit von Frau Wicke aufrecht erhalten werden kann, äußerte sich Frau Wicke: «Frau Roman macht das schon, es kommt ja nicht so darauf an.» (P 6/3)

73 Martin Schongauer, Kupferstecher und Maler, 1425–1453

> Frau Wagner, die frühere Heimleiterin, hat eine Gruppe zum Singen zusammengestellt. Ohne eine forcierende Unterstützung ist das Singen kläglich. (P 4/1)

Die BewohnerInnen sind in ihrem Engagement für die angebotenen Aktivitäten sehr stark auf den Einsatz und die intensive Zuwendung der MitarbeiterInnen angewiesen. Lustlosigkeit, geringe Anstrengung der MitarbeiterInnen wird mit Desinteresse beantwortet.

Wenig motivierend wirkt auch, daß die BewohnerInnen, die sich auf die Angebote einlassen, meist von einem Kreis Unbeteiligter umgeben sind.

Beispiel: Musiktherapie

Entsprechendes gilt für die Musiktherapie. Mit viel Engagement unterstützen die MitarbeiterInnen die Musiktherapeutin, die einmal wöchentlich ins Heim kommt, und messen dieser Veranstaltung große Bedeutung zu. Sie versuchen die BewohnerInnen auf unterschiedliche Weise für die Musiktherapie zu gewinnen, und sie werben um sie.[74] Doch auch hier reagieren die BewohnerInnen sehr zurückhaltend, lassen sich nicht mitreißen. Nur bei den vertrauten Liedern tauen sie ein wenig auf.

Beispiel: Ausflug

Ereignisse, die in besonderer Weise aus dem Alltag des Heims herausragen, sind Ausflüge.[75]

> Mit dem Kleinbus ist ein Ausflug nach B. geplant und von dort aus eine zweistündige Schiffahrt. Zwei BewohnerInnen sitzen schon seit einiger Zeit abfahrbereit und erwartungsvoll vor dem Eingang des Heimes. Das Wetter ist schön.
> Kurz vor der Abfahrt sieht es so aus, als kämen nur noch zwei weitere BewohnerInnen mit. Die MitarbeiterInnen sind enttäuscht und starten noch einmal eine ‹Werbekampagne› bei den alten Menschen. Schließlich wächst die Zahl der Mitfahrenden im letzten Moment und mit viel Überredungskunst doch noch auf sieben an ... Die meisten müssen sich sehr anstrengen, um mit Hilfe den Bus zu besteigen. Ganz ruhig und ohne erkennbare (Vor-) Freude sind sie am Geschehen beteiligt ...

---

74 Vgl. Skizze: Musiktherapie im Anhang.

75 Weitere Höhepunkte: Weihnachtsfest, Sommerfest, Konzerte, Ausstellungseröffnungen, die in unregelmäßigen Abständen veranstaltet und zu denen Angehörige und Besucher von außen eingeladen werden.

Ankunft in B. Ein schönes großes Schiff liegt vor Anker, aber der Kapitän ist nur zu einer Fahrt bereit, wenn 25 Personen mitfahren. Es entsteht eine ungewisse Wartezeit von etwa 45 Minuten. Geduldig und ruhig bleiben die BewohnerInnen, während die MitarbeiterInnen aufgeregt damit beschäftigt sind, Passanten für die Schiffahrt zu gewinnen. Es gelingt nicht. Die Schiffahrt fällt ins Wasser, wieder kein Wort des Unmuts oder Ärgers, nur vereinzelt ein leichtes Bedauern.

Der Vorschlag von Mira, als Ersatz in ein Café zu fahren, findet ein nur verhaltenes Echo. An der Gaststätte angekommen, ist es wiederum mühselig auszusteigen und die notwendigen Toilettengänge zu erledigen. Schließlich sitzen alle an einem langen Tisch und bestellen – selbst oder mit Unterstützung der Mitarbeiterin – Kaffee und Kuchen.

«Ich will eine Schorle, Kaffee kann ich auch zu Hause haben», ruft eine Bewohnerin mit Nachdruck.

Die BewohnerInnen sind wesentlich lebhafter als beim Kaffeetrinken im Heim. Sie loben den guten Käsekuchen und kommen immer wieder ins Gespräch miteinander. ...

Wieder im Heim angekommen, äußert Frau Senefeld, daß sie froh ist über den Ausflug, und Frau Beyer drückt mehrmals ihr Bedauern aus, daß die Schiffahrt ausgefallen ist. Die anderen reagieren erst mit Zustimmung (oder Wiederholung der Worte) auf die rhetorische Aussage von Mira: «Das war doch ein schöner Ausflug!» Froh sind manche, wieder im Heim zu sein, der Ausflug scheint schon wieder vergessen. (P 7/2)

Als am nächsten Morgen Mira eine der MitfahrerInnen nach dem Ausflug fragt, kann sie sich nicht mehr daran erinnern. (P 8/2)

Das besondere Ereignis ‹Ausflug›, von den MitarbeiterInnen mit einigem Aufwand vorbereitet, wird von den BewohnerInnen recht verhalten aufgenommen. Es kostet offensichtlich Überwindung und Anstrengung, den gewohnten Rahmen und die gewohnten Abläufe zu verlassen.[76] Gleichzeitig eröffnete die neue Umgebung, so im Café, Gesprächsanlässe und läßt eine gewisse Freude aufkommen, die jedoch schnell wieder zu versiegen scheint.

---

76 Beim Sommerfest, an dem die BewohnerInnen und Gäste laufend mit vielen Köstlichkeiten, vom Kuchen bis zum warmen Abendessen, in ungewohnter Weise (im Garten vom Büffet aus) bedient werden, bestand eine Bewohnerin aggressiv (sie schlug mit dem Stock um sich) mit der Serviettentasche unterm Arm, auf ihr Abendessen zur gewohnten Stunde und am vertrauten Platz. Auf Erklärung und Zureden der Mitarbeiterin reagierte sie nur böse: «Dann muß ich eben verhungern» und verschwand wieder in ihrem Zimmer. (P 43/3)

4.5 Begegnungen

Frau Vogel, die meist mit gesenktem Kopf und vor sich hindämmernd still im Aufenthaltsraum sitzt, wird während des Kaffeetrinkens von Holger gefüttert. Zunächst reagiert Frau Vogel sehr abweisend, aber Holger läßt nicht locker, scherzt mit ihr, krault ihr liebevoll den Nacken und gewinnt ihr ein frohes Lächeln ab. (P 46/6)

Eine Bilderausstellung wird eröffnet. Nur wenige BewohnerInnen und BesucherInnen sind anwesend. Die Worte des Heimleiters und der Künstlerin erreichen die BewohnerInnen nicht (der Heimleiter spricht nur in eine Richtung und die Künstlerin selbst zu leise). Später nehmen die anwesenden MitarbeiterInnen einzelne BewohnerInnen zum Rundgang mit. Oft verharren sie lange vor einem Bild, tauschen sich aus – es sind Bilder intensiver Begegnung vor den Bildern. (P 15/1)

Ein Sommerabend: Jessica will mit Frau Reukauf ins Eiscafé gehen. Eigentlich wollte sie auch Frau Beyer mitnehmen, die aber nicht mitgehen will. Frau Reukauf freut sich, ein Lächeln huscht über ihr Gesicht. Jessica freut sich auch: «Da gibt es immer so gutes Eis.» (P 45/1)

Ein deutlich anderes Verhalten, eine erhöhte Präsenz in der Gegenwart zeigen die BewohnerInnen, wenn sich die volle Aufmerksamkeit der MitarbeiterInnen exklusiv auf sie richtet und sie diese nicht mit anderen teilen müssen. So zeugen auch Gespräche des Heimleiters und anderer MitarbeiterInnen, in denen die Belange der BewohnerInnen (die mögliche Umsiedlung vom Pflegeheim ins Wohnheim) oder über Sorgen der BewohnerInnen (Ängste, den Heimaufenthalt nicht bezahlen zu können) von einer großen psychischen Dichte und einem hohen Realitätsbezug.

Überfordert die Gruppensituation die meisten der BewohnerInnen, sind es zu viele Reize, die sie verarbeiten müssen, oder fühlen sie sich in der ‹Masse› nicht angesprochen, nicht gemeint?

Das eine oder andere Mal singt die völlig desorientierte Frau Marek «Oh, wie wohl ist mir am Abend». Meint sie ein Wohlbefinden, das aus der Gegenwart resultiert oder befindet sie sich in einer anderen Welt?

4.6 Selbstbilder

«Ich habe hier meine Ruhe, und das ist gut so.»

Wie schon im vorangegangenen Kapitel angesprochen, erkennen sich die meisten der BewohnerInnen auf Portraitfotos nicht bzw. zeigen geringes Interesse daran.

Frau Müller wird sogar böse, als auch ihre Tischnachbarin sie davon überzeugen will, daß dies ein Foto von ihr ist. Frau Roman und Frau Henninger konzentrieren sich nach kurzem Erkennen sofort auf die Details, die sie auf dem Foto entdecken: den Kalender an der Wand, den Rollstuhl, die Tischdekke, ... (P 49/4)[77] Für einige jedoch bietet die Präsentation des eigenen Fotos ein Auslöser, über die eigene Situation zu sprechen.

> Ich lege Frau Müller das Foto vor, sie scheint sich für einen kurzen Moment zu erkennen[78]. Sie meint, daß es ein schönes Bild sei.
> «Jetzt geht es mir schon wieder besser.» Sie steckt das Foto sofort schützend in die Serviettentasche und beginnt zu erzählen, was ihr alles wehtut, wie krank sie ist, ...
> «Wenn man nicht mehr so kann, geht's eben nicht mehr ... das ist eben so, wenn man alt ist.»
> Ich frage sie nach ihrem Alter und sie meint, daß sie schon über 100 Jahre alt sei. Nach einer Pause erzählt sie mir von ihren Kindern, ihren Enkeln, besonders von der Tochter, die selbst sehr schlecht dran sei: «Sie kann fast gar nicht mehr kommen.» Sie wiederholt letzteres immer wieder und läßt ihre Gedanken zunehmend hinter unverständlichen Worten und Sätzen verschwinden. Meine Nachfragen erreichen sie nicht mehr. Ihr Gesichtsausdruck ist betrübt. (P 49/3)

Die BewohnerInnen reagieren mit Befremden auf ihr Foto, mit Ablehnung, mit Ablenkung oder sie stecken es schnell weg. Haben sie den Ablauf der Zeit, der sich auch an dem Äußeren ihrer eigenen Person realisiert, nicht nachvollzogen «Ich bin doch keine alte Frau», ruft Frau Altmann empört. Sind sie sich selber fremd geworden? Ist es ihnen unangenehm, sind sie verletzt, daß ihnen so schonungslos ihre Situation vor Augen geführt wird? Oder nur irritiert?

---

77 Von den meisten der BewohnerInnen habe ich – ihr Einverständnis einholend – ein Portraitfoto gemacht, das ich ihnen später schenkte. Ursprünglich hatten die Fotos nur den Zweck, für die Zeit der Auswertungen meiner Erfahrungen im Heim meine Erinnerungen lebendig zu halten.

78 Kurze Zeit später wehrt sie sich vehement dagegen, siehe oben.

In Frau Kistners Gesicht blitzt, als sie ihr Foto in die Hand nimmt, kurz Stolz auf, aber unmittelbar darauf zettelt sie einen Streit mit ihrer Nachbarin an und erzählt eine schwer verständliche Episode aus ihrem früheren Leben. (P 49/4)

Ist mit der Ablehnung, sich mit dem Ebenbild der Gegenwart zu konfrontieren, es höchstens oberflächlich zur Kenntnis zu nehmen, auch eine weitgehende Verweigerung verbunden, sich in die Belange des Versorgtwerdens und die Ordnung des Tagesablaufs einzumischen? Geben sie nicht nur das realitätsbezogene Selbstbild auf, sondern auch den Einfluß auf die Gestaltung ihres weiteren Lebens?

«Wir können keinen Schritt weiterkommen, wir müssen uns in unser Schicksal fügen», sagt Herr Dupois zu seiner Tischnachbarin. (P 42/2)

Herr Weinert ist erst seit gestern im Heim (Kurzzeitpflegegast). Er kann sich kaum noch aus eigenem Antrieb bewegen, nur noch den Kopf. Er versucht, etwas mitzuteilen, in einem weinerlich, traurigen Tonfall. So sehr sich auch Mira bemüht, sie kann ihn nicht verstehen. Nach mehreren fruchtlosen Anläufen, sich verständlich zu machen, sagt er schließlich: «Es ist alles gut.» (P 8/1)

Frau Czerny lebt wie in einer Enklave. Sie verläßt ihr Zimmer nie. Sie sitzt in ihrem Sessel, raucht viel, ist mit Bergen von Zeitschriften umgeben.
«Da habe ich meine Ruhe, draußen gibt es nur Streit und Gerede. Außerdem kann ich nicht gut laufen und würde den Pflegerinnen doch nur zur Last fallen. Was da draußen so alles umeinandergeredet wird, nein, das möchte ich nicht.»
Auf meine Bemerkung, daß sie sich in ihrem Zimmer offensichtlich ganz wohl fühle, antwortet sie: «... was heißt schon wohlfühlen, aber so ist es das Beste. ...
Das wichtigste – früher hat man immer geglaubt, es gebe das wichtigste, jetzt ist das vorbei. Ich habe hier meine Ruhe, und das ist gut so.» (P 37/2)[79]

Worte und Zeichen des sich Einfügens in die Gegebenheiten des gegenwärtigen Lebens sind kontinuierlich zu hören. «Das ist eben so.» Sie reichen von

79 Die MitarbeiterInnen berichten mir bei anderer Gelegenheit, daß Frau Czerny sehr aggressiv werden kann. «Es gab viele Streitereien im Speiseraum, da hat sie sich, weil sie mit den anderen nichts zu tun haben wollte, in ihr Zimmer zurückgezogen.» Frau Czerny beachtet nicht, was im Heim vorgeht, wird aber auch von den MitarbeiterInnen kaum beachtet und nur mit dem Notwendigsten versorgt. Die ungeheuren Rauchschwaden, die Frau Czerny in ihrem Zimmer verbreitet, machen ein Verweilen für andere darüber hinaus unerträglich und schaffen die gewünschte Distanz. (P 31/4)

einer eher resignativen Tönung bis hin zur nüchternen Einschätzung. Diese Haltung mischt sich auch in Reaktionen der BewohnerInnen auf die Anforderungen der MitarbeiterInnen: «Dann machen sie halt, wie sie es denken! ... Es muß eben sein.»[80]

> «Als wir mal für das Kaffeetrinken die Sitzordnung ändern wollten, reagierten die BewohnerInnen ärgerlich und bestanden auf ihren Plätzen. Es war ganz schön schwer, das einzuführen. Die Leute wollten erst gar nicht, wurden richtig böse, auch wenn sie selbst nicht ihren Platz verlassen mußten,» berichtet Claudia. (P 18/2)

> Frau Beyer sitzt schon eine Weile, nur noch mit Unterhemd bekleidet, frierend auf dem Bett. Sie wird aufgefordert, sich schon einmal die Strümpfe anzuziehen. Ihre Reaktion: «Das mach ich nicht, das kann ich nicht, das hat noch nie jemand von mir verlangt, wo kommen wir denn da hin.» (P 23/4)

Aufbegehren ist selten. In der Regel lassen sich die BewohnerInnen auf die Ordnungen des Tagesablaufs und die Vorschläge der MitarbeiterInnen ein.[81] Nur das Aufgeben von eingeübten Gewohnheiten fällt eben schwer.

Daß dieses Sich-Einfügen nicht ohne weiteres gelingt, bzw. ein Lernprozeß bedeutet, darauf verweisen Äußerungen und Verhaltensweisen neuer Bewohner. Sie weisen auf die Diskrepanz zwischen dem bisher gewohnten Leben und den Regelungen und Anforderungen im Heim hin.[82]

Es gibt jedoch Möglichkeiten, eine aktive Auseinandersetzung mit den MitarbeiterInnen zu vermeiden und sich trotzdem den Realitäten des Heimes weitgehend zu entziehen oder dem Ziel der eigenen Wünsche näherzukommen: Frau Schneider klagt fortwährend über Schmerzen und Krankheiten. Sie bleibt über Wochen in ihrem Zimmer, meist auch in ihrem Bett.[83] Frau Joka nutzt ihren kranken Fuß, um im Zimmer bleiben zu können. Frau Igel wird es schlecht und schwindelig, wenn Anforderungen an sie gestellt werden.[84]

Sich ins Schicksal zu fügen, erscheint als die vorherrschende Grundstimmung. Selbst das Nachlassen ihrer geistigen und körperlichen Vitalität, das die BewohnerInnen nachhaltig beschäftigt, wird bedauert, aber doch letztlich hingenommen.

---

80 P 28/3. Hier findet sich die gleiche Grundhaltung, die sich in einem Vers eines Liedes ausdrückt, das ein Seniorenchor während des Sommerfestes darbietet: «Seid froh und untertan, wenn man auch oft abseits steht, das Alter ist trotzdem wunderschön.» (P 43/3)

81 Beobachtungen hierzu: vgl. Kapitel 4.3 und Kapitel 9.

82 Vgl. Kapitel 2.2.

83 Die MitarbeiterInnen schätzen ihr Verhalten als Hypochondrie ein, da alle herbeigerufenen Ärzte bei ihr nichts finden.

84 Die MitarbeiterInnen bewerten dieses Verhalten als Schauspielerei.

In einem Gespräch des Heimleiters mit einer kleinen Gruppe von BewohnerInnen, in denen der Heimleiter anmerkt, daß er im letzten Jahr krank gewesen sei, äußert sich eine der BewohnerInnen: «Aber jetzt geht es Ihnen wieder richtig gut?» Eine andere: «Ja, wenn man noch jung ist! Bei uns bleibt alles, wie es ist, das wird nicht besser. Die Ärzte können uns auch nicht wieder jung machen.» (P 15/1)

Claudia hat zum «Rätselspaß» eingeladen. Während des Spiels sind immer wieder Kommentare zu hören: «Das können wir nicht mehr.» «Ich höre ja gar nichts, das hat keinen Zweck.» «Das ist zu hoch für uns.» «Eine Schande, daß wir das nicht wissen.» (P 27/2)

Reflexion 4
Auf der Suche sein

«So ist das eben, wenn man alt ist. Schicksal nennt man das. Mir schwimmt alles weg. Wenn alles weit weg ist, spür ich es auch nicht mehr.»[85]

Es ist merkwürdig: die Schlüssel zum Verstehen liefern gerade diejenigen unter den BewohnerInnen, die stark desorientiert sind, mit denen eine ‹normale› Konversation nicht mehr möglich ist.

Die Reduktion von Gegenwart

Wie Beobachtungen und Nachdenken über die ‹inneren Welten› zeigen, leben die alten Menschen weitgehend fern der Gegenwart oder deuten sie auf eine Weise, daß sie sich in ihre inneren Systeme einfügt. Trotzdem drängen sich Ereignisse der Gegenwart, Rahmenbedingungen des Heimes, Existenz und Anforderungen der anderen BewohnerInnen und der MitarbeiterInnen als gegenwärtig in ihr Bewußtsein.

Eine klare Unterscheidung zwischen Vergangenem und Gegenwärtigem scheint jedoch für viele der BewohnerInnen nicht möglich zu sein, so daß die gegenwärtigen Ereignisse nicht mehr zu greifen sind. «Mir schwimmt alles weg.»

Die Gegenwart, die man darüber hinaus aufgrund subjektiv erlebter und objektiv gegebener Schwäche und Behinderung einerseits und vorgegebener institutioneller Bedingungen nicht mehr kontrollieren kann, auf die man bewußt gestaltend kaum einen Einfluß mehr hat, verliert an Bedeutung.

Die alltäglichen Dinge (Kleidung, Essen, ...) sind angesichts der Größe und der Vehemenz des Vergangenen unwesentlich. Die Gegenwart kann verglichen mit den Leistungen und Erfahrungen der Vergangenheit nicht bestehen.

Die Konzentration richtet sich auf primäre, leibnahe Bedürfnisse, Nahrung, Wärme, Berührungen (weiche Kissen, Decken, Kuscheltier – als Ersatz?) oder auf wenige Gegenstände, die Ausdruck der eigenen Biographie sind und Individualität symbolisieren (Fotos, Handtasche).

---

85 Frau Groß, P 18/3.

Diese werden auch eingeklagt oder massiv verteidigt: das Pochen auf pünktliche Mahlzeiten, das Begehren nach Essen, die Anforderung nach exakten Arrangements von Decken, Kissen und Kuscheltieren in den Betten.[86]

Mit hoher Konzentration wachen manche über die letzten persönlichen Dinge. Heftige Affekte und Streit entzünden sich am ehesten um die Verteidigung dieser elementaren Bedürfnisse. Wut, Neid, Gier brechen auf, aber verschwinden, verpuffen schnell. Die Energie und Fähigkeiten reichen nicht aus, um die eigenen Bedürfnisse produktiv ins Gespräch zu bringen, und sie für dauerhafte Veränderung der Situation zu nutzen.

Es entsteht eine gedämpfte Atmosphäre, die weitgehend von Gleichmut und Gelassenheit geprägt ist. Emotionen bleiben unter der Oberfläche. Von ihrer Existenz zeugen jedoch die kurzen Eruptionen, deren Vehemenz ein Hinweis darauf sein kann, wie sehr die Gefühle unterdrückt oder abgewehrt werden. «Mir schwimmt alles weg, dann spüre ich auch nichts mehr.»

Und wieder tritt die Frage auf: Ist die Reduktion der Gegenwart auf unmittelbare körpernahe Bedürfnisse, die weitgehende Abwesenheit von zum Ausdruck gebrachten oder empfundenen Gefühlen eine Reaktion auf die schwierige, belastende, unerträgliche Lebenssituation im Alter, im Pflegeheim (Auswirkung sozialer und gesellschaftlicher Verhältnisse) und somit ein Selbstheilungsversuch («Du sollst nicht merken»[87])? Oder: Gehört die Reduktion von Bedürfnissen, von Emotionalität, von Auseinandersetzung mit der Umwelt zu dieser Lebensphase, ist Ausdruck von akzeptierter Askese und Selbstbeschränkung angesichts des Lebensendes?

Liegt Sinn in diesem Lebensbogen, in diesem Schwinden der physischen und psychischen Kräfte als Schritte hin zum Tode?[88]

Die Reduktion des Selbstbildes

Viele der BewohnerInnen erleben sich nicht als in der Gegenwart lebend.[89] Sie entwickeln kein eigenes Bild von sich, verkennen die Veränderung, die das Alter mit sich bringt, erkennen sich nicht, nicht auf dem Foto, nicht im Spiegel. «Das ist doch eine alte Frau, das bin doch nicht ich.» Und im Extremfall sind

---

86 Unweigerlich tauchen Assoziationen zu den Bedürfnissen von Kleinkindern auf. Erst die Einhaltung von Ritualen, die Anordnung von Kuscheltieren, Kissen und Schmusetüchern im Bett, ermöglicht es vielen Kindern, einzuschlafen. Und selbst als Erwachsene sind wir in unserem Wohlbefinden von Gewohnheiten abhängig.

87 Titel eines Buches von Alice Miller, das sich mit dem schon früh in der Kindheit verinnerlichten Gebot auseinandersetzt, Verletzungen des Ich nicht wahrzunehmen. A. Miller, 1981

88 In mittelalterlichen Darstellungen wird der Lebenslauf nicht als ansteigende Treppe, sondern vielmehr als Bogen dargestellt mit Auf- und Abstieg, der Mensch kehrt am Ende des Lebens wieder auf das Niveau des Neugeborenen zurück.

89 Vgl. Kapitel 3.

sie insgesamt nicht zu ihrer Person orientiert, kennen nicht ihren Namen, (er-) kennen nicht ihre Angehörigen und die Pflegenden, haben keinen erkennbaren Bezug zu ihrer eigenen Biographie. Alles was diese alten Menschen darauf festlegt, sich im Hier und Jetzt zu erleben, scheint sie in ihrer Zeitlosigkeit, in ihren Wanderungen durch ihre Lebenszeiten zu irritieren. Sie reagieren mit Ablehnung bis hin zur Aggressivität.

Die alten Menschen bringen sich dennoch zum Ausdruck, nehmen Stimmung und Realitäten auf, reagieren darauf, doch meist in einer unverständlichen und oft nicht nachvollziehbaren Weise.

Frau Marek murmelt schon über Jahre das Wort «Marmelade» vor sich hin. Oft schnappt sie ein Wort aus ihrem Umkreis auf und wiederholt auch dieses unaufhörlich. Sie singt unvermutet und für den Beobachter zusammenhangslos erscheinend ein Lied, sagt Verse eines Gedichtes auf. Sie reagiert auf die Musik eines im Heim aufgeführten Konzertes mit verklärtem Gesichtsausdruck.

Solche Phänomene sind entschlüsselbar, wenn wir unsere üblichen Maßstäbe von Präsenz in der Gegenwart und von realitätsorientierten Reaktionen aufgeben. Öffnen wir uns mit Hilfe der Intuition diesem uns Fremden, so entdekken wir in der Mimik, Gestik und in den Worten der BewohnerInnen Lebendigkeit und viele Botschaften.[90]

Oder Frau Groß: Sie rückt einen Sessel dem ihren gegenüber und beginnt mit ihrem unsichtbaren Gesprächspartner dort einen (für mich unverständlichen) ausdrucksstarken Dialog. Vorbeigehende, die den Stuhl wieder zur Seite rücken wollen, herrscht sie an.[91]

Könnte darin der unbewußte Versuch von Frau Groß liegen, Spannungen, die entweder aus der inneren Welt oder aus der äußeren Realität, bzw. aus den Dissonanzen von innerer Welt und äußerer Realität stammen, zu bewältigen. Ein Selbst-Therapieversuch?

---

90 Die MitarbeiterInnen haben lange versucht, hinter die Bedeutung des Wortes «Marmelade» zu kommen und es schließlich ohne Erfolg aufgegeben. Als wir im Rahmen einer der Rückmeldungen über das Forschungsprojekt mit den MitarbeiterInnen über die Bedeutung des Wortes Marmelade und seiner ständigen Wiederholung sprachen, können die MitarbeiterInnen – zum intuitiven Verstehen angeleitet – den möglichen Symbolgehalt dieses Wortes erschließen: z. B. den Wunsch, die Realität mit einem süßen Brei zuzudecken und damit die physischen und psychischen Verletzungen und Schmerzen zu reduzieren, u. U. als Versuch der Selbsthypnose. Das ständige Wiederholen von einzelnen Worten (aber auch Bewegungen) erinnert an das Tourette-Syndrom, vgl. U. Sachs in seinem Bericht über den Chirurgen Mortan Doran, 1993.

91 P 51/1 Die Szene erinnert an eine in der Gestalttherapie verbreitete Methode, mit der innere Dialoge und Ambivalenzen aufgedeckt werden sollen.

Regression und Übergang

Durch alle bisherigen Beobachtungen zieht sich wie ein roter Faden ein gemeinsames Thema: Rückzug. Es ist der Rückzug hinter die Mauern des Heimes, in Erinnerungen, in Phantasien, in die Verwirrung als Entfernung und Desinteresse an der Gegenwart.[92]

Wie schon bereits in Anspruch genommen[93], hilft das theoretische Konzept der Regression, diese Beobachtungen zu verstehen. Der Rückzug der alten Menschen wird einerseits als eine Antwort der BewohnerInnen auf eine unerträgliche Lebenssituation (Trennung von der gewohnten Umgebung, vom sozialen Netz, Auswirkung des geringen Anregungsgehaltes und des Anpassungsdruckes in Heimen[94]) und andererseits als Reaktion auf narzißtische Kränkungen interpretiert.[95]

In der Ich-Regression geht «das Ich in seiner Entwicklungsgeschichte zurück. Dieses Phänomen der Ich-Regression im Alter ist häufig und tritt bei körperlichen, seelischen und sozialen Krisen auf, wobei gleichzeitig die Gehirnleistung akut oder subakut eingeschränkt ist. Der Rückgriff auf imaginäre Lebenswelten, bei dem Menschen, Vorgängen und der räumlichen Umgebung eine andere Bedeutung gegeben wird, tritt dann auf, wenn Menschen nach Verlusten Schwierigkeiten haben, sich in ihrer Umwelt genügend zurechtzufinden bzw. ihre Wünsche zu erfüllen. ... Das imaginäre Erleben früherer Lebenszusammenhänge wird als Rettung aus der Angst und Unsicherheit erfahren, wobei eigenartigerweise Widersprüche zwischen vergangenen und aktuellen Lebensumständen selbst wenig Unsicherheit verursacht.»[96]

---

92 Im Verständnis der Disengagement-Theorie (E. Cumming, W. E. Henry, 1961) bedeutet der allmähliche Rückzug aus allen Lebensvollzügen eine Bedingung erfolgreichen Alterns. Diese Theorie beeinflußte über viele Jahre die Konzepte der Altenarbeit/-pflege nach dem 2. Weltkrieg. Sie wurde in ihrem Einfluß von der Aktivitätstheorie (R. Tartler, 1961), die gerade das aktive Suchen und Übernehmen neuer Aufgaben und Beziehungen als Voraussetzung erfolgreichen Alterns erklärte, abgelöst. Meines Erachtens nach eignen sich diese pauschalisierenden (die Altenarbeit lange polarisierenden) und die psychosoziale Situation der alten Menschen nicht differenzierenden Theorien kaum für ein Verstehen der Situation von PflegeheimbewohnerInnen.

93 vgl. Reflexion 3.

94 W. Saup, 1993; W. Saup, 1994

95 J. Kipp betrachtet drei Formen der Regression, die für das Verständnis der imaginären Lebenswelten alter Menschen relevant erscheinen: Objektregression, Libidoregression, Ichregression. «Unter Objektregression versteht man die Rückkehr zur früheren Beziehungsperson» (z. B. zur Mutter). Libidoregression drückt sich «nicht immer mit Scham sondern auch mit einigem Vergnügen in der Aufgabe der Kontrolle über Wasserlassen und Stuhlgang aus. ... Es gehört auch die Rückkehr zu perversen Verhaltensweisen dazu.» J. Kipp, 1992, S. 221.

96 «Die Frage ist nun, auf welche Stadien geht die Regression zurück? Freud zeigt auf, daß die Regression soweit zurückgeht, wie spezifische Konflikte auf dem Entwicklungsweg

Der Rückzug der alten Menschen bis hin zum Verlust des Bewußtseins über die eigene Lebenskontinuität und zu demenziellen Störungen hat also Bedeutung, hat seinen Sinn. «Es ist das letzte Register, das alte Menschen ziehen, wenn andere Abwehrformen nicht mehr greifen.»[97]

Doch das ist nur ein Aspekt der Regression. Unberücksichtigt bleibt dabei, daß Menschen im hohen Lebensalter mit ihrer Endlichkeit konfrontiert sind. Unter einem solchen Blickwinkel können wir der Regression der alten Menschen weitere Aspekte hinzufügen. Wie ist das zu verstehen?

Die Seite des Wohlbefindens, der Lust, des Spielerischen und der Gelassenheit einerseits und die der affektgeleiteten Bilanzierung andererseits, die in der Regression ebenfalls enthalten sein können, ist erst nach einer längeren Beobachtung und Reflexionszeit wahrnehmbar.[98]

Das ‹Nest› mit vielen Kissen und Polstern, in dem manche der alten BewohnerInnen ihre Nächte zubringen, die Phantasien um die Gegenwart der Mutter, die melancholischen Lieder, sie schaffen eine Atmosphäre der Geborgenheit und Vertrautheit, in der sich alte Menschen zu wiegen scheinen, in der die Gesichtszüge sich entspannen und Wohlbefinden und Ruhe sich ausbreitet, und das in einer Weise, die auf Außenstehende übergeht.[99] Offensichtlich gelingt es alten Menschen, Dimensionen ihres Lebens, die im Erwachsenenalter stark der Kontrolle unterlagen und von Leistungsanforderungen überlagert waren, in der Demenz wieder zum Ausdruck zu bringen. Die Suche nach körperlicher Nähe (Frau Hut zieht den Zivildienstleistenden ganz unbeschwert und selbstverständlich zu sich ins Bett; viele genießen es, lange die Hand zu halten) ist augenfällig und widerspricht der früheren Anpassung an Normen des Erwachsenenlebens.

Es ist, als ob die Menschen etwas nachholen, was ihnen im vorangegangenen Leben vorenthalten wurde oder was sie sich selbst versagt haben.[100] Auf-

---

fixiert sind ... Bei der Ichregression im Alter wird auf unterschiedliche Fixierungen zurückgegriffen: Regression auf Stadien der narzißtischen Bestätigung und der narzißtisch besetzten Aktivität und Regression auf Stadien der passiven Geborgenheit.» J. Kipp, 1992, S. 221.

97 J. Bauer, 1991.

98 In meinen Aufzeichnungen finden sich von Anfang an entsprechende Hinweise, jedoch war es mir erst mit Hilfe der Supervision möglich, meine Widerstände aufzugeben, meine begleitenden Gefühle wahrzunehmen und sie für das Verständnis der Situation der alten Menschen in der Regression nutzbar zu machen.

99 Auch in mir weckten diese Beobachtungen häufig Sehnsüchte.

100 G. Schmidt berichtet von der Pflege ihres 90jährigen dementen Vaters in einem Vortrag während des 4. Symposiums Psychoanalyse und Alter in Kassel 1992. Sie faßt die Veränderung, die sie an ihrem Vater nach dem Zusammenbruch beobachtet, zusammen: «Vom Denken und Handeln zur emotionalen Begegnung mit sich selbst.» In der Demenz bleibt, ihrer Beobachtung nach, die Fähigkeit zur Selbstreflexion des Ich lange erhalten. Sie zitiert ihren Vater: «Vielleicht geht jetzt mehr als nur mit Denken.» ... «Jetzt bin ich so alt geworden und kann erst jetzt trauern.» (Tagungsmitschrift)

fällig sind auch die relativ häufigen lebensbilanzierenden oder zukunftsorientierten Sätze, die von einer tiefen Lebenserkenntnis geprägt sind und die für Außenstehende unvermittelt geäußert werden.[101]

Das vergangene Leben scheint weitgehend von verfälschenden Verkleidungen befreit zu werden, schonungslos urteilen sie über frühere Beziehungspersonen – bis hin zur Verkennung der eigenen Kinder und knüpfen neue Verbindungen.[102]

Im Pflegeheim ist dieser Wunsch nach ehrlicher Bilanz immer wieder zu spüren, bricht an der einen oder anderen Stelle mit affektbesetzten Äußerungen, in Tränen oder Wut hervor, scheint jedoch zum großen Teil unter der Glocke des Schweigens zu ruhen.[103]

Regression wird im psychoanalytischen Konzept mit Neubeginn verknüpft und bedeutet also nur einen vorübergehenden Zustand, der neue Entwicklungen ermöglicht.[104] Sofern aber «Regression nicht im Dienste des Ich (also einer Weiterentwicklung) steht, ist die Gefahr ihrer malignen Entartung sehr groß.»[105]

Haben die Menschen im Pflegeheim die Chance zur Weiterentwicklung?

Das Pflegeheim mit seinem ‹Schonklima›, mit seiner Konzentration auf Körperpflege, der Dominanz von Betten und Windeln, seiner Allgegenwart von Krankheiten und Behinderungen[106], seinem geringen Anregungsgehalt, seinem relativen Abgeschiedensein von der umgebenden Welt fördert die Bereitschaft zur Regression. Steht diese Regression «im Dienste des Ich»? Und was kann Weiterentwicklung im hohen Lebensalter bedeuten? Ist es (uns) möglich, das Leben im hohen Lebensalter, das Leben im Pflegeheim nicht als Endstation des Lebens (im Sinne einer Sackgasse), sondern als Phase des Übergangs von der Aktivität und Weltverbundenheit des Erwachsenalters hin zur Vollendung des Lebens, hin zum Sterben und Tod zu verstehen?[107]

---

101 «Wie kann ich wissen, ob nicht die Jahrhunderte im Nichts versinken», äußert der Vater, überzeugter Christ und Theologe, von G. Schmidt.

102 Der Vater von Frau Schmidt spricht von der Nachbarin als der «allerliebsten Frau» und nicht mehr von der verstorbenen Ehefrau, die ein ganzes Eheleben diesen Platz eingenommen hat. G. Schmidt, 1992: «In der Demenz werden auch Sexualität und vorher nicht realisierte Wünsche zugelassen.»

103 Im Pflegeheim fehlen die kontinuierlichen Gesprächspartner, wie Frau Schmidt es für ihren Vater unter großen psychischen Belastungen darstellt; Gesprächspartner, die den Raum für solche Äußerungen bieten könnte.

104 Vgl. M. Balint, 1970; Balint beschreibt die durch das analytische Setting geförderte Regression, die Voraussetzung für eine Neuorientierung ist.

105 H. Thomä, H. Kächele, 1988, S. 286.

106 Vgl. Kapitel 7. Windeln werden im offiziellen Sprachgebrauch der Altenpflege als Einlagen bezeichnet.

107 Vgl. Reflexion 6. Menschen, die in religiösen Traditionen verhaftet sind, die an ein Weiterleben nach dem Tod glauben, sprechen in solchen Bildern: Eingang ins Paradies, Heimkehr,

In der psychotherapeutischen Behandlung von älteren Menschen wird von solchen Progressionen berichtet.[108] Aber wie sieht das im Pflegeheim aus? Laufen diese Menschen nicht Gefahr, in der Krankheit zu verharren?[109] Helfen die therapeutischen Angebote und Beschäftigungen, die dort den Menschen angeboten werden weiter?

Sie stoßen weitgehend auf Desinteresse der älteren Menschen. So erscheint es vielmehr, daß die älteren Menschen auf sich selbst verwiesen bleiben, auf ihre eigenen Möglichkeiten, die schwierige Situation im Alter, am Ende des Lebens, belastet von zunehmender Schwäche und Behinderungen auszuhalten oder zu bewältigen. Aber reicht die eigene Kraft aus?

Einerseits ist die Entstehung von psychischen und psychosomatischen Erkrankungen, von Demenz als ein solcher Bewältigungsversuch – aus eigener Kraft – zu verstehen.[110] Andererseits deuten sich Formen der «Selbsttherapie» (Dialoge mit Abwesenden; Selbsthypnose) in meinen Beobachtungen an.

Vielleicht sind in den Wanderungen durch die Vergangenheit und in die Zukunft, von denen wir Außenstehenden nur einen Bruchteil wahrnehmen und verstehen können, (heilende) Klärungen möglich, die dem psychoanalytischen Therapieverlaufsmodell (Erinnern, Wiederholen, Durcharbeiten[111]) entsprechen und den Weg für Integrität, akzeptierenden Abschied vom Leben und die Vorbereitung auf den Tod freimachen.

Angewiesensein

Die angedeuteten Bewältigungs- und Selbstheilungsversuche verlangen einen hohen Preis. Sie sind mit psychischen und physischen Belastungen verbunden,

---

vom Übergang in einen anderen Seinszustand (Ph. Aries, 1976). Andere formulieren – eher rückwärts gewandt – von der Fülle des Lebens, von den Kräften, die aufgezehrt sind, von der Weitergabe ihres materiellen und geistigen Erbens und ihres Bemühens an nachfolgende Generationen. Es sind Gedanken und Gefühle, mit denen sie das Leben akzeptierend abschließen können. H. Aichelin, D. Feist, R. Herzog, R. Lindner, H. G. Pöhlmann, 1978).

108 Vgl. H. Radebold, 1992.

109 Erfahrungen aus der ambulanten Pflege deuten darauf hin, daß der Gesundheitszustand der alten Menschen, die im Heim leben, sich nicht von derjenigen unterscheidet, die zu Hause bleiben und dort gepflegt werden. Es müssen also andere Gründe sein, die den Weg ins Heim erforderlich machen: z. B. das Fehlen tragender sozialer Netze oder Persönlichkeitsmerkmale (wie z. B. geringe Risikobereitschaft). Es ist darüber hinaus zu fragen, ob im Pflegeheim nicht eine hohe Zahl der Menschen versammelt ist, die schon vor dem Heimeintritt mit ihrem Schicksal hadern und Schwierigkeiten haben, ihr Leben selbstverantwortlich in die Hand zu nehmen. Vgl. Kapitel 9.

110 Vgl. A. Haag, 1985.

111 In der integrativen Therapie nach H. Petzold wird dieses Konzept noch durch die Stufe der Neuorientierung ergänzt.

mit Desorientierungen, mit Entrealisierungen und Entdifferenzierungen[112]. Sie deuten auf menschliche Potentiale hin, auf Energien in Richtung einer gewünschten Integration der eigenen Biographie und der Zukunft.

Aber sie führen selten oder nur partiell und temporär zu einer tragenden Zufriedenheit und Ausgeglichenheit. Depressionen, Unruhe, quälende Gedanken, Ängste beherrschen viele Menschen im Pflegeheim.[113] Die alten Menschen geraten in Konflikt mit einer Realität, die sie oft nicht durchschauen und kontrollieren können und mit Menschen, die ihnen zum großen Teil fremd bleiben.

So sind sie – manche in extremer Weise – darauf angewiesen, die Unterstützung anderer (vor allem der MitarbeiterInnen) für die Gestaltung der Gegenwart zu erhalten, für die Strukturierung der Zeit, für die Orientierung im Raum und für viele alltägliche Verrichtungen. Sie klammern sich, um sich fortbewegen zu können, um zu essen, zu trinken, ihre Ausscheidungen zu verrichten, an die Kraft der Jüngeren. Ebenso benötigen sie, um nicht in den imaginären Lebenswelten gänzlich zu versinken, auf Dauer in der Regression zu verharren, andere Menschen, MitarbeiterInnen, in deren zugewandten Aktionen und Reaktionen sie sich wie in einem Spiegel reflektieren können, damit sie sich selbst nicht verlieren (Identitätsverlust), sich in ihrem Lebenskontinuum begreifen, in den Dimensionen von Vergangenheit, Gegenwart und Zukunft.[114]

In den beobachteten dialogischen Situationen[115] sind solche Unterstützungen durchaus wirksam: die Präsenz in der Gegenwart steigert sich; der Situation entsprechende spontane Affekte und Handlungen werden sichtbar; kleine Gespräche, die Erinnerungen und Erwartungen, aber auch aktuelle Konflikte und Stimmungen einschließen, werden möglich.

Doch die meisten der BewohnerInnen versinken nach solchen «Episoden» schnell wieder in ihre inneren Welten, verstummen und erscheinen unerreichbar.

Sie sind – wie der Mensch am Anfang des Lebens – auf intensive Zuwendung angewiesen und sind selbst nur noch begrenzt in der Lage oder Willens, aus eigener Kraft sich ihre Umwelt zueigen zu machen, kontinuierlich Beziehungen zu gestalten.[116] Beschränkung und Konzentration auf wenige Lebens-

---

112 Entrealisierung – man glaubt nicht mehr, daß das, was man wahrnimmt, real ist; Entdifferenzierungen – Unterschiede können nicht mehr wahrgenommen werden; Ereignisse und Personen verschwimmen ineinander.

113 Vgl. Kapitel 3.

114 Identität: Der Mensch erkennt sich als der, der er ist, in seinem ihm eigenen Handeln, Denken und Fühlen (personale Identität) und ist gleichzeitig offen, geprägt und angewiesen auf die Umwelteinflüsse seiner Zeit, die Rollen, die ihm in seinem Leben zugeschrieben werden, die Spiegelungen des eigenen Selbst im andern (soziale Identität). Vgl. auch G. H. Mead, 1973; und P. L. Berger, Th. Luckmann, 1990.

115 Vgl. Kap. 4.5.

116 Selbst Frau Altmann hält bewußt eine relativ große Distanz zu den anderen BewohnerInnen.

vollzüge, auf primäre Bedürfnisse, auf fühlende Wanderungen durch das Leben scheinen diese Menschen zu bestimmen. Das zuendegehende Leben findet darin seine Gestalt.

Doch wenn im Extremfall das Erleben der Gegenwart, das Erleben der eigenen Existenz in der Gegenwart zerstört ist, kann auch Vergangenheit und Zukunft nicht mehr als zum eigenen Selbst gehörend erlebt werden. Jedenfalls ist es für mich nicht mehr vorstellbar.[117]

Könnte das ‹Ziel› einer nahezu vollständigen Desorientierung einschließlich eines nahezu vollständigen Verlustes der eigenen Identität, die Anästhesierung des (untragbaren) Todes, die Anästhesierung der (unerträglichen) Vergangenheit und Gegenwart sein? Lebt Frau Marek, die dieser Welt weitgehend entrückt zu sein scheint, in diesem ‹gnädig› erscheinenden Zustand?[118]

Die meisten alten Menschen im Heim erlebe ich jedoch auf der Wanderschaft zwischen den Bildern ihrer inneren Landschaft und der bewußten Wahrnehmung der Realitäten des Heimalltags.

> Der Anblick der alten Menschen, die ‹flügellahm› einen Tag an den anderen reihen, erinnert mich an verborgen gehaltene Wünsche – dann wenn mir ‹alles über den Kopf wächst› – mich nicht mehr kümmern zu müssen, anderen die ganze Verantwortung zu übergeben, mich treiben zu lassen, die Decke über den Kopf zu ziehen.
> Aber woher nehme ich dann das Vertrauen, daß mir nichts mir Widerstrebendes, Unangenehmes, Schmerzliches geschieht? Tagebuch

---

Sie macht auch keine Anstalten mehr, aus eigener Kraft sich fortbewegen zu lernen, obwohl Ärzte und Pflegepersonal sie dazu drängen und vom Erfolg überzeugt sind.

117 O. Kernberg spricht vom «Zerfall der inneren Vergangenheit». O. Kernberg, 1988 (b), S. 156 f.

118 Frau Marek wirkt auf mich, und auch auf die MitarbeiterInnen, als «Sonnenschein» des Heimes, sie scheint unbelastet und spielerisch (wie ein Kind), ihre Tage zu durchleben.

5. Der Alltag der Pflegenden[119]

Wer sich eine Weile in den Gängen des Pflegeheimes aufhält, dem formt sich rasch ein herausragendes, kontinuierlich wahrnehmbares Bild: MitarbeiterInnen eilen mit hohem Tempo – oft gehetzt von vielen parallellaufenden Anforderungen – vorbei an den mühselig die Gänge entlangschleichenden alten Menschen. Der scheinbaren Zeitlosigkeit der BewohnerInnen, mit vielen Perioden des Wartens steht die strukturierte Zeit mit einem großen Pensum an vielfältigen Aufgaben gegenüber.

Es sind neben den BewohnerInnen die Pflegekräfte, die im Alltag des Heimes vorrangig ins Blickfeld geraten. Andere MitarbeiterInnen wirken eher aus dem Hintergrund, die Frauen der Hauswirtschaft, der Hausmeister, die Sozialpädagogin ...[120] Ihre gemeinsame Aufgabe ist es, die auf Unterstützung angewiesenen alten Menschen zu versorgen.

Das Tätigkeitsspektrum der MitarbeiterInnen ist breit gefächert. Es umfaßt wesentliche Bereiche dessen, was der Mensch zum Leben braucht.[121] Im Pflegeheim Sommerberg fällt die überragende Dominanz unterstützender Leistungen für die elementaren Dinge des Lebens ins Auge: Hilfe beim Waschen und Bekleiden, bei der Regulierung der Ausscheidungen, bei der Fortbewegung, beim Essen, bei der Orientierung in Raum und Zeit. Hinzukommen hauswirt-

---

119 Es empfiehlt sich – besonders für LeserInnen, die den Pflegeheim-Alltag nicht aus eigener Anschauung kennen – zunächst im Anhang aus den Skizzen aus dem Heimalltag, die beiden Protokolle der ‹Pflege am Morgen› zu lesen.

120 In meiner Studie konzentriere ich mich auf die Pflegekräfte (ausgebildete Alten- bzw. KrankenpflegerInnen, AltenpflegeschülerInnen, angelernte Pflegekräfte wie Zivildienstleistender (ZDL)). Daneben sind im Heim MitarbeiterInnen der Hauswirtschaft (Küche, Wäsche, Reinigung) und meistens eine(r) SozialpädagogIn (Praktikant) angestellt. Weitere regelmäßig erscheinende MitarbeiterInnen: ein Hausmeister, der noch andere Einrichtungen betreut; die Verwaltungsangestellte, die u. a. für die Heimverträge zuständig ist und nebenbei die wochentägliche Gymnastik mit den älteren Menschen übernimmt; eine Frisöse; eine Musiktherapeutin; eine Physiotherapeutin, jeweils auf Honorarbasis; evangelische und katholische Geistliche, die regelmäßig Gottesdienste abhalten. Ehrenamtliche MitarbeiterInnen gibt es keine mit Ausnahme einer Bewohnerin der Wohnanlage, die unregelmäßig mittags beim Tischdecken hilft.

121 Das Heim ist – so formulieren es die MitarbeiterInnen – der «ganzheitlichen Pflege» verpflichtet: Körper, Geist und seelische Belange sollen gepflegt werden. Die Pflegekräfte stehen im Zentrum dieser Aufgabe, da sie nicht nur die Grund- und Behandlungspflege ausführen.

schaftliche Tätigkeiten, wie Reinigung (Hygiene) der Räume, Einrichtungen und Wäsche, Essenszubereitung[122].

Die MitarbeiterInnen sind aber auch die ‹GesellschafterInnen› der BewohnerInnen, sie unterhalten und trösten sie, machen Ausflüge, spielen und singen mit ihnen, ...

Sie verrichten diese Arbeit in einem von Dienstplänen festgelegten Zeitrahmen. Auch die Pausen sind geregelt. Die MitarbeiterInnen teilen sich in zwei Arbeitsschichten auf (Morgen- und Nachmittagsschicht) und für die Nacht wird im Wechsel eine Mitarbeiterin bzw. ein Mitarbeiter als Nachtwache eingeteilt. Auch die täglichen Arbeitsabläufe sind grob geregelt[123].

Die Führung der Schichten wird im täglichen Wechsel von den ausgebildeten Pflegekräften übernommen. Informationen und Absprachen zwischen den Schichten, bzw. zwischen Schicht und Nachtwache erfolgen in der Übergabe.[124]

An der Spitze der Heimorganisation steht der Heimleiter[125], der wiederum dem Heimträger unterstellt ist.

5.1 Belastungen

«Wir sind alle so kaputt»[126]

«Für mich ist es das Schlimmste, das eigene Tempo, morgens und abends fertig zu werden. Wenn Claudia (Sozialpädagogikpraktikantin) nicht wäre, würde nichts anderes laufen[127]. Mir fällt immer wieder zwischendurch ein, was alles gemacht werden müßte, aber dann geht es wieder unter. Es sind ja auch die vielen Kleinigkeiten, Ordnung in den Zimmern machen ... Wir sind einfach zuwenig, wir brauchen zwei Leute mehr.» (P 8/4)

«Anette versorgt Herrn Rupoldt. Waschen und Anziehen ist wegen der Starre des Körpers äußerst schwierig. Er kann hier nicht mittun. Er kann nicht

122 Hauswirtschaftliche Tätigkeiten werden zum großen Teil von den Reinigungsfrauen, der Waschküche und den KüchenmitarbeiterInnen übernommen, aber nicht gänzlich.

123 6.45 Uhr bis 14.00 Morgenschicht; 13.30 Uhr bis 20.45 Uhr Nachmittagsschicht; 19.30 bis 7.00 Uhr Nachtwache (siehe auch Anhang, Tagesablauf).

124 Genaue Angaben über Zahl und Struktur der Mitarbeiterschaft finden sich im Anhang. Kleine Übergaben (15 Minuten) sind morgens und abends, die große Übergabe (30 Minuten) mittags.

125 Der Heimleiter ist Diplom-Sozialarbeiter.

126 Aussage einer Mitarbeiterin auf die Bemerkung einer der Reinigungsfrauen über die absolute Stille im Dienstzimmer. (P 41/2)

127 Gemeint ist: nichts anderes als Grund- und Behandlungspflege.

sprechen, nur ein paar undefinierbare Laute von sich geben. Nach dem Waschen wird er mit Hilfe von René (ZDL) in den Sessel getragen. Das Anziehen im Sessel gestaltet sich als eine arge Würgerei. Die Anstrengung für beide ist deutlich zu sehen und zu spüren. Herr Ruhpoldt bekommt einen ganz roten Kopf, er stöhnt leise, Anette auch.» (P 9/4)

«Ich wasche mit Handschuhen, weil ich sonst eine ganz trockene Haut kriege. Ganz schlimm sieht meine Hand dann aus. Es ist schon arg, wie man Schindluder mit sich treibt.» Luise (P 14/2)

Herr Holz wehrt sich massiv gegen das Waschen. Luise will Klaus zu Hilfe kommen. «Es geht schon, solange er nicht richtig zuschlägt ... Er will heute seinen Dickkopf zeigen.» Es ist ein Ringen, das der Jüngere mit seiner Kraft und Autorität gewinnt. (P 14/3)

Frühstückspause. Wir sind schon spät.[128] Die anderen haben das Frühstück schon fast beendet. Schweigen, Erschöpfung. Regelung für den morgigen Feiertag. In reduzierter Besetzung müssen sie den Tag bestreiten. «Am Feiertag ist es besonders anstrengend, es darf eigentlich nichts dazwischenkommen, besonders nicht an Wochenenden und an Feiertagen. Zum Beispiel so ein Durchfall am Wochenende – da steht einem alles bis hier. An Feiertagen ist man doppelt bestraft: Am Feiertag arbeiten und dann noch diese Anstrengung!» (P 14/4)

Frau Becker wird von Manuela vom Bett in den Rollstuhl gehoben. Sie jammert kaum hörbar. Manuela stimmt ungeduldig ein: «Mein Rücken macht das auch nicht mehr lange mit.» (P 23/4)

Ziemlich ausgelassene Pausenstimmung, bis dann die Arbeit wieder losgeht: Die BewohnerInnen aus den Zimmern und Betten holen. Menschen, die kaum noch aus eigener Kraft die Beine heben können. Die MitarbeiterInnen stöhnen. (P 30/3)

Die MitarbeiterInnen fühlen sich meistens überlastet, sie sehen die vielen Aufgaben, die sie niemals bewältigen können.[129] Sie klagen kontinuierlich über zuwenig Zeit und über unzureichende Personalausstattung. Sie begleiten ihre Arbeit mit vielem Stöhnen und manchmal Jammern. Sie weisen auf die körperlichen Anstrengungen hin.

Ganz besonders am Ende der Morgenphase, wenn alle BewohnerInnen zum Frühstück bereit gemacht sind, fallen die MitarbeiterInnen sichtbar in sich zu-

128 Anette und ich, die ich sie an diesem Morgen begleitet habe.

129 Ganzheitliche Pflege ähnelt in ihrer «Bodenlosigkeit» der Tätigkeit von Müttern und Hausfrauen. Vgl. Untersuchung zur Hausfrauenarbeit C. Bischoff, 1992; I. Ostner, E. Beck-Gernsheim, 1979; I. Ostner, Krutwa-Schott, A., 1981; G. Backes, 1994, S. 137 ff.

sammen, nach etwa zweieinhalb Stunden hoher Belastung, die nicht nur körperlicher Art ist. Denn die BewohnerInnen wollen oft nicht aufstehen, sie sind nur schwer aus ihrem ‹Nest› zu lösen, klagen über Schmerzen oder mangelnden Schlaf, wehren sich gegen die Pflegehandlungen ... Urin- und Kotgerüche durchziehen manche Zimmer, eine schrille Klingel, mit der die MitarbeiterInnen sich wechselseitig zu Hilfe rufen, viele verschiedene Gesichter und Situationen, die eine individuell gestaltete Antwort abverlangen.

Ein allgemeines Klagen liegt in der Morgenluft, das die wenigen BewohnerInnen, die froh die Aufstehzeremonien begrüßen, nicht auffangen können.

Viele Male habe ich MitarbeiterInnen bei diesen Morgenrunden begleitet. Einmal ist mir schon nach relativ kurzer Zeit übel und schwindlig geworden. Meine Arbeit bestand doch nur aus kleinen Handreichungen. Nach zweieinhalb Stunden Morgenversorgung war ich nicht mehr in der Lage, ohne Hilfe zu rekonstruieren, welche BewohnerInnen wir versorgt hatten, welche Pflegehandlungen dort ausgeführt wurden. Ich spürte nur noch, ebenfalls erschöpft am Kaffeetisch sitzend, eine riesengroße unstrukturierte Anstrengung.
An einem Tag, als das Personal knapp war und der neue Bewohner, Herr Stark, unbedingt an die frische Luft gefahren werden wollte, übernahm ich diese Aufgabe. Auch ich war froh über diese Luftveränderung. Andererseits aber verlangte mir diese Situation ungeheure physische und psychische Kräfte ab. Herr Stark ist groß und schwer und das Schieben und Bremsen, das Überwinden von Bordsteinkanten war äußerst anstrengend und brachte mich an meine physische Grenze. Aber auch die Unterhaltung mit diesem so unglücklich erscheinenden Menschen belastete mich sehr und machte mir große Mühe. Tagebuch

Arbeitsspitzen und empfundene Belastungen bringt regelmäßig auch der Abend mit (wenn die alten Menschen ins Bett gebracht werden) und zu anderen Tageszeiten dann, wenn eben «was dazwischen gekommen ist».[130]

«Heute habe ich eine große Schlacht geschlagen» sagt eine Mitarbeiterin am Abend, nachdem alle BewohnerInnen zur Nacht «fertig gemacht»[131] sind. (P 12/2)

---

130 Zum Beispiel vermehrt auftauchende Krankheiten wie eine Grippewelle bei den BewohnerInnen, eine Häufung Schwerpflegebedürftiger, Krankheiten, Urlaube von MitarbeiterInnen, Konstellationen, die schnell und unerwartet auftauchen; selten hörte ich den Satz «heute sind wir gut besetzt».

131 Die alten Menschen «fertig machen» ist eine übliche Bezeichnung für ins Bett bringen oder morgens versorgen.

Die Klagen über eine nicht zu bezwingende Menge an Arbeit sind am augenfälligsten. Doch auch andere Belastungen werden wiederholt ausgesprochen.

Diffusitäten

Übergabe

MA1: «Frau Brehm war heute wieder recht, sie hat sich gleich mit mir unterhalten, als ich heute reingekommen bin.»
MA2: «Auch nachts schon, mit Hans.»
MA1: «Ja ja, nachts auch schon.»
MA2: «Die hat die Nacht kein Auge zugetan.»
MA3: «Die war gestern mittag schon so unterhaltsam.»
MA1: «Und dann hat sie sich selber gewaschen, so das Gesicht. Und gefrühstückt hat sie auch allein.» ...
MA3: «Und manches Mal, was heißt manches Mal, weiß sie nichts mit dem Waschlappen anzufangen.» ...
MA3: «Mich würde interessieren, was sie dann selber davon so spürt, nee, weil sie einerseits weiß, daß sie das alles kann und beherrscht, und wie sie sich so erlebt, wenn sie so die anderen Phasen hat, oder ob sie das nicht spürt.» (Ü 4/12)

«Ich kann gut akzeptieren, wenn einer krank ist und einfach nicht mehr kann. Aber wenn das so wechselt, dann ist das sehr schwierig für mich.» Anette. (P 9/3)

Immer wieder taucht als Belastung die Frage danach auf, was in den BewohnerInnen vorgeht, besonders dann, wenn sie nicht sprechen (können) oder ihre Rede unverständlich ist.

«Wenn nichts rüberkommt (von den BewohnerInnen), sowohl an verbalen Sachen, wie auch, daß man sieht, da bewegt sich irgend etwas, da gibt's 'ne Veränderung oder so, dann ist es doch auch total frustrierend eigentlich für denjenigen, der pflegt.» Mira. (E 2/12)

Hans berichtet: «Frau Senefeld hat mir heute zweimal gesagt, daß als das Fenster geöffnet gewesen sei, sie ein Pfleger hier aus dem Haus habe stürzen lassen und daß sie deshalb an Krücken laufen müsse.» Hans ist sehr erstaunt: «Ich dacht' schon, sie erzählt wieder davon, daß ihr Kind zuerst gestorben sei und sie immer noch lebt. Und jetzt dieser Vorwurf!» Auch die anderen sind verdattert. Ilse kramt aus ihrem Gedächtnis: «Da war mal was mit dem Fenster. Sie wollte sich umbringen. Sie hing mit den Beinen draußen ...»

Weiter wissen die in der Übergabe versammelten MitarbeiterInnen auch nicht. (P 45/2)

Der Tag der MitarbeiterInnen wird von vielen Ungereimtheiten ausgefüllt, Aussagen, die sie nicht verstehen, Situationen, die sie nicht entschlüsseln können. Und trotzdem müssen sie reagieren, sich dazu verhalten, Entscheidungen treffen, denn nicht immer reicht das (innere) Kopfschütteln oder der Versuch der Distanzierung, besonders dann nicht, wenn die BewohnerInnen Vorwürfe machen oder Forderungen stellen.

Übergabe. «Mit Herrn Marx wird es von Tag zu Tag schlimmer, der wird richtig unverschämt. Der hat einen Befehlston drauf! Und wenn er nichts sagt, dann starrt er einen an.»
Die anderen pflichten der Mitarbeiterin bei: «Was ist denn das für eine Pflege, wo man sich selber waschen muß», hat er mir vorgeworfen ... «Der Ton ist das Schlimmste, ich komme mir vor wie ein Witschel-Watschel.»[132] (P 34/2)

Schwere Krankheiten und Sterben

Frau Becker ist in der vergangenen Nacht beinahe gestorben, heut ißt sie aber wieder. Alle sind sehr erleichtert und freuen sich vernehmlich über jeden Bissen, den sie zu sich genommen hat, besonders diejenigen, die gestern den Tränen nahe waren. (P 4/1)

Ein neuer Bewohner ist da. Eine Mitarbeiterin berichtet: «Herr Marx (55 Jahre alt) ist im Krankenhaus gestorben. Er ist wohl nicht mehr zu Bewußtsein gekommen.» Nach einigem Zögern: «Vielleicht ist es ja besser so für ihn, die eine Seite ganz gelähmt, er konnte nur noch einen Arm heben. Was wäre das für ein Leben gewesen.» Ich merke an, daß sich Herr Marx schwer getan habe mit dem Leben und im Heim. Die Mitarbeiterin sagt: «Ja, er war sehr depressiv, hat sich zurückgezogen. Aber gerade in den letzten Tagen hat er sich wohler gefühlt, war mehr im Speiseraum und nun das.» (P 35/2)

Ich erkundige mich nach dem Vormittag. «Es war soviel Arbeit. Zwei Neuzugänge und eine Krankenhauseinweisung.» Ich frage, wer denn gestorben sei, und merke, wie auch ich das Wort Sterben vermeide, bringe es erst im zweiten Anlauf heraus. «Ja, die Frau Becker ist gestorben und der Herr Werner mußte ins Krankenhaus. Am Wochenende haben wir ein Fünfmarkstück

132 Assoziationen zu dem Wort Witschel-Watschel, das mir unbekannt ist: Jemand, dem man rechts und links eine runterhauen kann; jemand, mit dem man alles machen kann.

großes Loch über seinem Herzschrittmacher entdeckt. Das hat mich das ganze Wochenende richtig fertig gemacht.» Ingeborg wendet sich ab, ihr kommen die Tränen. (P 38/1)

Schwere Krankheiten der BewohnerInnen vermehren nicht nur das Maß an Arbeitsbelastung, sondern lassen den nahen Tod ahnen. Er ist allgegenwärtig angesichts des hohen Alters der BewohnerInnen und dennoch unberechenbar.

«Herrn Schmidt geht es seit zwei Tagen sehr viel schlechter. Er baut ab. Er hat vieles: Darmkrebs, mal Durchfall, mal Verstopfung, Bauchschmerzen. Er kriegt nur noch Cortison für die Haut, sonst nichts mehr. Herr Schmidt ist nur noch Haut und Knochen. Er muß gewaschen und die aufgelegten Wunden neu verbunden werden. Das nimmt sehr viel Zeit in Anspruch. Wenn er nicht will, wird er manchmal ziemlich aggressiv.» Luise erklärt mir einiges zu den Wunden, zu der papiernen Haut und wie schwer er zu versorgen ist. Herr Schmidt stöhnt ab und zu. Ein bestialischer Kotgestank macht sich breit, als Luise ihn auspackt. Sie kämpft mit Schaum und Papier dagegen an, aber der Kot läuft immer weiter. (P 14/3)[133]

Herr Marx stirbt unerwartet. Herr Graf liegt wochenlang im Sterben. Alle hatten sich darauf eingestellt. Doch plötzlich ist er wieder wie eh und je im Speisesaal zu sehen.

Zwischen Aufbegehren gegen den Tod, Erleichterung über den Tod und Freude über das unerwartet gewährte Weiterleben schwanken die Gefühle der MitarbeiterInnen.

Die Worte Sterben und Tod werden vermieden, das Geschehene wird umschrieben.[134] Die MitarbeiterInnen haben auch niemals von sich aus vom Tod eines Bewohners/einer Bewohnerin berichtet. Erst durch eine Neubesetzung wurde ich aufmerksam. Die schnelle Aufnahme eines neuen Bewohners läßt keine Lücken entstehen, stellt die MitarbeiterInnen vor neue Anforderungen, die die alten schnell verblassen lassen. Das Leben, die Arbeit geht weiter. Das Faktum der Endlichkeit verschwindet hinter der Unendlichkeit der Institution.

«Ich denke, es ist einfach, wir haben nie gelernt, uns damit auseinanderzusetzen. Von unserer Kultur her, von der Religion, von der Vorstellung her ist

---

133 Fünf Wochen später betrete ich unvorbereitet das Zimmer. Herr Schmidt ist wenige Tage zuvor gestorben. Ich frage Hans, ob er schwer gestorben sei. «Ich weiß es gar nicht, ich war nicht dabei. Niemand hat darüber geredet. Es fing schon am Freitag Abend an, daß wir den Eindruck hatten, er würde sterben.» Ein ausgeräumtes Bett, ein paar leere Dosen, ein verwelkendes Alpenveilchen, das ist alles, was übrig geblieben ist. (P 20/1)

134 Ich selbst hatte Mühe damit (s. o.), spürte sehr stark die Tabuisierung. Ph. Ariès beschreibt, auf welche Weise das Sexualtabu in der Gesellschaft der Gegenwart vom Todestabu abgelöst wurde. Ph. Ariès, 1976

es einfach tabu. Und als Pflegekraft wirst du dann einfach damit konfrontiert. Und wenn man ganzheitliche Pflege verwirklichen will, dann gehört die Sterbebegleitung dazu. Bei mir kommen dann unheimliche Ängste hoch ... Ich habe festgestellt, daß die Sterbenden kurz vor der Sterbephase jemanden im Raum sehen ... Also, ich habe einfach Schwierigkeiten, mit einem Sterbenden allein in einem Zimmer zu sein ...
Und damals bei Frau L. Ich habe Nachtwache gehabt[135] ... Ich habe eigentlich immer nur gehofft, hoffentlich stirbt sie nicht, solange ich noch alleine bin ... Und das war ein wahnsinniges Gefühl, weil die noch total warm war, nee und irgendwo sich das vorzustellen, dieser warme Körper, und der ist tot jetzt, und da ist gar kein Leben mehr drin, ... ich konnte das nicht begreifen. Ich glaube, jeder hat ein bißchen Horror davor.» (E 1/7)

Mira spricht lange über Sterben und Tod, über unterschiedliche Erfahrung, auch über Ideen, die sie beschäftigen, wie man die «Sterbebegleitung aktivieren» könnte. Im Heimalltag jedoch bleibt das Sterben und der Tod verschleiert: im Hintergrund präsent – als kontinuierliche Möglichkeit, als das unausweichliche Ende allen Helfens – überdeckt von den vielfältigen Aktivitäten, das Leben der alten Menschen zu erhalten und zu erleichtern.

Schuldzuschreibungen

Die MitarbeiterInnen äußern immer wieder ihren Ärger über Äußerungen von Außenstehenden, die ihnen mangelhafte Arbeit und Anstrengung zuschreiben. Sie mahnen Belastungen durch fehlende Unterstützung an, besonders von Angehörigen und Ärzten[136].

«Es fehlt einfach an Zeit. Sicher könnte man die Arbeit noch ökonomischer organisieren, da ist noch einiges drin. Es wird uns immer wieder gesagt, ‹daß wir genug Zeit haben, ihr müßt sie nur anders einteilen. Früher hatte eine Nonne mit einer Hilfskraft vielleicht 'ne ganze Station bewältigt und heute seid ihr so viele Mitarbeiter, verdient anständig Geld, habt Freizeit und Urlaub, aber es reicht nicht›. Schließlich sind das Menschen und da kann immer mal was dazwischen kommen und dann fehlt die Zeit anderswo.» (P 19/2)

---

135 In der Nacht, wenn eine Mitarbeiterin die alleinige Verantwortung für die 30 BewohnerInnen übernimmt (nur eine Mitarbeiterin aus der Wohnanlage steht im Notfall zur Verfügung, Rufbereitschaft) maximieren sich – besonders in unruhigen Nächten – die Belastungen. Krisenhafte Entwicklungen von Krankheiten, Häufung von Problemen der BewohnerInnen neben all den Tätigkeiten, die ohnehin routinemäßig in der Nacht ausgeführt werden (siehe Anhang: Protokoll einer Nachtwache).

136 Vgl. Kapitel 2

«Und in Köln soll wieder was passiert sein, stände heute in der Zeitung. Haben mir die Leute im Aufzug erzählt, die wissen ja, daß ich im Heim schaffe. Ja, da soll der Heimleiter oder eine Mitarbeiterin, die gleich nach ihm kommt, mehrere Leute um... (Zögern) ... die Ecke gebracht haben. Aber ich habe denen gleich gesagt, daß die Schuld nicht allein bei den MitarbeiterInnen liegt. Die sind oft selbst so schlecht dran und haben so schlechte Arbeitsbedingungen. Das ist zu einfach, denen allein die Schuld zu geben.» (P 45/5)

Übergabe. Gisela regt sich über den Sohn von Frau Nebel auf. «Ich mußte wieder das Gesicht von Herrn Nebel, so heißt der ja wohl, aushalten. Er schraubt sich mit seinem Gesicht immer ganz nah heran. Ich hab dann das gleiche getan, irgendwann muß er es doch kapieren ... Er hat Frau Marek angesprochen und sie gefragt, ob sie gefallen sei. Er ist davon überzeugt, daß seine Mutter demnächst auch mit so einem blauen Auge im Speiseraum sitzt.» (P 44/4)

Eine in diffuser Weise vorgetragene kritische Haltung vermögen sie recht gut abzuwenden. Sie fühlen sich einig in dem Bild, daß sie den alten Menschen in ihrer Notlage am besten Schutz bieten können.[137] Eine anhaltende Belastung, ein Anlaß zur Selbstkritik wird in solchen Äußerungen weniger gesehen. Schwieriger wird die Situation, wenn der Verdacht von Schuld oder Versäumnissen nicht ohne weiteres abzuwälzen sind, wenn weder schlechte Arbeitsbedingungen, eine unwissende Öffentlichkeit, nachlässige Ärzte, uneinsichtige Angehörige verantwortlich gemacht werden können.

Als zu Herrn Marx der Arzt zu spät kommt und deshalb die Folgen des Schlaganfalls möglicherweise gravierender sind, gibt es eine lange Auseinandersetzung im Team, ob die Pflegekräfte die Symptome falsch eingeschätzt haben oder der Arzt auf den telefonischen Bericht der MitarbeiterInnen nicht adäquat reagiert hat. Die Stimmung schwankt zwischen Zurückweisung möglicher Fehler und Betroffenheiten hin und her. Eine Lösung, eine Entscheidung ist nicht zu finden.[138]

---

137 Vgl. Kapitel 2. Der hohe Grad der Solidarisierung gegenüber Außenstehenden ist u. a. auch die Folge der geringen Hierarchisierung innerhalb des Heimes. Da die Schichtleitungen beständig wechseln, steht jeder unter einem hohen Maß an Selbstverantwortung. Kritik von außen erreicht deshalb unmittelbar den einzelnen Mitarbeiter, die einzelne Mitarbeiterin und nicht zunächst, wie sonst üblich, Pflegedienstleitung oder Schichtleitung. Nur der Heimleiter steht als Schutzschild nach außen zur Verfügung. Mira drückt das noch anders aus (E 2/17): «Es fehlt am Ansehen der Person, die gerade zuständig ist.» Und sie meint damit, daß niemand so richtig durchblickt, wer gerade die Schichtleitung hat, weder die Kolleginnen und Kollegen noch Außenstehende.

138 ZB 15/4

5.2 Entlastungen

«Irgendwann muß man doch mal Dampf ablassen»[139]

Die Belastungen der MitarbeiterInnen sind groß. An vielen Tagen, dann wenn Schwierigkeiten kulminieren, stehen sie vor der Arbeit wie vor einem großen unüberwindlichen Berg. Wie finden die MitarbeiterInnen Entlastung?

Freie Zeit

> «Am Samstag fahre ich nach S. Und dann, wenn das Wetter danach ist, gehe ich in die Berge.
> Ich brauche das, was ganz anderes.
> Dann geht's am Montag auch wieder weiter.» (P 10/2)
>
> «Freitag, Gott sei Dank, zur Zeit ist's so schlimm, die Leute sind so ... (das weitere wird nur noch gemurmelt) ... und dann noch die Kurzzeitpflege!» (P 8/4)
>
> «Morgen habe ich frei, dann werde ich schön Essen gehen» (P 8/5)
>
> Frühstückspause. Ein Teil der MitarbeiterInnen äußert Erleichterung, daß das Wochenende nahe ist. «Das gibt nochmal richtig Schwung, wenn man weiß, daß man dann frei hat ... Hab richtig gute Laune.» (P 10/1)

Nicht in der Arbeit unterzugehen und sich wechselseitig auch außerhalb des Heimes als existent zu sehen, sich während der Arbeitszeit darin zu vergewissern, die Gegensätze zwischen Arbeitswelt und der Welt außerhalb zu betonen, das nimmt einen Teil der Pausen in Anspruch neben Schweigen oder Austausch aktueller Berichte und Ereignisse aus der Arbeit.

Die Pausenzeit, die Zeit des Abschaltenkönnens, ist ohnehin knapp bemessen, da die MitarbeiterInnen ihre Pausen ‹unter Aufsicht› der BewohnerInnen verbringen, im Speiseraum oder im Flur.[140] Die alten Menschen sind immer präsent und vielfach stellen sie auch in dieser Zeit unaufschiebbare Anforderungen.[141]

---

139 P 5/1
140 Für die MitarbeiterInnen gibt es keinen abgeschlossenen Pausenraum.
141 Ich selbst entdecke im Nachhinein, wie wenig Aufmerksamkeit ich den Pausen geschenkt habe. Auch bei mir entstand der Eindruck des ständigen Gefordertseins und der Unentrinnbarkeit.

Kurze Pause vor der Mittagsübergabe. Qualm umhüllt die MitarbeiterInnengruppe, die im Flur sitzt. Der Qualm kommt mir vor wie ein Schutzmantel, gegen die Welt der Alten, gegen den Gestank, ... Die meisten rauchen jedenfalls. Gespräche über die gefärbten Haare, «wir passen uns halt immer wieder aneinander an», dann wieder verstummen, nur verhaltene Einzelgespräche, freudlose Atmosphäre. Es wird Zeit für die Übergabe, «ich geh schon mal, um mir einen Platz zu sichern», alle schleppen sich müde hinterher. (P 39/1)[142]

Die Kollegen

«Die alten Leute können einem manchmal ganz schön auf die Nerven gehen. Ne? Und wenn du im Team arbeitest und kannst einfach mal sagen, heut kann ich nicht, oder ich hab mich gestern so mit dem oder der gefetzt, wir haben uns zwar wieder vertragen, aber ich kann einfach noch nicht, ich will nicht, wenn das möglich ist, und das geht eigentlich mit den Leuten, mit denen ich da zusammenarbeite ganz gut, ...» Anette. (B 10)

«Der Austausch mit den Kollegen ist ja schon auch irgendwie so 'ne Stütze, daß, ja man kann was loswerden. Ich kann irgendwie reden oder Hilfestellungen kriegen oder auch nachfragen und so. Es ist einfach, vielleicht auch so 'ne Verbundenheit außerhalb von den Heimbewohnern nochmal. Also, das ist schon was anderes.» Mira (E 1/8)

Ilse berichtet von ihren schlechten Erfahrungen in anderen Heimen: «Die Kollegen haben alle hinten herum geredet, kaum war ich aus der Tür, haben sie über mich geschimpft ... Hier ist das nicht so, hier gibt es auch Ärger und Konflikte, aber dann nimmt man denjenigen zur Seite und spricht das direkt an. Dann ist es auch wieder gut ... Am Anfang war das hier auch nicht so ... Aber jetzt ist es gut.» (P 45/6)

Die MitarbeiterInnen fühlen sich als Team, in dem sie Rückhalt für ihre Arbeit finden. Dazu gehören ebenfalls die täglichen Übergaben, in denen Informationen ausgetauscht werden, Absprachen getroffen, aber auch immer wieder Zeit ist, über Fragen und Schwierigkeiten in der Arbeit – vorrangig in bezug auf die BewohnerInnen – zu sprechen.

Oft aber vollziehen sich die Übergaben in äußerst gedämpfter Atmosphäre, die einen scheinen «von der Arbeit völlig erschöpft», die anderen noch nicht

142 Mir fällt die Parallele zu Frau Czerny auf: Genau wie sie umhüllen sich die MitarbeiterInnen zeitweise mit einer Rauchwolke. Um sich auf diese Weise zu distanzieren? Siehe: Portrait Frau Czerny im Anhang.

auf die Arbeit eingestellt oder «unruhig auf ihren Stühlen, weil es mit der Arbeit losgehen muß».[143]

Die Übergabe spielt sich häufig nur als Informationsaustausch zwischen den LeiterInnen der Schichten ab, die anderen hören mehr oder weniger aufmerksam zu.

> «Ich glaube, es wäre unheimlich wichtig, daß wir uns öfter zusammensetzen, auch jetzt, mit den verschiedenen Schichten einfach und reden, damit rauskommt, was so zwischenmenschlich unter den MitarbeiterInnen ... irgendwie Knatsch und so, was nicht richtig ausgesprochen wird und so weiter.» Mira. (E 2/15)

> «Die Übergabe ist so wichtig, aber manche Leute können einfach nicht so richtig reden, vor so einem Kreis von 15 Leuten. Irgendwie muß das in Kleingruppen, solche Sachen, dann noch einmal ablaufen. Oder wenn Kritik angebracht ist, ist es in der Übergabe natürlich blöd, vor so 'nem riesengroßen Kreis dann zu sagen, ‹das ist jetzt irgendwie bescheuert› oder ‹das machst du falsch› oder so, das bringt's nicht.» Mira. (E 2/16)

Das Team als Entlastungsmöglichkeit, als Rückenstärkung ist durchaus ein wichtiges Element. Es wird in unterschiedlicher Weise genutzt und erfährt Einschränkungen durch die individuelle Fähigkeit, sich – im großen Kreis – zu artikulieren und durch begrenzte Möglichkeiten sich ohne Anforderung der BewohnerInnen im Nacken auszutauschen.[144]

Das Verhältnis von Anspannung in der Arbeit und dem Rückhalt im Team zeigt die Äußerung einer Mitarbeiterin während der Übergabe: «Wir können uns solche Streitigkeiten zur Zeit wirklich nicht leisten.»[145]

---

143 P 46/4. Die Übergaben finden in einem Raum statt, der von zwei Seiten zugänglich ist. Einmal im Jahr gehen die MitarbeiterInnen darüber hinaus in zwei Schichten für jeweils anderthalb Tage zur gemeinsamen Fortbildung außerhalb des Hauses.

144 P 16/1. Die Binnenstruktur der Mitarbeiterschaft habe ich wenig erfassen können. Ich hatte den Eindruck, daß die MitarbeiterInnen in einem stillen Einverständnis mich aus ihren Interna raushalten wollten, bestrebt waren, sich mir als ein von Unstimmigkeiten freies Team zu präsentieren. Von Konflikten hörte ich nur andeutungsweise. Wohl kristallisierten sich, z. B. in den Übergaben, unterschiedliche Dominanzen heraus. Letztlich gelang es mir aber nicht, hinter die Mauer «das machen wir unter uns aus» zu dringen. Oder war ich zu abgelenkt von den alten Menschen, zu sehr in ihrem Bann?

145 P 16/1

> Übergabe. Hans berichtet Anette. Es ist ein leiser Dialog zwischen beiden. Ich kann vieles nicht verstehen. Die üblichen pflegerisch-medizinischen Informationen. Eine Bewohnerin hat ihren Goldzahn verloren. Er liegt auf dem Tisch. Diese Nachricht reißt die Runde aus ihrer Lethargie und erheitert sie. (P 18/1)

> Übergabe. Während des Verteilens des Eises und vor allem während des Essens bekommt Frau Marek große Augen, schaut ohne ein Wort eindringlich jeden an – sie geht wieder einmal leer aus. Nach einer Weile fällt das dann doch Elisabeth auf: «Das ist aber gemein» und sie bemüht sich, für sie auch noch ein Eis zu bekommen. Die anderen sind von Frau Mareks Blicken belustigt, schlagen vor, daß jeder einen Löffel abgibt und amüsieren sich köstlich, als Frau Marek die Eisrolle in die Hand nimmt und mit den Fingern ißt (später sehe ich auch eine der beiden Putzfrauen das Eis auf diese Weise essen). Das spendierte Eis und das Verhalten von Frau Marek wird als eine angenehme Unterbrechung erlebt. (P 41/2)

> Übergabe. Frau Hut hat ihr Gebiß verloren. Gisela versucht es aus dem Schweineeimer herauszufischen. Das amüsiert die Runde. (P 42/2)

> Übergabe. Eine «Schreckensnachricht» folgt der anderen. «Viel ist heute zu erzählen, viel passiert: Herr Werner mußte heute wieder ins Krankenhaus, einen neuen Katheter legen. Innerhalb einer Woche das zweite Mal. Jetzt liegt er ganz schwach und durcheinander in seinem Bett ... Am Freitag hat er alles verschmiert, seinen ganzen Körper, bis in die Ohrmuscheln, dann sein ganzes Bett, den Weg zum anderen Bett, das Bett von Herrn Holz, den Weg zum Bad ... überall. Das war eine Putzaktion von einer Stunde für drei MitarbeiterInnen.» Der Mitarbeiter erzählt es erheitert. Die ganze Sitzung wirkt, wie so oft, wenn außergewöhnliche Dinge zur Sprache kommen, leicht und beschwingt. (P 35/2)

Das tägliche Einerlei, die ständige Wiederkehr des Immergleichen, das trotz seiner Belastungen eher langweilig ist, wird von den ‹Katastrophen› unterbrochen. Oft beobachte ich solche Stimmungswandlungen in Übergaben: Erheiterung und das Gefühl, etwas besonderes geleistet zu haben, Entspannung und Solidarität ‹mit Hilfe› des Mißgeschicks von anderen. Amüsiert reagieren die MitarbeiterInnen, als ich bei meiner zweiten Nachtwache nicht bis zum frühen Morgen durchhalte. Kleine Anekdoten aus dem Pflegealltag in den Pausen ausgetauscht, haben eine entsprechende Funktion. Es sind positiv bewertete Ventile gegen die Schwere des Alltags und eine willkommene Möglichkeit ‹Dampf abzulassen›.

5.3 Erfolge und Enttäuschungen

«Frau Brehm geht es heute super»[146]

Frau Köslin, Bewohnerin der Wohnanlage, ist wegen eines Schlaganfalls nach dem Krankenhausaufenthalt jetzt als Kurzzeitpflegegast im Heim aufgenommen. Die Logopädin empfiehlt, jeden Tag zehn Minuten lang mit Frau Köslin Memory[147] zu spielen – wegen ihrer Wortfindungschwierigkeiten. Die MitarbeiterInnen stimmen zu. Der Heimleiter warnt vor dem Mechanismus der eintreten könnte, wenn Frau Köslin länger im Pflegeheim sein sollte.[148] «Ziel muß es sein, sie wieder in die Wohnung zu entlassen.» Es wird vorgeschlagen und von den anderen akzeptiert, daß Frau Köslin jeden Tag, von einer Mitarbeiterin begleitet, einen Besuch in ihrer Wohnung unternimmt, da sie am Morgen geäußert habe, daß sie sich an ihre Wohnung gar nicht mehr erinnern könne. Die MitarbeiterInnen beteiligen sich sehr an diesem Pflegeplanungsgespräch und wirken ungewöhnlich engagiert. (P 26/1)

Übergabe. Fünfeinhalb Monate später. Anette freut sich, wie gut es Frau Köslin wieder geht. Sie wolle unbedingt wieder in ihre Wohnung zurück. Frau Ruhpoldt (Ehefrau eines Bewohners) hat Ilse den Inhalt eines Gespräches weitergeleitet, das sie mit Frau Köslin geführt hat. Sie habe gesagt, daß sie sich umbringe, wenn sie nicht wieder in ihre Wohnung zurück könne. Frau Ruhpoldt meinte, daß ihr das nicht gelingen würde. Ilse aber sagt, daß man das ernst nehmen müsse. Auch die anderen MitarbeiterInnen trauen ihr diese Energie zu. «Sie braucht doch nur mit Hilfe ihrer Angehörigen Tabletten zu sammeln und zu sammeln.» Ilse weiß das Rezept: «Viele Schlaftabletten und noch ein paar Herzmedikamente dazu.» (P 45/2)

Übergabe. Elf Tage später. Die MitarbeiterInnen trudeln nach und nach ein. Sie warten nahezu sprachlos und in sich gekehrt auf den Beginn der Übergabe. Obwohl die Atmosphäre auch sonst nicht gerade sprudelnd ist, fällt mir die bleierne Schwere heute ganz besonders auf … Es geht um Frau

146 P 29/1

147 Gesellschaftsspiel, das das visuelle Gedächtnis trainiert.

148 Was mit Mechanismus gemeint ist, ist offensichtlich allen Anwesenden klar. Sehr häufig sprechen die MitarbeiterInnen in knappen Formeln und Kürzeln miteinander, so daß mir als Außenstehende vieles unverständlich, bzw. verborgen bleibt. Auch das ein Zeichen einer gewachsenen In-Group. Der Mechanismus, der hier gemeint ist und der sich schließlich aus dem nachfolgenden erschließt: Wenn Frau Köslin zu lange im Pflegeheim bleibt, können Symptome der Hospitalisierung auftreten, die verunmöglichen, daß Frau Köslin noch einmal in ihre Wohnung zurückkehrt.

Köslin, die so sehr darum gekämpft hat, in ihre Wohnung zurückzukehren. «Sie hat einen zweiten Schlaganfall. Das ist wieder eine ganz schlimme Geschichte zwischen Krankenhaus und Arzt.»
Frau Köslin wurde am Vortag ins Krankenhaus eingeliefert, jetzt ist sie wieder da. Die MitarbeiterInnen sind sich einig und erbost, daß der Arzt die Diagnose verharmlost, von Durchblutungsschwierigkeiten spricht, wo doch «die rechte Hand ganz schlaff herunterhängt und heute schon Lähmungserscheinungen zu beobachten sind». ... «Ich habe den Arzt darauf aufmerksam gemacht» ... «und mit dem Sprechen wird es auch immer schlechter, gestern noch konnte sie einen ganzen Satz nachsprechen, wenn man ihn ihr vorsprach, heute bekommt sie kaum ein Wort heraus». Die Stimmung in der Mitarbeiterrunde schwankt zwischen Niedergeschlagenheit und Empörung. Es scheint mir, als würde dem Arzt alle Schuld zugeschoben werden, ohne daß dies richtig ausgesprochen wird. Anette, mit Verzweiflung in der Stimme, «ich habe den Eindruck, Frau Köslin ist wieder total mutlos». Darauf Hans: «Sie kämpft aber immer noch.» Luise: «Ja, sie ist sehr sehr ungeduldig, das macht mich ganz fertig. Beim Waschen heute morgen hab ich ihr das auch gesagt, sie soll ruhiger werden, soll machen, was wir ihr raten, dann geht es ihr auch besser.» Das Gespräch über Frau Köslin läuft eine ganze Weile, bis Hans es unvermittelt unterbricht: «Jetzt machen wir mal weiter.» (P 46/2)

Übergabe. Vier Monate später. Frau Köslin ist jetzt auf Dauer im Pflegeheim. Die MitarbeiterInnen diskutieren sehr lange, wie man zu einem Rezept für ein Hörgerät für sie kommt. Anschließend äußert eine Mitarbeiterin: «Frau Köslin ist ganz unglücklich. Sie hat geweint, weil es mit ihr nicht vorangeht.» Dieser Satz bleibt ohne Kommentar im Raum stehen. (P 50/2)

Die Geschichte von Frau Köslin ist ein eindrucksvolles Beispiel, mit welchen Hoffnungen und Enttäuschungen die MitarbeiterInnen oft fertig werden müssen. Bei ihr haben die MitarbeiterInnen – angestachelt durch den Lebenswillen von Frau Köslin selbst – viel Energie, Phantasie und Emotionen dreingegeben. Sie haben vieles ermöglicht, das den üblichen Tageslauf sprengt (Memory spielen, Begleitung in die Wohnung, Einzelgespräche). Und trotz aller Anstrengungen, trotz allen Aushaltens wechselhafter physischer und psychischer Verfassungen von Frau Köslin (einschließlich der Suizidgedanken) können sie das Ziel nicht erreichen. Sie werden sprachlos, ebenso wie Frau Köslin.

Versorgung der BewohnerInnen am Morgen. Ich begleite Anette. Der nächste ist Herr Dupois. Mit dem roten Entsorgungseimer[149] tauchen wir neben seinem Bett auf. Anette führt ihn zur Toilette. Er ist schon ganz durchnäßt

149 Eimer für die verschmutzten Einlagen und anderen Abfall.

(er trägt Einlagen).

«Da ich nicht für alle genug Zeit habe, habe ich mir für diese Woche Herrn Dupois schwerpunktmäßig ausgesucht. Ich weiß, ich betrüge mich damit selbst, aber nur so werde ich mit der Situation fertig.»

Anette läßt sich ganz viel Zeit mit ihm, läßt ihn möglichst viel selbst machen, beim Waschen, Anziehen und Rasieren. Sie verwickelt ihn auch immer wieder in kleine Gespräche. «Eigentlich ist alles für die Katz, denn nächste Woche muß es bei ihm, wie bei den anderen wieder ruck, zuck gehen.» (P 9/1)

«Man könnte so viel mehr tun» und das Wissen um die eigentlich vermeidbaren Versäumnisse ist schwer auszuhalten. Anette und andere MitarbeiterInnen helfen sich damit, daß sie an einzelnen ihr Können und die Möglichkeiten «die drinstecken» erproben. So sind wenigstens an der einen oder anderen Stelle Erfolge möglich.

Wohlüberlegte individuelle Pflegeplanungen werden, vor allem aufgrund des allgegenwärtigen Zeitdrucks, den auch BewohnerInnen verinnerlicht haben, im Alltag schnell über Bord geworfen.

Doch es gibt auch ‹bedenkenlosere› Erfolge und die Freude darüber.

Kurz vor der Übergabe. Freudig strahlend kommt Anette dazu. «Frau Brehm geht es heute super. Sie ist richtig da. Sie spricht . . . » Zwei MitarbeiterInnen pflichten ihr freudig bei. «Hoffentlich ist Frau Brehm heute nachmittag nicht müde, damit ihr Mann das mal mitkriegt.» (P 29/1)

Übergabe. Sie unterscheidet sich von vielen anderen, die ich bisher erlebt habe. Alle wirken ziemlich fröhlich und leicht. Herbert berichtet von vielen, die sehr gut geschlafen haben, von Herrn Ruhpoldt, «dem es wieder sehr sehr gut geht», vom Zimmer Beyer/Kistner, in dem es «ausnahmsweise friedlich war» . . . «Das war ein wunderbarer Vormittag, so richtig schön zum schaffen.» Nur Frau Groß hat eine Hautveränderung an der Hand, die nach Aussagen des Arztes wahrscheinlich bösartig ist. Sogar Frau Joka, von der man vor wenigen Tagen noch befürchtet hat, sie werde niemals mehr das Bett verlassen, bat, täglich mit ihr Laufen zu üben. (P 32/1)[150]

Übergabe. Freude über Frau Schneider, «es geht ihr wunderbar. Sie kommt jetzt immer aus ihrem Zimmer, macht im Aktivitätenprogramm mit». (P 35/2)

---

150 Freude überwiegt die schlechten Nachrichten. Welches sind die Bedingungen für diese Stimmung? Ein leichter Pflegetag? Gute Verfassung der BewohnerInnen? Hohe Toleranz der MitarbeiterInnen?

> Übergabe. Über Herrn Merck wird lange gesprochen. Alle sind erfreut und überrascht, daß er wieder zu essen beginnt. Er kam gerade aus dem Krankenhaus zurück und dort habe man gesagt, daß er aggressiv geworden sei, als man ihm das Essen reingezwungen habe. (P 49/3)

Sehr häufig messen die MitarbeiterInnen die Besserung eines Bewohners/einer Bewohnerin und die Erfolge ihrer Pflege am Essen und Trinken. Ihr Wunsch ist es, daß die BewohnerInnen gut essen. Sie können sich an der «Mordsportion», die ein Bewohner erstaunlicherweise gegessen hat, erfreuen.

Bei aller Freude über Erfolge der Pflege, über Besserung des Zustandes der BewohnerInnen schwingt beständig die Befürchtung mit, daß es auch wieder «bergab» gehen könnte, daß alle Mühe letztlich doch scheitern wird, daß Frau Schneider sich doch wieder in ihr Bett zurückziehen und über ihre vielen Krankheiten klagen wird, daß Frau Brehm wieder unansprechbar und im Dämmerzustand versinken wird.

Gleichwohl ist es für die MitarbeiterInnen überlebensnotwendig, Erfolge wahrzunehmen und Veränderungen als solche zu interpretieren.

> «Meine Aufgabe sehe ich darin, die Fähigkeiten der BewohnerInnen herauszufinden, damit sie sich zufrieden und wohl fühlen. Und wenn da nichts rüberkommt… Ich brauche immer wieder so 'ne Linie, wo ich sehen kann, wo ich jetzt eigentlich stehe, wie gut oder wie schlecht ich bin. Und wie ich das überhaupt mache. Das ist ja nicht nur aus Liebe und Dienst am Nächsten, daß ich das mache. Da ist auch mein Ego dabei, das ich befriedigen will. Das ist wie in jedem anderen Beruf auch, in dem sich Selbstverständnis und Selbstvertrauen aufbaut. Mira. (E 2/13)

Positive Veränderung, Fortschritte sind notwendig, um die Arbeit tun zu können, um sich selbst zu bestätigen. Im Pflegeheim wird der Erfolg im wesentlichen an Verbesserungen des Gesundheitszustandes und der Nahrungsaufnahme, am Grad der Beteiligung am Heimalltag, am Aktivitätenprogramm und am Grad der Beziehungsaufnahme, der Kontaktfähigkeit gemessen.

> «Wenn ich morgens länger bei jemandem sein kann, zur Grundpflege, das ist total angenehm. Also wenn's nicht unter Druck und unter Hetze stattfindet, sondern man wirklich Zeit hat und man sieht, die Leute machen irgendwie mit oder man sieht kleine Veränderungen und Fortschritte irgendwo. Es fragt sich nur dann wieder, für wen ist das eigentlich positiv?» Diese Frage bleibt offen. Mira. (E 2/2)

5.4 Eigene Ansprüche

«Die Bewohner sollen sich wohl fühlen»[151]

Im Ablauf des Tagesgeschehens decken die MitarbeiterInnen selten explizit die Konzepte und Ziele ihres Handelns auf oder geben Begründungen für ihre Entscheidungen ab. Dies geschieht nur vereinzelt in der Übergabe, an dem Ort, an dem das Team Gelegenheit hat, sich regelmäßig über die Arbeit auszutauschen.[152]

Im Vollzug ihrer Tätigkeit offenbaren sich Ziele und Absichten als Selbstverständlichkeiten, die von außen betrachtet einem allgemeinen Einverständnis zu unterliegen scheinen. Auf diese Weise werden offensichtlich die neu hinzukommenden MitarbeiterInnen eingeführt: Lernen durch Beobachten und Mittun.

Mir als Neuhinzukommende und Fachfremde[153] werden ab und an Erklärungen gegeben: dann wenn die MitarbeiterInnen vermuten, daß ich aus Unkenntnis ihrer Arbeit eine Handlung nicht verstehen könnte oder wenn sie eine Kritik von meiner Seite her erwarten. Dies geschieht besonders dann, wenn ihnen bewußt wird, daß sie von allgemeingültigen Normen der Altenpflege oder des üblichen menschlichen Miteinanders unter Erwachsenen abweichen.[154]

Darüber hinaus vermitteln mir Mira und Anette in ausführlichen Gesprächen und Klaus und Ilse während der Nachtwache Einsichten in die eigenen Ziele und die des Hauses. Es sind Zeiträume, in denen ein gewisser Abstand der MitarbeiterInnen von der Arbeit möglich ist.[155]

---

151 E 2/13

152 Anstöße zu solchen Reflexionen und konzeptionellen Überlegungen während der Übergabe gibt fast ausschließlich der Heimleiter, der sich gelegentlich in die Berichte über das «Tagesgeschäft» mischt und nach den Hintergründen fragt. Aber er ist nur sporadisch bei den Sitzungen anwesend und auch nur bei der halbstündigen Mittagsübergabe.

153 Die MitarbeiterInnen wissen, daß ich keine Alten- bzw. Krankenpflegerausbildung absolviert habe, aber daß ich seit vielen Jahren als Gerontologin in der Aus-, Fort- und Weiterbildung tätig bin.

154 Beispiel: Eine Mitarbeiterin schließt die Tür ab, nachdem sie das Zimmer von Frau Czerny verläßt. Sie hängt den Schlüssel hoch oben an einen Haken. Ich bin irritiert, schweige aber. Die Mitarbeiterin erklärt: «Wir haben eine Bewohnerin, die geht in alle Zimmer rein und nimmt Sachen weg. Frau Czerny ist damit einverstanden, daß wir die Tür verschließen.» (P 8/3)

155 Der Heimleiter gewährte mir zwischenzeitlich und zum Abschluß der Untersuchung in einem langen Gespräch Einblick in die «Philosophie» seiner Arbeit, des Hauses. Diese beziehe ich jedoch nur als Hinweise zu den inhaltlichen Rahmenbedingungen der Arbeit der MitarbeiterInnen ein.

Die MitarbeiterInnen nennen Ziele ihrer Arbeit, Normen, die sie sich setzen, Ansprüche, die sie an sich stellen, versehen diese oft jedoch mit den Einschränkungen denen ihrer Arbeit unterliegt:

Fachgerechte Pflege[156], die doch häufig im Zeitdruck untergeht

Anette sagt dazu: «Ich bin noch nicht lange von der Schule und bemühe mich noch zu machen, was wir dort gelernt haben. Nach dem Desinfizieren eine halbe Minute abwarten bis zur Spritze, weil ich weiß, daß das weniger schmerzhaft ist. Es ist eigenartig, daß ich mich deswegen rechtfertigen muß, auch vor den Kollegen, daß ich die Zeit ungenutzt verstreichen lasse.» Sie läuft jedoch in dieser kurzen Zeit noch ins Bad, muß aber trotzdem noch ein paar Sekunden verstreichen lassen. «Am Abend kommt Frau Brehm ins Schwesternzimmer, da kann man es gut machen: erst desinfizieren, dann die Spritze aufziehen, so ist die Zeit genutzt.» (P 9/3)

Alltäglichkeit und Normalität als Grundprinzipien der Gestaltung des Tagesablaufes

«Es ist doch verrückt», bemerkt Anette, «wir versuchen hier alles so alltäglich wie möglich zu machen und müssen das noch als etwas Besonderes verkaufen.» Und im gleichen Atemzug: «Ich möchte so gerne den Standard dieses Hauses halten, es ist so gut hier. Aber in der letzten Zeit ist so viel Personal weggegangen und die Pflege wird immer schwieriger, ... Das hat das Haus nicht verdient.» (P 9/5)

Nachtwache. «Man muß einfach flexibel sein und alles so natürlich wie möglich machen. Das war bisher an und für sich eine ganz ruhige Nacht. Und wenn dann mal ganz viel auf einmal los ist und alle was wollen, dann muß man eben zu Frau Schwindt sagen, ‹so, jetzt setze ich Sie auf den Topf und dann gehe ich erst einmal zu Herrn Sowieso und dann komme ich wieder›. Und zu Herrn Sowieso sagt man, daß man gleich nochmal kommt.» Ilse (P 45/6)

---

156 Vgl. Kapitel 5.1.

Aktivierende Pflege[157]: die Selbständigkeit der BewohnerInnen fördern, die BewohnerInnen zum Mittun an den gemeinschaftlichen Aktionen motivieren[158]

Hans versorgt Herrn Stark am Morgen. Er wird von Hans aufgefordert, möglichst viel selbst beim Waschen und Anziehen zu machen. Er tut es bereitwillig und rasiert sich auch. Hans: «Jetzt mach ich noch das, wo sie nicht so recht hingekommen sind.» Und er rasiert ihm das ganze Gesicht nocheinmal. (P 20/1)

Vorbereitung für die Musiktherapie, eine große Runde wird zusammengestellt, möglichst viele BewohnerInnen sollen daran teilnehmen. Stammplätze werden berücksichtigt. Die MitarbeiterInnen räumen diesem Ereignis eine große Bedeutung ein und manche bleiben die meiste Zeit dabei.[159]

Pflege im Hier und Jetzt. Begrenzte Berücksichtigung biographischer Daten der BewohnerInnen

«Also Frau Schwindt z. B., die ist ja schon – ich weiß nicht, wie viele Jahre schon krank, also ewig. Die hat im Grunde keine Jugend gehabt, nichts, ich merke das, wenn sie mich so fragt, was ich mache …
Also, das ist so ein Manko bei mir, oder was heißt Manko: ich hab mit diesen ganzen Biographien eigentlich immer recht wenig …, weil, ich guck, wie die Leute jetzt so sind und ich mag so Akten und den ganzen Kram eigentlich gar nicht so lesen. Aber sie hat mir mal erzählt, daß sie schon sehr lange krank ist und jetzt hab ich zum Beispiel von einer Fahrradtour erzählt und sie hat nie Fahrradfahren können.» (B 14)[160]

---

157 Aktivierende Pflege – ist ein in der Altenpflege weit verbreiteter Anspruch. Siehe Glossar im Anhang.

158 Der Heimleiter betont gleichzeitig das Recht auf Rückzug der BewohnerInnen. «Ich vertrete ganz konsequent und provokativ wieder die Passivitätstheorie (gemeint ist die Disengagement-Theorie, vgl. Reflexion 4) ab einem bestimmten Alter dialektisch gewendet. Natürlich nicht: Alter ist gleich Rückzug. Aber die Menschen, die wir hier haben, haben ein Recht auf Rückzug, sie haben ein Recht, aus diesem Leben zu gehen. Und dürfen nicht gezwungen werden zu etwas, was wir machen … Es ist mir selber erst in den letzten zwei, drei Jahren richtig bewußt geworden und ich habe erst jetzt wieder Mut gefaßt, zu widersprechen diesem ganzen Aktivitätsquatsch.» (S 49)

159 Vgl. Kapitel 4.4

160 Die MitarbeiterInnen wissen insgesamt sehr wenig über die Biographie der BewohnerInnen (siehe Kapitel 6). Der Heimleiter spricht vom Unsinn der modernen Pflegedokumentationssysteme. «Haben wir denn ein Recht, das alles zu wissen und zu dokumentieren? Es kommt auf das Jetzt an, auf das, was ich in der Beziehung zu den alten Menschen lebe, nicht auf

Die Wünsche der BewohnerInnen beachten

> «Die alten Menschen haben ein Recht auf ihre Wünsche, aber wir schaffen das oft nicht.»[161] (P 12/3)

Das Sterben begleiten

> «Also beim Herrn Graf in der letzten Woche. Ich habe total das Gefühl gehabt, daß es jetzt soweit ist. Und dann möchte ich ihm das irgendwie angenehm machen. Also ich kann's dann nicht ertragen, daß er dann mit trokkenem Mund daliegt ... Ich habe ihn ständig frische Blümchen reingestellt, weil ich dachte, so ein bißchen was Schönes, noch ein bißchen Leben rein.» (B 27)

> «... Herr Schmidt, der ist ja auch gestorben, als ich schon da war. So mit Duftkerze, so 'ne angenehme Atmosphäre schaffen, soweit wie's halt geht, das ist ja auch alles. (Pause) Also ich find's schon, also ich hab' bei fast allen irgendetwas Schönes empfunden.» (B 29)

Die zusammengetragenen Aussagen von MitarbeiterInnen über die Ziele ihrer Arbeit charakterisieren den allgemeinen Rahmen innerhalb dessen sich die Bemühungen der MitarbeiterInnen alltäglich bewegen. Große interindividuelle Unterschiede sind wahrscheinlich. Es sind ohnehin nur einige unter den MitarbeiterInnen, die sich in dieser Weise artikulieren, die für mich wahrnehmbar konzeptionell den Ton angeben.[162]

---

das, was in der Vergangenheit war und das, was in der Zukunft sein wird. Das bei Menschen, die sich nicht mehr erinnern können. Wir können ohnehin nur ein Bruchteil wissen. Wir dokumentieren nur das, was streng pflegerisch und medizinisch wichtig ist. Alles andere geht uns nichts an.» (P 19/3)

«Ich bin der Meinung, daß die biographische Seite wichtig ist, daß ich eine Verwirrung im Grunde nur im biographischen Kontext deuten kann. Also daß ich vieles, was die Leute hier machen, nur deuten kann, wenn ich was aus der Biographie weiß.» Eine systematische Erfassung der biographischen Daten hält er jedoch für «eine neue Form von wirklich schlechter Psychoanalyse, um das mal in Anführungsstriche zu setzen und eigentlich eine Form von Gewalt.» (S 32) ... «Es ist im Grunde nicht möglich, eine Biographie von 80 Jahren zu rekonstruieren, sondern es ist nur möglich, wenn man Glück hat, im Moment eine tolle Begegnung zu haben, in der sich ein Mensch öffnet, in der man was kriegt, und das vergeht dann auch wieder, dann ist es vorbei und dann kann man sich ein, zwei Basisinformationen merken.» (S 34)

161 Der Heimleiter nennt das «die Umlaufbahnen der Bewohner beachten».

162 Vgl. Kapitel 10.4 und Reflexion 10.

«Es gibt einige Regeln, die nicht hinterfragt werden, die sind einfach da, keiner weiß eigentlich warum, dieses oder jenes so gehandhabt wird. Auch wenn man direkt danach fragt.
Ein Beispiel: Am Wochenende werden die Beine von den BewohnerInnen nicht gewaschen. Obwohl das nur ein paar Minuten mehr in Anspruch nimmt. Ich mache es trotzdem, ist ja schon im täglichen Ablauf drin, aber wenn jemand das sieht, werde ich schief angeguckt.
Es gibt auch Konkurrenzen zwischen den Schichten, bzw. einzelnen Mitarbeitern. Es wird z. B. genau darauf geschaut, wer in welchem Zimmer wie lange braucht. Oder ob die einen eine Viertelstunde früher fertig sind als die anderen. Als ob Schnelligkeit etwas mit Qualität zu tun hätte.» Herbert (P 44/13)

Wahrnehmbare Unterschiede existieren auch bezüglich der Schonung, die man den alten Menschen angedeihen lassen soll. Die Frage ist immer wieder, ob man die alten Menschen mit der/ihrer Realität konfrontieren soll.

Anette hat mit Frau Schwindt Krach, weil die sie behauptet, sie sei immer die letzte, die ins Bett gebracht wird, was nach Meinung von Anette absolut nicht der Wahrheit entspricht. «Ich hab sie nach hinten gebracht, hab sie hingesetzt und bin gegangen. Hinten haben wir uns noch ein bißchen gefetzt ... Später hab ich dann nochmal mit ihr gesprochen, ihr es nocheinmal erklärt und hab gesagt: ‹Ich kann Sie auch verstehen, es ist erbärmlich, dazusitzen und zu warten und selber nicht wegzukönnen, ich stell mir das alles so schrecklich vor, ich stell mir das so fürchterlich vor ...› Das war ein Beispiel, so geh ich mit den Ansprüchen (der BewohnerInnen) um, ich kann selbst nicht verleugnen, ich hab auch keine Lust, irgendein Spielchen zu machen.» Sie räumt ein, daß es nur mit BewohnerInnen möglich ist, die «sehr gut Sachen noch nachvollziehen können und sich artikulieren». (B 12)

Mira vergleicht ihre Erfahrung aus der ambulanten Pflege mit alten Menschen und der im Heim. «Schwierigkeiten gehören zum Leben, wer bin ich denn, daß ich da eingreifen sollte, aber im Heim werden die Schwierigkeiten eher ferngehalten.» (E V 1)[163]

163 Vgl. Kapitel 2.4.

5.5 Freude an der Arbeit

«Die Arbeit mit alten Menschen ist eine Bereicherung»[164]

> «Also ich mach's wahnsinnig gerne, irgendwie mit Menschen zu arbeiten und ich merk, ich bin da noch viel näher, als ich das als Sozialarbeiterin bin.»[165] (B 5)

> «Im Moment hab ich das Gefühl, daß ich da eine Arbeit machen kann, die mir persönlich sehr viel bringt, durch die Auseinandersetzung mit Alter und mit verschiedenen Leben bereichert es das meine.» ... Anette betont das Gefühl von Unabhängigkeit, weil sie im Gegensatz zu vielen anderen jederzeit aufhören kann: «... nicht so angewiesen bin, daß ich die Arbeit so lange machen kann, wie ich Spaß hab». (B 6)

> «Ich kann von den anderen (im Team) sehr viel lernen. Es gibt viele Reibereien, viel Nerv ..., aber in diesem Heim sind überproportional recht gute Leute, mit denen ich mich auch so gut auseinandersetzen kann und manche Sachen reflektieren kann.» Anette. (B 8)

> «Also ich finde an dem Beruf, wie wir es praktizieren, da drüben im Heim schön, daß es die Ganzheit irgendwo einschließt. Also, ich sehe die Leute genauso in ihrem Dreck liegen, wie ich sie nachher irgendwo sehe, wie sie begeistert sind an irgendeinem Spiel oder sowas. Das find ich eigentlich schön dabei, was wahrscheinlich auch aufreibender ist.» Mira. (E 2/3)

> «Nachtwache, das ist eine gute Sache. Da kriegt man eine richtig gute Beziehung zu den alten Menschen – niemand stört einem dabei, keine anderen Mitarbeiter, keine Angehörigen, keine Ärzte, niemand. Da kann man so richtig auf die alten Menschen eingehen, wie das am Tag niemals oder nur ausnahmsweise möglich ist.» Herbert (ZB 15/4)

Im alltäglichen Ablauf nehme ich sehr selten Aussagen darüber wahr, daß die MitarbeiterInnen Freude an ihrer Arbeit haben. Die täglichen Anstrengungen, das Gefühl, das Erstrebenswerte nie zu erreichen, überdecken das Nachdenken über die positiven Seiten der Arbeit.

> «Man könnte mit jedem einzelnen viel mehr tun, sich für jeden etwas einfallen lassen, was ihm guttäte, ... aber das geht mit der Personalsituation ja

---

164 B 6

165 Anette hat vor ihrer Ausbildung zur Altenpflegerin Sozialarbeit studiert und in diesem Beruf als Familienpflegerin gearbeitet. Sie sieht «ihre Möglichkeiten in dieser Kombination und hat so ein Gefühl von Freiheit». (B 5)

nicht. Auf dem Plan sieht das ja immer noch ganz gut aus, aber oft ist jemand krank, ...» Herbert (P 44/17)

Es bedarf offenbar einer gewissen Distanz, um die Freude an der Arbeit zu artikulieren, zeitliche und räumliche Distanz oder eine gewisse Unabhängigkeit dem Beruf gegenüber.[166]

166 Die Gespräche mit Mira und Anette fanden außerhalb des Heimes statt. Anette sagt, sie könne jederzeit wieder in der Pflege aufhören (siehe oben). Mira führt das Gespräch mit mir, als sie sich gerade für ein halbes Jahr beurlauben läßt und zu diesem Zeitpunkt noch nicht sicher ist, ob sie dort im Heim wieder anfängt. Darüber hinaus haben sich Mira und Anette als einzige bereiterklärt, mit mir ihre Arbeit zu reflektieren. Eine dritte Mitarbeiterin wünschte sich ein solches Gespräch ebenso und bat dringlich darum. Aber zweimal vergaß sie den Termin bzw. die Adresse und ein drittes Mal wagte sie wohl nicht, mich daraufhin anzusprechen.

Reflexion 5
Der Versuch, die Balance zu halten

Die Belastungen der MitarbeiterInnen im Pflegeheim sind auch flüchtigen Betrachtern augenfällig. Zunächst dominiert der Eindruck von hohem Arbeitstempo, von Vielfältigkeit und Gleichzeitigkeit unterschiedlicher Aufgaben[167] und von körperlichen Belastungen[168]. Nach weiterem Eintauchen in die «Welt des Pflegeheims» werden auch die eher unsichtbareren Belastungen markant.

Stigmatisierung des Alters

Auch die MitarbeiterInnen verweisen in der Beurteilung ihrer Arbeitssituation vorwiegend auf die augenfälligen Merkmale. Ihre Klagen und alltäglichen Erfahrungen sind eingebettet in das in der Gerontologie, in der Fachpresse und in den allgemeinen Medien verbreitete Bild der Unterversorgung Pflegebedürftiger. Dazu gehören Formulierungen wie «Pflegenotstand», «Satt und Sauber-Pflege», «Mangel an qualifiziertem Personal», «Unzulängliche Personalschlüssel», «Gefährliche Pflege».[169]

In der allgemeinen Rezeption solcher Nachrichten und Untersuchungsergebnisse werden aus einer solchermaßen charakterisierten Altenpflege in erster Linie die Auswirkungen für die alten Menschen entschlüsselt und diskutiert. Doch Pflegenotstand ist auch die Not der Pflegenden, ausgelöst durch vielfältige Belastungen, die den Körper, den Geist und die Seele betreffen.

Außenstehende bekunden ihre Einschätzung noch am ehesten mit Äußerungen, die eine Mischung aus Bewunderung und Unverständnis sind: Es muß

---

167 Ein exemplarisches Beispiel: Während Mitarbeiterin A Herrn B das Essen reicht, verlangt Frau C von ihr Begleitung zur Toilette, bittet Kollegin D um Unterstützung beim Herüberheben des Herrn E vom Rollstuhl in den Stuhl. Und gleichzeitig memoriert Mitarbeiterin A, daß dringend die Medikamentenbestellung erledigt werden muß und Frau F schon die ganze Zeit auf ihr Bad wartet.

168 Vgl. Kapitel 7.1

169 W. Rückert (1991, S. 7) berichtet, daß 1970 in (frei gemeinnützigen) Alten- und Pflegeheimen für einen Bewohner 62 Minuten aller Mitarbeiter (einschließlich Hauswirtschaft- und Verwaltungspersonal) zur Verfügung standen, und 1990 84 Minuten.

doch schwer sein, ständig mit alten Menschen zu tun zu haben. Wie kann man das verkraften, ständig mit so vielen Krankheiten und dem Sterben konfrontiert zu sein.[170] Die zutage tretende Ambivalenz nährt bei den MitarbeiterInnen das Gefühl, im «Abseits» zu arbeiten, an einem Ort, an den andere nicht hinschauen wollen.

Im Pflegeheim Sommerberg leben Menschen, die durch alle anderen Versorgungsnetze gefallen sind und deren Grad an körperlicher, psychischer und geistiger Behinderung groß ist. Pflegende Angehörige oder unterstützende Nachbarn oder Freunde stehen nicht (mehr) zur Verfügung oder sind den Belastungen nicht mehr gewachsen. Die Kapazitäten ambulanter und teilstationärer Einrichtungen reichen für den hohen Grad der Versorgungsbedürftigkeit nicht aus. Das Pflegeheim als ein Ort, an dem die ‹Restalten› versorgt werden müssen, bei denen alle Konzepte erfolgsversprechender und fortschrittlicher Altenpflege versagen?[171]

Die spezifische Situation der Pflegeheime findet weder in der Öffentlichkeit (es sei denn es ist von Skandalen zu berichten), noch in Wissenschaft und Forschung eine adäquate Aufmerksamkeit.[172]

In der gerontologischen Forschung und – daraus abgeleitet – in Literatur und Praxis der Altenpflege steht das Interesse an Aktivierung, Rehabilitation und Kompetenz alter Menschen im Vordergrund.[173] Damit berühren sie jedoch nur in geringem Maße die spezifischen Anforderungen der MitarbeiterInnen im Pflegeheim, die sich vorwiegend um elementare Aufgaben der Grund- und Behandlungspflege und die psychischen Nöte der alten Menschen drehen.

---

170 Ich erlebe Entsprechendes. Wenn ich Fachfremden von meinem forschungsbedingten Aufenthalt in einem Pflegeheim über ein ganzes Jahr berichte, folgt nicht selten das Eingeständnis: «So etwas könnte ich niemals machen.»

171 Diese Entwicklung vollzieht sich einerseits aufgrund der sozialpolitischen Entscheidungen, daß ambulante Versorgung vor der stationären Vorrang haben soll und andererseits aufgrund demographischer Veränderung (höhere Lebenserwartung/Hochaltrigkeit). G. Nägele, H.P. Tews, 1993.

172 Zwei Beispiele für die Ausblendung der besonderen Situation der Pflegeheime: In einer Untersuchung über Konflikt- und Belastungssituationen in stationären Einrichtungen der Altenhilfe, die 26 Alten- und Pflegeheime (einschließlich Altenwohnheime und Wohnstifte, «die für die künftige stationäre Altenarbeit Modellcharakter besitzen») untersucht, werden die Lebens- und Arbeitsbedingungen in Pflegeheimen nicht gesondert berücksichtigt. (A. Kruse et al., 1992) Im 1. Altenbericht der Bundesregierung: «Die Lebenssituation älterer Menschen in Deutschland» findet sich keine explizite Beschreibung der Situation stationärer Pflegeeinrichtungen, mit Ausnahme einer Mängelanzeige (bauliche, räumlich, hygienische) in den neuen Bundesländern. (Bundesministerium für Familie und Senioren, 1993).

173 Ein Beispiel: In einer breit angelegten Untersuchung von A. Kruse zur «Kompetenz im Alter» leben von den 480 untersuchten ProbantInnen nur 56 in einem Altenheim, davon: 30 Personen in einem Altenheim, 17 in einem Altenwohnheim, 9 in einem Altenwohnstift. Pflegeheimbewohner sind an dieser Untersuchung nicht beteiligt. A. Kruse, 1991, S. 142.

Kompetenz- und Aktivierungsprogramme und aktivierende Pflege werden auch im Heim Sommerberg durchgeführt. Sie zeigen sich einerseits in den verschiedenen Angeboten, die den Tageslauf füllen, aber auch in den Bemühungen, die Selbständigkeit der alten Menschen (beim Waschen, Essen, Fortbewegen ...) zu erhalten und wiederzugewinnen.[174] Die MitarbeiterInnen machen jedoch die Erfahrung, daß sie mit diesen Angeboten und Maßnahmen, die Lebenslagen und Bedürfnisse der meisten HeimbewohnerInnen nicht treffen und daß die Erfolge gering sind.

Der (anhaltende) Aufenthalt im Pflegeheim erweckt den Eindruck, an einem Ort gesellschaftlicher Ausgrenzung zu sein, den Außenstehende nur sporadisch und kurz tangieren (Besucher, Ärzte, Wissenschaftler, Politiker, ...), der also im wesentlichen den dort Arbeitenden und den alten Menschen überlassen wird.[175] Die MitarbeiterInnen fühlen sich an diesem Ort alleine gelassen, empfinden nur geringe Unterstützung und Wertschätzung und projizieren ihren Unmut über diese isolierte Situation vorrangig auf die für sie greifbaren Angehörigen.[176] Die MitarbeiterInnen fühlen sich nicht nur verlassen, sondern beständiger Kritik ausgesetzt.

Die Angehörigen, in ihrer Sorge um die alten Menschen, aber auch aufgrund ihrer Schuldgefühle, sie nicht selbst versorgen zu können, üben häufig Kritik und stellen hohe Anforderungen an die Pflege. In ihren Äußerungen spiegeln sie den MitarbeiterInnen gesellschaftliche Stereotype über unzureichende Versorgungen alter Menschen in Heimen wider.

In einem solchen Klima, in dem allgemeine Uninformiertheit, gängige Vorurteile einerseits und realitätsbezogene Kritik der Betroffenen sich vermischen, ist es für die MitarbeiterInnen sehr schwer, zwischen persönlicher, institutionsbezogener und gesellschaftlicher Verantwortung zu unterscheiden.[177]

Die Ausgrenzung der pflegebedürftigen alten Menschen im Heim ist mit einem überdimensionierten Anspruch an diejenigen gepaart, die diese Arbeit verrichten. Da sie den von außen gesetzten Anforderungen niemals gerecht werden können, stellen diese eine beständige Dauerbelastung dar.

Die Folge ist eine auch von den MitarbeiterInnen hergestellte und getragene Trennung zwischen «drinnen und draußen» und der Versuch, die eigene Arbeit

---

174 Vgl. Kapitel 4.4.

175 Auf diesem Hintergrund ist eine bereits zitierte Aussage einer Mitarbeiterin zu verstehen. Als ich in der Mitarbeiterversammlung mein Anliegen und meine Arbeitsweise die Studie betreffend vorstellte, sagte sie: «Endlich schaut mal jemand genau, was wir hier machen, und reicht nicht nur einen Fragebogen herein.» Vgl. Kap. 1.2.

176 Vgl. Kapitel 2.4.

177 Vgl. Kapitel 5.1, Herr Marx erhält zu spät Hilfe. Selbst Berichte von «Zuständen in Heimen», Vernachlässigungen, Gewaltanwendungen anderen Ortes rufen bei den MitarbeiterInnen Rechtfertigungen hervor, die ein kollektives Schuldgefühl ahnen lassen; vgl. Kapitel 5.1.

und die Anstrengungen aufzuwerten, indem die MitarbeiterInnen sich als Beschützer der alten Menschen einordnen.[178]

Und mit dieser Haltung schaffen die MitarbeiterInnen eine Subkultur, in der sie die schwerkranken oder behinderten Menschen ihrerseits isolieren.[179] Selbst an einer beschützenden Ausgrenzung beteiligt, verorten sie um so stärker allgemeine Tendenzen kollektiver gesellschaftlicher Abwehr von Krankheit, Behinderung, Sterben und Tod außerhalb des Heimes und stemmen sich mit ihrer Arbeit dagegen. Es entstehen Widersprüche zwischen dem Ideal der Integration alter Menschen einerseits und der Praxis der Pflege andererseits (einschließlich der als unzureichend empfundenen Arbeitsbedingungen), und das auf dem Hintergrund der Tatsache, daß sie gleichzeitig in der das Heim umgebenden Welt (als Privatpersonen, Bürger, Wähler, Steuerzahler, ...) verankert und mit eben diesen ausgrenzenden Tendenzen konfrontiert und daran beteiligt sind. Das Bild vom ‹heilen Ghetto› in einer ‹unwirtlichen Welt› stabilisiert zwar die Motivation der darin Tätigen, wirkt jedoch gleichzeitig belastend, weil sein illusionärer Charakter täglich entlarvt wird.

Die Stigmatisierung[180], die in den Jahren nach dem Zweiten Weltkrieg der gesamten Gruppe alter Menschen galt, wird jetzt – mit zunehmender Aus-

---

178 Vgl. Kapitel 2.4; das Klagen über die Schwere und Fülle der Arbeit dient ebenfalls einer selbstinszenierten Aufwertung.

179 R. Schwendter unterscheidet progressive von regressiven Subkulturen. R. Schwendter, zitiert in: Th. Klie, in: H. Brandt, E. v. Dennebaum, W. Rückert, 1987, S. 53. «Auf Heime bezogen bedeutet dies: Heime (als progressive Subkultur, Anm. der V.) können durch einen anderen Umgang mit Pflegebedürftigkeit, Abbau, Sterben, Tod einen Beitrag zu einer gesamtgesellschaftlichen Weiterentwicklung der Normen, Präferenzen, Bräuche für hilfebedürftige alte Menschen leisten ... . Heime als regressive Subkultur hingegen können ein Stück Feudalismus bewahren, sich gesamtgesellschaftlichen Demokratisierungsbemühun gen entgegenstellen, indem sie die Bewohner durch vielfältige Instrumente der Reglementierung (z. B. Tagesablaufgestaltung), Sanktionierung (Bestrafung für zu häufiges Klingeln), Disziplinierung (Androhung von Zwangsmaßnahmen) und Pathologisierung (bei abweichendem Verhalten: Diagnose Verwirrtheit) einem fremdbestimmten Leben aussetzen und grundsätzlich garantierte Rechte vorenthalten. Dies geschieht noch in vielfältiger und unterschiedlicher Weise und wird durch die Rahmenbedingungen, unter denen Heime arbeiten müssen, mitverantwortet.» (Th. Klie, 1987, S. 53). Die gegenwärtigen Heime akzeptieren ohne nennenswerten Widerstand und eher im Verborgenen die gesellschaftliche Funktionalisierung und übernehmen die Versorgung («Entsorgung») des ‹defizitären Alters›.

180 «Das Altersstigma hat eine Reihe von Strukturmerkmalen mit anderen Stigmata gemeinsam. Wie die Stigmata von sozialen Randgruppen ... ist es ein geschlossenes System von Deutungen und Bewertungen, innerhalb dessen es auf alle Fragen eine Antwort gibt. Diesem System kommt mit der Zeit seiner Geltung eine zunehmend Selbstverständlichkeit zu, und einzelne seiner Elemente haben durch die Analogisierung mit biologischen Prozessen eine beträchtliche Suggestivwirkung. Ein anderes Merkmal ist die Tendenz zur Generalisierung. Damit ist gemeint, daß die Zuschreibung ‹alt› nicht auf den Ausschnitt beschränkt bleibt, dem das wahrgenommene Alterssymptom (z. B. langsamer Gang) zugehört, sondern

differenzierung der Altersgruppe in «junge Alte» und «alte Alte»[181] auf die Hochaltrigen, die Schwerkranken und Sterbenden angewandt. Auf diese Gruppe werden die negativen Zuschreibungen, die mit dem Alter verknüpft sind, konzentriert.

Diese soziologische Dimension ihrer Belastungen wird von den MitarbeiterInnen selten explizit genannt, scheint jedoch in vielen Anmerkungen zu konkreten Belastungen und Konflikten auf und eben auch in ihrem Stolz, einen Beitrag zur Mitmenschlichkeit im Widerstand gegen den «Rest der Welt» zu leisten.

> Für mich, über ein Jahr so intensiv mit dem «Milieu Pflegeheim» konfrontiert, nimmt die Ausgegrenztheit des hohen Alters, die Entsorgungsfunktion der Heime noch in einer anderen Weise Gestalt an. Außerhalb des Heimes flammt in dieser Zeit die Diskussion um «aktive» Sterbehilfe, Euthanasie auf, ausgelöst durch Vorträge und Veröffentlichungen des Australiers P. Singer. Im Pflegeheim Sommerberg erlebe ich die Menschen, auf die die Thesen von Singer in der Diskussion übertragen werden können.[182] Wirkt nicht diese Diskussion, die Ausdruck ethischer Verunsicherung durch medizinische Fortschritte und Gentechnik ist, auf die Pflegenden, die sich um dieses potentiell entwertete Leben kümmern? Verstärkt es nicht ihre Gefühle mit abgeschobenen, aufgegebenen Menschen zu tun zu haben? Nicht zuletzt erinnert die Diskussion an die Vernichtungsprogramme alter und psychisch kranker Menschen in der NS-Zeit.[183] Tagebuch

---

tendenziell auf die gesamte Person ausgedehnt wird. Von einem Merkmal wird auf die gesamte Person, auf alle ihre Fähigkeiten geschlossen. Ein drittes Charakteristikum, … ist die Pathologisierung von Verhaltensweisen. Alte an sich oder bestimmte (problematisch erscheinende) Verhaltensweisen werden durch den monokausalen Rekurs auf biologische Prozesse als Abweichung von einer Norm – entweder von der des Erwachsenen oder der des ‹normalen› alten Menschen – erklärt. Ein weiteres Merkmal ist schließlich die Umsetzung der Vorstellungen und Meinungen über Alter und Altern in dem Selbstkonzept der alten Menschen.» (J. Hohmeier, 1978, S. 13).

181 H. P. Tews spricht vom Strukturwandel des Alters (H. P. Tews, 1990, S. 478–491). Er benennt 5 Aspekte des Wandels: Entberuflichung (flexible Altersgrenze, vorzeitiges Ausscheiden aus dem Arbeitsleben, Arbeitslosigkeit, gegenwärtig Vorruhestandsregelung aufgrund wirtschaftlicher Krisen), Verjüngung (als Folge der Entberuflichung), Feminisierung (größerer Anteil von Frauen an der Altersbevölkerung/höhere Lebenserwartung), Singularisierung (Zunahme von Einpersonenhaushalten) und Hochaltrigkeit (Zunahme der Lebenserwartung insgesamt). «Die Unterscheidung zwischen handlungsfähigen und hinfälligen Alten könnte sich zu einer neuen Altersgrenze verfestigen, jenseits derer die bisher ungelösten sozialpolitischen Probleme (insbesondere Pflegebedürftigkeit) kulminieren.» (M. Kohli, 1992, S. 255.

182 P. Singer und Helga Kuhse, 1985; P. Singer, 1984; «Everybody accepts that some lifes are not worth living», zitiert in Frankfurter Rundschau, 29.5.1993.

Da die MitarbeiterInnen – wie bereits angedeutet – als Teil der Gesellschaft und in ihr sozialisiert nicht den gesellschaftlichen Bildern von Alter, von Ausgrenzung, von Krankheit und Tod enthoben sind, ist zu fragen, wie sie ihrerseits diesen Zwiespalt zwischen notwendiger und engagierter Sorge um die alten Menschen einerseits und gesellschaftlicher Abwertung andererseits individuell und als Angehörige der Berufsgruppe ‹Pflege› bewältigen.

Der Blick nach innen

Der von außen zugeschobene und gleichzeitig gering geschätzte Auftrag und die Unmöglichkeit, den damit verbundenen Erwartungen zu genügen, stellen nur eine Komponente der empfundenen Belastungen dar.

Eine weitere Perspektive liefert der Blick nach innen auf die alltäglichen Arbeitsabläufe, die einerseits mit den eigenen Zielen und Ansprüchen an (die) Arbeit und Leben konfrontiert werden und andererseits mit der Realität, den Wünschen, den Erwartungen der alten Menschen.

Seit meinem letzten Besuch im Heim beschäftigt mich die Atmosphäre der Stummheit und Resignation, die angefangenen, aber ins Leere laufenden Gespräche mit den BewohnerInnen. Nachhaltig spüre ich, wie ich selbst davon infiziert bin, eine Lähmung, die Phantasie und Initiative zum Gespräch schwächt.

Für mich ist es eine erstaunliche und auch erschütternde Erfahrung, wie oft ich – trotz allen Forschungsdranges – von Müdigkeit, Erschöpfung und auch Überdruß geplagt bin. Obwohl ich doch in der privilegierten Lage bin, das Haus nach meiner Entscheidung betreten und verlassen zu können, die Grenze meines Involviertseins selbst zu bestimmen, erfaßt mich nicht selten eine tiefe Resignation, die unter Umständen auch dann

183 Die Insassen der Heil- und Pflegeanstalten wurden zur Vorbereitung der «Aktion T4» systematisch, planwirtschaftlich erfaßt. Unter anderem wurde die Meldung von Patienten mit senilen Erkrankungen gefordert. «Sämtliche Fälle von seniler Demenz, die erheblich unsauber sind und außerdem der dauernden Verwahrung in einer Heil- und Pflegeanstalt bedürfen und nicht in jüngeren Jahren besondere Leistungen für Volk und Reich vollbracht haben.» (Ebert, Leiter der Tötungsanstalt Brandenburg, zitiert in H. J. Kondratowitz (Hrsg.), 1988, S. 128); «Sie haben weder den Willen zu leben noch zu sterben. So gibt es ihrerseits keine beachtliche Einwilligung in die Tötung, andererseits stößt diese auf keinen Lebenswillen, der gebrochen werden müßte ... Für ihre Angehörigen wie für die Gesellschaft bilden sie eine furchtbar schwere Belastung ... Da sie großer Pflege bedürfen, geben sie Anlaß, daß ein Menschenberuf entsteht, der darin aufgeht, absolut lebensunwertes Leben für Jahre und Jahrzehnte zu fristen ... Es ist eine peinliche Vorstellung, daß ganze Generationen von Pflegern neben diesen Menschenhülsen dahinaltern, von denen nicht wenige 70 Jahre und älter werden.» H. Hoche, zitiert in: E. Klee, 1983, S. 22.

noch fortdauert, wenn ich am Schreibtisch mit meinen Notizen beschäftigt bin.
Das Bild von psychischer Ansteckung(sgefahr) drängte sich mir manches Mal auf. Tagebuch

Die tagtägliche Arbeit erscheint über große Strecken hinweg als ein Faß ohne Boden.

Die MitarbeiterInnen motivieren sich immer wieder neu (geben sich auch äußerlich wahrnehmbar einen innerlichen Ruck), schieben empfundene Erschöpfung und Überdruß zur Seite, nehmen neuen Schwung für die «nächste Runde» (nach einer Pause) und würden sich doch «am liebsten dazulegen» (zu den BewohnerInnen ins Bett).

Von Tatkraft und Resignation, vom Gefühl des Gefesseltseins und der Vergeblichkeit ist die Atmosphäre erfüllt.
Woher rühren diese Stimmungen, die unweigerlich an den Sisyphos-Mythos erinnern?[184]

Die Wiederkehr des Immergleichen: Täglich die gleichen Arbeitsabläufe, Handgriffe, Gesichter, Räume, Gerüche, die sich wiederholenden Klagen, Widerstände, Konflikte, Fragen. Die Wiederkehr der Themen in den Kollegengesprächen und Übergaben. Überraschendes, Neues tritt der Dominanz der Wiederholungen gegenüber in den Hintergrund, scheint dahinter bis zur Unkenntlichkeit zu verblassen.[185]

Das Gefühl von Sinnlosigkeit, Ausbleiben der Erfolge: Trotz der großen Anstrengungen werden BewohnerInnen nicht gesünder, beweglicher, zufriedener, froher. Sie alle bewegen sich – in unterschiedlichem Tempo – dem Ende aller Lebendigkeit zu. Und wenn es gelingt, Fortschritte in der psychischen oder physischen Verfaßtheit der BewohnerInnen zu erzielen

184 Ein Traum löst diese Gedanken aus: Anstatt mit mir zusammen eine Friedensaktion zu gestalten oder etwas Vergnügliches zu unternehmen, müssen die zahlreichen Mitglieder einer Bauernfamilie mit breitem Besen die anstürmenden Wasserfluten auf einer riesengroßen, unendlich erscheinenden Betonfläche abwehren. Ich wechsele im Traum die Position, mal bin ich an dieser Arbeit verzweifelt beteiligt, mal beobachte ich erschüttert die Szene. Beim Aufwachen stelle ich unvermittelt einen Zusammenhang zur Arbeit im Heim her: große Anstrengung; vergebliches Bemühen; an die Arbeit gefesselt sein; der Horizont leuchtet ganz fern im Hintergrund; Gefahr, überschwemmt zu werden; abgetrennt vom Rest der Welt. Tagebuch

185 Oft hatte ich schon Bilder vor mir, von dem, was mich im Heim erwartete, bevor ich das Haus betrat. Und vielfach wurden sie bestätigt. Meine Aufmerksamkeit wurde mit der Zeit immer mehr auf die Wiederholungen gelenkt.

oder zu beobachten, und sei es nur ein unerwartetes Lächeln, so sind doch die wiedereintretenden Rückschritte, das Zurückfallen in den vorangegangenen Zustand ohne eine Verschlechterung, abzusehen.[186]

Verlust des Kontaktes der Beziehung zu den alten Menschen: Die alten Menschen ziehen sich in ihre inneren Räume zurück, phantasieren sich in andere Realitäten, nehmen ihr Gegenüber als eine ihnen vertraute Person oft nicht wahr, sie brechen immer wieder den Kontakt ab oder verweigern ihn dauerhaft.[187] Sie bleiben weitgehend ein Rätsel mit ihrer individuellen Lebensgeschichte, ihren Erfahrungen. Es entstehen Gräben zwischen den Generationen, weil sich Lebensstile und Lebensentwürfe voneinander unterscheiden.[188]

Diskrepanz zwischen Konzepten der Altenpflege, Vorstellung von einem menschenwürdigen Umgang mit alten Menschen und der Realität des Alltags: Die guten Ziele, sie scheitern nicht nur an den unzureichenden Rahmenbedingungen (allem voran die Personalknappheit), sondern auch an der Widerständigkeit der alten Menschen selbst und an den eigenen Grenzen und Unzulänglichkeiten.

Abgeschottet sein von der Welt außerhalb des Heimes: Verlust von Farbigkeit, Komplexität, Wildheit, Traurigkeit, Schönheit, Kämpfen, ... Statt dessen eingehüllt sein von einem relativ monotonen Schonklima.[189]
Tagebuch

Die aus dem eigenen Erleben (Gegenübertragung) sich herauskristallisierenden Spannungen werden auch die MitarbeiterInnen nicht unberührt lassen. In ihnen stecken starke Kränkungen des Selbstbildes, vor allem in Hinblick auf die Leistungs- und Beziehungsfähigkeit. Es ist also anzunehmen, daß die so häufig benannten Erschöpfungen nicht allein aus körperlichen Anforderungen (Laufen, Tragen, Heben) resultieren, sondern aus «erschöpfenden Arbeiten

186 Vgl. Kapitel 5.3, Frau Köslin.
187 Vgl. Kapitel 3 und 4.
188 Können wir uns wirklich vorstellen, was es bedeutet, «zwischen den beiden Weltkriegen unter entsprechenden Erziehungsnormen und sozialen Bedingungen als Magd auf einem Bauernhof oder als höhere Tochter in einem Internat großgeworden zu sein, als ‹Wandervogel› oder auf einer ‹Napola› (Nationalpolitische Erziehungsanstalt, Ergänzung der Verf.) erzogen worden zu sein oder auf dem Treck im Ersten oder Zweiten Weltkrieg Verzweiflung und Hunger erlebt zu haben?» H. Radebold, 1992. Siehe auch Anhang: Zeitereignisse und Altersphasen der älteren deutschen Bevölkerung.
189 Das Schonklima wird für mich auch durch gleichmäßig hohe Raumtemperatur repräsentiert. Das Heim ein Ort, in dem kein Lüftchen weht.

ohne Unterbrechung, ohne Ende und ohne bleibendes Erfolgserlebnis am Rande des Chaos».[190]

Überforderung?

Die MitarbeiterInnen selbst benennen ausdrücklich und wiederholt:

- die oft gestörte Kommunikation und die schwierigen Beziehungen zu den BewohnerInnen («wenn nichts rüberkommt ...»)[191]
- die Begegnung mit schweren Krankheiten und Sterben als eine Situation extremer Hilflosigkeit und Erfolgslosigkeit («ich habe einfach Schwierigkeiten, mit einem Sterbenden allein zu sein ...»)[192];
- die Kluft zwischen ihren Ansprüchen an ihre Arbeit, ihre Konzepte und den Realitäten («man könnte soviel mehr machen»)[193];
- die Enttäuschungen, die aus den letztlich nicht umkehrbaren Abbauprozessen der alten Menschen herrühren («eigentlich ist alles für die Katz»).[194]
- die Verantwortung für Leben und Sterben («entscheiden müssen, was im Falle einer Krise zu tun ist»)[195]

Zusammen mit den physischen Anstrengungen, dem Raubbau, den sie mit ihren physischen Kräften und Körpern treiben[196] und der in ihren Augen unzureichenden personellen Ausstattung, die phasenweise zu einem enormen Arbeitsdruck führt[197], erwächst daraus ein Gefühl beständiger Überforderung.

Dieses Gefühl von Überforderung und Bodenlosigkeit verstärkt sich noch durch den geringen sozialen Status, den der Berufsstand in der Gesellschaft genießt (geringe Bezahlung, Ausbildung auf niedrigem Niveau, Akzeptanz vieler unausgebildeter Kräfte, geringe Aufstiegschancen) und den Eindruck, zusammen mit den alten, der Pflege bedürftigen Menschen ausgegrenzt zu werden.[198]

---

190 P. Kempe, I. Lindner, M. Sauter, 1993, S. 375.

191 Vgl. Kapitel 5.1. «Das Erzählen vom eigenen Leben, von den eigenen Hoffnungen und Ängsten, das Präsentieren der eigenen kindlichen und kindischen Phantasien, die Tatsache gemeinsamer Interessen gegenüber der Welt – das alles gilt als Überwindung der Getrenntheit.» E. Fromm, 1980.

192 Vgl. Kapitel 5.1.

193 Vgl. Kapitel 5.3 und 5.4.

194 Vgl. Kapitel 5.3, hier besonders der Krankheitsverlauf von Frau Köslin und das Involviertsein der MitarbeiterInnen.

195 ZB 15/4.

196 Kapitel 5.1.

197 Kapitel 5.1.

198 «Die Pflegenden wurden von der Gesellschaft in eine Extremposition gestellt und allein

Gefühle beständigen Überfordertseins treten ein, «wenn Belastungssituationen und externalen Ansprüchen keine stützende Umwelt, zureichende äußere und innere Ressourcen und keine adäquaten Bewältigungsmöglichkeiten sowie keine ausreichende persönliche Stabilität gegenüberstehen, so daß die Wahrnehmungs- und Handlungsmöglichkeiten des Individuums im Feld eingeschränkt oder blockiert und seine Fähigkeiten der Selbststeuerung beeinträchtigt oder sogar außer Kraft gesetzt werden.»[199] Eine solche negative und das eigene Wohlbefinden im Beruf schwer beeinträchtigende Erfahrung wird als ‹burn-out-Syndrom› bezeichnet. Es beinhaltet den Verlust an Energie bzw. Symptome der Erschöpfung und ist mit einem Rückzug der Helfer aus der Arbeit oder mit reduziertem Engagement verbunden.[200]

Mit der Gefahr des burn-out-Syndroms sehen sich die MitarbeiterInnen konfrontiert. In ihrem Alltag erleben sie dessen Symptome.[201] Sie versuchen innerhalb des Arbeitsfeldes, aber auch in ihrem privaten Bereich Aktivitäten zu entwickeln, die dieser Gefahr entgegen steuern.

Gegengewichte

Welches sind also die notwendigen Gegengewichte, um die vielfältigen Belastungen des Berufsalltags zu bestehen?

Die freie Zeit außerhalb des Heims wird häufig mit einer Betonung des Gegensätzlichen, im Sinne des Sich-Verwöhnens, des Sich- (ungehindert) Bewegens und als notwendige Zeit, um neue Kräfte zu schöpfen erwähnt.[202]

---

gelassen, um möglichst still etwas zu erledigen, was niemand sonst tun will. Sie sollen etwas wegräumen, zudecken, damit möglichst nichts gesehen und nichts gehört wird von diesem Bereich, der uns soviel Angst macht, nämlich dem Bereich des Siechtums, des Leidens und des Sterbens.» H. Petzold, 1992, S. 254. «Aber man muß nur allzu oft feststellen, daß die Politiker, daß die Öffentlichkeit die alten Menschen, die Pflegebedürftigen und das Personal alleine lassen, daß Sonderzonen geschaffen werden, die aufgrund ihres Ausgrenzungscharakters Entfremdungsphänomene hervorbringen müssen ...» H. Petzold, 1992, S. 249.

199 H. Petzold, 1992, S. 263.

200 R.D. Hirsch, 1993, S. 80; weiterführende Literatur: D. Enzmann, D. Kleiber, 1989.

201 Als Warnsignale, Vorbote bzw. Symptome des burn-out-Syndroms werden z. B. genannt: Entmutigung und Gleichgültigkeit, Negativismus, Isolierung und Rückzug, tägliche Gefühle von Müdigkeit und Erschöpfung, große Müdigkeit nach der Arbeit, Verlust von positiven Gefühlen den Klienten gegenüber, Stereotypisierungen von Klienten, Unfähigkeit, sich auf Klienten zu konzentrieren und zuzuhören, Zynismus und tadelnde Einstellung den Klienten gegenüber, Schlafstörungen und häufige Erkrankungen. Burn-out-Konzept von C. Cherniss 1980, Staff Burnout. Job Stress in the Human Services, Beverly Hills, CA, zitiert in: D. Enzmann, D. Kleiber, 1989, S. 41–64.

202 Auch ich hatte ein starkes Empfinden des Gegensatzes zwischen «draußen und drinnen» (vgl. Reflexion 2, Das Heim eine andere Welt?). Beim Verlassen des Heimes hatte ich meist den Wunsch, tief durchzuatmen, und nahm die Eindrücke und Ereignisse, die Menschen mit einer großen Aufnahmebereitschaft wahr.

Die freie Zeit innerhalb des Heimes, die Pausen, werden teilweise dazu benutzt, in diese «Ferne» zu schauen. Insgesamt jedoch bieten sie wenig Gelegenheit zum «Abschalten», zur inneren Distanz von den Arbeitsabläufen und Anstrengungen (fehlender abgeschlossener Pausenraum, beständige Präsenz der BewohnerInnen mit ihren stummen und lauten Erwartungen). Am ehesten sind die Pausen noch der Ort, wo man sich der gemeinsamen Anstrengungen versichert, Unmut loswerden kann und sich indirekt Anerkennung für das Geleistete holt.

Die Kollegen/Kolleginnen sind ohnehin eine wesentliche Stütze sowohl im individuell entlastenden Sinne («mal was loswerden können») als auch in fachlicher Hinsicht.

Von außen betrachtet, entsteht der Eindruck, daß sie im Bewußtsein einer gemeinsamen Aufgabe arbeiten, gemeinsame Ziele verfolgen[203] und eben auch die «Bastion» gegen Außenangriffe und Außendruck verteidigen müssen.[204] Die geringe Hierarchisierung der Mitarbeiterschaft (keine Pflegedienstleitung, wechselnde Schichtleitung und ein Arbeitsklima, das auch Unausgebildete und SchülerInnen in die Verantwortung einbezieht) trägt vermutlich ebenfalls zu diesem Gefühl von Gemeinsamkeit («wir sitzen alle im gleichen Boot») und zu den Möglichkeiten wechselseitigen Stützens bei.

Die MitarbeiterInnen mahnen jedoch auch Mängel im kollegialen Austausch an. Nicht alle MitarbeiterInnen sind in gleicher Weise beteiligt. Der Bedarf an wechselseitiger Rückenstärkung ist nicht befriedigt und die Gelegenheiten zum Austragen von Unstimmigkeiten reichen nicht aus.[205]

Trotz aller individueller Gestaltungsspielräume und unterschiedlicher Bilder vom Alter und von Altenpflege verbindet die MitarbeiterInnen ein konzeptioneller Rahmen. Er schützt jeden einzelnen und das Team insgesamt, sich im Strudel der unendlichen Aufgaben, Tätigkeiten und unersättlichen Erwartungen der BewohnerInnen zu verlieren oder gar unterzugehen. Als Bezugsrahmen hilft er, Wesentliches vom Unwesentlichen oder weniger Wichtigem zu trennen. Aus der Beliebigkeit aller möglichen Tätigkeiten befreit, trägt das Konzept auch zum Ansehen und der Professionalität der Pflegearbeit bei, unterscheidet sich von Hausfrauenarbeit, allgemeiner Kümmerarbeit, Mütterarbeit[206] und steigert so das Selbstwertgefühl der MitarbeiterInnen.

---

203 Vgl. Kapitel 5.4.

204 Vgl. Kapitel 2.4.

205 Weitere, auch widersprüchliche Aspekte der Teamkonstellationen werden in Kapitel 10.4–10.6 dargestellt. Ein umfassender regelmäßiger Austausch ist aufgrund von Schichtarbeit, der freien Tage, die sich über die ganze Woche (Montag-Sonntag) verteilen müssen, Teilzeitarbeit, Urlaub, Krankheiten schon aus organisatorischen Gründen nur schwer regelbar.

206 Siehe 3. Teil, Kap. 2.

Zum konzeptionellen Rahmen gehört auch das Verständnis einer ganzheitlichen Pflege, das besagt, daß nicht nur die alten Menschen in ihrer Ganzheit (also Körper – Seele – Geist) versorgt werden sollen, sondern auch, daß jeder/jede einzelne MitarbeiterIn ganzheitlich arbeitet.[207] Auch dieses von den MitarbeiterInnen getragene Verständnis ihrer Arbeit, mit dem sie sich gegen wachsende Tendenzen der Spezialisierung in der Altenpflege stemmen, trägt zum Zusammengehörigkeitsgefühl bei.[208]

Ein ganz wesentliches Gegengewicht zu den Belastungen des Alltags ist der Erfolg eigenen Handelns.

Die Pflege alter Menschen ist Arbeit, nicht Spiel, nicht Zeitvertreib. Arbeit ist «zielbewußte Kraftbetätigung, besonders die auf Schaffung von Werten gerichtete körperliche oder geistige Tätigkeit».[209] Das Ziel der Arbeit – individuell betrachtet – ist, sich mit seinen eigenen Fähigkeiten und Kenntnissen zu verwirklichen, sich zu bewähren. Bewährung und Verwirklichung orientieren sich an dem Geschaffenen, der feststellbaren Leistung (Erfolg) und Anerkennung durch andere.[210]

In der sozialen Arbeit ist es schwierig, Maßstäbe für den Erfolg der Arbeit zu entwickeln. Die MitarbeiterInnen im Heim orientieren sich in erster Linie an dem, was sichtbar und relativ gut «meßbar» ist, an physischen Ereignissen: Essen, Schlafen, Stuhlgang, Blutdruck, Fieber … und nachrangig am psychischen Wohlbefinden.[211] Orientierung für die Beurteilung ihres Erfolges bietet

---

207 Vgl. Kapitel 5.5.

208 Zur Problematik einer Abspaltung und Hierarchisierung einzelner Pflegetätigkeiten: «Der noch ungelöste ganzheitliche, soziale und pflegerische Anspruch der Altenpflege könnte durch eine Aufspaltung in scheinbar anspruchslosere grundpflegerische Tätigkeiten und anspruchsvollere Behandlungspflege, wie schon zuvor in der Krankenpflege, verraten werden und einer weiteren Form der Funktionspflege Vorschub leisten. In einem solcherart hierarchisierten, ‹industriösen› (Horkheimer/Adorno) Pflegeverständnis vermutet Meifort die eigentlichen ‹Stressoren› der Pflegearbeit, weil es zusammengehörige Arbeitsvollzüge rationalisieren und verdichten und somit »keine Handlungsfreiheit, keine Handlungsalternativen und damit am Ende auch kaum Erfolgserlebnisse« stiften kann (B. Meifort, 1992). Diese Verdichtung der Altenpflege hat ohnehin schon das Maß des Aushaltbaren überschritten. … Rehabilitative, aktivierende, soziale, biographische, ergo- und soziotherapeutische Anteile der Pflege dürfen nicht ständig weiter dahingehend ausdifferenziert werden, daß immer neue Spezialfunktionen mit den entsprechenden Berufsbildern kreiert werden, in deren Zuständigkeitsbereich fortan das berufständig diagnostizierte und monopolisierte Einzelproblem fällt. Dies würde die Altenpflege immer mehr ausdünnen mit dem Ergebnis eines Restberufs Altenpflege, der dann in der Tat immer mehr in Hausarbeitsnähe geraten und jede Attraktivität verlieren würde.» (E. Hammer, 1994, S. 133).

209 dtv-Lexikon, 1966.

210 «Das Grundkonzept der industriellen Gesellschaft ist der Leistungsgedanke (efficency), und das kennzeichnende Element der modernen Arbeit ist nicht die Arbeitsteilung – denn sie ist so alt wie die Geschichte der Menschheit –, sondern die Zeitteilung und die Arbeitsmessung.» (Wörterbuch der Soziologie, 1972).

der konzeptionelle Rahmen, dessen Zielsetzung jedoch an jedem einzelnen Bewohner «ausbuchstabiert» werden muß.

Zwei weitere Aspekte erschweren es den MitarbeiterInnen, erreichte Ziele und Erfolge zum eigene «Selbstverständnis und Selbstvertrauen» zu nutzen.

- Viele der BewohnerInnen sind (erkennbar) nicht in der Lage, die Anstrengungen der MitarbeiterInnen wahrzunehmen und sie zu honorieren (oft auch nicht die Angehörigen).

- Die kleinen und großen Erfolge – sowohl im physischen als auch im psychischen Bereich – sind letztlich nicht von Dauer.

So könnte es sein – und das ist die Vermutung einer Mitarbeiterin –, daß sich die Pflegeziele, die für den einzelnen Bewohner mehr oder weniger explizit festgelegt werden – in Ermangelung der Rückmeldung durch die Betroffenen selbst und in einem Klima von Aussichtslosigkeit – nur noch unzureichend an der Lebenssituation des einzelnen alten Menschen orientieren.[212]

Ein zerbrechliches Gegengewicht ist der Erfolg. Seine Bedeutung ist nur zu stärken, wenn die Maßstäbe für Erfolg nicht am Idealtypus eines gesunden und tatkräftigen Erwachsenen gemessen werden, der alte Mensch also nicht fitter, besser, schöner, zufriedener, glücklicher und gesünder werden muß.

Stärkend und bereichernd kann für MitarbeiterInnen die Begegnung mit dem Alter, mit so unterschiedlichen Lebensweisen und Persönlichkeiten sein. Es ist offensichtlich so, daß den MitarbeiterInnen, ‹gespeichert› in den BewohnerInnen, die Fülle des Lebens begegnet, «mit Höhen und Tiefen, unheimlich dicht».[213] Die alten Menschen sind Träger von Erfahrungen aus einer langen Lebenszeit, mit ganz individuellen, aber auch kollektiv erfahrenen Schicksalen.[214]

Aber wird nicht auch der Wunsch, der Fülle dieser Leben zu begegnen, immer wieder von den alten Menschen enttäuscht, wenn sie verstummt sind, wenn sie sich zurückgezogen haben, wenn sie nur noch Erinnerungshülsen darbieten?

Vielleicht liegt in der Möglichkeit der Reflexion der nachvollziehbaren (sichtbaren), aber auch der erahnten Lebensfülle und -schicksale der alten Menschen auf das eigene Leben (der noch jüngeren MitarbeiterInnen) eine Faszination dieser Arbeit.

---

211 Vgl. auch Kapitel 7. Sichtbare und nachvollziehbare Leistungen können auch im hauswirtschaftlichen und im pflegeorganisatorischen Bereich durchgeführt werden.
212 Vgl. Kapitel 5.3. Gespräch mit Mira (E 2/13).
213 Vgl. Kapitel 2.5.
214 Siehe Anhang: Zeitereignisse und Altersphasen der älteren deutschen Bevölkerung.

Vielleicht rütteln die alten Menschen in ihrer Starrheit oder Lebendigkeit, in ihrer großen Anpassungsbereitschaft und ihren Ver-rücktheiten, mit ihrer Emotionalität, mit ihrer Rücksichtslosigkeit, mit der sie aus der Rolle fallen, als sprengten sie bisher verteidigte ‹Korsetts›, an den Lebensentwürfen der Jüngeren, an ihren Grenzziehungen, an ihren Werten und Normen, an ihren Perspektiven.[215]

In dieser Weise kann ich eine Sichtweise von der «Fülle des Lebens» im Heim nachvollziehen, einem Ort, wo doch bei oberflächlichem Hinsehen Lebendigkeit sich allmählich zu verflüchtigen scheint, Ruhe und In-sich-gekehrt-Sein die vorherrschenden Eindrücke sind und das Leben von draußen nur noch dosiert eindringt und wahrgenommen wird.[216]

Voraussetzung für eine solche Bereicherung des eigenen Lebens aus der Begegnung mit alten, eben auch pflegebedürftigen, kranken und verwirrten Menschen scheint die Möglichkeit zur Distanzierung zu sein.

Entlastend wirken auch unerwartete Regellosigkeit im Verhalten der alten Menschen oder der Arbeitsabläufe. Die MitarbeiterInnen freuen sich gelegentlich an den Mißgeschicken der alten Menschen, den unerwarteten Vorkommnissen, reagieren mit Humor.

Wenn eine Bewohnerin «über den Durst getrunken hat», wenn Kot im ganzen Zimmer verteilt ist, wenn Frau Marek wider alle Regeln des Anstands nicht mit Eis versorgt ist, dann unterbrechen solche Ereignisse das tägliche Einerlei, ermöglichen aber auch den Ausbruch aus festgelegten Regelungen, erwartbaren Verhaltensweisen der BewohnerInnen. Manche dieser Ereignisse wirken wie ein befreiender Luftzug, der durch das Heim oder die Teambesprechung weht. Trotz der zusätzlichen und auch lästigen Arbeit, die mit diesen Unterbrechungen meist verbunden sind, wirken sie wie eine Auflösung von Erstarrung.[217]

---

215 Für mich jedenfalls liegt darin ein entscheidendes Motiv meiner Beschäftigung mit dem Thema Alter.

216 Vgl. Kapitel 2.1 und 2.2.

217 In der Zeitung (TAZ vom 28.1.1994) wird von einem 77jährigen Mann berichtet, der einem 22jährigen auf der Straße – offensichtlich aufgrund eines Mißverständnisses – eine gefährliche Körperverletzung zugefügt hat. Warum ist diese Nachricht wert, in der Zeitung abgedruckt zu werden? Offensichtlich, weil es uns in Erstaunen versetzt, vielleicht sogar schockiert, daß ein alter Mensch so aus der Rolle fällt und seiner Wut freien Lauf läßt. Ich muß gestehen, ich lese diese Nachricht auch mit dem Gedanken: «Gut, daß sie (die Alten) unserem Bild vom Alter nicht durchgängig entsprechen, gut, daß sie sich auch direkt wehren, anstatt sich zu ducken, sich zu verkriechen.» Schwingt Entsprechendes bei den MitarbeiterInnen mit, wenn sie sich über die Normverletzungen der alten Menschen amüsieren? Das Amüsement über das Mißgeschick anderer kann auch ein erlaubtes Ventil für ansonsten uneingestandene Aggressionen sein.

Das Ausmaß der Belastungen scheint – insgesamt betrachtet – groß, das der Entlastungen und Freuden eher gering. Ob und auf welche Weise die Balance gehalten werden kann, damit die Pflegearbeit wenigstens ohne phsychische und psychische Schäden ausgehalten oder mit Befriedigung erfüllt werden kann, das ist für jeden einzelnen Mitarbeiter individuell zu bewerten. Die interindividuellen Unterschiede bezüglich Persönlichkeit, Lebenssituation, außerberuflicher Stützungen und Ausgleiche der MitarbeiterInnen im Heim sind groß.

Die hohe Fluktuation eines großen Teils der MitarbeiterInnen im Sommerberg weisen jedoch auf große Diskrepanzen zwischen physischen und psychischem Vermögen einerseits und den Anforderungen der Arbeit – einschließlich unzureichender institutioneller Rahmen- und Arbeitsbedingungen – andererseits hin.[218]

---

218 «Bereits seit längerem stellen die sehr hohen Fluktuationsraten von etwa 30 % im ersten Jahr, die bei Pflegedienstmitarbeitern etwa dreimal so hoch sind, wie bei Verwaltungskräften, ein gewichtiges Problem bei der Erhaltung personeller Kontinuität in Alten- und Pflegeheimen dar.» P. Kempe, Ch. Closs, 1984, S. 330. In einer qualitativen Studie zum Thema Pflegenotstand, in der die Arbeitsbedingungen in drei unterschiedlichen Einrichtungen der stationären Altenhilfe untersucht wurden, kommt der Autor zu dem Ergebnis, daß moderne Lebensführung (gekennzeichnet z. B. durch Familienorientierung, Freizeitorientierung, Selbstverwirklichung auch außerhalb des Berufs) unvereinbar sind mit den Arbeitsbedingungen des Pflegealltags (W. Dunkel, 1993, S. 20). Zu den Rahmen- und Arbeitsbedingungen gehören nicht nur ökologische, materielle und finanzielle Ausstattung, nicht nur Bezahlung und Freizeitregelung, sondern auch Organisations- und Leitungsstrukturen, Pflegekonzepte, Begleitung und Beratung der MitarbeiterInnen, wie Fort- und Weiterbildungen, Supervision.

6. Die Dominanz der Gegenwart

Auch wenn das Pflegeheim beim ersten Eindruck oft als Ort der Ruhe erscheint, so entgeht dem aufmerksamen Besucher doch nicht die fast durchgängige Geschäftigkeit der MitarbeiterInnen während des Tages und selbst in vielen Stunden der Nacht. Sie sind ständig unterwegs, um für und mit dem Bewohner etwas zu tun. Sie laufen die Gänge auf und ab oder sind – für Außenstehende unsichtbar – in den Zimmern beschäftigt. Ein Verweilen an dem einen oder anderen Ort ist selten. Der Anblick einer sitzenden Mitarbeiterin ist – abgesehen von den Pausen und höchstens noch beim Essenreichen (Füttern) eines/einer BewohnerIn – nicht gewohnt. Alle(s) dreht/drehen sich um die BewohnerInnen, wie in einem großen Karussell. Die BewohnerInnen dagegen sitzen oder liegen meistens (im Zimmer, im Aufenthaltsraum). Nur wenige sind in der Lage oder willens, aus eigenem Antrieb und absichtsvoll den Ort zu wechseln. Manche laufen unruhig hin und her, «umtriebig» wird das genannt.

Das Tagessoll muß erfüllt werden, die BewohnerInnen sorgen überdies noch für ungeplante Überraschungen.[219] Und vielfach ist die Personalbesetzung unter Soll. Umtriebig, nämlich angetrieben von den routinehaften Tätigkeiten und der Erwartung potentieller «Katastrophen», sind auch die MitarbeiterInnen. Die BewohnerInnen, die ‹seßhaften›, schauen diesem Treiben meist teilnahmslos zu oder sind ohnehin innerlich abwesend.

Diese Diskrepanz zwischen den in sich gekehrten, sich in ihren inneren Welten beheimatenden BewohnerInnen[220] einerseits und den MitarbeiterInnen, die dafür verantwortlich sind, daß der «Laden hier und jetzt läuft», daß die eine Schicht der anderen keine unzumutbaren bzw. unerklärbaren Mehrbelastungen hinterläßt, hat mich sehr bald beschäftigt.

Wie bewerkstelligen die MitarbeiterInnen ihre Arbeit, wenn die Menschen, die sie versorgen sollen, psychisch nicht anwesend sein wollen oder physisch anwesend sind. Wie reagieren sie auf die BewohnerInnen, die (eindeutig) das Leben im Heim ablehnen, oder die in ihren Phantasien mit einem ganz anderen Leben, mit alten Erinnerungen und Situationen, mit fremden Wünschen und Sehnsüchten beschäftigt sind?

---

219 Vgl. Kapitel 5.
220 Vgl. Kapitel 3 und 4.

6.1 Bemühen um die Gegenwart

«Es kommt auf das Jetzt an»[221]

Schon morgens werden die BewohnerInnen – mit wenigen Ausnahmen – recht unsanft aus dem Schlaf, aus ihren Träumen gerissen. Selbst diejenigen, die noch eine Schonfrist haben, werden gestört durch das Licht, vom Lärm der Rolläden, die hochgezogen werden und von den Aktivitäten, die bei ihren Zimmernachbarn ausgeführt werden. Die schrille, penetrante Klingel, mit der die Mitarbeiter sich gegenseitig zu Hilfe rufen, drängt sich zwischenzeitlich auf. Oder die BewohnerInnen, wie Herr Werner, werden aus tiefem Schlaf geweckt, mit der Frage, ob sie noch weiterschlafen möchten.[222] Selbst in der Nacht werden die meisten BewohnerInnen in ihrem Schlaf gestört: Einlagen wechseln, die BewohnerInnen drehen (damit sie nicht wundliegen), Kontrollgänge in die Zimmer.[223]

In der Regel lassen die BewohnerInnen solche Störungen über sich ergehen. Aufbegehren ist selten und nur schwach. Manchmal hilft ihnen der Versuch, die ‹Störer› zu negieren, weiterzuschlafen.

Die BewohnerInnen beteiligen

Die BewohnerInnen werden von den MitarbeiterInnen immer wieder eingeladen, überredet, gedrängt, an den verschiedenen Aktivitäten, die im Aufenthaltsraum stattfinden, teilzunehmen.[224]

> Gegen «triste Stimmung» hilft das Auflegen einer Schallplatte oder die beschwingte Stimme einer Mitarbeiterin (P 41/3)

> Aus der Küche kommt Beate in den Aufenthaltsraum und packt eine Patchworkdecke aus, die sie offensichtlich selbst genäht hat. «Wollt ihr mal was Schönes sehen?» (P 3/1)

Die Reaktion der alten Menschen ist insgesamt betrachtet, verhalten – die Energie, die die MitarbeiterInnen aufwenden, dagegen vielfach groß.[225]

---

221 P 19/3, Aussage des Heimleiters.
222 Vgl. P 40 und P 31.
223 Besonders bei einer der beiden Nachtwachen fällt mir auf, wie der Mitarbeiter die Nacht zu Tage macht, z. B. die Deckenbeleuchtung einschaltet, mit lauter Stimme Bewohner anspricht.
224 Vgl. Kapitel 4.4.
225 Vgl. Kapitel 4.4 und Reflexion 4.

Die alten Menschen sammeln sich zum Mittagessen, werden zu ihren Plätzen begleitet. Eine Mitarbeiterin bewundert die neuen orthopädischen Schuhe einer Bewohnerin und lobt, wie gut eine andere Bewohnerin mit dem neuen Gehwagen laufen kann. Sie regt auch die anderen BewohnerInnen an, in die Bewunderung einzustimmen. Zwei alte Frauen beteiligen sich – die MitarbeiterInnen unterstützend – auch an deren Anweisungen: «Kommt zum Essen». «Du mußt den Stuhl näherrücken.»

Den einzelnen BewohnerInnen werden die Servietten um den Hals gebunden. Austeilen der Suppe. Einzelne BewohnerInnen werden von MitarbeiterInnen «gefüttert». Anette tut dies bei Herrn Weinert (junger MS-Kranker, Kurzzeitpflege) besonders liebevoll zugewandt. Hans verteilt die Medizin. Eine andere Mitarbeiterin befragt eine alte Frau, der sie gerade das Essen reicht (füttert), nach ihren früheren Koch- und Eßgewohnheiten.

Eine Mitarbeiterin hält sich ganz auffällig den Bauch. Sie wird von einer Kollegin darauf angesprochen. Ihr und den Frauen am Tisch erklärt sie, daß sie Bauchschmerzen, ihre Periode habe und deshalb heute sehr reizbar sei. «Das kommt eben mal vor, geht jedem mal so», bemerkt Frau Beyer nüchtern.[226] (P 16/1)

Entsprechend ihren konzeptionellen Ansprüchen, den Tageslauf im Heim auf der Grundlage von Alltäglichkeit zu gestalten[227], versuchen die MitarbeiterInnen die BewohnerInnen in das einzubeziehen, was unmittelbar um sie herum vorgeht. Alles was außerhalb der Mauern des Heimes geschieht, wird dagegen eher von ihnen ferngehalten.[228]

Ich frage Claudia, ob die BewohnerInnen mit dem Krieg am Golf beschäftigt sind.[229]

Am Anfang habe sie, auch sonst ab und zu, was aus der Zeitung vorgelesen, das habe die Alten aber sehr unruhig gemacht. «Sie glauben, ihr Sohn müsse jetzt in den Krieg, oder sie erinnern sich an früher, oder sie glauben, der Krieg sei jetzt und hier. Einige wissen durch das Fernsehen genau Bescheid, die anderen kapieren das nicht mehr richtig und kriegen Angst. Deshalb habe ich das jetzt reduziert und lese nur noch ab und zu mal was vor.» (P 24/1)

---

226 Für mich entsteht in diesem kurzen Dialog der Eindruck der Demonstration von Jugendlichkeit (hier: Gebährfähigkeit) einerseits und der Überlegenheit der Älteren andererseits.

227 Vgl. Kapitel 5.4.

228 Vgl. Kapitel 2.

229 Außerhalb des Heimes, da der Krieg gerade begonnen hatte, sind viele Menschen in ihren Gedanken sehr konzentriert auf dieses Ereignis und haben Angst.

Der Bezug zu aktuellen Ereignissen endet für die meisten BewohnerInnen an der Grenze des Pflegeheims.

Unterbelichtete Vergangenheit und Zukunft

> Ich begleite am Morgen Mira. Wir kommen zu Frau Altmann. Sie braucht Hilfe beim Weg zur Toilette und zum Waschbecken, teilweise auch zum Waschen und Anziehen. Während dies alles geschieht, erzählt sie mir, nachdem ich sie nach ihrer früheren Tätigkeit gefragt habe, aus ihrem Leben. «Arbeiten ist gut. Ich habe Verschiedenes gemacht ...» Das Erzählen wird immer wieder unterbrochen durch pflegerische Handlungen bzw. durch Tätigkeiten, zu denen Mira sie auffordert. Meine Fragen, ihr Erzählen bremst, stört die morgendlichen Pflegeabläufe sichtlich. Mira beteiligt sich nicht an dem Gespräch. Mitten in ihrem sprudelnden Erzählfluß unterbrechen wir sie. Weil wir weiter müssen und uns mit dem Hinweis verabschieden, daß wir später noch einmal wiederkommen. (P 14/1)[230]

Das Gegenwärtige, deren Notwendigkeiten und Ereignisse haben Vorrang und stehen in der Spannung zum Vergangenen. Häufiger frage ich die MitarbeiterInnen nach dem Vorleben der BewohnerInnen. In den meisten Fällen äußern sie nur Vermutungen oder vage, unsichere Andeutungen. Der Heimleiter betont ja auch, daß die vergangenen Lebensereignisse nur zum Nutzen des Verstehens gegenwärtiger aktueller (problematischer) Verhaltensweisen benötigt werden.[231]

> «Es ist total schwierig, irgendwie abzuschätzen, von außen ... z. B. bei Herrn Holz, wer weiß, was für eine Welt in seinem Kopf ist. Ich glaub schon, daß sich da unheimlich viel abspielt.» Ich frage Mira nach dem Leben von Frau Becker bevor sie ins Heim kam. «Gar keine Ahnung. Ich weiß eigentlich von den wenigsten was oder von den meisten nichts, sagen wir mal so.» (E 2/6)

230 An diesem Morgen komme ich nicht mehr in ihr Zimmer, sie bleibt ‹auf ihrer Geschichte sitzen›. Ich hatte einen heftigen Impuls, bei ihr zu bleiben, sie weiter anzuhören. Doch ich wollte dem Rhythmus der Pflegenden folgen, und der gestattete das Verweilen nicht. Wenig später an diesem Vormittag wird mir schwindlig und Mira fragt mich, was mir an die Nieren gegangen sei. War es der Schmerz, die Wut über die Mißachtung der alten Frau bzw. ihre Lebensgeschichte? Die Unterordnung ihrer Wünsche unter die Rationalität des Arbeitsplans? Viele Monate (zehn) später hole ich das Versäumte nach, und sie erzählt mir ausführlich aus ihrem Leben. (Vgl. Portrait Frau Altmann im Anhang.)

231 Vgl. Kapitel 5.4. Unter Umständen kommt es zu sehr kurzschlüssigen Erklärungen: der Hintergrund für Herrn Fromms Kotverschmieren wird in seiner Erfahrung während des Krieges in Rußland gesucht, dort wo er direkt auf den Acker sein ‹Geschäft› verrichtet hat.

«Ja und Herr Graf. 1. Mai, das ist der Tag der Arbeit hat er gesagt, da sind sie früher immer auf die Straße gegangen und so. Die anderen MitarbeiterInnen haben noch überlegt, was sie am 1. Mai machen können, weil es total untergegangen ist bei den Pflegekräften ... Niemand wußte eigentlich, woher jetzt eigentlich dieser Tag der Arbeit kommt ... Und dann haben sie mir erzählt, daß der Herr Graf unheimlich Wert darauf legt. Und, na ja, es ist irgendwie untergegangen.» Mira bedauert den unheimlich großen Schatz an Lebenserfahrung, den die alten Menschen mit sich herumtragen und der ungenutzt bleibt. (E 2/12)

Im Laufe der Jahre trägt das Team einzelne Informationen über die Biographie der BewohnerInnen zusammen. Von wechselnden MitarbeiterInnen werden sie gelegentlich zu allgemein interessierenden Lebensdaten befragt (Beruf, Familienstand, Kinder, Wohnort, Vorlieben ...). So entsteht jedoch für den einzelnen Mitarbeiter kein konsistentes Bild. Und wie erleben es die BewohnerInnen, wenn ihnen über viele Jahre hinweg immer wieder die gleichen oberflächlichen (Kontakt-)Fragen gestellt werden, die nicht weiterführen? Müssen sie sich nicht als unbekannte, geschichtslose Wesen betrachtet sehen? Könnte der Verlust ihres Bildes von sich selbst und das Bewußtsein ihrer eigenen Biographie nicht auch darin begründet liegen, daß sie sich selbst mit ihrem je individuellen Lebensweg im anderen nicht spiegeln können?

Mira und Anette frage ich nach ihrer Einschätzung der Perspektiven und Vorstellungen von der Zukunft, die die alten Menschen im Heim haben. Was hält die Schwerkranken am Leben? Worauf sind ihre Wünsche gerichtet?

Die beiden Frauen reagieren mit großer Ratlosigkeit.

«Ich weiß es nicht, ich weiß es nicht, ich weiß es nicht, ich weiß es nicht. Die Frau Becker, die hat da zehn, zwölf, ich weiß nicht wie lange das Heim besteht, 13 Jahre oder auch 15 Jahre dieses Leben geführt.» Anette. (B 23) Sie erzählt von einigen BewohnerInnen, die schon im Sterben lagen und «wo dann doch noch einmal eine Phase von Lebensfreude – in Anführungsstrichen – gekommen ist». (B 24)

Anette berichtet von Gesprächen mit Frau Schwindt, die schon sehr lange behindert und sehr alleine ist, nachdem vor ein, zwei oder drei Jahren die Schwester gestorben ist. Anette versucht, sie nach ihren Vorstellungen vom Leben zu befragen. «Manchmal spreche ich sie auch direkt darauf an und dann merk ich, sie redet so in Botschaften, und im Grunde will sie was ganz anderes und dann kann man noch mal so darüber reden. Aber das ist oft eben auch nicht möglich. Dann ist die Botschaft nicht deutlich genug, oder daß sie sich nicht traut. Na ja, das ist schon eine verrückte Situation.» (B 15)

> Auf die Frage, was die BewohnerInnen vom Leben vermutlich noch wollen, antwortet Mira: «Also, da bin ich überfragt. (Längere Pause) Ich weiß es nicht. (Pause) Auf der anderen Seite, wenn ich sag, die wollen nichts mehr, dann resignieren sie ja, und ich hab eigentlich im Nachhinein nicht so das Gefühl, daß alle nur resignieren. Also jetzt bei uns im Heim, also manche schon, ja aber (Pause), ja es ist eine gute Frage, was sie noch wollen.» (E 1/12)

> «Das ist sicher der eigene Wille, also irgendwie der Lebenswille. Und was der bewirkt? Es fragt sich, wie weit die Angst vor dem Tod auch dahintersteht, also wirklich loslassen können und wollen. Wie jetzt Frau Becker, die sicherlich unwahrscheinliche Schmerzen gehabt haben muß, also nicht jetzt in der Sterbephase, aber überhaupt die letzten Jahre. Was hält so 'ne Frau am Leben. Weiß es nicht ... Sie hat eigentlich nichts mehr aktiv mitgemacht. Ich weiß es nicht. Ich kann das irgendwie nicht nachvollziehen, ob's wirklich nur ein Leiden war, die ganzen Jahre jetzt, seit sich der Zustand so verschlechtert hat, oder ... (Pause) Ich meine, die Kommunikation von ihr mit uns war ja auch sehr spärlich. Meistens hat sie ja – eben wegen der Schmerzen – immer nur hi hi hi gemacht, wenn man sie angelangt hat, oder so. Dann aber hat sie auch wieder Momente gehabt ..., daß sie dann die Augen aufgemacht hat, hat mich gesehen und hat angefangen zu strahlen, also, das ist total ... irgendwo so aus dem Schlaf raus und dann wieder weitergeschlafen. Aber nichts gesagt oder so.» (E 2/5)

Ohne meine Nachfrage nach den Perspektiven der alten Menschen im Heim höre ich keinerlei Überlegungen zu diesem Thema.[232] Ein Tag reiht sich an den anderen, für die Gedanken an die Zukunft scheint kein Platz zu sein. Auch Anette und Mira bringt diese Frage aus dem Konzept und ins Grübeln. Stellen sie sich diese Fragen niemals oder selten?

> «Herr Graf möchte sterben und hadert mit sich, daß er nicht sterben kann. Da muß noch irgendetwas sein, was noch geklärt werden muß, ich weiß es nicht was.» Anette. (B 25)

Da die MitarbeiterInnen nur eine geringe Kenntnis von der Biographie der BewohnerInnen besitzen, von den Umständen, in denen sie gelebt haben, ist es für sie vermutlich auch schwer möglich nachzuvollziehen, was die Menschen in diesem Leben noch wollen, warum sie nicht sterben können, oder

232 Im Gespräch mit Mira und Anette habe ich das Gefühl, in ein «Wespennest gestochen zu haben». Viele Pausen, Umwege zu anderen Themen kennzeichnen diese Gesprächssequenz. Um so stummer meine Gesprächspartnerinnen werden, um so mehr habe ich das Bedürfnis, diese Lücken (diese Lebenslücken) mit meinen Worten zu füllen.

warum sie sterben wollen. Denn die Zukunft erschließt sich nur aus der Gegenwart und Vergangenheit.

> «Und das, was sie (die BewohnerInnen) so vermitteln, so von sich, das kommt mit der Zeit. Also so wie gestern. Ich habe Frau Igel gebadet, das habe ich lange, lange, lange, lange nicht gemacht. Ne, sie hat zum einen Leute, von denen sie gerne gebadet werden möchte. Gott sei Dank gehöre ich nicht dazu und außerdem (sehr leise und kaum verständlich) nervt sie ja, weil sie immer das gleiche erzählt. Und plötzlich hat sie gestern ganz, ganz was anderes erzählt, also von früher so, so vom Krieg nochmal, und von ihren Eltern, von ihren Geschwistern, in welcher Geschwisterkonstellation das war. Und ja, das bringt mir einfach mehr, als wenn ich das von irgendjemand höre oder wenn ich das irgendwo lese.» Anette (B 18)

Hin und wieder – wie in diesem Fall ganz überraschend – überwinden MitarbeiterInnen und BewohnerInnen doch die Grenzen der «immergleichen Geschichten» bzw. der festgefahrenen Erwartungen. Ein für beide Seiten wichtiges, die Persönlichkeit der Bewohnerin ins Licht rückendes Gespräch entsteht. Aber wird es eine Fortsetzung und kontinuierliche Gelegenheiten geben, den eigenen Lebenslauf im Dialog mit anderen zu rekonstruieren?

> Am Ende des Flurs sitzt Frau Wicke mit einem Bewohner. Er erzählt ausführlich aus seinem Leben.[233] (P 2/2)

> Herbert sagt, daß er gerne Nachtwache mache, nicht nur weil man da nach eigenen Vorstellungen arbeiten kann, sondern weil man eine viel bessere Beziehung zu den BewohnerInnen bekommt, auch mal ein Schwätzchen machen kann.[234] (ZB 15/4)

Religiosität

Und in welcher Weise kommt im Heimalltag Religiosität, Hilfe zur Orientierung und Bewältigung des eigenen Lebens und Sterbens, zum Tragen?

> Übergabe: «Herr Fromm (noch nicht lange im Heim) schreit nicht mehr so viel. Er glaubt, daß er vom Satan verfolgt wird.» – «Ich habe ihm gesagt,

233 Diese Beobachtung mache ich ganz zu Anfang meiner Zeit im Heim. Ich ordne sie zu diesem Zeitpunkt als selbstverständlich und alltäglich ein. Später begegnen mir solche zeitintensiven Szenen nicht mehr.

234 Vgl. Kap. 5.5. So wird die Nacht zu Tag gemacht. Aber auch mir ergeht es so: Nach den beiden Nachtwachen habe ich viel klarere Konturen von allen BewohnerInnen und lerne endgültig alle ihre Namen.

daß er beten soll, wo er doch so religiös ist. Das scheint zu helfen. Vielleicht beruhigt er sich wieder.»

Ilse berichtet von einer Bewohnerin, Kurzzeitpflege. Sie habe, als sie bei der Bewohnerin im Zimmer war, «oh Gott» ausgerufen, und die Bewohnerin habe gleich gefragt, ob sie katholisch sei. «Sie hat einen kleinen Altar auf ihrem Nachttisch, mit einem Jesus und den Rosenkranz um seinen Hals geschlungen. Bitte respektiert das, wenn ihr könnt. Sie scheint unheimlich fromm zu sein.» Die MitarbeiterInnen in der Übergabe amüsieren sich über die Bewohnerin und sind voller Unverständnis über «so viel Frömmigkeit». (P 38/2)

Religiosität tritt im Heimalltag selten in Erscheinung. Zwar finden regelmäßig im Aufenthalts-/Speiseraum katholische und evangelische Gottesdienste statt, doch geschieht dies in einem wenig kontemplativen, andachtsvollen Rahmen.

Am Nachmittag. Frau Ruhpoldt (Ehefrau eines Heimbewohners) spielt auf der Heimorgel. Eine Frau betritt den Raum und beendet ungefragt das Spielen und Singen. Es stellt sich heraus, daß sie die evangelische Pfarrerin ist. Ein Altar wird auf einem Tisch aufgebaut mit Kruzifix, zwei Kerzen und Bibel. Die Pfarrerin wirft sich den Talar über, die BewohnerInnen bleiben sitzen, da wo sie gerade sind. Die Pfarrerin beginnt mit dem Gottesdienst. Ein Lied, das fast alle mitsingen. Lesung eines Psalmes, eine Ansprache. Zwei Lieder, die den BewohnerInnen offensichtlich unbekannt sind, die Pfarrerin bestreitet sie mit ihrer schönen Stimme und Gitarrenbegleitung alleine. Vaterunser und Segen zum Schluß. Insgesamt malen die Texte ein düsteres Bild mit erkennbaren Parallelen zur Situation der HeimbewohnerInnen. Die BewohnerInnen sind mit Ausnahme des einen Liedes aktiv nicht beteiligt. Manche wirken sehr gesammelt, andere dagegen unruhig. Vielfach ist ein Stöhnen zu hören. Kaum ist der Gottesdienst beendet, klappert schon wieder das Geschirr – Vorbereitung zum Abendessen. Der Gottesdienst geht ohne Zäsur über in die Alltäglichkeit, so wie er auch begonnen hat. Der Altar wird zum Eßtisch. Die Pfarrerin zieht den Talar aus und verschwindet. (P 47/1)

Religion als mögliche symbolische Sprache für Visionen und Perspektiven im Leben und ethische Orientierungen, für die Bewältigung von Anforderungen und Erfahrungen und für die Integration des eigenen Lebens in einen größeren Zusammenhang nutzt die Pfarrerin in ihrer Ansprache. Doch es geschieht kein Austausch darüber. Die MitarbeiterInnen sind beim Gottesdienst nicht anwesend und beteiligt.[235]

---

235 Im Gegensatz zur Musiktherapie, bei der die MitarbeiterInnen sich für eine zahlreiche Beteiligung engagieren und selbst die Therapeutin tatkräftig unterstützen.

6.2 Anpassung an das Heim

«Die sind so brav, weil wir so viel mit ihnen machen»[236]

Aufenthaltsraum

B1: «Is' langweilig.»

B2: «Na ja, wenn nichts ist, keine Gymnastik heut, müssen wir eben warten. Es ist noch zeitig heute, zehn Uhr – na ja! Kommt deine Tochter heute?»

B1: «Nee, war ja gestern da, schön wär's. Hat ja auch einen kranken Mann zu Hause. – Ist das ein Hund?»

B2: «Nee, das sind die Beine vom Stuhl, ‹Das sind die Beine von Dolores›[237]».

Die beiden Frauen kommentieren und beschreiben in ganz knappen Sätzen, was um sie herum vorgeht.

B1: «Was wird es zu essen geben?»

B2: «Weiß nicht, müssen wir uns überraschen lassen, wie immer.»

Am anderen Ende des Speise-/Aufenthaltsraumes sitzen noch einige BewohnerInnen. Sie sind stumm. Warten sie auch? (P 25/1)

Der Rhythmus der Tage

Der Tagesablauf folgt einem festgelegten, gleichbleibenden Rhythmus, an den sich die BewohnerInnen ganz unabhängig von Gewohnheiten aus der Zeit vor

---

236 P 25/3 Dieses Zitat ist aus einem Dialog entnommen, den ich kurz vor dem Mittagessen mit einer Mitarbeiterin führe:
Ilse: «Sind alle schon gesetzt?»
Ich (ein wenig ironisch): «Sie sitzen ganz ordentlich da.»
Ilse: «Ja, vor dem Essen sind sie alle immer sehr brav.»
Ich: «Ich finde, sie sind eigentlich immer ganz geduldig und ruhig.»
Ilse: «Nicht immer. Morgens – ganz besonders, wenn viel zu tun ist – dann schimpfen sie tüchtig rum, wo bleibt der Kaffee, der Kaffee ist lauwarm, da könnt ich ...»
Ich: «Aber insgesamt, verglichen mit anderen Einrichtungen, finde ich die alten Menschen hier sehr ruhig.»
Ilse: «Das liegt daran, daß wir sie hier immer beschäftigen, wenn das nicht wäre ...».

237 Die Bewohnerin erinnert sich offensichtlich an einen alten Schlagertext, »Das sind die Beine von Dolores, daß die Senores nicht schlafen gehn.« Fantasien, Erinnerungen an Liebesabenteuer, an Schönheit? Sehnsüchte?

der Heimübersiedlung und weitgehend auch unabhängig von individuellen Wünschen und Vorlieben gewöhnen müssen und gewöhnen.

Die Essenszeiten und die Phasen des Aufstehens und Zubettgehens sind geregelt. Es gibt Speisepläne, Sitzordnungen[238], Badepläne, Medikamentenpläne, Spritzenpläne und Wochenpläne für die Gemeinschaftsaktivitäten, auf die die BewohnerInnen nur punktuell Einfluß üben können.[239]

Beim Aufstehen und Zubettgehen wird – in gewissem Umfang und im Rahmen des Zeitplans – auf individuelle Wünsche Rücksicht genommen. Zwei Bewohnerinnen schauen abends regelmäßig fern und werden erst von der Nachtwache für die Nacht versorgt. Von anderen kennt man die Gewohnheiten, eher länger zu schlafen und versucht, sie zu berücksichtigen. Bei der Einteilung fürs Baden schauen die MitarbeiterInnen auf die Vorlieben für bestimmte Tageszeiten. Am Speiseplan werden BewohnerInnen beteiligt und an Geburtstagen können sie Essenswünsche anmelden.

Jedoch auch die Berücksichtigung individueller Wünsche wird schließlich zum Plan, so daß der Spontaneität von Befindlichkeiten und Wünschen nur gelegentlich Rechnung getragen werden kann.[240] Abweichungen von den Plänen kommt dennoch vor, wenn sich eine Bewohnerin massiv gegen das Baden wehrt, ein Bewohner akut krank wird, ein Personalengpaß entsteht, ...

Das Gerüst des Tagesablaufs und der Pläne bleibt im wesentlichen erhalten, so daß auch ich schon im vorhinein, bevor ich das Heim betrete, mit sehr großer Wahrscheinlichkeit erwarten kann, was dort geschieht. Und genau innerhalb dieses Gerüstes läuft das Leben der alten Menschen im Heim ab. Die ‹Ungezügeltheit der Beine von Dolores› haben dort höchstens noch in den Phantasien Platz.

> «Es ist wichtig, daß das Leben rhythmisiert ist, daß da berechenbar ist, was wann kommt, auch wenn sie das nicht so genau nachvollziehen können, daß es trotzdem kommt.» (E 2/4)

---

238 Die BewohnerInnen sitzen zu den Mahlzeiten an festen Plätzen, nur zum Nachmittagskaffee werden sie gelegentlich nach ihren Wünschen gefragt. Die Sitzordnung für die Hauptmahlzeiten wird von den MitarbeiterInnen geregelt. Getrennt von den HeimbewohnerInnen sitzen auch die wenigen Gäste aus der Wohnanlage und die Kurzzeitpflegegäste. Selbst als ein Kurzzeitgast, die Freundin einer Bewohnerin, im Heim weilte, sollte sie auf Anweisung des Heimleiters nicht am Tisch ihrer Freundin mitessen.

239 Ich fühle mich an eine Szene aus dem Film «Die Interessen der Bank können nicht die Interessen der Lina Brake sein» erinnert. Am ersten Morgen ihres Aufenthaltes im Altenheim bestellt Lina Brake detailliert und selbstbewußt ihre Frühstückswünsche «und das Ei, viereinhalb Minuten gekocht». Die Pflegekräfte und die anderen BewohnerInnen im Speiseraum starren sie entgeistert an.

240 Bewohnerbezogene Besonderheiten gehen zwangsläufig in die Arbeitspläne der MitarbeiterInnen ein und finden so wieder ihre Regelmäßigkeit.

Die BewohnerInnen klagen den Tagesrhythmus oft ihrerseits ein. Frau Schreiber wird wütend, als sie während des Sommerfestes das Abendessen nicht zur gewohnten Zeit und in gewohnter Weise serviert bekommt. (P 43/3)

Mittagsübergabe. Die eingeplante Zeit wird wegen meines Zwischenberichts um wenige Minuten überzogen.[241] Die Störungen von außen nehmen zu, da inzwischen einzelne BewohnerInnen in den Speiseraum gekommen sind und auf den Kaffee warten. Eine Mitarbeiterin äußert sich: «Genauso ist das, jetzt muß der Kaffee zubereitet werden, die BewohnerInnen erwarten ihn pünktlich.» Sie beendet damit das Gespräch und fügt noch hinzu, daß sie selbst ganz kribbelig wird, sich jetzt nicht mehr konzentrieren kann. (ZB 30/4)

Den Kontakt aufrechterhalten

Allgegenwärtig und bald nicht mehr auffällig ist die beständige Beschreibung und Kommentierung der Handlung durch das Personal. Das bezieht sich nicht nur auf die Absichten der MitarbeiterInnen, die anstehenden Handlungen, wie «so jetzt fahren wir Sie in den Speisesaal», sondern auch auf die verbale Begleitung der Tätigkeiten selbst: «Herr B., ich wasche Ihre Beine, Frau Z., ich ziehe Ihnen das Kleid an, Frau A., ich putze Ihnen die Zähne, Herr W., ich stelle Musik an, usw.» Manchmal werden diese Kommentare auch in die Wir-Form gesetzt: «Wir ziehen uns aus. Wir gehen jetzt ins Bett.»

Da die BewohnerInnen selten darauf reagieren, bleibt es – besonders bei den Grundpflegehandlungen – oft bei dieser einseitigen Kommunikation, die das Schweigen, zusammen mit Stöhnen und Jammern der BewohnerInnen ritualmäßig durchbricht.

Ich erlebe die verbale Begleitung als ein Versuch, die BewohnerInnen in die Gegenwart zu ziehen, von ihren ‹Abwegen› abzubringen, den Kontakt herzustellen und das Geschehene anzukündigen.[242] Entsprechend werden auch die BewohnerInnen immer mit ihrem Namen angesprochen, und zwar nicht nur einmal während eines Kontaktes zwischen BewohnerIn und MitarbeiterIn oder zur Begrüßung, sondern viele Male, bei jeder Aufforderung, bei jeder Feststellung.[243]

---

241 Während meiner Zeit im Heim habe ich auf Wunsch der MitarbeiterInnen zwei Zwischenberichte und ein Abschlußbericht in mündlicher Form abgegeben.

242 Sicher hat es auch die Funktion, ein vielleicht unerträgliches Schweigen zu durchbrechen und sich selbst der eigenen Leistungen bewußt zu werden und dies zu demonstrieren.

243 Auf diese Weise lerne ich schnell die Namen der BewohnerInnen, während mir das Erinnern der Namen der MitarbeiterInnen bis zuletzt schwerfällt. Die MitarbeiterInnen reden sich

Auch dieses ist eine Methode, die Gegenwart der alten Menschen im Heim zu bekräftigen und zu verhindern, daß die alten Menschen das Bewußtsein über ihre eigene Person verlieren.

Das Verhalten steuern

Aufenthaltsraum 17.00 Uhr. Herr Werner will in sein Zimmer. Er versucht schon eine ganze Zeit, sich bei einer der vorbeilaufenden MitarbeiterInnen Gehör zu verschaffen, mit eindringlicher, monotoner Stimme ruft er: «Schwester! Schwester!»[244]
Eine Mitarbeiterin geht schließlich zu ihm: «Bleiben Sie noch ein wenig sitzen, es gibt gleich Abendbrot (es gibt jedoch erst um 18.00 Uhr Abendessen). Wenn Sie den Weg zu ihrem Zimmer laufen, strengt das Sie so an.» Er will aber gleich wieder von seinem Stuhl aufstehen und ruft: «Ich will ins Bett.» Die Mitarbeiterin versucht, es ihm erneut zu erklären, Herr Werner antwortet mit «Ja», aber er läßt von seinem Wunsch nicht ab und will sich wieder erheben. Unerwartet kommt in diesem Moment der Sohn von Herrn Werner und begleitet ihn in sein Zimmer. Eine Erlösung für Herrn Werner und die Mitarbeiterin. (P 26/1)

Am Morgen, 10.30 Uhr. Ich begleite Anette. Frau Igel, die noch im grünen Bademantel umherläuft, will zum Erstaunen der MitarbeiterInnen gebadet werden. Wir betreten mit ihr zusammen ihr Zimmer. Noch für einen kurzen Moment ist sie bereit zum Baden. Dann beginnt sie zu jammern. «Mir ist so schlecht.» Wir begleiten sie zusammen mit den Badeutensilien hinaus in den Gang. Sie droht immer wieder damit, gleich umzufallen. Trotz freundlichen Zuredens von Anette, bleibt sie bei ihrem Entschluß, nicht baden zu wollen. Wir kehren um. Im Zimmer willigt sie zögerlich ein, sich zu waschen und sich die Haare waschen zu lassen. Aber auch zur Körperwaschung braucht sie mehr Hilfe als üblich. Sie jammert immer wieder: «Laßt mich doch ins Bett! So helft mir doch! Mir ist so schlecht!» Anette versucht, sie immer wieder lächelnd und liebevoll zu beruhigen und zu trösten. Sie nimmt ihren Kopf in den Arm. Beim Haarewaschen entspannt sie sich ein wenig, wir bewundern ihr schönes Haar. Danach zieht sie das Kleid an, das sie selbst geschneidert hat, wie sie erzählt (sie war Schneiderin). Ich helfe ihr in der Abwesenheit von Anette, die zwischendurch etwas anderes erledigt. Sie

---

untereinander kaum mit ihrem Namen an und werden auch von den BewohnerInnen in der Regel nicht mit dem Namen angesprochen.

244 Der Tonfall, der Klang dieses immer wiederkehrenden Rufes ist mir noch immer im Ohr. Verlassen sein und Hilflosigkeit sind meine Assoziationen.

fängt gleich wieder an zu klagen, läßt sich aber von mir halten, bis sie Anette kommen hört. (P 10/1)

Die Tage sind ausgefüllt, die BewohnerInnen zu diesem und jenem zu motivieren, mit gut Zureden, mit Erklären, Drängen, und damit die mehr oder weniger großen Trägheiten oder Widerstände der BewohnerInnen zu überwinden. Weniges von dem, was den Tageslauf bestimmt und als notwendig erachtet wird, wird von den BewohnerInnen aus eigenem Antrieb übernommen. Die MitarbeiterInnen ‹sind immer an ihnen dran›, sie zu bewegen. Die einfachsten Verrichtungen bedürfen des Anstoßes durch die MitarbeiterInnen: Essen, Aufstehen, auf die Toilette gehen ...[245]

Regelverletzungen

Aufenthalt-/Speiseraum. Die BewohnerInnen trudeln nach und nach zum Frühstück ein. Es ist ganz still. Schweigend essen sie oder dösen. Nur ab und zu flackert ein kurzes Gespräch, ein Selbstgespräch auf. Im Hintergrund spielt das Radio: Schlager, Reklame, Nachrichten. Niemand scheint darauf zu achten. Aus der Stille herausragend nur das Donnerwetter einer Mitarbeiterin, die einen Bewohner zurechtweist, weil er ihr Arbeit macht. «Können Sie nicht einmal ... (der Rest ist unverständlich). Dauernd muß ich Ihretwegen in die Küche laufen. Jetzt rücken wir Sie mal vom Tisch ab. Ist's recht so?» (Der Bewohner spielt mit dem Essen, kleckert auf den Tisch.) Die anderen BewohnerInnen sind sichtlich ungerührt. Etwas später singt Frau Beyer bei dem Schlager Marina Marina ... kurz mit. (P 8/4)

Pflegerunde am Morgen. Ich begleite Manuela. Frau Stark wird versorgt. Aus dem Nebenzimmer hört man fast ununterbrochen die Stimme von Herrn Merck: «Helfen sie mir doch!» Manuela fragt mich: «Kennen Sie Herrn Merck?» «Seit gestern ist er wieder da (er war im Krankenhaus). Wir waren alle froh, daß er weg war.»
Herr Merck ruft etwa zehn Minuten ohne Unterbrechung. Niemand scheint zu ihm zu gehen. Mit tiefem Schnaufer betritt schließlich Manuela das Zimmer von Herrn Merck. Er ruft noch immer und läßt sich auch durch die Anwesenheit von uns nicht beruhigen. Manuela wird ungeduldig und schimpft: «Wenn Sie nicht sofort still sind, gehe ich wieder fort.» Und ein wenig später: «Sie sind sofort still, sonst müssen Sie im Bett bleiben.»[246] (P 23/1)

---

245 Das Bild von Aufziehpuppen drängt sich mir auf, Aufziehpuppen, die für jede Tätigkeit erneut mit Energie versehen werden müssen und deren Bewegung schnell am Ende ist.

246 Die ganze Situation entbehrt nicht der Komik. Herr Merck sitzt (thront) im Bett und droht

Morgenübergabe. Aus einem der Zimmer dringt das Brüllen um Hilfe. Ein Mitarbeiter (Nachtwache) bittet Klaus (ZDL) nachzusehen, aber Luise hält ihn zurück. «Laß ihn, das war gestern schon so, der will nur aufstehen.» Erst nach fünf Minuten, während denen die Rufe nicht aufhören, fordert Luise den ZDL auf, hinzugehen. «Sag ihm, daß wir gleich kommen.» (P 14/1)

Übergabe. «Frau Groß ist heute ganz schlimm. Ihrer Meinung nach stecken wir alle unter einer Decke und halten sie hier fest. Sie will zu ihrem Mann. ‹So viele Kinder hab ich und keiner kümmert sich um mich.› Sie wollte immer weg. Wir konnten sie nicht festhalten. Kaum schaute man weg, witschte sie durch. Bis halbzwölf war sie in ihrem Zimmer, aber dann wollte sie weg. Wir haben die Tür verschlossen. Wir konnten uns nicht anders helfen. Wir haben sie mit Gewalt daran gehindert, so aggressiv war sie.» (P 17/1)

Übergabe. Es wird berichtet, daß Frau Senefeld gestern betrunken war. «Also wegen gestern, ich hab mit Frau Senefeld ganz deutlich gesprochen, daß wenn sie ihren Weinkonsum nicht selber unter Kontrolle hat, wir, das Personal das übernehmen müssen und ihr den Wein zuteilen. Sie konnte sich an nichts erinnern … ‹Soll ich mit Ihnen deutsch reden, Sie waren gestern sternhagelbesoffen und haben in ihr Zimmer gekotzt!› Ich habe ihr gesagt, daß wir den Wein wegschließen und ihr zwei Gläser Schorle am Tag anbieten. Sie hat sich einverstanden erklärt.» Die anderen MitarbeiterInnen stimmen der Regelung zu. «Aber nur Schorle. Da muß man hart durchgreifen.» Die Verwandten seien auch schon informiert worden. Die Tochter bringe nichts mit, sie habe auch schon Wein abtransportiert. Sie wolle sich drum kümmern, wo das Netz löchrig ist. Die MitarbeiterInnen sind empört über das Fehlverhalten von Frau Senefeld.[247] (P 30/2)

---

umzufallen, weil ihm schwindlig ist. «Ich falle um, so helfen Sie mir doch mich umzulegen.» (P 23/1).

247 In der Pause, die sich die MitarbeiterInnen von der Übergabe abgezwackt haben, bemerkt Ilse: «Sie können ja heute mal uns MitarbeiterInnen beobachten, wie wir uns benehmen.» Auf mein geäußertes Erstaunen über das Wort benehmen antwortet sie: «Ja, wir bemühen uns zwar, aber vieles geht in der Routine unter, merken wir gar nicht mehr. Gestern z. B., als ich in das Zimmer von Frau Senefeld kam, hab ich laut geschimpft, daß es hier stinkt wie in fünf Kneipen. Aber das darf man nur einmal sagen, das muß auch wieder vergessen sein … Ich fände es gut, wenn Sie uns sagen, was sie beobachten, dann kann jeder darüber nachdenken.» Kurze Zeit später bittet mich Mira um ein Gespräch, da sie ab nächster Woche in Urlaub ist und dann für ein halbes Jahr das Heim verläßt. Sie möchte wissen, was ich beobachtet habe, ich sei doch eine neutrale Person. Mir fällt auf, die MitarbeiterInnen reagieren mit großer Strenge auf das Verhalten (Alkoholabusus) einer Bewohnerin und rufen parallel dazu – selbst eine Regelung übertretend (die Verkürzung der geregelten Übergabezeit) – nach einer Zensur ihres Verhaltens.

Die BewohnerInnen sind nicht immer «brav», ruhig und bereit, den Vorschlägen, Angeboten und Anweisungen der MitarbeiterInnen zu folgen. Manchmal schlagen sie über die Stränge, sie wollen an einen anderen Ort als dem vorgesehenen (Zimmer, Heim); rufen lauter um Hilfe, als es angemessen erscheint; regulieren Essen und Trinken nicht in der Weise, wie es für sie als gut erachtet wird, machen mehr Arbeit, als von den MitarbeiterInnen einkalkuliert wird.

Mit Verweigerung und Aggressionen wehren sie sich.

Die MitarbeiterInnen reagieren mit Sanktionen oder Androhungen von Sanktionen: sie entfernen sich, oder lassen die BewohnerInnen warten, sie schimpfen, sie schränken Essen und Trinken ein, sie benachrichtigen die Verwandten, sie lassen sie im Bett liegen, sie hindern sie am Verlassen des Heimes.

Die BewohnerInnen entwickeln in diesen Auseinandersetzungen ungeahnte Energie (anhaltendes lautes Brüllen, große Körperkraft), der sich die MitarbeiterInnen ihrerseits nur mit massivem Einsatz erwehren können (Gewalt, Anbrüllen, «wir wußten uns nicht anders mehr zu helfen»).

Es ist ein Kampf, den die MitarbeiterInnen gewinnen. Denn «wenn nichts mehr geht», können sie die Tür verschließen, andere (Kollegen, Verwandte, Ärzte) zu Hilfe rufen, ihre größeren Körperkräfte einsetzen, Medikamente (zur Beruhigung) geben.[248] Oder sitzen doch die alten Menschen letztlich am längeren Hebel?

Solche Auseinandersetzungen um das Über-die-Stränge-Schlagen der alten Menschen kann Auslöser für kritisches Befragen des eigenen Handelns sein. Jedoch ist die Tendenz groß für die Eskalation von Konflikten, vorwiegend die BewohnerInnen bzw. deren Krankheiten verantwortlich zu machen.

---

248 Den BewohnerInnen werden meiner Beobachtung nach und nach Aussage des Heimleiters nur im geringen Maße Psychopharmaka verschrieben bzw. gegeben. «Die Linie ist eigentlich ganz ganz klar, daß wir sagen, möglichst keine Psychopharmaka, und wenn, dann zeitlich begrenzt und immer wieder versuchen, sie abzusetzen.» (S 20) Wie in Situationen, in denen die BewohnerInnen sehr erregt oder aggressiv sind, in denen heftige Auseinandersetzungen die MitarbeiterInnen hilflos machen, mit der Vergabe von Medikamenten umgegangen wird, konnte ich nicht beobachten. Wenn die MitarbeiterInnen sich in diesem Heim darum bemühen, dämpfende Mittel weitgehend einzuschränken, müssen sie sich in viel größerem Ausmaß mit den BewohnerInnen auseinandersetzen, sich auf «Kämpfe» einlassen. Trotzdem bleibt es eine ständige Versuchung, z. B. die von den Ärzten verschriebene Medikation und andere Anweisungen als gegeben zu akzeptieren oder auch den Empfehlungen der Angehörigen zu folgen. So wurde Frau Nebel in der ersten Zeit auf dem Stuhl fixiert, weil der Sohn es so wollte und seinerseits Strafe androhte, wenn seiner Mutter etwas passiert. Der Heimleiter mußte intervenieren. Der Heimleiter sieht sich in diesem Punkt auch als Kontrolleur (S 22) «ich bin ein Regel- und Normwächter». (S 24).

In den Übergaben, in denen vorwiegend auffällige Verhaltensweisen regelmäßig durchgesprochen werden, finden außerindividuelle Erklärungsmuster, wie zum Beispiel die institutionellen Rahmenbedingungen, eine völlig untergeordnete Berücksichtigung.[249]

> Nach und nach kommen die MitarbeiterInnen zur Schichtübergabe. Die Leiterin der Schicht geht anhand des Dokumentationssystems schnell die einzelnen BewohnerInnen durch. Meistens sind es medizinisch-pflegerische Auffälligkeiten, die weitergegeben werden. Freude über eine Bewohnerin, der es viel besser geht. Eine Bewohnerin «hat am Wochenende gesponnen, wie nichts Gutes. Sie wollte immer nach Hause gehen und war auch mehrere Male verschwunden. Heute hat sie sich wieder beruhigt, nachdem sie am Sonntag sehr viel geschlafen hat».
> Auch eine andere Bewohnerin «war fürchterlich, sie ging in alle Zimmer, hat dort Sachen weggenommen und wurde sehr aggressiv. Der Arzt hat die Dosis der Medikamente erhöht». Die MitarbeiterInnen stimmen dieser Maßnahme zu, «weil es für Frau Marek auch nicht schön ist, wenn sie so durchdreht». (P 6/1)

> «Ja, am Wochenende ist eine ziemlich gespannte Atmosphäre, manchmal richtig aggressiv, auch unter den Bewohnern.» Herbert (P 44/12)

Am Wochenende stehen die MitarbeiterInnen unter besonderem Druck, da sie mit geringerer Personalbesetzung mehr Stunden pro Schicht arbeiten müssen.[250] Für den/die einzelne/n BewohnerIn bleibt wenig Zeit für Pflege und Kontakt. Wodurch also wird «Fehlverhalten» der BewohnerInnen und unter Umständen dessen Eskalation verursacht? Durch innere Spannungen, mit denen die BewohnerInnen belastet und die kein entlastendes Gegenüber finden? Durch die besonderen Belastungen, unter denen die MitarbeiterInnen ihre Arbeit tun? Oder doch durch Unfähigkeit und mangelnde Bereitschaft, sich den Regeln einer Gemeinschaft unterzuordnen?

Und welches sind die Maßstäbe für abweichendes Verhalten?

---

249 Aus eben diesem Grunde greifen viele Diskussionen um Gewalt in den Heimen zu kurz, nämlich dann, wenn sie das Problem individualisieren und es den Persönlichkeitsstörungen, bzw. der Gewaltbereitschaft von MitarbeiterInnen, aber auch alten Menschen einseitig zuordnen. Die gesellschaftliche Verantwortung insgesamt, aber ebenfalls die der Träger von Einrichtungen der Altenpflege, bleibt so aus dem Spiel. Literatur: H. Dießenbacher, K. Schüller, 1993; H. Petzold, 1985, S. 553 f.; Th. Klie, L. Lörcher, 1994; H.D. Schneider, 1994, S. 8 ff.

250 Es findet darüber hinaus eine Umkehrung früherer Lebensgewohnheiten statt. Das Wochenende verbindet sich in der Realität oder Wunschvorstellung mit Ausruhen, Freizeitbeschäftigung, Kontakt zu Freunden. Im Heim dagegen sind gerade die Wochenende die anstrengensten Tage. Tage, an denen besonders wenig passiert.

6.3 Erwünschtes Verhalten

«Total verwirrt, aber lieb»[251]

Morgenrunde. Ich begleite Klaus. «Herr Holz, Sie müssen jetzt aufstehen!» Er ist noch ganz verschlafen, wehrt sich ein wenig gegen das Wecken, «aber längst nicht so wie sonst» sagt Klaus. «Er ist heute richtig gut drauf ... Es ist heute richtig schön mit uns ... Heute geht es Ihnen wohl richtig gut am Morgen, Herr Holz.» Er reagiert mit einem kurzen Brummen.
Während des Waschens und Anziehens, das trotz Herrn Holz' Geduld eine ziemlich große Anstrengung und Würgerei bedeutet, gibt es zwischen Klaus und Herrn Holz kaum verbalen Kontakt.
Klaus berichtet mir (statt dessen) über Herrn Holz. «Er spricht schon lange nicht mehr, als er kam, soll er noch Worthülsen von sich gegeben haben. Er hat, so sagt der Heimleiter, Alzheimer[252], seit acht Jahren im Endstadium ... Aber eine unglaubliche Kraft hat er noch, das wundert mich sehr, wo er doch den ganzen Tag nur herumsitzt. Am letzten Samstag hat er hier im Bad alle Sachen vom Regal durch die Gegend geschmissen. Das hat vielleicht ein Krach gemacht!» – Zum Schluß kriegt er von Klaus drei Stückchen Schokolade aus seinem Nachttisch (zur Belohnung?). «Er war heute echt anständig», sagt Klaus. (P 28/1)

Frau Hut wird von zwei Mitarbeiterinnen aus dem Aufenthalts-/Speiseraum geführt. «Machen Sie den Kopf hoch, Frau Hut!» Als sie relativ gut läuft, wird sie von den beiden Mitarbeiterinnen mit Überschwang gelobt.[253] (P 34/2)

Übergabe. «Frau Schnur ist selig, sie durfte schon zwei Mahlzeiten bei ihrem Freund verbringen.»[254] Im Hintergrund bemerkt eine andere Mitarbeiterin das Wort ‹dürfen› und wiederholt es mit ironischem Unterton. (P 38/1)

In einer Übergabe, in der von besonders viel Arbeit am Vormittag berichtet wird, werden zwei Frauen, die als Kurzzeitpflegegäste am Vormittag aufgenommen wurden, folgendermaßen charakterisiert: «Die Frau ist total verwirrt, die redet Zeug daher, daß es kracht, ... aber sie ist sehr, sehr lieb.» – «Die Frau ist sehr sehr lieb, aber verzweifelt.» (P 38/1)

---

251 P 38/1.
252 Gemeint ist: Alzheimer Krankheit, siehe Glossar im Anhang.
253 In den Übergaben wird auch sehr häufig mit besonderer Anerkennung bedacht, wenn die BewohnerInnen Fortschritte bezüglich ihrer körperlich-gesundheitlichen Verfassung zeigen. (Vgl. Kapitel 7).
254 Für welches Wohlverhalten bekam sie diese Erlaubnis? Der Freund von Frau Schnur lebt in der Altenwohnanlage im gleichen Gebäudekomplex.

Keinen oder nur geringen Widerstand gegen die Hilfeleistungen und Anweisungen der MitarbeiterInnen zu leisten, wird von den MitarbeiterInnen verständlicherweise hochgeschätzt. Das bedeutet weniger physischer und psychischer Kraftaufwand. Die Arbeit kann «reibungslos» und ohne Verzögerung vonstatten gehen. Ein solches Verhalten wird auch belohnt, besonders dann, wenn es unerwartet ist (wie bei Herrn Holz, der meistens bei der Morgenpflege um sich schlägt). Beachtenswert sind auch Fortschritte in der Befindlichkeit der BewohnerInnen. Sie sind Beweis für den Erfolg der Bemühungen der MitarbeiterInnen und lösen Freude aus, die oft auch den BewohnerInnen selbst vermittelt wird.

«Lieb sein», keine unnötige Arbeit machen, die Anstrengung und Bemühungen um die BewohnerInnen würdigen, und die Legitimität und Richtigkeit der Entscheidungen akzeptieren, das sind erwünschte Einstellungen, die die BewohnerInnen nicht nur durch geringen oder Verzicht auf Widerstand, sondern auch durch bereites oder fröhliches Mittun demonstrieren können. Der Grad geistiger Gesundheit bzw. Desorientierung spielt für die Beurteilung von erwünschtem Verhalten eine nachgeordnete Rolle: «... sie ist zwar total durcheinander, redet unverständliches Zeug, ... aber sie ist lieb.»[255]

Eigenarten werden berücksichtigt und toleriert. Zum Beispiel Frau Czerny: Sie hat schon seit über zwei Jahren nicht mehr ihr Zimmer verlassen. Sie hortet Zeitungen, Lebensmittel und raucht zwei Packungen Zigaretten pro Tag. Doch sie bedarf nur sehr geringer Hilfeleistungen, bekommt das Essen ins Zimmer gestellt und würde ohnehin nur Ärger machen, Streit mit anderen BewohnerInnen anfangen, wenn sie das Zimmer verließe. Mit ihr haben die MitarbeiterInnen wenig zu tun.[256]

Doch diese Eigenarten und individuellen Wünsche dürfen den Rahmen, den die MitarbeiterInnen im individuellen Pflegekonzept den BewohnerInnen zugedacht haben, nicht überschreiten: Herr Werner, der gerne dem Aufenthaltsraum entfliehen möchte, wird daran permanent – außerhalb der Bettzeiten – gehindert. Ihn ohne Aufsicht zu lassen, schätzen die MitarbeiterInnen – im Gegensatz zu Frau Czerny – als gefährlich ein.[257] Oder Frau Schneider: Sie will phasenweise im Bett bleiben, weil sie sich krank fühlt. Ihr Verhalten wird

---

255 Ich war von Anfang an erstaunt, daß die MitarbeiterInnen zur Charakterisierung ihrer BewohnerInnen keine Kriterien wie Verwirrtheit, Desorientierung benutzen und auch selten Diagnosen übermittelten, sondern ihr Verhalten, ihre Eigenarten beschrieben. Für den alltäglichen Umgang ist das letztlich auch wesentlicher und sind Diagnosen relativ irrelevant, besonders in einem Heim, in dem fast alle BewohnerInnen an mittlerer bis schwererer Demenz leiden.

256 Siehe Portrait von Frau Czerny im Anhang. Außer einem Kurzzeitpflegegast habe ich im Heim außer den MitarbeiterInnen niemanden rauchen sehen.

257 Vgl. Kapitel 6.2.

von den MitarbeiterInnen als Hypochondrie eingeschätzt und sie bemühen sich sehr, sie aus ihrem Bett zu holen.[258]

Manche BewohnerInnen erfreuen die MitarbeiterInnen nicht allein durch ihr weitgehend angepaßtes Verhalten, sondern durch ihre Freundlichkeit ihnen gegenüber.

> «Frau Marek ist heute besonders gut drauf, das ist sie ja meistens, aber heut ist sie ein richtiger Schatz. Ja, und Herr Dupois, der unterhält sich immer so gut mit Frau Stark. Der ist auch ein toller Kerl. Besonders nachts ist das schön, der ist immer gleich hellwach und spricht mit einem, nicht so verschlafen wie die anderen.» Gisela (P 42/3)[259]

In ganz besonderer Weise wird Frau Marek von den MitarbeiterInnen geschätzt. Sie brabbelt sehr häufig das Wort «Marmelade» vor sich hin oder schnappt ein Wort aus ihrer Umgebung auf, das sie dann eine Weile wiederholt.

> Übergabe. Frau Marek bringt die Mitarbeiterrunde zum Lachen, da sie einzelne Sätze wiederholt, manchmal mit Variationen. Ihre ‹Einlagen› wirken wie eine Befreiung aus der ansonsten so gedämpften Stimmung. (P 13/3)

Frau Marek sitzt über viele Stunden im Schwesternzimmer, hat dort ihren Stammplatz, auch während der Übergabe. Sie scheint dort niemanden zu stören. Und wenn das Brabbeln doch zu laut ist, wird ihr sanft mit freundlichem Zureden, beruhigendem Streicheln über den Arm oder Finger auf den Mund legen Einhalt geboten.[260] Wenn es Sekt oder Eis während der Übergabe gibt, wird auch sie selbstverständlich daran beteiligt. Manches Mal «entweicht» sie und muß dann im Keller oder in der näheren Umgebung gesucht werden. Die MitarbeiterInnen nehmen diese oder andere zusätzliche Arbeit gelassen und geduldig hin.

> Übergabe. «Frau Marek ist gestern abend bei der Übergabe entwischt, sie wurde vor dem Haus Nr. 4 gefunden mit einer Platzwunde über dem Auge. Es geht ihr aber schon ganz gut, sie hat keine Schmerzen mehr, sagt sie.» – «Als ich Frau Marek gestern sah, hab ich sie gefragt, ob sie sich geschlagen habe. Ja, mit einem Mann, hat sie geantwortet.» Alle lachen. (P 44/4)

---

258 Vgl. Portrait Frau Schneider im Anhang.

259 Auch ich mag Herrn Dupois gerne. Er spricht mich das eine oder andere Mal direkt an, ohne mich wiederzuerkennen. Häufig ist er traurig oder sehr nachdenklich. Er kommentiert Situationen mit klugen Fragen oder Aussagen. Er scheint, sich in sein Schicksal zu fügen, nicht ohne Trauer und Aufbegehren, aber ohne Vorwurf gegen die, die ihm jetzt helfen und für ihn sorgen.

260 P 46/2.

Nur eines ist lästig für die MitarbeiterInnen, sie geht gerne in fremde Zimmer, nimmt dort Sachen weg und greift beim Essen in andere Teller.

Aber auch das wird ohne Aufhebens geregelt. Sie wird ruhig wieder aus dem Zimmer geführt und bei Frau Czerny, die sehr massiv auf ein solches Eindringen reagiert, wird die Tür von außen abgeschlossen. Ihre Mahlzeiten nimmt sie allein im Zimmer ein. Frau Marek erhält viele kleine Aufmerksamkeiten im Vorübergehen, oft wird sie angesprochen, an der Hand gehalten, ein Scherz mit ihr gemacht.[261]

Die Gelassenheit und Freundlichkeit, mit der die MitarbeiterInnen ihrerseits Frau Marek begegnen, fällt auf. Entspricht Frau Marek dem Wunschbild einer «pflegeleichten» Heimbewohnerin? Macht sie es den MitarbeiterInnen durch ihre freundliche Art leicht, zu zeigen, sich selbst zu beweisen, wie man mit HeimbewohnerInnen idealerweise umgehen sollte? Sie ist zeitlich, örtlich und auch zur Person völlig desorientiert. Sie scheint in einer anderen Welt zu leben, spricht meist in Rätseln und hat dennoch Kontakt zu den MitarbeiterInnen, reagiert auf ihre Ansprache.

Wird sie für ihr Tun, für ihre gelegentliche Eskapaden, die Ausflüge in den Keller oder die Urinpfütze im Zimmer nicht mehr verantwortlich gemacht?

Das Faktum der Desorientierung allein kann es nicht sein, denn anderen in der gleichen Verfassung wird ihr abweichendes Verhalten massiv vorgehalten, mit ihnen wird geschimpft, und es werden Versuche unternommen, ihr Verhalten zu verändern.[262]

Drei Faktoren müssen zusammenkommen: grundständige Freundlichkeit, Anpassungsbereitschaft und die Fähigkeit zum Kontakt im «Hier und Jetzt». Diese machen es den MitarbeiterInnen leicht, ihrerseits mit Zuwendung, Gelassenheit und Toleranz zu reagieren.[263]

6.4 Verantwortlichkeit der BewohnerInnen

«Ich möchte sie als Partner ernstnehmen»

Übergabe. Gisela berichtet über eine Auseinandersetzung mit Herrn Fromm. «Ja, also mit dem Herrn Fromm bin ich heute an meine Grenze gekommen. Ich war drin mit ihm, wollt ihn duschen und er mußte zur Toilette und hat

261 Ich empfinde sie als «Maskottchen» der MitarbeiterInnen, von allen geliebt, wegen ihrer fast durchgängig heiteren und freundlichen Art.

262 Vgl. die Pflegesituation mit Herrn Holz in diesem Kapitel.

263 Entsprechendes gilt für Frau Altmann. Sie akzeptiert bei klarem Bewußtsein ihre Lebenssituation, ihren Aufenthalt im Heim, ebenfalls paßt sie sich im großen und ganzen den Regelungen des Hauses an und hat freundlichen Kontakt zu den MitarbeiterInnen.

also wieder mit der Hand, eben alles in der Hand und ich wollte es ihm wegnehmen und dann hat er mich fürchterlich angeschrien, ich soll ihn doch da machen lassen und dann hab ich gesagt, ‹also wissen Sie, bis hierhin und nicht weiter ... Ich kann das nicht und Sie müssen sich das mal überlegen, was Sie mir zumuten›. Es war dann nachher also auch wirklich, ... er hat dann, ich hab den Eindruck gehabt, er hat sich das erst angehört und mich auch ganz fürchterlich böse angeguckt und wollte mir, also richtig Angst machen. ‹Ich soll mich mal zusammennehmen, so kann man nicht mit ihm umgehen› und nachher dann auf die (die Kolleginnen sprechen durcheinander und lachen) und nachher dann auf die Weinerliche, nee und ja, also ich ich hab dann einfach keine, ich konnte nicht mehr. Ich hab dann auch gesagt, ja, dann ziehen Sie sich alleine an, Herr Fromm, den Pullover, ich leg ihn ihnen jetzt hierher, ich mag nicht mehr, ich muß jetzt gehen. Und das tat er erst nicht und nachher hat er's dann eben doch getan, denn er kann es.»
Eine andere Mitarbeiterin: «Er kann das, ja ja, eben.»
Gisela: «Und so war er zum Mittagessen. Ich war dann nicht mehr hinten, da war er noch, da war alles okay und als wir jetzt gerade weggingen, war also wieder alles ...»
Eine andere Mitarbeiterin: «Mhm.»
Gisela: «Verschmiert, nee, ich bin eigentlich, ich geb's ehrlich zu, ich bin einfach an der Grenze meines, und dann wollt ich nicht mehr.»
Andere Mitarbeiterin: «Nee, das schafft man nicht mehr.»
Gisela: «Ja, ich mein, ich bin jetzt eineinhalb Wochen immer dahinten und es klappt ganz gut. Aber ich mach jeden Morgen alles sauber und wische das einfach sauber und habe gedacht, das sollte er jetzt eigentlich, ich denk auch, daß er ein Stück weit einfach kapieren muß, daß wir auch ...»
Andere Mitarbeiterin: «Daß irgendwann Mal er uns in Ruhe läßt.»
Gisela: «Daß wir auch unsere Grenze haben.»
Andere Mitarbeiterin: «Ja.»
Andere Mitarbeiterin: «Also von daher weiß ich nicht. Wir haben diese Freundlichkeit und es wird erwartet, immer für ihn da zu sein. Und er selber? Ist eigentlich so richtig unsozial, so in seinem Sich-Zurückziehen und er macht was er will. Und ich denke, er muß sich das schon auch, ob das machbar ist, weiß ich nicht. Und dann kommt es halt zur Explosion.»
Andere Mitarbeiterin: «Ich find's halt einfach total wichtig, weil, ich möcht ihn ja auch ernst nehmen als Menschen, also wirklich als Partner, egal wie stark und wie schwach und dann muß ich's ihm auch vermitteln können, daß die anderen, daß die andere Konsequenz ist, nicht zu ihm zu gehen, gar nichts zu machen oder ihn zu behandeln, wie ein unmündiges Wesen. Und das kann ich ihm auch überhaupt nicht klarmachen.»
Andere Mitarbeiterin: «Ja, eben.» (Ü 4/12)

Die Grenze des Erträglichen ist für die Mitarbeiterin (Gisela) und die anderen bei Herrn Fromm erreicht. Besonders da nach anfänglicher Besserung seines Verhaltens das Kotschmieren wieder angefangen hat. Gisela ist enttäuscht und entsetzt, und die anwesenden MitarbeiterInnen können es gut nachempfinden.

Herr Fromm mutet den MitarbeiterInnen viel zu, sie sind wütend auf ihn, auf sein «unsoziales Verhalten», auf die mangelnde Erwiderung ihrer Freundlichkeit und Bereitschaft, ihn zu versorgen. Gisela redet auf ihn ein, schimpft und explodiert schließlich. Sie macht ihrem Unmut Luft, und im Nachhinein rechtfertigt sie, unterstützt von ihren KollegInnen, ihre Reaktion mit der Hoffnung, dadurch sein Verhalten zu ändern.

Bisher schätzten sie die Situation und das Verhalten von Herrn Fromm anders ein. Sie äußerten bisher vor allem Mitleid («Herr Fromm kann einem ja so leid tun»[264]). Sie beschuldigen massiv seine Verwandten, die ihm vor dem Heimeinzug und auch jetzt noch schlecht behandeln.[265] Dort verorteten sie auch sein Kotschmieren und seine Aggressivität und ertrugen es. («Er wird manchmal ganz schön gewalttätig, er hat eine ungeheure Kraft, er ist sehr aggressiv.»)[266] Zwischenzeitlich jedoch erlebten sie ein positiveres Verhalten.[267]

Diesmal machen sie Herrn Fromm für sein Verhalten selbst verantwortlich. Sie wollen ihn als erwachsenen «Partner ernstnehmen» und ihn nicht «als unmündiges Wesen» behandeln. Sie schieben ihre Kenntnisse von der belasteten Familiensituation zur Seite, ebenso ihre Erfahrungen mit seinen unkontrollierten Verhaltensweisen. Sie wissen um seine Desorientierung und versuchen, ihn in dieser extremen Belastungssituation in eine symmetrische, erwachsenengemäße Beziehung zu bringen. «Er muß das ein Stück weit kapieren», aber sie zweifeln gleichzeitig am Erfolg: «Ob das machbar ist, weiß ich nicht.»

Im Gegensatz zu Frau Marek, die wie viele andere BewohnerInnen die Realitäten verkennen und in ihrem Verhalten regredieren, belastet Herr Fromm durch sein extremes und bedrohliches Verhalten[268] die grundsätzliche Bereit-

---

264 P 40/3.

265 «Kennen Sie den schon? Das ist ja ganz fürchterlich. Das ist eine arme Sau. Wie den seine Familie fertigmacht. Die beschimpfen ihn, drohen ihn, wenn er nicht gehorcht, würde der Teufel kommen, ...» (P 40/3).

266 P 44/17.

267 «Er schreit nicht mehr so viel.» (P 38/2) – «Herr Fromm ist wie verändert. Ein Wunder ist passiert. Er war am Wochenende richtig charmant. Er hat sogar geschäkert: ‹Sie sind mir ein nettes Weiblein›». (P 45/2).

268 Die Bedrohung, die tendenziell von Herrn Fromm ausgeht, kann ich nachempfinden. Während einer meiner Anwesenheiten in der Nacht taucht er schimpfend im Flur auf, hangelt sich mit schwerem Schritt etwas vorn übergebeugt durch den Flur, so daß man glaubt, er würde gleich fallen und bewegt sich auf unseren Sitzplatz zu. Als er hinter mir steht und weiter schimpft, bekomme ich Angst, daß er zuschlagen könnte.

schaft der MitarbeiterInnen, den BewohnerInnen angemessene und zugewandte Unterstützung zu gewähren[269].

Die Grenzen der Belastbarkeit und der Zumutbarkeit sind für Gisela und ihre KollegInnen überschritten, da nützen auch nicht mehr das Wissen über Symptome demenzieller Erkrankungen und der Versuch, das Verhalten von Herrn Fromm im biographischen Kontext zu begreifen.

Auch anderen BewohnerInnen wird grundsätzlich oder weitgehend Verantwortung zugeschrieben. Die Palette der Reaktionen der MitarbeiterInnen auf abweichendes Verhalten reicht von Akzeptanz, geduldigem Erklären und Zureden bis zu Streit und kräftigen Auseinandersetzungen.

> Frau Czerny darf beständig im Gegensatz zu den anderen BewohnerInnen in ihrem Zimmer bleiben, aber die MitarbeiterInnen haben dort auch wenig Arbeit und «Streß» mit ihr. Die Gläser und Schalen mit verschimmelten Essens- und Getränkeresten werden nur mit ihrer Zustimmung entfernt, und die MitarbeiterInnen lassen sich auf ihre Argumentation ein, warum welche Gefäße nicht abtransportiert werden dürfen.[270] (P 10/2)
>
> Frau Schwindt kann aufgrund ihrer Krankheit nur noch mit Mühe ihre Worte artikulieren und ist sehr schwer zu verstehen. Geduldig wiederholt sie immer wieder das Gesagte. Die Atmosphäre ist während des Waschens und Anziehens (sie braucht komplette Hilfe) sehr entspannt, kleine Gespräche, situationsbezogene Scherze. Anette ermutigt sie, trotz ihrer Sprechschwierigkeiten, wieder für den Heimbeirat zu kandidieren.
>
> Danach beschwert sich Frau Schwindt über den Arzt. Und Anette antwortet ihr freundlich: «Sie haben sich den Arzt ausgesucht. Wir haben schon oft darüber gesprochen, darauf lasse ich mich nicht mehr ein. Es gibt genug Ärzte. Sie können ja wechseln.» (P 9/2)
>
> Anette hat einen heftigen Streit mit Frau Schwindt. Sie hatte sich beschwert, daß sie immer die letzte sei, die ins Bett gebracht wird, daß sie immer warten müsse. Anette konfrontiert sie mit der Realität des Heimalltags und fordert Rücksicht, zeigt aber gleichzeitig Verständnis für ihre «erbärmliche» Situation.[271] (B 13)

---

269 Mit Ilse betrete ich während der Nachtwache das Zimmer von Herrn Fromm. Beißender Uringeruch weht uns entgegen. Er liegt angezogen und verkehrt herum in seinem Bett, er will so liegenbleiben und murmelt so etwas wie «es kann ja nur nässer werden». Ilse reagiert nicht darauf, macht keine Anstalten, ihn aus seiner Lage zu befreien. Mir scheint, sie will Ruhe vor ihm, sie will sich nicht mit ihm belasten. (P 45/4).

270 Vgl. Portrait Frau Czerny im Anhang.

271 Vgl. Portrait Frau Schwindt im Anhang.

Die beiden Frauen nötigen den MitarbeiterInnen Respekt ab. Wenn es Auseinandersetzungen mit Frau Schwindt gibt, geben sich die MitarbeiterInnen einige Mühe, die Situation zu klären und den Streit wieder beizulegen. Und bei Frau Czerny wird gründlich überlegt, wie man Auseinandersetzungen überhaupt vermeiden könnte und das Rückzugsbedürfnis absichert. Obwohl bei ihr «extreme Brandgefahr besteht»[272], verzichten die MitarbeiterInnen weitgehend auf ihr sonstiges Bedürfnis, die BewohnerInnen unter Aufsicht zu halten.[273]

Die Sprache, der sich die MitarbeiterInnen ihrer Kommunikation mit den beiden Frauen bedienen, entspricht durchaus der zwischen erwachsenen Partnern üblichen. Dies fällt auf, da die MitarbeiterInnen im Heim sonst sehr häufig in eine Sprache verfallen, die dem Klang und Modus der Sprechweise mit noch unverständigen Kindern ähnelt.[274]

Etwas anders sieht es bei Frau Schneider aus, auch hier konfrontieren die MitarbeiterInnen sie mit der Realität und den Grenzen des Heimes, betonen die Verantwortlichkeit für ihr Tun und setzen sich in symmetrischer Weise mit ihr auseinander. Doch sind die MitarbeiterInnen gleichzeitig selten gut auf sie zu sprechen.

> Übergabe. «Ihr kann man es nie recht machen. Immer ist sie unzufrieden. Seit Wochen beschwert sie sich über ihre Ärztin, aber sie tut nichts. Ich hab ihr es noch einmal ganz deutlich gesagt. Sie ist schließlich alt genug und klar im Kopf. Sie kann das selber machen.» (P 17/1)

> Nachmittag. MitarbeiterInnenkaffee. Das Gespräch kommt auf Frau Schneider. «Seit über 50 Jahren übt sie mit Krankheiten Macht über andere aus ... Da hab ich mich überrumpeln lassen. Die gehört hier nicht hin. Aber jetzt laß ich mich nicht mehr von ihr beeindrucken, ich rede nur noch berufsmäßig mit ihr.» (P 24/3)

Das allgemeine Urteil über Frau Schneider ist klar, sie ist Hypochonderin, denn die Ärzte finden nichts. Ihr phasenweises Rückzugsbedürfnis, das sie mit ihren Krankheiten begründet – sie richtet sich dann gemütlich in ihrem Bett ein[275] – wird von den MitarbeiterInnen nicht akzeptiert. Sie strengen sich sehr an, Frau Schneider aus ihrem Zimmer herauszulocken und drohen ihr, obwohl

---

272 P 44/7.

273 Die meisten BewohnerInnen werden außerhalb der Ruhezeit weitgehend im Aufenthalts-/Speiseraum «gehalten». Die Angebote der verschiedenen Aktivitäten haben auch diese Funktion. «Es könnte ja was passieren.»

274 Vgl. Kapitel 8.

275 Ich hatte dieses Bild, als ich einmal das Zimmer betrat. Ihre Habseligkeiten um sie herum angeordnet, machte sie einen durchaus zufriedenen Eindruck auf mich.

doch gerade bei ihr, die sie somatisch für gesund und klar im Kopf erklären, nichts zu befürchten ist.[276]

> Übergabe. «Frau Schneider will nicht aus dem Bett.» Die anderen MitarbeiterInnen beginnen zu murmeln. «Sie hat wieder tausend Ausreden, warum sie nicht aus dem Bett geht.» Der Heimleiter: «Ich habe den Eindruck, daß da wieder eine subaggressive Sache läuft. Das hatten wir bei ihr ja schon manches Mal. Wir sollten mal darüber reden. Aber jetzt nicht.» Anette: «Ich habe mir nämlich ein Konzept zurechtgelegt, aber das funktioniert auch nicht... Ich würde gerne mal hören, was jeder darüber denkt.» Heimleiter: «Jeder sollte mal sagen, wie es ihm mit Frau Schneider geht.» Es bleibt bei der vagen Vornahme. (P 18/1)

Könnte es sein, daß die MitarbeiterInnen sich selbst und Frau Schneider, die in ihrem Krankheitserleben in verschiedenen körperlichen Leiden gefangen ist – und das schon seit 50 Jahren, – überfordern, indem sie der Meinung sind, das Verhalten von Frau Schneider ändern zu können? Obwohl sie wissen, wie lange sie schon dieses Muster lebt.

Liegt es daran, daß Frau Schneider nicht in der Lage oder bereit ist, ihre Schwierigkeiten mit Hilfe eines fröhliches Wesen (wie Frau Marek) oder durch angeregte Gespräche (wie Frau Schwindt) oder durch eine verständnisfordernde Lebensgeschichte (wie Frau Czerny[277]) zu kompensieren? Ihre Verhaltensweise kann für die MitarbeiterInnen auch nicht durch nachweisbare gesundheitliche Belastungen (physische oder psychische) erklärt werden, denn sie stufen Hypochondrie nicht als psychische Erkrankung ein. Sie können nicht von ihr lassen, ereifern sich an ihrem Widerstand, versuchen sie in die Regeln des Hauses zu zwingen, sie gestatten es ihr nicht, sich ins Zimmer, ins Bett zurückzuziehen, sie erwarten von ihr, daß sie sich am Gemeinschaftsleben beteiligt[278].

Am Beispiel der Beziehung zu diesen vier BewohnerInnen ist es nicht leicht zu beurteilen, nach welchen Kriterien den alten Menschen im Heim Verantwortung für ihr eigenes Verhalten zugestanden oder von ihnen abgezogen wird. Das Maß der psychischen Gesundheit spielt wiederum keine eindeutige Rolle.

Verantwortlichkeit wird offenbar denjenigen zugestanden, die aufgrund ihrer starken Persönlichkeit und (oder) einer eindrucksvollen Lebensgeschichte bei den MitarbeiterInnen eine gewisse Hochachtung erheischen, die ihnen Re-

---

276 P 31/4.

277 Vgl. Portrait Frau Czerny im Anhang.

278 Die MitarbeiterInnen reagieren mit großer Freude, als sie schließlich nach Wochen das Bett verläßt. «Sie will ihr Bett gar nicht mehr angucken.» (P 34/3) «Frau Schneider geht es wunderbar. Sie kommt jetzt immer vor, macht sogar beim Aktivitätenprogramm mit.» (P 35/2)

spekt einflößen. Bei ihnen ist die Bereitschaft der MitarbeiterInnen relativ groß, Eigenarten und aus dem üblichen Rahmen fallende Wünsche zu verstehen und zu akzeptieren, bzw. ihnen Folge zu leisten. Kontaktfähigkeit, Freundlichkeit und vor allem die Bereitschaft, die Bemühungen und Anstrengungen der MitarbeiterInnen zu honorieren, bestärken noch den partnerschaftlichen Umgang mit den BewohnerInnen.[279]

Überschreiten die BewohnerInnen ihre Belastungsgrenzen, ist ihr Verhalten für die MitarbeiterInnen nicht mehr nachzuvollziehen oder einzuordnen und ist die Beziehung der alten Menschen zu den MitarbeiterInnen eher durch Distanz oder Ablehnung geprägt, so ist die Rücksicht auf spezifische Persönlichkeitsmerkmale oder Lebenserfahrungen schnell aufgebraucht. Sie werden fast ausschließlich an ihren Taten gemessen. Und die entstehenden Mißtöne können weder im Gespräch noch in einem angemessenen Disput aus der Welt geschaffen werden, sondern ziehen seitens der MitarbeiterInnen eher Sanktionen nach sich.

Es entsteht für mich wiederum der Eindruck, daß die MitarbeiterInnen am besten mit den BewohnerInnen auskommen, die entweder «verwirrt, aber lieb» oder «klar im Kopf» und einsichtig sind.

Die Zuschreibung von Verantwortlichkeit wird je nach Situation, Empathie und Toleranzfähigkeit unterschiedlich dosiert.

6.5 Erwartungen an die neuen BewohnerInnen

«Stillschweigend wird vorausgesetzt, was die BewohnerInnen akzeptieren sollen»[280]

> Mira. «Die Bewohner haben sich ja schon an viel gewöhnen müssen. Erst einmal mit 30 Leuten zusammenleben plus Personal. Dann keine Wohnung mehr haben und auch die Bezugspartner, Ehefrau oder Angehörige, die nicht mehr ständig da sind.» Mira spricht darüber hinaus die Vielzahl der Pflegekräfte und deren ständiger Wechsel durch Schichtarbeit, Krankheiten, Urlaub und Kündigungen an. (E 1/16)

---

279 Besonders auffällig war das Verhalten der MitarbeiterInnen Frau Schwindt gegenüber. Sie gaben sich große Mühe, die sprachbehinderte Frau zu verstehen, ihre Wünsche aufzunehmen. Streitigkeiten bemühten sie sich gut beizulegen. Niemand schien es mit ihr verderben zu wollen. Respekt und Zuneigung bestimmten das Verhältnis zu ihr. Bezeichnenderweise war ihr Einzelzimmer äußerst prägnant mit ihren persönlichen Dingen gestaltet (obwohl sie sich doch nicht ohne Hilfe fortbewegen konnte) und über ihrem Bett prangte die Urkunde einer Auszeichnung, die sie aufgrund jahrelanger Berufstätigkeit erhalten hatte.

280 Mira. Der genaue Wortlaut ihrer Aussage: «Es ist unheimlich viel eigentlich, was man so mehr oder weniger voraussetzt, was sie akzeptieren sollen.» (E 1/17).

Entweder im Vergleich mit alten Menschen, die in ihrer häuslichen Umgebung leben – wie Mira es im Gespräch und aufgrund ihrer Erfahrungen tut – oder an den Reaktionen der neuaufgenommenen BewohnerInnen kann annähernd ermessen werden, in welchem Ausmaß die BewohnerInnen sich neuen Lebensweisen im Heim anpassen müssen.[281]

Übergabe. Viel Aufmerksamkeit wird dem neuen Kurzzeitpflegegast, Herrn Merck, gewidmet, der möglicherweise auf Dauer im Heim bleiben wird. Er ist blind. Gemeinsam wird besprochen, wie man am besten mit ihm umgehen solle. «Er ist voller Angst.» Der Heimleiter erinnert an die Regelung, neuen Bewohnern zwei Bezugspersonen zur Seite zu stellen. Aber darüber erfolgt keine Absprache. (P 11/1)

Der blinde Herr Merck kann sich nicht eingewöhnen. Er ruft auch noch nach Wochen um Hilfe, reißt an den Nerven der MitarbeiterInnen, ist voller Angst und Zittern beim Essen, «das lerne ich nie», beklagt sich, «kann man nicht einmal an die frische Luft gehen». (P 11/2; P 12/2)

Morgenpflegerunde. Herr Merck macht einen überaus hilflosen Eindruck. Er muß zu allem aufgefordert werden, jede Bewegung, jeden Handgriff gezeigt bekommen. «Er ist offensichtlich zu Hause überversorgt worden. Noch jetzt, wenn seine Frau da ist, hat er einen unglaublichen Befehlston drauf», meint Hans.
Hier im Heim spricht er fast nichts mehr. Die einzige autonome Tätigkeit während dieser Pflegehandlung ist die suchende Hand nach dem «Galgen»[282], den er aber nicht erreichen kann, und nach dem Arm des Pflegers. Dieses Bemühen wird aber von Hans nicht wahrgenommen. (P 20/1)[283]

Herr Marx ist neu im Heim. Im Aufenthaltsraum startet er mit lauter Stimme verschiedentlich Gesprächsangebote. Aber seine TischnachbarInnen reagieren nicht. Zu einer Pflegerin gewandt, sagt er: «Wie schön ist es doch, zu arbeiten und nicht nur zuzuschauen.» (P 22/2)

Eine Mitarbeiterin berichtet mir: «Herr Marx war am Wochenende in einem tiefen Loch und hat lange geweint. Er hat auf Besuch gewartet, der aber nicht kam. Herr Marx ist erst Mitte 50 und hat bis vor kurzem mit seiner Freundin zusammengelebt. Sie hat ihn versorgt. Er hat Zucker, ein ampu-

---

281 Ich habe nie direkt miterlebt, auf welche Weise die BewohnerInnen in ihren ersten Stunden und Tagen begleitet werden.

282 Der «Galgen» ist eine Vorrichtung, die an Krankenhaus- und Pflegebetten häufig angebracht ist. An diesem Galgen können sich die BewohnerInnen hochziehen, um sich im Bett aufzurichten.

283 Herr Merck wird einige Zeit später ins Blindenheim «verlegt». Dort erwartet ihn vermutlich wieder eine schwere Zeit der Eingewöhnung und Umstellung.

tiertes Bein, einen amputierten Zeh und einen Schlaganfall hinter sich. Bei der Freundin tauchten aber deren Kinder auf, und da war für Herrn Marx kein Platz mehr. Deshalb mußte er ins Heim.» (P 27/2)

Übergabe. «Herr Marx wird von Tag zu Tag immer schlimmer, der wird richtig unverschämt, ... Und wenn er nichts sagt, starrt er einen an ...»[284] (P 34/2)

Vier Wochen später, dreieinhalb Monate nach seinem Heimeintritt, stirbt Herr Marx im Krankenhaus.

«Er ist wohl nicht mehr zu Bewußtsein gekommen ... vielleicht ist es ja besser für ihn ... Ja, er war sehr depressiv, hat sich zurückgezogen. Aber gerade in den letzten Tagen hat er sich wohler gefühlt, war mehr im Speiseraum. Und nun das.» (P 55/3)

«Herr Berg hat sich nie eingelebt. Er war immer für sich allein, blieb immer in seinem Zimmer. Jetzt ist er erlöst.» (P 22/2)[285]

Die MitarbeiterInnen versuchen, sich in den Übergaben, wenn eine neue Bewohnerin aufgenommen wird, daran zu erinnern, daß sie sie am Anfang ihres Aufenthaltes durch zwei Bezugspersonen begleiten wollen. Aber sie stellen immer wieder fest – obwohl sie gegenseitig die Notwendigkeit dieser Maßnahme bekräftigen – daß es nicht klappt.

Der Heimleiter: «Wir versuchen, ein Bezugspersonensystem zu machen, daß aus jeder Schicht jemand verantwortlich ist, was natürlich nie klappt. Warum weiß ich nicht ... Inzwischen hab ich manchmal das Gefühl, es ist vielleicht gar nicht mehr nötig, formal ... weil's so läuft ...
Ich hab eigentlich nie so das Gefühl, daß es Nachlässigkeit ist, vielleicht auch, aber ich hab eher das Gefühl, es versteht niemand so recht, was es eigentlich soll. Weil das immer automatisch läuft, wenn jemand kommt, daß dann irgendjemand aus der Schicht ziemlich lang zuständig ist.[286] ... Wenn

---

284 Vgl. Kapitel 5.1.

285 Es ist merkwürdig, in meinen Protokollen finde ich nur männliche Bewohner, deren Verhalten von den MitarbeiterInnen und von mir als Eingewöhnungsschwierigkeiten eingeordnet wird. Sind die Frauen duldsamer? Oder setzen die (vorwiegend weiblichen) MitarbeiterInnen die Duldsamkeit als selbstverständlich voraus, so daß sie Schwierigkeiten der Frauen nicht in Verbindung mit dem Heimeinzug und den geforderten Anpassungsleistungen bringen? Und den Männern gegenüber entwickeln sie diesbezüglich ein größeres Mitgefühl?

286 Sichtbar wird eine Diskrepanz zwischen der Notwendigkeit, der Einsicht der Begleitung und einem Alltag, in dem die Realisierung nicht klappt oder dem Zufall überlassen wird. Auch Anette fragt sich, warum es nicht gelingt. Eine Antwort könnte in der Notwendigkeit liegen, Nähe und Distanz zu den BewohnerInnen auszubalancieren, vgl. Kapitel 8.

jemand Neues kommt, der steht, kann man sagen, zehn Tage ... (im Zentrum des Gesprächs der Mitarbeiter).» (S 9)

Neue BewohnerInnen werden nach ihrem Heimeintritt innerhalb der Übergaben besprochen. Es wird zusammengetragen, was man von ihnen in Erfahrung bringen konnte, welches die ersten Eindrücke sind.[287]

Die schwierige Situation vieler alter Menschen im Heim wird noch einmal stellvertretend an den Neuen erlebt. Eine besondere Aufmerksamkeit wird ihnen geschenkt, viele Ideen entwickelt. Aber relativ schnell gelangen auch die neuen BewohnerInnen in die Reihen der alten, treten in den Hintergrund, es sei denn, sie erhalten sich, wie Herr Merck und Herr Marx, durch besondere Auffälligkeiten die Aufmerksamkeit. Herr Merck und Herr Marx konnten sich nicht einleben. Sie lebten nur kurze Zeit im Heim. Ihnen blieb erspart, sich auf Dauer anzupassen.

Und die anderen BewohnerInnen, wie erleben sie die ersten Wochen im Heim? Wie stark erleben sie den Druck, sich in die neue Situation einzufügen? Welche ihrer Reaktionen können als Folgen dieses Schrittes von ‹draußen nach drinnen› interpretiert werden?

In der Regel – dem Augenschein folgend – fügen sich die BewohnerInnen in ihr neues Wohnumfeld ein. Geduldig warten sie auf das, was ihnen angeboten wird, auf die Gymnastik, die Musiktherapie, die Mahlzeiten und die individuellen Pflegehandlungen. Und wenn etwas schief geht, der geplante Ausflug ganz anders abläuft, der Kuchen verunglückt, die Gymnastikfrau nicht kommen kann, sie nehmen es meist gelassen hin, zeigen in der Regel keine Emotionen: weder Enttäuschungen noch Wut, noch ...

Der Rückzug aus der Gegenwart in die Privatheit innerer Welten kann – wie bereits dargestellt – eine Reaktion auf diesen tiefen Einschnitt in die Lebenskurve der Menschen und ihre Gewohnheiten sein. Der Rückzug macht unempfindlich für das, was in der Gegenwart geschieht.[288]

Der Heimeinzug ist eine extreme psychische Belastung. Beim Verstehen der Verhaltensweisen von BewohnerInnen findet diese Sichtweise selten ausdrückliche Berücksichtigung.[289] Und doch weist die Tatsache, daß in der Anfangszeit Psychopharmaka benötigt werden, auf diese besondere Belastung hin.

---

287 Gemessen an der Bedeutung, die der Einzug ins Pflegeheim für die BewohnerInnen hat und ebenfalls für das Beziehungsgeflecht im Heim erscheinen mir diese Informationen und dieser Erfahrungsaustausch sehr knapp bemessen und ebenfalls der Zeitraum von 10 Tagen, in dem die BewohnerInnen im Mittelpunkt stehen.

288 Vgl. Kap. 3 und 4.

289 Konzentriere ich meine Gedanken auf den Heimeinzug von BewohnerInnen und versuche, diesen Wechsel nachzuempfinden, dann kommt mir dieses Ereignis vor, wie das Aufspringen auf einen fahrenden Schnellzug. Literatur: W. Saup, 1990, S. 75 ff.

> Der Heimleiter: «Und dann ist das (er meint die Vergabe von Psychopharmaka) meistens so mal beim Einzug, wenn jemand halt durchdreht, ein paar Nächte nicht schläft und dann anfängt zu phantasieren, daß man sowas mal macht.» (S 20)

Eher hintergründig spüren die MitarbeiterInnen die ungeheure Anpassungsleistung, die die BewohnerInnen beim Heimeinzug und in der Folgezeit vollbringen und die Diskrepanz zwischen dieser Leistung einerseits und der konzeptuellen Konsequenzen andererseits.

Reflexion 6
Versuche gegen das Chaos

Zwischen den MitarbeiterInnen und den alten Menschen schwelen Machtkämpfe. Die ruhige und friedliche Atmosphäre, die im Pflegeheim weitgehend herrscht, läßt diesen Kampf nicht ohne weiteres sichtbar werden. Die Gewöhnung an unumkehrbare Fakten und Zuschreibungen (wie stark – schwach; Helfer – Klient; jung – alt; rational – verwirrt) einerseits und vertraute Interaktionsstile verhindern, daß auch die Betroffenen sich dieses Tauziehens wirklich bewußt werden.

Die einen, die BewohnerInnen, verlassen das Heim – durch Entweichen, in Phantasien, im Abdriften in die Vergangenheit, in der Verweigerung, die Realität ihres Aufenthaltortes anzuerkennen – die anderen, die MitarbeiterInnen, versuchen sie daran zu hindern.

Die einen, die BewohnerInnen, produzieren Chaos: sie lassen sich gehen, sie sind inkontinent, sie finden sich im Alltag nicht zurecht, erkennen andere und sich selbst nicht wieder. Die anderen, die MitarbeiterInnen, versuchen mit Strukturen und Regelungen dieses einzudämmen oder abzuwenden.

Trotz aller ihrer persönlichen und aus der Berufsrolle abgeleiteten Autorität, trotz ihres Durchsetzungsvermögens und ihrer (körperlichen) Kraft behalten die Jüngeren nicht zwangsläufig die Oberhand. Denn während die MitarbeiterInnen aufgrund ihrer Professionalität berufliche Normen und Regeln einhalten müssen, können sich die BewohnerInnen hinter ihre physischen und psychischen Schwächen zurückziehen oder aus der Realität verschwinden.

Das Ziel

Mit großer Anstrengung[290] versuchen die MitarbeiterInnen, den alten Menschen im Hier und Jetzt ein zufriedenstellendes Leben zu ermöglichen. Das Idealbild, das im Hintergrund schwebt, ist der alte Mensch,

– der froh ist, im Heim zu leben (geschützt vor den Gefahren der Außenwelt),

290 Vgl. Kapitel 5.

- der das Heim als seine neue Heimat betrachtet (die vorangegangene war unzureichend bzw. den Erfordernissen der Pflegebedürfitgkeit nicht mehr angemessen),

- der dankbar und zufrieden die Hilfeleistung entgegennimmt (er ist ja darauf angewiesen),

- der emotional und geistig in der Lage ist, den Kontakt zu den MitarbeiterInnen und zu den MitbewohnerInnen aufrecht zu erhalten (zu Hause war er aufgrund seiner Pflegebedürftigkeit zunehmend von sozialen Kontakten abgeschnitten),

- der die Ereignisse seines vergangenen Lebens integriert hat, er diese in seinem Inneren ruhen lassen bzw. sie abschütteln kann,

- der vor der Zukunft keine Angst hat, auch nicht vor dem Sterben und dem Tod,

- der die Beschwernisse seines gegenwärtigen Lebens weitgehend akzeptiert: die Krankheiten, Behinderungen, den Verlust der vertrauten Umgebung, der Familie, der Freunde, die Notwendigkeit, mit ungewünschten Menschen zusammenzuleben, die zunehmende Schwäche und Abhängigkeit, ...

Natürlich ahnen die MitarbeiterInnen, daß dieses Bild Utopie ist. Doch mit jedem einzelnen Menschen versuchen sie – eben mit großem Einsatz – diesem Bild einen Schritt näherzukommen. Die Enttäuschung, daß die Schritte so klein, die Erfolge so zerbrechlich, die Ziele so unerreichbar sind, ist tief.[291]

Der Gestaltungsspielraum für die MitarbeiterInnen ist das Heim, die Gegenwart. Hier können ihre Bemühungen zum Einsatz kommen, hier können sie Erfolge erzielen. Das Vergangene ist unverrückbar, ist undurchdringlich. Ein genaues Wissen darum bedroht unter Umständen die erhofften Gestaltungsspielräume, läßt die eigenen Einflußmöglichkeiten auf ein Minimum schrumpfen.[292] Die Zukunft ist ungewiß und ebenfalls bedrohlich, weil sie – mit Sicherheit und täglich erwartbar – das Ende aller Bemühungen mit sich bringt.

---

291 Im Pflegeheim Sommerberg kommen nur wenige BewohnerInnen in zufriedenstellender Weise diesem gewünschten Bild nahe: Frau Marek zum Beispiel (das «Maskottchen») oder Frau Altmann, die weitgehend ausgeglichen sich mit ihrem Leben im Heim arrangiert hat. Vgl. Kapitel 6.3; Porträt Frau Marek; Porträt Frau Altmann im Anhang.

292 Die MitarbeiterInnen begegnen den alten Menschen nur in einem – zeitlich gesehen – kleinen Ausschnitt ihres Lebens. Diese Begegnung ist angesichts der vorangegangenen Erfahrungen und Beziehungen eher peripher und wenig bedeutend, auch wenn die BewohnerInnen in der Zeit des Heimaufenthaltes aufgrund ihrer Hilfebedürftigkeit sehr auf die MitarbeiterInnen konzentriert sind.

Auch ich war ganz erleichtert – trotz allen Unmutes – Frau Altmann wieder verlassen zu können und nicht länger mit ihrer Biographie konfrontiert zu sein. Vielleicht wollte auch ich vermeiden, der Diskrepanz zwischen Vergangenheit und Gegenwart ins Auge zu sehen, die Problematik und Unverrückbarkeit der Situation von Frau Altmann anzuerkennen. Tagebuch

Geben die MitarbeiterInnen die Konzentration auf das Hier und Jetzt auf und betrachten die BewohnerInnen in ihrem jeweiligen Lebenskontext, werden sie mit der Frage nach dem Sinn des Lebens konfrontiert, nicht nur auf die Gegenwart bezogen, sondern auch im Hinblick auf die Vergangenheit und auf das noch Erwartbare und den Tod.[293]

Meinen beiden Gesprächspartnerinnen – Mira und Anette – stellte ich sehr hartnäckig die Frage nach dem Sinn, den die alten Menschen ihrem Leben insgesamt, aber auch ihrem Aufenthalt im Pflegeheim beimessen. Welche Vermutungen haben sie (Mira und Anette), welchen Andeutungen der BewohnerInnen ordnen sie als eine Sinngebung ein. Mich beschäftigte diese Frage stark, besonders dann, wenn ich wieder Distanz zum Heim gefunden hatte. Während ich mich im Heim aufhielt, verbargen sich Sinnfragen und mögliche Antworten hinter der alltäglichen Betriebsamkeit und den verschlossenen Gesichtern der alten Menschen. Und doch weiß ich, daß wir alle das drängende Bedürfnis haben – mehr oder weniger bewußt und klar in Worte gefaßt – unsere eigene Existenz zu deuten und sie zu werten. Wie erginge es mir als Mitarbeiterin im Heim, wie geht es mir als Gerontologin, wenn ich darauf keine Antwort geben kann? Wenn ich nur diffus darauf vertrauen kann, daß die alten Menschen diese Fragen für sich gelöst haben und nur ich daran zweifle? Tagebuch

293 Ein Beispiel für die Schwierigkeit, die alten Menschen in ihrem Lebenskontinuum wahrzunehmen und das eigene Handeln davon leiten zu lassen: In einem Gespräch mit einer Mitarbeiterin (eines anderen Pflegeheimes) wird mir eine Bewohnerin geschildert, mit der die Mitarbeiterin große Schwierigkeiten hat. Die Bewohnerin, noch relativ jung, ist mutlos und unglaublich anspruchsvoll. Im gemeinsamen Versuch, die Situation zu klären, gerät langsam die Dynamik des Ehepaares (der sehr viel ältere Mann lebt zu Hause) in den Mittelpunkt und damit die Biographie der Bewohnerin. Die Mitarbeiterin wehrt sich massiv gegen diesen Blick zurück. Sie hat Bedenken, daß ihre Vorstellung, die Bewohnerin im Hier und Jetzt zu einem anderen Verhalten zu bewegen, aufgeben müßte, nämlich zufrieden sein und weniger anspruchsvoll, «wo es doch die anderen sehr viel schlechter haben». Sie versucht, ihre Augen vor der ungeheuren Bedürftigkeit der alten Dame zu verschließen, die aus der Kenntnis des bisherigen Lebens verständlich wird.

Die MitarbeiterInnen begegnen der Frage nach dem Sinn des Lebens weitgehend ratlos. Könnte diese Ratlosigkeit auch damit zu tun haben, daß Jüngere sich die notwendigen – und auch möglichen – (massiven) Wandlungen des Selbstkonzeptes, der Sinngebung im Alter nicht vorstellen können? Daß Jüngere, ausgehend vom Zuschnitt ihrer Lebensentwürfe (Eingebundensein in soziale Netze, Leistungen erbringen), ratlos vor der augenfälligen Nutzlosigkeit und Sinnlosigkeit des Lebens der alten Menschen stehen?

Die Beachtung der Biographie der alten Menschen, der «Wust» an alten Geschichten, Schicksalen, ungelösten Fragen ..., die sie enthält, kompliziert die Arbeit. Die Frage nach der Zukunft und dem Sinn des Lebens verunsichert. Lassen sich MitarbeiterInnen zu sehr auf diese Dimension des Lebens ein, dann sind sie mit zuvielen Widersprüchen zwischen dem Notwendigen, Wünschenswerten einerseits und der aktuellen Lebenssituation der alten Menschen andererseits konfrontiert. Es erleichtert, die jetzt und täglich neu anstehenden Aufgaben und Fragen tatkräftig anzupacken, ohne sie ins Verhältnis zur Vergangenheit und Zukunft zu setzen und die alten Menschen in die zu gestaltende und gestaltbare Gegenwart (zurück-)zuholen.

Die Methoden

Dem Gegenwartsverlust versuchen die MitarbeiterInnen auf unterschiedliche Weise zu begegnen, vorwiegend:

- mit Strukturierung und Rhythmisierung des Tages- und Wochenablaufes,
- mit Versuchen, das Verhalten der BewohnerInnen zu modifizieren,
- mit Beteiligung der BewohnerInnen an den alltäglichen Dingen und Aktivitäten.

Eine klare Strukturierung des Tagesablaufes und der Woche wird als unerläßlich angesehen, um gerade den zeitlich und örtlich Desorientierten einen Halt in der ‹verschwimmenden Landschaft› zu gewähren, ihnen Sicherheit und Gewißheit zu geben, daß für sie gesorgt ist. Dem inneren Chaos wird die äußere Ordnung entgegengesetzt.

Die Erklärung ist zunächst einleuchtend. Die alten Menschen im Pflegeheim Sommerberg fordern Regelmäßigkeit (pünktliche Mahlzeiten, pünktliches Zubettgehen, regelmäßige Veranstaltungen).

Dieses allgemeine pauschalierende Einverständnis, im Sinne einer nicht hinterfragten Alltagstheorie[294] verstellt den Blick auf den einzelnen Bewohner, die einzelne Bewohnerin.

---

294 H. Keupp, 1976.

Seine gewohnten, seine individuellen (Tages-)Rhythmen, die sich in einem langen Leben herauskristallisiert haben und Sicherheit und Vertrauen schaffen, werden dem Diktat allgemeinverbindlicher Regelungen unterworfen, wobei Ausnahmen von der Regel nur gelegentlich oder zufällig oder nach persönlicher und situativer Einschätzung der MitarbeiterInnen bzw. des Teams gewährt werden. Individuelle Wünsche, Selbstverantwortlichkeit und Kontroll- und Entscheidungsmöglichkeiten über die individuelle Lebensgestaltung sind eingeschränkt.[295] Obwohl den MitarbeiterInnen der große Anpassungsdruck, dem die BewohnerInnen – besonders spürbar zu Zeiten des Heimeinzuges – und die enormen Anpassungsleistungen immer wieder bewußt werden, halten sie im wesentlichen an kollektiven Strukturen und Regelungen fest.[296]

Warum?

Erstens: Sie gestatten immer wiederkehrende und allgemein sanktionierte Anlässe, die alten Menschen aus ihren «Höhlen», ihren Abweichungen vom Idealbild herauszuführen und in Kontakt mit ihnen zu treten. Es bedarf nicht jedesmal individueller Überzeugungsarbeit, die viel Zeit und Energie kostet oder gar den Abschied vom medizinisch-pflegerisch und psychosozial fundierten Pflegeziel, das für die einzelne Bewohnerin explizit oder implizit von einzelnen Mitarbeitern oder vom gesamten Team festgelegt, angestrebt wird.[297]

Zweitens: Verbindliche und durchschaubare Strukturierung des Tages, der Nacht und der Woche, einschließlich der damit verbundenen Regeln und Normen liegen – jenseits aller alltagstheoretischer Zuschreibungen bezüglich des Wohlbefindens der BewohnerInnen – im Interesse der Organisation und der MitarbeiterInnen.[298]

---

295 W. Saup (1993 S. 160 f.) stellt verschiedene Untersuchungen dar, die aufzeigen, welche Zusammenhänge zwischen einer autonomiereduzierenden und nicht-kontrollierbaren Heimumwelt einerseits und individuellen Befindlichkeitsindikatoren, insbesondere dem individuellen Kontrollerleben, andererseits bestehen.

296 Auch in der Pflegepraxis-Literatur wird auf die negativen Konsequenzen rigider Tagesablaufgestaltung und deren Unvereinbarkeit mit modernen Pflegekonzepten hingewiesen. «Die betriebsablauforientierte Organisation der Pflege schränkt die Beteiligung der BewohnerInnen an der Sorge um sich selbst ein und vergrößert ihre Hilfsbedürftigkeit. Es wird eine Überversorgung im körperlichen und ein Mangel im emotionalen Bereich erzeugt. Mit einer betriebsbezogenen Gestaltung des Tagesablaufs kann somit systematisch zwei Forderungen eines ganzheitlichen Pflegeverständnisses nicht nachgekommen werden: Sich bei der Pflege die Bedürfnisse und Gewohnheiten der Gepflegten zur Orientierung zu nehmen und Hilfe zur Erhaltung oder Wiederherstellung größtmöglicher Selbstbestimmung der Gepflegten zu leisten.» (U. Braun und R. Halisch, 1989, S. 22).

297 Pflegeziele werden, wenn sie überhaupt explizit formuliert werden, erkennbar nicht unter Einbeziehung der Betroffenen entwickelt.

298 «Insitutionen berücksichtigen viel zu wenig die Bedürfnisse ihrer Insassen nach Kontrolle über wichtige Lebensumstände. Die Arzt-Patient-Beziehung ist gewöhnlich nicht so angelegt, daß sie dem Patienten ein Gefühl für Kontrolle vermitteln würde. Der Arzt weiß alles

In einer Institution, in der 30 BewohnerInnen von (insgesamt) 30 MitarbeiterInnen versorgt werden, bedarf es eines geordneten Betriebsablaufes, aufeinander bezogener Arbeitsabläufe ihrer Mitglieder. Und die MitarbeiterInnen benötigen Sicherheit über ihren Arbeitsauftrag und ihre Kompetenzen und Gewißheit über geregelte Pausen und Freizeiten. So erscheint es, daß die Reglementierungen des Alltags nicht in erster Linie die Interessen der BewohnerInnen, sondern die der MitarbeiterInnen und der Organisation berücksichtigen.[299] Denn in ihrem Rückzug auf die eigene Person, auf ihre inneren Welten, im verblassenden Interesse am anderen, in der weitgehenden Ablehnung von Gemeinschaft und von außen gesetzten, von ihnen kaum beeinflußbaren Regelungen, klagen die meisten von ihnen anderes ein: entweder im höchstmöglichen Grade in Ruhe gelassen oder höchst individuell betreut zu werden.

Eine vorrangige Orientierung an den Bedürfnissen und der Lebenssituation der alten Menschen, im Sinne einer ganzheitlichen Versorgung, würde die gegenwärtige Verfaßtheit, Struktur und Organisation des Pflegeheims Sommerberg jedoch vollständig aus den Angeln heben.

Die Interessen der BewohnerInnen einerseits und die der MitarbeiterInnen und Organisation andererseits prallen aufeinander. Kaum hörbar, da die BewohnerInnen ihren Widerstand meist nur versteckt zu verstehen geben oder verstummen. Mit Strukturierungen des Alltags kämpft das Heim dagegen an.

---

und sagt im allgemeinen wenig; vom Patienten wird erwartet, daß er sich ‹geduldig› zurücklehnt und auf die professionelle Hilfe vertraut. Obwohl solche extreme Abhängigkeit für bestimmte Patienten unter bestimmten Umständen hilfreich sein mag, würde anderen ein größeres Maß an Kontrolle helfen. In einer Klinik eingeliefert zu werden und dann der Kontrolle über selbst einfache Dinge beraubt zu werden – z. B. wann man aufwacht und welchen Schlafanzug man tragen darf –, mag einem effizienten Arbeitsablauf in der Klinik förderlich sein, beschleunigt aber nicht die Genesung. Dieser Verlust an Kontrolle kann darüber hinaus einen organisch kranken Menschen weiter schwächen und seinen Tod verursachen.» M. Seligman, 1992, S. 172. Wieviel mehr gilt das für Pflegeheime, in denen die Menschen auf Dauer leben.

299 Der Wunsch nach dem 4 1/2 Minuten Ei der Lina Brake (Kapitel 6.2), der stellvertretend und symbolisch für andere stehen mag, stört spontan geäußert den Arbeitsablauf in einer Weise, daß ihm nicht entsprochen wird. (Das Frühstück ist für die BewohnerInnen bereits portioniert. Während die BewohnerInnen es einnehmen, ist die Küche schon mit den Vorbereitungen zum Mittagessen ausgelastet.) Der Ei-Wunsch könnte nur, wenn er als angemessenes Bedürfnis von BewohnerInnen anerkannt ist, in regelhafter Weise realisiert werden: Jeden Mittwoch bekommen alle BewohnerInnen ein Ei, mit durchschnittlicher Kochzeit. Oder optimaler(?): Jeden Mittwoch bekommt Frau Brake ein 4½ Minuten Ei (ob sie will oder nicht, vielleicht bis an ihr Lebensende). Aber schnell ist auch die Befürchtung im Raum: Wenn jetzt alle ihre Extrawünsche anmelden! (Dann würden andere Konzepte gebraucht, u. U. mehr und vor allem anders ausgebildetes Personal, ...).

Mir fällt es nicht leicht, mich von gängigen Bildern und eigenen Erfahrungen, die Organisation von Heimen betreffend, zu befreien (Krankenhaus, Psychiatrie, Jugendheim). Mein Entsetzen, wie stark individuelle Ansprüche und Entfaltungsmöglichkeiten im Heim zurechtgestutzt werden, wird immer wieder von den berechtigt erscheinenden und gewohnten Belangen der Organisation überlagert. Ein klares Bild, aus der Empathie mit den alten Menschen entwickelt, das immer wieder verschwindet. Wie schwer muß es erst MitarbeiterInnen fallen, Bilder von entrechteten Bewohnern in sich zu bewahren, wenn sie täglich genötigt sind – oder es zulassen – sich an diesem «Verfahren» zu beteiligen. Tagebuch

Durch begrenzte Flexibilisierung des Tagesablaufes zugunsten der alten Menschen (wie Weck- und Zubettgehzeiten möglichst nach individuellen Gewohnheiten organisieren) werden die Interessensgegensätze abgemildert. Das Ziel ist offensichtlich, Kompromisse zu finden.[300]

Die Organisationsstruktur des Heimes (30 Menschen leben in einer Institution, müssen fast alles miteinander teilen, werden von 30 Menschen in wechselnden Konstellationen versorgt, ...) oder noch weitgehender, die «Unterbringung in Heimen»[301] als ein verbreitetes Konzept der Versorgung alter pflegebedürftiger Menschen wird von den MitarbeiterInnen nicht angetastet, nicht grundsätzlich in Frage gestellt.

Der Wunsch der MitarbeiterInnen nach einem in der Gegenwart präsenten und seine Lebenssituation akzeptierenden Bewohner wird in den starken Versuchen, das Verhalten der BewohnerInnen zu steuern, deutlich.

Das Pflegeheim Sommerberg ist ein Ort der Späterziehung, der Nacherziehung.[302] Und diese geht weit über das hinaus, was jedem erwachsenen Men-

---

300 «Die Strukturierung des Tages- und Nachtablaufes ergibt sich als Kompromiß unterschiedlicher Interessen (von BewohnerInnen, Personal, Betrieb und Angehörigen) im Heim. Pflegeplanerisches Arbeiten erfordert von den Pflegepersonen, sich die unterschiedlichen Interessen im Bereich der Pflege bewußt zu machen, um eingefahrene Routinen aufzubrechen und neue Kompromißlösungen finden zu können.» (U. Braun, R. Halisch, 1989, S. 17 f.).

301 Das ist eine übliche Formulierung, die den Zwangscharakter der «Maßnahme», die Macht der Unterbringenden offenbart. Auch Kinder und Jugendliche werden im Rahmen der Erziehungshilfe in Heimen untergebracht. In der Jugendhilfe jedoch ist eine Abkehr der Unterbringung in großen Instutitionen zu beobachten, zugunsten familienähnlicher Wohngruppen bzw. Pflegefamilien. Vgl. Kinder- und Jugendhilfegesetz (KJHG v. 28.4.1991).

302 Darin unterscheidet sich das Heim Sommerberg nicht von anderen. Natürlich ist das nicht das offzielle Anliegen der Heime. Ein solches Ziel steht nicht einmal andeutungsweise in irgendeinem Konzept. Es ist höchstens zwischen den Zeilen lesbar (z. B. Die alten Menschen sollen sich in unserem Haus wohlfühlen) oder offener in Heimordnungen/Heimverträgen (vgl. dazu J. Anthes/N. Karsch, 1975); Die Überprüfung von Heimverträgen durch die Stiftung Warentest erbrachte, daß 87 % der Heimverträge mit rechtlichen – zum Teil erheblichen Fehlern – belastet waren. Th. Klie, 1986, S. 320 ff.

schen – im Sinne einer education permanente[303] – im Verlaufe seines Lebens üblicherweise an Verhaltensmodifikation abverlangt wird (durch Ausbildung, Beruf, Familie, Beziehungen, politische und gesellschaftliche Ereignisse und Veränderungen). Nacherziehung, das legt den Gedanken nahe, daß etwas bisher Versäumtes nachgeholt werden muß oder daß falsche Entwicklungen rückgängig bzw. verändert werden sollen.[304]

> Zu erleben – als durchgängige Beobachtung –, daß (alte) Menschen in Pflegeheimen erzogen werden, ist äußerst schmerzhaft. Und die darin enthaltene Botschaft für die betroffenen alten Menschen und MitarbeiterInnen schwer zu ertragen.
> Oder habe ich nur die falsche Perspektive eingenommen? Und andere sehen das Pflegeheim eher als einen Ort der gelungenen Beziehungen, der Geborgenheit und der akzeptierenden (verwöhnenden) Zugewandtheit? Ich gerate im Verlauf der Entwicklung dieser Studie immer wieder in die Gefahr, solchen schmerzhaften Anblicken auszuweichen, mich des Verdachts einer einseitigen, negativ gefärbten Perspektive zu bezichtigen. Ich benötige die Unterstützung der Supervision – bei diesem Thema, aber auch bei anderen «kritischen» –, um das klare Bild, das vor mir kognitiv und emotional entsteht, nicht durch Beschwichtigungen und Rationalisierungen zu verwischen. Zum Beispiel: Die alten Menschen sind ja auch aggressiv. Sie muten den MitarbeiterInnen Unverschämtheiten zu. Die Arbeitsbedingungen sind schlecht. Tagebuch

Traditionelle Erziehungsmethoden, wie sie in den alten Anstalten (Armenhäusern, Erziehungsheimen, Gefängnissen)[305] praktiziert wurden und die offen Autorität und körperbezogen (Schmerzen zufügen, den Körper schädigen, töten) das Verhalten manipulieren, sind – auch in der Altenpflege – weitgehend von eher sanften Methoden, die auf die Seele wirken (psychischer Anpassungsdruck, Liebesentzug, Vergabe von Psychopharmaka) abgelöst worden. Ihr manipulierender, den Willen ebenfalls brechender Charakter ist nicht mehr offensichtlich. Ein in der Regel freundlicher Umgangston und eine fachgerechte Behandlungsweise einerseits und eine ansprechend gestaltete Umgebung andererseits[306] – die durchaus eine Verbesserung der Lebensqualität für

303 H.J. Gamm, 1977, S. 23 ff.; E. Jouhy, 1987, S. 41 ff.

304 Assoziationen sind: Ziele des Strafvollzuges bei Jugendlichen oder Umerziehungslager in totalitären Systemen.

305 Altenpflegeheime stehen in der Tradition dieser alten Anstalten, vgl. H. J. von Kondratowitz, 1988, S. 100 ff.; Deutsches Zentrum für Altersfragen, 1982, S. 681 ff.; P. Borscheid, 1989.

306 Dazu gehört: das Bemühen um eine patientenorientierte und ganzheitliche Pflege, die Ver-

die BewohnerInnen bedeuten – verschleiern jedoch die realen Machtverhältnisse und verhindern nicht das Gefühl von Ohnmacht bei den alten Menschen.[307]

Worin liegen die Hintergründe der ungleichen Verteilung von Macht und Ohnmacht, der – trotz der Entwicklung eines modernen Pflegeverständnisses – nicht zu eleminierenden Erziehungsatmosphäre im Heim Sommerberg?[308]

Die alten BewohnerInnen sind – mit großen individuellen Unterschieden – in ihren körperlichen, psychischen und geistigen Entfaltungsmöglichkeiten eingeschränkt.[309] Sie sind von der Hilfe der MitarbeiterInnen existentiell abhängig. Sie zeigen ein regressives Verhalten, entwickeln regressive Bedürfnisse. Manche phantasieren ihre Eltern herbei, sehen sich wieder in der Position eines Kindes.[310] In ihrer Abhängigkeit von den Pflegenden übertragen sie Erfahrungen des Versorgtwerdens, des Geschütztwerdens aber auch des Verlassenwerdens aus Kindertagen auf die Pflegepersonen. Der beständige Kontakt zu ihren Helfern, die schrankenlose körperliche Nähe[311] wiegt sie in Vorstel-

---

besserung der Architektur, der Raumgestaltung, der angebotenen Aktivitäten, der Mahlzeiten und die Flexibilisierung von Heimregelungen.

307 In bezug auf den Strafvollzug und die Todesstrafe schreibt M. Foucault, 1981, S. 19: «Soweit die Justiz den Körper der Verurteilten immer noch angreifen und manipulieren muß, tut sie es distanziert, sauber und nüchtern, wobei sie ein viel ‹höheres› Ziel im Auge hat. Aufgrund dieser neuen Zurückhaltung wird der Scharfrichter, der unmittelbare Anatom des Leidens, von einer ganzen Armee von Technikern abgelöst: Aufseher, Ärzte, Priester, Psychiater, Psychologen, Erzieher; allein durch ihre Gegenwart beim Verurteilten singen sie der Justiz das Loblied, dessen sie bedarf: sie garantieren ihr, daß es ihrer strafenden Tätigkeit letztlich nicht um den Körper und den Schmerz geht ... Der Rückgriff auf Psychopharmaka und auf diverse physiologische ‹Unterbrecher› liegt genau in der Richtung dieses ‹körperlosen› Strafsystems.» In bezug auf die Pflege schreibt U. Braun und R. Halisch, 1989, S. 23: «Die Pflegepersonen werden gezwungen, bei den BewohnerInnen ständig Einsicht in die Notwendigkeit zur Anpassung an das vorgegebene Ordnungsmuster zu erzeugen. Ein kennzeichnendes Merkmal dieser Beziehungsstruktur ist die sprachliche Verwendung der ‹Wir›-Form, wenn die Pflegeperson von der Bewohnerin den Vollzug einer bestimmten Handlung erwartete (z. B. ‹wir gehen zu Bett›). Damit wird der Schein einer gemeinsamen Situation mit gemeinsamen Interessen geweckt. Einziger Sinn dieses Sprachgebrauchs ist aber der Versuch, möglichen Widerstand der BewohnerInnen gegen diese Behandlung, die Durchsetzung ihres eigenen Willens, zu verhindern.»

308 Falls es in Vergessenheit geraten sein sollte: Das Pflegeheim Sommerberg hat einen guten Ruf. Es zählt zu den Einrichtungen, in denen qualifizierte, bewohnerorientierte Arbeit geleistet wird. Die MitarbeiterInnen geben sich in ihren Teambesprechungen sehr große Mühe, ihr Verhalten zu reflektieren und angemessene Pflegeziele für die BewohnerInnen zu entwickeln.

309 Die Ursachen sind vielfältig und interdependent, nicht ohne weiteres voneinander zu isolieren: Krankheiten, altersspezifische Veränderungen, Persönlichkeitsstörungen, Effekte der Institutionalisierung, Folge von psycho-sozialen Verlusten, ...

310 Vgl. Kapitel 3.

311 Vgl. Kapitel 7 (Füttern, Waschen, Windeln, Ankleiden, Führen).

lungen, wie Kinder gegenüber ihren Müttern und Vätern unauflösbar an sie gebunden zu sein.

So entsteht – auch wenn es auf den ersten Blick ungewohnt erscheint – im Heim das Bild einer (Groß-) Familie, in der die Jüngeren (die die Kinder sein könnten) die Elternposition einnehmen.[312]

Die alten Menschen geben sich nicht ungebrochen in diese Position. Denn auch sie spüren die Absurdität des Ungewohnten der Rollenumkehr und die Widersprüchlichkeit zu ihrem bisherigen Erwachsenenstatus, als sie die Versorgenden (als Eltern, Großeltern, ...) waren, ihre Erfahrungen und ihr Wissen an die Jüngeren weitergaben und selbständig (zumindest als Anspruch) ihr Leben meisterten.

Im hohen Altern von Pflege abhängig zu sein, ist aus der Position des phantasierten Kindes vielleicht wohltuend, aus der Position des realen Erwachsenen jedoch kränkend.

Die teilweise massive Gegenwehr gegen oder die Verweigerung von Versorgungsleistungen durch die Jüngeren ist auf diesem Hintergrund verstehbar. Und ebenso – um sich vor Kränkungen zu schützen – die Flucht in Kinderphantasien.[313]

---

312 Wir begegnen hier wieder dem bereits beschriebenen Phänomen der Übertragung. Übertragung in ein ‹ubiquitäres psycho-soziales Phänomen›, «bei welchem sowohl Verhaltensmuster, positive und negative Gefühle und Affekte, libidinöse Inhalte und Phantasien wie auch bestimmte Objektbeziehungstypen unbewußt übertragen werden, einschließlich der in diesem Prozeß aktualisierten Konflikte.» (H. Radebold, 1992, S. 20) In der psychoanalytischen Behandlung Älterer sind Therapeuten mit einer umgekehrten Übertragungskonstellation konfrontiert. Auf die chronologisch jüngeren Therapeuten werden unbewußt positive und negative Gefühle aus (früheren) Beziehungen zu Jüngeren (Kindern, jüngeren Geschwistern) projiziert. (H. Radebold, 1992, S. 22)
Sich gegenüber den Jüngeren als die Älteren, die Stärkeren, die Wissenderen zu behaupten, das mag für selbständige und weitgehend sich selbst versorgende alte Menschen gelten. Diesen Menschen begegnen die Psychoanalytiker in ihrer Therapie. Im Pflegeheim jedoch, in einer Lebenssituation von extremer Abhängigkeit, können die meisten Menschen die umgekehrte Übertragungskonstellation nicht mehr, oder höchstens sporadisch, aufrecht erhalten. «... regressiv Erkrankte suchen von Anfang an in den Jüngeren mächtige, sie beschützende und liebevolle ‹Eltern›.» (H. Radebold, 1992, S. 23).

313 Vgl. Kapitel 7.4. «... das emotionale Leben und die emotionalen Bedürfnisse der Dementen reduzieren sich zunehmend auf elementare Qualitäten wie: Angst vor Verlassenwerden, Bedürfnis nach Versorgung mit Wärme, Nahrung und Nähe und nach Schutz. Diese Empfindungen sind ebenso ursprünglich wie gereizte und wütende Affekte bei Kränkungen und Verletzungen. Zu diesen ursprünglichen Affekten gehören entsprechend ursprüngliche Figuren, die ihnen gerecht werden können bzw. die sie auffangen können, also in der Regel eine mutterähnliche Person. Es ist immer wieder eindrucksvoll zu beobachten, wie bei fortgeschrittenen Dementen die Hauptbetreuungsperson als mütterliche Versorgerin erlebt werden kann ...» (J. Bruder, 1990, S. 79 f.).

Sie schwanken zwischen ihrem Bedürfnis nach Schutz, Abgabe aller Verantwortung und ihrem Anspruch auf Respekt und Leistung, die die Jungen ihnen aufgrund ihres hohen Alters entgegenzubringen haben. Vor massiven Angriffen – verbal oder körperlich – schrecken sie manchmal nicht zurück.[314]

Die große Abhängigkeit der alten Menschen und ihre oft kindlich erscheinenden Verhaltensweisen verführt die MitarbeiterInnen ihrerseits, den Phantasien der Älteren nachzugeben und unbewußt die Elternposition einzunehmen.[315]

Die Integration von Selbstbestimmung und Pflegebedürftigkeit, von Würde und Abhängigkeit als sich zu widersprechen scheinende, das hohe Alter charakterisierende Seinszustände, ist schwierig sowohl für die alten Menschen als auch die MitarbeiterInnen.

Wie wirken diese weitgehend unbewußten Haltungen (Gegenübertragungen) der MitarbeiterInnen den alten Menschen gegenüber im Pflegealltag?

Sie bedingen:

- ein großes Maß an Hilfsbereitschaft, liebevoller Zuwendung, Akzeptanz der Schwächen und Verrücktheiten, die Überwindung von Schamgrenzen, das Aushalten auch unangenehmer Tätigkeiten und Unberechenbarkeiten;
- den Wunsch, den alten Menschen (nach ihren Vorstellungen) zu steuern, ihn zu erziehen, damit er sich in die Welt des Pflegeheims einfügen kann, sich sozial verhält;
- in der alltägliche Begegnung mit dem alten Menschen das Ausblenden der Vergangenheit (Biographie), weil sonst das Bild vom Kind bzw. von der Elternschaft nicht aufrechterhalten werden kann und nicht die Konzentration auf den zu bestehenden und zu gestaltenden Alltag im Hier und Jetzt.

Sich vorzustellen oder kontinuierlich im Bewußtsein zu haben und danach zu handeln, daß diese Menschen in ihren zum Teil bejammernswerten Zustand einmal tatkräftige Menschen waren, die Kinder großgezogen, Berufe ausgeübt, die ihnen viel Energie und Wissen abverlangten, die sich in Politik und Gesellschaft eingemischt haben, gelingt nur punktuell.

---

314 In der Weise, wie sie entweder ihre Unterwerfung oder ihre Macht zeigen, tragen sie biographisch geprägte Verhaltensmuster hinein. Im Pflegeheim jedoch fehlt weitgehend der reale Boden für eine Machtdemonstration. Sie wirken hilflos, konzentrieren sich oft auf relativ einfache Forderungen wie pünktliche Mahlzeiten, ordentlich gereinigte Zimmer, ...

315 MitarbeiterInnen klassifizieren zwar häufiger das Verhalten alter Menschen als infantil ein, der eigenen komplementären Position sind sie sich jedoch selten bewußt. Auch die berufliche Qualifikation, ihr umschriebener Arbeitsauftrag verhindern nicht eine solche unbewußte Rollenübernahme.

Der im Bewußtsein und in der Realität weitgehend vollzogene Bruch zwischen der Vergangenheit und der Gegenwart der alten Menschen hilft MitarbeiterInnen, eigene Ängste vor dem Alter, vor Hilfsbedürftigkeit, Verwirrtheit in Schach zu halten.[316] Die Infantilisierung der alten Menschen verhindert, daß die gewohnten Bilder von den «Älteren» als die Leitenden, Schutz bietenden einerseits, und die Macht über uns Habenden zerstört werden. Die «wie Kinder werdenden Alten» werden aus der Gesamtgruppe herausgehoben, deutlich von der Gruppe der sogenannten «jungen Alten» abgetrennt, ihrer Position als Erwachsene entkleidet.

Die (jüngeren) MitarbeiterInnen handeln jedoch nicht nur in der (unbewußten) Übernahme der von den alten Menschen zugeschriebenen Erwartungen (Gegenübertragung)[317]. Sie selbst tragen unbewußt (positive und negative) Erfahrungen und Gefühle aus früheren Begegnungen mit den Älteren in die Beziehung zu den alten Menschen im Pflegeheim (Eigenübertragung).[318]

Wie können sie wirksam werden?

- Die Erinnerung an die Älteren (Eltern, Großeltern, ältere Geschwister, ältere Verwandte) sind von Gefühlen des Getragenseins, des Schutzes, der akzep-

316 Der Einzug in ein Pflegeheim, in das sie nur Kleinigkeiten aus ihrem bisherigen Leben mitnehmen können, wo die Verwandten und Freunde nur noch zu Besuch kommen, demonstriert – äußerlich sichtbar – diesen Bruch.

317 «Mit Gegenübertragungen seien hier im Analytiker entstehende und von diesem auch zu verantwortende Gefühle bezeichnet, unabhängig davon, wieviel der Analysand auch zur Inszenierung beigetragen haben mag.» (H. Thomä, H. Kächele, 1988, S. 97).

318 Eigenübertragung unterscheidet sich von der Gegenübertragung insofern, als sie nicht primär konkordante oder komplementäre Reaktion auf die Übertragung des Hilfesuchenden ist, sondern eine davon relativ unabhängige, aus der eigenen Biographie gespeiste (neurotische) Übertragung. (Vgl. G. Heuft, 1993). Der Begriff, das Konzept der Eigenübertragung ist in der Psychoanalyse umstritten, da davon ausgegangen wird (ursprünglich Sigmund Freud), daß die Wirksamkeit eigener neurotischer Konflikte auf ein therapeutisches Geschehen beim Analytiker durch seine Ausbildung (Lehranalyse) weitgehend eleminiert ist («Restneurose»). Für die Prägungen helfender Beziehung außerhalb der Psychoanalyse erscheint mir dieser Streit obsolet und das Konzept der Eigenübertragung als hilfreich. Aus den im Individuum im Laufe des gesamten Lebens gespeicherten Erfahrungen entstehen «vorbewußt bis unbewußt höchst individuelle Vorstellungen über ‹alt›, auffallend unterschiedliche Erfahrungen, spezifische Objektbeziehungs- und Interaktionsformen ebenso wie auch Ängste, Befürchtungen und Wünsche hinsichtlich des eigenen Alters. Diese führen zu einer höchst persönlichen Definition, zu normativen Festlegungen ebenso wie zu spezifischen Wunsch- und Leitbildern des ‹Alters›, wobei letztere im Sinne einer Rationalisierung durch philosophische und religiöse Vorstellungen gestützt werden. Dieses gesamte Bild wird an die Umwelt in Form von Ansichten, Annahmen, (Vor-)Urteilen und ‹Wissen› weitergegeben. Ebenso entscheidend und damit leider folgenschwer wird damit das professionelle Handeln (beruflicher Alltag bishin zur Lehre und wissenschaftlicher Forschungstätigkeit) mitbestimmt. Dieser Einfluß zeigt sich ebenso in jeder (therapeutischen) Beziehung zwischen Jüngeren und Älteren.» (H. Radebold, 1992, S. 17).

tierenden Liebe geprägt. Die Jüngeren empfinden Dankbarkeit. An den alten Menschen im Pflegeheim können sie stellvertretend das Erfahrene wieder gutmachen, etwas von dem zurückgeben, was ihnen zuteil wurde. Von Zuneigung und Toleranz ist ihre Haltung den alten Menschen gegenüber gekennzeichnet, so wie ihnen als Kinder trotz mancher «Eskapaden» Toleranz wiederfuhr.

– Die Erinnerung an die Älteren ist von Gefühlen des Verlustes, des Mangels, des (Macht-)Mißbrauches, aber auch von eigenen Schuldgefühlen bestimmt. Die alten Menschen in der Pflege bieten eine «Gelegenheit», die erfahrenen Verluste und Kränkungen auszugleichen. Dafür bieten sich zwei Möglichkeiten an: Durch besonderen Einsatz und intensive Zuwendung versuchen sie, endlich eine positive Beziehung zu Älteren zu erleben. Eine Enttäuschung dieser Hoffnung ist jedoch zu erwarten, so daß das große Bemühen um die alten Menschen Gefahr läuft, in eine ebenso große Abneigung umzuschlagen.
  Oder: Es bietet sich die Möglichkeit, an ihnen – stellvertretend – Revanche für das erfahrene Leid, die Entbehrungen zu üben. Die Macht der Alten ist gebrochen, das Heft haben nun endlich die Jungen in der Hand. Die Beziehung zu den alten Menschen ist stark ambivalent, schwankend zwischen abgewehrten oder offenen Aggressionen und Idealisierungen.[319]

---

319 H. Radebold/H. Bechtler/I. Pina (1973, S. 75 ff.) beschreiben die Wirkung der meist unbewußten Verarbeitung von Konflikten mit den Eltern auf das unterschiedliche Verhalten Jüngerer (hier SozialarbeiterInnen) – abhängig von der je eigenen persönlichen Entwicklung und Problematik, z. B.: Gefühle der Revanche, der Feindlichkeit, der Idealisierung und Überschätzung der Älteren – als Verkehrung unbewußter Feindseligkeiten ins Gegenteil, Idealisierung – als Ausdruck von Unterwerfung, Ablehnung, Fremdheit, Vermeidung.
L. Rosenmayr beschreibt die «Gefahren der guten Tochter», die ambivalenten Gefühle folgendermaßen: «Die Pflegerin glaubt sich als ‹gute Tochter› erweisen zu müssen. Je tiefer die eigene Ablehnung der Mutter war bzw. die Bearbeitung durch innere Auseinandersetzung mit der Mutterbeziehung ‹unerledigt› geblieben ist, desto mehr ‹muß› man sich gegenüber dem Patienten anstrengen. Man will zeigen, daß man einem älteren Menschen gegenüber (stellvertretend für den Elternteil) effizient wirken kann. Darin liegt zusätzlich die Gefahr, beherrschen zu wollen. Durch Hilfe gewinnt man eine gewisse Oberhand gegenüber der Eltern-Person – stellvertretend ausagiert an einem alten Menschen. Je weniger man sich früher gegen die eigenen Eltern durchsetzen konnte, desto stärker mag das (mit Herrschaftsansprüchen verbundene) Helfenwollen sein.» (L. Rosenmayr, 1992, S. 302).

Ähnlichkeiten entdeckend) unsere Einstellungen und Handlungen in der Beziehung zu anderen. Ihre Kraft entfaltet sich in vielfältiger Weise, so in besonderer, scheinbar grundloser Zuneigung oder Ablehnung, in einer die eigene Kraft aufzehrende Überfürsorglichkeit oder in übersteigerten Aggressionsgefühlen.

Übertragungsprozesse sind nicht abzuschütteln und unterliegen keiner Wertung. Doch sie können die Beziehung zu den Menschen im Pflegeheim negativ prägen, zu Selbst- und Fremdverletzungen führen, zu dauerhaften Schädigungen durch Überforderung oder zu dauerhafter Mißachtung, Vernachlässigung der alten Menschen bis hin zu physischer und psychischer Gewaltanwendung.

Grenzüberschreitungen, wie sie auch im Heim Sommerberg zu beobachten sind, stellen so betrachtet keine Willkürakte dar, sondern folgen aus dem psychischen Zwang, die alten Menschen und die Begegnungen mit ihnen entsprechend der inneren Bilder und Nöte zu formen.

Nicht ohnmächtig sind Helfende in solchen Übertragungsprozessen ausgeliefert. Sie können bewußt gemacht werden und so ihre Kraft verlieren.[321]

Die Konfrontation mit Menschen in äußerst schwieriger Lebenslage, mit ihren so unterschiedlichen Charakterprägungen einerseits[322] und schlechten Rahmenbedingungen für die Arbeit (immerwiederkehrende Überforderungssituationen, unzureichende Entlastungsmöglichkeiten innerhalb und außerhalb der Arbeit), andererseits[323] führen zu einem Wirrwarr von Gefühlen, die die Einsicht in die eigenen psycho-dynamischen Prozesse erschwert und eine klare Sicht auf die verschiedenen zu unterscheidenden Einflüsse auf krisenhafte und problembelastete Situationen im Heim verhindert.

Die undurchschaubaren Weisen der Zuschreibung von Verantwortung an die alten Menschen, aber auch an andere Beteiligte findet hier ihren Zusammenhang.[324] Im Hintergrund lauert immer die Frage: Wer ist eigentlich an der ganzen Misere schuld? Die einfachen Antworten und Schuldzuschreibungen werden dem komplexen Geflecht von kulturellen, gesellschaftlichen, institutionellen und individuellen (Biographie, Persönlichkeit, Verhaltensmuster … auf seiten der Mitarbeiter und alten Menschen) Einflußfaktoren niemals gerecht.[325]

---

durch positive überlagert werden, so daß es zu einer Milderung der ursprünglichen Kränkung kommt.

321 In meiner Tätigkeit als Supervisorin erlebe ich beständig solche Übertragungen. Es wird versucht sie aufzudecken und auf diese Weise ihre Wirkung zu überprüfen.

322 Vgl. Kapitel 3 und 4.

323 Vgl. Kapitel 5.1, 5.2 und Reflexion 5.

324 Vgl. Kapitel 6.4.

325 Vgl. auch H. Petzold, 1985. Daß Gewalt an alten Menschen nicht nur ein Thema institutionalisierter Altenpflege darstellt, beschreibt M. Eastman (Gewalt gegen alte Menschen, Freiburg 1991) aufgrund 14jähriger Tätigkeit im ambulanten sozialen Dienst und in der Gesundheitsvorsorge Älterer.

Die dritte der genannten Methoden, mit dem Ziel, die alten Menschen in die Gegenwart zu ziehen, ist ihre Beteiligung an den alltäglichen Dingen und Aktivitäten. Sie werden von denjenigen BewohnerInnen akzeptiert und zum Teil aufgegriffen, die aufgrund ihrer geistigen und emotionalen Kraft sich ihres Lebens im Heim (vollständig) bewußt sind. Sie nutzen die Angebote zu Gesprächen, Aktivitäten oder lehnen sie ab. Sie entscheiden weitgehend über den Grad ihrer Einbindung in die Gemeinschaft, in die alltäglichen Dinge. Für sie können diese Angebote hilfreich sein, um (verlorene) soziale Kontakte zu pflegen bzw. zu ersetzen, sich für das eigene Wohlergehen und für andere (MitarbeiterInnen, BewohnerInnen, das Heim) verantwortlich zu fühlen, eigene Interessen zu verfolgen. Eine Einbindung in den Alltag steuert auch gegen negative Institutionalisierungseffekte und kann prophylaktisch gegen Rückzug in die inneren Welten wirken.

Darin offenbart sich gleichzeitig ihr manipulativer Charakter, der im Falle der Musiktherapie besonders deutlich zum Vorschein kommt. Die Angebote stellen keinen Rahmen für das freie Spiel menschlicher Kreativität dar. Sie werden vielmehr in begründeter Absicht von den MitarbeiterInnen entwickelt oder durchgeführt. Eigenen Ideen und Entfaltungsmöglichkeiten lassen sie nur geringen Spielraum. Niemand, weder die MitarbeiterInnen, noch die alten Menschen selbst, erwarten die Initiative der BewohnerInnen (alle ziehen sich hinter den Krankenstatus zurück). Und wenn doch einmal eine alte Frau ihrem Impuls zu tanzen folgen will, so ist die Überraschung so groß, daß niemand darauf reagieren kann.[326]

---

326 Vgl. Skizze ‹Musiktherapie› im Anhang. M. Erlemeier, (1983, S. 318 f.) nennt drei wesentliche Einwände gegen jegliche Anwendung psychologischer Interventionsmethoden: «Der erste Einwand richtet sich gegen das Menschenbild der psychologischen Intervention, die den Menschen zu einem manipulierbaren Objekt, zu einer Versuchsperson degradiert. Jegliche Intervention läßt ein mechanisiertes Bild vom Menschen erkennen, das von der Planbarkeit und Kontrollierbarkeit des Verhaltens unter bestimmten Bedingungen ausgeht. Dabei sei die Psychodynamik, die Eigenständigkeit des entsprechenden zu therapierenden Erkrankten kaum berücksichtigt. Der zweite Einwand läßt sich aus dem ersten ableiten, da es durch die typische Interventionssituation bei dem klaren Machtgefälle zwischen dem Intervenierenden und dem zu Therapierenden, also zwischen dem Therapeuten und dem Klienten bleibt. In jeglicher Therapie geht es nach Erlemeier auch um die Durchsetzung professioneller Ansprüche und die befriedigende berufliche Situation, die auf Erfolg abzielt und somit die Desorientierten und Verwirrten zum Objekt des Handelns macht. Der dritte Einwand stellt die Legitimation aller psychologischen Interventionen generell infrage und betont stärker die gesellschaftsbedingten Ursachen von Lebens- und Verhaltensproblemen im Alter. Denn letztlich wird zwar eine Verbesserung angestrebt, aber dennoch eine Anpassung an die bestehende Situation des Kranken, wobei die Krisen nicht aufgearbeitet und die krankmachenden Strukturen der Umwelt und der Gesellschaft nicht verändert werden.» (Zusammenfassung in: G. Klausing, 1988, S. 125 f.).

Und bei den anderen, denjenigen, die sich bereits weitgehend in die inneren Welten zurückgezogen haben, sind die Versuche, auf diese Weise dem Gegenwartsverlust entgegenzuwirken, fragwürdig. Ihre Verweigerung ist verständlich.

Den geringsten Grad an Verhaltenssteuerung erleben die Menschen, die aufgrund ihrer starken Persönlichkeit Widerstand leisten, die den MitarbeiterInnen ‹Respekt› einflösen. Die Beziehung zu ihnen ist sehr viel stärker symmetrisch. Phantasien, ‹kinderähnliche Geschöpfe› vor sich zu haben, passen nicht. Als Erwachsene, eben unterschiedlichen Alters, unterschiedlicher Erfahrungen und Lebensprägungen begegnen sie sich. Ihnen muten die MitarbeiterInnen die Artikulation eigener Grenzen und eigener Verletzungen zu, sie setzen sich mit ihnen auseinander, konfrontieren sie mit ihrer Verantwortlichkeit.[327]

Auf Regulierungen kann im Heim Sommerberg niemand verzichten. Begründet werden sie üblicherweise mit der organisatorischen Notwendigkeit geregelter Arbeitsabläufe einerseits und mit dem unabdingbaren Versuch der Gegensteuerung gegen zerfallende Bewußtseinsstrukturen der alten Menschen andererseits.

Die Regulierungen des Heimalltags, die sich in fester Tagesablaufgestaltung, Verhaltenssteuerung und Aktivitätenplänen manifestieren, legen jedem einzelnen alten Menschen, wenn auch in unterschiedlicher Weise, ein «Korsett» an. Die Grenze eines erwachsenengemäßen Umgangs miteinander wird häufig überschritten.

Ich entdeckte im Verlaufe meiner Beschäftigung mit dieser Thematik noch andere Bilder.
Im Pflegeheim Sommerberg, auf diesem begrenzten Raum, ballen sich die Lebensgeschichten von 30 BewohnerInnen. Sie zeichnen sich in ihren Gesichtern, in ihrem introvertierten oder extrovertierten Verhalten, in ihren verrückten und geordneten Worten ab, beständig und unausweichlich. Unberechenbare Krankheiten, unkontrolliert sich ausbreitende Ausdünstungen und Ausscheidungen, unbegreifliche Verrücktheiten, unbeherrschte Emotionen und Sehnsüchte füllen alltäglich diesen Raum. Aber nicht nur das. Der Anblick der alten Menschen löst die eigenen (verrückten) Geschichten aus, die eigenen Sehnsüchte (z. B. nach Geborgenheit), die eigenen Wünsche (z. B. aus festgefügten Rollen auszubrechen), die eigenen Ängste (z. B. vor dem Alter, dem Tod). Die Fülle der Eindrücke, Gedanken und Gefühle wird undurchschaubar. Es lösen sich Sturzbäche

327 Vgl. Kapitel 6.4, besonders das Beispiel der Auseinandersetzung zwischen Anette und Frau Schwindt.

von «Ungereimtheiten», die ich nur mit großer Mühe ordnen und strukturieren kann. Um den Arbeitsauftrag zu erfüllen und das eigene Selbst zu retten, muß dieses Wirrwarr abgewehrt oder begrenzt werden. Regeln helfen, das äußere und innere Chaos abzuwenden oder zu ordnen. Sie bieten Halteseile, um darin nicht unterzugehen.
Der Raum ist zu eng. Die Luft ist stickig. Es sind zuviele Menschen mit ihren ‹unendlichen Geschichten›, die sich diesen Raum teilen müssen. «Das alles» hält der Mensch im Kopf und in der Seele nicht aus. Kein Wunder, daß MitarbeiterInnen, aber auch alte Menschen, Grenzen überschreiten. Tagebuch

Nicht nur die Würde des alten Menschen, im Alter nicht erzogen zu werden, steht auf dem Spiel, sondern auch die der MitarbeiterInnen, alte Menschen nicht erziehen zu müssen.

Die Versuche der MitarbeiterInnen, das Chaos in den Griff zu bekommen, die Verfahren, die sie dafür anwenden, sind nicht exklusiv ihrer individuellen Persönlichkeit oder den Wirkungen ihrer biographischen Erfahrungen zuzuordnen. Gerade die relative Gleichförmigkeit ihrer Verhaltensweisen und Regelungen, die sie als Team an den Tag legen, weist darüber hinaus. Sie reproduzieren die in der Geschichte gewachsenen und kulturell verankerten gesellschaftlichen Bilder von Alter, Krankheit, Behinderung und institutioneller Versorgung.[328] Selbst auf unbewußte psycho-dynamische Prozesse wirken gesellschaftliche Faktoren ein.[329] Die MitarbeiterInnen im Heim Sommerberg sind also Ausführungsgehilfen allgemein verbreiteter Zielvorstellungen, und die alten Menschen, die ihrerseits vergleichbare Bilder in sich gespeichert haben, bestärken sie darin. Doch gleichzeitig sind die MitarbeiterInnen – und auch die alten Menschen – Gestalter ihrer Umwelt, in der sie arbeiten und leben, Produzenten ihrer Wirklichkeit.[330]

«Mensch sein bedeutet, in gleichzeitiger Beziehung zu anderen Menschen und in der zeitdurchgreifenden Beziehung der Geschichte zu Früheren und Späteren, Älteren und Jüngeren zu leben.»[331]

328 In anderen Kulturen herrschen ganz andere Werte und Normen das Alter betreffend, die uns in Erstaunen versetzen. Literatur: S. Beauvoir, 1972, S. 34 ff.; L. Rosenmayr, 1983, Kap. 2–4; M. Dannemann, 1991, S. 133 ff.; M. Baklan, 1988, S. 386 ff.

329 M. Erdheim, 1984.

330 Vgl. 2. Teil, Reflexion 2, 3. Teil, Kap. 1.1.

331 R. von Lippe, 1982.

7. Die Dominanz des Körpers

«Das Ausgeliefertsein an den Leib und an die Zeit wird uns im Prozeß des Alterns, der unausweichlichen Faktizität des Sterbens und in der Krankheit deutlich.»[332]

Die meisten der MitarbeiterInnen sind jung. Ihr Körper erscheint leicht und beweglich, nicht sichtbar von Krankheiten gekennzeichnet, ihre Haut ist weitgehend faltenlos. Die meisten der BewohnerInnen sind sehr alt. Krankheiten und Lebensereignisse haben sich in ihre Gesichter, in ihre Körper eingraviert, Falten und gebeugte Rücken mit sich gebracht. Viele können sich ohne Hilfe und Hilfsmittel nicht fortbewegen (Stock, Gehgestell, Rollstuhl, Stützung durch MitarbeiterInnen). Viele hören oder sehen schlecht. Ihre Körper wirken meist schwerfällig und unbeweglich, auch wenn sie sich noch aus eigener Kraft fortbewegen können.[333]

Ausnahmen gibt es auf beiden Seiten: Die ältere Mitarbeiterin, Veronika, die sich im Vergleich zu ihren KollegInnen durchgehend langsam und mit schwerem Körper fortbewegt und andererseits Frau Beyer und Frau Marek, die – in sehr kleinen Schritten zwar – im Unterschied zu den meisten ihrer MitbewohnerInnen aber erstaunlich flink die Räume durchmessen.

Die Ausnahmen bekräftigen noch die körperbezogenen Unterschiede zwischen den Jungen und den Alten. Es bedarf keiner zusätzlichen Kennzeichnungen, um die MitarbeiterInnen von den BewohnerInnen zu unterscheiden. Niemand würde auf die Idee kommen, Veronika den BewohnerInnen zuzuordnen oder Frau Beyer und Frau Marek den MitarbeiterInnen.[334]

---

332 H. Petzold, 1982, S. 73; ‹Leib› bezeichnet – in Unterschied von Körper als «die räumlich gegliederte Gesamtheit aller Zellen und Zell-Zwischenräume» – den Organismus, der «sich selbst erlebt und seine Erlebnisse speichern kann, der also ein Bild, eine innere Repräsentation hat von sich selbst und seiner Welt. Ein Leib ist daher ein wahrnehmender und sich gewahrseiender Organismus». D. Rahm, H. Otte, S. Bosse, H. Ruhe-Hollenbach, 1993, S. 77.

333 13 der insgesamt 19 PflegemitarbeiterInnen sind jünger als 38, bzw. 17 jünger als 48; 27 der insgesamt 30 BewohnerInnen sind 80 und älter, bzw. 21 sind 85 Jahre und älter. (Stand vom 31.12.1991, vgl. Anhang) Vgl. auch Skizze «Musiktherapie» im Anhang: Die junge Therapeutin, die sich so prägnant von den alten Menschen abhebt.

334 Ganz anders in Krankenhäusern oder psychiatrischen Einrichtungen, wo Verwechslungen durchaus möglich sind, wenn die Mitarbeiter keine Arbeitskleidung bzw. Namensschilder tragen.

Die Notwendigkeit der Versorgung der BewohnerInnen, die Pflege ihrer erkrankten und behinderten Körper ist augenfällig deutlich.[335] Entsprechend wird den Jungen mit ihren noch unverbraucht erscheinenden Kräften selbstverständlich die Fähigkeit zugeschrieben, diese Aufgaben zu übernehmen. Diese Arbeitsteilung akzeptieren beiden Seiten. Die alten Menschen mahnen, falls notwendig, die verschiedenen Pflege- und Hilfeleistungen an, und die MitarbeiterInnen akzeptieren die Schwächen der BewohnerInnen als zum größten Teil unveränderbar und entsprechend ihre eigene Rolle als Pflegende.[336]

7.1 Allgegenwart von Krankheit und Behinderung

«Dann siehst du selber nur noch die Kranken»[337]

Wie schon die Beschreibung des Alltags der Pflegenden zeigt, beziehen sich sehr viele Tätigkeiten auf die Versorgung und Behandlung des Körpers.[338] Neben den alltäglichen Verrichtungen wie Waschen, Zähne putzen, Gebiß einsetzen, Rasieren, Anziehen, Ausscheidungen regulieren geht es darum, bei der Heilung akuter und chronischer Krankheiten mitzuwirken oder deren Auswirkungen zu mildern, Schmerzen zu lindern und Prophylaxe zu betreiben (Dekubitusprophylaxe und Kontinenztraining[339]): Medikamente verabreichen, Spritzen geben, Salben einreiben, Verbände anlegen, Beine wickeln. Auch die Versorgung mit Nahrung, besonders wenn es sich auf das Essen reichen (Füttern) bezieht, etwa bei Menschen, die aus eigenem Antrieb, aus eigener Kraft nicht mehr essen können oder wollen, gehört zu den Tätigkeiten, die die MitarbeiterInnen ausführen, um den Organismus mit dem Notwendigen zu versorgen.[340]

Die meiste Zeit des individuellen Kontaktes wird für diese körperbezogenen Tätigkeiten verbraucht. Und denjenigen BewohnerInnen, die nur geringer

---

335 Auch ich hatte mich schnell an diese Arbeitsteilung gewöhnt, sie als selbstverständlich hingenommen.

336 Vgl. Kapitel 9.1.

337 Gespräch mit Anette (B 22).

338 Kapitel 5.

339 Dekubitusprophylaxe: verschiedene pflegerische Methoden sollen das Wundliegen vermeiden, z. B. häufiges Umdrehen im Bett oder Unterschieben von Kissen an gefährdeten Stellen. Kontinenztraining: die BewohnerInnen werden zu regelmäßigem Toilettengang aufgefordert. Erfolge in der Dekubitusprophylaxe und Kontinenztrainig gelten als Nachweis guter Pflege.

340 In der Altenpflege wird traditionell zwischen Grund- und Behandlungspflege unterschieden, siehe Glossar.

Pflege bedürfen, wie Frau Czerny und Frau Schnur, wird entsprechend geringe individuelle Zuwendung zuteil.

Im Mittelpunkt steht der Körper des alten Menschen. Er drängt sich mit seinen Behinderungen, seinen sichtbaren Merkmalen des Alters und der Krankheiten auf, bedarf einer ständigen Beachtung.[341]

Austausch über die Befindlichkeit der BewohnerInnen

> Übergabe. Zu zehn BewohnerInnen werden medizinisch-pflegerische Informationen übermittelt: Verschreibungen der Ärzte, Berichte an Ärzte, die Behandlung von Wunden und Ausschlägen an verschiedenen Körperteilen, Berichte über ausbleibenden oder einsetzenden Stuhlgang. «Frau Igel hat bei der Untersuchung geschrieen wie nichts Gutes.» – «Herr Merck (der neue Bewohner, blind) ißt morgens und abends sehr wenig.» Man will die Ehefrau nach seinen Eßgewohnheiten fragen. «Er ist zwar sehr wacklig auf den Beinen, aber wenn man ihn hält, kann er sich noch selbst waschen, besonders unten herum.» Die MitarbeiterInnen ermahnen sich darüber hinaus, ihm Orientierungshilfen zu geben, Namen zu nennen, TischnachbarInnen vorzustellen, die Umgebung zu beschreiben.
> «Mir dreht sich der Magen um, wenn ich daran denke, daß er hier vielleicht wieder weg muß – gerade bei dieser Behinderung», sagt eine Mitarbeiterin. Danach geht es wieder weiter mit dem Durchfall einer Bewohnerin. (P 13/3)

> Übergabe. Ingeborg gibt den Bericht ab. Bei einer ganzen Reihe von Leuten ist «nichts». Bei anderen werden die üblichen Informationen weitergegeben über Verdauung, Schlafen, Allgemeinzustand, Schwindel, Essen.
> Für Frau Vogel ist ein Rollstuhl bestellt, Herr Marx will sich nicht waschen (lassen). Anfragen wegen der Heimkostenübernahme bei Herrn Marx. Frau Senefeld war betrunken.[342] (P 30/1)

Die Übergaben setzen sich schwerpunktmäßig aus Informationen und Absprachen zur Körperpflege und zur medizinischen Versorgung zusammen. Die Verständigung darüber geht meistens schnell und in Kürzeln vonstatten, die Außenstehende bzw. neue MitarbeiterInnen nicht ohne weiteres nachvollziehen können.[343]

---

341 Der Körper als Leib verstanden (siehe Kapitel 7, Anmerkung 332) ist auch der Träger psychischer Erkrankung. Das aber, was ins Auge fällt und leichter handhabbar ist, ist der physische Leib, der Körper.

342 Vgl. Kapitel 6.2.

343 Wie weit auch die Unausgebildeten diesem Fachjargon folgen können, ist mir nicht deutlich geworden, u. a. deswegen, weil häufig die Informationen ‹exklusiv› von der einen Schicht-

Nicht selten tritt angesichts der großen pflegerischen Anforderungen der Mensch, der da gepflegt wird, weitgehend in den Hintergrund.

> «Wir machen es so wie gestern. Erst von oben bis unten vorne waschen, dann mit Hilfe umdrehen und hinten ganz waschen. Dann muß er nicht zweimal gedreht werden. Das ist vom Personaleinsatz effektiver und auch für den Patienten (!) angenehmer.»[344] (P 9/1)

Die psychische Situation der BewohnerInnen, ihre Aktivitäten, ihre nicht körperbezogenen Verhaltensweisen, ihre sozialen Kontakte (Binnen- und Außenkontakte) füllen in viel geringerem Maße die Übergabezeit. Meist werden sie erst dann spruchreif, wenn sie gravierender Natur sind, das Entweichen von Frau Marek, der Alkoholabusus von Frau Senefeld, massive Weigerung gegen Pflegehandlungen.[345] Selten fallen Anmerkungen über BewohnerInnen in bezug auf ihren alltäglichen psychosozialen Zustand, wie z. B. «heute ist Frau Marek ein richtiger Schatz».[346] Entscheidungen im medizinisch-pflegerischen Bereich werden meist schnell gefällt, während Fragen, die die psychosoziale Situation der BewohnerInnen betreffen, oft im Raum stehenbleiben oder vertagt werden.

«Bei Frau ... ist nichts», diese Formulierung wird regelmäßig in den Übergaben benutzt. Sie steht für die Einschätzung: keine besonderen physischen und psychischen Auffälligkeiten. So bleibt vieles, was den Tageslauf der BewohnerInnen darüber hinaus bestimmt und von (großer) Bedeutung sein kann, von den MitarbeiterInnen unbeachtet und findet kein Eingang in den Kontakt zu den BewohnerInnen.

---

leiterin zur nächsten weitergegeben werden – gelegentlich mit leiser Stimme – und die anderen Beteiligten mit dem Zuhören beschäftigt sind. Nachfragen sind dann eher selten.

344 Diese «Pflegeanleitung», die mir teilweise wie eine Waschanleitung für einen Gegenstand vorkommt, bezieht sich auf den schwerpflegebedürftigen Herrn Weinert. Die Bezeichnung Patient ist sonst im Heim nicht gebräuchlich. Mit der Vermeidung dieser Bezeichnung soll der Lebensort-, Wohnortcharakter des Heimes unterstrichen werden, im Gegensatz zum Krankenhaus. Aber hier überwiegt im Erleben der MitarbeiterInnen offensichtlich der «Krankheitsgehalt» des Bewohners. Ein andermal, als Frau Brehm morgens versorgt wurde, hatte ich die Assoziation von einem «toten Stück Fleisch» (P 40).

345 Vgl. Kapitel 6 und das Tonbandprotokoll der Übergabe im Anhang. Ich habe viele Übergaben protokolliert und zwei darüber hinaus mit Tonband aufgezeichnet. Nahezu ausnahmslos war das Schwergewicht im medizinisch-pflegerischen Bereich.
In einer Studie über Pflegedokumentationen im Heim bezogen sich die weitaus häufigsten Eintragungen in der Pflegedokumentation, «ob ein/e BewohnerIn geschlafen hat oder nicht, ausscheidungsfähig ist oder nicht, einen hohen Blutdruck oder Puls hat oder nicht, hohe Temperatur hat oder nicht, gegessen hat oder nicht, oder in ihrem/seinem Verhalten auffällig ist.» Th. Klie, A. Riedel, B. Rapp, 1994, S. 25.

346 Vgl. Kapitel 6.3.

Im Gespräch mit Anette formuliere ich meinen Eindruck von den Übergaben im Heim. Anette: «Es gibt Mitarbeiter, die schreiben (in die Pflegedokumentation) eher nur negative Veränderungen rein, also, wenn sich ein Krankheitsbild verschlechtert hat, wenn ein Bewohner besonders auffällig war, negativ auffällig natürlich. Der Blick fürs Andere, wirklich Positive kommt auch echt zu kurz ... Es kommt echt immer wieder zu kurz. Dabei ist das total wichtig, sonst kommst du ja selbst auch in so einen Sog rein, und dann siehst du doch selber hier nur noch die Kranken und die, die heute mal ein bißchen verrückt da rummachen, und die anderen eben nicht.» (B 21)

Anette beschreibt den «Sog ins Negative», den fokusierten Blick auf die Krankheit der BewohnerInnen.

Übergabe. Ich bin über den Verlauf der Übergabe erstaunt, es werden vor allem Berichte von der Nachtwache weitergegeben. Relativ viele BewohnerInnen haben nicht gut geschlafen. Manche hatten Angst, haben alle Kissen aus den Betten geworfen. Dann Frau Kistner, die aus dem Krankenhaus entlassen und nun im Bett liegen muß, sie hat ihre Freundin, Frau Beyer, heftig beschimpft. Der Heimleiter berichtet, daß er zwischen den beiden Frauen versucht hat zu vermitteln. Medizinisch-pflegerische Informationen gibt es heute kaum. (P 24/1)

Da nichts Gravierendes am Vormittag eingetreten ist, kann die Übergabe verkürzt werden. Die Schlaflosigkeit, die Ängste der BewohnerInnen in der Nacht, läßt die MitarbeiterInnen nicht aufhorchen, und die vorhandene Zeit nutzen sie nicht, um nach den Gründen dieser nächtlichen Unruhe zu fragen.[347] Auch der Streit zwischen den beiden Frauen wird als «bekannt» hingenommen und nicht auf dem Hintergrund der speziellen Situation von Frau Kistner betrachtet.[348]

Übergabe. Wieder einmal laufen die Informationen zwischen der Schichtleitung des Vormittags und der des Nachmittags ab. «Es war nicht viel los.» Die Glocke eines Bewohners geht. «Es ist Hölzchen, geht das schon wieder los!» Sichtlich genervt steht Klaus auf.

---

347 Es ist der zehnte Tag nach dem Ausbruch des Golfkrieges, und Claudia berichtet mir nach der Übergabe, daß manche BewohnerInnen wegen des Krieges richtig Angst haben (vgl. Kapitel 6.1).

348 Die beiden Frauen, die von den MitarbeiterInnen als Freundinnen betrachtet werden, streiten sich häufig. Vermutlich ist die gesteigerte Aggressivität von Frau Kistner, die den Heimleiter zum Einschreiten bewegt, mit ihrer Bettlägerigkeit und Gehbehinderung (nach Operation wegen Oberschenkelhalsbruch) zu erklären. Frau Beyer kann sich dagegen frei und leicht und ohne Hilfe bewegen.

> «Der rechte Arm von Herrn Holz wird immer schlimmer, der ist ganz offen; Frau Schwind hat immer noch Schmierstuhl.» Zwei Bewohnerinnen waren von oben bis unten naß, eine andere Bewohnerin hat nachts nicht geschlafen. «Frau Schneider und Frau Joker streiten sich die ganze Zeit», …
> Bei Herrn Graf «hat heut Nacht schon ein paarmal die Atmung ausgesetzt, hat Ingeborg berichtet». Als Ilse wenig später von Herrn Graf zurückkommt: «Herrn Graf geht es aus meiner Sicht unverändert. Es geht ihm sehr schlecht. Ingeborg glaubte heute Nacht, daß er sterben würde. Heute morgen geht es ihm ein bißchen besser. Aber er hat nur zwei Gläser Nährbier und eine Kugel Eis zu sich genommen, das war heute das ganze Essen. Er hat auch sehr viel geschlafen.»
> Bei den anderen «ist nichts».[349] (P 41/1)

> «Herr Holz redet nicht mehr, das hat er noch vor zwei Jahren getan, aber nur mit einer Person, das war seine Bezugsperson. Wir selber spüren das ja bald nicht mehr. Wir sind daran gewöhnt,» sagt Hans zu mir, als wir das Zimmer von Herrn Holz verlassen. (P 20/2)

«Es war nicht viel los», so wird die Schichtübergabe eingeleitet, und es folgen eine Menge problematischer Berichte von Situationen, die für die BewohnerInnen schmerzhaft oder belastend sind. Sind sie an das Ausmaß alltäglicher «kleiner Dramen» schon gewöhnt, wie Hans in bezug auf die Stummheit von Herrn Holz meint?

Akute Erkrankungen

Daß der Zustand von Frau Brehm möglicherweise entscheidend verbessert werden könnte, die Ärzte aber nichts unternehmen und der Ehemann nicht nachhakt, erbost eine Mitarbeiterin sehr.[350] Ebenso ereifern sich die MitarbeiterInnen über Monate hinweg über die Implantation eines Herzschrittmachers bei dem über 90jährigen Herrn Werner.[351]

> «Das beste Beispiel ist Herr Werner, nee, also. Da kommt auch bei uns, glaub ich, keiner so richtig hinterher. Also ich merk, daß das dazu geführt hat, daß ich mich wirklich mehrmals vergewissere, wenn ich die Möglichkeit habe, ob ich einen Notarzt rufe oder sonstwas.» Anette (B 30)

---

349 In dieser Übergabe tauchte ein assoziatives Bild auf: Ich hatte das Gefühl, an einer Szene aus einer trägen Tragödie teilzunehmen. Es war ein überaus heißer Sommertag. Nahm die äußere Hitze die Brisanz der Pflegesituation?

350 Vgl. Kapitel 5; P 9/3.

351 Vgl. Kapitel 2 und 5; P 17/2.

> Hans sagt, für ihn ist nicht so sehr das allmähliche Nachlassen der Kräfte der BewohnerInnen so belastend, sondern vielmehr die Entscheidung und damit Verantwortung, wann und ob im Falle einer akuten Krise der Arzt gerufen werden soll oder nicht. (AB 7)

Eine Grippewelle bringt ein Mehr an Arbeit und fordert hohe Konzentration.[352] Frau Köslin bekommt einen Schlaganfall und erholt sich – trotz ihres eisernen Willens – nur schwer. Als sie bald einen zweiten Schlaganfall erleidet, belastet und beschäftigt das die MitarbeiterInnen sehr.[353]

In akuten Krisen somatischer Erkrankungen fühlen sie sich bis über die Belastungsgrenze gefordert. Manchmal geht es um Leben oder Tod.[354]

> Als Herr Marx einen Schlaganfall erleidet und die Pflegekräfte den Schweregrad dessen nicht richtig einschätzen, schieben sie die Verantwortung zwischen sich und dem Arzt hin und her. «Wenn ich mir vorstelle, daß der Mann erst 55 Jahre ist und jetzt vielleicht gelähmt weiterleben muß. Der Gedanke ist kaum auszuhalten. Man weiß doch, daß beim Schlaganfall sofort gehandelt werden muß.» Übergabe (ZB 15/4)

Medikamente und Pflegehilfsmittel[355]

> Morgenpflegerunde. Ich sehe mich im Zimmer von Herrn Ruhpoldt um, das er mit einem anderen Bewohner, Herrn Dupois, teilt. In seiner Ecke: ein Sessel, ein Tisch mit Radio, das sind seine privaten Einrichtungsgegenstände. Das Bett, ein Pflegebett, weiß mit den üblichen Vorrichtungen zum Heben und Senken und dem Galgen. Farbige Decken und Kissen zusätzlich zu dem weißen Bettzeug. Über dem Bett auf einer weißen Konsole künstliche Blumen, Nippes, zwei Grünpflanzen. Aber weder vom Bett, noch vom Sessel aus – den beständigen Aufenthaltsorten von Herrn Ruhpoldt – kann er diese Gegenstände wahrnehmen. Vielmehr sieht er den mit Pflegehilfsmitteln vollgepackten (privaten) Tisch und den Rollstuhl. (P 9/4)

> Mit dem roten (Windel)-Entsorgungseimer tauchen wir neben dem Bett von Herrn Dupois auf. Der Eimer begleitet uns während der morgendlichen Pflegerunde. (P 9/1)

---

352 Vgl. Kapitel 5.
353 Vgl. Kapitel 5.3.
354 In solchen Situationen ist die Stimmung im Team – ganz im Gegenteil zur sonstigen, eher gelähmten, zurückhaltenden Atmosphäre – gereizt, ohne daß Verdächtigungen oder Schuldzuweisungen ausgesprochen werden. Wer wollte das auch tun? Die Situation gesteigerter Verantwortung und gegebenenfalls Versäumnisse im Handeln können jeden einmal treffen; vgl. Kapitel 5.1.
355 Pflegehilfsmittel: Einlagen (Windeln), Verbände, Salben, ...

Überall, nicht nur im Stationszimmer und im Materialraum, sind die «Insignien» der Pflege verteilt. Es gelingt nirgends – außer vielleicht im leeren Aufenthalts-/Speiseraum – zu vergessen, daß man sich in einem Pflegeheim befindet. Rollstühle, Gehhilfen, Toilettenstühle füllen die Räume. Einlagen unterschiedlicher Farbe, Medikamente, Verbände werden hin und her transportiert. Zu den Mahlzeiten wird die verordnete Medizin verteilt.

> Nachtwache. Herbert öffnet den Medikamentenschrank. Der am Tage verschlossene Schrank ist weit geöffnet, dreiflügelig[356], nimmt sehr viel Raum in Anspruch. Rechts und links in den Flügeln: die allgemeine Bedarfsmedikation[357], für Durchfall, Verstopfung, Schmerzen, Augen, Nase ... In der Mitte: durchsichtige Behälter, für jeden Bewohner eine gesonderte Schachtel. Die meisten Behälter sind randvoll mit Medizin[358].
> «Wenn ich ehrlich bin, bin ich der Überzeugung, daß das meiste davon überflüssig ist ... Die Bewohner messen den Grad der Zuwendung des Arztes an der Zahl der von ihm verschriebenen Medikamente.»
> In diesem Schrank sind gesondert noch die Tropfen aufbewahrt, die mit Hilfe des Tropfenplanes für die BewohnerInnen «gestellt» werden. In einem extra abgeschlossenen Safe des Schrankes sind besondere Medikamente unter Verschluß gehalten. Ansonsten werden im Medikamentenschrank noch wichtige Dinge aufbewahrt, wie Unterlagen der Bewohner, Schlüssel, ...
> Herbert richtet sich den Arbeitsplatz ein, links auf dem Stuhl das Hängeregister der Pflegedokumentation mit den Taschen für die einzelnen Bewohner, vor ihm auf der Ablage jeweils drei übereinandergetürmte Medizinschachteln, links die Tabletts, eins für morgens, eins für mittags, eins für abends. «Das Medikamentenstellen muß man zuerst machen, weil nach Mitternacht die Konzentration rapide nachläßt.» Herbert legt los: nachlesen, was verschrieben ist, die entsprechenden Medikamente in die richtigen Becherchen füllen, manchmal bis zu neun Pillen. Das geht alles sehr fix. Verpackungsmaterial verschwindet in dem ganz links noch aufgestellten großen Mülleimer. Der Raum ist von dieser Tätigkeit erfüllt.[359] (P 44/5)

---

356 Ganz spontan sehe ich einen dreiflügeligen Kirchenaltar vor mir.

357 Es sind die Medikamente, die im Bedarfsfalle ohne Verschreibung der Ärzte den BewohnerInnen gegeben werden können, eine Art Hausapotheke.

358 Ich bin fasziniert von diesem Schauspiel, verfolge fast jede Bewegung. Ich sitze eine Weile auf dem Schreibtischstuhl an der Seite, später dann auf dem Sessel hinter ihm. «Ich spiele jetzt mal Frau Marek», sage ich. Später kommt sie auch wirklich selbst angeschlichen und schaut genauso gebannt wie ich auf jede Bewegung von Herbert.

359 Herbert stöhnt unter der Hitze, die Schwüle steht in allen Räumen, da nutzt auch das weit geöffnete Fenster im Flur nichts und der Durchzug.

Die Vergabe der Medizin hat für die MitarbeiterInnen und BewohnerInnen einen hohen Stellenwert. Die Notwendigkeit rechtzeitiger Medikamentenbestellungen bzw. der Rezepte beim Arzt oder das Durcheinander, das dabei manchmal entsteht (wegen unzureichender Absprachen), verbraucht fast in jeder Übergabe einige Zeit.

Unbewegliche Körper

> Morgenpflegerunde. Die erste Bewohnerin (Frau Stark), die wir aufsuchen, ist eine große, schwere Frau, die mit Einlage (Windel) und Unterlage geschlafen hat. Im Liegen wird ihr die Einlage entfernt, im Liegen wird sie mit Einlage, Netzhose, Schlüpfer und Stützstrümpfen bekleidet. Das notwendige Hin- und Herrollen, das Anheben des Körpers (dabei hilft Frau Stark mit, indem sie sich an dem «Galgen» hochzuziehen versucht) ist für beide eine große Anstrengung. Beim Anziehen der Strümpfe jammert die alte Dame sehr, aber «es muß ruck, zuck mit großer Kraftanstrengung gehen». Alles ist zusätzlich erschwert, weil das Pflegebett defekt ist, sich nicht hochstellen läßt.[360] (P 8/1)

> Nachtwache. Herr Fromm muß zum Einlagewechseln in der Nacht aufstehen und sich an der Stuhllehne festhalten. Er ist zu schwer, um dies, wie bei den anderen, liegend zu erledigen. «Wie das mal werden soll, wenn er bettlägerig ist, das wage ich mir nicht auszumalen. Ich weiß nicht, wie das dann gehen soll.» (P 44/3)

Bei BewohnerInnen, die sich selbst nicht ohne Unterstützung anziehen können – und das sind die meisten – und zudem noch unbewegliche oder versteifte Glieder haben, gestaltet sich diese Prozedur als äußerst mühselig und für die BewohnerInnen teilweise schmerzhaft: Hin- und Herrollen der Körper, Biegen von Armen und Beinen, starre Verschränkungen lösen. Und beim Fortbewegen hängt sich an die MitarbeiterInnen oft eine schwere Last. Besonders auffällig ist das bei Herrn Ruhpoldt, Herrn Holz, Frau Brehm, die darüber hinaus zu zweit von den MitarbeiterInnen vom Bett in den Rollstuhl oder in den Sessel, vom Rollstuhl zum Eßplatz und vom Rollstuhl ins Bett gehoben werden müssen.[361]

Die Körperlichkeit der BewohnerInnen drängt sich auch aufgrund ihrer Schwere und Unbeweglichkeit auf. Sie verursachen große Anstrengungen für

---

360 Wenn ich Frau Stark beobachte, auch wenn sie im Aufenthaltsraum sitzt, habe ich den Eindruck, daß ihr der eigene Körper zur Last wird. (P 41/3).

361 Zur Pflegesituation von Herrn Ruhpoldt, Herrn Holz und Frau Brehm, siehe Portraits im Anhang.

die BewohnerInnen und MitarbeiterInnen. Letztere klagen folglich auch häufig über Rückenschmerzen[362] oder heftigen Muskelkater. Auch sie spüren ihren Körper.

7.2 Schamgrenzen

«Es ist ja auch schlimm, so nackt durch die Gegend zu laufen.»[363]

In der Versorgung, in der Pflege gehen die MitarbeiterInnen ganz nah an die alten Menschen heran, ‹rücken ihnen auf den Pelz›. Die Körper berühren sich oft, fast bei jeder Hilfeleistung: Bewegen, Waschen, Anziehen, Pflegen, ...

> Musiktherapie. Die BewohnerInnen werden zum Stuhlkreis begleitet: Hilfe beim Aufstehen, Gehen, Hinsetzen – ein Drücken, Schieben, Zoppeln an Kleidern und Körpern ... Herr Berg, der teilnahmslos dabeisitzt, wird von zwei MitarbeiterInnen – in großer körperlicher Nähe – bearbeitet, doch die Triangel zu nehmen. «Gell, jetzt haben wir sie eiskalt überrumpelt», sagt eine Mitarbeiterin.[364] (P 11/3)

> Anette füttert Herrn Ruhpoldt: Kaffee mit der Schnabeltasse, das Marmeladebrot mit der Gabel. Auf meine Nachfrage, warum sie die Gabel benutzt, antwortet sie: «Ich muß ihm schon so nahe kommen, wie ich es normalerweise niemals tun würde. Da möchte ich ihn nicht noch am Mund berühren. Ich stelle mir vor, wie es für mich wäre, das ist der einzige Maßstab, der für mich möglich ist. Und ich hätte es nicht gerne, wenn man mich gerade am Mund berührt, der doch so empfindsam ist.» (P 9/4)

Anette deutet die Grenzüberschreitung an, die ihr beim Füttern auffällt, in einer Situation, in der sie sehr geduldig das langsame Kauen und Schlucken abwartet und Muße hat, die Situation selbstreflektiv zu überdenken.[365]

In der Fülle des alltäglichen ‹Zu-Leibe-Rückens› werden die MitarbeiterInnen jedoch die häufige und große Dichte des Körperkontaktes kaum mehr wahrnehmen.[366] Die Notwendigkeit des Pflegekontaktes überdeckt das Gefühl für die Distanzlosigkeit.

---

362 «Mein Rücken macht das auch nicht mehr lange mit», sagt Manuela. (P 23/4).

363 P 23/3.

364 Vgl. Skizze Musiktherapie im Anhang.

365 Ich war verwundert über die Gabel, empfand die Ungewöhnlichkeit ihres Gebrauches und spürte eher die Kälte des Metalls.

366 Eine Mitarbeiterin spürt dagegen massives Unbehagen, als sich der Sohn einer BewohnerIn «mit seinem Gesicht ganz nah an sie heranschraubt». (Vgl. Kapitel 5.1).

Ausflug. Auf dem Weg zum Café muß Frau Senefeld «pinkeln»[367]. Der Kleinbus wird in einem Feldweg zwischen Obstbaumfeldern angehalten. Frau Senefeld wird von zwei MitarbeiterInnen direkt am Straßenrand «abgehalten», vor den Augen aller MitfahrerInnen (der Busfahrer und ein Bewohner sind auch dabei) und der vorbeifahrenden Autofahrer. Frau Beyer kommentiert: «Jetzt sieht man den ganzen Popo.» Kein Baum, obwohl reichlich vorhanden, bietet wenigstens minimalen Sichtschutz. Was empfindet Frau Senefeld, was die anderen Mitfahrenden und die Mitarbeiterin?[368] (P 7/2)

Am Morgen. Frau Marek irrt schon barfuß und mit vorne hochgeschlagenem Nachthemd im Flur. Sie wird von Manuela «eingefangen» und in ihr Zimmer zurückgebracht. «Gut sehen Sie aus», sagt Manuela zu ihr. Im gleichen Zimmer liegt Frau Groß vollkommen nackt auf ihrem Bett, das Nachthemd auf dem Boden. Sie klagt, daß alles naß sei und daß sie friere, mit leiser, wimmernder Stimme. Aber sie muß in dieser Lage noch warten, bis Manuela mit Frau Marek fertig ist.
Frau Marek wäscht sich, stehend, ganz allein nach den Anweisungen von Manuela. Auf der Toilette sitzend, zieht Manuela ihr weiße Socken und eine viel zu große Unterhose an. (P 23/3)

Morgenpflegerunde. Frau Beyer sitzt schon eine Weile nur noch mit dem Unterhemd bekleidet und frierend auf dem Bett. Sie will sich wieder hinlegen, darf aber nicht. Sie soll noch fünf Minuten warten, meint Manuela. (P 23/4)

Morgenpflegerunde. Manuela betritt das Zimmer von Frau Stark. Sie weckt sie liebevoll. Unterhose und Strümpfe werden teilweise im Liegen angezogen. Mit der Unterhose ‹auf Halbmast› wird sie zur Toilette geführt, nackter Oberkörper. «Frau Stark, haben sie groß gemacht?», fragt Manuela. «Nein, was wollen Sie denn noch wissen!», antwortet Frau Stark. Manuela empört, «ich bitte Sie Frau Stark!» (P 23/1)

---

367 Übersetzung des mundartlichen Begriffes: Rolli machen.

368 Frau Senefeld geht schwer an zwei Krücken, sicher ist es eine große Anstrengung für sie und die stützenden MitarbeiterInnen, sich auf dem holprigen Untergrund fortzubewegen. Doch ich bin entsetzt, mir reicht diese Erklärung nicht aus. Der Bus hätte noch ein Stück weiter in die Felder fahren können, in die Nähe eines Baumes. Frau Senefeld hätte gefragt werden können, wie es ihr angenehm ist.

Frau Hut wird im Bett «unten herum» gewaschen. Klaus, der junge Zivildienstleistende, macht das routiniert. Oben macht sie es selbst am Waschbecken. (P 28/1)

Übergabe. Gisela berichtet lächelnd: «Herr Holz war heute etwas ungeschickt versorgt, sein Pimmel hing seitlich heraus. Ausgerechnet bei ihm. Ich wußte erst gar nicht, was da raushängt.» (P 44/4)

Abendessen. Eine Ärztin kommt in den Speisesaal, mißt bei einigen BewohnerInnen den Blutdruck. Bei Frau Stark entblößt sie, an ihren Kleidern zerrend, den halben Oberkörper. (P 4/1)

Die Entblößung der Körper der BewohnerInnen ist an der Tagesordnung. Hilfe beim An- und Ausziehen, Waschen und Pflegen, einschließlich des Genitalbereiches, Unterstützung beim Blasen- und Darmentleeren oder das Einlagenwechseln bedingen es. Alle BewohnerInnen sind mehr oder weniger – je nach Art und Grad der Pflegebedürftigkeit – davon betroffen. Manche der Körper liegen vor den MitarbeiterInnen da, ‹wie eine offene Landschaft›, kein Winkel ihres Körpers bleibt ihren prüfenden Augen verborgen. Wenn keine andere Arbeit zwischendurch ansteht, entleeren die BewohnerInnen auch Blase und Darm in Anwesenheit der MitarbeiterInnen.[369]

Sicher gibt es Gründe: Die Bewohnerin, der Bewohner könnte von der Toilette fallen. Frau Beyer könnte einschlafen, wenn sie sich wieder hinlegt und das erneute Aufwecken und Wachwerden ist mühselig. Die Unterhose von Frau Stark für den Weg zur Toilette hochzuziehen ist unsinnig, da sie sowieso gleich wieder heruntergezogen werden muß, ... Gründe werden den BewohnerInnen nicht mitgeteilt.[370] An die immer wieder zu entblößenden Körper scheinen sich die MitarbeiterInnen weitgehend gewöhnt zu haben. Es ist Routine.

Morgenpflegerunde. Herr Berg braucht sehr lange auf der Toilette. Zwischendurch versorgt Hans – etappenweise – Herrn Holz. Er ist noch ganz verschlafen. Er wehrt sich gegen das Waschen der Füße und noch viel heftiger gegen das Waschen der Genitalien.[371]
«Wenn das meine Schulleiterin sähe, wie das hier im Intimbereich vorgeht, sie würde sich die Haare raufen. Aber ich weiß mir auch nicht anders zu

---

369 Andere BewohnerInnen müssen dagegen lange warten, bis sie von der Bettpfanne, vom Toilettenstuhl oder der Toilette befreit werden.

370 Auch mir, die ich diese Situationen beobachte, werden keine Gründe genannt. In diesem Falle funktioniert meine Anwesenheit auch nicht als Auslöser zur Reflexion der eigenen Verhaltensweisen.

371 Für mich sieht es so aus, als müßte er Angriffe gegen die Integrität seiner Person mit aller ihm zur Verfügung stehender Kraft bekämpfen.

helfen. Es ist schlimm, wie schnell wir im Pflegeheim in den Intimbereich eingreifen müssen. Entweder müssen die Leute das als Entwürdigung empfinden, oder sie werden wie die Kinder, bei denen das alles selbstverständlich gemacht wird.» (P 20/2)

Herr Holz ist einer derjenigen, der sich ziemlich konstant gegen die Berührung seines Körpers wehrt, oft massiv um sich schlägt und gegen die MitarbeiterInnen kämpft. Sein Widerstand verhilft Hans zu kritischen Gedanken, er räsoniert in Anwesenheit des Bewohners darüber.[372] Aber er weiß sich nicht anders zu helfen, als den Widerstand zu brechen[373].

Auch Mira gibt in ihrem Gespräch zu bedenken: «Manchmal hab ich das Gefühl, sie (die BewohnerInnen) sind schon unheimlich abgestumpft, nicht wahr, in ihrem Schamgefühl. ... Da kommen ja laufend neue Zivis zum Einarbeiten. Die werden gleich mitgeschleppt und Frau Roman und Frau Altmann oder so, ich hab das Gefühl, denen macht das überhaupt nichts aus, daß da schon wieder ein neues Gesicht ist, das sie waschen will oder helfen. Mir ist das früher auch so gegangen, wenn ich jemand gefragt habe, darf ich zuschauen oder so. ‹Ha, ja, natürlich!› Also ich hab nie erlebt, daß jemand gesagt hat nee. Oder sie soll rausgehen ...»

Ich werde nur einmal von einem Bewohner nach dem Grund meiner Anwesenheit gefragt und niemals aus dem Zimmer, dem Waschraum bzw. der Toilette geschickt. Niemand stellt mich vor, wie selbstverständlich betrete ich die Räume, sehe beim Pflegen zu, mache kleine Handreichungen. Zunächst hatte ich selbst Scheu, die Zimmer, den von mir vermuteten Privatbereich zu betreten, und noch größere, bei der (Intim-) Pflege anwesend zu sein. Aber schließlich gewöhne ich mich – mit immer wieder spürbarer Zurückhaltung – daran. Es ist nicht der Anblick der gealterten Körper, der mich zurückschrecken läßt, es war vielmehr der Zwang, dem die BewohnerInnen ausgesetzt sind, sich beständig vor fremden Menschen zu entblößen. Manchmal hatte ich den Eindruck, daß ich für sie stellvertretend darunter litt. Tagebuch

Mir kommt es nicht als abgestumpft im negativen Sinne vor, sondern mehr als Resignation, «ich kann ja doch nichts anderes machen, ich bin abhängig irgendwo von denen, weil ich Hilfe brauche. Ich darf ja nichts sagen, darf dieses Schamgefühl überhaupt nicht mehr ausdrücken, ...
Ich denke, sie sind's halt so gewöhnt.» (E 1/15)

---

372 Ein anderer Mitbewohner ist im Zimmer anwesend, Herr Schmidt.
373 Und dies geschieht fast täglich.

Schamgefühl

Morgenpflegerunde. Schließlich darf Frau Groß aufstehen. Frau Groß ist nackt und versucht, ihre Blöße zu bedecken, Manuela reicht ihr zu diesem Zwecke das nasse Nachthemd. «Ist ja auch schlimm, so nackt durch die Gegend zu laufen.» Doch ihre Rückseite ist weiterhin nackt. Mißtrauisch schaut sie mich an, kann sich offensichtlich nicht an mich erinnern. Im Bad begegnen sich die beiden Frauen, schauen sich aber nicht an. (P 23/3)

Morgenpflegerunde. Herr Marx wird von Klaus versorgt. Er hilft ihm beim Aufstehen, richtet ihm die Waschutensilien hin. Herr Marx wäscht sich selbst, nur beim Anziehen braucht er Unterstützung. Er schaut mich mit großen fragenden Augen an, sagt aber nichts. Nur sein Geschlecht versucht er zu verdecken. (P 28/1)

Übergabe. «Frau Kaufmann hat ja jetzt auch einen Toilettenstuhl zum Stuhlgang machen. Ja, sie kriegt das mit, und das ist ihr wahnsinnig unangenehm im Bett. Und es klappt auch ganz toll.» (Übergabe 4/12)

Das Schamgefühl ist den Frauen und Männern offensichtlich nicht völlig verloren gegangen, nicht gänzlich unter den Routinen des Pflegealltags erstickt worden.[374] Vielleicht ist es so, wie Mira es ausdrückt, daß sich die BewohnerInnen nicht anders zu helfen wissen, resigniert haben, eingedenk ihrer Abhängigkeit von Hilfeleistungen. Vielleicht helfen sie sich auch damit, ihren Körper als in erster Linie krank zu definieren und ordnen die Übergriffe auf ihren Körper denjenigen zu, die sie von Krankenhausaufenthalten und Arztbesuchen gewohnt sind.

Eine höhere Sensibilität für die «erzwungene Schamlosigkeit» im Pflegeheim entwickeln die MitarbeiterInnen bei jüngeren Patienten.

Morgenpflegerunde. Ich begleite Mira. Sie koppelt mich vor dem Zimmer von Herrn Weinert (jüngerer MS-Kranker) ab. «Ich möchte nicht, daß Sie dabei zuschauen. Er ist noch so jung. Bei den alten Menschen ist das was anderes.»[375] (P 8/3)

Ich beobachte, daß die MitarbeiterInnen Herrn Weinert mit besonderer Sorgsamkeit und Behutsamkeit versorgen, ihm großes Mitgefühl entgegenbringen.

374 Die BewohnerInnen gehören einer Generation an, in der man noch weitgehend seinen Körper in der Öffentlichkeit verhüllte. Viele haben noch nicht einmal ihren Ehepartner vollständig nackt gesehen oder haben sich ihren Kindern so gezeigt.

375 Herr Weinert ist Anfang 50 und Kurzzeitpflegegast (vgl. Kapitel 6.5). Die schwierige Situation der BewohnerInnen wird noch einmal stellvertretend bei den neuen BewohnerInnen erlebt und wohl eher auch an Jüngeren.

> Beate ist bei Herrn Weinert. Während sie Herrn Weinert im Bett wäscht, kommt Anette dazu, die gebraucht wird, um nach dem Waschen Herrn Weinert vom Bett in den Rollstuhl zu heben. Während Beate ihn wäscht, hält Anette seinen Kopf im Arm, spricht mit ihm, fragt immer wieder, ob's so recht ist... Beim Hinüberheben in den Rollstuhl bekommen die beiden MitarbeiterInnen einen großen Schreck, sie fürchten, ihm wehgetan zu haben. Aber er sagt, daß alles gut sei. (P 10/1)

Auch bei Herrn Marx, Anfang 50, werde ich einmal gebeten, während der Grundpflege draußen zu bleiben.

Da 50- bis 60jährige in einem Heim, in dem die meisten BewohnerInnen über 80 Jahre alt sind, noch als jung angesehen werden, könnte es sein, daß die MitarbeiterInnen bei den jüngeren BewohnerInnen eine größere Nähe zur eigenen Generation empfinden und dadurch sensibler auf die Situation reagieren.[376]

Aber was bedeutet es für die MitarbeiterInnen, täglich Menschen zu entblößen, alternde Körper zu berühren, die Genitalien zu pflegen, ständig mit Kot und Urin konfrontiert zu sein?

7.3 Mächtigkeit der Ausscheidungen

«Heute ist alles unter Wasser»[377]

> Ich betrete das Heim, ich möchte zur Mittagsübergabe. Frau Groß sitzt mit unbeweglichem Blick im Sessel gegenüber der Eingangstür, schaut durch mich durch, reagiert auch nicht auf meinen Gruß. Ich biege um die Ecke des Flures, der vertraute, dennoch unangenehme Uringeruch weht mir entgegen. Der Speiseraum ist nahezu leer. (P 46/1)

In den vorangegangenen Kapiteln wurde bereits deutlich, daß viele der BewohnerInnen Unterstützung und Hilfsmittel für die Regulierung ihrer Ausscheidungen benötigen. Was jeder im Erwachsenenalter, von Ausnahmen ab-

---

376 Andererseits sind es Männer, bei denen mir die Tür gewiesen wurde. Bei Frauen kam ich nicht in eine vergleichbare Situation. Bei zwei älteren Bewohnern wurde ich von Klaus gebeten, beim Baden nicht anwesend zu sein, mit der Begründung, daß das Bad zu eng sei. (Das Bad ist jedoch ein überaus großer Raum, wie ich mich später vergewissern konnte.) Ob dabei die unterschiedliche Geschlechtszugehörigkeit eine Rolle gespielt hat, ist nicht klar. Vielleicht auf eine andere Weise: die Männer wollten das unter sich ausmachen. Mir selbst fiel es schwerer bei der Intimpflege von Männern anwesend zu sein, als dies bei Frauen der Fall war.

377 P 11/1.

gesehen, am ‹stillen Ort› erledigt, wird hier öffentlich, schwängert häufig sogar die Luft in den Gemeinschaftsräumen und Fluren. Niemand kann sich entziehen.[378]

Die MitarbeiterInnen sind auf unterschiedliche Weise tagtäglich damit beschäftigt.

Urin und Kot

In den Übergaben ist regelmäßig von Ausscheidungen der BewohnerInnen die Rede, nicht nur in medizinischer Hinsicht, also von Verstopfung und Durchfall, sondern von immer wiederkehrenden «Überschwemmungen» mit Urin und Kot und wie die MitarbeiterInnen damit fertig werden (können).[379]

> Übergabe. Wie so häufig viele Berichte von Stuhlgang, Inkontinenz und Arztbesuchen. (P 17/1)

> Übergabe. Bei vielen BewohnerInnen «ist nichts». Einige Kurzinformationen zum Blutdruck einzelner BewohnerInnen, zu Verabreichung von Salben, Arztbesuch. «Frau Marek hat's heut Nacht voll gebracht. Da kam gleich ne ganze Hand voll entgegen.» Herbert versteht zunächst nicht. Alle lachen. (P 29/1)

> Herr B. hat Stuhlgang gehabt. Wenn man ihn lange genug sitzen läßt, kommt schon was. (Ü 4/12)

> Übergabe. Herr Werner mußte wieder ins Krankenhaus, einen neuen Katheter «gelegt» bekommen. Innerhalb einer Woche das zweite Mal. «Jetzt liegt er ganz schwach und durcheinander in seinem Bett.» – «Am Freitag hat er alles verschmiert, seinen ganzen Körper, bis in die Ohrmuscheln, dann sein ganzes Bett, den Weg zum anderen Bett, das Bett von Herrn Holz, den Weg zum Bad, das ganze Bad. Überall. Das war eine Putzaktion von einer Stunde für drei Mitarbeiter.» (P 35/2)

Viel ist auch von Windeln (Einlagen) die Rede, die es in verschiedenen Farben und Größen gibt. Es wird immer wieder abgeklärt, welcher der BewohnerInnen welche Farbe benötigt, mit oder ohne Netzhose darüber. Die Windeln nehmen viel Raum in Anspruch, in Schränken, im Materialraum und manches Mal auch auf den Nachttischen der BewohnerInnen.

---

378 «Vertraut» wird dieser Geruch, bis hin zur Gewöhnung. Jedoch roch es nicht täglich in den öffentlichen Räumen nach Urin und auch nicht beständig in den Zimmern.

379 Vgl. auch Kapitel 7.1 Austausch über Befindlichkeiten der BewohnerInnen.

Die Berichte in den Übergaben und bei Zwischenabsprachen spiegeln wider, was sich in den Räumen tagtäglich vollzieht.

> Herr Werner wird den Flur entlanggeführt. Der gefüllte Inkontinenzbeutel, der ganz mit Urin gefüllt ist, hängt über der Hose heraus. (P 22/2)

> Morgenpflegerunde. Es schlägt mir ein beißender Uringestank entgegen. Es scheint niemanden außer mir zu stören. Frau Kistner hat das ganze Bett durchnäßt und ihre nasse Windel auf den Nachttisch verfrachtet. Die Einlage bleibt noch eine Weile dort liegen, bis sie die Mitarbeiterin entfernt. (P 31/1)

> Morgenpflegerunde. Frau Schwindt hat geschellt. «Sie muß sicher pinkeln.» Sie kriegt die Bettpfanne untergeschoben mit der Aufforderung, zu klingeln, wenn sie fertig ist. Nachdem sich Anette ausnahmsweise sehr viel Zeit für die Versorgung von Herrn Dupois gelassen hat, betreten wir wieder das Zimmer von Frau Schwindt. Sie ist auf der Bettpfanne eingeschlafen. (P 9/1)

MitarbeiterInnen und BewohnerInnen sind in immer wiederkehrender Weise mit dem Thema Ausscheidung beschäftigt. Die BewohnerInnen werden zur Toilette geführt oder zum Toilettenstuhl, der im Zimmer neben dem Bett steht (manche können den kurzen Weg auch alleine zurücklegen), ihnen werden Bettpfannen untergeschoben, die Einlagen (Windeln) werden ständig gewechselt. Häufig muß durchnäßte oder eingekotete Bettwäsche erneuert werden.[380] Und in der Nacht steigert sich noch diese Konzentrierung[381].

In regelmäßigen Abständen, bis zu dreimal in der Nacht, werden den meisten der BewohnerInnen die Einlagen gewechselt oder sie zur Toilette geführt.[382]

> Erster Rundgang in der Nacht. Das heißt, von Zimmer zu Zimmer gehen: neue Einlagen, Bettpfanne oder Toilettengänge. Die meisten der BewohnerInnen müssen dafür geweckt werden. Das Einlagenwechseln ist anstrengend bei den verschlafenen Menschen.[383] (P 44/1)

---

380 Das Thema ist so allgegenwärtig, daß ich bald müde werde, die vielen Reden darüber und die entsprechenden Szenen in meine Protokolle aufzunehmen. Ich ordne sie unter Routine ein, unter das, «was immer ist», und nicht weiter bemerkenswert. Bei einer Morgenpflegerunde entdecke ich, daß Herr Berg ohne Einlagen schläft. Ich staune darüber, bin einen solchen Anblick gar nicht mehr gewöhnt. ‹Windeln› wird für mich zur Selbstverständlichkeit. (P 20/2).

381 Von der Nachtwache ist mir immer noch der Uringeruch in vielen Zimmern und das Geräusch von Windeln, die klatschnaß auf den Fußboden fallen, in Erinnerung. (P 44/17).

382 Vgl. Skizze Nachtwache mit Nachtwachenplan im Anhang.

383 Meine Assoziation ist: Hin- und Herrollen von leblosen Körpern ohne Kopf.

Als wir in das Zimmer kommen, ist schon ein See auf dem Fußboden. Frau Groß ist ganz durcheinander, weiß nicht, wo sie ist, jammert leise vor sich hin. «Frau Groß merkt zwar, wenn sie zur Toilette muß, sie schafft es dann aber nur noch, aufzustehen, so daß der Bach sich auf dem Weg zur Toilette ergießt. Deshalb muß sie öfter geweckt und zur Toilette geführt werden.» Aber in dieser Nacht klappt es nicht. Herbert (P 44/15)

Die Einlage von Frau Kistner ist immer wieder klitschnaß. Zwischendurch verlangt sie noch nach der Bettpfanne. Einmal ist sogar das Nachthemd naß. «Ich weiß gar nicht, wo sie das alles hernimmt.» Mit Vorliebe entledigt sie sich selbst ihrer nassen Windeln. (P 44/15)

Morgenübergabe nach der Nachtwache von Herbert. Frau Kistner schellt. Eine der Mitarbeiterinnen der Frühschicht geht hin, kommt gleich zurück. Dort war sie mit «Frau Kistners Sauereien» konfrontiert. Sie hat alles beschmiert, ein Großputz ist angesagt.
Herbert wundert sich, weil sie doch «gerade erst auf dem Topf war».
Später, als ich gehe, sitzt Frau Kistner im Rollstuhl an der Eingangstür, frisch in einem schönen Kleid. (P 44/12)

Herr Fromm muß im Stehen «gewindelt»[384] werden, weil er so schwer ist. Bei einem der Rundgänge findet ihn Herbert im Sessel neben dem Bett sitzend, eine Urinlache vor seinem Bett. (P 44/17)

Ilse beginnt, die Medikamente zu stellen. Nach einer Weile fängt das Klingeln an. Frau Altmann muß auf die Bettpfanne. «Das ist aber heute früh», meint Ilse. Frau Schwindt muß auch auf die Bettpfanne. Und Herr Fromm ist naß ... Ilse beschließt, die zweite Runde anzuschließen, in die Einlagen zu schauen, bzw. sie gegebenenfalls zu wechseln. (P 45/6)

Einige der BewohnerInnen entwickeln ein besonderes Interesse an ihren Ausscheidungen, stellen ihre nassen Windeln aus (auf dem Nachttisch, oder Fußboden), spielen, schmieren mit ihrem Kot, verteilen ihn.[385] Was geht in Ihnen vor, was wollen sie ausdrücken im wahrsten Sinne des Wortes?

Die MitarbeiterInnen versuchen, der Lage Herr zu werden, durch Kontinenztraining (regelmäßig zur Toilette führen) bei BewohnerInnen, bei denen dies erfolgversprechend erscheint, durch regelmäßiges Einlagenwechseln, durch Anziehen zusätzlicher Netzhosen, die die Einlagen festhalten und das selbständige Entfernen erschweren sollen, durch zusätzliche Unterlagen (Zell-

384 Üblicher Ausdruck, anstelle von Einlagen wechseln.
385 Meine Assoziation: ich denke an Kinder, die «stundenlang» auf ihrem Nachttopf sitzen oder stolz die «Ergebnisse» in Windeln oder Nachttopf vorzeigen; aber auch an Bettnässen in der Kinder- und Jugendphase.

stofftücher) und durch Wickeln des Unterleibes (bei männlichen Bewohnern) in große Leintücher.

> «Bei der Eingewöhnung ins Heim, da bräuchte man viel mehr Zeit – bei Herrn Dupois sind da entscheidende Fehler gemacht worden. Oder bei Herrn Merck, der hat ganz schön abgebaut hier. Als er zu uns kam, hat er sich noch gemeldet, wenn er zur Toilette mußte. Jetzt tut er es nicht mehr, ... Die ganze Unsicherheit. Jetzt ist jedes Mal alles naß. Die Inkontinenz, das ist auch so ein Problem, die wird im Heim doch flugs hergestellt.» Hans (P 19/1)

> Übergabe.
>
> MA1: «Herr Marx braucht ständig Einlagen.»
>
> MA2: «Wirklich? Wenn man ihn alle eineinhalb Stunden zur Toilette führt. Das ginge doch.»
>
> MA1: «Er will nicht zur Toilette. Er hat die Einlagen selbst bei uns angefordert.»
>
> MA2: «Na ja, wir haben sie ihm ja gleich zu Anfang verpaßt. Da hat er sie nicht verlangt.»
>
> MA1: «Nein es geht wirklich nicht, er macht sich total naß.» (P 35/1)

Urin- und Harnkontinenz wird im Heim nicht nur trainiert, sondern Inkontinenz wird auch produziert.[386] Oder ist das Nachlassen dieser Fähigkeit ein Ausdruck von Regression oder Widerstand? Und der Kampf dagegen sinnlos?

Die MitarbeiterInnen scheinen sich an die kontinuierliche Konfrontation mit Urin und Kot weitgehend gewöhnt zu haben.

Wenn das erträgliche Maß für den einzelnen Mitarbeiter/die einzelne Mitarbeiterin jedoch überschritten wird, reagieren sie mit Abscheu oder Ekel (eher selten)[387], mit Schimpfen, und den Bewohner/die Bewohnerin zur Rechenschaft ziehen[388], oder eher belustigt, die Dinge auf die leichte Schulter nehmend[389].

Vielleicht geht es noch anderen so wie Mira, die es zwar als sehr unangenehm empfindet, den Kot von den Wänden zu waschen, daß sie sich unter Umständen ärgert und es lästig findet, daß ausgerechnet sie die ganze Arbeit hat, die aber gleichzeitig dazu sagt «genau das ist das Leben». [390]

---

386 Bezeichnenderweise sprechen die MitarbeiterInnen manchmal von Inkontinenztraining.
387 Vgl. Kapitel 5.1 Belastungen.
388 Vgl. Kapitel 6.4 Verantwortlichkeit der BewohnerInnen.
389 Vgl. Kapitel 5.2 Entlastungen.
390 E 1/1.

Eine gewisse Desensibilisierung ist zu beobachten. Die MitarbeiterInnen sehen und riechen oft nicht, oder nur verzögert, was sich in den Räumen ausbreitet, oder nehmen es nicht als etwas besonderes wahr.

> Morgenpflegerunde. Herr Schmidt wird versorgt. Mit Schaum und Papier kämpft Luise gegen den sich immer weiter entleerenden Darm an. Ein bestialischer Kotgestank macht sich breit ... Zwischendrin wird das Frühstück für Herrn Schmidt hereingebracht. (P 14/3)

> Nach der Morgenpflegerunde. Das von Urin durchnäßte Bett(zeug) bleibt auf dem Bett liegen und verbreitet einen entsprechenden ‹Duft›. Frau Marek wird gleich in diesem Zimmer frühstücken. (P 23/3)

Es sind Zumutungen, die sich die BewohnerInnen und MitarbeiterInnen wechselseitig zufügen: Die BewohnerInnen muten den MitarbeiterInnen ihre Ausscheidungen zu, die MitarbeiterInnen den BewohnerInnen Nachlässigkeit in der Unterstützung von Selbständigkeit einerseits[391] und Nachlässigkeit bei der Entsorgung des Unvermeidlichen. Was läßt beide Seiten daran festhalten? Warum geschieht nicht das, was möglich ist? Ist es nur die Zeit, die fehlt?

Waschen

Die BewohnerInnen werden täglich von oben bis unten gewaschen, am Waschbecken oder im Bett, je nachdem, wie es praktikabel ist. Manche werden darin angeleitet oder dazu aufgefordert. Wenige erledigen es ganz selbständig. Nach Möglichkeit werden die BewohnerInnen einmal pro Woche gebadet. Dafür gibt es einen Badeplan. An diesem Tag werden auch die Betten frisch bezogen. Auf die Sauberkeit der BewohnerInnen wird sehr geachtet, deshalb erscheint es den MitarbeiterInnen auch notwendig, bei den alten Menschen kontrollierend daneben zu stehen.

> Übergabe. «Bei Herrn Marx, da gibt es noch ein Problem, daß er sich nicht richtig wäscht, sich nicht duschen will und sich noch nicht einmal die Unterwäsche wechseln läßt.» Ingeborg: «Ich hab sie ihm einfach ohne großes Federlesen weggenommen.» Es kommen Kommentare von verschiedenen MitarbeiterInnen: «Er kann ja sein Bein aus der Dusche bzw. aus der Badewanne hängen lassen»; «das mit dem Bein ist nur eine Ausrede».

---

391 Die MitarbeiterInnen haben das notwendige Wissen in bezug auf Kontinenztraining. Sie führen die knappe Zeit an, die hohe Konzentration und die Notwendigkeit von Absprachen, die es bedarf, die BewohnerInnen nach Plan zur Toilette zu führen. Ist es ihnen wichtiger, die knappe Zeit für andere Aktivitäten zu verbrauchen? Denn «Windeln» geht schneller als Kontinenztraining.

MA1: «Habt ihr schon einmal seinen Kamm gesehen?»

MA2: «Igitt, ich will es gar nicht wissen.»

MA3: «Sind Läuse drin?»

MA1: «Nein, ich habe noch nichts krabbeln sehen, aber er ist voller Schmutz und Schuppen.»

MA3: «Morgen schnappen wir uns ihn zu zweit, dann aber ...» Der Satz wird nicht zu Ende geführt. Die anderen lachen.

MA2: «Er hat nur zwei Pullover, einen gelben und einen roten und der rote ist auch schon ganz ausgeleiert.»

Die MitarbeiterInnen verständigen sich anschließend darüber, daß Herr Marx nie Besuch kriegt. «Nur am Anfang habe ich mal jemanden gesehen, dann nie wieder.» Sie empören sich, daß die Freundin, bei der er vorher gewohnt hat, sich auch nicht mehr blicken läßt.[392] (P 30/1)

Übergabe. Anne weist darauf hin, daß Frau Vogel täglich im Genitalbereich gründlich gewaschen werden müsse. «Sie ist wieder ganz voll mit gelbem Gries gewesen. Das war nicht nur zwischen den Schamlippen, sondern auch an der Seite. Richtig dreckig war das. Ich hatte eine halbe Stunde waschen müssen, bis ich das wieder sauber hatte. Das geht so nicht. Die ist über Tage nicht richtig gewaschen worden.» Anne ist so empört, daß sie die Sätze noch einmal fast wortwörtlich wiederholt. Die anderen hören die Schelte stumm an. (P 33/3)

Übergabe. Frau Igel will nicht baden. «Die hab ich aber tüchtig abgeschrubbt und ihr die Haare gewaschen», meint eine Mitarbeiterin (P 33/1)

Das Bedürfnis der MitarbeiterInnen, saubere BewohnerInnen um sich zu haben, die Folgen des so unhäufig kontrollierten Urin- und Darmabgangs zu bannen, Körpergerüche zu minimieren, ist unschwer nachzuvollziehen.

Sie können die BewohnerInnen mit wenige Ausnahmen nicht auf Distanz, sich ‹vom Leib› halten. Schutzhandschuhe und Schutzkleidung allein reichen nicht aus.[393]

---

392 Das Sprechen über seine schwierige Lebenssituation erscheint mir als Versuch der MitarbeiterInnen, das Verhalten von Herrn Marx zu erklären, ohne daß es explizit angesprochen wird; aber auch als eine Dämpfung der eigenen, ziemlich aggressiven Reaktion und des anschließenden Gelächters: «Morgen schnappen wir ihn uns zu zweit, aber dann ...» (P 30/1).

393 Ich selbst entwickle nach Berichten über Kot und Urin, über verschmutzte Kleidung, ... manchmal die Phantasie, man müsse die BewohnerInnen samt ihrer Kleider in große Reinigungsbecken tauchen, aus der sie frisch und «wie aus dem Ei gepellt» wieder auftauchen.

Übergabe. Ein Angebot für Pflegehandschuhe ist gekommen. Es gibt eine lebhafte Diskussion und die einhellige Meinung, daß man was besseres brauche. Die Billigen gehen gleich kaputt und die ganze Soße läuft einem beim Waschen in die Handschuhe rein. Beim Einsalben mag das noch angehen. Aber das Waschen ist richtig unhygienisch.[394] (P 39/3)

Morgenpflegerunde. Mira: «Frau A. ist gestern gebadet worden. Wenn ich jetzt keine Zeit hätte, würde ich mir das Fußewaschen sparen. Die Leute werden hier genug gewaschen und gebadet. Es gibt einen Badeplan, der auch meistens eingehalten wird.» (P 14/2)

7.4 Duldsamkeit und Widerstand

«Das war wieder ein Drama.»[395]

Krankheiten, Behinderungen, die Notwendigkeit, gepflegt zu werden, die notwendigen Hilfen und Unterstützungen bei alltäglichen Verrichtungen wie Essen, Ausscheiden, Waschen, machen es weitgehend unerläßlich, daß die MitarbeiterInnen sich mit ihren Körpern den BewohnerInnen aufdrängen. Viele fügen sich diesem Unabdingbaren, dulden es, zeigen höchstens passiven Widerstand. Sie helfen nicht mit, wenden sich ab, wollen nicht aufwachen, den Mund nicht öffnen. Doch so duldsam, wie es beim oberflächlichen Wahrnehmen erscheinen könnte, so willig, sich den Regelungen der Pflege und des Heimalltags einzufügen, sind nicht alle BewohnerInnen.[396] Auch gutes Zureden führt nicht immer zum Erfolg.

Übergabe. «Frau B., die neue Kurzzeitpflege, ist nervig. Sie will sich absolut nicht waschen lassen. Sie will dauernd ins Bett. Will sich nicht anziehen.» (P 34/3)

Nachtwache. Frau Nebel wehrt sich mit Brüllen und Schimpfen gegen das Wechseln der Einlagen. Herbert meint hinterher dazu: «Sie tut so, als wollte ich ihr Gewalt antun.»[397] (P 44/3)

---

394 Nicht alle MitarbeiterInnen ziehen beim Waschen Handschuhe an. Vgl. Kapitel 5.1.

395 P 50/12.

396 Die Atmosphäre, der Umgangston untereinander (Bewohner- und MitarbeiterInnen) wirkt insgesamt sehr freundlich und konfliktarm.

397 Aber ist das nicht Gewalt? Aus dem tiefen Schlaf geholt zu werden, wie in diesem Falle. Nicht abwarten, bis sich die Bewohnerin besonnen hat? An den Körperteilen zerren, die Bettpfanne unterschieben, deren Rand sich in den Hautfalten verfängt?

Übergabe. Ingeborg: «Mit Frau Igel, das war wieder ein einziges Drama.» Die anderen nicken, hören zu, wissen offensichtlich, worum es geht.
«Am Freitag hab ich sie gebadet. Ich hätte mir am liebsten Oropax in die Ohren gestopft. So hat sie geschrien.» Die anderen schweigen.[398]
«Herr Fromm hat sich jetzt schon zwei Tage nicht waschen lassen. Ich weiß auch nicht, wie das weitergehen soll.» Die anderen schweigen. (P 50/2)

Nach welchen Gesichtspunkten wird der Widerstand gebrochen oder ihm nachgegeben? Wann ist die Toleranz- oder Schutzgrenze erreicht?

Bei Frau Igel kennt man das schon, sie will nie baden und so kommt es immer wieder zu «Dramen» und außerdem zur allgemein verbreiteten Überzeugung, daß sie eine perfekte Schauspielerin ist.

Morgenpflegerunde. Frau Becker, eine kleine, ganz abgemagerte Frau, die tief in ihren Kissen und Decken eingekuschelt liegt. Sie wehrte sich gegen jede Berührung, das Wegziehen der Decke, das Entfernen der Bettschuhe und der zusätzlichen Kissen, das Entblößen ihres Körpers. «Frau Becker kann mich nicht leiden, sehen Sie nur», erklärt Manuela.
Frau Becker beginnt zu zittern und sich weiter zu wehren. «Wollen Sie mich schon wieder schlagen?» Frau Becker wehrt sich noch mehr. «Es liegt vielleicht daran, daß Sie dabei sind», sagt Manuela zu mir gewendet. Manuela ist durch meine Anwesenheit sehr verunsichert. Sie sagte mir, daß sie erst neu im Heim sei und glaubt, daß ich sie kontrollieren will. Ich versuche, das zu berichtigen. Ich verlasse auf ihren Wunsch hin das Zimmer.
Später erkundige ich mich bei Manuela, ob es mit Frau Becker besser gegangen sei, nachdem ich das Zimmer verlassen hatte. Sie verneint. Ich versuche eine Erklärung, die sich auf das plötzliche Herausreißen aus der Wärme und Geborgenheit des Bettes bezieht. Sie kann das nicht nachvollziehen und sagt nur: «Sie muß doch mal gewaschen werden.» (P 8/3)

Manuela sucht nach Erklärungen, aber sie verweigert die Annahme, daß die von den MitarbeiterInnen als notwendig eingeschätzten Tätigkeiten, deren Sinn doch den BewohnerInnen einleuchten müßte, selbst den Widerstand hervorrufen könnten.

Aber auch andere wehren sich gegen das Waschen, gegen die Berührung ihres Intimbereiches, gegen das Einlagenwechseln, Herr Holz, Herr Dupois, ...[399]

Bei dem Versuch, die BewohnerInnen von den Pflegehandlungen zu überzeugen, wird stillschweigend vorausgesetzt oder manchmal explizit formuliert, daß die Entscheidungen vernünftig sind, zum besten der BewohnerInnen

398 Vgl. Kapitel 6.2: Eine andere Mitarbeiterin kommt ihrem Wunsch, nicht zu baden, nach.
399 Kapitel 6.2 und 7.2.

und den Pflegeanforderungen entsprechen: Spritzen, Salben, Waschen, Einlagen wechseln, An- und Ausziehen, … Nach tieferliegenden Gründen wird selten gefragt.

Die grenzüberschreitenden Pflegehandlungen bleiben weitgehend tabu, werden einer Selbstkritik nicht unterzogen.

«Sie muß doch mal gewaschen werden.» Doch am Vortage wurde Frau Bekker auch schon von Kopf bis Fuß gewaschen.

7.5 Verwöhnung

«Man fühlt sich wie ein neuer Mensch»[400]

> Frau Vogel wacht aus ihrem Dämmerzustand auf, als Holger, der sie füttern will, sie im Nacken krault. Sie lächelt. (P 49/6)
>
> Am Abend. Die BewohnerInnen gehen ins Bett, werden ins Bett gebracht. Ich begleite Veronika. Sie «arbeitet» mit sehr viel Körperkontakt, über die Wangen streichen, die Hand tätscheln, in den Arm nehmen. Sie spricht sehr sanft.[401] … Alle BewohnerInnen verabschiedet sie zur Nacht mit einem Kuß auf die Stirn und freundlichen Worten. (P 26/1)
>
> Frau Altmann genießt das wöchentliche Bad, die Menge an Schaum, das «Plantschen» im Wasser und fühlt sich danach wie ein neuer Mensch. Das gleichzeitig als Abstellkammer benutzte Bad scheint sie an diesem Vergnügen nicht zu hindern. (P 40/2)
>
> Herr Weinert entspannt sich ein wenig, als Anette seinen Kopf im Arm hält, während eine Kollegin ihn wäscht. (P 10/1)

Die Pflegehandlungen sind nicht nur Manipulationen und Berührungen des Körpers zum Zwecke der Gesunderhaltung und Reinhaltung, die die BewohnerInnen über sich ergehen lassen oder mit mehr oder weniger Widerstand abzuwehren versuchen. Ihnen wohnt – beobachtbar – in vielen Situationen auch ein Anteil von Verwöhntwerden, Genießen, Zuwendung inne. Die medizinischen Salben, die eingerieben werden müssen, können auch als Streicheln empfunden werden, als angenehme Stimulation der Haut. Das Bad muß nicht nur Hygienemaßnahme sein, sondern kann leibliches Wohlbefinden auslösen, Entspannung und Freude.

---

400 P 40/2.

401 Sie spricht zu den BewohnerInnen wie zu Kindern, aber bei ihr fällt es mir weniger unangenehm auf, es scheint im Einklang zu ihrer geduldigen und liebevollen Worten zu sein.

Und Streicheln, in den Arm nehmen, Hand halten, während einer vielleicht sehr unangenehmen Pflegehandlung, ist nicht nur die Beruhigung, sondern kann auch als liebevoller Kontakt empfunden werden.

Die Pflegehandlungen, so lästig sie auch sein mögen, sind für viele die einzigen Körperkontakte. Sonst ist niemand (mehr) da, der sie «einfach» in den Arm nimmt, sie streichelt, sie küßt.

> Morgenpflegerunde. Herr Berg wird versorgt. Hans bemerkt: «Ich mache ziemlich viel an ihm, damit er sich nicht so allein fühlt. Die anderen lassen ihn mehr für sich wurschteln.»[402] (P 20/2)

> Mira spricht über Frau Becker. «Ich weiß nicht, ich kann irgendwie nicht nachvollziehen, ob's für sie wirklich nur Leiden war, die ganzen Jahre jetzt, seit sich der Zustand so verschlechtert hat, ...
> In der Nachtwache ist mir das passiert ab und an, daß sie dann die Augen aufgemacht und mich gesehen hat und angefangen zu strahlen hat ... daß sie so ganz unvermittelt aus dem Schlaf auftaucht und dann strahlt, was man sonst nicht von ihr erwartet, da hatte ich plötzlich die Assoziation, daß es ja auch so sein könnte, vielleicht auch gerade bei Frauen, daß sie das, trotz aller Begrenztheit, von der wir ja wissen, auch einfach genießen, daß sie versorgt werden.»[403] (E 2/5)

Die BewohnerInnen suchen von sich aus den Körperkontakt zu den Pflegenden. Frau Hut versucht, den Zivildienstleistenden in ihr Bett zu ziehen, als er sie aufweckt. Herr Merck sucht nach dem Arm der Pflegekraft.

Könnte es auch sein, daß BewohnerInnen mehr Pflegehandlungen einklagen als notwendig, sie bewußt oder unbewußt Selbständigkeit aufgeben, um im «unverdächtigen» Gewande der funktionalen Pflegehandlungen, Nähe zu erfahren und sich verwöhnen zu lassen? Suchen sie auf diese Weise Ersatz für Zuwendungen, die ihnen durch den Tod von Lebensgefährten, durch den Einzug ins Pflegeheim abhanden kamen? Oder holen sie sich endlich jetzt, was sie ein Leben lang vermißt haben? Mira begründet ihre Vermutung, daß gerade Frauen das Versorgtwerden genießen mit dem Hinweis, daß sie ja immer diejenigen waren, die andere versorgt haben.[404]

---

402 Herr Berg ist ein Bewohner, der sich sehr in seinem Einzelzimmer zurückzieht, kein Kontakt zu anderen BewohnerInnen hat, den ganzen Tag alleine ist.

403 Frau Becker wehrt sich sonst gegen jede Berührung, die ihr Schmerzen bereitet, und wendet sich meist von den Pflegekräften ab. Vgl. Kapitel 7.4.

404 Der Satz mit dem alte Menschen in Heimen häufig ihre Inaktivität begründen: «Wir haben das ganze Leben geschafft, jetzt sind mal die Jungen dran» (E 2/6), könnte für Frauen umformuliert heißen: «Ich hab das ganze Leben andere gepflegt, jetzt will ich rundum versorgt werden.»

Trotz dieser Beobachtungen überwiegt in den Pflegehandlungen die pure Pflege des Körpers, die zum Ziel hat, Krankheiten zu heilen, Schmerzen zu lindern, Behinderungen auszugleichen und ihn rein zu halten. Da aber im gesunden Körper auch ein gesunder Geist wohnt (mens sana in corpore sana[405]) tragen solche Maßnahmen auch zum Wohlbefinden der BewohnerInnen bei. Können sich die BewohnerInnen mit dieser zusätzlichen Wirkung funktionaler Pflege zufrieden geben? Oder klagen manche der BewohnerInnen mehr ein? Und wie wirken sich unbedachte und unbewußte Grenzüberschreitung und aufgezwungene Körperkontakte auf die Menschen aus?

Daß die MitarbeiterInnen auch andere Visionen haben, als sich in der alltäglichen Arbeit so vorrangig auf die Körper und deren Verfaßtheit zu konzentrieren, deutet sich an. Sie formulieren es in ihren Zielvorstellungen von Pflege, die von psychosozialen Orientierungen geprägt sind.[406] Sie drücken es aus in ihren Zweifeln an der Einstellung einer Beschäftigungstherapeutin, mit ihrer Befürchtung, daß sie dann auf die «reine Körperpflege» reduziert würden.

PraktikantInnen und Schülerinnen, die der Heimleiter nach Abschluß ihrer Zeit befragt, welche der ständigen MitarbeiterInnen im Heim sie am meisten beeindruckt habe, zeigen ihre Vorstellungen mit ihrer Vorliebe für Veronika, diejenige, die mit «viel Körperkontakt» arbeitet und in ihren alltäglichen Pflegehandlungen nicht nur die Körper versorgt, sondern den Leib, als Träger von Empfindungen, Gefühlen, Sehnsüchten, Ängsten, ... Warum ist es trotzdem so schwer in der Pflege der Dominanz des Körpers Einhalt zu gebieten?

---

405 Lateinisch. Ein gesunder Geist wohnt in einem gesunden Körper.
406 Vgl. Kapitel 5.4 Die alten Menschen sollen sich wohlfühlen.

Reflexion 7
Die Wiederkehr des Körpers[407]

Alte, entblößte Menschen hatte ich in meinem Leben bisher wenige gesehen. Weder Eltern, Großeltern, noch andere Verwandte hatten sich mir je nackt gezeigt. Meine Bilder waren eher geprägt von den abschätzigen Bemerkungen und den Klagen über die Häßlichkeit alter Körper, die Jüngere und Ältere wohlfeil anbieten. Sie ließen auch nicht Befürchtungen, mein eigenes Älterwerden betreffend, ungerührt.
Daß es wunderschöne alte Gesichter gibt und langweilige oder häßliche – so wie in anderen Lebensaltern auch –, das nahm ich schon als Kind wahr. Und daß sich in ihnen die Lebensgeschichte widerspiegeln kann, lernte ich. Aber daß das den ganzen Körper betrifft, erlebte ich erst im Pflegeheim. «Heute ist mein zweiter Tag, an dem ich eine Mitarbeiterin während der Morgenpflegerunde begleite. Ich schaue mit gewisser Scheu beim Waschen der entblößten Frauen und Männer zu. Aber ich bin überrascht, wie wenig abstoßend mir die nackten alten Menschen erscheinen. Ja, sie sind gezeichnet, verbogen, verwundet, schlaff – doch sie widersprechen den verbreiteten Schreckensbildern.» Manchmal bin ich erstaunt über ihre Schönheit und Ausdruckskraft.
Nicht die Körper der alten Menschen in ihrer Nacktheit drängen sich mir unangenehm auf, sondern das Leiden, das sie veranschaulichen. Die Ungezügeltheit ihrer Ausscheidungen empfinde ich abwechselnd als Hilferuf (Schau endlich her, das ist meine letzte mir zur Verfügung stehende Ausdrucksmöglichkeit!), als starke Demonstration ihrer Leistungsfähigkeit oder als Aggression (gegen die MitarbeiterInnen, gegen mich, gegen ihre Lebenssituation, . . .). Dem Leiden und der Aggressivität, die im Verlaufe einer Morgenpflegerunde so geballt auf mich einwirken, kann ich nicht ausweichen. Wie werden die MitarbeiterInnen damit fertig? Tagebuch

407 Titel des bereits erwähnten Buches von D. Kamper und Ch. Wulf, 1982 (a).

Der Körper mit allen seinen Merkmalen drängt sich in den Mittelpunkt des Alltags im Heim: Seine Gestalt, sein Gewicht, seine Krankheiten, seine Behinderungen, seine Veränderungen.

Der Nutzen für die alten Menschen

Schmerzen und zunehmende Einschränkungen der Sinnesorgane und Beweglichkeit binden einen großen Teil der Lebensenergie der alten Menschen, wobei sie zwischen stummer oder klagender Resignation und angespanntem Bemühen um die Aufrechterhaltung der Gesundheit schwanken.

Damit lenken sie davon ab – so scheint es – sich mit anderen, vor allem psychosozialen Kränkungen und Behinderungen zu konfrontieren, mit Verlusten, Verzweiflungen, Leere, Zumutungen des Lebens im Alter, im Pflegeheim. Die Konzentration auf den Körper nährt die Hoffnung oder die Illusion, daß dem zunehmenden Verfall des Körpers mindestens Einhalt geboten werden kann. Denn das Heim ist der Ort, an dem pflegerisch-medizinisch das Mögliche versucht und getan wird.[408] Gleichzeitig kann wenigstens mit dem Körper die eigene Leistungsfähigkeit demonstriert werden: Den Arm, das Bein wieder ein wenig mehr bewegen, Ausscheidungen produzieren[409], Krankheiten zum Stillstand bringen. Der spürbare Körper hilft somit dem alten Menschen, sich der eigenen Existenz zu versichern (ich schmerze, also bin ich), besonders dann, wenn Zeit, Ort und die Ereignisse des eigenen Lebens zunehmend «im Nebel» zu verschwinden drohen.

---

408 Frau Schneider (vgl. Kapitel 6.4 und Portrait im Anhang) ist ein eindrückliches Beispiel dafür. Gerade ihre Fixierung auf den Zustand ihrer Organe, ihrer Krankheiten stabilisiert ihre Lebensenergie und Gesundheit.

409 Das Kotschmieren mancher BewohnerInnen deutet auf eine regressive Komponente der Leistungsdemonstration hin. Auch Kinder entwickeln in einer Phase ihrer frühen Kindheit (anale Phase) ein besonderes Interesse an ihren Ausscheidungen. In dieser zweiten Stufe der Ichentwicklung geht es um die Polarität von Hergeben und Festhalten, also um Beherrschung und Ausdruck des eigenen Körpers. (S. Freud, 1968, S. 27–145) Die anale Phase ist eine Phase der Sexualentwicklung. Störungen können sich in Überbetonungen zeigen, z. B. «in der Verwendung von Fäces als ‹Munition auf Leute zu schießen›. Das kann die Form aggressiver Entleerung oder Deponierung von Kot annehmen. Viel verbreiteter natürlich ist der Ausdruck dieser Tendenz im Gebrauch von Schimpfwörtern, die auf Kot Bezug nehmen – eine magische Art, den Feind anzugreifen und höchst bequem, wenn er das durchgehen läßt». (E. Erikson, 1965, S. 78 f.) Die Konzentration auf die Ausscheidungen, ihr unkontrollierter Abgang (Inkontinenz) kann auch als Ausdruck sexueller Bedürfnisse verstanden werden, da andere Weisen nicht mehr zugelassen werden (können).

Es ist seltsam: Immer wenn ich mich mit dem Thema Körper konzentriert beschäftige, entwickle ich unbedenkliche, aber lästige Krankheitssymptome (Kopfschmerzen, Durchfall, Fieber). Krankheit als Flucht vor den Anforderungen, die die Arbeit an der Studie an mich stellt? Die Augen vor den Eindrücken im Pflegeheim verschließen wollen? Ausweichen vor den Konflikten, dem Befremden, das meine Arbeit auslösen könnte, wie ich es schon jetzt befürchte? Der Wunsch nach Erlaubnis, nicht mehr kämpfen zu müssen? Zugewandte Aufmerksamkeit auf mich lenken wollen? Alles fallen lassen! Keine Verantwortung übernehmen! Geht das den alten Menschen auch so? Die Alten bieten mir einen verführerischen, bequem erscheinenden (Aus-)Weg an. Und Wut, daß ich mich so anstelle, meinen Körper nicht bezwingen kann. Tagebuch

Die Notwendigkeit der Versorgung des Körpers, der Behandlung von Krankheiten und Behinderungen wirft aber auch einen Anker in die Außenwelt. Krankheiten, Schmerzen, Behinderungen dienen dazu, den Kontakt zu den anderen, vor allen den MitarbeiterInnen, aufrecht zu erhalten, Hilfe einzuklagen und Macht auszuüben. Sie sind ein willkommenes Mittel, den realen und empfundenen Umwelt- und Bedeutungsverlust als gleichwertiger Partner im Heim, in der Familie, in der Gesellschaft auszugleichen. Denn die Pflege und die Hilfsbedürftigkeit sind die zentralen Werte, die den Menschen im Pflegeheim zugeschrieben werden.

Die Nutzen für die MitarbeiterInnen

Die MitarbeiterInnen zeigen ein komplementäres Verhalten, entsprechen weitgehend den Bestrebungen der BewohnerInnen. Die Pflege des Körpers, die Behandlung von Krankheiten ist der vorrangige Auftrag der PflegemitarbeiterInnen. Die Konzentration auf den Körper dient der Chaosbegrenzung.[410] Die Körper und deren Verunreinigungen werden reingewaschen, notfalls «geschrubbt». Frische Verbände bedecken die Wunden und Behinderungen werden durch medizinische Hilfsmittel gemildert. Wieviel schwerer sind seelische Wunden, Ängste und Verzweiflungen zu behandeln.

Körperbezogene Pflege ist sichtbar und gegenwärtig nachweisbar. Mit den Körpern sind die Menschen ganz in der Gegenwart präsent, sie können nicht «entweichen». An den Sensationen des Körpers – wie sie in der Übergabe im Vordergrund stehen – werden die Leistungen, Anstrengungen und Erfolge der geleisteten und zu leistenden Arbeit der MitarbeiterInnen offenkundig. Auf

410 Vgl. Reflexion 6.

diesem Terrain scheint der Kampf gegen zunehmende Schwäche, Krankheiten und der Tod evidenter.

Daß der Optimismus auch als trügerisch erkannt wird, darauf deuten die Nachlässigkeiten hin, die auch im Bereich der Körperpflege vorkommen: inkonsequentes Kontinenztraining, vergessene Medizin, unzureichende Wundpflege, lasches Gehtraining ... – und auch das Bewußtsein, daß der Mensch nicht allein Körper ist.

Gesellschaftliche Hintergründe

Das auf Körperpflege und Versorgung zentrierende Verständnis von Altenpflege ist nicht allein individualpsychologisch oder aus der unmittelbaren Beziehung zwischen Pflegenden und Gepflegten zu erklären, sondern ist eingebettet in gesellschaftliche Stereotype von Alter und institutioneller Versorgung.[411] Niemand ist erstaunt darüber, daß die Pflegekräfte – im Heim Sommerberg – meistens weiße Dienstkleidung tragen, sie also schon vom ersten Augenschein an als der Krankenpflege zugehörig eingeordnet werden.[412]

In der Altenpflege wird übernommen, was die Krankenpflege bestimmt: «Das somatische Modell der modernen naturwissenschaftlichen Medizin, die ihren Siegeszug im 19. Jahrhundert antrat», basiert auf der Konstruktion eines «Nur-Körpers», ... «der zwar Probleme aufwirft, aber bezeichnenderweise nicht als verwirrender Zusammenhang von Körper und Selbst».[413]

Krankheiten sind bloße Angelegenheiten des Körpers, Funktionsstörungen, die weitgehend behoben werden können. Im Alter jedoch stoßen solche ‹Reparaturvorstellungen› an Grenzen. Der alte Körper, der alte Mensch widersetzt

---

411 Auch in der Altenpflegeausbildung stehen somatische Medizin und Pflege im Vordergrund, auch wenn der sozialpflegerische Anteil in der Ausbildung allmählich zunimmt. Moderne Konzepte der Altenpflege betonen zwar das Ziel, den Menschen «in seinen körperlichen, psychischen und sozialen Bedürfnissen gleichermaßen ernst zu nehmen» (M. Hirsch, 1994, S. 33), in der Praxis aber wird das Alter (immer noch) vorrangig mit Krankheit gleichgesetzt. Altenpflege orientiert sich am «Krankenhausbild, ohne das soziale Beziehungsgeflecht und die Bedürfnisse der Alten gebührend zu berücksichtigen». (Voges/Konenberg 1984, S. 3, zitiert in: U. Braun, R. Halisch, 1989, S. 3).

412 Dienstkleidung schützt vor allem gegen die «Ausscheidungen» der alten Menschen: Stuhl, Urin, Blut, zurückfließende Nahrungsmittel, ...

413 «Drei Momente sind wesentlich und haben ihren Erfolg, speziell gegenüber den Infektionskrankheiten, begründet: 1. Krankheiten sind weitgehend körperliche bzw. natürliche Phänomene; sie sind Angelegenheit eines bloßen Körpers und als solche zu beschreiben, nüchtern und unsentimental; 2. die Methoden sind nur dann effizient, wenn sie den Körper mit seiner biologischen bzw. physiko-chemischen Eigengesetzlichkeit von der Person des Patienten trennen; der Patient stört bei der Diagnose, vor dem Arzt ist er nicht einmal bei der Symptompräsentation verläßlich; 3. es gibt eine Geschichte der Krankheit, aber keine Geschichte des Patienten.» V. Ritter, 1982, S. 41.

sich, entwickelt chronische Krankheiten, irreversible Behinderungen und Schwächen, und löst sich schließlich im Tod auf. Spätestens im Alter – aber nicht nur dann – zeigt sich, daß Krankheiten «ein Zusammenspiel von Körper, Selbst und herrschenden Normen der Gesellschaft» sind.[414]

In Konzepten eines reparaturfähigen ‹Nur-Körpers› hat auch der Tod keinen Platz, muß verdrängt werden oder mit allen Mitteln bekämpft. Er erinnert zu sehr an die Hinfälligkeit des Lebens und die Vergänglichkeit allen Tuns. «Doch der Tod entzieht sich der Domestizierung – in der Gegenwart vielleicht noch entschiedener als in anderen Perioden der Evolution. Selbst wenn es gelingt, das Leben mit Hilfe der medizinischen Technologie um einige Jahrzehnte zu verlängern, konfrontiert die begrenzte Lebenszeit des Körpers jeden Menschen mit dem Tod.»[415] «Wo versucht wird ihn abzuschaffen, tötet er das Leben»[416], indem die Angst vor schweren Krankheiten und Tod beherrschend wird und alle Energien für die Gestaltung des Lebens abzieht.

Der enteignete Leib

In der Materialisierung des Körpers, in seiner Abtrennung von Geist und Seele, wird der Mensch zerstückelt. Er verliert seinen Leib[417] als integrierender Träger aller Dimensionen seines Lebens, seiner materiellen (Knochen, Haut z. B.) und transmateriellen Realität (Gedanken, Gefühle, Phantasien)[418].

In der Konzentration auf den (physischen) Körper hat die Leiblichkeit des alten Menschen keinen Raum. Sein Leib, «der sich selbst erlebt und seine Er-

---

414 V. Ritter, 1982, S. 47. Ein Beispiel für die oft unaufgedeckten Zusammenhänge: «Der Herzinfarkt ist, wenn man so will, der Schlußakkord vielfältiger Beziehungen zwischen Physiologie, sozialer Umwelt und Psyche, in der das Ich die Zusammenhänge nicht durchschaut, in systematischer Weise, bedenkt man, daß die meisten Infarkt-Patienten nie an die Möglichkeit eines eigenen Infarktes dachten. Die Symptomatologie des Infarktes entspricht damit fast buchstäblich dem Diktum von Horkheimer und Adorno in der Dialektik der Aufklärung, daß der Körper eine unterirdische Geschichte betreibt (M. Horkheimer und Th. W. Adorno, 1971), die, gerade weil sie verborgen ist, Überraschungen und Katastrophen zeigt, sei es die Katastrophe des Zusammenbruch eines Individuums im Infarkt oder sei es die Katastrophe einer Gesellschaft, die an den gewachsenen Sozial- und Gesundheitskosten zu ersticken droht, ganz zu schweigen von den Umwelt- und Kriegskatastrophen, in denen die Möglichkeiten der Naturbeherrschung blind anschlagen.» (V. Ritter, 1982, S. 46 f.) V. Ritter weist auf die Zunahme psychosomatischer Krankheiten im Zusammenhang mit einer Entkörperlichung der sozialen Beziehungen hin und auf zunehmende Verwundbarkeit der Individuen, z. B. durch Streß.

415 Ch. Wulf, 1982, S. 271.

416 Ch. Wulf, 1982, S. 267.

417 Vgl. Kapitel 7, Anmerkung 332.

418 Vgl. D. Rahm, H. Otte, S. Bosse, H. Ruhe-Hollenbach, 1993, S. 76. M. Merleau-Ponty spricht vom zweideutigen Status des Leibes (B. Waldenfels, 1986).

lebnisse speichern kann, der also ein Bild, eine innere Repräsentation hat von sich selbst und seiner Welt» gerät aus dem Blickfeld.[419]

Es ist nicht so, daß die Pflegenden im Heim keinerlei Bewußtsein von der Ganzheitlichkeit menschlichen Lebens hätten und die «bloßen Körper» pflegen. Es scheint mir vielmehr, daß die Allgegenwart und Dominanz von Krankheiten und Behinderungen, die kulturell-gesellschaftlich verankerten Bilder vom Alter und von Krankheit, das Bedürfnis, Erfolge der Arbeit und der Anstrengungen sichtbar werden zu lassen und der Erledigungsdruck zu einem additiven Konzept menschlichen Lebens führt, bei dem die Versorgung von Körpern mit seinen unterschiedlichen eingeschränkten und defekten Funktionen die Oberhand hat. Erst muß der Körper gewaschen, verbunden, bewegt, müssen Krankheiten mit der Medizin in Schach gehalten oder geheilt werden, erst dann kann die verbleibende Zeit den psychosozialen und geistigen Belangen des Menschen gewidmet werden.[420]

Das Heben, Schieben, Rollen der oft passiven Menschen, die vielfältigen Pflegehandlungen unmittelbar an der Körperoberfläche (Haut) erwecken – auch von außen betrachtet – den Eindruck der Manipulation von Materie.

Durch das kontinuierlich notwendige «technische» Berühren werden die alten Menschen zu Pflegeobjekten. Beide, die MitarbeiterInnen und alten Menschen verlieren die Sensibilität für ein «Berühren aus Berührtsein» und ein «Berührtsein aus Berühren».[421]

Mit der Enteignung des Menschen von seiner Leiblichkeit – die in der Schutzkleidung ihren symbolischen Ausdruck findet – schützen sich die MitarbeiterInnen vor der Biographie der Körper. Sie schützen sich davor, von dem Schmutz und den Abgründen des psychischen und physischen Leidens, von der Vergänglichkeit des Lebens wirklich berührt zu werden.[422]

---

419 D. Rahm, et al., 1993, S. 77: «Ein Leib ist daher eine wahrnehmender und sich gewahr-seiender, sich erinnernder Organismus. Der Prozeß, in dem der Organismus sich ‹sich selbst aneignet›, ein Leib-Selbst entwickelt, beginnt bereits im Mutterleib.»

420 Grundpflege bei Frau Altmann: Für die Lebensgeschichte von Frau Altmann, die durch die Berührung des Körpers und das darin enthaltene wechselseitige Vertrauen angerührt wurde, war kein Platz. (Kapitel 6.1) Oder: ‹Erst die Arbeit› (Wäsche zusammenlegen, die der Umhüllung der Körper dient, Pflegetätigkeiten ausführen), ‹dann das Spiel›, das Gespräch mit dem von Angst besetzten Herrn Dupois (Kapitel 8.1).

421 P. Eisler, 1991, S. 102.

422 «Sobald der Körper wie ein Instrument verwendet wird, ist Begegnung, Berührtsein, ‹Sozial-Sein› unmöglich. In offener, wacher Anwesenheit, im Dabeisein, für den anderen Dasein, Berührtsein ist Mitsein enthalten und erfahrbar, wird Leib-Sein konstituiert. Nur so ist es uns möglich, über unseren Körper hinauszugehen und Zusammenhalt, Zugehörigkeit und Liebe in einem selbst, in einem größeren Leib zu erfahren, mit dem wir uns identifizieren, der uns Sinn und Identität gibt. Wenn ich mich berühren lasse, berühre ich auch immer. Oder indem ich berühre, werde immer auch ich berührt. Kontakt ist Abgrenzung und Berührung zugleich. Der Mensch wird durch den Mitmenschen zum Mensch. Er muß in leib-

Der gereinigte Körper ist frei von irritierenden Emotionen, Gedanken und Erinnerungen. Er ist auch frei von sexuellem Begehren.

Im Pflegeheim Sommerberg, in dem die emotionale und sexuelle Bedürftigkeit, meiner Beobachtung nach, zum Greifen nahe ist, sich jedoch in versteckter oder verschobener Weise äußert, ist Sexualität der BewohnerInnen und MitarbeiterInnen kein Thema. Sexualität, Begehrtwerden und Begehren ist unter der routinehaften Zurschaustellung der Körper, der Vernachlässigung bezüglich der Pflege des Anblicks der Körper (Kleidung, Frisur, Kosmetik, Düfte) und der (unbewußten) Übernahme gängiger gesellschaftlicher Normen und Tabus völlig aus dem Blickfeld geraten. «Der alte Mensch zieht sich in seinen Körper zurück, so wie er sich in seine Wohnung einkapselt. Dort ist die letzte Zuflucht, über die versucht wird, die Herrschaft aufrecht zu erhalten. Ist dieser Rückzug schon paradox und tragisch genug, so wird in Altenpflegeheimen noch diese letzte Bastion zerstört.»[423]

Dieses Tabu, das dem Alter sexuelles Begehren abspricht, ist hartnäckig. Auch durch empirische Untersuchungen und Lebensberichte alter Menschen löst es sich nur sehr langsam auf.[424] Wenn auch im Zuge allgemeiner körperlicher Veränderung im Alter auch die Sexualität Veränderungen unterliegt, so bedeutet es jedoch nicht, daß Sexualität im (hohen) Alter nicht existiert. Sexualität verstanden als «die Fähigkeit des Individuums, durch intimen körperlichen Kontakt Lustgefühle zu empfinden» ... «wohnt in jedem Menschen, unabhängig vom Lebensalter oder davon, ob ein/e Partner/in vorhanden ist. Sexualität ‹haben› selbst die, die sexuell völlig abstinent leben».[425]

Die Sexualität und der Tod überschreiten die Grenzen eines in geordneten Bahnen laufenden Lebens – oder eines zu ordnenden im Pflegeheim. Es scheint so, als ob beide im Pflegeheim nicht (gerne) gesehen sind.[426]

---

licher Präsenz angeschaut, berührt und angesprochen werden.» (P. Eisler, 1991, S. 100).

423 «Im Namen der Hygiene wird in Altenheimen diese letzte Intimsphäre verletzt, denn der Greis, der stundenlang auf seinem Klosettstuhl fremden Blicken ausgesetzt ist, verliert jede Würde.» (G. Herberich-Marx, Freddy Raphael, 1988, S. 334 f.).

424 B. D. Starr, M.B. Weiner, 1982; H. D. Schneider, 1980; U. Koch-Straube, 1982, S. 220–227; K. von Sydow, 1992; I. Ebberfeld, 1992; R. Daimler, 1991.

425 K. von Sydow, 1992, S. 9. Die sexuellen Aktivitäten dementer alter Menschen werfen ein unübersehbares Licht auf deren durchgängige Existenz. Biographische und zeitgeschichtliche Einflüsse einerseits und die Lebenssituation im Alter andererseits variieren unterschiedliche Ausprägungen. «Demenzleiden können zu Veränderungen des Sexualverhaltens (z. B. Enthemmung) führen ... Obwohl bekannt ist, daß manche demenzkranke Menschen dazu neigen, sich sexuell auf eine Weise zu betätigen, die ihre Umwelt stört oder sogar massiv belästigt, so ist zu diesem Thema dennoch ein großes Forschungsdefizit zu konstatieren» (K. von Sydow, 1992, S. 29 f.).

426 «Die ungeheure Arbeit, die das moderne Europa auf den Schultern des Christentums unternimmt – von Hegel als Säkularisierung der Menschwerdung Gottes apostrophiert, in der die Entheiligung als Verwirklichung des Heiligen im Profanen begriffen werden muß –,

Es ist heiß. Ich versetze mich unversehens in die Lage der alten Frauen im Heim, Frau Altmann, Frau Huth, Frau Wolter, ... Ich wünsche mir Wasserströme, die meinen Körper entlangfließen, die meinen Körper streicheln ... nicht den rauhen Waschlappen aus der Wasserpfütze vor mir, auf dem harten Stuhl vor dem Waschbecken sitzend, nicht die Krankenhauswanne im unordentlichen, kahlen Badezimmer, sondern die Wohltat eines wirklichen Badevergnügens mit anregenden Düften und Salben ... ein türkisches Badehaus oder das Eintauchen in einen See, oder ins Meer, dessen Wellen mich sanft bewegen. Ich bin es nicht gewohnt, das stimmt. Ich bin nicht geübt, das zu genießen, aber ich lerne es. Mit dem Schweiß und den mir selbst unangenehmen Körpergeruch spüle ich auch manche Sorgen und trüben Gedanken ab. Ich entspanne meinen Körper, der sich so schnell – alles Unangenehme abwehrend – verkrampft. Ich fühle mich ein wenig wie neugeboren. Ich spüre meinen Körper. Ja ich sehne mich nach Wasser, das mich erfrischt und verwöhnt.
Tagebuch

Die Enteignung des Leibes, die weitgehende Reduktion der Pflege auf den Körper, der geringe Stellenwert des Verwöhnens und Genießens wiegt im Pflegeheim besonders schwer. Die BewohnerInnen sind – besonders dann, wenn sie sich aus logisch-verbalen Sprachformen zurückgezogen haben – auf spontan-emotionsgeleitete Kommunikationsformen angewiesen[427], auf den Austausch von Gefühlen, auf Linderung und Heilung ihrer physischen und psychischen Schmerzen durch zugewandten Körperkontakt. Viele der BewohnerInnen sind im wesentlichen nur noch über Berührungen aus ihren inneren Welten in die Gegenwart und zum Kontakt zu den Pflegenden zu locken. Alle anderen Formen der Aktivierung scheinen sie kaum noch oder nicht mehr zu erreichen.

Über die Berührung, über das Wahrnehmen ihres eigenen Leibes durch affektiven Körperkontakt können sie ihre Subjektivität erleben, Identität bewahren und den Kontakt zu anderen aufrechterhalten. Mit einer verwöhnenden und auf Genuß zielenden Pflege des Körpers gibt es eine Chance, die Seele der Menschen zu erreichen, Gefühle des Geborgenseins und der Sicherheit zu entwickeln, als Botschaften, die auf dem Wege kognitiver Kommunikation nicht mehr zu überbringen sind.

In Ansätzen sind solche Formen der «Leibespflege» und ihre positiven Reaktionen seitens der BewohnerInnen im Heim Sommerberg zu beobachten. In

---

zielt auf die Überwindung des Todes und des Geschlechts. ... Nicht nur die Sterblichkeit und das Siechtum sind dabei auszumerzende Momente der Unvollkommenheit, sondern auch die durch Empfängnis, Schwangerschaft, Geburt verhängte Verwicklung der menschlichen Natur ins Vegetative.» D. Kamper, Ch. Wulf, 1982 (b), S. 16.

427 R. Buck, 1984

der Hektik der Arbeitsvollzüge, in Räumlichkeiten, denen eine geschützte Privatsphäre (jederzeit kann jeder jeden Raum betreten) und eine Intimität ermöglichende Atmosphäre (wie im Bad) fehlen, bedarf es besonderer Anstrengung, die Kargheit des Alltags zu durchbrechen.

Altenpflege verlangt die Bereitschaft und die Fähigkeit, auch oder vorrangig nonverbale Äußerungen der BewohnerInnen zu entschlüsseln und sich darauf zu konzentrieren. Es müssen viele Sprachen beherrscht werden, denn es bedarf also eines ständigen Sprachwechsels von der eher symbolischen Kommunikation der MitarbeiterInnen untereinander zu der stärker von elementaren Signalen geprägten Sprache mit den BewohnerInnen und dort wiederum das Vermögen, sich auf die Besonderheiten jedes einzelnen Bewohners/jeder einzelnen Bewohnerin einzustellen.[428]

«Territorien des Selbst»[429]

Die Enteignung des Leibes, d. h. ein «technischer» Umgang mit den zu pflegenden Körpern degradiert die alten Menschen zu Pflegeobjekten und die MitarbeiterInnen zu Pflegeroutiniers.

In der alltäglichen Häufung von vielen Körperpflegen – oft auch noch unter Zeitdruck[430] – ist es schwierig, Sensibiltität für die Subjektivität des Geschehens zu bewahren.

Beide Seiten – so scheint es oberflächlich – nehmen diese Enteignungsprozesse als unausweichlich und schicksalhaft hin. Die Pflegesituationen in hoher körperlicher Dichte werden unter «Krankheit» einerseits und «Abhängigkeit» andererseits dauerhaft eingeordnet und finden so ihre Rechtfertigung und Erträglichkeit.

Doch diese Interpretation wird nicht gänzlich hingenommen. Die MitarbeiterInnen beobachten und reagieren selbstkritisch auf die Grenzüberschreitungen und BewohnerInnen fügen sich ihnen nicht widerstandslos.[431] Beide Seiten konstatieren einen persönlichen Schutzraum[432], einen gewünschten Abstand zwischen sich und den anderen, über den sie die Kontrolle behalten

---

428 Nicht jede Berührung aus positiver Absicht des Mitarbeiters muß auch für den Bewohner positiv erlebt werden. Der Gute-Nacht-Kuß von Veronika, der fast allen BewohnerInnen gilt, kann für die eine oder andere Person durchaus als Grenzüberschreitung, als Aufdringlichkeit erlebt werden, während andere ihn genießen. – Eine parallele Entwicklung der Spracherweiterung vollzieht sich in der Psychotherapie. Es nehmen körperbezogene, weniger auf kognitive Verarbeitung zielende, Therapieformen zu. Vgl. H. Petzold, 1989; Tilmann Moser, Albert Pesso, 1991.

429 Titel eines Kapitels in E. Goffman, 1982 (a).

430 Vgl. Kapitel 5.1.

431 Vgl. Kapitel 7.4.

432 «Personal space», E. T. Hall, 1966.

möchten. «Ich stelle mir vor, wie es für mich wäre, ... ich hätte es nicht gerne, wenn man mich gerade am Mund berührt, der doch so empfindsam ist.»[433] Es ist zwar möglich, das individuelle Territorium je nach Situation in seinem Ausmaß zu variieren. Das Wechseln von Inkontinenzeinlagen wird dann als ein rein pflegetechnischer Vorgang definiert, von dem die eigene Scham nicht berührt, das Selbst nicht verletzt wird, während die gleiche Handlung außerhalb der Pflegesituation nicht ertragen würde.[434]

Es erhebt sich jedoch die Frage, ob diese im Einzelfall hilfreichen Umdefinitionen in einer Lebenssituation dann noch möglich sind, wenn die Entblößung auf Dauer gestellt und die Kontrolle über die Pflegehandlung äußerst gering ist. Zu beobachten ist darüber hinaus, daß Grenzüberschreitungen aufgrund von Routine und Gewöhnung einerseits und aufgrund geläufiger Vorstellungen von Pflegebedürftigkeit andererseits weit über das pflegerisch notwendige Maß hinausgehen (unbedeckte Körper, Urinieren in der Öffentlichkeit[435]).

Wenn schon Patienten im Krankenhaus viele Ereignisse des Pflegealltags als Verletzung ihres persönlichen Raumes empfinden und sie als große Belastungen während ihres Aufenthaltes einstufen, wieviel mehr müssen das Menschen empfinden, die nicht nur vorübergehend einer solchen Situation ausgesetzt sind. In welch höherem Maße sind sie bewußt oder unbewußt belastet von der Angst vor der Aufdeckung der persönlichen Identität, von der Angst vor physischer Bloßstellung, vom Verlust der persönlichen Autonomie und von der zunehmenden Abhängigkeit von anderen.[436] Oder kann ernsthaft davon ausgegangen werden, daß diese Ängste alte, pflegebedürftige Menschen nicht mehr tangieren?

---

433 Vgl. Kapitel 7.2. Als «personal space» kennzeichnet der Anthropologe Hall die Schutzzone, die eine Person zwischen sich und anderen einhält; dieser kulturell definierte Abstand zwischen Personen bestimmt, wie nah diese miteinander interagieren; das Eindringen in die Körper-Puffer-Zone führt zu Rückzug und anderen kompensatorischen Reaktionen. (Vgl. W. Saup, 1993, S. 156).

434 Eine vergleichbare Situation besteht für Frauen bei gynäkologischen Untersuchungen. Sie sind nur zu akzeptieren als ein rein medizinischer Eingriff. Trotzdem bleibt ein Unbehagen, das viele Frauen dadurch zu minimieren suchen, in dem sie eine Ärztin wählen.

435 Vgl. Kapitel 7.2.

436 I. Bauer, 1993. Anläßlich der Vorstellung dieser Studie während des Begleitkollegs innerhalb des Förderprogrammes «Qualifizierung von Lehr- und Leitungskräften» der Robert-Bosch-Stiftung am 6. und 7.11.1993 in Stuttgart sagt I. Bauer: «Die tatsächliche Abhängigkeit vom Krankenhauspersonal sowie die Angst, sich durch Beschwerden unbeliebt zu machen, riefen ein Gefühl der Hilflosigkeit hervor, das die Patienten veranlaßte, sich allem, was auch immer mit ihnen passieren mag, zu unterwerfen. Das Gefühl, in Kontrolle zu sein, war der wichtigste Aspekt bei der Wahrnehmung der Privatsphäre. Die daraus folgende Notwendigkeit kontinuierlicher Verhandlungen zwischen Personal und Patienten bei Tätigkeiten, die die Privatsphäre verletzen, wurden als wichtigste Folgerung für die Pflege betont.» Vgl. auch I. Bauer, Die Privatsphäre der Patienten, Bern 1996.

Jedes Individuum hat Anspruch über das Territorium seines Selbst zu verfügen. In sozialen Organisationen, in der Interaktion zwischen den dort Anwesenden werden diese Territorien wechselseitig berührt, eingeschränkt oder auch verändert.[437] Die Ausprägung individueller territorialer Ansprüche, bzw. deren Gewährung durch andere, variiert je nach Kultur, sozialem Status und Persönlichkeitsstruktur.[438]

Im Pflegeheim Sommerberg sind solche Variationen ebenfalls zu beobachten. Frau Czerny, Frau Schwindt, Frau Altmann werden aufgrund ihrer Respekt und Achtung einflößenden Persönlichkeit größere Territorien des Selbst zugestanden.[439]

In bezug auf das Thema «Körperdominanz im Pflegeheim» rücken zwei Formen der Territorialität in den Vordergrund: der persönliche Raum und der Schutz der Körperhülle.

Der persönliche Raum ist «der Raum, der ein Individuum überall umgibt und dessen Betreten seitens eines anderen vom Individuum als Übergriff empfunden wird, der es zu einer Mißfallenskundgebung und manchmal zum Rückzug veranlaßt».[440] Im Pflegeheim sind solche Übergriffe an der Tagesordnung. Sie resultieren weniger aus der Tatsache, daß Pflegebedürftigkeit ein «Betreten dieses Raumes» erforderlich macht, sondern vielmehr daraus, daß dem alten Menschen in der Regel darüber nicht Kontrolle gewährt wird, daß er von sich aus solche Grenzüberschreitung – etwas aus Einsicht in die Notwendigkeit – weder gestatten, noch verwehren kann. Territorialen Übergriffe, die im Pflegeheim geschehen, widersprechen darüber hinaus den Erfahrungen und Bedürfnissen, die Erwachsene im Laufe ihres Lebens entwickelt haben.[441]

Der Schutz der Körperhülle bezieht sich auf «die Haut, die den Körper schützt und, in geringem Abstand davon, die Kleider, die die Haut bedecken»:

---

437 E. Goffman, 1982 (b), S. 54 ff.

438 «Bei gleichbleibendem Schauplatz kann der Umfang der Reservate je nach Macht und Rang der Individuen höchst verschieden sein. Patienten in einem Armenkrankenhaus können u. U. bis zu ihrem Tod warten, bevor sie eine schützende Wand um ihr Bett gestellt bekommen, während die Mittelschichtspatienten in Privatkrankenhäusern sich des Privilegs auch zu anderen Zeiten erfreuen: ... Im allgemeinen gilt: je höher der soziale Status eines Individuums, desto größer ist der Umfang der Territorien des Selbst und die Kontrolle über deren Grenzen hinaus. ...» E. Goffman, 1982 (b), S. 69 ff.

439 Vgl. Kap. 6.4. Ob für den deutlich anderen Umgang mit diesen Frauen – seitens der MitarbeiterInnen – auch sozio-kulturelle Unterschiede eine Rolle spielen, entzieht sich meiner Kenntnis. Weder die MitarbeiterInnen noch ich verfügen über ausreichende Kenntnisse über die soziale Herkunft der Bewohnerinnen. Und auf der phänomenologischen Ebene sind wesentliche interpretationswürdige Differenzen bezüglich des sozialen Status nicht erkennbar.

440 E. Goffman, 1982 (b), S. 56.

441 Vgl. Gespräch mit Mira, Kapitel 7.2.

die Körperhülle als der «kleinste aller möglichen persönlichen Räume», aber auch als die «reinste Form egozentrischer Territorialität».[442]

Nicht allein, daß Menschen in für sie ungewohnter Weise mit anderen fremden Menschen den privaten (Bewohnerzimmer) und öffentlichen Raum teilen müssen und das immer wieder zu Kollisionen, wechselseitigen Belästigungen kommt, sondern auch ihr höchst privates Reservat, ihr Körper, ihr Leib-Selbst bleibt nicht verschont.[443] Denn die Berührung des Körpers ist nicht nur Pflege-Technik, sondern löst unweigerlich mehr oder weniger bewußt spürbare Reaktionen aus: Gefühle, Sehnsüchte, Ängste, ... Übertretungen des individuell beanspruchten Territoriums können auf unterschiedliche Weise geschehen, durch «Eindringen, Eingriffe, Anmaßungen, Übergriffe, Beschmutzungen».[444]

Ob eine Verletzung des territorialen Selbst[445] überhaupt stattfindet, unterliegt keinen – von Extremen abgesehen – objektivierbaren Maßstäben, denn «es kommt nicht darauf an, ob ein Reservat exklusiv behauptet oder geteilt oder völlig aufgegeben wird, sondern auf die Rolle, die einem Individuum für die Einflußnahme darauf, was mit seinem Anspruch geschieht, zugestanden wird».[446] Persönlicher Wille und Selbstbestimmung spielen im Pflegeheim jedoch eine nachgeordnete Rolle, werden zwangsläufig institutionellen Bedingungen einerseits und pflegerischen Erfordernissen andererseits weitgehend untergeordnet. Der Hinweis auf diese Objektivitäten (z. B. auf Dienstpläne, Personalmangel, Krankheiten) baut um die eigentlich unhaltbaren Zustände im Pflegeheim einen weitgehend sicheren Schutzwall vor der Wahrnehmung eigener Betroffenheit als Verletzter – und vor Identifikation mit den Betroffenen – als Verletzte.

Wären sich die MitarbeiterInnen beständig der körperbezogenen Grenzüberschreitungen, aber auch der psychischen[447] bewußt, müßten sie ihre Arbeit im Pflegeheim aufgeben oder eine radikale konzeptionelle Veränderung betreiben.[448]

---

442 E. Goffman, 1982 (b), S. 66.

443 «Das Leib-Selbst umfaßt die organismische Basis und alle leiblich fundierten Prozesse der Persönlichkeit» D. Rahm, H. Otte, S. Bosse, Hannelore Ruhe-Hollenbach, 1993, S. 94.

444 E. Goffman, 1982 (b), S. 74. Er zählt auch Anblicken, Anschauen, Durchbohren mit den Augen dazu.

445 Verstärkend wirken weitere territoriale Übergriffe, die im Heim zum Alltag gehören: die Einschränkung des «Besitzterritoriums» (temporär oder dauerhaft), z. B. die Selbstverständlichkeit, mit der die MitarbeiterInnen mit privatem Besitz der BewohnerInnen umgehen. Oder: «Einschränkung des Benutzungsraumes», z. B. durch Mehrfachbelegung der Zimmer oder durch beständigen, nicht abzustellenden Lärm, E. Goffman, 1982 (b), S. 62; vgl. auch Kapitel 8.

446 E. Goffman, 1982 (b), S. 94 f.

447 Vgl. Reflextion 6.

448 Entsprechendes gilt auch für die Zuschauenden, gemeint sind z. B. Trägervertreter, Verantwortliche in der Sozialpolitik, aber auch Verwandte, Besucher ....

Die alten Menschen machen es den MitarbeiterInnen leicht, Grenzüberschreitungen nicht als solche zu entschlüsseln, da sie durch ein vermutetes oder tatsächlich existierendes Einverständnis diese entschärfen. BewohnerInnen sind vielfach zu klaren Willensäußerungen nicht bereit oder in der Lage. Ihre Signale der Zustimmung oder Ablehnung verbergen sie in nicht ohne weiteres verständliche Äußerungen oder Handlungen. Oder sie haben sich in den Zustand ihrer Abhängigkeit gefügt, erkennen die daraus erwachsende Macht der Pflegenden an und geben (jeglichen) Widerstand auf. Sie verteidigen ihr Territorium nur schwach oder verzichten ganz darauf.

Es bedarf eines großen Einfühlungsvermögens und viel Zeit und Geduld, den Sinn hinter den Worten, Zeichen, Gesten und Handlungen zu verstehen, und die Bereitschaft zum Risiko, sie auch mißzuverstehen.

Die körperliche Nähe, die notwendigen Berührungen korrespondieren mit Regressionsbedürfnissen der BewohnerInnen.[449] Sie wecken ein Verlangen nach (körperlichem) Umsorgtwerden, nach Berührtwerden, nach Zärtlichkeit, nach Sexualität. Da diese in einer weitgehend funktionalen Pflege unzureichend befriedigt werden können, werden Grenzüberschreitungen als Ersatz in Kauf genommen oder nicht als solche empfunden. Alternativen existieren kaum oder nicht.

Schließlich überschreiten auch BewohnerInnen die Grenzen des territorialen Selbst der MitarbeiterInnen. Sie belästigen sie ihrerseits mit ihrer körperlichen Nähe, mit ihrer Nacktheit, ihren Geschlechtsorganen, mit ihren Ausscheidungen, ihren Gerüchen.[450]

Aufgrund der Verminderung sensorischer Fähigkeiten (Sehen, Hören, Riechen, Tasten) verkürzen sich die «Distanzzonen im Alter» ..., so daß «das Distanzverhalten des jungen Personals dissonant zu den Erwartungen und Wünschen der älteren BewohnerInnen ist»[451]

Die Atmosphäre im Pflegeheim ist von beständigen wechselseitigen Eingriffen in die Territorien des Selbst geprägt.

Sie wird auch für die Zuschauenden schnell zur Selbstverständlichkeit, zur Gewohnheit, an der niemand mehr besonderen Anstoß nimmt. Eine Desensibilisierung findet statt. Der technische Umgang mit den Körpern hilft, die eigenen Gefühle von Scham und Betroffenheit unter Kontrolle zu halten. Das schließt jedoch nicht aus, daß alle Betroffenen dennoch in ihrer Würde – im

---

449 Vgl. Kap. 4.

450 «Die kontaminierende Wirkung von körperlichen Belästigungen – handele es sich um Nähe, Berührung oder Ausscheidungen – kann sehr unterschiedlich sein, je nachdem, wodurch die Belästigung erfolgt. In der westlichen Gesellschaft gelten die Ellenbogen oder der obere Rücken kaum als kontaminierend, während die Geschlechtsorgane zu den Partien gehören, die als äußerst kontaminierend empfunden werden können.» E. Goffman, 1982 (b), S. 80.

451 Ergebnisse einer Untersuchung von A. Delong, 1993, S. 156.

Sinne von Schutz der Intimität – verletzt werden. Die allseitige Gewöhnung enthebt nicht von der Frage, wie solche Verletzungen vermieden werden können.

8. Der Rückzug der Pflegenden

Die PflegemitarbeiterInnen sind mit einer Fülle von Anforderungen konfrontiert. Mit Unterstützung der MitarbeiterInnen aus der Küche und Hauswirtschaft leisten sie Hilfe in grundlegenden Bereichen menschlicher Bedürfnisse und des Wohlbefindens und kompensieren mit ihrer Arbeit schwindende Kräfte und Fähigkeiten der BewohnerInnen, sich selbständig zu versorgen. Sie verfolgen damit die Zielsetzungen ihres Berufsstandes. Im Team oder auch individuell entwickeln sie Pflegekonzeptionen und orientieren sich an den Anforderungen, die die BewohnerInnen in konkreten Situationen explizit oder implizit an sie richten.[452]

Nichts Menschliches bleibt ihnen fremd. Krankheiten und Behinderungen verursachen, daß die PflegemitarbeiterInnen den BewohnerInnen körperlich sehr nahe kommen. Darüber hinaus sind die MitarbeiterInnen den BewohnerInnen alltägliche Gesprächspartner, ersetzen verlorene oder reduzierte soziale Kontakte und helfen ihnen, die Tage zu gestalten. Den BewohnerInnen, die die Orientierung verloren haben, geben sie Halt und Anleitung für die lebensnotwendigen Verrichtungen.[453]

Die Aufgaben sind gleichförmig, immer wiederkehrend und gleichzeitig unerschöpflich. Aus der Sicht der MitarbeiterInnen könnten die BewohnerInnen in bezug auf ihre Körperfunktionen und auf ihre Krankheiten und Behinderungen noch besser versorgt werden. Die besondere Lebenslage jedes einzelnen Bewohners/jeder einzelnen Bewohnerin bedürfte einer viel umfassenderen psychosozialen Betreuung, mehr Gespräche «gegen die Einsamkeit», kulturelle Angebote ...

Dem Ziel, durch optimale Pflege ein umfassendes Wohlbefinden der BewohnerInnen zu erreichen, können die MitarbeiterInnen nur hinterherlaufen. Die BewohnerInnen ziehen sich innerlich aus dem Heim weitgehend zurück, sind unerreichbar oder klagen.

Dreißig BewohnerInnen, das sind dreißig Persönlichkeiten, dreißig Lebenslagen und Lebensgeschichten, die im Heim versammelt sind und die mehr oder weniger wahrnehmbar den Alltag, das Milieu des Heimes mitbestimmen. Mit dieser Fülle an konkreten Anforderungen, Erwartungen und Lebensgeschichten sind die MitarbeiterInnen täglich aufs Neue konfrontiert.

---

452 Vgl. Kapitel 5.
453 Vgl. Kapitel 4.

«Zwischendurch muß man die Alten einfach vergessen, so wie vor kurzem im Urlaub, da hab ich vier Wochen einfach nicht daran gedacht, weder an die Leute im Heim, noch an die eigenen Eltern.»[454] (B 5/2)

«Um morgens durchzukommen, muß man die Fülle der Wünsche und Signale, die von den Leuten kommt, wegschalten.» (ZB 15/4)

«Im Heim haben wir nur manchmal die Möglichkeit, genau zu schauen, was der einzelne braucht.»[455] (E 5/2)

Das Gespräch mit den MitarbeiterInnen in einer der Zwischenauswertungen beschäftigt sich mit der Tatsache, daß alle MitarbeiterInnen für alle BewohnerInnen grundsätzlich zuständig sind, alle mit allen in etwa gleichem Ausmaß im Kontakt stehen. Ilse erklärt, warum eine personenbezogenere Betreuung der alten Menschen sie überfordern würde. «Ich habe Angst, zu tief in die Beziehung reinzurutschen.» Sie verdeutlicht das am Beispiel von Frau Senefeld. «Frau Senefeld ist schon eineinhalb Jahre im Heim und am Anfang jammerte sie ohne Unterbrechung, warum der Herrgott sie noch nicht zu sich geholt habe. Jetzt weint sie nicht mehr so viel darüber. Sie bittet auch schon mal um Tabletten, um ihr Leben zu beenden und beklagt, daß sie so ganz allein auf der Welt sei. ‹Wenn ich euch nicht hätte›, sagt sie oft zu uns. Wir sind wohl ihre einzige Stütze. Wenn ich Frau Senefeld jetzt verstärkt betreuen würde, ich wüßte ihr auch nicht mehr zu sagen, als die abgegriffenen Antworten auf ihre unermüdlichen Fragen, die ich jetzt schon benutze und die sie von allen zu hören kriegt.»
Auf meinen Hinweis, daß ein verstärkter Kontakt einer Mitarbeiterin/eines Mitarbeiters sicher näher an die Trauer von Frau Senefeld heranführen würde und so vielleicht für sie hilfreich wäre, antwortet Ilse: «Ich wüßte, daß ich so tief in ihr Problem reingeraten würde, daß mich das übermäßig beschäftigen würde. Und bei wem könnte ich dann abladen? Nein, das könnte ich nicht.»[456] (ZB 15/4)

Der Arbeitsdruck, die mangelnde Zeit, werden als Gründe dafür genannt, daß man nicht so «genau hinschauen» kann. Eine Mitarbeiterin deckt jedoch eine

454 Vgl. Kapitel 5.2: Herbeisehnen der Freizeit, Wünsche, in der Freizeit, was ganz anderes zu machen.

455 Mira vergleicht das mit ihren Erfahrungen aus der ambulanten Pflege: «Wenn ich da den ganzen Vormittag bei einem Parkinson-Patienten bin, hab ich viel Zeit. Wir brauchen ganz viel Zeit zum Aufstehen und Anziehen und dann zum Frühstücken. Alles geht nach dem Rhythmus und Tempo des alten Menschen.» (E, V 2).

456 Es schließt sich ein kurzes Gespräch der Mitarbeiterin an, wie man eine personenbezogenere Versorgung der alten Menschen durchführen könnte, z. B. eine Woche lang morgens bei der Grundpflege die gleichen Bewohnergruppe versorgen.

andere Ebene auf: die MitarbeiterInnen fühlen sich überfordert, können dem Druck, der von den alten Menschen und ihren Lebenslagen auf sie einströmt, nicht standhalten.

Sie distanzieren sich auf unterschiedliche Weise nicht nur in der Freizeit oder im Urlaub, sondern auch im Vollzug des Arbeitsalltages.

8.1 Unterbrechung des Kontaktes

«Ich komme nachher nochmal wieder»[457]

Morgens während der Übergabe vereinbaren die MitarbeiterInnen die Zuständigkeiten der Mitarbeiterin für die Bewohner während der Morgenpflegerunde. In der Regel pflegt, versorgt eine Mitarbeiterin einen Bewohner/eine Bewohnerin allein, zwischendurch jedoch wird von den Kollegen Unterstützung angefordert. Relativ häufig müssen die MitarbeiterInnen die Pflege der BewohnerInnen unterbrechen, um beim Heben eines anderen Bewohners/einer anderen Bewohnerin zu helfen oder in einer schwierigen Pflegesituation zu entlasten.

> Morgenpflegerunde. Klaus versorgt Frau Senefeld. Zwischendurch, während Frau Senefeld im Bad sitzt, wird Klaus von einer Kollegin gerufen, wie auch vorher schon einmal. (P 28/2)

> Morgenpflegerunde. Markus bittet Elisabeth, bei Frau Vogel weiterzumachen, da er gleichzeitig noch in einem anderen Zimmer beschäftigt ist.[458] (P 31/3)

Wenn es bei einem Bewohner/einer Bewohnerin sehr lange dauert, sie sehr lange zum Waschen brauchen oder auf der Toilette, übernehmen die MitarbeiterInnen andere Tätigkeiten auch außerhalb des Zimmers.

> «Ich frag mich oft, was besser ist, hier warten, bis Herr Merck fertig ist und ihm Zeit lassen, oder zwischendurch noch in einem anderen Zimmer was erledigen.» Hans (P 20/1)

457 P 26/3.
458 Vgl. Skizze Morgenpflegerunde 1 im Anhang.

Begrenzte Zeit

Die knappe Zeit, die den MitarbeiterInnen im Nacken sitzt, der Arbeitsdruck, die (vermutete) Belastung der anderen KollegInnen[459] verhindert in den meisten Fällen, daß die MitarbeiterInnen während der gesamten Pflege kontinuierlich bei den BewohnerInnen bleiben, ganz abgesehen davon, daß fehlende Hilfsmittel oder Bekleidungsstücke ab und an das Verlassen des Zimmers notwendig machen.

Die Konzentration auf einen Bewohner/eine Bewohnerin, «ihm und damit sich selbst Zeit zu lassen», kontinuierlich im Kontakt zu den BewohnerInnen zu bleiben, weicht einer möglichst zeitökonomischen Aufteilung der anfallenden Arbeiten. Entsprechend werden auch die BewohnerInnen zeitlich versetzt versorgt: während Frau A. auf der Toilette sitzt, kann Frau B. schon angezogen werden.

> Mittagessen. Bei drei BewohnerInnen wird das Füttern (Essen reichen) von verschiedenen MitarbeiterInnen ausgeführt. Anette reicht Herrn Weinert die Suppe. Als sie damit fertig ist, sagt sie zu ihm: «Ich helfe jetzt einer anderen Frau, dann komme ich wieder zu ihnen.» Aber sie kommt nicht wieder. Beate übernimmt Hauptgericht und Nachtisch. (P 16/1)

Vertrösten

Mit den unterbrochenen Kontakt-/Versorgungshandlungen, wie hier beim Mittagessen ist oft auch das Wartenlassen und Vertrösten auf einen späteren Zeitpunkt verbunden. Das Versprechen wird nicht immer eingehalten.

> Morgenpflegerunde. Mira versorgt Frau Stark. Nachdem sie Frau Stark beim Waschen des Oberkörpers am Waschbecken unterstützt und die Kleider zurechtgelegt hat, verabschiedet sich Mira mit dem Versprechen, wiederzukommen. Ich weiß nicht, wann dies geschieht. Denn während der gesamten Pflegerundezeit, in der ich Mira begleite, geschieht das nicht. Wahrscheinlich hat jemand anders Frau Stark übernommen. (P 8/1)

> Frau Altmann hat ein Problem, das sie ganz mit Beschlag belegt. Sie versucht, eine der MitarbeiterInnen ins Gespräch zu ziehen. Zweimal reagiert die Mitarbeiterin, nachdem sie Frau Altmann kurz angehört hat: «Ich komme nachher nochmal wieder. Dann können Sie es mir sagen.» (P 26/3)

459 Vgl. Kapitel 5.1.

Aufenthaltsraum. Gisela geht zu Frau Köslin, die ihr ihre Nöte mit ihrer Zimmernachbarin berichten will. Gisela hört sich das kurz an und verspricht, nachher noch einmal wiederzukommen. Sie wendet sich kurz Frau Schwindt zu, die sie auch schon gerufen hat. Dann verläßt Gisela den Raum. Frau Köslin wirkt in dem kurzen Gespräch sehr lebendig. Vorher und jetzt danach sitzt sie wieder regungslos, ohne jeglichen Kontakt zu den anderen BewohnerInnen mitten im Raum.[460] (P 42/3)

Der Satz: «Ich komme nachher nochmal wieder», fällt während der Tage und der Nächte viele Male. Er begleitet die MitarbeiterInnen bei ihren unterschiedlichen Tätigkeiten, er vertröstet die BewohnerInnen, deren Wünschen man nicht in der von ihnen geforderten Weise nachgeht, weil andere Arbeiten anstehen, andere BewohnerInnen Wünsche anmelden.[461]

Anette bedauert das: «Leider muß auch ich immer vertrösten, genau wie alle anderen auch.»[462] Und Herbert macht gerne Nachtwache, weil man da viel mehr Zeit für die einzelnen BewohnerInnen hat.[463]

Nach dem Kaffeetrinken. Eine große Stille breitet sich aus[464]. Die BewohnerInnen warten auf die Musiktherapie, und darauf, in den Kreis gesetzt zu werden. Frau Beyer hat Post bekommen. «Soll ich sie Ihnen vorlesen?» fragt Klaus, ohne ihr die Briefe in die Hand zu geben. Er ließt ihr den Brief etwas abseits der wartenden Runde von BewohnerInnen vor, aber nicht auch die Karte. Er vertröstet Frau Beyer «auf später», da er «jetzt arbeiten müsse». Anne hat ihn zum Material verteilen gerufen. (P 30/3)

Mitarbeiterfrühstück. Mit sieben MitarbeiterInnen sind sie heute sehr gut besetzt und in ganz entspannter Stimmung. «Arbeit gibt's heut keine. Aber wir finden schon was.» Klaus soll den Speiseraum machen, zwei Männer baden, ... Später stellt sich heraus, daß die «überschüssige Zeit» zum Nachttischputzen und anderen Reinigungs- und Aufräumtätigkeiten genutzt wurde. (P 25/1)

---

460 Sie wirkt auf mich in diesem Moment wie verloren, isoliert von den anderen bzw. sich isolierend und zur Abholung bereit.

461 Vgl. P 14/1 in Kapitel 6.1: Frau Altmann kann aus ihrem Leben nicht weiter erzählen, weil Mira das Zimmer verlassen muß.

462 B 13.

463 ZB 15/4. Das führt bei ihm dazu, daß die Nacht teilweise zum Tage gemacht wird und die Gespräche und Pflegehandlungen die Nachtruhe erheblich unterbrechen. Die Tag-Nacht-Umkehr, die bei manchen BewohnerInnen beobachtet wird, könnte auf diese Weise auch die Folge der Überlastung des Tagdienstes sein, bzw. des Bedürfnisses der MitarbeiterInnen, wenigstens in der Nacht die Kontakte zu den alten Menschen zu pflegen. Vgl. Kap. 5.5 und 6.1.

464 Bei mir selbst macht sich in dieser Situation eine große Ermüdung und Langeweile breit.

«Was mir am meisten Spaß macht, ist, glaube ich, mit den Leuten was zu machen, wobei mir das auch wieder große Schwierigkeiten macht, also dieses zweischneidige Schwert, auf der einen Seite ist es natürlich leichter für mich, irgendwelche Betten zu machen, als mit den Leuten was zu machen, aber es ist interessanter.» (E 2/1)

Die praktischen (Hausarbeits-)Tätigkeiten, die immer anstehen, Aufräumen, sauber machen, Material verteilen, bieten eine beständige Möglichkeit, sich von den alten Menschen zu absentieren, mit Fug und Recht Kontakte zu unterbrechen. Die praktische Arbeit wird – im Gegensatz zu Gesprächen mit BewohnerInnen – als die vordringliche Arbeit angesehen.[465] («Ich kann Ihnen die Karte jetzt nicht vorlesen, weil ich arbeiten muß.») Gleichzeitig beklagen sich die MitarbeiterInnen darüber, daß ihnen bei dem großen Arbeitsanfall, den sie zu bewältigen haben, zuwenig Zeit bleibt, um sich dem einzelnen zu widmen.[466] Ein Widerspruch?

Wenige Menschen im großen Raum. Eine kleine Gruppe mit einer Besucherin im Bereich der Eingangs-/Ausgangstür sitzend. Streckenweise im Gespräch miteinander: «Windig und kalt ist's» ... «Die Spritze, die mir die Schwester macht» (mit Stolz in der Stimme) ... Erinnerungen an Weihnachten, ein paar Tränen laufen, «früher hat der Vater den Baum geschmückt ...».
Die anderen im Speiseraum sitzen je allein, stumm, nesteln an ihren Serviettentaschen oder an ihren Kleidern. Heute Nachmittag ist kein Programm, erst heute Abend Kaminabend. Herr Dupois ist in Nöten, er wartet mit Blick auf die Tür auf Besuch, auf den Sohn (?), ruft zwischendurch nach der Schwester. «Das ist allerhand», er ruft so den Zivildienstleistenden heran, der sich in seine Höhe hockt, «du hast mich heute im Stich gelassen», sagt Herr Dupois zu ihm. Klaus: «Ich kann mich nicht dauernd zu Ihnen hocken, ich muß arbeiten, Material verteilen, vielleicht hab ich später nochmal Zeit.»
Frau Marek brabbelt im Stationszimmer und singt: «Oh, wie wohl ist mir am Abend.» Aus dem Hintergrund die Stimme einer Bewohnerin: «Bald gibt's Abendessen, wie spät ist's?» – «20 vor 5» – «So lang noch!». (P 21/1)

Die MitarbeiterInnen sind immer in der Nähe, und sie sind fern. Das so ganz individuell und mit Sorgfalt ausgeführte Bettenmachen, das ich bei Hans beobachte – Kissen und Decken werden nach den persönlichen Wünschen der BewohnerInnen angeordnet, die Hans ganz genau kennt – erscheint mir als zugewandten Ersatz für den persönlichen Kontakt. Zuwendung auf Distanz.[467]

465 Zur praktischen Arbeit zählen aber generell auch die körperbezogenen Pflegehandlungen.
466 P 19/1.

«Es ist so viel leichter, wenn auch weniger interessant», sich mit den Dingen anstelle der Person zu beschäftigen.[468]

Kontakte im Vorübergehen

Das unterschiedliche Tempo, mit dem sich MitarbeiterInnen und BewohnerInnen fortbewegen und ihre Handlungen ausführen, bewirkt, daß Kontakte, die geschlossen auch schnell wieder gelöst werden.

Die MitarbeiterInnen sprechen die BewohnerInnen im Vorübergehen an, klopfen ihnen ermunternd auf die Schulter, begrüßen sie freundlich ..., aber sie sind im nächsten Moment schon wieder mit schnellem Schritt entfernt, abwesend, schon bevor sich der Bewohner/die Bewohnerin auf den Kontakt eingestellt hat und reagieren kann.[469] Und für die MitarbeiterInnen bedeutet es eine Anstrengung, sich auf das Tempo der BewohnerInnen einzustellen: einen alten Mann stützend den Gang entlang begleiten, die eigene Eile plötzlich abbremsen.

> Luise kommt zum Dienst, zur Nachtwache. Als erster läuft ihr Herr Fromm über den Weg, der in Strümpfen und im Schlafanzug den Flur entlangschlurft, sich an den Handläufen festhaltend. «Wo wollen Sie denn so strümpfig hin?» fragt sie ihn. «Das weiß ich eigentlich auch nicht» antwortet Herr Fromm. Luise schlägt ihm vor, mit ihm zum Zimmer zurückzugehen und Hausschuhe anzuziehen, «das ist so viel zu gefährlich». Sie hakt sich bei ihm ein, gemeinsam ziehen sie den langen Flur entlang. Luise kopiert die Gangart von Herrn Fromm, etwas breitbeinig und nach vorne gebeugt, wiegender Schritt. Später schau ich mir an, ob das auch ihr gewohnter Gang ist, aber er ist es natürlich nicht. (P 51/2)

> Hans äußert die Unruhe, die ihn befällt, wenn er sich auf die Langsamkeit eines Bewohners einstellen will.
> Herr Berg sitzt auf der Toilette, zum zweiten Mal und wird nicht fertig. Hans läuft ungeduldig, aber beherrscht im Zimmer hin und her ... Schließlich geht er weg, in einem anderen Zimmer nachschauen, ob er helfen kann ...
> «Ich möchte Herrn Berg gerne die Zeit lassen, aber wenn ich daran denke,

---

467 P 19/1.

468 Das ist ein bekanntes Phänomen. Mütter z. B. stürzen sich in die Hausarbeit, wenn ihnen das Drängen der Kinder zu groß wird. Gastgeber/Freunde schützen Arbeit vor, wenn ihnen die Gäste/Freunde zu viel an Zuwendung, Konzentration, Auseinandersetzung abverlangen.

469 Ich sehe Frau Senefeld vor mir, wie sie ganz langsam den Kopf hebt, mit geweiteten Augen der Mitarbeiterin bzw. dem Mitarbeiter nachschaut.

daß andere gerade eine schweißtreibende Arbeit erledigen müssen, dann kann ich das nicht so gut.» (P 20/2)

Wie anders bei Veronika, die sich sehr langsam fortbewegt und entsprechend arbeitet und in viel größerem Maße dem Tempo der alten Menschen angepaßt ist. Sie verweilt folglich länger im Kontakt zu den BewohnerInnen, auch im Vorübergehen.[470]

Diskontinuitäten

Kontinuierliche Kontakte zwischen MitarbeiterInnen und BewohnerInnen werden auch im größeren Zeitrahmen unterbrochen: durch die Arbeitsrhythmen der MitarbeiterInnen[471], durch Freizeit, durch Krankheiten und Urlaube. Die in dem Heim beschäftigten AltenpflegeschülerInnen sind in Schulzeiten darüber hinaus vom Heim abwesend. Die Arbeitsrhythmen sind für die BewohnerInnen schwer zu durchschauen.[472] Sie können sich auf die An- und Abwesenheit einzelner MitarbeiterInnen nicht einstellen.

> Morgenpflegerunde. Frau Stark empfängt die Mitarbeiterin mit vorwurfsvoller Stimme: «Seit wann wecken Sie denn?» Die Mitarbeiterin antwortet: «Wieso, wir wechseln doch ab.» Von diesem Zeitpunkt ist der Kontakt zwischen diesen beiden gespannt. Und beim Verlassen des Zimmers sagt die Mitarbeiterin: «Wenn die heute alle so sind.» (P 23/1)

Doch nicht nur die Arbeitsrhythmen der MitarbeiterInnen sondern auch die Fluktuation der Mitarbeiterschaft schränkt Kontinuitäten ein.

> «Ich möchte gern den Standard des Hauses halten, es ist so gut hier, aber in der letzten Zeit ist so viel Personal weggegangen und die Pflege wird immer schwieriger. Und die neuen MitarbeiterInnen ... das hat das Haus nicht verdient.» Anette (P 9/5)

Eine andere Mitarbeiterin, Mira, spricht den Wechsel der MitarbeiterInnen an, dem die BewohnerInnen ausgesetzt sind, Wechsel durch Schichtarbeit, Praktikanten und Zivildienstleistende.[473] In den Übergaben tauchen immer wieder

---

470 Die verlangsamte Weise sich fortzubewegen und zu arbeiten, wird von den KollegInnen akzeptiert. Veronika ist eine beliebte Kollegin.

471 Im Tagesdienst ist eine Mitarbeiterin siebeneinhalb Stunden (einschließlich Pause und Übergabezeit). Die Arbeitszeit der MitarbeiterInnen ist in drei Tagesschichten eingeteilt, zwei Tages- und eine Nachtschicht.

472 Auch die MitarbeiterInnen brauchen dafür einen Dienstplan, der im Dienstzimmer einzusehen ist.

473 E 1/16.

neue Gesichter auf, Praktikanten (Zivildienstleistende), die sich im Heim in zwei Wochen für ihren Einsatz in der ambulanten Betreuung[474] vorbereiten sollen, Praktikanten von Weiterbildungskursen, junge Frauen des freiwilligen sozialen Jahres, Aushilfen, die bei Engpässen einspringen[475].

> Wieder tauchen zwei neue Gesichter, zwei Männer, in der Übergabe auf. Ich erkundige mich bei Mira. «Es sind die Mitarbeiter vom MSHD[476], sie sind nur kurz da, sie sollen für ihre ambulante Arbeit Handgriffe für die Pflege lernen.» (P 32/1)

Der Heimleiter betont die Unerläßlichkeit hoher Kontinuität und gutem Personal für eine gute Beziehungsgestaltung zwischen BewohnerInnen und MitarbeiterInnen[477], erklärt aber gleichzeitig die relativ hohe Fluktuation in der stationären Altenpflege mit der großen Belastung in der Pflege.

«Sie gehen im pflegerischen Bereich zu schnell raus, weil sie das nicht aushalten.»[478]

> Ich treffe Herbert an der Bushaltestelle und frage ihn, ob in der Zwischenzeit etwas besonderes im Heim geschehen sei. «Nein, es passiert doch nichts, es ist doch jeden Tag das gleiche. Nur die MitarbeiterInnen wechseln so häufig, das ist schon ungewöhnlich. Ich bin erst viereinhalb Monate dabei und gehöre schon zu den Alten.» (ZB 15/4)

8.2 Wahrnehmungslücken

Als ob sie nicht anwesend wären

> Herr Werner war im Krankenhaus. Mit Klinikhemd bekleidet, kommt er mit dem Krankenwagen zurück. Er lebt in der Wohnanlage. Die MitarbeiterInnen und einige BewohnerInnen begrüßen ihn freundlich. Gleichzeitig äu-

---

474 Mobiler sozialer Hilfsdienst.

475 Die sozialpädagogische Jahrespraktikanten sind sechs Monate dem Heim zugeteilt. Immer wieder, zu meinem Erstaunen, neue Gesichter in der Übergabe, die wie selbstverständlich dort sitzen.

476 Mobiler Sozialer Hilfsdienst.

477 «Eine Pflege, die auf der Beziehungsebene läuft und nicht nur Versorgung und Trainig ist, ... das hängt stark vom Personal ab und natürlich von der Kontinuität. Es fällt leichter, wenn ich die Gesichter öfter sehe als wenn ich mit 80 % Aushilfen schaffe» (S 4).

478 Der Heimleiter bezeichnet die Fluktuation in seinem Haus als relativ gering. Er bezieht seine Aussage auf einen «Restkern von MitarbeiterInnen, die drei oder vier Jahre bleiben» und die dann Kontinuität und Konzept weitertragen können. «Das ist für die Pflege einfach eine hohe Kontinuität, so im Durchschnitt zwei Jahre.» (S 2).

ßern die MitarbeiterInnen in Anwesenheit des Herrn Werner ihr Befremden über sein frühes Erscheinen. «Er kommt unpassend. Die haben ihn doch erst für später angesagt.» Zu Herrn Werner gewendet fragt eine Mitarbeiterin: «Wie geht es Ihnen mit dem Laufen?»
Herr Werner: «Sehr gut. Ich bin erstaunt, daß ich wieder richtig gehen kann.» Daraufhin übermittelt eine Mitarbeiterin des Heims ihrer Kollegin aus der Wohnanlage, weiter in Anwesenheit von Herrn Werner: «Er kann nicht laufen. Höchstens zwei Schritte.» (P 2/1)

Doppelte Zungen

Das Nebeneinander von zwei Kommunikationssträngen, die nicht miteinander vermittelt werden, ist sehr häufig zu beobachten. Die MitarbeiterInnen reden mit dem Bewohner/der Bewohnerin und im gleichen Atemzug mit der Kollegin/dem Kollegen, die vorangegangenen Äußerungen kommentierend oder korrigierend.

Bei einem Bewohner entdeckt Anette eine Veränderung in seinem Gesicht. Sie teilt das erstaunt und wortreich ihrem Kollegen Hans mit. Aber sie vermittelt dem Bewohner nicht direkt, was sie entdeckt hat, erklärt es nicht, beruhigt ihn nicht. Sie lächelt ihn an.[479] (P 16/1)

Herrn Ruhpoldt wird das Frühstück gereicht. Mira füttert ihn geduldig, Brote mit Marmelade und Schmelzkäse. Zwischendurch Schlucke mit Kaffee. Herr Ruhpoldt hat Appetit. «Es ist auch schon viel zu spät. Wegen des Zukkers müßte er früher essen. Wir haben bei der Einteilung nicht aufgepaßt.» Die ganze Zeit spricht Mira über Herrn Ruhpoldt. Sie erklärt und begründet ihre Handlungen. Sie spricht Herrn Ruhpoldt nicht direkt an (er kann auch nicht mehr sprechen, verstehen aber kann er nach Aussagen von Mira alles, was um ihn herum vorgeht).
Sie fragt Herrn Ruhpoldt: «Sollen wir Musik anstellen?» Er reagiert nicht. Sie macht das Radio an mit der Begründung, daß bei Herrn Ruhpoldt eigentlich den ganzen Tag das Radio läuft. (Findet das seine Zustimmung? Wie wird sie ermittelt?) Im Radio läuft eine Sendung über den Weltspartag und eine Reportage aus der Einkaufsstraße der Stadt. Danach Unterhaltungsmusik. Mira unterhält sich mit mir über dieses und jenes im Heim. Herr Ruhpoldt kriegt einen Hustenanfall. Mira vermutet, daß er damit sein Mißfallen über unsere Nebengespräche ausdrückt. – Das Frühstück ist beendet, wir

479 Es ist leicht vorstellbar, daß das Gespräch über die Hautveränderung im Gesicht den Bewohner beunruhigt.

verlassen den Raum. Er bleibt, schief im Sessel sitzend, zurück, ein Tischchen vor ihm, Polster an den Füßen und zwischen den Knien. Die Musik im Radio läuft weiter. (P 9/4)

Morgenpflegerunde. «Frau Becker wird im Bett gewaschen, das ist am einfachsten, es ist schwierig bei ihr, jede Bewegung tut ihr weh.» Frau B. wird nicht einbezogen, nicht direkt angesprochen. (P 14/2)

Das Über-die-Bewohner-hinweg-Reden ist beständige Praxis, wenn zwei oder mehrere MitarbeiterInnen sich einer Bewohnerin/einem Bewohner zuwenden. Die Kontaktaufnahme mit den BewohnerInnen wird unterbrochen oder abgelöst von einer Kommunikation, die die Anwesenheit der BewohnerInnen übersieht oder negiert.[480]

Übergabe. Frau Marek sitzt im Stationszimmer auf ihrem Stammplatz. Einzelne BewohnerInnen werden besprochen. Jetzt kommt die Reihe an Frau Marek. Es wird berichtet, daß sie sich immer noch an die Backe fasse, als ob sie noch Zahnschmerzen habe. Die MitarbeiterInnen sprechen über die Zahnschmerzen, über den Zahnarztbesuch, ohne Frau Marek in irgendeiner Weise in das Gespräch einzubeziehen, sie anzusprechen. Die berichtende Schichtleiterin schaut Frau Marek auch nicht an. (P 41/2)

Nicht sehen und nicht hören

Übergabe. Frau Marek sitzt auf ihrem Stammplatz. Sie brabbelt vor sich hin. Niemand beachtet sie. Später schläft sie ein. (P 2/3)

Übergabe. Am Ende der Übergabe wird Eiskaffee an die MitarbeiterInnen verteilt. Frau Marek, die auf ihrem Stammplatz sitzt, kriegt nichts angeboten. Sie fragt auch nicht, verfolgt nur mit großen Augen die Aktion. Sie wird von den MitarbeiterInnen gar nicht beachtet. Heute brabbelt sie noch nicht einmal vor sich hin. (P 39/3)

Frau Marek ist bei den MitarbeiterInnen beliebt[481]. Man hat sich an ihre zurückhaltende und freundliche Anwesenheit gewöhnt. Sie ist leicht zu übersehen.

---

480 Durch meine Anwesenheit vermehrt sich die Möglichkeit, die Aufmerksamkeit vom Bewohner/von der Bewohnerin abzuziehen. Von mir aus habe ich in Anwesenheit von BewohnerInnen kein Gespräch initiiert. Vgl. auch Skizze Morgenpflegerunde 2 im Anhang und andere wiedergegebene Szenen in Kapitel 7.

481 Vgl. Kapitel 6.3.

Kaffeetrinken. Es läuft sehr schweigsam ab. Auch die MitarbeiterInnen sind zurückhaltend. Der Heimleiter läuft durch den Raum, gießt Blumen. Schaut die BewohnerInnen nicht an, spricht nicht mit ihnen. Höchstens zu zweit sitzen sie an Tischgruppen. Gemurmel, ein kurzes Selbstgespräch ab und an. Der Praktikant (vier Wochen) läuft untätig herum. Auch er nimmt keinen Kontakt zu den BewohnerInnen auf, sieht über sie hinweg.
Frau Beyer: «Es ist ruhig heute hier, sehr ruhig. Und der hat auch nichts zu tun» (sie zeigt auf den Praktikanten). Eine andere Bewohnerin fragt: «Was machen wir jetzt?» Frau Beyer antwortet: «Dumm gucken, was anderes können wir nicht machen.» Wieder Stille. (P 33/3)

Feiertag. Buß- und Bettag. Eine Ausstellungseröffnung steht auf dem Programm. Die BewohnerInnen werden einzeln darauf angesprochen. Manche wollen nicht dabei sein, andere haben Besuch oder sind von den Angehörigen abgeholt worden. So kommt eine relativ kleine Gruppe zusammen, ergänzt von ein paar Angehörigen, einer interessierten älteren Dame von außen und etwas verspätet die Bereichsleiterin Altenarbeit des Trägerverbandes. Alle sind bereit, der Zeitpunkt des geplanten Beginns ist schon vorüber. Stummes Warten. Frau Kistner steht auf: «Ich gehe jetzt heim, will Kaffeetrinken.» Sie wird von Mira, die sie ein Stück begleitet und anderen BewohnerInnen aufgeklärt, daß sie schon Kaffee gehabt habe und es heute nachmittag etwas anderes gibt.
Die lähmende Stille, die wieder einsetzt, wird endlich durch Klavierspiel eines jungen Mannes unterbrochen. Aufmerksames Zuhören oder Versunkensein. Ein paar einführende Worte zur Ausstellung vom Heimleiter: «... wir machen das ein bißchen so, wie in einer richtigen Galerie ...». Dann spricht die Künstlerin, auch im Sitzen, nur in eine Richtung, dem Heimleiter zugewendet. Die BewohnerInnen der anderen Saalhälfte können fast nichts verstehen. Sie murren es sich zu, aber sagen es nicht laut. Danach wieder Klavierspiel. Verhaltener kurzer Beifall, wie auch zuvor. Dann wird zu Sekt und kleinen Schnittchen eingeladen, die auf großem Servierwagen herangefahren werden. Auf den Tischen jeweils ein paar fast farblose Strohblumen, die Schnittchen sind nicht garniert. Alles sieht ein bißchen ärmlich aus. (P 15/1)

Später sagt der Heimleiter zu mir: «So können wir den Feiertag gut füllen. Die Leute werden an so einem Feiertag nur depressiv.» (P 15/2)
Die Eröffnung der Ausstellung geht über die meisten BewohnerInnen hinweg. Die beiden Redenden bemühen sich kaum, sich verständlich zu machen. Gehen sie davon aus, daß die BewohnerInnen ohnehin nichts verstehen (wegen schlechtem Gehör oder wegen ihrer Desorientierung)? Für wen ist dann die Eröffnung (das Als-Ob-Spiel einer richtigen Ausstellung) gedacht? Für die we-

nigen BesucherInnen von außen, für das Image des Hauses, für den Nachweis, daß auch im Heim noch allerlei Aktivitäten geschehen[482]. Die BewohnerInnen jedenfalls stehen nicht im Mittelpunkt des Interesses dieser Veranstaltung. Erst später, als einzelne MitarbeiterInnen mit einzelnen BewohnerInnen die Bilder intensiv anschauen, sind sie wirklich in das Geschehen einbezogen.[483]

> Aufenthalts-/Speiseraum. Nachmittag vor dem Kaffeetrinken. Es ist ganz still im Raum. Bis Herr Werner klagend ruft, immer wieder: «Schwester, Schwester, ...» Eine andere Bewohnerin sagt: «Da ist keine Schwester.» Keine Mitarbeiterin kommt. Dann Schweigen wieder alle. Holger (Sozialpädagogikpraktikant), der auch anwesend ist und den Raum für das Sommerfest dekoriert, reagiert auch nicht auf die Rufe von Herrn Werner. Dann legt er eine Kassette ein, Fischer-Chöre: «Ode an die Freude». (P 41/4)

> Morgenübergabe. Herr Werner ruft (drohend) und anhaltend aus seinem Zimmer. Die Tür ist geöffnet: «Schwester, Schwester ...» Die MitarbeiterInnen reagieren erst nach einer Weile darauf (nach etwa fünf Minuten). Jessica berichtet, daß er seine Beine dauernd über das Bettgitter hängt. (P 45/2)

Die BewohnerInnen rufen, klagen, jammern, brüllen, schimpfen, die MitarbeiterInnen überhören es viele Male oder reagieren nur mit Verzögerung.[484]

8.3 Versachlichung

«Dann hängt sie sich total an mich»[485]

> Morgens nach dem Frühstück. Hans geht von Zimmer zu Zimmer, um Betten zu machen. In den meisten Zimmern sind keine BewohnerInnen. Im Zimmer von Frau Henninger, die Hans schlecht versteht, entspinnt sich mit ihr ein Gespräch über das unbenützte Hörgerät. Frau Henninger meint, daß die Batterien fehlen und sie deshalb das Gerät nicht benutze. Aber das Hörgerät selbst ist nicht da. Erst nach mehrmaligen Aufforderungen von Hans beginnt sie, das Gerät zu suchen. Zwischendurch belustigt sie sich immer wieder über das verschwundene Gerät. Ich bekomme den Eindruck, daß sie

---

482 Vgl. Kapitel 2. Die im Heim stattfindenden Ausstellungen werden auch in der örtlichen Zeitung angekündigt.
483 Vgl. Kapitel 4.5.
484 P 14/1: Ein Bewohner in seinem Zimmer. «Er will ja nur aufstehen», sagt die Mitarbeiterin. Vgl. Kapitel 6.2.
485 P 19/2.

es gar nicht finden will. Beim Verlassen des Zimmers trägt ihr Hans auf, das Gerät in der Zwischenzeit zu suchen. (P 19/1)

Die beiden reden offensichtlich aneinander vorbei. Hans bleibt sachlich. Frau Henninger interessiert diese Sache aber nicht. Sie verfolgt offensichtlich andere Absichten. Will sie die Anwesenheit von Hans im Zimmer verlängern? Will sie übermitteln, daß ihr das Hörgerät lästig ist? Möchte sie ohne Hörgerät höhere Konzentration und Nähe des Gesprächspartners erzwingen? Hans geht nicht darauf ein, was hinter dem Versteckspiel stecken könnte.

«Mit Frau Schneider habe ich Schwierigkeiten. Ich weiß nicht, wie ich mit ihr umgehen soll. Wenn ich mir Zeit lasse und mit ihr ausführlich über ihre Situation spreche, wie es angebracht wäre, dann hängt sie sich total an mich und hat Forderungen, die zu weit gehen. Ich habe da schon meine Erfahrung gemacht. So überhöre ich eben ihre Klagen – bis es sich dann anhäuft und etwas passiert. Sie hat auch die Ärztin, die zu ihr paßt. Sie verschreibt ihr alles und sie nimmt dann eine Unmenge Medizin. In der Schule habe ich gelernt, daß man das Positive verstärken soll, aber in der Praxis ist das gar nicht so einfach. Für mich ist's schwierig, daß man sich mit den meisten nicht richtig verständigen kann. Viele Probleme wären einfach und schnell gelöst, wenn man erklären könnte, wie die Sache ist. Zum Beispiel Herr Dupois. Wenn er beim Mittagessen ganz erregt ist, daß seine Frau nicht da ist, soll ich ihm dann erklären – immer wieder – daß seine Frau zu Hause ist, selber Hilfe braucht? ... Realitätsorientierungstraining, aber das geht nicht, er ist viel zu erregt.» (P 19/2)

Die MitarbeiterInnen wissen oder ahnen, welche Gefühle hinter den Klagen der BewohnerInnen stecken könnten, jedoch wagen sie nicht sie anzurühren. Haben sie Angst, vereinnahmt zu werden oder eine Lawine von Gefühlen auszulösen?[486]

Herr Dupois ist fast täglich damit beschäftigt, daß seine Frau nicht da ist. Er ist traurig, enttäuscht, klagt an und kann sich oft nicht an ihren Besuch erinnern, selbst wenn sie ihn gerade vor wenigen Minuten verlassen hat. Wie kommt es zu dieser Desorientierung, zur Verweigerung der Realität? Wer fragt danach? Die MitarbeiterInnen erklären die Situation immer wieder, doch sie erreichen ihn nicht in seiner Trauer.

Frau Groß ist verzweifelt, glaubt eingesperrt zu sein, fragt nach ihrer Schuld. Ihre Not steigert sich in Aggression. Die Mitarbeiterin ist hilflos, reagiert mit sachlichen Erklärungen und verspricht, später noch einmal zu kommen.[487]

---

486 Vgl. auch Kapitel 8, (Einleitung): Frau Senefeld trauert um ihre Tochter.
487 Vgl. Kapitel 3.4.

Frau Senefeld kann nicht schlafen. Sie klingelt in der Nacht mindestens 20 Mal. Geduldig rückt Herbert Frau Senefeld immer wieder im Bett zurecht, schüttelt ihr die Kissen auf.
Später sagt Herbert zu mir: «Sie hat eigentlich nichts. Sie will einen nur immer wieder sehen, in manchen Nächten geht das sogar 50 Mal.» (P 44/2)

Was Frau Senefeld nicht schlafen läßt, Nacht für Nacht, das wird mit ihr nicht angesprochen. Gefühle von Einsamkeit? Ängste? «Eigentlich hat sie nichts.» Herr Dupois fragt immer wieder, warum er nicht sterben darf. Herbert überhört seine Klage.[488]

Das Prinzip der «Pflege im Hier und Jetzt», das im Heim verteidigt wird und das den Vorrang der Gestaltung der Beziehung in der Gegenwart gegenüber einer Konzentration auf Biographie und Zukunftserwartung der BewohnerInnen beinhaltet[489], wird ergänzt durch eine weitgehende Sachlichkeit im Umgang mit versteckt oder offen zutage tretenden Gefühlen und Emotionen der BewohnerInnen. Und dort, wo Vergangenes und Gegenwärtiges besonders hart aufeinandertreffen, nämlich beim Heimeinzug, wo Ängste und Trauer so auftauchen, daß «manche sogar durchdrehen»[490], «ist die Vergabe von Psychopharmaka unter Umständen angezeigt und der Austausch des Teams darüber wichtiger als die Begleitung des neuen Bewohners in den ersten sechs Wochen».[491]

Übergabe. Bei einem neuen Bewohner, der jedoch schon seit Wochen im Heim ist, taucht – angestoßen vom Heimleiter – die Frage nach der Regelung «Begleitung von neuen Bewohnern in den ersten sechs Wochen» auf. Aber keiner/keine der Anwesenden erklärt sich bereit, den neuen Bewohner zu begleiten. Man verweist auf eine andere, nicht anwesende Mitarbeiterin, die schon mal länger mit dem Neuen geredet habe.
Der Heimleiter: «Wenn jemand nach dem Psychiater verlangt und nach Pillen, damit der Kummer weggeht, dann macht mich das stutzig. Irgend etwas bringt er aus seiner Lebensgeschichte mit.» Es kommt zu keiner Verabredung. (P 25/2)

Wieviel Kummer der BewohnerInnen können die MitarbeiterInnen (er-)tragen? Wieviele Klagen aushalten? – Und wieviel Freude?

Als Frau Altmann sich überschwenglich über die erwartete Rückkehr ihres Neffen freut, reagiert die anwesende Mitarbeiterin nicht.[492]

488 P 44/2; vgl. Kapitel 3.5.
489 Vgl. Kapitel 6.1.
490 S 20, Aussage des Heimleiters.
491 S 22, Aussage des Heimleiters.
492 Vgl. Skizze Morgenpflegerunde 2 im Anhang.

Nachmittags, Aufenthalts-/Speiseraum. Ich betrete das Heim. Frau Groß sitzt mitten im Speiseraum an einer relativ engen Passage, schimpft vor sich hin.

Ich stelle mich an die Theke im Speiseraum. Frau Groß schimpft immer noch, «schon den ganzen Tag», kommentiert eine Mitarbeiterin etwas stöhnend.

Frau Groß (zu ihr gewendet): «Sie gehören doch nach Hause. Sie sollen endlich nach Hause gehen. Je schneller, desto besser. Sie gehören doch gar nicht hierhin.»

Anne reagiert verägert, das bringt Frau Groß noch mehr in Wut.

Frau Groß: «Passen Sie nur auf, Sie werden auch noch aufgehängt.»

Anne: «Ist schon recht, dann bin ich wenigstens weg, dann brauch ich mir nicht einen halben Tag lang das Geschimpfe anhören, für Sachen, für die ich gar nichts kann.»

Alle Vorbeigehenden werden auf diese Weise von Frau Groß beschimpft. Die MitarbeiterInnen reagieren unterschiedlich. Es reicht vom Ignorieren, vom geduldigen Daraufeingehen bis zum «Ach, hören Sie doch auf» und Grimassieren mit abgewendetem Gesicht. Alle sind sichtlich «genervt», tauschen im Speiseraum in Gegenwart der wenigen BewohnerInnen und auch von Frau Groß ihre Entrüstungen aus, versuchen sich von ihrer Wut zu entlasten.

Dann reagiert noch einmal Elisabeth: «Wer bringt Sie denn heute Abend ins Bett, wenn Sie uns alle wegschicken?»

Frau Groß (mit Nachdruck in ihrer Stimme): «Da, damit habe ich doch nichts zu tun. Ich kann Euch doch nicht helfen.»

Sie beruhigt sich für eine Weile. (P 34/1)

8.4 Wechselbäder der Gefühle

«Das geht jetzt nicht.»

Kaffeepause der MitarbeiterInnen am Nachmittag. Die MitarbeiterInnen, die etwas erschöpft sich ihre Pause gönnen wollen, schalten sich in die kleine Szene am Nachbartisch ein, an dem zwei Bewohnerinnen und der blinde Herr Merck sitzen. Frau A. bittet die andere Bewohnerin um den Süßstoff. Das versuchen die MitarbeiterInnen aber sofort zu unterbinden. «Ach, lassen Sie ihr doch diese kleine Freude», meint Frau B. Das Spiel mit viel Bewegung und Lachen geht eine Weile zwischen den MitarbeiterInnen und Frau B. hin und her. Frau A. sagt nichts dazu. Trotz ihrer Zögerlichkeit obsiegen die MitarbeiterInnen schließlich, indem sie den Süßstoff wegstellen

... Herr Merck ruft nach mir (ich hatte ihn vorher beim Kaffeetrinken geholfen), er möchte an die frische Luft. Ich erkundige mich bei den MitarbeiterInnen. «Das geht jetzt nicht, wir haben jetzt Pause. Vielleicht später.» Herr Merck sagt nichts dazu.
Frau Ruhpoldt (Ehefrau eines Bewohners) geht mit Tränen in den Augen vorbei. Eine der MitarbeiterInnen bemerkt es, reagiert aber nicht darauf. «Ich muß jetzt endlich mal nach Hause gehen. Ich werde es ihr später erklären.»
Nach dem Mitarbeiterkaffee wird Herr Merck ans Fenster gestellt, kommentarlos, die Luftklappe hoch über ihm wird geöffnet. (P 11/2)

Morgenpflegerunde. Dreibettzimmer. Frau Beyer will noch nicht aufwachen, muß aber ihre Insulinspritze bekommen. «Damit Sie was essen können.» Manuela versucht mit Necken, sie zum Mittun zu bewegen.
Manuela: «Wenn Sie jetzt nicht mitmachen, dann kriegen Sie zum Frühstück ein Brötchen weniger.»
Frau Beyer: «Das glaube ich nicht. Sie sind doch froh, wenn die Leute essen. Wenn Sie nichts essen, sind Sie auch nicht zufrieden.»
Manuela: «Aber Sie essen manchmal zu viel.» ...
Manuela: «Sie sind eine richtige Meckertante! Das geht so weit, bis wir wieder Krach miteinander kriegen, wie neulich.»
Frau Beyer: «Das weiß ich nicht mehr.»
Nach der schmerzhaften Spritze gelingt es Frau Beyer nicht mehr, einzuschlafen. Aber sie schindet bei Manuela noch einmal zehn Minuten bis zum Aufstehen heraus.
Der scherzhafte Dialog zwischen Frau Beyer und Manuela bewegt sich hart am Rande eines Streites.
Manuela wendet sich jetzt erst einmal Frau Becker zu, deren Versorgung ihr einige Mühe macht (Durchfall, Stöhnen bei jeder Berührung). Nebenbei spricht sie mit Frau Beyer. Der distanzierten, ungeduldigen Versorgung von Frau Beyer folgt ein außerordentliches Bemühen, Frau Becker hübsch anzuziehen.
Frau Beyer muß, inzwischen frierend, warten, bis sie an der Reihe ist.[493]
Manuela: «Ziehen Sie sich doch schon mal die Strümpfe an.»
Frau Beyer: «Das mach ich nicht, das kann ich nicht, das hat noch nie jemand von mir verlangt. Wo kommen wir denn da hin?»
Schließlich kriegt sie die Aufforderung, ins Bad zu gehen. Sie wäscht sich mit viel Geplätscher. Manuela mißtraut der Gründlichkeit: «Da kriegen wir bestimmt noch Krach nachher.» Das geschieht aber dann nicht, weil sich

493 Diese Szene ist im Kapitel 7.2 auszugsweise dargestellt.

Manuela gar nicht um das Waschergebnis kümmert. Beim Anziehen wieder eine scherzhafte Drohung: «Wenn Sie nicht ..., dann gehe ich fort und sage niemandem Bescheid, der zu Ihnen kommt.» (P 23/4)

Die MitarbeiterInnen geraten in den Konflikt zwischen medizinisch-pflegerischen Anforderungen, organisatorischen Regelungen, eigenen Stimmungen, Distanzierungs- und Pausenbedürfnissen einerseits und den Wünschen der BewohnerInnen nach Aufmerksamkeit und Zuwendung andererseits, denen sie – entsprechend ihrer Vorstellung von ganzheitlicher Pflege – entsprechen wollen.

Schnell aufeinanderfolgende oder parallel ablaufende Situationen und Befindlichkeiten der BewohnerInnen erfordern ein beständiges Umschalten nicht nur bezüglich sachlicher Anforderungen, sondern auch bezüglich eigener Einstellungen und Gefühle.

Wieviel Stimmungen werden «zwangsläufig» von einer Situation in die andere getragen? Manuela startet in Erwartung der schwierigen, «sprachlosen» Versorgung von Frau Becker einen gefühlsambivalenten Dialog mit Frau Beyer. Die Mitarbeiterin spürt das Bedürfnis der Bewohnerin, möchte ihr «doch die kleine Freude gönnen» und weiß gleichzeitig, daß sie ihr das aus medizinischen Gründen «verbieten» muß?

Morgenpflegerunde. Mira verteilt die Medikamente. Guten-Morgen-Gruß. Rolläden hochziehen. Einige BewohnerInnen schlafen noch, bzw. sind ganz verschlafen, andere schrecken hoch, manche sind schon ganz munter oder schon im Bad. Die Begrüßung der BewohnerInnen ist meistens knapp: «Guten Morgen».
Ein Bewohner sitzt auf der Bettkante. Er wird unsanft wieder hingelegt, ungeachtet seines Protestes. «Sie fallen sonst hin», ist die Begründung.
Frau Hut wird von Mira ganz besonders herzlich begrüßt. Sie zieht sie ganz nahe zu sich heran und streichelt sie ...
Frau Senefeld wird hart angefahren, weil sie immer noch nicht aufgestanden ist. Sie erwidert, daß sie ohne Hilfe nicht aufstehen kann und ganz naß ist. Mira: «Warum sind Sie dann nicht aufs Klo gegangen?» – Frau Senefeld: «Mir hilft ja keiner, ich kann nicht alleine aufstehen, und auf die Schelle ist auch niemand gekommen.»
Sie fängt an zu weinen: «Warum hat mich der Herrgott noch nicht geholt? Warum muß ich das alles aushalten? Warum ist meine Barbara (Tochter) nicht mehr da? ...»
Mira: «Sie kommt einfach nicht darüber hinweg.» Auf das Weinen reagiert Mira nicht zu ihr gewendet, auch nicht auf die sich anschließende Beschimpfung. – Frau Senefeld: «Warum bist du so böse? Du wirst auch noch mal so alt und brauchst Hilfe ... Hoffentlich wirst du auch so alt und

brauchst Hilfe. Ich bin doch zufrieden, hier ...» (das weitere ist unverständlich).
Sie bewegt sich langsam auf zwei Krücken gestützt zur Toilette. Mira hilft ihr beim Baden und Anziehen.
Frau Hut, ihre Zimmernachbarin schläft in der Zeit weiter. Sie hatte vorher geäußert, daß sie noch nicht aufstehen könne, selbst wenn sie wolle. Mira akzeptiert das und wendet sich ihr noch einmal liebevoll zu. (P 8/1)

Wechselbäder der Stimmungen und Gefühle, der Nähe und Distanz innerhalb von wenigen Minuten sind beispielhaft für die ganze Morgenpflegerunde.[494]

Und ist nicht Frau Senefeld wegen der so unterschiedlichen Behandlung, der so unterschiedlichen Zuwendung, die sich vor ihren Augen und Ohren abspielt, so wütend? Ist sie eifersüchtig auf ihre Zimmernachbarin, auf ihre größere Hilflosigkeit? Und sie, die sich um möglichst große Selbständigkeit bemüht, kriegt Ärger, wenn es einmal nicht so klappt und spürt keinerlei Aufmerksamkeit für ihre Nöte.[495]

In einer der Zwischenauswertungen betonen die MitarbeiterInnen die Schwierigkeit, immer wieder in Konflikt zwischen den fortlaufenden Arbeiten und den Wünschen der BewohnerInnen nach Kontakt und Zuwendung zu stehen: «Wenn wir Sachen liegen lassen, die eigentlich gemacht werden müssen, dann schieben wir das der nächsten Schicht zu, und das ist auch nicht in Ordnung.»[496]

8.5 Sprachliche Distanzierungen

«Ich habe heute diesen Flur.»[497]

Wenn die MitarbeiterInnen über ihre Arbeit sprechen oder über die BewohnerInnen, so tun sie das oft in Kürzeln, die eine schnelle Verständigung über die immer wiederkehrenden Handlungen ermöglichen.

«Ich habe heute diesen Flur.» (P 9/1)
Das heißt: Ich übernehme heute bei der Morgenpflege die BewohnerInnen, die in diesem Gang wohnen.

494 Vgl. Morgenpflegerunde 1 + 2 im Anhang.
495 In diesem Beispiel wird darüber hinaus deutlich, welche Ambivalenzen das Prinzip der aktivierenden Pflege, möglichst großer Selbständigkeit und Eigenverantwortlichkeit der BewohnerInnen zu erreichen, auslösen kann. Um so selbständiger sie sind, desto weniger Zuwendung erhalten sie von den MitarbeiterInnen. Die BewohnerInnen empfinden das u. U. als Verlust, der schwerer wiegt als der Genuß der Selbständigkeit.
496 ZB 30/4.
497 P 9/1.

«Die Leute werden jetzt abgelegt.» (P 5/1)[498]
Das heißt: Die BewohnerInnen werden in ihre Zimmer begleitet, damit sie dort ihren Mittagsschlaf halten können. Sie werden dort bekleidet auf das Bett gelegt.

«Wir haben heute so schwere Sachen.» (P 6/3)
Das heißt: Heute sind es viele Bewohner, deren Versorgung viel Zeit und Anstrengung erfordert.

«Wir machen die Bewohner ganz fertig.» (P 12/2)
Das heißt: Wir ziehen der Bewohnerin das Nachthemd an und bereiten sie vollständig für das Zubettgehen vor.

«Ich mache die Bewohnerin fertig. Ja das schaffe ich schon, die fertig zu machen.» (P 46/1)
Das heißt: Die morgendliche Pflege bei der Bewohnerin ist schwer oder schwierig, aber ich schaffe das schon allein.

«Wir machen die Doppelten.» (P 22/2)
Das heißt: Wir helfen denjenigen BewohnerInnen beim Aufstehen (nach dem Mittagsschlaf), die die Hilfe von zwei Pflegekräften brauchen.

«Mal sehen, was hier noch ist.» (P 25/2)
Das heißt: Ich schaue in den Speiseraum, wer dort noch ist, um zum Mittagsschlaf begleitet zu werden.

«Haltet die Bewohnerin draußen.» (P 38/2)
Das heißt: Die Bewohnerin soll heute nicht schlafen, sondern im Aufenthaltsraum bleiben, weil sie sonst abends und nachts zu unruhig ist.

In der Weise der Formulierungen, nicht nur in der Verkürzung der Aussage, liegt der Versuch, die Arbeit, die einzelnen Handlungen zu versachlichen. Die Personen werden zu Vorgängen, die sich aufgrund pflegerischer oder organisatorischer Rationalität und gemäß routinierter Abläufe vollziehen. Die Persönlichkeit des einzelnen Bewohners/der einzelnen Bewohnerin tritt in solchen Formulierungen in den Hintergrund: seine Wünsche, sein Widerstand, seine Eigenarten. Zwischen den einzelnen BewohnerInnen und den MitarbeiterInnen tritt Distanz ein.[499]

Ist das nur «Zeitersparnis» oder Wirkung routinierter Abläufe? Oder liegt auch in den sprachlichen Formulierungen eine Möglichkeit, zwischen sich und

---

498 ‹Jemanden ablegen›, das ist in dieser Region der gebräuchliche Ausdruck für: jemanden ins Bett bringen.

499 Vgl. auch die «Waschanleitung» für Herrn Weinert in Kapitel 7.1.

den BewohnerInnen mit ihren Erfordernissen und Ansprüchen Luft zu schaffen?

Auf die vielfältigen, wechselhaften Anforderungen an die MitarbeiterInnen auf die sich ständig wandelnden Situationen, auf die erforderliche oder angeforderte Dichte des Kontaktes zu den BewohnerInnen reagieren die MitarbeiterInnen mit einem beständigen Wechsel von Zuwendung und Distanzierung.[500]

Arbeitsfülle, knappe Personalbesetzung, die sich in Zeiten von Krankheiten und Urlauben noch steigert, und sich einschleichenden Routinen machen die MitarbeiterInnen für diese Wechselbäder verantwortlich. Eine optimale Versorgung der alten Menschen, die ihren eigenen Ansprüchen genügen könnte, ist so nicht zu realisieren.[501] Sie betonen aber auch die Notwendigkeit des Abstandes zu ihrem eigenen Schutz, um dem «Sog des Negativen»[502] nicht zu erliegen und nicht mit Problemen überladen zu werden, denn «wo sollen sie das denn alles abladen»[503].

---

500 Vgl. Skizze Morgenpflegerunde 1 im Anhang. Sie gibt ein weiteres anschauliches Beispiel dafür.

501 Vgl. Kapitel 5.4. «Ja, wir bemühen uns zwar, aber vieles geht in der Routine unter, merken wir gar nicht mehr.» (P 30/2).

502 B 21.

503 ZB 15/4. Vgl. Einleitung Kapitel 8. Die Heiterkeit, mit der sie auf Mißgeschicke oder Katastrophen reagieren (vgl. Kap. 5.2) und die «Spiele», die sie mit den alten Menschen spielen, Drohungen, die nicht ernst werden sollen, verstehen die MitarbeiterInnen ebenfalls als Möglichkeit der Distanzierung und der Abwendung von Langeweile. Vgl. 3. Teil, Kap. 3.2.

Reflexion 8

Versuche zu verstehen

Die alten Menschen ziehen sich – als Reaktion auf eine überfordernde Gegenwart – in ihre inneren Welten zurück. Die MitarbeiterInnen wollen den Standards guter Pflege genügen, wollen hilfreich und freundlich den alten Menschen begegnen und distanzieren sich doch in vielfältiger Weise.[504] Ist der beobachtete und beschriebene Rückzug der MitarbeiterInnen dem der alten Menschen vergleichbar?

Die MitarbeiterInnen reagieren auf die vielfältigen Anforderungen des Alltags mit Organisations- und Handlungskonzepten, die die immer wiederkehrenden und außergewöhnlichen Belastungen minimieren sollen: Sie konzentrieren sich auf die Körperpflege, auf bewältigbare und erfolgversprechende Aufgabenstellungen im «Hier und Jetzt». Sie versuchen das Verhalten der BewohnerInnen in Richtung einer Anpassung an die Erfordernisse der Heimorganisation und der eigenen Belastbarkeiten und Fähigkeiten zu modifizieren. Sie ordnen sich und die BewohnerInnen weitgehend festgelegten und routinierten Tagesabläufen unter.[505] Das sind aktive Formen der Auseinandersetzung mit der Arbeitsbelastung.

Eher passive Formen der Minimierung von Belastungen finden sich im weitgehenden Ausblenden der Biographie und der Zukunftserwartungen der älteren Menschen, deren Berücksichtigung zu einer Erhöhung der Komplexität des Pflegealltags und der Beziehung zu den alten Menschen führen würde.[506]

Die aktiven Anpassungsformen einerseits und das Ausblenden von Vergangenheit und Zukunft andererseits reichen nicht aus, um die alltäglichen Anforderungen auf ein tragbares Niveau zu bringen. Die alten Menschen sind trotz aller Verhaltenssteuerung widerständig, der Erfolge der medizinisch-körperlichen Pflege, der Gesunderhaltung sind Grenzen gesetzt und Lebensereignisse und -erfahrungen, Ängste, Hoffnungen, Verzweiflungen und Zweifel der alten Menschen schieben sich immer wieder in den Vordergrund.[507]

---

504 Vgl. Reflexion 4 und Kapitel 5.4.
505 Vgl. Kapitel 6 und 7.
506 Vgl. Reflexion 6.
507 Vgl. Kapitel 6.

Der zeitweilige Rückzug aus der Beziehung im Hier und Jetzt schafft Distanz zu den alten Menschen und zu deren allgegenwärtig explizit oder implizit und in vielfältiger Ausprägung zum Ausdruck gebrachten potentiellen Grenzenlosigkeit ihrer Erwartungen und Hilfsbedürftigkeit.

Die MitarbeiterInnen benutzen kontinuierlich verschiedene Formen des Rückzugs: Kontakteinschränkungen, Kontaktvermeidung, Kontaktabbruch, selektive Wahrnehmung der alten Menschen und ihrer Belange[508], Versachlichung der Beziehung(sangebote), Ausblenden emotionaler Betroffenheit, Distanzierungen in der Sprache, Aufwertung administrativer und praktischer Arbeiten.

Was hindert die MitarbeiterInnen daran, im Kontakt zu den alten Menschen zu bleiben? Was veranlaßt sie – über die bisher angesprochenen Erfahrungen von weitgehender Erfolgslosigkeit und Unerschöpflichkeit der Aufgaben hinaus – sich aus der Beziehung zu den alten Menschen zu stehlen? Woher rühren die Verunsicherung, die Ambivalenzen in der Begegnung?

> Während meiner Zeit im Pflegeheim erlebe ich häufig meinen Wunsch, mich zu distanzieren. Etwas Ungeheuerliches, Angsterzeugendes geht von den alten Menschen aus, Gefühle von Fremdheit beschleichen mich immer wieder. Ich fühle mich an Phantasien und Geschichten aus der Kindheit erinnert, an alte Hexen oder böse Zauberer, die auf unheimliche Weise Macht über die Menschen haben. Ich reagiere mit Ungeduld auf ihre Existenz und die Passivität, mit der sie Tage an sich vorbeiziehen lassen. Tagebuch

Die Darstellung der Belastungen von MitarbeiterInnen konzentrierte sich bisher stark auf von außen induzierte Faktoren (z. B. gesellschaftliche Ausgrenzungen und Bilder vom Alter, institutionelle und konzeptionelle Rahmenbedingungen), auf Arbeitsfeldspezifika (z. B. Dominanz der Körperpflege, Hilfsbedürftigkeit der alten Menschen, relative Erfolglosigkeit).

Weitgehend unberührt blieb das Zusammenspiel von Persönlichkeitsstrukturen und psychodynamischen Prozessen der MitarbeiterInnen einerseits und

---

508 Selektive Wahrnehmung: «Bezeichnung für die Tatsache, daß jedes Individuum angesichts der Menge und Mannigfaltigkeit der Umweltreize, denen es ständig ausgesetzt ist, dahin tendiert, nur solche Reize wahrzunehmen, für deren Aufnahme es aufgrund seiner bisherigen im starken Maß soziokulturell geprägten Erfahrungen vorbereitet ist. Für die Selektion der Wahrnehmung ist eine Vielzahl psychischer und sozialer Mechanismen verantwortlich. Bevorzugt werden solche Merkmale und Ereignisse der Umwelt wahrgenommen, die mit den Erwartungen des Individuums und seiner sozialen Umwelt in Einklang stehen und in Hinblick auf seine Bedürfnisse und Interessen eine bestimmte Bedeutung besitzen; unterdrückt werden solche Wahrnehmungen, die mit den Erwartungen, dem Selbstbild, den Wünschen des Individuums konfligieren.» Lexikon zur Soziologie, 1988, S. 848 f.

den besonderen Bedingungen des Arbeitsfeldes «Versorgung pflegebedürftiger alter Menschen» andererseits. Das Bild vom «Sog des Negativen», den MitarbeiterInnen in ihrem Arbeitsalltag verorten, bündelt die Folgen dieser Konfrontation und weist gleichzeitig auf die Notwendigkeit hin, das eigene Selbst zu schützen.

Abwehr eigener Betroffenheit

Rückzug, tägliche Gefühle von Müdigkeit und Erschöpfung[509], Verlust von zugewandten Gefühlen den alten Menschen gegenüber, Unfähigkeit, sich auf sie zu konzentrieren und ihnen zuzuhören, werden als Vorboten und Symptome des burn-out-Syndroms genannt.[510] Sie beschreiben gleichzeitig Abwehrvorgänge. Die weitgehend unbewußte Abwehr schützt vor negativen Affekten, wie Angst vor dem Verlassenwerden, vor Gefühlen des Ungeliebtseins, vor körperlicher Vernichtung, vor dem Verlust von Selbstachtung, vor Schuldgefühlen oder Scham.[511] Abwehr ist eine ubiquitäre «psychophysische Überlebenstechnik», die ganz unabhängig davon mobilisiert wird, ob die zu vermeidende Bedrohung «aus einem inneren Konflikt erwächst, aus Dramatisierungen, Defiziten oder Konflikten zwischen Individuum und Umwelt».[512] Sie trägt dazu bei, daß Belastungssituationen leichter ertragen werden. «Abwehrmechanismen werden bei der Antizipation von Gefahren weitgehend automatisiert und unbewußt eingesetzt.»[513]

Welche spezifischen Bedrohungen erleben die MitarbeiterInnen in ihrer Arbeit als Pflegende alter Menschen?

Die Begegnung mit den Stellvertretern

Die Beziehung zwischen den jüngeren Pflegenden und den älteren Gepflegten ist oft getrübt vom wechselseitigen Unverständnis aufgrund unterschiedlicher Lebenserfahrung und Einstellungen[514]. Fremdes, noch Unbekanntes begegnet

---

509 Vgl. Kapitel 5.1.

510 Vgl. Reflexion 5.

511 «Abwehr bezeichnet Prozesse, die gegen Gefahr und Schmerz schützen.» (R. Greenson, 1989, S. 89) «Abwehr – Gesamtheit von Operationen, deren Finalität darin liegt, jede Modifikation einzuschränken oder zu unterdrücken, die geeignet ist, die Integrität oder die Konstanz des biopsychologischen Individuums zu gefährden.» (J. Laplanche, J. B. Pontalis, 1973, S. 24) Andere Mechanismen der Abwehr sind z. B.: Projektion, Identifikation, Verdrängung, Sublimierung, Regression, Konversion, Leugnung der Realität, Rationalisierung (H. Thomä, H. Kächele, 1988; W. Toman, 1968).

512 D. Rahm, 1993, S. 303.

513 W. Mertens, 1986, S. 112.

514 Vgl. Reflexion 5.

den Jüngeren. Gleichzeitig erleben die Jüngeren im Kontakt zu den alten Menschen durchaus Vertrautes.

In der – eben nicht nur flüchtigen – Begegnung mit den alten Menschen werden Erfahrungen der Jüngeren mit den jeweils Älteren (Eltern, Großeltern, ältere Geschwister, Lehrer, ...), die sie im Laufe ihres Lebens gesammelt haben, wiederbelebt. Es können positive Erfahrungen sein, aber auch traumatische, konfliktreiche. Unerfüllte Sehnsüchte und Enttäuschungen können wiederauferstehen.[515]

Unbewußt schleichen sich solche aus der Vergangenheit stammenden Gefühle in die aktuelle Begegnung und Versorgung der älteren Menschen ein, verursachen Ambivalenzen und Gefühle, die sich zwischen großer Zuneigung und heftiger Ablehnung ansiedeln. Alte Beziehungsmuster werden auf die Gegenwart übertragen, Bedürfnis nach Wiedergutmachung erfahrener Kränkungen, aber auch erfahrener Wohltaten und Liebe, Schuldgefühle, Enttäuschungen, Wut, Rachebedürfnisse prägen die aktuellen Begegnungen. Die alten Menschen werden zu Stellvertretern derer, die früher als wichtige Bezugsperson entscheidend das Leben der Jüngeren geprägt haben.[516]

> Ich bin von meinen ambivalenten Gefühlen den alten Menschen gegenüber überrascht. Auf der einen Seite rührt mich ihre schwierige Lebenssituation an, die Schmerzen, die sie aushalten müssen, die Kränkungen, die sie ertragen, und ich bin voller Drang (auch in meiner Arbeit als Fortbildnerin und Supervisorin) helfend einzugreifen und ihre Lebenslage tatkräftig zu ändern. Auf der anderen Seite spüre ich Wut. Ich mache sie verantwortlich für alles, was sie mir durch ihre Existenz und ihre Hilfebedürftigkeit zumuten: sie rauben in unerbittlicher Weise meine Lebensenergien, sie verursachen mir Schuldgefühle (ich stehe mitten im Leben, während sie abtreten), sie verweigern sich meinen Wünschen und Sehn-

515 Die Pflegenden erleben sich «in der Interaktion mit einem kalendarisch und gefühlsmäßig häufig viel älteren oder alten Menschen erneut als ‹Kind› oder ‹Jugendlicher›. Damit werden Gefühle und Verhaltensweisen aus der Kindheit aufgrund entsprechender Erfahrungen oder Konflikte mit den entscheidenden Bezugspersonen reaktiviert. Hier ist zu berücksichtigen, daß diese unbefriedigend oder nicht gelösten, verdrängten und damit unbewußt gewordenen Vorstellungen und Phantasien weitgehend zeitlos sind, d. h., sie wurden relativ wenig durch die Realität des Erwachsenwerdens und Erwachsenseins korrigiert». (H. Radebold, H. Bechtler, I. Pina, 1989, S. 124 f.).

516 «Sehr bemühte, teilweise warmherige, liebevolle Umgangsformen sprechen häufig für den unbewußten Wunsch nach einer Wiedergutmachung. Manchmal stellen sie die Suche nach ‹neuen (d. h. besseren und liebevolleren) Eltern› und ‹Großeltern› oder den Wunsch nach Wiederholung früherer befriedigender Beziehungen dar. Sind die Patienten nicht in der Lage, diese Wünsche zu befriedigen, kann es zu ausgeprägten beiderseitigen Enttäuschungen mit Abbruch der Behandlungsbemühung des Arztes kommen.» (J. Kemper, 1990, S. 111).

süchten. Ich möchte die alten Menschen und ihr ganzes Elend und ihre Zumutungen abschütteln. Die aus meinen Erfahrungen andernorts gespeisten Gefühle von Liebe und Haß begegnen mir in den Reaktionen von MitarbeiterInnen der Altenarbeit (in Supervisionen) wieder. Drei Beispiele: 1. Ein junger Altenpfleger sagt: «Man muß auf alle Fälle die Oberhand über die Alten behalten», und aus seinen Worten spricht der Wunsch, nie wieder gedemütigt, gegängelt, bevormundet zu werden. In seinen weiteren Ausführungen wird auch die Wut und das Bedürfnis nach Revanche spürbar, wenn die Alten sich seinem Willen nicht fügen. 2. Eine ältere Mitarbeiterin sagt: «Ich habe meine alte Mutter bis zu ihrem Tode gepflegt. Das war eine harte Zeit, sie hat nie gesehen, wie sehr mich das alles angestrengt hat. Für sie war alles selbstverständlich. Jetzt will ich in der Arbeit alles wieder wettmachen.» Das Engagement dieser Mitarbeiterin zeichnet sich durch eine besondere Überfürsorglichkeit aus. 3. Eine Altenpflegerin, die mit den zunehmenden und unumkehrbaren Leiden und den psychischen Veränderungen ihrer Eltern nicht fertig wird, die sich bis zur Schlaflosigkeit darüber quält, überfordert die alten Menschen an ihrem Arbeitsplatz, treibt sie zu Aktivitäten an, begeistert sich blind für Realitätsorientierungsprogramme etc. Den Anblick stummer, in sich gekehrter alter Menschen kann sie nur schwer ertragen. Tagebuch

Die Begegnung mit den eigenen Ängsten

Die Konzentration von Krankheiten, Behinderungen, Zerfall des Körpers und des Lebens, von Sterben und Tod im Pflegeheim weckt und verstärkt die eigenen Ängste vor dem Älterwerden und den damit verbundenen Folgen.[517] Die MitarbeiterInnen in der Pflege können diesen Fragen nach der eigenen Zukunft in viel geringerem Maße ausweichen als andere, denen – befreit vom täglichen Anblick des Alters – die gängigen Bilder von ewiger Jugendlichkeit, Gesundheit und Fortschritt eher über Ängste hinweghelfen. «Der Gesundheitsvorsprung» und das noch geringere Lebensalter «wird zwar manchmal als Triumph der eigenen Vitalität erlebt, steht aber auch im Schatten der Verluste»[518], die den MitarbeiterInnen täglich vor Augen geführt werden.

---

517 «Die Wahrnehmung, daß und wie Ältere altern, ruft eigene Ängste vor Abhängigkeit, Hinfälligkeit, Krankheit, soziale Isolierung wie auch vor Sterben/Tod wach. Wie möchten die Jüngeren altern und was befürchten sie am meisten?» (R. Radebold, 1992, S. 31).

518 «Die Betroffenheit durch das Thema Sterben und Tod ist so unmittelbar für die Schwestern, daß hier spezifische Formen der Abwehr entwickelt werden. Verleugnungsprozesse können so aussehen, daß Altersdepression und Sterbeangst heruntergespielt werden und nach einer Gleichartigkeit des Verlaufs gesucht wird. Die Kenntnisse über Phasen des Sterbeprozesses ist einerseits erleichternd, kann sich aber auch als ein Abwehrmechanismus entpuppen, wenn sie als Hilfe zur Instrumentalisierung, z. B. durch Beobachtung und Zuordnung eines

«Die abgewehrte Angst ist fundamental und oft kombiniert mit vielfältigen Schuldgefühlen. Dazu gehören die Diskussionen darüber, ob man ‹alles› getan habe, bis hin zu dem diffusen Schuldgefühl, selber noch vital zu sein und weiterzuleben».[519]

Die Begegnung mit der eigenen Scham

Die Arbeit in ungewohnter Intimität zu einzelnen BewohnerInnen berührt das eigene Schamgefühl, ruft unter Umständen Ekel und Abscheu hervor. Im Laufe der Jahre helfen Routine, Gewöhnung und Einsicht in die Notwendigkeit, solche Gefühle in Schach zu halten. Doch sie bleiben existent und werden bei neuen BewohnerInnen oder Jüngeren am ehesten wieder wachgerufen.

Körperliche Intimität tangiert auch die Sexualität. Ihre Tabuisierung in helfenden Beziehungen im allgemeinen und in bezug auf alte Menschen im besonderen läßt die BewohnerInnen als geschlechtslose Wesen erscheinen und die Beziehuung zu ihnen fern jeglichen erotischen und sexuellen Begehrens.

Hinter einer solchen Neutralisierung der Beziehungen, «die im Pflegealltag sicher notwendig und schützend ist»[520], verbergen sich dennoch erotisch-sexuelle Anziehung und Ablehnung. Auch Ängste können wachgerufen werden, die aus früheren (oder anderen) unangenehmen, verletzenden Erfahrungen im Überschreiten der Intimgrenze – bis hin zum sexuellen Mißbrauch – stammen.

Die abgedrängten, verbotenen Gefühle bewirken Unsicherheit in der Beziehung zu den alten Menschen oder Versuche, sich weitgehend zurückzuziehen.[521]

Die Begegnung mit den gegenwärtigen Lebensentwürfen

Die Grenzenlosigkeit der Bedürfnisse der alten Menschen, die darin auch zum tragen kommenden Sehnsüchte nach Geborgenheit und Sicherheit lösen die Wahrnehmung eigener Bedürftigkeit aus.[522] Die vorwiegend unbewußten

---

höchst privaten Vorgangs, der immerhin der letzte im Leben eines Menschen ist, benutzt wird.» (A. Bauer, U. Bauer, 1990, S. 473 f.).

519 A. Bauer, U. Bauer, 1990, S. 474.

520 A. Bauer, U. Bauer, 1990, S. 469.

521 Sehr mühselig bahnt sich das Thema ‹Sexualität› in die noch relativ geschützte Öffentlichkeit von Fortbildungen und Supervisionen. Es sind meist sehr bewegende Berichte, die von der Hilfe zur Befriedigung sexueller Wünsche bis zu panikartiger Flucht vor den Berührungen der alten Menschen reichen.

522 Die alten Menschen, die wie in einem Nest geborgen liegen, das Kuscheltier auf dem Kopfkissen, sind für mich Auslöser eigener Betroffenheit. Entsprechend verstehe ich auch den Wunsch einer Mitarbeiterin, sich am liebsten zu den alten Menschen ins Bett zu legen (vgl. Reflexion 5).

Wünsche, so wie die alten Menschen umsorgt, bedient, gepflegt zu werden, bedürfen «hoher distanzierender Schranken, um die Rollen des Gesunden und des Kranken nicht aufzuheben. Die Angst vor dem Rollentausch mag eine von vielen Quellen für den immer noch vorhandenen Abstand und die Berührungsängste zwischen den Helfern und ihren Schützlingen sein».[523] Eigene Schwäche und Hilflosigkeit müssen abgewehrt werden.

Das Erleben verzweifelter Menschen, deren Schuldgefühle und deren Anklagen an das eigene Leben[524] provozieren bei den Jüngeren Fragen nach dem Sinn des Lebens, nach eigenem Versagen, unerfüllten Plänen und Ängste, selbst einmal im Zweifel zu versinken.

Ein Beispiel: Der stille Vorwurf der Jungen an die Alten, an den Exzessen der Naziherrschaft beteiligt gewesen zu sein oder durch Schweigen und Wegschauen Mitverantwortung zu tragen, führt nicht nur zu Kommunikationsstörung zwischen den Generationen[525], sondern wirft auch die Frage nach eigener Schuld und eigenem Versagen auf.[526]

Die verletzenden und aggressiven Verhaltensweisen, die Verweigerung von Beziehung (bis hin zum Nichterkennen oder Verwechseln) durch die alten Menschen läßt MitarbeiterInnen Beziehungsstörungen, physische und psychische Verletzungen und Einsamkeiten, die sie in ihrem Leben außerhalb des Heimes erfahren, wahrnehmen. Können die Pflegenden ertragen, daß sich das, was ihnen im privaten Leben widerfährt, in der Begegnung mit den alten Menschen wiederholt? Oder – falls sie im Pflegeheim Ersatz und Wiedergutmachung für die negativen Erfahrungen suchen: Wie werden sie mit den fast zwangsläufigen Enttäuschungen fertig?

Das Erleben von Vertrautem – in bezug auf Erfahrungen von Vergangenem und Gegenwärtigem und auf Zukunftsfragen – provoziert eine Vielzahl von

---

523 J. Kemper, 1990, S. 79.

524 Vgl. Kapitel 4.

525 In einer Weiterbildung für Pflegekräfte äußerten sich mehrere TeilnehmerInnen, daß sie sich weigern würden, einen alten Menschen zu versorgen, wenn sie von dessen aktiver Rolle bei den Verbrechen des Dritten Reiches wüßten, andere schwächten ab und meinten, sie würden diesen Menschen nur die Minimalversorgung gewähren und so wenig wie möglich mit ihm sprechen.

526 H. Radebold fragt im Hinblick auf die Psychotherapie älterer Menschen: «Die Älteren sind – je nach unserem eigenen Alter – unsere Eltern oder bereits unsere Großeltern. Sind wir als 30-, 40-, 50- oder als 60jährige überhaupt bereit, diesen 65-, 75- oder 85jährigen psychotherapeutisch zu helfen? Halten wir sie einer seelischen Hilfestellung für bedürftig? Sind wir bereit, uns auf eine längere bis langfristige intensive Beziehung zu ihnen einzulassen, um sie in ihren Problemen und neurotischen Konflikten zu verstehen? Sind wir bereit, ihrem Engagement, wenn nicht sogar ihrer (versteckten) Begeisterung für das Dritte Reich zu begegnen?» (H. Radebold, 1992, S. 42) Diese auf die Psychotherapie bezogenen Fragen lassen sich durchaus auch auf die Altenpflege übertragen.

zum Teil heftigen Gefühlen, die die Integrität und psychische Stabilität des Individuums gefährden.

Es ist nicht möglich, sich beständig den eigenen traumatischen Erfahrungen und anderen existentiellen Fragen zu stellen. Die unangenehmen, die eigene Handlungsfähigkeit beeinträchtigenden und die Identität verletzenden Gefühle werden abgewehrt. Die Abwehrprozesse zeigen sich in den oben genannten unterschiedlichen Formen, unter denen Rückzug und Kontaktunterbrechung stellvertretend für andere im Vordergrund der Interpretation stehen.

Im alltäglichen Vollzug der Arbeit und der Gestaltung der Beziehung zu den alten Menschen werden die durch spezifischen Bedingungen des Arbeitsfeldes hervorgerufenen Affekte nicht unmittelbar sichtbar, nicht für die Beobachtenden und auch nur höchst schemenhaft für die Betroffenen. Sie können jedoch in der Selbstreflexion aus Distanz und im geschützten Raum bzw. in begleitenden und stützenden Beratungsprozessen erkennbar werden.[527]

> Ich spüre Widerstand, in das «Heim der Klagen» zu gehen. Es kostet mich einige Überwindung. Ich habe den Eindruck, ohnehin nur das mir bereits Vertraute zu erleben, eine Situation ohne Lebensfreude, ohne Überschwang, abgeschnitten vom Frühling, der draußen aufbricht.
> Oft kämpfe ich gegen wachsende Müdigkeit an, gegen diffuse Gefühle von Niedergeschlagenheit. Und selbst wenn ich zu Hause an der Niederschrift oder Auswertung der Beobachtungen arbeite, erfassen mich depressive Verstimmungen. Es bedarf einiger selbstreflektiver Anstrengungen, das Gespräch mit Kollegen und Freunden und vor allem die Unterstützung der Supervision, um hinter den Symptomen das zu entdekken, was nicht entdeckt, was abgewehrt werden soll: Meine Wut auf die alten Menschen, die sich so gehen lassen, die einen kontinuierlichen Kontakt zu mir vermeiden. Meine regressiven Bedürfnisse, die ich nicht zulassen will. Meinen Zorn auf diejenigen, die ich für die Misere der alten Menschen in Pflegeheimen, für die unzureichenden Rahmen- und Arbeitsbedingungen verantwortlich mache. Meine Ängste vor dem Älterwerden. Weniger vor dem Zuwachs an Jahren und dem Zuwachs an Krankheiten, sondern vor dem beschnittenen Lebensraum, vor den Bevormundungen, von dem Abgeschnittensein vom eigenen Leben Die gegenwärtigen hyperaktiven Berufs- und Familienjahre lassen Freundschaften verblassen. Und so sitze ich dann vielleicht am Ende wie Herr Dupois oder Frau Groß, unberührbar, unerreichbar geworden, weil die Einsamkeit viel zu sehr schmerzt. Tagebuch

527 Nur auf diese Weise fand ich Zugang zu dem, was hinter meinem und hinter dem Rückzug der MitarbeiterInnen stecken könnte.

Gefühlsstau

Abwehrprozesse sind psychische Überlebenstechniken, normale Reaktionen auf überfordernde Situationen. Die sich regenden Affekte müssen verdrängt, verleugnet oder abgespalten werden. Dominieren im Pflegealltag und in den Beziehungen zu den alten Menschen Abwehrprozesse dauerhaft, so kommt es unweigerlich zu einem Gefühlsstau.

«Die Konfrontation mit dem Gespenst der eigenen Zukunft führt bisweilen zur Panik, die sich unter anderem in übertriebenen fürsorglicher Haltung, die den alten Menschen infantilisiert, äußern kann, die aber auch in Aggression umschlagen kann.»[528] Die Erkenntnis, daß die alten Menschen nicht dem Ideal ersehnter Eltern/Großeltern entsprechen, daß sie sich nicht zur Wiedergutmachung eignen, führt zum Gefühl tiefer Enttäuschung. Der Rückzug der Alten in ihre inneren Welten oder ihre Aggressivität, ihr Nörgeln, ihre Unzufriedenheit, ihre Unverschämtheiten rufen Wut und Rachebedürfnisse hervor. Die Resignation und Verzweiflung, die viele der BewohnerInnen ausstrahlen, und der Eindruck, daß sie sich die physische und psychische Energie der Jungen leihen, führt bei den MitarbeiterInnen zu dem Gefühl, beraubt zu werden, und zu Fluchtreaktionen oder Gegenwehr.

Das Pflegeheim ist ein Ort, der von starken Emotionen besetzt ist, und gleichzeitig ein Ort affektiver Zurückhaltung.[529] Starke Gefühle «und vor allem aggressive Bedürfnisse haben im Berufsbild keine Berechtigung, ebensowenig wie Schuldgefühle und Ekel nicht zugelassen werden dürfen».[530]

Wohin also wandern die abgewehrten Gefühle?

Mir erscheinen manche der Aktionen und Verweigerungen der MitarbeiterInnen wie der Dampf, der in kleinen Schüben aus dem Ventil eines beständig unter Druck stehenden Kessels weicht.

Der Rückzug der MitarbeiterInnen aus der Beziehung zu den alten Menschen dient nicht nur der physischen Erholung, sondern auch der Vermeidung unangenehmer, belastender Gefühle. Die Verweigerung von Kontakt, die uneingelösten Versprechungen («Ich komme nacher nochmal wieder!»), das Übersehen und Überhören drückt Überdruß und Widerstand gegen die geballte Not und die unmäßigen Wünsche der alten Menschen aus. Am deutlichsten werden unterdrückte Wut und Betroffenheit in der Versachlichung von Gefühlen der BewohnerInnen und in einer Sprache, die die BewohnerInnen zu Objekten der Organisation werden läßt, sichtbar. Unbewußte Vergeltungs- und

---

528 J. Kemper, 1990, S. 147.

529 Jedoch nicht nur auf seiten der MitarbeiterInnen, sondern auch auf seiten der BewohnerInnen, vgl. Kapitel 3 und 4.

530 A. Bauer, U. Bauer, 1990, S. 468.

Rachebedürfnisse drücken sich in Gefühlswechselbädern und im als Spiel getarnter Sanktionsandrohungen aus.

Da die Themen der Abwehr die gefährlichen Gefühle, die die beständigen Begleiter der Arbeit im Pflegeheim sind, keinen adäquaten Ausdruck finden können, keinen Raum für Entlastung, werden sie in kleinen Dosen, in weitgehend besänftigten Affekten nach außen abgegeben. Sie tragen zu der gedämpften Atmosphäre im Heim bei, in dem weder überschwengliche Freude noch offen gezeigter Ärger, Wut oder Enttäuschung einen angemessenen Platz haben: ein Schonklima eben.

«Auf diese Weise erhält das Ich seine Funktionsfähigkeit, allerdings um den Preis spezifischer Einschränkungen.» [531]

Denn Abwehr ist doppelgesichtig. Sie hilft Angst bewältigen, die aus Überforderung und Unerträglichkeit von Situationen entsteht.[532] Und: sie schränkt die Wahrnehmung der Realität und der eigenen Gefühle ein. Denn der abgewehrte «Impuls ist nicht wirklich erledigt, sondern wirkt im Unbewußten weiter. In Träumen, Fehlhandlungen, Phantasien, Neidgefühlen, in seelischen und körperlichen Symptomen drückt sich aus, daß verdrängte Wünsche und Ängste unbewußt weiterschwelen und zur Wiederkehr drängen. ... Durch die Verdrängung entstehen Lücken in der Wahrnehmung der Welt».[533] Die Verfestung psychischer Abwehr im Individuum kann zu psychischen und psychosomatischen Störungen und Erkrankungen führen[534], die nur dann verhindert werden, wenn die ursprünglichen Konflikte wieder dem Bewußtsein zugänglich gemacht wurden.[535]

---

531 Lexikon zur Soziologie, 1988, S. 18.

532 D. Rahm et al., 1993, S. 144.

533 K. Singer, 1988, S. 420.

534 In Anlehnung an A. Mitscherlich beschreibt K. Singer ein Zweiphasenmodell der Abwehr: «In einer ersten Phase werden angstmachende Erlebnissinhalte, die von der Person nicht zu verarbeiten sind, aus dem Bewußtsein verbannt: durch Verdrängung, Verleugnung, Rationalisierung, Projektion und andere seelische Abwehrvorgänge. Es kommt durch diese Eingriffe des Ich in das spontane psychische Geschehen zu neurotischen Charakterentwicklungen: zu Kontaktstörungen, allgemeine Lebensangst, zwangsneurotischen Zügen und zu neurotischen Symptomen wie Angstkrankheiten, depressiven Verstimmungen, Arbeitsstörungen, Zwangsneurosen, sexuellen Störungen. In einer zweiten Phase droht die psychische Abwehr durch neue angsterweckende Erfahrung zusammenzubrechen. Dem Ich scheint kein Anpassungsweg zu bleiben, um die innere Gefahr zu vermeiden. Folglich setzt die Abwehr auf der Ebene des körperlichen Geschehens ein. Die neu aufgetretenen psychischen Verletzungen machen hoffnungslos. Deshalb werden die ängstigenden Inhalte durch ‹Nachverdrängung› dem Bewußtsein ferngehalten. Auf dem Boden der bereits bestehenden Neurose setzt sich der chronische Konflikt im Körper fort und erzeugt jene ‹Physiologie der Hoffnungslosigkeit›, die sich in den Körpersymptomen ausdrückt.» (K. Singer, 1988, S. 86).

535 «Angewiesen auf ihre eigenen Erfahrungen mit Älteren und den vielzitierten ‹gesunden

Chronische Abwehr kann zur Depressivität führen, zur Reduzierung von Empathie, zur Flucht in die Krankheit, also Störungen, die wir auch bei den älteren Menschen beobachten, die ihrerseits mit den aus einer unerträglichen Lebenssituation erwachsenden Gefühlen nicht fertig werden, sie verdrängen, leugnen, konvertieren, sublimieren, ...

«Die Identifikation mit dem alten Menschen und dem Pflegebedürftigen ist für den Pflegenden selbst gefährlich. Empathische Reaktionen, wie sie eigentlich für einen guten, verständnisvollen und adäquaten Umgang mit pflegebedürftigen Menschen notwendig wären, werden auf diese Weise für das betreuende Personal für eine Bedrohung der Stabilität des eigenen Selbst, die Widerstände und Abwehrformen mobilisiert.»[536]

Zu den äußeren Belastungen des Berufes[537] kommen also die psychodynamischen, die im Arbeitsfeld ausgelösten Ängste und Kränkungen aus der eigenen Biographie. Aus diesem Grunde hören die Beschwerden und Klagen über den Arbeitsstreß auch dann nicht auf, wenn die Arbeitsbedingungen gut sind.[538]

Abwehrprozesse entwickeln sich nicht nur in Form eines Rückzugs aus der Beziehung zu den alten Menschen. Auch die aktiven Formen der Gestaltung der Arbeit, die Durchführung von Gruppenangeboten, die Routinisierung der Tagesabläufe, die Reinigung der Körper, die Versuche, das Verhalten der BewohnerInnen zu modifizieren, tragen Aspekte der Distanzierung von den BewohnerInnen mit ihren je eigenen Persönlichkeiten und den Ausprägungen ihrer Ängste und Bedürftigkeit in sich.

Im Pflegeheim begegnen wir einer merkwürdigen Mischung aus Distanzlosigkeit und Distanzierung. Diese Spannung können die MitarbeiterInnen nur lösen oder abmildern, wenn es ihnen gelingt, Orte der Entlastung für ihre angestauten Gefühle zu finden.[539]

Abwehrstrategien sind jedoch nicht allein ein individuelles Phänomen. Sie sind eingebettet in destruktive Tendenzen der Gesellschaft, die dem Alter, der

---

Menschenverstand›, entwickeln viele Ärzte und mit ihnen auch andere Angehörige von Helferberufen die oben genannten Formen von Distanz, Vermeidung, Entwertung, Sprachlosigkeit, Nostalgie und Charisma sowie Pessimismus, die allesamt an der Wirklichkeit der Klienten vorbeigehen. Häufig verwandeln sie diese Abwehrformen in Depression, die nichts mit Erschöpfung, sondern mehr damit zu tun haben, daß das Subjekt Arzt das Subjekt Patient in medizinischer Sprachlosigkeit wie ein Objekt behandelt.» (J. Kemper, 1990, S. 112 f.).

536 H. Petzold, 1985, S. 559.

537 Vgl. Kapitel 5.

538 Wenn, wie der Heimleiter die Situation im Heim Sommerberg beschreibt, «zahlenmäßig eine wahnsinnig gute Besetzung vorhanden ist». (S 16).

539 Deshalb klagt Ilse indirekt einen Ort ein, an dem sie das abladen kann, was sie übermäßig beschäftigt. Nur so kann sie sich vorstellen, sich intensiver um Frau Senefeld zu kümmern, die so endlos ihr Leben im Heim und in der Einsamkeit beklagt. (Siehe Kapitel 8, Einleitung).

Krankheit, der Schwäche und dem Tod keinen akzeptierten Platz einräumen und in der für MitarbeiterInnen und alte Menschen institutionelle Rahmenbedingungen geschaffen werden, die es den Betroffenen erschweren, würdig miteinander umzugehen.[540]

> Mich beeindrucken einzelne Bewohner in besonderem Maße.
> Herr Dupois, der weitgehend gelassen und ruhig seine Lebenssituation im Heim akzeptiert. Ein schönes Gesicht, große Augen und Sätze, die mir lebensweise erscheinen oder die das ihn umgebende Geschehen treffsicher charakterisierten. Für mich das Bild eines Mannes, der sich der Stufe der Integrität (E. Erikson) angenähert hat und das Leben beruhigt vollenden kann. Ein Vorbild, das Ideal eines Älteren?
> Oder Frau Groß: das ganze Gegenteil, meist unzufrieden, unbeherrscht ihren Aggressionen freien Lauf lassend, rücksichtslos die Verzweiflungen ihres Lebens auf den Tisch knallend. Bei ihr spüre ich deutlich eine Mischung aus Faszination und Abwehr. Ihre Fähigkeit, sich aggressiv vom inneren Schutt zu befreien, erscheint mir phasenweise befreiend und gleichzeitig erfaßt mich fast ohnmächtige Panik. Im Gespräch mit ihr fühle ich mich gelähmt und war vor allem bemüht, ihre Anklagen «wegzumachen»«und gerade nicht den dahinter lauernden Gefühlen von Wut und Verzweiflung Raum zu geben.[541] Tagebuch

Von den alten Menschen (im Pflegeheim Sommerberg) geht – so erlebe ich viele der MitarbeiterInnen – eine starke Faszination aus.[542]

Diese Menschen, die uns voranschreiten, mit ihren vom Leben in so vielfältiger Weise gezeichneten Gesichtern und Körpern, mit ihren so unerbittlich ausgeprägten Verhaltensweisen motivieren die Jüngeren zu großen Anstrengungen, ihre Situation zu verändern und sie am Leben zu erhalten. Es mutet an, als ob von den alten Menschen noch immer Schutz und Orientierung erwartet wird, die sie – trotz aller Ablösungs- und Trennungsprozesse (in der Pubertät) – gewährt haben. Und wenn es nur der Schutz vor der eigenen Vergänglichkeit ist. Denn solange die Jungen noch alte Menschen vor sich haben, solange sie alte Menschen pflegen (können), bieten sie einen Wall gegen den eigenen Tod.

---

540 «Nur wenn eine Gesellschaft wieder die Kraft findet, der Faktizität des Alterns und des Sterbens ins Auge zu sehen, hat sie es nicht mehr nötig, die Tötung der Alten zu praktizieren oder sie zu verstecken, in Asyle einzuschließen, in Altenvierteln zusammenzufassen, damit man sie nicht mehr sieht, ja hat sie die Chance zur ‹Würde des Alters› als einer Qualität des Menschlichen einen Zugang zu finden.» (H. Petzold, 1985, S. 558).

541 Vgl. Protokoll eines Gespräches mit Frau Groß im Anhang.

542 Vgl. Reflexion 6.

Aber die von den Älteren ausgehende Sicherheit ist brüchig oder gar illusionär, so wie andere Wünsche, die mit ihnen verbunden werden.

> Wut und Enttäuschungen über den Anblick von so viel vergeudetem und mißlungenem Leben droht – mich mit ihnen weitgehend unbewußt identifizierend – meine eigene Identität, meine eigenen Lebensentwürfe zu verletzen und zu entlarven. Ich versuche, vor diesen Spiegelbildern, die mir vor Augen geführt werden, zu fliehen. Doch ich werde immer wieder von ihnen eingeholt, solange ich nicht versuche, die Trugbilder aufzudekken und zwischen dem Leben meiner Vorfahren und deren Stellvertretern (den Menschen im Heim) und dem meinen zu unterscheiden. Tagebuch

Nur wenn die Grenzen zwischen den Pflegenden und den Gepflegten und ihren jeweiligen Lebensgeschichten nicht verschwimmen, ist eine Zuwendung über die Grenzen hinweg möglich, die von Kränkungen, Rachegefühlen oder erstikkender Vereinnahmung befreit ist.

Ein Ziel, dem sich die Betroffenen nur nähern können. Aber auch diese Annäherung bringt Bewegung in eine gelähmte Atmosphäre und eröffnet Handlungsspielräume.

9. Grenzen des Austauschs

Durch die Besonderheit der Tätigkeit (Pflege von alten Menschen) und die Bindung der Akteure (MitarbeiterInnen und BewohnerInnen) vorrangig an einem Ort (Pflegeheim) sind BewohnerInnen und MitarbeiterInnen in beständigen Interaktionen verbunden. Sie präsentieren in diesen Interaktionen wechselseitig ihre spezifischen Persönlichkeiten, ihre Erwartungen und Wünsche, ihre Fähigkeiten. Sie versuchen das Verhalten des jeweils anderen zu beeinflussen. Sie tauschen materielle und immaterielle Werte aus, Pflegeleistungen, Gespräche, Nahrung, Lächeln, ... Sie erleben in diesem Austausch Nähe und Distanz, Übereinstimmung und Konflikte.

9.1 Abhängigkeiten

«Wenn ich Euch nicht hätte»[543]

Die existentielle Abhängigkeit der Menschen voneinander ist eine im menschlichen Leben unabdingbare Erfahrung, auch wenn das Bewußtsein davon im alltäglichen Leben oft untergeht.

Die alten Menschen sind von den Arbeitsleistungen der jüngeren MitarbeiterInnen abhängig. Ohne ihre kontinuierliche Hilfe würden die meisten von ihnen (elendiglich) sterben, und das vermutlich nach kurzer Zeit.[544]

---

543 Häufig zu hörende Äußerung einzelner BewohnerInnen.

544 So stellt es sich jedenfalls für den Beobachter dar und in der Überzeugung von MitarbeiterInnen und den meisten BewohnerInnen. Offen bleibt die Frage, in welchem Ausmaß Hilflosigkeit der alten Menschen erzeugt bzw. induziert wird: durch die Pflegeangebote selbst und durch strukturelle Bedingungen des Heimes. Andererseits: Würden die Jüngeren die Arbeitsleistung aufkündigen, so wären die alten Menschen auf andere Unterstützung angewiesen. Eine solche Alternative ist jedoch für die meisten BewohnerInnen vermutlich nicht denkbar, weil sie subjektiv alle anderen Möglichkeiten der Versorgung bereits ausgeschöpft haben und die Übersiedlung ins Pflegeheim die ultima ratio darstellt.

Alltägliche Erfahrung

Im Heim verdichtet sich das Erleben der Abhängigkeit sowohl für die alten Menschen als auch für die MitarbeiterInnen. Dieser Einsicht kann sich niemand entziehen.[545] Denn die BewohnerInnen benötigen die kontinuierliche Unterstützung der MitarbeiterInnen in unterschiedlichen Intensitätsgraden[546] – in den zentralen «Aktivitäten und existentiellen Erfahrungen des Lebens»[547].

Für den Beobachter aber, auch den Pflegenden und Gepflegten, drängen sich körperbezogene Abhängigkeit von Versorgungsleistungen,[548] Waschen, Ausscheidungen regulieren, Anziehen, Essen und Trinken, medizinische Pflegemaßnahmen, (Fort-)Bewegen in den Vordergrund.

> «Frau Brehm braucht komplette Hilfe beim Aufstehen, Waschen, Anziehen. Die einzige Aktivität, die sie andeutungsweise versucht, ist, ihre Hände im Waschbecken zu bewegen, sie zu waschen.» (P 9/2)

> Herr Dupois will von seinem Stuhl aufstehen, er versucht es immer wieder, es gelingt ihm nicht. Er muß einen Pfleger heranrufen, der ihn in den Rollstuhl hebt. (P 41/7)

Unauffälliger und doch kontinuierlich sind die Unterstützungsleistungen im psychosozialen Bereich. Jede Pflegehandlung, deren vorrangiges Ziel die Versorgung des Körpers ist, bedeutet gleichzeitig sozialen Kontakt, der von liebevoller Zuwendung bis zum Streit reichen kann.

---

545 Die MitarbeiterInnen erleben Abhängigkeit nicht nur indem sie die Lebenssituation der BewohnerInnen betrachten, sondern davon ausgehend auch prospektiv auf ihr eigenes Alter bezogen.

546 Die Intensität der Pflege ist nicht nur interindividuell unterschiedlich, sondern wechselt – phasenweise – auch bei dem einzelnen Bewohner/der einzelnen Bewohnerin.

547 M. Krohwinkel unterscheidet in ihrem Pflegemodell 13 «Aktivitäten und existentielle Erfahrungen des Lebens (AEDL)»: Kommunizieren, sich bewegen, vitale Funktionen des Lebens aufrechterhalten (Atmung, Kreislauf, Wärmeregulation), essen und trinken, sich pflegen, ausscheiden, sich kleiden, ruhen und schlafen, sich beschäftigen, sich als Mann oder Frau fühlen und verhalten, für eine sichere Umgebung sorgen (Vermeidung von Unfällen, von Infektionen), soziale Bereiche des Lebens sichern (soziale Kontakte, Freundschaften), mit existentiellen Erfahrungen des Lebens umgehen. Das Pflegemodell von M. Krohwinkel lehnt sich an andere Konzepte an und erweitert diese: z. B. V. Henderson, 1977; L. Juchli, 1987. Die Formulierung von Grundbedürfnissen des Menschen befähigt die Pflegenden aufgrund einer eigenständigen Pflegediagnose die Kranken zu unterstützen und zu fördern. Diese pflegewissenschaftlich entwickelte Sichtweise stellt sich gleichberechtigt neben die medizinische. Die aufgeführten Pflegemodelle sind innerhalb der Krankenpflege entwickelt worden und werden zunehmend auch in der Altenpflege diskutiert und angewendet. (Vgl. Forum Sozialstation, 7/93).

548 Vgl. Kap. 7.

Holger hat den Auftrag, Frau Vogel beim Essen zu helfen, damit sie ernährt wird, damit sie nicht verhungert. Er krault ihr den Nacken, und in der Folge ißt sie nicht nur, sondern erwacht aus ihrem Dämmern und lächelt.[549]

Aber psychosoziale Versorgung ist nicht nur ‹Abfallprodukt›, Nebenleistung körperlicher Versorgung, sondern eigenständiges Ziel. Die MitarbeiterInnen formulieren das unter der Überschrift: «Die alten Menschen sollen sich wohlfühlen» und subsumieren darunter Alltäglichkeit und Normalität in der Gestaltung des Tagesablaufes, Förderung der Selbständigkeit, Berücksichtigung der Individualität, der spezifischen Lebenssituationen, der biographischen Prägungen und Begleitung des Sterbens.[550]

Aufenthaltsraum. «René (Zivildienstleistender) allein schafft das nicht so, er kann die Stimmung nicht halten», bemerkt Anette zu Ingeborg. Ein Teil der alten Menschen ist freudig beteiligt, die anderen nur sehr zurückhaltend oder sporadisch. ‹Auf den hinteren Rängen› dösen BewohnerInnen oder schauen ununterbrochen auf einen «inneren» Punkt. In einer Ecke malt eine Mitarbeiterin der Hauswirtschaft mit einer Frau (zeitweise gesellt sich eine zweite dazu). In einer Ecke sitzt eine Gruppe. Herr Dupois wird von seiner Frau besucht. Zwei junge Männer sitzen auch dabei. Das alte Ehepaar, sehr traurige Gesichter, singt ab und an ganz leise mit.
Im Eingangsbereich verwickelt Frau Altmann die alte Dame, die wieder in ihre Wohnung will und ungeduldig auf ihren Sohn wartet, in ein Gespräch über Söhne, Töchter, Schwiegertöchter und über den Sinn, im Pflegeheim zu leben.
René sagt, daß das Singen jetzt genug sei und zu anstrengend, und packt seine Gitarre weg.
Anette fragt: «Was machen wir nun mit dem angefangenen Nachmittag?» Sie schlägt das neue Spiel «Denkfix»[551] vor. Zwischendurch zeigt die Hauswirtschaftsleiterin Beate eine selbstgenähte Patchworkdecke, eingeleitet mit der Frage «wollt ihr mal was Schönes sehen?».
Über den Raum spannt sich insgesamt eine relativ lebendige Atmosphäre. Frau Igel malt weiter, sie ist fröhlich bei ihrer Arbeit. Nebendran eine kurze Frotzelei zwischen einem Bewohner und einer Bewohnerin.
Es braucht viel Einsatz und Energie der MitarbeiterInnen, um die Stimmung

---

549 Vgl. Kap. 4.5 und 7.5.

550 Vgl. Kap. 5.4. Das sind die von den MitarbeiterInnen ausdrücklich genannten Ansprüche, Ziele ihrer Arbeit. Den von M. Krohwinkel formulierten Aktivitäten und existentiellen Erfahrungen des Lebens würden die MitarbeiterInnen – daraufhin befragt- nur zustimmen. Nur im Bereich der Sexualität, der Achtung und Stützung von Geschlechtsidentität, Schamgefühl und Intimität vermute ich nach meinen Beobachtungen Äußerungen der Ratlosigkeit. (Vgl. Kap. 7).

551 Ein Ratespiel für Kinder, bei dem es auf Wissen und Tempo ankommt.

zu halten. Frau Beyer hilft beim Tischdecken. Das gemeinsame Spiel (Denkfix) wird beendet, als eine Bewohnerin Anette von ihrem Kummer erzählt und die ganze Aufmerksamkeit auf sich zieht. (P 3/1)

Der Heimleiter im Gespräch mit einer Bewohnerin. Er sagt ihr, daß eine Wohnung in der Wohnanlage frei wird und daß sie dort einziehen kann, wenn sie es möchte.
Bewohnerin: «Ich weiß nicht so recht.» Sie ist den Tränen nahe.
Heimleiter: «Ich habe den Eindruck, daß Ihre Tochter das nicht möchte. Aber sie braucht doch deswegen nicht häufiger herzukommen. Sie können doch hier bei uns essen. Überlegen Sie es noch einmal.»
Bewohnerin: «Ja, meine Tochter meint, es hat doch keinen Zweck.»
Heimleiter: «Aber es kommt doch darauf an, was Sie wollen.»
Bewohnerin: «Ja ich, ... (Pause), aber meine Tochter meint es gut ...» (P 3/1)

Nachmittags, Aufenthaltsraum. Herr Dupois wird von zwei Mitarbeiterinnen mit dem Rollstuhl gebracht. Bevor sie ihn auf den Stuhl heben, führen sie ein kurzes, ganz zugewandtes Gespräch mit ihm. Die Personalbesetzung ist heute nachmittag sehr knapp. (P 35/2)

Die MitarbeiterInnen wenden sich immer wieder den einzelnen alten Menschen zu, unterhalten sich mit ihnen, beraten sie, hören ihre Sorgen an, erklären, streiten und trösten, zeigen Geduld in der Anpassung an das psychische und physische Tempo der BewohnerInnen, auch dann, wenn der Arbeitsdruck im Nacken sitzt.

Darüber hinaus bieten die MitarbeiterInnen gruppenbezogene Aktivitäten an, wie Spielen, Singen, Kuchen backen, Ausflüge, durch die die alten Menschen angeregt werden, miteinander und mit den MitarbeiterInnen in Kontakt zu treten, miteinander zu kommunizieren, Freude zu haben, ihr Gedächtnis zu trainieren, ihre Fähigkeiten zu aktivieren, sich zu beschäftigen.

Die Initiative dafür jedoch geht überwiegend von den MitarbeiterInnen aus, die oft große Mühe haben, die BewohnerInnen zum Mittun zu bewegen und die viel Energie benötigen, die BewohnerInnen «bei der Stange zu halten».[552]

Mit fröhlicher, beschwinger Stimme, mit einem Scherz, mit einer spontanen Reaktion versuchen die MitarbeiterInnen die BewohnerInnen aufzuheitern.[553]

---

552 Vgl. auch Kap. 4.4 und Kap. 6.1.

553 Die Initiative zum Scherzen geht ab und an auch von den BewohnerInnen aus: Nachtwache. Herr Werner hat seine Beine wieder über das Bettgitter hängen. Er reagiert auf den sanften Verweis von Ilse: «Ich mache Morgengymnastik» und schmunzelt dabei. Er ist ganz munter und hängt immer wieder seine Beine heraus bis Ilse das Spiel stoppt, indem sie die Beine mit dem Bettlaken festzuhalten versucht. Es scheint Herrn Werner Spaß zu machen, Ilse auf diese Weise zu foppen, während sich Ilse nicht auf das Spiel einläßt und sich ernsthaft abmüht. (P 45/3).

Nach dem Abendessen. Die MitarbeiterInnen spaßen mit den BewohnerInnen. Eine fröhliche Stimmung verbreitet sich auf dem Flur. (P 4/1)

Eine Mitarbeiterin nimmt Frau Wolter in den Arm und tanzt mit ihr einen Tango. (P 30/3)

«Ich habe wirklich jetzt das Glück, daß ich mit den meisten Bewohnern gut auskomme, also daß wir auch mal, also mit Frau Schwindt streit ich mich auch mal, mit Frau Schneider auch, was weiß ich, wir können uns inzwischen sogar mal drücken oder herzen, da ist auch inzwischen eine körperliche Ebene da.
Herr Graf, ach, ich mein, es gibt da wirklich ein paar, die sind sehr sehr schwierig, für alle eigentlich, aber ich glaub, daß ich in dem Jahr wirklich zu allen den entsprechenden Draht gefunden habe. Gut, zu einem mehr, zum anderen weniger und manche sind auch noch ganz in den Anfängen erst, so Frau Joka zum Beispiel, das ist fast gar nicht möglich, weil man sich kaum begegnet… Die ist immer nur hinten in ihrem Zimmer und auch im Grunde sehr still und meldet so keine Ansprüche an.» (B 11)

Das Ausmaß der psychosozialen Zuwendung, das die BewohnerInnen erhalten, hängt auch von den Ansprüchen ab, die die BewohnerInnen auf unterschiedliche Weise anmelden und von der Sympathie, dem Draht, den die MitarbeiterInnen zu den BewohnerInnen gefunden haben. Frau Marek, das ‹Maskottchen› im Heim, erhält viel Zuwendung und Aufmerksamkeit, anderen, den «schwierigen» BewohnerInnen, z. B. Herrn Fromm, Herrn Graf, geht man lieber aus dem Weg.[554] Und auf BewohnerInnen, die neu eingezogen oder die noch relativ jung sind, konzentrieren sich die MitarbeiterInnen in besonderer Weise.[555]

Da nur drei BewohnerInnen täglich Besuch von ihren Angehörigen bekommen (Ehefrau, Ehemann, Freund), einige häufig (ein bis mehrere Male pro Woche) und viele nur selten oder gar nicht, sind die MitarbeiterInnen in der Regel die zentralen Bezugspersonen.

Nicht nur die Kontinuität ihrer Gegenwart (als Team) sondern auch die Dichte des Kontaktes (einschließlich der Körperpflege) bringt sie in diese zentrale Position.

Die BewohnerInnen sind zum großen Teil darauf angewiesen, in den MitarbeiterInnen GesprächspartnerInnen zu finden, mit denen sie ihre «existentiellen Erfahrungen des Lebens»[556] austauschen können, die sie darin unter-

---

554 Vgl. Kap. 6.3 und 6.4.

555 Vgl. Kap. 6.5.

556 «Mit existentiellen Erfahrungen des Lebens umgehen», das ist nach M. Krohwinkel eines der Grundbedürfnisse des Menschen. Sie unterscheidet existenzgefährdente Erfahrungen

stützen, soziale Beziehungen (zu Angehörigen, zu MitbewohnerInnen) aufrechtzuerhalten bzw. zu knüpfen und den Tageslauf durch anregende Beschäftigungen zu strukturieren. «Wenn ich euch nicht hätte», sagt Frau Senefeld.

Ein Teil der BewohnerInnen, die vorrangig in ihren «inneren Welten» leben, scheinen sich in ihrem subjektiven Erleben von diesem Hilfebedarf abzukoppeln. Sichtbar melden sie keine Ansprüche an. Diejenigen, die noch «außen» verankert sind, reduzieren ihre Erwartungen an das Heimpersonal, nehmen, so wie Frau Altmann oder Frau Czerny, selektiv das in Anspruch, was sie an alltäglichen Unterstützungsleistungen benötigen. Vor allem medizinisch-pflegerische Hilfen, Ernährung, Schutz.[557]

Andere verfolgen mit ihren Blicken die Bewegungen der MitarbeiterInnen, fügen sich in der Regel ihren Vorschlägen und Anweisungen («wenn Sie das so sagen, wird es schon recht sein»; «machen Sie es, wie Sie es denken»[558]) versuchen offen oder versteckt, die Aufmerksamkeit auf sich zu ziehen. Sie benennen oder zeigen ihre Wünsche nach Kontakt, nach Gespräch, nach Berührung, oder sie «verpacken» diese in die Notwendigkeit körperbezogener Hilfeleistungen. Frau Igel ist es tagtäglich schlecht, und sie zeigt das sehr eindrucksvoll. Frau Schneider entwickelt immer neue Krankheiten. Frau Senefeld kann nicht alleine aufstehen, obwohl ihr das sonst möglich ist, ...

Im Bereich der Beschäftigungen und der Pflege sozialer Kontakte zu den MitbewohnerInnen überlassen die HeimbewohnerInnen die Initiative vorrangig den MitarbeiterInnen.[559] Sie konzentrieren sich, soweit sie überhaupt erkennbares Interesse an ihrem sozialen Umfeld haben, auf duale Beziehungen zu den MitarbeiterInnen. Auf diese Kontakte müssen die BewohnerInnen oft warten. «Wir lassen alle warten»[560]

Die BewohnerInnen warten auf den Morgengruß, der den Beginn des Tages markiert, sie warten auf die alltäglich wiederkehrenden Hilfeleistungen und

---

wie Verlust von Unabhängigkeit, Sorge/Angst, Mißtrauen, Trennung, Isolation, Ungewissheit, Hoffnungslosigkeit, Schmerzen, Sterben. Weiterhin: existenzfördernde Erfahrungen wie Wiedergewinnung von Unabhängigkeit, Zuversicht/Freude, Vertrauen, Integration, Sicherheit, Hoffnung, Wohlbefinden. Schließlich: Erfahrungen, welche die Existenz fördern oder gefährden, kulturgebundene Erfahrungen wie Weltanschauungen, Glauben und Religionsausübung, lebensgeschichtliche Erfahrung. In: Forum Sozialstation, 1993, S. 13.

557 Frau Altmann ist außenorientiert durch den kontinuierlichen Kontakt zu ihrem Neffen, das Heim benutzt sie als ihr Sicherheit und Erleichterung verschaffendes Netz. Unangenehme Anteile des Heimes, die Anwesenheit der vielen Desorientierten z. B. (vgl. Kap. 10) versucht sie zu übersehen. Sie versteckt sich bzw. das Heim häufig hinter den dicken Büchern, die sie liest. (Vgl. Portrait im Anhang) Frau Czerny hat diese Position in noch viel radikalerer Weise angenommen. (Vgl. Portrait im Anhang).

558 P 28/3.

559 Vgl. Kap. 4.

560 Vgl. Kap. 8.1.

die damit verbundenen Kontakte zu den MitarbeiterInnen, sie warten auf den Beginn der Gymnastik und anderer Aktivitäten, sie warten darauf, daß ihrem (Hilfe-)Ruf Gehör geschenkt wird, sie warten auf eine (passende) Gelegenheit, von den eigenen Sorgen zu erzählen, sie warten …

Sie werden häufig vertröstet.[561] Organisatorische Gründe, vereinbarte Tagesablaufpläne, Arbeitsdruck wegen besonders hoher Anforderungen, unerwarteter Zwischenfälle, Personalknappheit einerseits und das Bedürfnis nach Distanz der MitarbeiterInnen lassen zeitweise ein Klima entstehen, das von Kampf um unerfüllbare oder unerfüllte Wünsche geprägt ist. Und bei den MitarbeiterInnen hinterläßt es ein Gefühl, daß das, was sie geben und zu geben bereit und in der Lage sind, nie genug ist.[562]

> «Und dann gibt es natürlich auch Situationen … ich weiß, ich hab einmal mit Frau Schwindt einen fürchterlichen Streit gehabt, weil die Ansprüche angemeldet hat an mich, an uns, aber an mich dann speziell, weil ich gerade vorbeikam und dann argumentiert hat, also so wirklich haarsträubend, so offensichtlich falsch. Also, sie ist eine derjenigen, die mittags von Frau Blum sowieso ins Zimmer gebracht wird und auch abends in der Regel einfach mit nach hinten genommen wird. Sie will ja immer noch nicht so früh ins Bett, aber möchte gern früh nach hinten. Und meistens werden ja erst die Leute hinter gebracht, die dann auch auf die Toilette oder ins Bett gebracht werden. Sie wird dann so mitgenommen, mal früher, mal später. Und da war ein Abend, da war's also katastrophal, wir waren viel zu knapp besetzt und Herr Werner war gefallen, also alles Sachen, die eben passieren können und sie saß dann um 1/2 8 oder 1/4 vor 8 oder 8, ich weiß es nicht, für sie eine sehr ungewohnte Zeit. Sie saß immer noch da, aber es saßen immerhin auch noch viele andere da, und sie hat dann behauptet, sie wär immer die Letzte und sie wär auch jetzt wieder die Letzte und war also völlig da drin, daß sie einfach die Letzte ist. Und da hab ich sie wirklich genommen und hab gesagt, Frau Schwindt, da sitzt Frau Roman, da sitzt, da da da … Und sie hat gesagt: ‹Ich bin die Letzte.›» Anette lacht. «Wirklich, so widersinnig und nee, und dann hab ich gesagt, ja gut, sie sind die Letzte und hab sie nach hinten gebracht und hab sie hingesetzt und bin gegangen. Nee, hinten haben wir uns ja noch ein bißchen gefetzt, sie sagte, sie wär immer und ach und ich weiß nicht was und ich hab ihr dann so gegengehalten und ja, zuguterletzt war's mir aber auch ganz wichtig, daß ich die dann so ziemlich, wie sie eben auch möchte, als Letzte dann doch, daß ich sie auch ins Bett gebracht hab und hab dann mit ihr nochmal darüber gesprochen, dann war's wieder okay.»

561 Vgl. Kap. 8.1.
562 Kap. 5.1.

Anette äußert neben dem Ärger über Frau Schwindt auch ein einfühlsames Verständnis für die Lage von Frau Schwindt, die sich aus eigener Kraft nicht mehr fortbewegen kann.[563] (B 12)

9.2 Definitionsmacht und Kontrollverlust

«Sie kriegen hier so viel abgenommen, daß sie alles verlernen.»[564]

An meinem ersten Beobachtungstag im Heim erlebe ich gleich zu Anfang eine mich sehr erstaunende Szene. Im Zimmer des Heimleiters spricht der Heimleiter mit der Sozialpädagogikpraktikantin ab, wer seiner Einschätzung nach an der anstehenden Oberbürgermeisterwahl teilnehmen soll. Die Abwägungen reichen von «der will noch mitmischen» bis «die will nichts mehr damit zu tun haben».[565] (P 1/2)

Alltägliche Praxis

Die MitarbeiterInnen fällen für die BewohnerInnen viele Entscheidungen noch außerhalb dessen, was durch geregelten Tagesablauf, vor allem Essenszeiten und Zeiten des Wachens und des Schlafens ohnehin den individuellen Wünschen weitgehend entzogen ist. Am auffälligsten ist, daß die BewohnerInnen ihre Kleidung in der Regel am Morgen selbst nicht auswählen können oder sie nicht gefragt werden, ob die am Abend zuvor bereitgelegten Sachen angenehm sind. Aber auch andere Alltäglichkeiten unterliegen meistens der Entscheidung der MitarbeiterInnen.

Nachtwache. Ilse teilt die Spätmahlzeit aus, Joghurt, Quark oder Tee. «Heute habe ich viel im Sortiment.» Sie überlegt sich vor den Zimmertüren, was die BewohnerInnen vermutlich haben wollen. Die meisten BewohnerInnen sind mit der Wahl einverstanden, wissen ohnehin nicht, daß sie auswählen könnten. «In der Nachtwache gibt sich jeder, glaube ich, besonders Mühe, weil er ja die alleinige Verantwortung hat.» (P 45/1)

Die MitarbeiterInnen kennen weitgehend die Vorlieben der BewohnerInnen und entscheiden entsprechend. So wird auch bei den Mahlzeiten im Speisesaal den BewohnerInnen das Essen vom Wagen aus zugeteilt, ohne daß sie jedes

---

563 Vgl. Kap. 6.4.
564 P 9/5.
565 Vgl. Kap. 1.

Mal entscheiden könnten, welche Speisen sie und in welcher Menge sie diese haben möchten. Für Veränderungen, für spontane Entschlüsse der BewohnerInnen ist kein Platz.

> Abends. Im Fernsehzimmer sitzen Frau Hut (im Bademantel) und Frau Henninger. Der Fernseher läuft ohne Ton. Ilse wundert sich, aber die Frauen meinen, sie würden sowieso nichts hören (Frau Henninger ist schwerhörig). Ilse sucht den Ton, stellt, ohne sich mit den Frauen zu verständigen, ein anderes Programm ein. «Das ist vielleicht am geeignetsten», meint Ilse. Später fragt sie die Frauen, was sie sich angucken, von was da gesprochen wird, die Frauen antworten nicht.
> «Es genügt ihnen, wenn sie die Bilder sehen, und wenn es Kinder sind, schaut Frau Hut ganz interessiert», sagt Ilse. (P 45/4)

Die MitarbeiterInnen orientieren sich nicht nur an den Vorlieben der BewohnerInnen, sie wissen auch, was ihnen gut tut. So werden viele Entscheidungen über die Köpfe der BewohnerInnen hinweg gefällt:

- wer (heute) an der Gymnastik teilnimmt und wer an der Spielgruppe, am Vorlesekreis;
- in welcher Sitzordnung die Gruppenaktivitäten durchgeführt werden;[566]
- in welcher Sitzordnung die Hauptmahlzeiten eingenommen werden[567].

> Übergabe. Frau Mehl aus der Wohnanlage ist seit zehn Tagen «auf der Pflege». Sie war gestürzt. Sie will unbedingt wieder in ihre Wohnung zurück. Das erscheint den MitarbeiterInnen eben nicht ratsam, da sie noch einen Einlauf bekommen soll. Verschiebung auf morgen, obwohl auch die Tochter drängt. «Das muß man Frau Mehl aber unmißverständlich klarmachen, nicht daß dann die Tochter kommt und sie in die Wohnung bringt.» (ZB 15/4)

Selbst bei größeren Veränderungen wie Zimmer- bzw. Wohnungswechsel, Veränderungen im Speise- und Aufenthaltsraum, bei denen nach Möglichkeit das Gespräch mit den BewohnerInnen gesucht wird, sitzen die MitarbeiterInnen mit ihrer Überzeugungskraft, mit ihren Argumenten, letztlich am längeren Hebel.

> Am Nachmittag werden die Tische seit einiger Zeit für das Kaffeetrinken anders gruppiert. Der Grund: «Wir wollten die Sitzordnung auflockern. Es kommen dann einfach andere Gespräche zustande. Aber manche wollten

566 P 31/3.
567 Kap. 6.2.

einfach hockenbleiben, bestanden auf ihrem Platz. Das war ganz schön schwer, das auszuführen. Die Leute wollten erst gar nicht, wurden richtig böse, auch wenn sie selbst nicht ihren Platz verlassen mußten.» (P 18/2)

Die BewohnerInnen setzen den Entscheidungen der MitarbeiterInnen aufgrund ihrer Schwäche, ihrer Behinderungen, ihrer inneren Emigration, ihrer Anpassungsbereitschaft nur selten Widerstand entgegen. Und viele Fragen sind, wie das Anklopfen an den Zimmertüren, bei denen keine Reaktion erwartet oder abgewartet wird, symbolischer Natur.

Feiertag. «Wir legen die Leute heute nicht ins Bett, die durchhalten können, weil wir doch heute Waffeln backen wollen. Außerdem sind wir mit dem Personal knapp. Dann kommt noch die Polizei ins Haus, weil letzte Woche eingebrochen wurde.» (P 27/1)

Organisatorische Regelungen und (aktuelle) Anforderungen, Dienstpläne, Aktivitätenpläne einerseits[568] und das Wissen der MitarbeiterInnen um die individuellen Gewohnheiten und Erfordernisse der BewohnerInnen andererseits umhüllen die BewohnerInnen mit einem Netz von Versorgung und (vertrauten) Regulierungen.

«Dann machen Sie es halt, wie Sie es meinen», «es muß eben sein», sagen die BewohnerInnen und so scheinen sich die Rollen von BewohnerInnen und MitarbeiterInnen, die Entscheidungsfindung betreffend, in der Regel zu ergänzen.

«In ihrer Abhängigkeit werden die Leute so ... sie lassen sich alle Entscheidungen abnehmen: ‹Sie wissen schon was richtig ist›. Ich muß meine Enttäuschung darüber zügeln und meine Wut, daß die so alles mit sich machen lassen. Es ist natürlich auch eine Generation, die viel erdulden mußte, aber trotzdem ... sie kriegen hier so viel abgenommen, daß sie alles verlernen.» Anette (P 9/5)

Anette zügelt ihre Enttäuschung und ihre Wut, so wie es vielleicht manche der BewohnerInnen ebenfalls tun, um das relative Gleichgewicht zwischen Bestimmen und Bestimmtwerden nicht zu stören, das so fest in dem Alltag von BewohnerInnen und MitarbeiterInnen verankert zu sein scheint.[569]

So verlernen die BewohnerInnen allmählich, daß auch sie Situationen in die Hand nehmen und mitgestalten, sie kontrollieren können. Sie reagieren sehr zurückhaltend, wenn sie gelegentlich nach ihren Wünschen und Vorstellungen gefragt werden, so wie bei der Speiseplanbesprechung.[570]

568 P 44/12 und P 47/1.

569 Anette ist diejenige Mitarbeiterin, die sich mit einzelnen Bewohnern im Streitfalle auseinandersetzt.

570 P 9/5.

> Ich schaue mich im Dienstzimmer um. An den Wänden hängen Erinnerungszettel für allen möglichen Kleinkram, dann der Badeplan, Dienstplan, Tropfenplan, Ärzteplan, Anweisung für dieses und jenes, auch der Wochenplan mit den eingetragenen Aktivitäten: Einzelspaziergänge, Basteln, Schuhkauf mit Frau Köslin, Ausflug, Vorlesen. All die Dinge, die den alten Menschen Probleme machen oder ihnen das Leben erleichtern sollen. Viele Informationen sind in diesem Raum versammelt. (P 46/1)

Das Dienstzimmer mit seinen Plänen, Notizen und Informationen, die an den Wänden verteilt sind, ist das Zentrum der Entscheidungen. Hier finden auch die Übergaben statt, in denen über die Befindlichkeit einzelner Bewohner gesprochen, Versorgungsleistungen entschieden und Pläne für den Ablauf des Tages und der Woche festgelegt werden.

Die BewohnerInnen sind in diese Übergabenregelung nicht einbezogen, nur Frau Marek ist fast immer bei den Übergaben anwesend. Sie kann jedoch den Besprechungen erkennbar weder folgen noch Stellung beziehen. Und die MitarbeiterInnen haben sich an ihre Anwesenheit gewöhnt, beachten sie meistens nicht.[571] Andere BewohnerInnen, die sich dazusetzen möchten, werden abgedrängt. Aber die meisten sind höchstens Zuschauer aus Distanz, umkreisen den «magischen Ort»[572], ohne ihn zu betreten. Eine Bewohnerin, Frau Beyer bleibt schon mal am Eingang stehen und bemerkt, den Kopf schief gelegt und mit leicht ironischem Unterton: «Na, habt ihr mal wieder eine Besprechung?»[573]

> «Das Problem ist ohnehin, daß nur das gemacht wird, was die MitarbeiterInnen für richtig und wichtig halten und nicht das, was die Bewohner ... Die alten Menschen überlassen die eigenen Entscheidungen gerne den anderen, genau wie wir jüngere. Das ist eben das schlimme an der Institution.» Hans (P 19/1)

Die Enttäuschung über die sich den Entscheidungen der MitarbeiterInnen ausliefernden BewohnerInnen, die neben individuellen und alltagsbedingten Gründen auch Wirkungen der Institution einbezieht, bricht nicht entscheidend die Gewohnheit auf, den Alltag der BewohnerInnen weitgehend nach den fachlichen und individuellen Einschätzungen der MitarbeiterInnen, des Teams zu regulieren.

---

571 Vgl. Kap. 8.

572 Magischer Ort: Es scheint, daß die BewohnerInnen das Dienstzimmer während der Übergabe als einen besonderen Ort einschätzen. Ob sie spüren, was dort «für sie» geschieht, ob sie eine Ahnung von der Bedeutung der Übergabe haben?

573 ZB 30/4.

Morgenpflegerunde. Frau Kistner liegt noch im Bett. Infolge eines Oberschenkelhalsbruches ist sie gehbehindert. Sie schimpft jammernd: «Sie sperren mich hier ein» und deutet auf die beiden Bettgitter. Veronika erklärt ihr ruhig: «Das ist nur, damit sie nicht aus dem Bett fallen.» Frau Kistner deutet auf ihr Herz: «Ich habe solches Herzklopfen, weil ihr mich hier einsperrt, ich will hier raus.» Sie hat sich schon ganz aufgedeckt. Veronika deckt sie wieder zu und verspricht, später wiederzukommen und sie rauszuholen. Sie will sich erst bei den KollegInnen vergewissern, ob Frau Kistner aufstehen darf. Später sehe ich sie in Morgenmantel und Decke gehüllt im Speisesaal sitzen.[574] (P 26/2)

Bei einigen der BewohnerInnen ist über Nacht das Bettgitter regelmäßig angebracht, zum Schutze gegen das Herausfallen. Dafür bedarf es meist keiner Erklärungen.[575] Gehen die MitarbeiterInnen davon aus, daß die meisten der BewohnerInnen die Einschränkung der Bewegungsfreiheit, das «Einsperren» im Bett als notwendige, ihnen Sicherheit gewährende Maßnahme akzeptieren oder sie sogar begrüßen?

Übergabe. Frau Kistners Aggressivität wird beklagt und daß man das unmöglich Frau Beyer länger zumuten kann.
Eine Mitarbeiterin: «Ich wollt mal fragen, Frau Kistner kriegt doch seit einiger Zeit nur noch die halbe Dosis (Name des Medikamentes unverständlich), vielleicht könnte man ...», sie spricht nicht weiter und dieser Gedanke medikamentöser Abhilfe des Problems wird auch von niemandem in der Runde aufgenommen. Statt dessen überlegt man, ob es nicht daran liegen könnte, daß Frau Kistner beim Mittagessen auf einem anderen Platz sitzen muß, am Tisch der «Gäste» (BewohnerInnen aus der Wohnanlage). Es wird beraten, wie man Frau Kistner einen festen Platz geben, ihr ein Heimatgefühl verschaffen könnte. Aber diese oder jene vorgeschlagene Lösung geht nicht, «da gäbe es Mord und Totschlag», ... «Das ganze ist nur passiert, weil die Regelung, daß die Gäste an einen gesonderten Tisch kommen, nicht

574 Vgl. Skizze Morgenpflegerunde 1 und die Auseinandersetzung um das Bettgitter in Kap. 3.3.

575 Herr Dupois ist in der Nacht aus dem Bett gefallen. Das Bettgitter ist angebracht. Die Mitarbeiterin erklärt ihm den Grund. Er kann sich nicht mehr daran erinnern, herausgefallen zu sein. Er äußert keinen Unmut darüber. In der Fachdiskussion gibt es anhaltende Überlegungen, ob das Anbringen von Bettgittern nicht viel gefährlicher ist, da die BewohnerInnen beim Versuch, es zu überwinden noch viel unglücklicher fallen können. Außerdem bedarf die dauerhafte Anbringung von Bettgittern entweder der persönlichen Zustimmung des Bewohners oder der richterlichen Genehmigung. Bei mir weckt der Anblick der BewohnerInnen in Betten mit Bettgittern Erinnerungen an Kinderpflege. Gleichzeitig verstehe ich die Motive der Pflegekräfte, die glauben, auf diese Weise die BewohnerInnen ordnungsgemäß versorgt, «abgelegt» und in Sicherheit gebracht zu haben. Literatur: Th. Klie, U. Lörcher, 1994.

durchgehalten wurde und auch Frau Endrich am Bewohnertisch sitzt, eine andere Bewohnerin ebenso.» Also will man jetzt – stark vorgetragen vom Heimleiter – die Regelung wieder durchsetzen und eine der falsch plazierten Gäste bitten, sich an den Extratisch zu setzen. «Bei aller Betonung der Öffnung des Hauses müssen wir diese Regelung durchhalten, sonst gibt's immer wieder Ärger.» Das vorsichtig vorgetragene Argument von einer Mitarbeiterin, das eine flexiblere Handhabung, die Unterstützung mancher Freundschaften zwischen BewohnerInnen und Gästen ermöglichte, wird nicht gehört.
Das gilt dann eben auch für die «so schöne Beziehung» zwischen Frau Igel und einer erwarteten Kurzzeitpflegefrau, die offensichtlich schon mal da war. «Die haben so viel Spaß miteinander, gucken sich Zeitschriften an, lachen miteinander, ...» – «Nach dem Essen kann sich ja dann Frau Igel zu ihrer Bekannten rüber an den Tisch setzen.» (P 31/5)

Übergabe. Ein Kurzzeitpflegegast. Er hat geäußert, daß er heute raus an die Luft gehen wolle. Die MitarbeiterInnen beraten diesen Wunsch. «Kann er noch alleine eine weite Strecke laufen?» Die MitarbeiterInnen sind sich einig, daß er dazu nicht in der Lage ist. (P 41/6)

Übergabe. «Für Herrn Marx wurde ein Liegendtransport bestellt. Herr Marx sagt aber, daß er immer mit dem Taxi ins Krankenhaus gefahren sei.» Die MitarbeiterInnen überlegen hin und her, es fällt ihnen schwer, der Aussage von Herrn Marx Glauben zu schenken und den Wunsch zu akzeptieren. Der Heimleiter erklärt ungeduldig, daß an Herrn Marxens Wunsch doch nichts zu rütteln sei. Die MitarbeiterInnen wollen es aber auf alle Fälle erst noch mit dem Arzt absprechen. (P 29/2)

Die MitarbeiterInnen entscheiden nicht blind oder leichtfertig. Sie geben sich viel Mühe nach angemessenen und vertretbaren Lösungen zu suchen. Fachliche Erwägungen und Einschätzungen des Gesundheitszustandes, des physischen Wohlbefindens überlagern jedoch die Bewohnerwünsche. Die BewohnerInnen stehen unter Verdacht, ihre Lage selbst nicht richtig einschätzen zu können.

Die Entscheidungen, die die MitarbeiterInnen im Team fällen oder auch individuell, stehen zu großen Teilen – den MitarbeiterInnen mehr oder weniger bewußt – im Zusammenhang mit den konzeptionellen Vorstellungen, die die MitarbeiterInnen ihrer Arbeit zugrunde legen.[576] Diesem hidden curriculum[577]

576 Es gibt kein schriftliches Konzept. Einige Grundpositionen werden in der täglichen Arbeit deutlich, eher selten explizit formuliert (vgl. Kap.5.4). Die Übergabe (aber auch die jährlich stattfindenden Teamklausur) sind implizit dazu da, sich der Grundpositionen zu versichern und die Praxis daran zu messen. (Vgl. Thema: Bezugsperson in den ersten Wochen in Kap. 6.5).

unterliegen die BewohnerInnen, ohne daß sie sich bei Heimeintritt explizit damit auseinandersetzen könnten oder an dessen Weiterentwicklung beteiligt sind.[578]

Institutionelle, organisatorische Bedingungen und individuell persönliche Besonderheiten variieren im Sinne von individuellen und teambezogenen (Auslegungs-) Spielräumen oder unabänderlichen oder unabänderlich erscheinenden Zwängen das (unsichtbare) Konzept.

So wird Frau Senefeld kurzerhand im Rollstuhl in den Speiseraum transportiert, obwohl sie das noch alleine oder mit Begleitung schaffen könnte.[579] Psychopharmaka werden nicht abgesetzt, weil die Personalbesetzung am Feiertage reduziert ist.[580] BewohnerInnen bekommen eine Eingewöhnungszeit von zehn Tagen zugemessen, in denen sich zwei MitarbeiterInnen besonders um sie kümmern sollen.[581]

Gespräche mit den BewohnerInnen, individuelle Kontakte werden auf die Nacht verschoben, weil da mehr Zeit ist.[582]

> «Die Nachtwache, das ist eine gute Sache. Da kriegt man eine richtig gute Beziehung zu den alten Menschen. Niemand stört einen dabei, kein anderer Mitarbeiter, keine Angehörigen, keine Ärzte, niemand. Da kann man so richtig auf die alten Menschen eingehen, wie das am Tage niemals oder nur ausnahmsweise möglich ist.» (ZB 15/4)

Ist erst dann individualisierende, die Wünsche und Vorstellungen der BewohnerInnen zum Maßstab nehmende Versorgung der alten Menschen möglich, wenn alle Störfaktoren – knappe Zeit und auch andere Bezugspersonen der BewohnerInnen – ausgeschaltet sind?

> «Wir gehen halt relativ klar dazwischen und sagen, was Pflege ist. Das machen wir, einerseits aus dem Grund, daß sie (die Ehefrau) nicht so betüttelt und auf der anderen Seite, wir hören ja immer wieder Vorwürfe von ihr, wir würden ihn nicht richtig versorgen. Deswegen nehmen wir es klar auseinander und sagen: ‹Sie brauchen Ihren Mann nicht von der Toilette holen, das

---

577 Hier: das nicht allgemein zugängliche, also versteckte Konzept.

578 Die Zahl der Pflegeplätze ist in der Stadt knapp. Die Warteliste der meisten Heime ist sehr lang, eine bewußte Wahl des Heimes ist selten möglich. Da die meisten BewohnerInnen aber in den letzten Jahren direkt aus der dazugehörenden Wohnanlage ins Pflegeheim einziehen und nur noch wenige alte Menschen von außen kommen, ist anzunehmen, daß die BewohnerInnen eine Ahnung von dem haben, was sie im Heim erwartet.

579 P 31/2; vgl. Morgenpflegerunde 1 im Anhang.

580 P 34/2.

581 S 11.

582 P 44/1. Anderen MitarbeiterInnen dagegen ist die ungestörte Nachtruhe der BewohnerInnen wichtiger. (P 45/4).

machen wir. Sie brauchen ihm auch nicht beim Essen zu helfen, das machen wir.› Wenn sie ein bißchen das Bett macht, das ist gut und ihm vorlesen und so, das ist gut. Ich denk halt nur, es ist klar, sonst vermischt sich das. Und sie kann's auch objektiv nicht, also das gefährdet dann schon.» (S 11)

Die MitarbeiterInnen, das Team entscheidet in fachlicher Kompetenz und bewohnerzugewandten Abwägungen über die Versorgung der alten Menschen. Nicht nur die Wünsche der BewohnerInnen selbst, sondern auch das spezifische Verhältnis zwischen BewohnerInnen und deren Angehörigen (aber auch anderer Bezugspersonen) und deren Vorstellungen, die Beziehung zu gestalten, bleiben nachgeordnet.[583]

Verwaltetes Eigentum

Der Heimleiter geht von Zimmer zu Zimmer und teilt das Taschengeld aus.[584] (P 37/1)

Der Heimleiter holt Frau Köslin in sein Büro und bittet Frau Schneider gleichzeitig, in ihr Zimmer zu gehen, da er nachher noch zu ihr kommen wolle. Er hat die Geldtasche in der Hand. (P 42/3)

Die Möglichkeit, sich im Pflegeheim mit den persönlichen Dingen zu umgeben, ist eingeschränkt. Ein eingebauter Kleiderschrank, ein vom Heim gestellter Nachttisch sind die einzigen Orte, in denen Eigentum verwahrt werden kann. Ein paar Gegenstände auf dem Tisch, Bilder an der Wand, Kissen und Decken, ein Möbelstück, ein Fernseher tragen in dem einen oder anderen Zimmer zur persönlichen Note bei.

Aber auch dieses reduzierte Eigentum untersteht der Verwaltung durch die MitarbeiterInnen: Die Dinge werden aufgeräumt, gereinigt, aussortiert, aus den Schränken werden – ohne eingeholte Erlaubnis der BewohnerInnen – die für Bekleidung und Pflege notwendigen Utensilien geholt. MitarbeiterInnen helfen den BewohnerInnen, Nachttische und Handtaschen zu durchsuchen, wenn ein Verlust angezeigt wird. Es gibt keinen Winkel, der unangetastet bleibt, über den die MitarbeiterInnen nicht im Notfall oder regelmäßig alleine verfügen. Besonders wertvolle Dinge werden im Safe des Heimes aufbewahrt.

Auch vor dem Zugriff der MitbewohnerInnen kann das Eigentum nicht geschützt werden. Legt deshalb Frau Schwindt ihre Handtasche abends unter das

583 Vgl. auch Kap. 2.
584 Im offiziellen Sprachgebrauch wurde vor einigen Jahren das Wort «Taschengeld» durch das Wort Barbetrag ersetzt, § 21 Abs. 3 BSHG.

Kopfkissen? Und beklagt deshalb Frau Müller so häufig den Verlust ihrer Handtasche und anderer wertvoller Dinge?[585]

Bei der monatlichen Taschengeldausgabe[586] wird der Verlust von Eigentum und seine Verwaltung durch Fremde besonders deutlich. Der Heimleiter teilt das Geld aus. Und für viele, die mit dem Geld nicht mehr umzugehen verstehen, verwaltet er es, um davon für die BewohnerInnen kleine Anschaffungen/ Ausgaben zu tätigen, z. B. Unterwäsche, Waschutensilien, Frisör, Cafébesuch, ...

Beim Ausflug kann nur eine der mitfahrenden BewohnerInnen Kaffee und Kuchen aus eigener Tasche bezahlen, also die Rechnung verlangen, das Geld hinzählen, Trinkgeld geben. Für alle anderen läßt sich die begleitende Mitarbeiterin eine Sammelrechnung geben, die sie dann mit dem Heimleiter abrechnet.[587] Der gewohnte Umgang mit Geld wird ihnen weitgehend abgenommen. Ist das für die BewohnerInnen entlastend oder belastend?

> Herr Weber (Kurzzeitpflegegast), 96 Jahre alt, Kapitän, wie er betont, will doch nicht am Ausflug teilnehmen, weil er kein Geld hat. Die Mitarbeiterin versucht ihn zu beruhigen mit dem Hinweis, daß die Angehörigen zahlen. So läßt er sich dann doch zum Bus drängen. (P 7/1)

> Im Café. Frau Groß sucht ihre Tasche. Sie hat keine mitgenommen, stellt die Mitarbeiterin fest. Sie ist beunruhigt, daß sie nicht zahlen kann. «Das ist mir aber gar nicht recht», sagt sie. Sie läßt sich erst durch wiederholte Beteuerungen beruhigen, daß sie im Heim zahlen könne. «Kommt ihr denn alle mit nach Hause?» (P 7/3)

> Ausstellungseröffnung. Sekt und belegte Brote werden angeboten. Herr Dupois spricht Ilse an. Er hat große Not, daß er das alles, was er «hier geboten kriegt, nicht bezahlen kann». Ilse erklärt ihm immer wieder mit viel Geduld: «Sie haben schon alles in einem Rutsch bezahlt. So ist es auch mit ihrer Frau besprochen, mit ihrer Tochter, mit ihrem Herrn Sohn, alle wissen Bescheid ... Alles ist gut.» (P 15/1)

Bei außergewöhnlichen Ereignissen wird einigen BewohnerInnen bewußt, daß sie für «alles was ihnen geboten wird» keine materiellen Gegenleistungen er-

---

585 Vgl. Kap. 3.3.

586 Das Taschengeld/den Bargeldbetrag erhalten alle BewohnerInnen, die die Heimkosten nicht vollständig aus ihrem eigenen Vermögen bzw. mit ihrer Rente bezahlen können und deshalb ergänzende Sozialhilfe erhalten. Mit dem Heimeinzug wird die vorhandene Rente vom Sozialhilfeträger direkt eingezogen. Der Bewohner/die BewohnerIn erhält einen monatlichen Barbetrag von z. Z. zwischen DM 160 und DM 190 zur freien Verfügung. Die meisten der BewohnerInnen in diesem Heim sind «Taschengeldempfänger». Diese Formulierung ist immer noch üblich.

587 P 7/3; vgl. Kap. 2.

bringen, so wie sie es ihr Leben lang gewohnt waren. Diese Gratisgaben sind ihnen durchaus unangenehm.[588] Das Gleichgewicht zwischen Geben und Nehmen erscheint ihnen gestört.

9.3 Gegenleistungen

«Geben ist seliger denn nehmen»[589]

Die BewohnerInnen zahlen für ihren Heimaufenthalt nicht. Jedenfalls ist ein Transfer «Leistung gegen Geld» im Heimalltag nicht sichtbar.

Sie setzen für Unterbringung und Versorgung in den meisten Fällen zwar ihre gesamte Rente ein und das angesparte Vermögen, doch weil diese Bezahlung für sie meist nicht rational nachvollziehbar und sinnlich nicht spürbar ist – sie sehen keine Rechnung, sie zahlen das Entgelt nicht auf die Hand der Mitarbeiter oder des Heimleiters, sie überweisen keinen monatlichen Betrag – entsteht für die alten Menschen schnell der Eindruck, daß sie mit leeren Händen und bar jeglicher Möglichkeit zur Gegenleistung die vielfältigen Hilfen in Anspruch nehmen.[590]

Immaterielle Gegenleistungen jedoch erhalten die MitarbeiterInnen unmittelbar von den BewohnerInnen.

> Frau Altmann lobt Mira: «Sie springt immer so schnell und arbeitet viel.» (P 14/1)
>
> Herr Merck bedankt sich überschwenglich dafür, daß ich mit ihm einen Spaziergang gemacht habe. «Das war eine schöne Runde.» (P 12/2)
>
> Frau Altmann macht es Mira leicht, sie zu waschen und anzuziehen. Sie hilft mit.[591] (P 14/1)

---

588 Beim Fotographieren der BewohnerInnen und dem Versprechen, ihnen das Foto zu schenken bzw. bei der Übergabe der Fotos reagieren mehrere BewohnerInnen zunächst mit Ablehnung, weil sie es nicht bezahlen können. «Man muß doch alles im Leben bezahlen. Man kriegt doch nichts geschenkt», mit diesen Worten lehnt eine Bewohnerin das Foto ab, das ich ihr überreichen will. P 36/1, P 48/1, P 49/5.

589 Sprichwort, das beim Gedächtnistraining in der Gruppe vorkommt. Die BewohnerInnen sind bei dieser Übung aufgefordert, die Anfänge von Sprichwörtern zu ergänzen.

590 Es ist aber auch eine gegenläufige Einstellung sichtbar. Manche BewohnerInnen vermitteln den Eindruck, daß sie Leistungen einklagen können, daß sie die MitarbeiterInnen «nach ihrer Pfeife tanzen lassen können». Von diesen BewohnerInnen fühlen sich die MitarbeiterInnen als Dienstboten behandelt und sie wehren sich dagegen.

591 Vgl. Morgenpflegerunde 2 im Anhang.

Mira empfindet es als angenehm, wenn eine Bewohnerin auf sie zukommt, wenn sie strahlt. (E 1/4)

Sie freut sich, daß Frau Altmann sie nach langer Abwesenheit wieder erkennt und sie freundlich begrüßt. (E 2/15)

Lob und Anerkennung können die BewohnerInnen den MitarbeiterInnen spenden. Und wenn BewohnerInnen bei einer Hilfeleistung mithelfen oder diese sogar mit einem Lächeln beantworten, ordnen die MitarbeiterInnen das durchaus als Bestätigung ihrer Arbeit und Anstrengung ein.

Selten sind solche Anerkennungen jedoch. Die Arbeit der MitarbeiterInnen wird meist vom Schweigen, abwehrenden Reaktionen oder resignativ getönten Aussagen begleitet.

Was hindert die BewohnerInnen daran, die vielen Dienstleistungen mit anerkennenden Worten oder Gesten zu honorieren? Sind sie schon so daran gewöhnt, daß ihr selbstverständlicher Charakter vorherrschend ist?[592] Oder fühlen sie sich eher gezwungen, diese Versorgungsleistungen in Anspruch zu nehmen, da sie die meisten nicht ausdrücklich anfordern oder erbitten? Liegt es daran, daß sie sich gezwungenermaßen ins Heim versetzt sehen? Ist ihnen die Abhängigkeit von der Hilfe anderer so unangenehm, daß sie dieses Thema tabuisieren?[593]

Manche der BewohnerInnen machen gerade diejenigen für ihre «Misere» verantwortlich, die bereitstehen, ihnen zu helfen und dies im großen Umfang tun.

Frau Reukauf empfindet die Hilfe häufig als persönliche Kränkung. Sie mag nicht, wenn man ihr zu nahe kommt. Es ist immer eine Gratwanderung und sehr schwierig mit ihr. (P 9/2)

Mira betont, wie stark sie von den Reaktionen der BewohnerInnen abhängig ist. «Nicht nur der zu Pflegende ist abhängig von den Pflegekräften, das ist eigentlich eine Wechselbeziehung. Weil, wenn nichts rüberkommt, nicht irgend etwas rüberkommt, an verbalen Sachen, wie auch, daß man sieht, da bewegt sich irgend etwas, da gibt es eine Änderung, dann ist das auch total frustrierend für denjenigen, der pflegt.» (E 2/12)

---

592 «Ich hab mein Leben lang genug getan, jetzt sollen die Jungen mal springen.» Manche alten Menschen begründen damit ihre Inaktivität und die Selbstverständlichkeit, mit der sie Hilfe in Anspruch nehmen. Diesen Satz habe ich im Heim nicht vernommen. Aber als hintergründige Legitimation für Forderungen mag er auch dort gelten.

593 Von alten Menschen außerhalb des Heims höre ich oft die Angst, abhängig zu werden. Sie finden diese Aussicht schlimmer als Sterben und Tod.

Angewiesen sind die MitarbeiterInnen auf anerkennende Reaktionen der BewohnerInnen, sie geben sich schon mit kleinen Gesten zufrieden oder eben mit positiven Veränderungen im Zustand der BewohnerInnen.[594]

Darüber hinaus fühlen sie sich von den alten Menschen durchaus durch deren Existenz belohnt: durch die Freude, die die Arbeit mit sich bringt, durch die Begegnung mit so vielen Lebensgeschichten, die Möglichkeit, so unterschiedliche Menschen kennenzulernen, die Chance, von alten Menschen zu lernen und die Anstöße für die Bewältigung des eigenen Älterwerdens zu erhalten.[595]

Im alltäglichen Ablauf, in den Interaktionen zwischen BewohnerInnen und MitarbeiterInnen manifestiert sich jedoch der Eindruck, daß die BewohnerInnen nur ein geringes Maß an Gegenleistungen einbringen.

«Geben ist seliger denn nehmen». Diese, den alten Menschen sehr wohl vertraute Lebensmaxime, steht im extremen Widerspruch zu ihrer Lebenssituation im Heim.

Und die MitarbeiterInnen? Sie sind zur Erleichterung ihrer Arbeit, zum Erhalt ihrer Freude an der Arbeit auf die Mitarbeit, auf den kommunikativen Austausch mit den BewohnerInnen angewiesen. Aber sind sie auch abhängig?

> Übergabe. Der Heimleiter weist in scharfem Ton auf eine geltende Regelung hin: «Damit klarer Tisch ist, alle Spenden von Angehörigen müssen abgegeben werden. Das ist besser so, auch zu Ihrem (Mitarbeiter) Schutz, dann machen Sie sich nicht abhängig.» (P 18/1)

Die Möglichkeit der individuellen Anerkennung und des Dankes in Form von Geld oder Sachgeschenken ist den BewohnerInnen bzw. stellvertretend für sie den Angehörigen, verwehrt. Die MitarbeiterInnen könnten sich abhängig machen.[596]

594 Vgl. Kap. 5.3.

595 Vgl. Kap. 5.5.

596 Diese Regelung ist in Institutionen der Altenpflege üblich und die Gründe für ihre Formulierung sind nachvollziehbar. Es besteht sonst die Gefahr, daß die BewohnerInnen für einzelne Dienstleistungen bezahlen müssen bzw. daß sich die BewohnerInnen oder deren Angehörigen, die in der Lage sind, sich durch Geld- und Sachzahlungen besondere Zuwendung erkaufen. Die Institution greift regulierend in das Verhältnis zwischen zwei Menschen ein, was außerhalb der Institutionen, z. B. in der Privatpflege, nicht denkbar ist.
Es ist Praxis im Heim, daß dem Team als ganzes Geld oder Sachleistungen von Angehörigen zufließen. Doch geschieht das nicht auf Initiative und mit Wissen der BewohnerInnen. Es geht an ihnen vorüber, es entbehrt des unmittelbaren Austauschcharakters.

Reflexion 9
Folgen der Abhängigkeit

> Betrete ich das Pflegeheim Sommerberg, dann nehme ich die Menschen, die im Aufenthaltsraum sitzen oder denen ich in ihren Zimmern begegne, zunächst als eine relativ homogene Gruppe wahr. Meine Sinne entschlüsseln bald allgemeine Merkmale: gebeugte Haltung, verlangsamte Bewegung, Untätigkeit, zitternde oder gebrochene Stimme, faltige Haut, graue oder weiße Haare, eindringliche Körpergerüche, vernachlässigte Kleidung in gedämpfter Farbe.
> Darüber hinaus treffe ich die alten Menschen an einem besonderen Ort an: in einem Haus, in dem sie Tag und Nacht zusammen sind. Tagebuch

Die Entstehung von Stereotypen

Die Bündelung dieser Wahrnehmungen führt – auch ohne Kenntnis des exakten kalendarischen Alters – ohne weiteres Zögern zu der Zuschreibung: alt.

Alt sein ist das hervor-ragend wahrgenommene Merkmal dieser Gruppe von Menschen. Die tatsächlich existierenden Altersunterschiede (55–94 Jahre), die Einzigartigkeit der BewohnerInnen und ihre spezifische Lebenssituation geraten demgegenüber in den Hintergrund. Und selbst Statusunterschiede sind bis zur Unkenntlichkeit nivelliert.[597]

Die Wahrnehmung ‹alt im Pflegeheim› wird auf dem Hintergrund gesellschaftlicher Bilder vom Alter – und dadurch abgesichert – nahezu ausschließlich mit Deutungen von Hilfsbedürftigkeit und Abhängigkeit gefüllt. Andere Assoziationen, wie Wohlbefinden, Tätigsein, Besinnung, Geselligkeit, Freundschaft ... erscheinen dagegen unpassend.[598]

---

597 Es ist nahezu unmöglich, am Äußeren und Verhalten der alten Menschen frühere Berufe oder Positionen in der Gesellschaft abzuschätzen. Ich habe es versucht und bin kläglich daran gescheitert. Es scheint, als ob nicht nur im Tod alle Menschen gleich sind, sondern bereits im Pflegeheim. Zu berücksichtigen ist jedoch, daß die verschiedenen Heime in der BRD in der Regel unterschiedlichen sozialen Milieus/Schichten zugeordnet werden können. Im Pflegeheim Sommerberg leben eher die «kleinen Leute».

598 «Merkwürdigerweise gibt es kaum eine Untersuchung über Art und Ausmaß der Aktivitäten

Es ist schlicht nicht vorstellbar, daß die Menschen im Pflegeheim nicht in ihren Aktivitäten des täglichen Lebens erheblich eingeschränkt und von Pflege abhängig sind. Irritierend wirken deshalb die wenigen Ausnahmen: die noch relativ jungen BewohnerInnen und die weitgehend Unabhängigen. Der Anblick der Menschen im Pflegeheim löst erhöhte Aufmerksamkeit, Pflege- und Hilfsbereitschaft aus – eben ohne Ansehen der spezifischen Situation – bis hin zur Bevormundung.

Im Alltag des Pflegeheims werden diese Deutungen kontinuierlich hergestellt und bestätigt. Die beteiligten Interaktionspartner – also Pflegende und Gepflegte – unterliegen diesen kollektiven Deutungs- und Handlungsmustern.[599]

Die Routinen des Pflegealltags, die immerwiederkehrenden Handlungen sind – aus dieser Perspektive betrachtet – nicht nur die Folge von Organisationserfordernissen und dienen nicht nur der zeitlichen und örtlichen Orientierung für alte Menschen und MitarbeiterInnen, sondern sind symbolische Demonstration von Abhängigkeit.

Viele Interaktionen zwischen Pflegenden und Gepflegten, wie z. B. Waschen, Einlagen wechseln, Ankleiden, Medikamente ausgeben, Essen reichen (Füttern), Gymnastik, Musiktherapie, ... erscheinen mir als Riten, die nicht nur Spielregeln im wechselseitigen Verhalten regeln (Rituale), sondern auch das Verhältnis von Abhängigkeit versus Macht festschreiben.

---

von Pflegeheimbewohnern. Im Vordergrund von Pflegeheimstudien stehen meist betriebliche, bauliche, organisatorische, personelle und finanzielle Aspekte. Die Bewohner interessieren vor allem im Hinblick auf ihre Zahl nach Alter, Geschlecht, Familienstand, Pflegebedürftigkeitsgrad, Kostenträger und Institutionalisierungseffekte, manchmal werden auch noch die Lebenszufriedenheit und die Sozialkontakte erforscht. Wie und wo die Bewohner ihren Tag verbringen und was sie tun, interessiert die Forscher weniger als das, was sie nicht mehr tun können. Es gibt freilich Ausnahmen, die allerdings ganz überwiegend die Aktivitäten von Bewohner von Altenheimen und Altenwohnheimen zum Gegenstand hatten (Beske 1960, Lohmann 1970, Schmitz-Scherzer 1978, Kempe/Closs 1981, Baltes 1983), die Aktivitäten von Pflegeheimbewohnern wurden nicht gesondert ausgewiesen.» W. Rückert, 1985, S. 25.

599 Vgl. Symbolischer Interaktionismus (G.H. Mead und Weiterentwicklung durch E. Goffman). Die Theorie des Symbolischen Interaktionismus beschreibt den Interaktionsprozeß zwischen Subjekten als einen «gesellschaftlichen Prozeß, aus dem heraus sich Identität entwickelt». (G. H. Mead, 1973, S. 207) Individuelles Bewußtsein und Verhalten wird durch «Muster aufeinanderbezogenen Handelns strukturiert, die dem Individuum sprachlich vermittelt sind und es ihm ermöglichen, in sich selbst die Erwiderungen hervorzurufen, die sein Handeln im Partner hervorruft, und diese Erwiderungen zur Kontrolle seines eigenen Verhaltens einzusetzen.» (Lexikon zur Soziologie, 1988, S. 353 f.) In der Pflege alter Menschen, aber nicht nur dort, werden meines Erachtens die wechselseitigen Handlungsmuster auch auf nonverbalem Wege hergestellt.

Die alltäglichen Riten halten die potentielle Widerständigkeit im Zaum, die Ausbrüche individueller Besonderheiten. Sie helfen verdecken ‹was nicht sein darf›: nämlich stark sein und sich der eigenen Belange und Bedürfnisse trotz Pflegebedürftigkeit bewußt sein. Sie bannen Individualität und besondere Prägungen, die den zugewiesenen altersgemäßen Verhaltensweisen zum Trotz virulent sind.[600]

Sie bekräftigen gleichzeitig – auf seiten der MitarbeiterInnen – die eigene Jugendlichkeit, Gesundheit, Tatkraft. Und daß dies geschieht, ist um so unerläßlicher, je mehr die MitarbeiterInnen durch die beständige Konfrontation mit Hinfälligkeit und Tod mit ihrer eigenen Zukunft in psychisch belastender Weise konfrontiert sind.[601]

Die Zuschreibung ‹verwirrt›, ‹psychisch krank› oder ‹verrückt› werden im Pflegeheim äußerst selten benutzt, um alte Menschen zu charakterisieren oder ihr Verhalten einzuordnen, obwohl doch die meisten der BewohnerInnen eine entsprechende medizinische Diagnose haben, ihre Desorientierung eine der wesentlichen Gründe für die Übersiedlung ins Pflegeheim sein kann und ihr Verwirrtheitszustand augenfällig ist. Was führt zu dieser Zurückhaltung? Lösen die MitarbeiterInnen die zum Teil abstrusen Rede- und Verhaltensweisen eher in Erklärungen von hohem Alter und störenden Charaktereigenschaften auf, weil es für sie unerträglich ist, kontinuierlich mit einer Vielzahl «verrückter» Menschen zu tun zu haben? Sind auf diese Weise Verhaltensmodifikationen eher vorstellbar? Wird die Situation in Richtung Normalität umdefiniert, um den Orientierungslosigkeiten, Verkennungen, Wahnvorstellungen der alten Menschen nicht zu erliegen, nicht in deren Strudel zu geraten?[602] Und die verborgenen Botschaften nicht hören und nicht entschlüsseln zu müssen?

---

600 Ritual: «Sozial geregelte, kollektiv ausgeführte Handlungsabläufe, die nicht zur Vergegenständlichung in Produkten oder zur Veränderungen der Situation führen, sondern die Situation symbolisch verarbeiten. Oder: Allgemein in der Bedeutung von festgefügten Modellen und Spielregeln des sozialen Verhaltens.»
Riten (piaculare Riten nach E. Dürkheim) dienen der Bannung, Milderung oder Sühung einer Missetat oder eines Unheils. (Lexikon zur Soziologie 1988, S. 650).

601 Vgl. Reflexion 8. Das könnte unter Umständen auch erklären, warum ältere MitarbeiterInnen – so eine allgemeine Beobachtung in der Altenpflege – stärker an Ritualen geregelten Tagesabläufen und Ordnungen festhalten als jüngere. Sie sind der Gruppe der Pflegebedürftigen im Lebensalter näher.

602 Dieses Verhalten erinnert an Analysen aus der Psychiatrieforschung. Am Beispiel einer Familie zeigen M. Pollner und L. Mc. Donald-Wikler, wie auffällige Vorkommnisse – in diesem Falle die Verhaltensweisen eines stark retardierten Mädchens – von den Familienmitgliedern gemeinschaftlich in Wahrnehmungen von Intelligenz und Kompetenz umdefiniert werden. (M. Pollner, L. Mc. Donald-Wikler, 1985, S. 241–254) Vgl. auch Kap. 8: Die Angst in den «Sog des Negativen» zu geraten, was hier exakt bedeuten könnte: die Angst in den Sog des Verrücktwerdens zu geraten.

Fürsorglicher Zwang

In der Versorgung der alten Menschen gibt es unzählige Ereignisse und Aktivitäten, die die wechselseitigen Zuschreibungen, die zunächst nur aus der Wahrnehmung von «Alter» und des «Ortes der Handlung» (Pflegeheim) entstanden sind, bestätigen.

Das wird in besonderer Eindrücklichkeit deutlich, wenn ein (alter) Mensch auf der Schwelle zum Pflegeheim steht. Bereits im Vorfeld, also dann, wenn die Entscheidung zur Übersiedlung ins Heim fällt, werden auch von Außenstehenden, die meist massiv an dieser Entscheidung beteiligt sind, selektiv die Schwächen, Krankheiten, Behinderungen wahrgenommen und in den Vordergrund gestellt.[603] Auf diese Weise läßt sich der Heimeinzug begründen und rechtfertigen. Und der alte Mensch selbst sieht sich aufgrund des sozialen Drucks, aber auch um seinerseits den Schritt ins Heim akzeptieren zu können und als angemessen einzustufen, gezwungen, sein Bild von sich selbst zu verändern.

Im Pflegeheim setzt sich dieser Prozeß fort. Herr Werner ist überzeugt, gut und ohne Unterstützung gehen zu können. Die MitarbeiterInnen belehren ihn eines Besseren: «Er kann nicht laufen. Höchstens zwei Schritte.» Tagtäglich versucht Herr Werner ihnen zu beweisen, daß er sich alleine fortbewegen kann. Die MitarbeiterInnen hindern ihn daran, weil sie die Vorstellung haben – aus Erfahrung und Fachkenntnis –, daß er wieder fallen könnte. Es geschieht zu seinem Schutz.

> Wenn ich Herrn Werner im Heim beobachte, denke ich oft an den alten Mann in Mesotopos. Er sitzt mit anderen alten Männern unter schattenspendenden Platanen auf dem Dorfplatz. Sie schlürfen Kaffee, dösen vor sich hin, schweigen oder reden miteinander. «Die alten Männer erscheinen uns – ohne Ausnahme – als längst ‹altenpflegeheimreif›, so alt, so verwirrt und krank sie offensichtlich sind. Aus einer der schweigenden Gruppen erhebt sich mit großer Mühe ein alter Mann, schleppt sich am Stock gehend schneckenlangsam über das holprige Pflaster zum Barbier. Keiner stürzt auf ihn zu, um seinen Gang zu begleiten, auch nicht die junge Bedienung. Nur konzentriert beobachten fast alle seine Schritte. Er könnte jeden Moment fallen.

603 Die Entscheidung, in ein Pflegeheim überzusiedeln, wird selten selbständig von dem Betroffenen gefällt. Angehörige, Ärzte, Sozialarbeiter, Mitarbeiter in anderen Institutionen der Altenpflege (z. B. Altenheim, ambulante Versorgung) schätzen die Situation des alten Menschen als für sich, für die Institution oder für den Betroffenen nicht mehr tragbar oder gefährdend ein. Sie stoßen den Prozeß der Entscheidung an und begleiten ihn.

Bei uns im Altenheim wäre schon längst eine hilfreiche Schwester zur Seite oder er säße gar im Rollstuhl – aber hier? Er schafft seine Schritte jeden Tag aufs neue und alle, er selbst und seine Dorfbewohner, leben mit dem Risiko, daß er jeden Tag an den Folgen seines ‹leichtsinnigen› Weges sterben könnte.»[604]

Die Schwäche der Alten, ihre Hilfsbedürftigkeit in allen Lebenslagen erfordert die Kraft der MitarbeiterInnen. Die alten Menschen sind und werden von der Entscheidungs- und Definitionsmacht der MitarbeiterInnen abhängig.[605] Das Pflegekonzept, die medizinische Versorgung, Intimpflege, Kleidung, Essen, das Maß der Zuwendung und der Aktivitäten werden weitgehend oder ausschließlich von ihnen aufgrund ihrer beruflichen Professionalität und ihrer Verantwortlichkeit für das Wohlergehen der alten Menschen bestimmt.[606]

Pflegekenntnisse (die Maßstäbe einer professionellen Pflege) und die Beobachtung des einzelnen Bewohners, der einzelnen Bewohnerin konstituieren das Wissen darüber, was der alte Mensch braucht, was für ihn gut ist. Und so wie das persönliche Eigentum der alten Menschen (die kleinen persönlichen Dinge, Möbel, Taschengeld) vom Heim verwaltet und verfügt wird, wird nach bestem Wissen und Gewissen auch mit den immateriellen Bedürfnissen verfahren (Bestimmung über die Art der Pflege, über Art und Ausmaß von Nähe, Auswahl der MitarbeiterInnen).[607]

---

604 U. Koch-Straube, 1992 (a), S. 2.

605 «Macht: Wenn eine Person die Mittel der Bedürfnisbefriedigung eines anderen kontrolliert, dann besitzt sie Macht über ihn. Eine der wichtigsten Grundlagen der Macht innerhalb von Gruppen stellt die Macht zur Belohnung oder zur Verstärkung dar. Andere Quellen der Macht sind die Macht der Experten, die vom Wissen und von den Fähigkeiten des einzelnen herrührt, sowie die Macht des Vorbildes, die immer dann vorkommt, wenn einer Person von anderen Gruppenmitgliedern nachgeeifert wird.» (L. Mann, 1972, S. 55) vgl. Kap. 6.

606 C. Knobling merkt zu verschiedenen «Konfliktsituationen aus der Sicht pflegebedürftiger Heimbewohner» an: «Die Pflegeleistung ‹Füttern› konfrontiert den Heimbewohner damit, daß er behindert und im hohen Maß unselbständig ist. Sie symbolisiert und eröffnet eine besondere Abhängigkeits- und Machtbeziehung, in der der Pfleger sich, ... auch gegen den Willen des Heimbewohners durchsetzen kann.»; «Die genannten Erfahrungen wecken und verstärken das Gefühl totaler Abhängigkeit und Ohnmacht ... » (C. Knobling, 1985, S. 157) Die zunehmende Verrechtlichung in der Altenpflege, die die Angst der MitarbeiterInnen, verstärkt für Schädigungen der alten Menschen verantwortlich gemacht zu werden, verstärkt die Definitionsmacht der MitarbeiterInnen. Doch auch aus juristischer Sicht werden die Freiheitsrechte der alten Menschen in unverantwortlicher Weise den vermeintlichen Aufsichts- und Fürsorgepflichten untergeordnet, letztere in ihrer Bedeutung überinterpretiert. Literatur: L. Gastinger, 1988, S. 48 ff.; Th. Klie, 1991, S. 150 ff.; E. Grond, 1984, S. 265 ff.

607 Dazu gehört die Kontrolle über das Gesprächsreservat («Das Recht eines Individuums, ein gewisses Maß an Kontrolle darüber auszuüben, wer es wann zu einem Gespräch auffordern kann; ferner das Recht einer im Gespräch befindlichen Gruppe von Individuen, nicht durch

Entstehung des falschen Selbst[608]

Mit wachsender Definitions- und Entscheidungsfülle der MitarbeiterInnen wächst die Ohnmacht der BewohnerInnen, das Gefühl von Hilflosigkeit und die Überzeugung, keine Kontrolle mehr über die eigenen Belange zu haben.[609] Dort ist dann ein Satz angesiedelt: «Machen Sie es, wie Sie es denken, Sie werden es schon richtig machen.»

Es entsteht ein sich negativ verstärkender Kreislauf, in dem die wechselseitigen Zuschreibungen weiter verfestigt werden. Der Versuch der alten Menschen, die durch Krankheiten und Behinderungen schon belastete und veränderte Lebenssituation zu bewältigen, reduziert sich angesichts der Machtfülle des Teams und der gesamten Institution weitgehend auf Anpassung und Rückzug aus möglichen Konflikten.[610] Die Versuche, die Situation aktiv (und unter Umständen aggressiv) zu verändern und die eigenen Bedürfnisse gegen die Definition und Entscheidungen der MitarbeiterInnen durchzusetzen, sind selten. Am ehesten können die alten Menschen noch das Verhalten der MitarbeiterInnen beeinflussen, eine gewisse Macht auf sie ausüben, wenn sie sich angepaßt verhalten, wenn sie dankbar und ohne Vorwurf die Handlungen geschehen lassen.[611]

Alte Menschen im Pflegeheim laufen Gefahr – aufgrund übermäßiger Anpassung an die Erwartungen anderer –, «eigene Gefühle, Wünsche oder Mei-

---

die Einmischung oder das Mithören anderen Personen behelligt zu werden.») und die Kontrolle über das Informationsreservat («Das Recht zu kontrollieren, welche Fakten und Informationen über die eigene Person anderen zugänglich sind und gegebenenfalls weitergegeben werden.») (E. Goffman, 1982 (a), S. 68 f.).

608 Falsches Selbst: D. W. Winnicott, 1974.

609 M. Seligman, 1992.

610 H. Thomä unterscheidet in seinem Konzept der Daseinstechniken: Leistungsbezogene Techniken (Versuch der Umweltbeeinflussung durch verstärkten Leistungseinsatz; Kräftemobilisierung und Erhöhung der Anstrengungsbereitschaft), aggressive Techniken (Durchsetzen der eigenen Bedürfnisse und Standpunkte auf Kosten der Umwelt), defensive Techniken (Abwehrmechanismen wie Verdrängen und Regression), evasive Techniken (sich zurückziehen, aus dem Spannungsfeld gehen) und Anpassungstechniken (Veränderungen des eigenen Verhaltens, um mit den Anforderungen der Umwelt wieder in Gleichklang zu kommen). (H. Thomä, 1989, S. 79 ff.).

611 Kap. 6.2 und 6.3; «Jemand, der über einen beweglichen Geist verfügt, Besuch von freundlichen und umsichtigen Angehörigen erhält, Dankbarkeit empfinden und äußern kann, Humor und ein gewinnendes Wesen besitzt, in der Pflege kooperativ und geduldig ist, hat mehr Macht, den Lohnpfleger seine Arbeit als angenehm empfinden zu lassen und gute Pflege zu erwirken als jemand, der mit seinem Schicksal hadert, verbittert ist, anspruchs- und vorwurfsvoll reagiert, durch seine Körperbeschaffenheit ästhetisches und hygienisches Empfinden verletzt oder mit aggressiven Äußerungen wie bewußtem Einkoten, häufigem Klingeln, verbalen (Schreien, Beleidigungen) und körperlichen (Treten, Spucken, Kratzen) Attacken die Pflegearbeit erschwert.» (H. Dießenbacher, K. Schüller, 1993, S. 28).

nungen gar nicht oder nur sehr vage zu empfinden»[612], also ihre Identität zu verleugnen, sich selbst zu verlieren und in diesem Sinne ein «falsches Selbst» zu entwickeln.[613] Im nicht unterbrochenen Prozeß der geforderten und akzeptierten Anpassung verinnerlichen die alten Menschen – auch im Falle gegenteiliger Selbsterfahrung in vorangegangenen Lebensabschnitten – ein Selbstbild, das zunehmend der Eigenständigkeit und Durchsetzungskraft entbehrt. Sich schwach, abhängig und schutzbedürftig zu empfinden, wird unwiderruflich und selbstverständlich.

Manchmal stelle ich mir bei einzelnen BewohnerInnen vor, welches Leben sie früher geführt haben – versteckte oder offene Hinweise, ein Blitzen in den Augen, die aufrechte Haltung, der energische Ton lassen mich manches ahnen. Ich sehe Menschen vor mir, die Haushaltshilfen, HandwerkerInnen, Fabrik- oder LandarbeiterInnen, Angestellte, Hausfrauen, Mütter, Familienväter waren. Dominante Persönlichkeiten stellten sie dar oder eher zurückhaltende. Sie mußten viele Entscheidungen treffen, auch wenn sie oft versuchten, diesen auszuweichen. Sie haben ein geselliges, in der Gesellschaft engagiertes oder eher zurückgezogenes Leben geführt. Sie überlebten zwei Weltkriege als Soldaten, Kriegerwitwe, Flüchtlinge. Durch alle politische, wirtschaftliche und soziale Wirrnisse hindurch räumten sie nach dem Zweiten Weltkrieg die Trümmer beiseite, um «noch einmal von vorne zu beginnen». Ihr Leben haben sie immer wieder – trotz mancher Phasen des Zögerns und des sich Treibenlassens – in die Hand genommen.

Und nun sitzen sie mit hängenden Köpfen im Heim und lassen fast alles über sich ergehen. Andere entscheiden unter dem Hinweis auf ihre Hinfälligkeit und Hilfebedürftigkeit und unter dem Vorzeichen von Fürsorge, Schutz und Verantwortung über sie. Sie greifen in zentrale Dimensionen ihres Lebens ein, erlegen ihnen Zwänge auf, denen sie sich in vorangegangenen Lebensphasen in diesem Ausmaß nicht gebeugt hätten. Und nun glauben sie selbst, daß es keine Alternative gibt, daß sie ihr Alter, ihre Krankheiten und Behinderungen in diese Rolle drängen.[614]

---

612 D. Rahm, 1993, S. 152.

613 H. Thomä, H. Kächele, 1989, S. 50. Aus soziologischer Perspektive ist das Konzept des ‹labeling approach› anzuführen (H.S. Becker, 1973) und die Untersuchungen zur institutionellen und personalen Definitionsmacht (D. L. Rosenhan, 1985).

614 Oft wird erklärend auf die Gehorsamsbereitschaft dieser Generation (besonders der Frauen) hingewiesen. Ich halte diese Erklärung zwar für zutreffend, aber in der zugemessenen Bedeutung für zu einseitig und überzogen. Zu leicht verbergen sich hinter einer solchen Erklärung andere Wirkfaktoren. Mehr als individuelle Gehorsamsbereitschaft erscheinen mir traditionelle Bilder von Anstalten und ihren Ansassen wirksam, die von den Siechen- und Armenhäusern im Mittelalter bis zu den Anstalten in der Zeit des Nationalsozialismus reichen. (Vgl. H. J. von Kondratowitz, 1988, S. 100 ff.; M. Foucault, 1981.).

Ein Entsetzen über diese Diskrepanz zwischen vermutetem Früher und beobachtetem Jetzt erreicht nicht allzu oft mein Bewußtsein. Viel bequemer ist es für mich – trotz Grummelns in der Seele – den Stereotypen von Alter und Pflegebedürftigkeit zu erliegen, mich an die Bilder im Heim zu gewöhnen und sie im wesentlichen für unverrückbar zu halten. Sie sind eben schwach, krank und alt ... und sie sterben bald.
Ich spüre gleichzeitig ein diffuses Verbot, die Diskrepanz wahrzunehmen und anzusprechen. Wer steht hinter diesem Verbot? Diejenigen, die die Macht über die Alten nicht angetastet sehen wollen? Oder meine eigenen Ängste? Oder die alten Menschen, die um jeden Preis in Ruhe gelassen werden wollen, von alledem nichts mehr wissen wollen?
Diese Gedanken führen letztlich zu der nicht auflösbaren Frage: Ist die Anpassungsbereitschaft der alten Menschen im Pflegeheim in ihrer Persönlichkeitsstruktur verankert (sind also diejenigen im Heim, die schon immer Verantwortung abgegeben, die sich schon immer geduckt haben)? Oder resultiert sie aus den Wirkungen institutionalisierter Gemeinschaftsversorgung? Oder ist es die Stärke und Macht(demonstration) der Jungen, die sie den Alten gegenüber – aus welchen Gründen auch immer – an den Tag legen?
Alter, Krankheit, Behinderung – so will es mir im Vergleich zu anderen weitgehend unabhängig von institutioneller Versorgung lebender Menschen, die ebenfalls schwer krank sind, erscheinen – reichen zur Erklärung von Anpassungsbereitschaft und Regression nicht aus. Tagebuch

Mangelnde Reziprozität[615]

Gefühle von Ohnmacht entstehen jedoch nicht nur aufgrund von Mangel an Einfluß und Entscheidungsmöglichkeiten.

In einem wesentlichen Merkmal gelingender menschlicher Beziehungen, der der Reziprozität, sind ihre Möglichkeiten erheblich eingeschränkt. Sie sind nicht in der Lage, in einer ausbalancierten Weise ihr Verhältnis zu den MitarbeiterInnen zu gestalten. In bezug auf den Austausch von materiellen und immateriellen Gütern stehen sie fast durchgängig auf der Seite der Habenichtse.[616] Den Anstrengungen der MitarbeiterInnen und den Wohltaten, die sie ih-

---

615 Reziprozität (oder Gegenseitigkeit): Das in sozialen Beziehungen wirksame Prinzip des Gebens und Nehmens, des wechselseitigen Austausches von Leistung und Gegenleistung. (P. M. Blau, 1964).

616 «Die menschliche Art und Weise der Reziprozität ist allgegenwärtig und betrifft alle Altersgruppen. ... Da Beziehungen nicht kontinuierlich symmetrisch und ausbalanciert sind, nimmt Reziprozität unterschiedliche Formen an und beeinflußt unmittelbar Kontrolle und Überlegenheit in einer Beziehung. Mauss stellte 1925 die Theorie auf, daß nicht nur der

nen angedeihen lassen, haben sie aufgrund geringerer Ressourcen wenig entgegenzusetzen. Als gleichwertige Gesprächspartner fallen die meisten der BewohnerInnen aus, zu wirklichen Hilfeleistungen sind fast alle nicht fähig und die materielle Vergütung der MitarbeiterInnen entzieht sich ihres Einflusses und ihrer Wahrnehmung. Diese Einseitigkeit ruft Unterlegenheitsgefühle hervor und untergräbt zusätzlich ihr Selbstwertgefühl. Das zeigt exemplarisch die Not der alten BewohnerInnen für eine einzelne Dienstleistung oder für das Stück Kuchen am Nachmittag nicht unmittelbar zahlen zu können. «Ohnehin bedürftig und verletzlich, erfahren sie eine weitere Abhängigkeit, weil sie nicht in der Lage sind, als Erwachsene mit den Mitarbeitern in Austausch zu treten. Die grundlegende Situation im Heim ist, daß die Bewohner Hilfe empfangen und die Mitarbeiter sie gewähren. Diese der Beziehung innenwohnende Ungleicheit bestimmt alles andere. Der Mangel an Ressourcen, der es ihnen nicht ermöglicht, empfangene Hilfeleistungen zu vergelten, verringert ihren Einfluß und ihre Kontrolle und vergrößert ihre Abhängigkeit. Unter diesen asymmetrischen Machtverhältnissen nehmen die Interaktionen zwischen Mitarbeitern und Bewohnern spezifische Formen an, die die Ungleichheit enorm verstärken, die Individualität der Bewohner hemmen und Spontaneität unterdrükken.»[617]

Trotz der schwer erträglichen Ungleichgewichtigkeit muß die Beziehung zu den Pflegenden aufgrund der Lebenslage der alten Menschen aufrecht erhalten werden, so daß auf seiten der alten Menschen Schuldgefühle entstehen. Entsprechend bewirkt die mangelnde Reziprozität bei den MitarbeiterInnen das Gefühl, ausgebeutet zu werden, verstärkt noch dadurch, daß die BewohnerInnen mit Lob und Anerkennung – sei es in sprachlicher oder nonverbaler Form – sparsam sind, sie viel häufiger mit Schweigen, Jammern, Nörgeln oder passiven Widerstand, manches Mal sogar mit Aggressivität auf ihre Bemühungen reagieren.[618]

Austausch von Gaben universell ist, sondern daß der Geber dem Empfänger überlegen ist, solange er sie nicht vergolten hat. Da Geben und Nehmen zirkulär sind und wechselseitige Verpflichtungen hervorrufen, sind die Menschen miteinander verbunden.» (R. R. Shield, 1988, S. 153 (M. Mauss, 1967), Übersetzung der Autorin).

617 R. R. Shield, 1988, S. 154 (Übersetzung der Autorin).

618 «Die Austauschtheorie geht davon aus, daß Menschen ihr Kontaktverhalten orientieren, ob ihnen Interaktionen mit anderen ‹lohnend› erscheinen. Da – nicht zuletzt bedingt durch das Altersstereotyp – die soziale Anziehungskraft alter Menschen gering erscheint, werden Kontakte vermieden oder bekommen eine spezifische Funktion wie die der Selbstdarstellung der Mitleidbekundung oder der Machtausübung. Jedenfalls ist bei vielen Menschen die Vorstellung eines Ungleichgewichts im Kontakt mit alten Menschen vorhanden: sie setzen voraus, daß sie mehr für alte Menschen tun müssen, als diese ihnen in Gegenleistungen bieten können.» (J. Hohmeier, H.J. Pohl, 1978, S. 17).

Um sich und ihr Bedürfnis nach ausgleichender Anerkennung zu retten, interpretieren sie bereits kleine Gesten der alten Menschen als Dankbarkeitsbezeugungen und flüchten sich in abstrakte Formen der Genugtuung (allgemeine Freude in der Arbeit mit alten Menschen, die Vielfältigkeit der Lebensgeschichten ...).

Und wie retten sich die BewohnerInnen? Sie pochen still oder manchmal auch wortgewaltig auf ihr Recht als alte Menschen, von den Jüngeren versorgt zu werden, das keiner Gegenleistung bedarf.[619] Oder sie versuchen die psychischen Auswirkungen des Ungleichgewichts von Geben und Nehmen zu anästhesieren und im Schweigen darüber untergehen zu lassen.[620]

Trotz aller Definitions- und Entscheidungsmacht sind die MitarbeiterInnen in ihrer Arbeit auf der Ebene der empfundenen Ergebnislosigkeit eigenen Handelns und aufgrund seltener aber durchaus heftiger Widerständigkeit der alten Menschen von Gefühlen der Ohnmacht begleitet. Vermutlich ist dieses Gefühl subjektiv vorherrschender als das der Macht über die alten Menschen, nicht zuletzt deswegen, weil Machtausübung in sozialen Berufen tabuisiert ist und die ‹Gegner› nur alte pflegebedürftige Menschen sind, die man, nach allen Regeln professioneller Altenpflege zu ihrem eigenen Wohlergehen versorgt und leitet.

> Was mir oft verborgen bleibt und dennoch wirksam ist: Die alten Menschen üben in ihrer Lebenssituation – in dem was sie an Krankheiten, Behinderungen, an psychischen Nöten und an Todesnähe vorweisen[621] – einen ungeheuerlichen Druck auf mich aus. Sie lassen mich nicht in Ruhe, selbst dann nicht, wenn sie schweigen und in sich gekehrt sind. Sie fordern mich auf, mir Gedanken zu machen (wie hier mit dieser Studie) und zu handeln. Sie schleichen sich sogar in meine Träume ein. Den MitarbeiterInnen im Pflegeheim wird es nicht anders gehen. Die Macht der Alten ist ihre Schwäche. Die Macht der Jungen ist die Duldsamkeit der Alten. Tagebuch

619 Selbstverständlich klagen sie pünktliche Mahlzeiten, flinkes Arbeiten und schon allein durch ihre bloße Existenz im Pflegeheim die Hilfeleistung in fast allen Lebenslagen ein.

620 Aus einer Studie von H. Hazan in einer Londoner Altentagesstätte stammt die Beobachtung, daß die BesucherInnen, obwohl alle sich im Stadium verstärkter Abhängigkeit von Hilfe befinden, durch ein Verfahren wechselseitiger Hilfeleistungen die Klassifizierung von Helfer und Hilfeempfänger, auch gegenüber den MitarbeiterInnen, außer Kraft setzen. (H. Hazan, 1988, S. 299 ff.).

621 Sie enthalten auch Listen der Ohnmacht: «Kleine alltägliche Machtstrategien, um im gegebenen sozialen Rahmen auf die eigene Rechnung zu kommen.» (M. Nadig, 1986, S. 360).

10. Das Individuum und die Gemeinschaft

Im Pflegeheim leben 30 BewohnerInnen. Von kurzen Unterbrechungen abgesehen, verbringen sie dort zusammen mit ihren MitbewohnerInnen Tage und Nächte und das unter Umständen viele Jahre lang.[622] Sie verbringen viele Stunden des Tages im Aufenthaltsraum, nehmen dort die Mahlzeiten ein, sind beteiligt an den verschiedenen Aktivitäten oder sind einfach nur anwesend. Umgeben sind sie von etwa 30 MitarbeiterInnen, die sie dann unterstützen[623].

Die MitarbeiterInnen verbringen ihre Arbeitszeit im Heim am Tage und teilweise in der Nacht nach Maßgabe der Dienstpläne. Ihr Zuhause jedoch ist an einem anderen Ort.

Wie erleben alte Menschen und MitarbeiterInnen diese Gemeinschaft, mit der sie mit dem Heimeintritt oder aufgrund des Arbeitsvertrages konfrontiert sind? Wie gestalten sie das Verhältnis von Individuum und Gemeinschaft?

10.1 Entfernungen unter den BewohnerInnen

«Es ist nicht richtig, so zu reden, aber ich muß die ganze Zeit mit denen aushalten.»[624]

Ich will das Heim verlassen, verabschiede mich und entdecke auf dem Weg durch den Aufenthaltsraum zur Ausgangstür, daß Frau Igel ihre Augen für einen Moment öffnet. Ich begrüße sie und biete ihr an, das Foto zu holen, das ich von ihr gemacht habe.

Als ich nach einer Minute wieder bei ihr bin, döst sie wieder. Ich wecke sie, sie schaut das Foto an, strahlt für einen Augenblick und versinkt dann wieder in ihrem Jammern, die Augen schließend. «Mir ist ja so schlecht!» Die-

622 Nach Aussage des Heimleiters sterben jährlich fünf bis sieben BewohnerInnen im Heim. 1991 starben fünf BewohnerInnen und eine Bewohnerin zog weg. Die Fluktuation der MitarbeiterInnen bezeichnet der Heimleiter als relativ gering. Durchschnittlich zwei Jahre bleiben die MitarbeiterInnen im Heim Sommerberg. Genauere Angaben waren nicht zu erhalten. (S 5) Eine Statistik über die Verweildauer existiert nicht.

623 Eingerechnet sind alle, die im Heim tätig sind. Die Zahl schwankt, je nach Stellenbesetzung und Anwesenheit von PraktikantInnen.

624 Gespräch mit Frau Altmann (P 36/1).

> sen Satz (mir schon aus früheren Begegnungen vertraut) wiederholt sie immer wieder. Zwischendurch blitzen ihre Augen auf, sie nimmt das Foto in die Hand und schließt dann endgültig ihre Augen, döst weiter. Zu einem Gespräch läßt sie sich nicht locken. Rundherum ist es still. (P 49/8)

Eines der ersten Eindrücke vom Pflegeheim ist, wie schon dargestellt, der Anblick von isolierten, kaum miteinander Kontakt aufnehmenden Menschen im Aufenthaltsraum – vor sich hinblickend, dösend oder schlafend[625]: Felsbrokken in der Wüste[626]. Die BewohnerInnen leben umgeben von vielen Menschen. Doch sie sind häufig für sich, in sich zurückgezogen. Sie halten Abstand.

Einander fremd sein

> Eine Pflegekraft berichtet, daß Herr Berg gestorben ist. «Wir waren alle überrascht. Ich hatte immer den Eindruck, daß er sich nicht richtig eingelebt hat, sich nicht wohlgefühlt hat. Er war immer so alleine, so für sich.» (P 22/2)

> Mira merkt an, daß sich Herr Marx immer mehr zurückzieht. «Am Anfang hat er ganz lange in der Runde gesessen und sich unterhalten. Er wird einen Neurologen besuchen, der eine Therapie mit ihm beginnen soll. Ob die Gespräche mit diesem Arzt was helfen, ich weiß ja nicht, so wie der aussieht, braucht der selber eine Therapie.» (P 30/2)

Herr Marx, erkennbar jünger als der Durchschnitt der Heimbewohner, hatte zu Beginn seines Heimaufenthaltes vielfach versucht, Kontakt zu den MitbewohnerInnen aufzunehmen, stieß jedoch meistens gegen eine Mauer des Schweigens.[627] Versucht er mit Hilfe des Arztes für sich aus seiner Depression, seiner Isolation zu befreien – isoliert von seinem früheren sozialen Netz und isoliert im Heim?[628]

---

625 Vgl. Kap. 3.1.

626 Das ist eine meiner immer wieder auftauchenden Assoziationen beim Anblick der Menschen im Speise-/Aufenthaltsraum. Das Bild drückt für mich die Massivität ihrer – auch in der Stille spürbaren – Ansprüche und Forderungen aus.

627 Vgl. Kap. 6.5; Herr Marx lebte zuvor bei seiner Freundin im Haushalt. Die Freundin kündigte – nach Aussage der MitarbeiterInnen – das Arrangement plötzlich auf.

628 In der Abwertung des Arztes als Therapeuten für Herrn Marx zeigt sich nocheinmal das Bedürfnis der MitarbeiterInnen, die BewohnerInnen in all ihren Lebenslagen rundum zu betreuen und sie vor der «bösen Außenwelt» zu schützen. Vgl. Kap. 2.4.

Angesichts der zunehmenden Isolierung von Herrn Marx meint eine Mitarbeiterin: «Es wäre schön, wenn sich hier Freundschaften, Paare zusammenfinden würden. Das hatten wir mal, das war richtig schön, aber jetzt ist gar nichts.»[629] (P 27/2)

Frau Altmann: «Ich nehme alles so schwer. Ich hab's heut Nacht zu der Schwester Luise gesagt. Aber ich war zu unruhig, ich hab letzte Nacht nicht geschlafen, ... (Pause) ich weiß nicht. Und dann hab ich gesagt, ich nehm alles so schwer ... (Pause) wir sind hier viel isoliert, sicher, wir sind ziemlich viel unten.»[630] (G 11/8)

Aus individuell sehr unterschiedlichen Gründen halten die BewohnerInnen Abstand voneinander und wirken sehr mit sich selbst beschäftigt.[631]

Ihre MitbewohnerInnen, im Heim insgesamt und in ihren Zimmern, sind ihnen bei Heimeinzug weitgehend unbekannt. Sie haben sie sich nicht gewählt. Weil im Heim gerade zur rechten Zeit ein Platz frei ist oder weil sie zuvor in der Wohnanlage gelebt haben, sind sie in dieses Pflegeheim übergesiedelt.[632] Und wenn sie kein Einzelzimmer bekommen können – und von diesen gibt es nur sehr wenige –, dann müssen sie Tage und Nächte mit den zufälligen MitbewohnerInnen teilen und die Zeugenschaft in allen privaten und intimen Angelegenheiten wechselseitig akezptieren bzw. aushalten.[633]

Abends. Dreibettzimmer. Frau Becker wimmert bei jeder Berührung vor Schmerzen. Frau Beyer fragt: «Ist Frau Becker überhaupt noch da, man hört sie ja gar nicht mehr.»[634] (P 26/3)

---

629 Ich bin über diese Aussage erstaunt, erscheinen mir doch die Kontakte zwischen Frau Beyer und Frau Kistner als Freundschaften, trotz der vielen Auseinandersetzungen (und dies wird auch gelegentlich von anderen MitarbeiterInnen so bezeichnet). Ebenso stufe ich die Beziehung von Frau Altmann und Frau Roman als Freundschaften ein. Aber wahrscheinlich liegt darin ein großer Irrtum meinerseits: Die Tatsache, daß zwei Menschen im Heim kontinuierlich miteinander in Kontakt treten, erscheint auf dem Hintergrund der weitgehenden Isolierung der anderen schon als eine Freundschaft.

630 Frau Altmann beginnt die Erfahrung der gegenwärtigen Situation mit denen aus einem anderen Pflegeheim zu vermischen, in dem sie zuvor untergebracht war.

631 Vgl. Kap. 3.

632 Nach Aussage des Heimleiters haben die meisten der aufgenommenen BewohnerInnen zuvor in der Altenwohnanlage, in abgeschlossenen Appartements gelebt. Der Kontakt der BewohnerInnen dort ist nur sehr lose und unverbindlich.

633 Durch den Tod des Zimmernachbarn oder die «Verlegung», die vom Team zum Zwecke der Konfliktvermeidung gelegentlich vorgenommen wird, erleben die BewohnerInnen unter Umständen wechselnde PartnerInnen in ihrem Zimmer.

634 Frau Becker liegt Frau Beyer gegenüber. Frau Beyer ist nicht blind oder taub, sie kann ohne Hilfe laufen.

Hört Frau Beyer das Wimmern von Frau Becker nicht oder versucht sie es wegzublenden und damit die Schmerzen und Qualen, die sich vor ihren Ohren und Augen ausbreiten?[635]

> Aufenthaltsraum. Frau Altmann sitzt am Eingang. Sie lästert über Frau Müller, die dauernd mit der Handtasche rumläuft und dauernd etwas sucht. «Es ist nicht richtig, so zu reden, aber ich muß die ganze Zeit mit denen aushalten.» Sie berichtet, daß sie vorher in einem anderen Heim war, «in dem waren neunzig Prozent der Leute ... (sie bohrt mit dem Zeigefinger an der Stirn). Ich habe dort nur geweint und viel gelesen, das war meine Rettung. Dann hat mich mein Neffe nach hier gebracht. Hier gefällt es mir besser.» (G 11/8)
> Aber auch hier liest sie viel, sitzt in ihrem Rollstuhl an der Glastür, mit Blick zum Eingang und dem Rücken zum Heim. (P 36/1)
> Auf die Frage, womit sie sich gerne beschäftigt, antwortet Frau Altmann:
> «Was soll ich jetzt noch machen? Kann nicht viel lesen. Was soll ich sonst machen?
> Ich möchte mein Leben wie ich ... (Pause), nichts anderes. Aber die Leute die sind mir auch geistig unterlegen, und das ist nichts für mich ... Und wer mir geistig unterlegen ist, ich sag, ich will nichts sagen, die sind minderwertig, aber (bricht ab) ...»
> Ich zeige mein Verständnis, daß es schwierig ist, sich mit manchen der BewohnerInnen zu unterhalten.
> «Das ist's ja. Einer ist so, der andere muß ihn so nehmen ... Unter den Leuten gibt es Damen und Frauen, Herren und Männer, das ist schon ein Unterschied. Man muß es wissen, was für Charaktere.»
> Ich weise darauf hin, daß es neben den unterschiedlichen Charakteren es auch eine Rolle spielt, daß manche der BewohnerInnen sehr krank und desorientiert sind.
> «So sind sie geboren und haben nichts dafür.» (G 11/8)

Das (kritisierende) Reden von BewohnerInnen über andere BewohnerInnen in deren Beisein ist auffällig und häufig. Es erinnert an das Verhalten der MitarbeiterInnen, die miteinander über BewohnerInnen sprechen, als ob sie nicht anwesend wären.[636] Bei den BewohnerInnen erscheint mir ein solches Verhalten vor allem vom Bedürfnis nach Abgrenzung gekennzeichnet, mit Betonung der eigenen Höherwertigkeit. Beispiel: Mehrere BewohnerInnen versuchen, Frau Müller zu erklären, daß sie auf dem Foto abgebildet ist, das vor ihr auf

---

635 Vgl. Kap. 8.2; auch die MitarbeiterInnen hören und sehen oft nicht.
636 Vgl. Kap. 8.2.

dem Tisch liegt. Als Frau Müller das nicht akzeptieren will, sagt Frau Schneider mit abfälliger Geste: «Die kapiert das eben nicht.»[637]

In anderer, sehr viel eindeutigerer Weise noch grenzt sich Frau Czerny von den anderen ab. Sie zieht sich vollständig in ihr Zimmer zurück, «will mit den anderen nichts zu tun haben». Sie will ihre Ruhe haben, auch vor dem Streit und dem Gerede da draußen.[638]

> Aufenthaltsraum. Zeit der Mittagsruhe. Eine Bewohnerin sitzt dösend am Tisch, eine andere liest ganz konzentriert einen Brief (ein ungewöhnlicher Anblick für mich). Im Eingangsbereich sitzen Frau Kistner und Frau Groß. Mit ‹bösem Blick› starren sie sich durch die Pflanzen hindurch an.[639] (P 34/2)

Wenige BewohnerInnen artikulieren offen die Ablehnung anderer BewohnerInnen und begründen ihren Unmut mit anderen, nicht gewollten, kranken, desorientierten, streitenden, ... Menschen zusammenzuleben. Drücken diese ihre Ablehnung eher mit Rückzug, Schweigen, Nicht-Wahrnehmen ..., mit strengen, ernsten Blicken aus?[640]

Kontaktversuche

> Nachmittags. Ich setze mich auf die Ofenbank und schaue den schweigenden BewohnerInnen zu. Nur Herr Dupois versucht, Frau Stark ins Gespräch zu ziehen. Sie sitzt mit geradem Rücken und aufrechtem Kopf am gleichen Tisch, im rechten Winkel zu ihm. Sie schaut an ihm vorbei und wirkt unbeteiligt.
> «Wir können keinen Schritt weiter, wir müssen uns in unser Schicksal fügen.» Das ist der erste Satz, den ich von Herrn Dupois höre.
> Nach einer längeren Pause dreht sich das Gespräch eine halbe Stunde lang mit nur sehr kurzen Unterbrechungen um die Brille, die auf dem Tisch liegt und um die Frage, wem sie gehört: Herrn Dupois, der sie mit überzeugendem Ton für sich beansprucht oder Frau Stark, die standhaft behauptet, sie von ihrem ersten Mann übernommen zu haben, der sie verloren habe oder vielleicht auch nicht. Herr Dupois versucht sie auf diese Ungereimtheiten

637 P 49/5.

638 Vgl. Portrait im Anhang.

639 Böser Blick – magische Vorstellung in traditionellen Gesellschaften, daß mit magischen Kräften ausgestattete Menschen andere mit dem bösen Blick verletzen können.

640 Nicht sehen, nicht hören, nicht reden: Mir sind einige ältere Menschen (außerhalb des Heimes) bekannt, die die drei ‹Affentugenden› als kleine Skulptur oder Bild um sich haben und diese Tugenden als Maxime für sich akzeptieren.

aufmerksam zu machen und fügt selbst neue hinzu. Er läßt nicht locker. Er beginnt immer wieder mit fester Stimme die nur sehr schwach aggressive Auseinandersetzung. Die Brille wird dabei hin und hergeschoben oder zum Beweis von Herrn Dupois aufgesetzt.
Herr Dupois: «Das ist ja komisch, daß Ihr Mann die Brille verloren hat und sie jetzt mir gehört.»
Nach etwa einer halben Stunde wechselt das Thema zur Uhr, die Frau Stark abhanden gekommen ist. Die Argumente gehen immer wieder hin und her. Herr Dupois läßt auch hier nicht locker, versucht Frau Stark zu überzeugen, daß sie sie sicher verloren habe. Frau Stark lehnt das ab, den Kopf hoch erhoben, das Gesicht immer nach vorne gerichtet, niemals Herrn Dupois anschauend, als wäre es eigentlich unter ihrer Würde mit ihm zu reden, oder gefährlich.
Schließlich sagt Herr Dupois: «Ich habe Ihre Uhr ganz sicher nicht, ich habe drei Uhren.» Zwischendurch will er immer wieder aufstehen, was ihm nicht gelingt. Er kümmert sich auch um die umgefallene Schnabeltasse von Frau Vogel, indem er mich zum Aufräumen auffordert: «So, jetzt nehmen Sie mal die Tasse weg und dann ist das Ihre Sache.»
Inzwischen ist Frau Schwindt mit dem Rollstuhl zu Frau Roman gefahren worden, die beiden unterhalten sich angeregt. Zeitweise geht es auch dort um die Brille. Herr Werner sitzt auch in der Runde der BewohnerInnen, aber für sich und mit unbewegtem Gesicht vor sich hinschauend. (P 42/2)

Es gibt immer wieder Zeiten, in denen das Schweigen und die Stille von den BewohnerInnen selbst unterbrochen wird. Außergewöhnlich lange ist der Kontakt zwischen Herrn Dupois und Frau Stark und scheinbar dreht es sich um nichts.

Herr Dupois möchte einen Kontakt zu Frau Stark aufnehmen, sie wirkt eher abweisend und widerwillig, aber sie bricht auch von sich aus den Kontakt nicht ab, läßt sich immer wieder herauslocken. Das Naheliegende, nämlich die Brille, die mehr oder weniger zufällig auf dem Tisch liegt, wird zum Gesprächsaufhänger.[641] Doch hinter dem Geplänkel um die Brille werden vermutlich

641 Meine Assoziation: hier spielt sich ein Flirt ab. Herr Dupois möchte mit Frau Stark ‹anbändeln›, sie aber wehrt sich teilweise wie es sich geziemt. Das Beziehungsangebot, das sich hinter dem öffentlich Gezeigten verbergen könnte. Herr D.: Ich möchte etwas haben, was deinem Mann früher gehört hat. Es ist merkwürdig, ich besitze es ja schon. Ich möchte eine Beziehung zu dir aufnehmen. Mit der Brille, mit der dich früher dein Mann angesehen hat, schau ich dich jetzt an. Frau Stark weist dieses Beziehungsangebot weitgehend zurück. Sie möchte es nicht, verwehrt ihm den Besitz der Brille, den Blick auf sie (sie selbst schaut ihn niemals an). Und sie meldet darüber hinaus den Verlust ihrer Uhr an und verdächtigt Herrn Dupois des Diebstahls, so als ob sie sagen wird: «Du hast mir ja schon etwas genommen, was dir nicht gehört.» Das weist Herr Dupois weit von sich.

ganz existentielle Fragen verhandelt, es geht um Besitz und Verlust, um Beziehung und Abgrenzung.

Niemals sonst ist mir das Ausloten von Nähe und Distanz so deutlich geworden. Doch es gibt viele kleine Szenen des Austauschs, mit ganz unterschiedlicher emotionaler Färbung. Ganz unerwartet füllt sich manches Mal der Raum insgesamt mit einer fröhlichen Stimmung. BewohnerInnen halten ein kleines Schwätzchen. Sie lachen oder scherzen miteinander.

Aufenthaltsraum. Es ist still. Plötzlich freuen sich zwei BewohnerInnen über den «exquisiten Quark», den sie gestern Abend gegessen haben. Sie amüsieren sich über das Wort «exquisit», fragen sich, was es eigentlich bedeutet, überlegen, was in dem «exquisiten Quark» enthalten gewesen ist. Sie lachen miteinander, sie sind ausgelassen. Die anderen BewohnerInnen im Raum nehmen daran erkennbar keinen Anteil.[642] (P 9/3)

Morgenpflegerunde. Frau Altmann und Frau Roman sind fröhlich. Frau Roman sucht nach dem Text eines Geburtstagsliedes, der ihr einfach nicht einfallen will. Frau Altmann freut sich auf den Besuch ihres Neffen. Beide Frauen haben einen freundlichen Kontakt miteinander, kommentieren ihr Verhalten gegenseitig.[643] (P 40/1)
Frau Altmann schildert sie ihren Kontakt zu Frau Roman positiv. «Wir vertragen uns prima … Man versteht sie ja kaum. Ja, sie hat ja was anderes gelernt[644] und hat keine Zähne im Maul. Aber wir verstehen uns prima. Also und jetzt finde ich ja, also, da gefällt's mir.» Frau Altmann (G 11/8)

Aufenthaltsraum. Herr Marx und Herr Dupois beginnen eine Unterhaltung.
Herr Marx: «Ich habe heute einen Schwan gesehen.»
Sie verständigen sich dann über das Aussehen eines Schwanes. Sie reden anschließend über die Mülleute. «So 'ne Arbeit wollte ich nicht machen», sagt Herr Dupois.
Herr Marx: «Aber jemand muß es doch machen.»
Es folgt ein Gespräch über die Ausländer und Herr Marx versucht Herrn Dupois zu überzeugen, daß die Ausländer auch Menschen sind, so wie wir.
Herr Marx: «Da gibt es scharze Schafe, so wie bei uns», als müßte er ihm Vorurteile ausreden, die er ihm ohne Anlaß unterstellt. (P 33/2)

642 Das Wort erscheint mir aus einer anderen Welt zu stammen. Das Adjektiv «exquisit», den Mahlzeiten des Heimes zuzuschreiben, ist ungewöhnlich. Deshalb die Erheiterung? Spüren auch die BewohnerInnen die Diskrepanz?

643 Vgl. Skizze aus dem Heimalltag: Morgenpflegerunde 2 im Anhang.

644 Frau Roman kommt aus Rumänien, spricht Deutsch mit Akzent.

Nicht immer geht es so behutsam zu, nicht immer werden Kritik und Abgrenzungsversuche so vorsichtig geäußert.

Viele Kontakte entstehen auf dem Wege offener Kritik am Verhalten der anderen und der Beschimpfungen. Meist flackern solche Zwistigkeiten nur kurz auf und verebben schnell wieder.[645]

> Aufenthaltsraum. Nach dem Mittagessen. Ein Teil der BewohnerInnen wird zu ihrem Zimmer begleitet. Andere sitzen noch dort. Eine Bewohnerin erzählt in monotoner Stimmlage vor sich hin. Zwischendurch pfeift Frau Igel ihre Tischnachbarin mit scharfer Stimme an: «Messer weg!» – «Liegen lassen!» Sonst herrscht Schweigen im Raum. (P 13/1)

> Frau Mark macht sich gerade am Wäschewagen zu schaffen. Frau Kistner schimpft aus vollem Rohr: «Laß die Finger davon. Das darfst du nicht. Laß das sofort liegen, aber sofort.»
> Eine Mitarbeiterin kommt dazu: «Aber das ist doch nicht so schlimm.» Und zu Frau Mark gewandt: «Wollen Sie mir ein bißchen helfen?»[646] (P 41/7)

Scharfe Kritik und Verhaltensmaßregeln sind relativ häufig zu hören: «Brüll doch nicht so rum!»; «mach größere Schritte!»; «hör doch endlich auf!».

> Aufenthaltsraum. Ich unterhalte mich mit Frau Altmann. Andere BewohnerInnen am Nachbartisch beobachten aufmerksam unser Gespräch. Mit gehässigem Unterton meint Frau Müller: «Jetzt muß sie wieder rumschwätzen.» (P 36/1)

> Frau Groß angelt sich die Tasse vom gegenüberliegenden Platz. Frau Henniger reißt sie ihr aus der Hand. Die beiden Frauen streiten eine kurze Weile um die Tasse. Frau Kistner kommentiert laut: «Das ist eine ganz böse Frau.»[647] (P 49/6)

Die Kritik aneinander, die Vorwürfe, die meist sehr heftig vorgetragen werden und beleidigenden Charakter besitzen, verhallen meist ohne Reaktion. Nur selten entsteht daraus ein wirklicher Streit.

Haben sich die BewohnerInnen daran gewöhnt? Ist ihr Desinteresse am anderen so groß, daß sie Kritik und Beleidigungen einfach an sich abprallen lassen?[648]

---

645 Mir kommen diese Anwürfe wie das kurze Entweichen des Dampfes aus einem Kessel zur Abfuhr des Überdruckes vor.

646 Diese und die folgende Szene gleichen einer Familiensituation. Das eine Geschwister will die Eltern unterstützen, will sich beliebt machen. Das andere Geschwister ist eifersüchtig.

647 Diese Zuschreibung «böse Frau» erfährt Frau Kistner häufig auch von anderen BewohnerInnen.

648 Im Gegensatz dazu weiten sich Vorwürfe, die sich Frau Kistner und Frau Beyer wechselseitig ‹vor die Füße werfen›, viel häufiger in einen regelrechten Streit aus (P 31/1). Diese

10.2 Gemeinschaftsversuche

Die BewohnerInnen werden tagsüber (mit Ausnahme der Mittagsschlafzeit) möglichst im Aufenthaltsraum «gehalten»[649].

So soll verhindert werden, daß sie allein in ihrem Zimmer sind, daß sie sich der Aufsicht der MitarbeiterInnen entziehen, daß sie sich in ihr Bett zurückziehen.[650]

Im Aufenthaltsraum werden ihnen als Gesamtgruppe oder in Kleingruppen Angebote gemacht, die die Zeiten zwischen den Mahlzeiten füllen und ihnen Gelegenheit geben, untereinander Kontakt aufzunehmen.[651]

> Übergabe. Hinweise zu den Aktivitäten der folgenden Woche: Ausflug am Montag, Kaminabend am Dienstag, Musiktherapie am Mittwoch, vielleicht «noch ein bißchen Singen oder Spielen». Am Donnerstag und Freitag will Elisabeth Osterbasteleien machen. Ingeborg will in der Küche nachfragen. «Ich mache gerne was mit der Küche.» Aus der Zeitung vorlesen und spazierengehen in kleinen Gruppen, wenn schönes Wetter ist. Die Morgenrunde am Donnerstag Vormittag und jeden Tag Gymnastik, auch wenn Frau Wicke Urlaub hat. «Das sollen die Bewohner untereinander machen. Ich halte das wegen der Gruppendynamik wesentlicher, als wenn alles richtig gemacht wird.» (P 33/1)

Von Anfang an hatte ich den Eindruck, daß für die MitarbeiterInnen die Gemeinschaft ein wichtiges Gebot ist. Ein solcher Wunsch schwingt auch in dem Bedauern des Heimleiters mit, wenn er sagt: «daß man immer weniger mit den Leuten machen kann».

Sie ermuntern, überreden und drängen die BewohnerInnen zu den verschiedenen Gemeinschaftsaktivitäten.[652] Es scheint, als ob dies die vorrangigen Gelegenheiten seien, den BewohnerInnen etwas Gutes angedeihen zu lassen. Nicht nur zu ihrem Schutz werden die BewohnerInnen also im Aufenthaltsraum versammelt. Es ist gleichzeitig das Bemühen, die Lücke zu füllen, die zwischen dem möglichen Maß alltäglicher Zuwendung und Versorgung einerseits und der großen Bedürftigkeit und Erwartungshaltung der BewohnerInnen andererseits klafft.

---

beiden Frauen haben jedoch eine kontinuierliche Beziehung zueinander, werden von den MitarbeiterInnen als Freundinnen bezeichnet.

649 Dieser Ausdruck ist üblich.

650 Vgl. Frau Senefeld Herr Werner in Kap. 6.2, Frau Schneider in Kap. 6.4.

651 Vgl. Kap. 4.4.

652 Vgl. Kap. 6.1.

Um eine möglichst große Zahl von TeilnehmerInnen für den Ausflug zu gewinnen, «laufen sie jedem einzelnen Bewohner nach». Um eine Spielgruppe zusammenzustellen, wenden sie viele Überredungskünste an.[653]

> Vorbereitung für die Musiktherapie. Eine große Stuhlrunde wird zusammengestellt. Möglichst viele sollen teilnehmen. Stammplätze werden berücksichtigt. Die MitarbeiterInnen messen diesem Ereignis offenbar eine große Bedeutung zu und bleiben später den größten Teil der Zeit dabei. Viele müde erscheinende Menschen sitzen im Kreis ohne erkennbares Interesse für das, was da geschieht.
> Am Rande ein Gespräch zwischen einer Bewohnerin und ihrer ebenfalls alten Besucherin. Sie unterhalten sich über Weihnachtseinkäufe und die gestiegenen Preise.
> Die anderen warten still und in sich gekehrt auf den Beginn der Therapie.[654]
> (P 11/2)

Immer wieder entsteht eine Diskrepanz zwischen dem großen Bemühen der MitarbeiterInnen, die alten Menschen zu Aktivitäten in der Gemeinschaft, zum Aufeinanderbezogensein zu bewegen und den von Zurückhaltung bis Desinteresse geprägten Reaktionen der BewohnerInnen.[655]

Was hindert die alten Menschen daran, sich den von den MitarbeiterInnen oft mit viel Mühe und Engagement eingeleiteten Gemeinschaftsaktivitäten zuzuwenden, sich mit Interesse daran zu beteiligen?

Sind es die unpassenden Themen, die aufgeworfen werden (wie Lese- und Gesprächsgruppe über Winterschlußverkauf, an dem die BewohnerInnen nicht teilnehmen werden, über Martin Schongauer, der ihnen weitgehend unbekannt ist[656])? Sind es die unangemessenen Angebote, die der durch Behinderung und Krankheit eingeschränkten Energie nicht Rechnung tragen (wie Gymnastik, Ausflug)? Oder haben die BewohnerInnen von Anfang an nur ein gering ausgeprägtes Interesse an Gemeinschaft, fühlen sie sich durch die (fremden) Anderen eher gestört, belästigt?

Und nur die MitarbeiterInnen handeln in der Überzeugung, daß sie die BewohnerInnen aus ihrer Isolation, aus ihrem Rückzug in die inneren Welten befreien und durch «Gemeinschaft heilen» können?[657]

---

653 Vgl. Kap. 4.4.
654 Vgl. Kap. 4.4.
655 Vgl. Kap. 5 und 6.
656 Vgl. Kap. 4.4.
657 «Gemeinschaft heilt», bezeichnet Vorstellungen und Konzepte der Antipsychiatrie, die von der therapeutischen Wirkung der Interaktionen in kleinen Gruppen ausgeht. Eine weitgehende Aufhebung der Schranken zwischen Patienten und Mitarbeitern ist Voraussetzung. Literatur: D. Cooper, 1976.

10.3 Räumliche Zwangsläufigkeiten

Das Konzept der Gemeinschaft, als die für alte, pflegeabhängige Menschen angemessene Lebensform, wird jedoch nicht allein durch die Überzeugungen der MitarbeiterInnen realisiert. Bereits die architektonischen Gegebenheiten, das vorfindbare Verhältnis von öffentlichem und privatem Raum realisiert die Idee des gemeinschaftlichen Lebens.

Das Zentrum des Pflegeheims ist der große, von mehreren Seiten zugängliche und einsehbare Aufenthalts-/Speiseraum.[658] Weder dort noch in den langen Fluren gibt es Nischen. Den Blicken und der Kontrolle der Anderen (BewohnerInnen und MitarbeiterInnen) kann sich dort niemand entziehen. Alles, was die alten Menschen und die MitarbeiterInnen in diesen Bereichen tun, geschieht in der Öffentlichkeit. Und selbst vom Vorraum vor der Eingangstür des Heimes aus, fällt der Blick der Vorbeigehenden oder auf den Aufzug Wartenden nur wenig verdeckt durch einige Grünpflanzen in den Aufenthalts-/Speiseraum.[659]

Die kleinen Sitzgruppen zwischen den Grünpflanzen an der Eingangstür erlauben zwar eine gewisse optische Distanz zum Gruppenraum, sie liegen jedoch im Kreuzungsbereich von Eingangstür und den drei Zimmerfluren.[660] Aus diesem Grunde ist dieser Platz für manche der BewohnerInnen attraktiv.[661]

Der Aufenthaltsraum ist warm, groß und hell. Er ist wesentlich freundlicher als die meisten der Pflegezimmer ausgestattet und lädt zum Verweilen ein.[662]

Die BewohnerInnen leben zum größten Teil in Zweibettzimmern. Diese Zimmer wirken im Vergleich zum Aufenthalts-/ Speiseraum viel nüchterner und spärlicher ausgestattet, sehr stark von den notwendigen Pflegetätigkeiten geprägt.[663]

Eine private Atmosphäre entwickelt sich erkennbar nur in den wenigen Einzelzimmern. Meist bleiben nur das Bett und der Nachttisch als der einzige wirklich private Raum übrig.

---

658 Der Aufenthalt-/Speiseraum erscheint mir als Drehscheibe des Heimes, als «Dorfplatz», vgl. Kap. 2.

659 Im Vorraum sind die Zugänge (Treppe und Aufzug) zu den Altenwohnungen und den Büros des Verbandes. Ebenso sind dort die Briefkästen für die BewohnerInnen der Altenwohnungen angebracht, vgl. Kap. 1.

660 Von hier aus kann man die Bewegung innerhalb des Pflegeheims und die der «Außenwelt» gut beobachten.

661 Zwei andere kleine Sitzgruppen (jeweils zwei Sessel) befinden sich in einem der Zimmerflure.

662 Tischgruppen, Holzfußboden und Decke, große Fenster, Kachelofen mit Ofenbank, eine Theke vor dem Zugang zum Dienstzimmer, ein Klavier, Grünpflanzen.

663 Vgl. Kap. 7.1.

Zugang zu allen Zimmern haben die MitarbeiterInnen und potentiell auch die BewohnerInnen zu jeder Tages- und Nachtzeit.

Zwischen Rückzug ins eigene Bett oder in den Sessel – meist in Anwesenheit des Zimmernachbarn – und dem Eintauchen in die große Gemeinschaft bleibt den BewohnerInnen schon aufgrund der baulichen Voraussetzungen keine andere Wahl. Ein gewisser Grad an wohnlicher Atmosphäre ist nur im Aufenthaltsraum zu erhalten. Und viele der dort Stunden um Stunden verweilenden BewohnerInnen vermitteln den Eindruck, daß es ihnen dort – oder gerade dort – möglich ist, weitgehend unbehelligt, sich in die eigene Welt zurückzuziehen.

Die gemeinsamen Mahlzeiten, die angebotenen Aktivitäten bieten dann die Möglichkeit, in der Welt der Gegenwart verankert zu bleiben, nicht gänzlich verloren zu gehen und das Maß des eigenen Beteiligtsein von Fall zu Fall selbst zu regulieren. Ein Bedürfnis nach einem aktiven Gemeinschaftsleben, nach lebendigen, kontinuierlichen Kontakten zu den anderen, ist jedoch nicht zu erkennen.

10.4 Brüche im Mitarbeiterteam

Nicht alle, die im Heim in die Versorgung der alten Menschen einbezogen sind, gehören zur Mitarbeiterschaft.[664]

Durch Schichtdienst (der Pflegekräfte), Teilzeitarbeit, Freizeit, Urlaube, Krankheiten sind die Begegnungsmöglichkeiten der MitarbeiterInnen insgesamt sehr wechselhaft und unkalkulierbar.

Am deutlichsten konstituiert sich die Mitarbeiterschaft als Team in den Übergaben, vor allem Mittags, dort wo sich die Arbeitszeiten der Früh- und der Spätschicht um eine halbe Stunde überlappen. An den Übergaben beteiligen sich regelmäßig nur die Pflegekräfte, die sozialpädagogische Praktikantin und der Heimleiter (häufig abwesend). Die Leiterin der Hauswirtschaft oder ihre Stellvertreterin sind sporadisch anwesend, die anderen Mitarbeiterin nie.[665]

Das Übergabeteam beschäftigt sich mit der Situation einzelner BewohnerInnen, mit Arbeits- und Tagesabläufen. Selbstverständlich werden dort auch Fragen der Hauswirtschaft, der Hausmeisterei, der Verwaltung angesprochen, in der Weise, wie sie die Pflegearbeit unterstützen. Die Dominanz der Pflege in der Übergabe rückt die anderen Arbeitsbereiche in eine nachgeordnete Position

664 Vgl. Kap. 5, Anmerkung 120.

665 Die MitarbeiterInnen der Küche, als Teil der Hauswirtschaft, haben jedoch aufgrund ihrer geregelten und sichtbaren Anwesenheit und der vielen Notwendigkeiten zur Zusammenarbeit (z. B. Essen austeilen, Zwischenmahlzeiten vorbereiten) einen relativ beständigen Kontakt zu den Pflegekräften und eine zentrale Position im Heim.

und verschleiert deren Bedeutung für das Wohl der BewohnerInnen und für den organisatorischen Ablauf, die Gestaltung des Tages und der Nacht.

> Übergabe. Eine Mitarbeiterin ärgert sich heftig über eine Reinigungsfrau, die mitten in der Übergabe eine andere Mitarbeiterin herausruft. «Wegen so einer Kleinigkeit zu stören, die weiß doch, daß wir Übergabe haben.» (P 38/2)

Da die Übergaben auch sonst durch Telefon, Mitteilungen an die MitarbeiterInnen über die Sprechanlage, durch Kommen und Gehen der MitarbeiterInnen gestört werden, erstaunt diese Reaktion der Anwesenden. Sie demonstrieren damit die besondere Bedeutung der Übergabe, die Notwendigkeit ihres Schutzes gegenüber Außenstehenden.[666]

> Übergabe. Der Heimleiter bittet die Anwesenden darum, daß die Stühle von den Pflegekräften gleich unmittelbar nachdem sie von den BewohnerInnen bekleckert werden, gesäubert werden sollen. Oder soll's die Nachtwache machen? Oder das Reinigungspersonal? Aber die schaffen es ja nicht regelmäßig.
> Heimleiter: «Alle sollen ihre Wahrnehmung schärfen, damit das Zeug nicht erst eintrocknet und schärfere Mittel angewendet werden müssen.»
> Eine Pflegekraft trägt vor, daß das Sortieren der Wäsche zuviel Zeit verbrauche. «Könnte das nicht gleich in der Waschküche gemacht werden, denn die haben die Sachen beim Bügeln sowieso in der Hand.» – «Manchmal, wenn wir es einfach nicht schaffen, macht's ja die Nachtwache.» Es werden verschiedene Lösungen «ventiliert». Es fällt jedoch keine Entscheidung. Es soll weiter nachgedacht werden. Von der Hauswirtschaft ist niemand anwesend. (P 22/1)

> Übergabe. Die Hauswirtschaftsleiterin bemängelt, daß die Putzmaterialien der Reinigungsfrauen verschwinden. Die zuvor heitere Stimmung ist wie weggeblasen. Alle schweigen. Keine/r reagiert auf die Beanstandung. Tonlos geht die Übergabe zu Ende. (P 35/2)

Obwohl die PflegemitarbeiterInnen teilweise hauswirtschaftliche Aufgaben übernehmen[667], erscheinen die Tätigkeitsfelder der anderen MitarbeiterInnen als abgetrennt. Deren Belange werden nur sehr begrenzt in die Absprachen und konzeptionellen Überlegungen des Übergabeteams einbezogen.[668]

---

666 Vgl. auch Kap. 9.2: Die ‹Ehrfurcht› der BewohnerInnen vor dem ‹magischen Ort› Dienstzimmer, in den nur Frau Marek während der Übergabe eindringen darf.
667 Vgl. Hinweis zum ganzheitlichen Konzept in Kap. 5.4.
668 Der Heimleiter stellt die Verbindungen zwischen den einzelnen Arbeitsbereichen her.

Nur die sozialpädagogische Praktikantin ist in den Kreis des Übergabeteams kontinuierlich aufgenommen. Im Bereich der Aktivitäten und der individuellen psychosozialen Bewohnerversorgung überschneiden sich die Aufgaben von Pflege und Sozialpädagogik beständig und bedürfen der Absprachen.

Die psychosoziale Versorgung der BewohnerInnen wird von den PflegemitarbeiterInnen als wesentlich eingeschätzt und ist integraler Bestandteil ihrer eigenen Arbeit.[669]

Die im Ryhthmus von sechs Monaten wechselnden Studierenden der Sozialpädagogik betrachten sie als Unterstützung ihrer eigenen Ziele und Bemühungen. Unter der Regie der MitarbeiterInnen und in Absprache mit ihnen können die Sozialpädagogen ihren Gestaltungsspielraum finden und ausfüllen.

> Übergabe. Letzer Arbeitstag der Sozialpädagogikpraktikantin Claudia. Claudia bittet um eine Rückmeldung zu ihrer Arbeit im Heim. Die meisten PflegemitarbeiterInnen schweigen. Eine sagt: «Das wird ein Loch reißen, weil wir manches nicht selbst tun können.» (P 29/3)

10.5 Geregelter Austausch

Die Übergaben gehören zur Dienstzeit. In der Morgenübergabe übermittelt die Nachtwache die Ereignisse der abgelaufenen Nacht und des vorangegangenen Nachmittags an die MitarbeiterInnen der Frühschicht. Die viertelstündige Morgenübergabe dient vor allem der Informationsübergabe. Die Mittagsübergabe ist auf eine halbe Stunde angesetzt und ermöglicht darüber hinaus grundsätzliche Überlegungen bezüglich der Versorgung und des Verhaltens einzelner BewohnerInnen, es werden Absprachen, den Tagesablauf betreffend, gemacht und auch konzeptionelle Fragen berührt. Die Gesprächsführung übernimmt jeweils die Pflegekraft, die gerade die Schichtleitung innehat.[670]

> «Die Übergabeabsprachen sind noch ungewohnt, weil in vielen Häusern alles von der Stationsschwester entschieden wird. Es wäre viel einfacher, aber dann wird alles von der Stationsschwester entschieden und keiner denkt mehr mit.» Hans (P 19/1)

---

669 Vgl. Kap. 5.4.

670 Die Schichtleitung wechselt unter den ausgebildeten Pflegekräften täglich. Außer der Position der Heimleitung, seiner Stellvertretung im Falle seiner Abwesenheit und den wechselnden Schichtleitungen gibt es innerhalb des Hauses keine formalen Hierarchisierungen.

So entsteht viel Regelungsbedarf, «denn wir sind uns einig, daß es im Grunde auf diese vielen Details ankommt».[671] Alle sind aufgefordert mitzudenken und Verantwortung zu übernehmen, Ausgebildete, Schüler und Angelernte.[672]

Die Mittagsübergabe ist das zentrale Planungs- und Entscheidungsgremium für alle Regelungen, die nicht ausschließlich in die Kompetenz des Heimleiters fallen. Obwohl dieses Gremium eine ständig wechselnde Zusammensetzung hat, wird die Übergabe als das Herzstück der gemeinsamen Arbeit und als unerläßliche Notwendigkeit angesehen.[673] Welche Themen angesprochen, welche Details verhandelt werden, hängt weitgehend von den Ereignissen des Tages und der Nacht ab und vom Engagement von MitarbeiterInnen und Heimleiter, grundsätzliche Fragen anzubringen und zu diskutieren.

> Die Übergabe läuft im wesentlichen zwischen den beiden Schichtleitungen ab. Nur Mira beteiligt sich gelegentlich. Die anderen nicken mit dem Kopf oder geben ganz kurz Anmerkungen ab. (P 6/1)

> Die Übergabe wird zwischen Hans und Anette vollzogen, die nebeneinander sitzen und ziemlich leise miteinander sprechen. Vieles ist nicht zu verstehen. Die anderen MitarbeiterInnen mahnen das nicht an. (P 18/1)

Der Bedeutung, die die MitarbeiterInnen der Übergabe beimessen, widerspricht die häufige Beobachtung einer sehr eingeschränkten Beteiligung der MitarbeiterInnen.

Alle haben die Möglichkeit, Informationen zu hören, aber zur aktiven Beteiligung scheint es für viele ein großer Schritt zu sein. Ein schleppender, oft uneindeutiger Beginn der Übergabe trägt zu einer Atmosphäre routinierter Nachlässigkeit bei. Häufig zieht sich die Übergabe träge hin, und Lebendigkeit macht sich erst breit, wenn von Ungewöhnlichem zu berichten ist.[674]

Worin liegen mögliche Gründe für die Diskrepanz zwischen Anspruch und Wirklichkeit?

> «Die Übergabe ist wichtig. Aber manche Leute, die können einfach nicht so richtig reden, vor einem Kreis von fünfzehn Leuten oder so. Es müßte in kleinen Gruppen ablaufen.» Mira (E 2/17)

> «In der Übergabe sitzen wir schon ganz unruhig auf den Stühlen, weil es mit der Arbeit losgehen muß. Die anderen sind völlig erschöpft von der Arbeit.» (P 46/4)

---

671 P 19/1.
672 Dem Beobachter in der Übergabe und im täglichen Ablauf ist es nicht ohne weiteres möglich, die ausgebildeten von den unausgebildeten Pflegekräften zu unterscheiden.
673 Vgl. Kap. 5.2.
674 Vgl. Kap. 5.2.

Verbirgt sich hinter der Zurückhaltung aufgrund von persönlichen Schwierigkeiten, von Erschöpfung und Arbeitsdruck auch das Bedürfnis von MitarbeiterInnen, Verantwortung an andere, an Ausgebildete, an die jeweilige Schichtleitung oder an den Heimleiter abzugeben?

Vielfach wirken die Gesichter in der Übergabe abwesend, sich in anderen Sphären aufhaltend.[675] Die in der praktischen Tätigkeit beständig empfundenen Belastungen[676] können unter Umständen Gefühle von Überdruß erzeugen und die Verweigerung, das Erlebte noch einmal im Gespräch wiederzubeleben.

Es fällt aus dem Rahmen, wenn sich die Übergabe in lebendiger, kraftvoller Atmosphäre vollzieht. Das ist eher selten.

> Ingeborg leitet die Übergabe. Es geht flott voran. Sie bezieht von sich aus die KollegInnen ein, fragt bei ihnen nach. Die Atmosphäre wirkt ungewohnt entspannt, der Heimleiter ist nicht da.[677] (P 30/1)

In solchen Situationen entsteht dann eher der Eindruck von gemeinsamer Arbeit, gemeinsamen Zielen, gemeinsamer Verantwortung.

Entspannte Atmosphären entwickeln sich aber auch, wenn der gemeinsame Eindruck entsteht, daß der Tag zufriedenstellend gelaufen ist, die BewohnerInnen keine übermäßige Arbeit und Belastungen beanspruchten oder wenn außergewöhnliche Ereignisse die Stimmung aufhellen.[678]

Im Abschlußgespräch, das ich mit den PflegemitarbeiterInnen am Ende meiner Anwesenheit im Heim führte, spreche ich auch unter anderen Themen meinen Eindruck von der Übergabe an: die gedämpfte Atmosphäre und die bleierne Schwere, die sich dort ausbreitet (vergleichbar der zeitweiligen Atmosphäre im Aufenthaltsraum), den geringen Grad an wechselseitigen Rückmeldungen, den Dialogcharakter vieler Übergaben, die Übergaben, die vorrangig an Problemen und medizinisch-pflegerischen Themen orientiert sind und insgesamt die emotionale Reduziertheit.

Die MitarbeiterInnen bestätigen meine Beschreibung. Ebenso unwidersprochen bleiben meine fragenden Interpretationen:

Neben Erschöpfung und Überdruß auf der einen Seite und dem Wunsch, sich nicht vorzeitig in den Arbeitsalltag einspannen zu lassen andererseits, se-

---

675 Die Parallele zu der «Abwesenheit» der alten Menschen, z. B. im Aufenthaltsraum, drängt sich auf.

676 Vgl. Kap. 5.1.

677 Die Rolle des Heimleiters stand wenig im Zentrum meiner Beobachtung. Er besitzt klare Vorstellungen von der Arbeit, vom Konzept des Hauses und den Erwartungen an alle MitarbeiterInnen. Die Übergabe benutzt er häufig, um die MitarbeiterInnen zu grundsätzlichen Reflexionen der Arbeit anzuregen und auf die Einhaltung vereinbarter Regelungen hinzuweisen.

678 Vgl. Kap. 5.2.

hen sie in ihrem Schweigen und Stillehalten einen Schutz der eigenen Individualität, der eigenen Arbeitsauffassung gegenüber dem Druck der Gruppe, des mehr oder weniger klar faßbaren Konzeptes des Heimes und der selbstauferlegten Regeln.[679]

Das Team der PflegemitarbeiterInnen, das sich in der Übergabe (dem Beobachter, dem Heimbewohner) als eine den Alltag regelnde Einheit präsentiert, differenziert sich bei näherem Hinsehen. Weniger der Grad oder das Vorhandensein von für die Pflegearbeit spezifischen Ausbildungen wird unterschiedsbildend als vielmehr Variationen in Arbeitsauffassungen und -stilen, Identifikation mit der Arbeit und der Selbst- oder Fremdeinschätzung bezüglich der Zugehörigkeit zum Kern der Mitarbeiterschaft.[680]

> Im Zusammenhang mit der Auffassung des Heimleiters, daß das Konzept des Heimes und eine gute Beziehungsarbeit nur durch Kontinuität aufrechterhalten werden kann, sagt der Heimleiter: «Es gibt Mitarbeiter, die die ganze Zeit schon da sind und andere, die wenigsten drei, vier Jahre bleiben, so daß es immer einen großen Restkern gibt ... Um diesen Kern gruppieren sich dann die Leute, die kürzer da sind, und eben auch die Schüler.» (S 5)

10.6 Informelle Kontakte

Die Pausen der MitarbeiterInnen finden im öffentlichen Raum (Aufenthaltsraum oder Flur) statt. Dort gibt es keine Chance, wirklich Abstand von dem Treiben des Heimes, vom Anblick und den Anforderungen der BewohnerInnen zu nehmen. Manche scheinen sich damit zu helfen, sich in dicke Rauchschwaden zu hüllen.[681]

Zwei offizielle Pausen gibt es: die Frühstückspause nach der Morgenpflegerunde und das Kaffeetrinken, wenn alle BewohnerInnen mit Kaffee und Kuchen versorgt sind. Diese Mahlzeiten nehmen die MitarbeiterInnen an einem großen Tisch an dem einen Ende des Speise-/Aufenhaltraumes ein.

Das Frühstück wird von den Küchenmitarbeiterinnen vorbereitet, die PflegemitarbeiterInnen kommen nach und nach dazu, je nachdem, wann sie mit der Arbeit fertig sind. Das Geschirr, die Speisen sind meistens sehr lieblos auf den

---

679 In der Pflegesituation, z. B. morgens, arbeiten die MitarbeiterInnen einzeln und entwickeln ihre je eigenen persönlichen Stile. Ganz deutlich wurde dies bei der so unterschiedlichen Weise, wie die beiden von mir beobachteten Nachtwachen, die ich begleitete, trotz eines allgemein gültigen Rahmens und Arbeitsauftrages, die Nächte gestalten (vgl. Nachtwachenprotokolle im Anhang und 3. Teil, Kap. 3.2).

680 Herbert, ausgebildeter Altenpfleger, wundert sich, schon zu den Alten gezählt zu werden, obwohl er doch erst ganz kurz im Heim arbeitet. Vgl. Kap. 8.1.

681 Vgl. Kap. 5.2.

Tisch gestellt. Aber wenn die Wurstplatte ausnahmsweise schön garniert ist, fällt es den MitarbeiterInnen auch nicht auf.[682]

Zwischendurch – «wenn noch Zeit ist» – genehmigen sich die MitarbeiterInnen kleinere Pausen, vor und nach den Übergaben, vor dem Mittagessen der BewohnerInnen oder nach dem Abendbrot, meist eine Zigarettenlänge. RaucherIn oder NichtraucherIn zu sein, bedingt häufig Separierung des Teams in diesen Pausen.

> Um 15.30 Uhr. Kaffeetrinken der MitarbeiterInnen, kurze Gespräche über die neue Arbeitsstelle der frisch examinierten Hauswirtschafterin, über das noch ungeborene Kind der Küchenhilfe. Die Gefahr der Wendeltreppe für Schwangere, die von der Küche in den Vorratsraum führt, wird angesprochen. Die MitarbeiterInnen malen sich aus, was alles passieren könnte. Dies führt zu der Phantasie, daß im Keller ein riesiges Wasserbecken ist und man mit einer Rutsche von der Küche aus dorthin gelangen könnte. Es wird gefragt, ob Herr Graf im Sterben liegt.
> Später kommt der Heimleiter dazu. Eine Mitarbeiterin beschwert sich halblaut über die Hausmeister. Der Heimleiter: «Dem muß man am meisten auf die Finger schauen.»
> Die Gesprächsthemen scheinen sich wahllos aneinanderzureihen, die Atmosphäre ist sehr gedämpft. Die MitarbeiterInnen wirken sehr erschöpft, wenig engagiert, als ob sie sich fragten, wie sie die restliche Zeit noch herumbringen. Anette verläßt bald die Runde und setzt sich in den Flur, ans offene windige Fenster. Der von den BewohnerInnen übriggebliebene Kuchen schmeckt offensichtlich nicht besonders gut. «Mit Pudding, das mag ich nicht.» (P 41/6)

> Nach der Übergabe. Eine Mitarbeiterin hat Geburtstag. Es wird Sekt ausgeschenkt, die Stimmung bleibt weiterhin gedämpft, beim Gratulieren, beim Bedanken, beim Trinken. (P 13/3)

In den Pausen, so wenig abgeschottet von den BewohnerInnen und der allgemeinen Atmosphäre, wirken die MitarbeiterInnen meistens sehr erschöpft, in sich gekehrt, sprachlos.

Die Pausen stellen keinen stimmungsmäßigen Kontrapunkt zu den Arbeitszeiten dar. Es ist Zeit, den Körper zur Ruhe zu bringen, einfach zu sitzen, und ‹die Gedanken schleifen zu lassen›. Doch müssen sie einer Störung durch die BewohnerInnen ständig gewahr sein.

682 Die Mitarbeitermahlzeiten entsprechen in ihrer Kargheit durchaus denen der Bewohnermahlzeiten (vgl. Kap. 4.3).

Aus der Distanz betrachtet, weisen die MitarbeiterInnen in der Pause Ähnlichkeiten mit den BewohnerInnen im Speiseraum auf: sich distanzieren, in sich gekehrt und müde sein.

Doch manches Mal herrscht Heiterkeit und Fröhlichkeit, wobei die auslösenden Bedingungen dafür nicht deutlich werden. Ist es die eine oder andere Mitarbeiterin, die mit ihrem Schwung die anderen ansteckt? Sind es – wie bei den Übergaben – die Mißgeschicke, die besonderen Ereignisse, die erheitern bzw. munter machen?[683]

> Am Ende der Übergabe wird einer Mitarbeiterin zum bestandenen Examen eine langstielige Rose überreicht.
> «Holger war so lieb und hat sie heute morgen gleich geholt. Mir ist es zu spät eingefallen ... Wir haben für alle die Karte unterschrieben, haben uns nicht noch den Streß gemacht.» Die feierliche, frohe Stimmung wird gleich wieder ernüchtert.
> Die MitarbeiterInnen gönnen sich noch eine kleine Pause im Flur. Ganz lokker und fröhlich tauschen die MitarbeiterInnen der beiden Schichten sich miteinander aus. Sie sprechen über eine Bewohnerin, «die man rechtzeitig erwischen muß, damit sie sich nicht ins Bett legt» und über eine Arbeitserleichterung für den bevorstehenden Feiertag: «Am besten machen wir die Betten nicht, damit wir die Leute am Abend gleich wieder reinlegen können.» (P 34/3)

> Große Mitarbeiterkaffeerunde. Angeregte Unterhaltung. Es geht um den Einbruch im Heim vor Monaten, der von der Polizei doch noch weiterverfolgt wurde und jetzt vor Gericht verhandelt wird ... (P 42/1)

Ob gedämpfte Stimmung oder eher gelöste, die MitarbeiterInnen kreisen im wesentlichen um die Themen des Heimes, sie bleiben «in den Mauern gefangen».[684]

Verwobene Stimmungen

> Nachmittags. Ziemlich ausgelassene Pausenstimmung, bis dann die Arbeit wieder losgeht. Der Bienenstich ist mißraten, das wird aber von den MitarbeiterInnen nicht verraten, es werden nur Witze darüber gemacht ...
> Mira kitzelt Frau Kistner im Nacken, was ihr Spaß macht. Eine andere Mitarbeiterin versucht, mit einer Bewohnerin per Tango in den Speiseraum zu tanzen. «Schön, wenn's mal so heiter zugeht», kommentiert eine andere Mitarbeiterin.

---

683 Vgl. Kap. 5.2.
684 Vgl. Kap. 2.3.

Merkwürdigerweise werden viele BewohnerInnen einzeln an die Tische plaziert, so daß sie entweder kein oder nur sehr viel später einen Tischnachbarn haben. Eine der BewohnerInnen hat sogar nur die Wand unmittelbar vor sich.

Der neue Sozialpädagogikpraktikant füttert Frau Vogel. Er ist sichtlich angestrengt und ungeduldig, weil die Prozedur endlos dauert und noch nicht beendet ist, als die MitarbeiterInnen sich zum gemeinsamen Kaffee setzen. Ohne jede Bemerkung hört er mit dem Füttern auf, obwohl Frau Vogel noch nicht fertig ist. (P 30/3)

Die Stimmungen sind miteinander verwoben. Die Ausgelassenheit in der Pause wirkt sich auf die Begegnungen mit den alten Menschen aus. Aber sie verpufft schnell wieder und Bilder von Gemeinsamkeiten – auch der MitarbeiterInnen – lösen sich schnell in Vereinzelungen auf. Die Menschen, MitarbeiterInnen und BewohnerInnen, obwohl auf engem Raum miteinander verbunden und aufeinander angewiesen, kündigen außerhalb festgelegter Arbeitsläufe und unvermeidbarer Begegnungen die Gemeinsamkeit schnell wieder auf.

Weder Konflikte noch freudige Zugewandtheit der MitarbeiterInnen untereinander – als Ausdruck von Nähe – treten deutlich erkennbar im Arbeitsalltag auf. So entsteht auch bezüglich der MitarbeiterInnen das Bild von Vereinzelung innerhalb eines durch festgelegte Arbeitsabläufe und aufgabengebundene Begegnungen geprägtes Team.[685]

685 Ich hatte im Verlauf meiner Anwesenheit im Heim den Eindruck, daß die MitarbeiterInnen sehr bemüht sind, die Konflikte, die sie vermutlich und verständlicherweise untereinander haben, vor mir zu verbergen. Insgesamt stellten sie sich mir – den BewohnerInnen und wahrscheinlich auch allen anderen Außenstehenden – als ein sehr einheitliches und von Konsens getragenes Team dar.

Reflexion 10

Distanz trotz Nähe

Der Mensch ist auf den Mitmenschen bezogen. Er wird erst Mensch durch seine Mitmenschen (Intersubjektivität). Seine Identität gewinnt er durch «attribuierende und wertende Interaktionen»[686]. Im sozialen Austausch lernt der Mensch, sich in der Welt zu orientieren und befriedigt sein Bedürfnis nach Anerkennung und Aufmerksamkeit.[687]

> Ebenso schnell und unwidersprochen, wie sich Alter und Abhängigkeit assoziativ verknüpfen, wird das Bild der weitgehend insulären Situation der BewohnerInnen zur Gewohnheit.
> Erst als ich Stunde um Stunde – ebenso vereinzelt, abwartend – im Aufenthaltsraum sitze, erfaßt mich in der Identifikation mit den alten Menschen Verwunderung und manchmal Entsetzen. Ich bin von vielen Menschen umgeben und doch allein, auf mich bezogen. Ich versuche die immer wieder aufwallenden Gefühle mit dem Hinweis auf die inneren Wanderungen der BewohnerInnen oder ihre (legitimen) regressiven Bedürfnisse am Ende ihres Lebens zu beschwichtigen.[688] Ich zeige Unverständnis über manche der Aktionen der MitarbeiterInnen, mit denen sie versuchten, die alten Menschen aus der inneren Emigration herauszuholen und in die Gegenwart zu ziehen.[689] Doch die sorgfältige Beobachtung einzelner BewohnerInnen durchbricht den Ring beruhigener Gedanken.[690] Es mag durchaus zutreffen, daß BewohnerInnen phasenweise oder aufgrund ihrer Persönlichkeitsstruktur starke Tendenzen zu introvertiertem Verhalten zeigen oder daß das nahende Lebensende die Bereitschaft, sich in sich zu kehren, erhöht. Aber trifft das für alle BewohnerInnen zu? Trifft das über lange Zeiträume zu, unter Umständen sogar über viele Jahre? Tagebuch

686 Die anthropologischen Grundkonzepte der Integrativen Therapie, in: D. Rahm 1993, S. 74 ff.
687 H.C. Lindgren, 1973, S. 39 ff.
688 Vgl. Kap. 3 und 4.
689 Vgl. Kap. 6.
690 Vgl. Kap. 10.1.

Es ist denkbar, daß das Pflegeheim für manche der BewohnerInnen einen Rahmen schafft, in dem sozialer Austausch möglich ist, und das gleichzeitig Schutz vor der abweisenden Umwelt und dem Druck nicht mehr erfüllbarer Anforderungen bietet.[691] Das Pflegeheim kann die ständige Konfrontation mit den eigenen Verlusten mildern, da sie sich dort im Bewußtsein vergleichbaren Schicksals («Gemeinsames Leid ist halbes Leid»), ähnlicher Lebenserfahrungen und Lebensthemen verbunden fühlen können.[692] Das Pflegeheim kann ein Ort sein, in dem die eigene Identität trotz Verlusten und Krisen ausbalanciert wird. Unter Seinesgleichen sich aufzuhalten, hilft die Diskrepanz zu früherer repräsentierter oder idealisierter Unversehrtheit des Körpers, der Seele oder des Geistes weniger schmerzhaft zu empfinden. In der Hierarchie realer Behinderungen wirken die Menschen, die ohne Hilfe laufen können, geradezu vital und jugendlich, eine Zuschreibung, die ihnen außerhalb des Heimes wohl nicht zugedacht würde.

Hindernisse

Warum also bleiben sich die alten Menschen im Pflegeheim weitgehend fremd, isolieren sie sich voneinander? Und warum schlagen viele Versuche der MitarbeiterInnen fehl, soziale Kontakte, Aufeinanderbezogensein in Aktivitäten und ein Gefühl von Gemeinschaft herzustellen?

Die unzureichenden institutionellen Rahmenbedingungen, der nicht gewünschte und selten bewußt ausgewählte Ort, die unfreiwilligen MitbewohnerInnen wurden bereits als Faktoren benannt, die den Rückzug der BewohnerInnen aus sozialen Kontakten begünstigen. Die Massierung von schweren physischen und psychischen Erkrankungen führt nicht zwangsläufig zu einem Gefühl von Solidarität, sondern auch zu einem Bedürfnis nach Abgrenzung.[693] Das eigene potentielle Schicksal, die Ahnung und Befürchtung der Steigerung von Leiden und Schmerzen, die Konfrontation mit dem Tod wird den alten Menschen ständig vor Augen geführt.

Und ist ein Gefühl von Zusammengehörigkeit und Gemeinschaft unter dreißig BewohnerInnen, die von dreißig HelferInnen versorgt werden) überhaupt zu entwickeln? Reicht das Bewußtsein, unter einem Dach zu leben, hilfebedürftig, alt und behindert zu sein, aus, um die Vielzahl der potentiellen und realen Begegnungen und die wechselnde Konstellation des Zusammentreffens

---

691 Vgl. Kap. 2.

692 Für alte Menschen, die zuvor als Hilfeabhängige allein oder in der Familie lebten, stellt das Leben im Heim unter Umständen durchaus die bessere Lösung dar, im Sinne von Schutz vor Überforderung, Einsamkeit, Verwiesensein auf eigene Gebrechlichkeiten und Einschränkungen.

693 Vgl. Kap. 10.1: Frau Altmann.

zu nutzen und die Barrieren differierender Persönlichkeitsstrukturen zu überwinden?

Ist es Menschen, die vielfach in ihren sensorischen Wahrnehmungsleistungen und in ihrer Motorik eingeschränkt sind, die zum großen Teil zeitliche und örtliche Orientierungsschwierigkeiten haben und weitgehend in vorgegebene Tagesstrukturen eingebunden sind, möglich, kontinuierliche Kontakte untereinander aufzubauen und sich als Teil einer überschaubar strukturierten Einheit im Pflegeheim zu erleben?

Die meisten der Gruppenaktivitäten, die im Gemeinschaftsraum angeboten werden, führen – wenn sie überhaupt auf ein vitales Interesse des einzelnen treffen – höchstens kurzfristig zu einem Aufeinanderbezogensein. Der Kontakt orientiert sich beim Lesen und beim Gespräch, bei der Speiseplanbesprechung, bei der Gymnastik und selbst beim Apfelschälen an der anwesenden Mitarbeiterin.

Das Bild einer Gemeinschaft wird jedoch als Fiktion aufrechterhalten. Warum?

Viele Stunden des Tages verbringen die BewohnerInnen im Aufenthalts-/Speiseraum. Gemeinschaft gelingt dort – trotz aller Versuche – nicht, weil es keine eindeutige Differenzierung zwischen privatem und öffentlichem Raum gibt. Die BewohnerInnen sind orientierungslos, weil der öffentliche Raum auch von privaten und intimen Aktivitäten durchsetzt ist (Besprechen privater Themen, lautes Vorlesen von Briefen) und der private Raum, das Zimmer nicht vor öffentlichen Zugängen geschützt ist (die MitarbeiterInnen, aber auch die BewohnerInnen haben beständigen, unkontrollierbaren Zutritt). Orte der Gemeinschaft und des Privaten, des Rückzugs sind ständig vermischt. «Die generelle Öffentlichkeitspflicht entwürdigt durch Abhängigkeit. Der Rückzug umgekehrt in den intimen Raum, nimmt der Würde Gelegenheit zu ihrer Behauptung und sozialen Geltung.»[694] Auf Gemeinschaft können sich Menschen in unserer Kultur jedoch nur einlassen, wenn auch der Schutz des Privaten gewährleistet ist.

Darüber hinaus besitzt der Aufenthalts-/Speiseraum neben der Funktion als Ort, an dem sozialer Austausch möglich ist, eine weitere, eher verdeckte, aber nichts desto trotz wesentliche Aufgabe, die der Aufsicht und Kontrolle der BewohnerInnen.

Die architektonische Position des Aufenthaltsraumes im Zentrum des Pflegeheimes, zugänglich von drei Seiten, trägt dem Kontrollerfordernis anschaulich Rechnung. Die MitarbeiterInnen können den Aufenthaltsraum als Durchgang auf ihren verschiedenen Arbeitswegen benutzen und behalten gleichzeitig die BewohnerInnen ständig im Auge.

---

694 W. R. Wendt, 1989, S. 170; vgl. Kap. 9.

Auf diese Weise kann für die BewohnerInnen nicht das Gefühl entstehen, unter sich, im gemeinsamen Wohnzimmer zu sitzen und sich aufeinander zu konzentrieren. Die Einblicke, die vom Vorraum des Heimes in den Aufenthaltsraum möglich sind, verstärken noch den Überwachungscharakter.

Zu bedenken ist außerdem, daß der Wechsel vom Zimmer zum Aufenthaltsraum und umgekehrt für viele der BewohnerInnen nicht aus eigener Kraft möglich ist und daß manchen der BewohnerInnen der Rückzug aus der Öffentlichkeit aus Gründen der als notwendig erachteten Risikovermeidung verwehrt wird. Für manche der Bewohnerinnen wird der Gemeinschaftsraum zu einem Ort physischer und psychischer Fixierung.

Die Attraktionen, die der Aufenthaltsraum durch seine wohnliche Atmosphäre und die Anwesenheit von anderen BewohnerInnen durchaus darstellt, wird durch den Überwachungscharakter und die Unfreiwilligkeit des Aufenthaltes verengt.[695]

Das angestrengte Bemühen der MitarbeiterInnen

Was motiviert die MitarbeiterInnen zu ihrem Bemühen, die BewohnerInnen von der Vereinzelung zur Gemeinschaft zu führen? Was macht sie partiell unfähig, das Desinteresse und die Widerstandsfähigkeit der BewohnerInnen wahrzunehmen?

Es ist einerseits die als notwendig erachtete Aufsicht über die BewohnerInnen, besonders über die, deren Aktivitäten in den Pflegezimmern schwer eingeschätzt werden können und von denen die MitarbeiterInnen Selbst- oder Fremdgefährdung befürchten, unangemessenen Gebrauch von Gegenständen oder eine Tag-Nacht-Umkehr des Schlafes. Eine kontinuierliche oder regelmäßige Anwesenheit in den Zimmern ist außerhalb von Pflegearbeiten aus Gründen einer dafür nicht ausreichenden Personalbesetzung nicht möglich. Die Sammlung der BewohnerInnen in einem übersichtlichen Raum schafft Abhilfe.

---

695 Die Architektur des Heimes, die ‹Durchlässigkeit› des Aufenthaltsraumes erinnert durchaus an den «Panoptismus», der, wie M. Foucault beschreibt, in bezug auf die Anlage von Städten und die Erbauung von Anstalten und Gefängnissen und anderen totalen Institutionen seit dem 18. Jahrhundert steinerne Realität wurde. Als Hauptwirkung des Panoptikums: «Die Schaffung eines bewußten und permanenten Sichtbarkeitszustandes beim Gefangenen, der das automatische Funktionieren der Macht sicherstellt. Die Wirkung der Überwachung ist permanent, auch wenn ihre Durchführung sporadisch ist; die Perfektion der Macht vermag ihre tatsächliche Ausübung überflüssig zu machen; der architektonische Apparat ist eine Maschine, die ein Machtverhältnis schaffen und aufrechterhalten kann, welches vom Machtausübenden unabhängig ist; die Häftlinge sind Gefangene einer Machtsituation, die sie selber stützen. Im Hinblick darauf ist es sowohl zuviel wie auch zuwenig, daß der Häftling ohne Unterlaß von einem Aufseher überwacht wird: zuwenig ist es, weil es darauf ankommt, daß er sich ständig überwacht weiß; zuviel ist es, weil er nicht wirklich überwacht werden muß.» (M. Foucault, 1981, S. 258).

Auf der anderen Seite ermöglicht die Anwesenheit der BewohnerInnen im Aufenthaltsraum einen kontinuierlichen Kontakt, wenn auch oft nur flüchtig und im Vorübergehen. Das Arrangement entlastet teilweise von der Notwendigkeit und dem Wunsch, sich jedem einzelnen zuzuwenden. Im Vorübergehen, aber auch in den Gemeinschaftsaktivitäten entsteht das für die MitarbeiterInnen beruhigende Gefühl, die alten Menschen nicht allein zu lassen und ihnen wenigstens in der Gruppe nahe zu sein, Kontakt zu halten.

> Ich entdecke als beteiligte Zuschauerin hinter den Gemeinschaftsförderungsmaßnahmen auch die Schwierigkeit, den Anblick alter, in sich zurückgezogener Menschen überhaupt zu ertragen. Sind es die eigenen Ängste vor dem Alleinsein, vor Einsamkeit, sind es erschreckende Visionen, sich selbst isoliert von anderen im Alter vorzustellen? Oder wird ein Harmonie- und Gemeinschaftsbedürfnis, das im eigenen Leben oder in der Arbeit nicht gelingt, als Auftrag, als Hoffnung an die alten Menschen delegiert? Tagebuch

Die MitarbeiterInnen reagieren mit ihrem Bemühen auf die grundlegende Einsicht des menschlichen Angewiesenseins auf soziale Beziehungen. Sie versuchen durch Förderung sozialer Wachheit und durch regulierte Konfrontation mit den anderen zu verhindern, daß die BewohnerInnen sich selbst und der Welt verlorengehen, daß sie ihre Identität wahren.

Gelingen der Kontakte

Und noch einmal: Es ist ja nicht so, daß die alten Menschen vollständig voneinander isoliert im Heim leben, daß sie nicht Bedürfnisse nach und Freude an Kontakten zeigen, daß sie nicht miteinander in Konflikt geraten.

In meinen Augen sind es eher die nichtgeplanten, die unerwarteten Begegnungen, die die alten Menschen mit Lebensenergie ausstatten, in denen sie eine Vielfalt von Gefühlen offenbaren und in denen sie ihre Würde als Erwachsene (wieder-)herstellen. Das lange Gespräch, der Flirt zwischen Frau Stark und Herrn Dupois mag auf den ersten Blick nichtig erscheinen und ihre Worte unsinnig. Und doch steckt darin eine so zarte wechselseitige Aufmerksamkeit und ein vorsichtiges Bemühen um Nähe und Abgrenzung. Sie werden vermutlich ihr Interesse aneinander wohltuend gespürt haben und ebenso die Grenze zwischen dem eigenen Ich und dem anderen als eine wesentliche Voraussetzung von Identität.[696]

Doch auch im Streit, in der Verbalisierung von Konflikten steckt soziale Aufmerksamkeit, das Interesse aneinander und das Bedürfnis, sich voneinan-

---

696 Vgl. Kap. 10.1.

der zu unterscheiden, sich selbst zu verorten. Die Persönlichkeit der BewohnerInnen, ihre Lebendigkeit wird in solchen Szenen in viel größerem Maße deutlich als in den von den MitarbeiterInnen veranstalteten und strukturierten Aktivitäten. Denn diese treffen häufig nicht den lebendigen Kern der Teilnehmenden, berühren nicht ihre Seele. Sie verwandeln sie eher in Menschen mit unzureichender Kompetenz und Wissen, mit schwachen Antriebskräften, sie demonstrieren ihre physischen und psychischen Einschränkungen, sie degradieren sie zu unmündigen, nahezu willenlosen Wesen.

> Ich empfinde stellvertretend für die alten Menschen Beschämung, wenn die Musiktherapeutin ihre Jugendlichkeit demonstrierte, wenn zwei MitarbeiterInnen (Therapeutin und Pflegekraft) die Hände eines Bewohners führen, damit er zwei, drei Töne den Klangstäben entlocken kann, wenn die Rätsel- und Wissensfragen fern der Lebenswelt und den Interessen und dem Vermögen der alten Menschen sind, wenn in falschen Tönen eine Leistung der Bewohnerin gelobt wird, wenn Scheinwelten aufgerichtet werden. Ich empfinde Abwehr und das Bedürfnis, mich aus der Situation zu entfernen. Tagebuch

Die leisen Töne des sozialen Austausches, die sich zufällig oder aus der Situation heraus entwickelnden Kontakte, werden auch durch die Konstruktion von Gemeinschaft überdeckt, unter Umständen sogar behindert. Den MitarbeiterInnen geben Arbeitsabläufe und -anforderungen selten die Gelegenheit, Szenen wie die zwischen Herrn Dupois und Frau Stark überhaupt als gelingende und wertvolle Kontakte wahrzunehmen.

Die Gefahr, Gemeinschaft mit Hilfe von vorgestanzten Beschäftigungen herzustellen, ist groß. Weder individuelle Bedürfnisse und Befindlichkeiten können darin einen prägenden Raum finden, noch geben sie den MitarbeiterInnen die Chance, darüber zu reflektieren, in welcher Weise und auf welchem Wege die alten Menschen im Pflegeheim ihre Gemeinsamkeiten entdekken und Gemeinschaften erleben.

Die falschen Bilder?

Die für die Gruppen der alten Menschen entwickelten Aktivitäten orientieren sich an dem, was wir an Freizeitverhalten aus dem aktiven Erwachsenenleben kennen[697], spiegeln die Erfahrungen aus den Lebenswelten der MitarbeiterInnen wider. Den physischen und psychischen Einschränkungen der alten Menschen entsprechend, werden Abstriche gemacht, werden Programme verminderter Qualität und verminderten Leistungsniveaus gefahren. Ein schaler

697 Oder sie sind der Kinderwelt entnommen.

Geschmack bleibt für die daran beteiligten MitarbeiterInnen trotz aller Versuche der Aufwertung zurück. Bei mir löst es die Frage aus, ob Grund- und Behandlungspflege, Mahlzeiten und Zeitvertreib ausreichen, um das Leben der alten Menschen in der Gemeinschaft zufriedenstellend zu füllen.

Die alten Menschen vermitteln mir in einer ihrer gemeinsamen Aktivitäten einen deutlichen Hinweis für die Weise ihres Gemeinschaftserlebens. Es ist das gemeinsame Singen, entweder angeleitet von einer Mitarbeiterin oder der Musiktherapeutin oder auch im Begleiten eines Liedes, das den Raum erfüllt. In für mich ergreifender Innigkeit und Konzentration singen sie miteinander oder hören aufeinander und offenbaren lebendige und tiefe Gefühle, z. B. Traurigkeit und Freude. Sie sind in solchen Situationen ganz bei sich, in ihren Gedanken, Erinnerungen, Gefühlen und trotzdem getragen und angewiesen auf die anderen, die Mitsingenden und Mithörenden.

Für sich sein und doch aufgehoben und geschützt in der Gemeinschaft, ist es das, was die Menschen sich im Pflegeheim wünschen?

Unter einem solchen Blickwinkel erscheint das weitgehend stumme, inaktive Sitzen im Aufenthaltsraum in einem anderen Licht. Die anderen, die ‹Schicksalsgenossen›, werden eine Projektionsfläche, ein Auffangbecken für das ganz individuelle Erleben. Das Stöhnen, der Ärger, die Freude verhallen nicht ganz ungehört. Die Gemeinde der anderen alten Menschen ist Kulisse, ist Begleitung der inneren Wanderungen im Hintergrund.

Sind noch andere Formen von Gemeinschaftserleben, von Solidarität dieser Art denkbar?

Verhinderte Autonomie

Besonders auffällig ist die Konzentration der BewohnerInnen auf die MitarbeiterInnen. Sie hängen mit ihren Blicken und mit ihren Wünschen und Erwartungen an ihren HelferInnen. Aufgrund ihrer Angewiesenheit ist diese Orientierung an denen, die sie unterstützen, die ihnen ihre Kraft und Jugendlichkeit zur Verfügung stellen, verständlich.

Die BewohnerInnen versuchen, ihre Bindung an die MitarbeiterInnen noch zu steigern, indem sie – in erzieherischer und autoritärer Weise – MitbewohnerInnen Verhaltensregeln angedeihen lassen. Weniger scheint in solchen urplötzlich vom Zaun gebrochenen Konflikten der Kontaktswunsch zu einem anderen Bewohner im Zentrum zu stehen, sondern vielmehr das Bedürfnis, sich als «guter Heimbewohner» (ich weiß, was hier ein angemessenes Verhalten ist, ich bin besser als die anderen) darzustellen und die Nähe zum Mitarbeiter, zur Mitarbeiterin zu verdichten.[698]

---

698 Im Abkanzeln anderer BewohnerInnen liegt die Möglichkeit, daß in der Regel erlebte

Die soziale Energie, die Wünsche nach Kontakt werden weitgehend von der Orientierung am Mitarbeiterteam aufgebraucht. Die anderen BewohnerInnen geraten leicht in die Position von Störenfrieden in diesem Versuch, die Aufmerksamkeit auf sich zu ziehen, da sich viele BewohnerInnen nur wenige MitarbeiterInnen teilen müssen.[699]

Wie soll unter solchen und den anderen zuvor erörterten Bedingungen (Fremdheit, Unfreiwilligkeit) ein Gefühl von Gemeinschaft und Zusammengehörigkeit entstehen? Erscheint es nicht konsequent, wenn BewohnerInnen, wenn überhaupt, nur in mehr oder weniger stabilen Paarbeziehungen Austausch pflegen oder situativ oder temporär in Kleingruppierungen zu dritt, höchstens zu viert?

Meine Beobachtungen lassen darüber hinaus die Vermutung zu, daß die Konzentration der BewohnerInnen auf das Mitarbeiterteam nicht allein dem Wunsch und den besonderen Lebensbedingungen der alten Menschen entspringt.

Ein bemerkenswerter Widerspruch offenbart sich: auf der einen Seite erachten die MitarbeiterInnen die Förderung von Gemeinschaft als ein konzeptionelles Gebot ihrer Arbeit, auf der anderen Seite scheinen sie durch die Art und Weise ihrer Beziehungsgestaltung die eigenen Bemühungen zu torpedieren. Denn nahezu alle, die Gemeinschaft, den sozialen Austausch fördernde Aktivitäten, beruhen auf der Initiative von MitarbeiterInnen und – was noch zentraler ist – sie benötigen die Anwesenheit, die Motivierungsbemühung und die Überzeugungskraft der MitarbeiterInnen.[700]

Für mich entsteht der Eindruck, daß im Pflegeheim weder bei den BewohnerInnen noch bei den MitarbeiterInnen tragende Vorstellung von Autonomie und partieller Autarkie der BewohnerInnen existieren. BewohnerInnen, die sich gegenseitig stützen, einander helfen, sich nahe sind, sich schützend oder vertraut die Hand halten, und MitarbeiterInnen, die ein solches Verhalten fördern, konnte ich nur selten beobachten. Bilder der Distanz der BewohnerInnen untereinander einerseits und der Mittelpunktposition der MitarbeiterInnen sind vorherrschend.

Macht und Ohnmachtsverhältnis umzukehren, sich selbst dem Schwächeren oder Orientierungsloseren gegenüber in einer überlegeneren Position zu fühlen.

699 Elternübertragung auf die MitarbeiterInnen. Geschwisterrivalität um die Gunst, Liebe und Anerkennung der Eltern. Vgl. Kap. 3 und 4.

700 Eine eindrucksvolle Ausnahme. In der Zeit der Abwesenheit der Gymnastikanleiterin übernimmt eine Bewohnerin diese Funktion, wobei eher die vertraute Musik als die Anleitung der Bewohnerin die weitgehend automatischen Bewegungen auslöst. Nach Rückkehr der Mitarbeiterin gibt es jedoch nicht die Idee, die Verselbständigung der BewohnerInnen fortzusetzen, indem man z. B. in einem regelmäßigen Turnus der Bewohnerin die Leitung der Gruppe übergibt oder auch die MitarbeiterInnen sich als TeilnehmerInnen an der Gymnastik beteiligen. (Vgl. Kap. 4.4).

Befürchten die MitarbeiterInnen in der Leugnung potentieller Fähigkeiten und Bedürfnissen nach Unabhängigkeit unbewußt den Verlust von Einfluß, Macht und Bedeutung für die BewohnerInnen, aber auch von Dankbarkeit und Anerkennung für die geleistete Arbeit? Gibt es ein unbewußtes Bedürfnis, die BewohnerInnen an sich zu fesseln, als Kompensation für die im Vergleich zu der schwierigen Arbeit ausbleibenden persönlichen und gesellschaftlichen Anerkennung? Versuchen die MitarbeiterInnen mit denen auf sie zentrierten Aktivitäten zu verhindern, daß die BewohnerInnen ihre Autonomie entdecken, daß sie sich solidarisieren und daß sie nicht nur vereinzelt und verhohlen, sondern offen und nachdrücklich Kritik am Heimleben üben und eigene Vorstellungen und Wünsche für die Gestaltung äußern?

Die BewohnerInnen wählen häufig den Weg der Regression, den Rückzug in ihre inneren Welten, um dem unerträglichen Gefühl des Verlustes von Einfluß und Selbstbestimmung zu entgehen. Die vertretenen Bilder vom Leben im Altenheim, die die BewohnerInnen unter Umständen schon vor Eintritt ins Pflegeheim gespeichert haben, die dort herrschenden Normen und Regeln, die erlebte Einbuße eigener Kraft und die Erfahrungen von Abhängigkeit legen den Gang in die innere Emigration nahe.

Die MitarbeiterInnen ihrerseits sind versucht, diesem Angebot der Älteren zu entsprechen.

Daher bedarf es seitens der MitarbeiterInnen einer bewußten Gegensteuerung gegen die Verführung durch die BewohnerInnen einerseits und gegen eigene Machtbedürfnisse andererseits.

Die Gewährung von Freiräumen, die der Einflußnahme der MitarbeiterInnen entzogen sind, fördern nicht nur ein wachsendes Autonomiegefühl, sondern bieten Gewähr, daß sich Aktivitäten und Beziehungen bilden, die der jeweiligen Lebenslage der alten Menschen und ihren Themen angemessen sind.

Die Wertschätzung der daraus sich entwickelnden Formen und Inhalte, die den MitarbeiterInnen unter Umständen als befremdlich, unverständlich, nichtig oder gar verrückt erscheinen, ist Voraussetzung.[701] Die Folgen solcher Freiräume sind ein geringeres Maß an Regulierungen des Tagesablaufes, weniger vorzeigbare Ergebnisse in bezug auf die Aktivierung von BewohnerInnen und mehr Auseinandersetzung zwischen allen Beteiligten.

Solche Ansätze sind im Pflegeheim, gestützt von einzelnen MitarbeiterInnen, durchaus hintergründig zu beobachten und drücken sich am ehesten in der Toleranz gegenüber manchen Absonderlichkeiten der BewohnerInnen aus. Sie gehören jedoch nicht zum offiziellen Konzept des Heimes, in dem die

701 Das Gespräch von Frau Stark und Herrn Dupois und ähnliche «Unscheinbarkeiten» könnten bewußt wahrgenommen und als wertvoll erachtet werden.

Gemeinschaftsaktivitäten nach bestem Wissen und Gewissen an den Vorstellungen der MitarbeiterInnen ausgerichtet sind und gegenüber autonomen Regulierungen der BewohnerInnen Vorrang besitzen.

Die BewohnerInnen leben in einer großen Gruppe alter Menschen. Doch sie haben nur geringe Chancen, auf das Gruppengeschehen und die Gruppenprozesse nachhaltig Einfluß zu nehmen, die Beziehung nach ihren Bedürfnissen zu gestalten und nutzbar zu machen. Nur unter solchen Voraussetzungen können überhaupt Gefühle von Verbundenheit, kann Gemeinschaft entstehen.

Trotz Einschränkung ihrer Autonomie werden die alten Menschen den MitarbeiterInnen – als Folge ihres Angewiesenseins auf Pflege und Fürsorge – die Treue halten, ihnen unter Umständen sogar mit vermehrter Dankbarkeit und Zuneigung begegnen. Doch untergründig fördert die erzwungene Fixierung auf die MitarbeiterInnen bei den BewohnerInnen Wut und Aggression und «produziert ein falsches Selbst, läßt die BewohnerInnen unauthentisch und in ihrer Persönlichkeit schwer erkennbar werden».[702]

Illusionen

Auch die MitarbeiterInnen arbeiten in großer räumlicher Nähe zueinander, laufen sich beständig über den Weg, geben sich wechselseitig Hilfestellung, setzen sich in den Pausen und Besprechungen zusammen.

Nach außen – auch mir gegenüber – präsentieren sie eine relative Geschlossenheit mit der Tendenz, sich gegenüber Einblicken und Angriffen von außen abzuschirmen.[703] Aufgrund der vielfältigen Anlässe zum Austausch und zur Zusammenarbeit erweisen sie sich – trotz der unterbrochenen Anwesenheit (nur zu den Dienstzeiten) – im Gegensatz zur Gruppe der BewohnerInnen im viel stärkeren Maße miteinander verbunden. Doch der Schein trügt.

Ganz abgesehen von der beobachtbaren Trennung zwischen Pflege und anderen Arbeitsbereichen und der Dominanz der Pflege in diesem Verhältnis, differenziert sich das Bild relativer Geschlossenheit auch innerhalb des Pflegeteams. Der ungeheure Wechsel der Teamzusammensetzung (aufgrund von Schichtarbeit, Freizeitausgleich, Urlaub, Krankheit, personellem Wechsel einschließlich Praktikanten und Aushilfen) behindert Kontinuitäten und den Eindruck, in einem überschaubaren und beeinflußbaren Zusammenhang zu arbeiten.

702 T. Moser (Supervision).

703 Trotz freundlichem Entgegenkommen und Akzeptanz meiner Anwesenheit verlor ich bis zuletzt nicht das Gefühl, ein Eindringling zu sein, ein Fremdkörper z. B. in den Übergaben, in denen man tunlichst vermied, sich allzusehr in die Karten schauen zu lassen oder Konflikte offen anzusprechen.

Die gemeinsamen Sitzungen – Übergaben und Pausen – sind meist von Zurückhaltung und gedämpfter Atmosphäre gekennzeichnet, in der tendenziell jeder für sich seinen Erschöpfungen und Gefühlen nachgeht.

In einigen Situationen lebt der Teamgeist, das Gefühl, in einem Boot zu sitzen, auf, nämlich dann, wenn es gilt, Außenangriffe oder massive Kritik von BewohnerInnen abzuwehren, wenn die Belastungen übermäßig werden und die MitarbeiterInnen sich wechselseitig stützen, aber auch manches Mal, wenn es Anlaß zur Freude oder Erleichterung gibt.

Das Konzept dient, ohne daß seine Inhalte explizit benannt werden (das geschieht nur selten) ebenfalls als Nachweis ihrer Gemeinsamkeit. Sie schwören sich immer wieder auf das für den Außenstehenden unerkenntliche Gebilde ein. So gelingt es ihnen offensichtlich, die erahnten und auch erlebten interindividuellen Unterschiede im Arbeitsstil, in der Umsetzung des Konzeptes, in den Einstellungen zu den BewohnerInnen und im Engagement zu verwischen.[704]

Da die MitarbeiterInnen in einem Team zusammengefaßt sind, aber im Kernbereich ihrer Arbeit in der Grund- und Behandlungspflege, aber auch bei den Aktivitäten in der Regel und in der Nacht gänzlich als einzelne ihre Tätigkeiten verrichten, haben sie nur geringen Einblick in die Arbeitsweise ihrer KollegInnen.

Im Laufe der Beobachtungszeit wurde auch sichtbar, welche unterschiedliche Bedeutung die Arbeit im Pflegeheim im Leben der MitarbeiterInnen besitzt und welche unterschiedlichen Muster sie entwickeln, um die Integration von Freizeit, Beruf und meistens auch Familie in Einklang zu bringen.[705]

Übergabegespräche haben also nicht nur die Funktion des Austausches von Information und organisatorischen Regelungen oder die Abgleichung von Pflegezielen und ihrer Durchführung, sondern dienen gleichzeitig auch der rituellen Darstellung von Zusammengehörigkeit und Geschlossenheit des Konzepts und der Werthaltungen nach innen und nach außen.

Ohne Zweifel stützen sich die MitarbeiterInnen gegenseitig, verhalten sich in Krisensituationen solidarisch, brauchen einander.[706] Sie sprechen von sich

---

704 P 44/13: Während der Nachtwache spricht Herbert diese Unterschiede an; vgl. Kapitel 5.4.

705 In einer Untersuchung über das Problem der Integration von Beruf, Familie und persönlichen Ansprüchen entwickelt W. Dunkel sechs verschiedene Grundmuster der Integration: Fehlende Trennung von Privatsphäre und Beruf (Typ: Ordensschwester); berufszentrierte Routinisierung (Anforderungen werden so akzeptiert, wie sie sind und das Privatleben wird danach ausgerichtet); familienzentrierte Routinisierung (die Familie steht im Zentrum); erlebnisorientierte Situativität (selbstbewußte Artikulation persönlicher Ansprüche); wertorientierte Planung (das Arbeitsfeld Pflege dient der eigenen Persönlichkeitsenwicklung); Sachzwang Erwerbsarbeit (Anspruch und Wirklichkeit der Berufsarbeit klaffen auseinander). (W. Dunkel, 1993, S. 10 ff.).

706 Vgl. Kap. 5.2.

als von einem Team und entwickeln in einem größeren Maße als die alten Menschen ein beobachtbares Gefühl von Gemeinsamkeit.

Trotzdem ist in meinen Augen Skepsis gegen den von den MitarbeiterInnen gerne gebrauchten Satz, «wir sitzen alle in einem Boot» angebracht. Aber auch ein Boot kann man, selbst wenn nicht alle darin sitzen, auf unterschiedliche Weise fortbewegen. Wechselseitige Behinderungen sind nicht ausgeschlossen. Doch das Boot «Pflegeheim Sommerberg» – um im Bild zu bleiben – ist in Bewegung.

Dritter Teil

Vertrautes und Fremdes – Betrachtungen aus größerer Distanz

Die Ergebnisse der Studie zusammenfassen zu wollen, bedeutet eine unzulässige Reduzierung von Vielfalt und Farbigkeit des Alltags im Pflegeheim Sommerberg. Statt dessen möchte ich im letzten Teil der Arbeit unter mir zentral erscheinenden Gesichtspunkten einen vor allem fragenden Blick auf das Pflegeheim werfen und darin meine Erfahrungen bündeln – ohne Anspruch auf Vollständigkeit.

1. Leben im Übergang – Arbeiten auf Zeit

Mein Forschungsfeld bezieht sich auf eine relativ homogene Gruppe von alten Menschen, die in einem Heim wohnen. Sie sind krank und behindert und nehmen die Unterstützung von anderen Menschen in extensiver Weise in Anspruch. Sie verbringen dort ihre Tage und Nächte bis zu ihrem Tod.

Was bedeutet es also für alte Menschen, im Heim ihre letzte Phase des Lebens zu verbringen, und für sie und die MitarbeiterInnen, dort kontinuierlich mit Krankheit, Behinderung und Sterben konfrontiert zu sein?

1.1 Alte Menschen in Institutionen

Gewalt fängt nicht da an, wo Menschen getötet werden, sondern dort, wo man sagt, du bist krank und du mußt tun, was ich dir sage. Erich Fried

Menschliches Zusammenleben ist durch Institutionalisierungsprozesse geregelt, die aus der Habitualisierung von Verhalten entstehen.[1] In arbeitsteiligen modernen Industriegesellschaften entwickeln sich aus diesem ubiquitären Phänomen eine Vielzahl von speziellen Institutionen, die gezielt und geplant verschiedene gesellschaftliche Aufgaben übernehmen, wie Bildung von Kindern und Jugendlichen in Schulen, Bestrafung von und Schutz vor Kriminellen in Gefängnissen, Heilung von Kranken in Hospitälern, Versorgung von alten Menschen in Heimen. Innerhalb dieser Institutionen übernimmt jedes einzelne Mitglied eine von seiner Position abhängige soziale Rolle, die eine Richtschnur für sein Verhalten bietet und sein Selbsterleben beeinflußt. Kennzeichnend für Institutionen ist ihre alle Mitglieder einbeziehende Organisation von Arbeitsabläufen und die Regulierung von Verhaltensweisen jedes einzelnen.

Obwohl von Menschen geschaffen, von ihnen aufrechterhalten oder verändert, stehen «die Institutionen dem Individuum als objektive Faktizitäten unabweisbar gegenüber. Sie sind da außerhalb der Person und beherrschen in ihrer Wirklichkeit, ob wir sie leiden mögen oder nicht. Sie widersetzen sich seinen Versuchen, sie zu verändern oder ihnen zu entschlüpfen. Sie haben

1 P.L. Berger, Th. Luckmann, 1980, S. 61.

durch ihre bloße Faktizität zwingende Macht über ihn, sowie auch durch die Kontrollmechanismen, die mindestens den wichtigsten Institutionen beigegeben sind».[2]

Um die Situation der Mitglieder einer Institution beschreiben zu können, müssen deren gesellschaftliche Funktion und die daraus entstehenden Rollenerwartungen ihrer Mitglieder analysiert werden. Darüber hinaus ist es unerläßlich zu betrachten, in welcher Art und Weise die Menschen sich den gesellschaftlichen, in der Institution wirksam werdenden Anforderungen anpassen und welchen Einfluß diese auf die Prägung der Persönlichkeit haben. Aus der Binnensicht der Institutionen gestalten sich institutionelle Verhaltenserwartungen und individuelle Anpassungsbereitschaft zu einem zirkulären, sich wechselseitig bedingten Prozeß, der zur Perpetuierung oder zur Veränderung von institutionellen Bedingungen führt.

Die gesellschaftliche Funktion von Pflegeheimen ist die arbeitsteilige Übernahme der Versorgung kranker und behinderter alter Menschen, die auf andere Weise nicht mehr sichergestellt ist und die damit verbundene Separierung alter Menschen und ihrer Versorgungsweisen aus der Alltagswelt und dem öffentlichen Bewußtsein. Die «Bastion Pflegeheim», die im Selbsterleben ihrer Mitglieder Realität ist, zeugt von der Erfüllung dieses gesellschaftlichen Auftrages.[3] Die aus konzentrierter Wahrnehmung der Folgen von Krankheit und Behinderungen und der biographischen und situativ geprägten Persönlichkeitsstrukturen geformten Bilder vom Alter verquicken sich bei den Mitgliedern des Pflegeheims (also bei alten Menschen und MitarbeiterInnen) mit dem gesellschaftlichen Auftrag und manifesten Gewißheiten über den unausweichlichen Rückzug der von Pflege abhängigen alten Menschen einerseits und über Anpassungsbereitschaft und -notwendigkeit andererseits.

Aus der Perspektive des alten Menschen, der aufgrund seiner Krankheiten und Behinderungen aus eigener Entscheidung oder als Folge einer Konflikt- oder Notsituation ins Pflegeheim übersiedelt, entpuppt sich der Doppelcharakter der Institution. Das Pflegeheim bietet Schutz und Sicherheit, Hoffnung auf Verbesserung seines Gesundheitszustandes, Vermeidung von Risiken und fordert gleichzeitig Unterordnung unter die Regelungen des Heimalltags, schränkt individuelle Entfaltungsmöglichkeiten ein, übt eine starke soziale Kontrolle aus. Die MitarbeiterInnen übernehmen diese Perspektive grundsätzlich, minimieren jedoch in ihrem Bewußtsein den Zwangscharakter der Institution. Nur so können sie ihren gesellschaftlichen und institutionellen Auftrag ausführen, ohne beständig am Sinn und an der Zulässigkeit ihres Handelns zu zweifeln. Entsprechend nehmen Außenstehende das Pflegeheim wahr. Sie sind

---

2 P.L. Berger, Th. Luckmann, 1980, S. 64.
3 Vgl. 2. Teil, Kapitel 2.

ebenfalls versucht, die alltäglichen Prozeduren vorrangig als Unterstützung und Förderungsleistungen zum Nutzen schutzbedürftiger alter Menschen zu interpretieren.

Die MitarbeiterInnen (und Außenstehenden) sind im Gegensatz zu den alten Menschen nicht beständig dem institutionellen Widerspruch von Schutz und Zwang ausgesetzt. Sie halten sich nicht dauerhaft im Heim auf. Sie sind außerhalb des Heimes mit anderen Institutionen, deren Zielen, Regelungen und deren Kultur und mit divergierenden Erfahrungen konfrontiert. Die BewohnerInnen bleiben in der Regel bis zu ihrem Tod im Pflegeheim, Tage und Nächte. Es ist ihr Zuhause, und nur selten verlassen sie es kurzfristig. Die Unauflösbarkeit ihrer Situation zwingt die alten Menschen dazu, den Zwangscharakter der Institution weitgehend auszublenden. So entsteht zwischen allen Beteiligten, den MitarbeiterInnen, den alten Menschen und den mit dem Pflegeheim befaßten Außenstehenden eine Koalition des Verdrängens, das sowohl der allgemeinen Beruhigung als auch dem Ertragen der Situation dienlich ist.

Eine Kraft zum prägnanten Widerstand gegenüber den Lebensbedingungen im Heim ist weder im Selbstbild der Alten noch im Fremdbild verankert. Diesbezügliche Entäußerungen werden als solche kaum wahrgenommen oder als Folge physischer und psychischer Erkrankung oder als abweichende Persönlichkeitsmerkmale interpretiert.

Innerhalb dieses engen Verhaltensrahmens entwickeln die BewohnerInnen dennoch Formen des Widerstandes, indem sie ihre ihnen nahezu durchgängig zugeschriebene Schwäche bewußt oder unbewußt zum Werkzeug des Aufbegehrens machen. Sie ziehen sich in anderen Welten zurück, negieren die Gegenwart und die darin agierenden Menschen und ihre Bemühungen. Sie entwickeln Krankheiten und Inkompetenz, um die vorenthaltene Zuwendung zu erzwingen. Sie verweigern sich, stellen sich taub, stumm oder hilflos. Sie unterlaufen die als befremdlich empfundenen Anforderungen der Institution ohne Gefahr zu laufen, übermäßig mit negativen institutionellen Sanktionen konfrontiert zu werden.

Sie verwandeln ihre Schwäche in Stärke. Trotz geforderter und oberflächlich wahrgenommener oder tatsächlich befolgter Anpassung üben sie verdeckten Widerstand.[4]

---

4 Die hohe Sterblichkeit in den ersten Monaten nach Heimeintritt kann ebenfalls als eine Form des Widerstandes betrachtet werden, nämlich als Widerstand, sich überhaupt der als fremd und abweisend erscheinenden Welt des Pflegeheims und seiner Regelungen anzupassen. S.L. Mautner, et al. ermittelten in einer Untersuchung von 317 Heimbewohnern eines Pflegeheimes, daß nach Ablauf eines Jahres jeder zweite Bewohner verstorben war, 58 bereits im Laufe des ersten Monats. (S. L. Mautner, A. Standl, H. Pillau, 1983, S. 149 ff.) Im Pflegeheim Sommerberg ist der schnelle Tod des Herrn Marx Beispiel für eine Verweigerung mit tödlichem Ausgang.

Da Widerständigkeit der alten Menschen als solche nicht erkannt wird und es aus diesem Grunde in der Regel keine institutionsbezogene Auseinandersetzung um die Kristallisationspunkte des Protestes gibt, beziehen sich Veränderung vorwiegend auf einzelne BewohnerInnen. Sie reichen von der Gewährung von Sonderleistungen (Gespräch, Spaziergang, Süßigkeiten, ...) – «dann wenn noch Zeit ist» oder der Wunsch dem Team als besonders dringend oder einsichtig erscheint – bis zur Verabreichung von Psychopharmaka bei hochgradigen Verwirrtheits- oder Unruhezuständen. Organisationsstrukturen und Regeln des Heimalltags bleiben weitgehend unangetastet. Auch die Frage der Angemessenheit von institutioneller kollektiver Unterbringung alter Menschen, die nach wie vor am traditionellen Anstaltsdenken und Krankenhauskonzepten orientiert ist,[5] muß nicht gestellt werden.[6]

Alte Menschen sehen sich gezwungen oder sind bereit, im hohen Alter in ein Pflegeheim zu ziehen. Die Risiken und Belastungen in der bisherigen Umgebung zu leben und dort zu sterben, werden von ihnen selbst oder von anderen als zu hoch eingeschätzt. Die Risiken, in der Institution massiven Einschränkungen zu unterliegen und Verletzungen des Selbstwertgefühls zu erleben, werden dagegen unterbewertet. An diese Art der Güterabwägung haben sich alle Beteiligten gewöhnt. Die Übersiedlung ins Heim (und deren Notwendigkeit) – wenn auch im Einzelfall oft schmerzlich erlebt – ist ein sozial und gesellschaftlich abgesicherter Weg. Aus zugewandter Distanz kann es jedoch gelingen, annähernd abzuschätzen, welche Zumutung der Schritt aus dem vertrauten Umfeld in die Institution Pflegeheim bedeutet. Die MitarbeiterInnen im Heim Sommerberg bemühen sich aus diesem Grunde, Normalität und Alltäglichkeit in die Institution einzuführen. Sie bemühen sich, die dort lebenden Menschen nicht von ihren bisherigen Lebenswelten zu isolieren, sie versuchen ihre in einem langen Leben entwickelte Individualität und Persönlichkeit zu wahren und bemühen sich, die negativen Effekte der Institution (Hospitalisierung) zu vermeiden.

Aber kann das wirklich gelingen, wenn – wie im Heim Sommerberg – dreißig alte Menschen und dreißig MitarbeiterInnen leben und ihre Arbeit in einer organisatorischen Einheit gestalten müssen? Ist es vermeidbar, daß Individua-

---

5 H. J. von Kondratowitz, 1988 (a), S. 100 ff.

6 Theorie und empirische Forschung der ökologischen Gerontologie (W. Saup, 1993) beleuchten den Zusammenhang der Mensch-Umwelt-Beziehung. Sie betonen die Erforderlichkeit der Anpassung des Heims an die Belange und die Lebenssituation ihrer Bewohner, z. B. durch Erweiterung des der individuellen Kontrolle unterstehenden privaten Raumes. Eine solche in die Praxis der Altenpflege eingehende Sichtweise verbessert die Lebenssituation von Heimbewohnern entscheidend, bleibt aber in der Vorstellung von «Zwangsgemeinschaften» verhaftet «als diejenige Lebensform im Alter, die sowohl der Gesellschaft als auch dem einzelnen dienlich ist». (H. J. von Kondratowitz, 1988 (a), S. 101).

lität und Persönlichkeitsprägungen, Wünsche und Interessen einem möglichst zügigen und reibungslosen Ablauf untergeordnet werden? Können unter so vielen Menschen überhaupt Individualität und Persönlichkeit in einer Weise wahrgenommen werden, daß Beziehungen entsprechend differenziert gestaltet werden? Läuft nicht der einzelne Gefahr, einsam zu bleiben oder sich so zu fühlen, weil die große Gruppe der Fremden um ihn herum kaum zu überschauen ist, sich schwer strukturieren läßt und sich wechselhaft konstelliert, so daß dem alten Menschen nur noch möglich ist, sich mit aller Energie auf einzelne MitarbeiterInnen zu konzentrieren? Ist nicht die Versuchung für alle groß, in dieser Massierung von Leiden an einem Ort vorrangig Alter, Krankheit und Behinderung wahrzunehmen und viel weniger die Besonderheit jedes einzelnen, dessen individuelle Biographie, dessen vielfältige Lebenserfahrungen und Kompetenzen? Ist ein für den einzelnen förderliches Zusammenleben von dreißig BewohnerInnen, die von dreißig MitarbeiterInnen versorgt werden, nicht eine Fiktion? Könnte es sein, daß Pflegeheime nur eine Notlösung für alte Menschen darstellen und kein der spezifischen Lebenssituation angemessener Ort?

Äußere und innere Begrenzungen, die das Leben im Pflegeheim nachhaltig bestimmen, führen zu der Überlegung, das Pflegeheim als «Totale Institution» zu charakterisieren, als eine «Wohn- und Arbeitsstätte einer Vielzahl ähnlich gestellter Individuen, die für längere Zeit von der übrigen Gesellschaft abgeschnitten sind und miteinander ein abgeschlossenes, formal reglementiertes Leben führen».[7] Im Pflegeheim, in dem aufgrund von Krankheit, hohem Alter und gesellschaftlichem Konstrukt ‹Ruhestand›, eine Differenzierung von Arbeit und Freizeit obsolet ist, zeigt sich die umhüllende Allgegenwart der Institution im Alltag der alten Menschen.

Das Konzept der Totalen Institution wird in erster Linie mit Gefängnissen, geschlossenen psychiatrischen Anstalten, Konzentrationslagern in Verbindung gebracht, also Einrichtungen, in denen die Mitglieder aufgrund von Zwangsmaßnahmen unfreiwillig untergebracht sind. Die BewohnerInnen von Pflegeheimen dagegen leben – so vermittelt es der erste Augenschein – gespeist vom Wunsch nach Sicherheit und Beruhigung aus freien Stücken dort. Ihr Klagen, ihre Wünsche, das Heim zu verlassen – aktiv oder in der Phantasie – ihre Verweigerung, das Heim als ihren gegenwärtigen Lebensort anzuerkennen, verweisen jedoch auf andere Hintergründe. Für die meisten der BewohnerInnen entspringt die Unterbringung im Heim nicht einem von positiven Bildern getragenen Wunsch, sondern vielmehr dem Mangel an brauchbaren oder vorstellbaren Alternativen. Schwere Krankheiten und Behinderungen scheinen ihnen keine Wahl mehr offen zu lassen und Familienangehörige, Freunde, Nach-

7 E. Goffman, 1977, S. 11.

barn und VertreterInnen von Krankenhäusern und sozialen Diensten bestärken und drängen sie aus Mangel an materiellen und personellen Ressourcen in die Situation von umfassender Versorgung, in die Arme von alle Lebensbereiche reglementierenden Institutionen. Die Freiwilligkeit des Aufenthaltes im Pflegeheim steht für die alten Menschen also auf einem sehr brüchigen Fundament.

Die Abläufe und Regeln des Heimalltags offenbaren weitere Charakteristika der totalen Institution:

- Eingeschränkte Freizügigkeit und Beschränkung des sozialen Verkehrs mit der Außenwelt.[8]
  Die BewohnerInnen verlassen selten das Heim, und dies ist nur nach Maßgabe und Begleitung von MitarbeiterInnen oder anderen Personen möglich. Besuche von außen werden von der Institution registriert, bewertet oder beschränkt.

- «Alle Angelegenheiten des Lebens finden an ein und derselben Stelle, unter ein und derselben Autorität statt und in Anwesenheit einer großen Gruppe von Schicksalsgenossen.»[9]
  Bis in die kleinsten persönlichen Nischen spielt sich das Leben der BewohnerInnen unter der Aufsicht und den Augen von MitarbeiterInnen und MitbewohnerInnen ab.

- «Alle Phasen des Arbeitstages sind exakt geplant, eine geht zu einem vorher bestimmten Zeitpunkt in die nächste über, und die ganze Folge der Tätigkeiten wird von oben durch ein System expliziter formaler Regeln und durch ein Stab von Funktionären vorgeschrieben.»[10]
  Wach-, Schlaf- und Essenszeiten, Behandlungen und Freizeitaktivitäten unterliegen den von der Institution vorgegebenen und von den MitarbeiterInnen ausgearbeiteten Plänen.

Die relative Abgeschlossenheit von der Außenwelt führt – wenn sie lange anhält – zu einem Prozeß der Entwöhnung und «Diskulturation», der es den Mitgliedern erschwert oder unmöglich macht, die Außenwelt realistisch wahrzunehmen, die dort stattfindenden sozialen Veränderungen zu verstehen und mit ihnen Schritt zu halten.[11] Das Vorhandensein expliziter und diffuser Regelungen bedingt einen hohen Anpassungsdruck, dem die BewohnerInnen aus Angst vor Übertretung der Regeln und vor negativen Folgen oder aus Hoffnung da-

8 E. Goffman, 1977, S. 15.
9 E. Goffman, 1977, S. 17.
10 E. Goffman, 1977, S. 17.
11 R. Schwendter, 1991, S. 65.

durch erzielbarer vermehrter Zuwendung weitgehend nachgeben.[12] Die als selbstverständlich und erforderlich betrachtete Preisgabe aller Lebensbereiche, das als notwendig beurteilte Eindringen selbst in die Intimsphäre des einzelnen nach der Maßgabe der MitarbeiterInnen, führt zu «Erniedrigungen, Degradierungen, Demütigungen und Entwürdigungen seines Ich».[13]

Der einzelne reagiert, wie im Pflegeheim Sommerberg zu beobachten, mit verschiedenen Strategien auf die Anforderungen des Lebens in einer (totalen) Institution:

- Rückzug aus der Situation («die dann im psychiatrischen Kontext als Regression interpretiert wird»[14])
- Verweigerung der Kooperation mit dem Personal
- die Schaffung einer Ersatzwelt (im Pflegeheim geschieht dies vorwiegend in der Phantasie)
- Konversion zur Rolle des perfekten Insassen.[15]

Die MitarbeiterInnen sind die Mittler zwischen Institution und alten Menschen. Sie sind beauftragt, die Einhaltung der Regelungen, einschließlich der Sicherstellung einer als angemessen beurteilten psychischen und physischen Versorgung der alten Menschen zu gewährleisten und die BewohnerInnen zu überwachen. Sie handeln aus einer Position der Distanz und Überlegenheit – sie wissen weitgehend, was dem Wohl der alten Menschen dient – und sind gleichzeitig in ihren professionellen Entfaltungsmöglichkeiten auf die BewohnerInnen angewiesen.[16] «In einer totalen Institution ... werden die Aktivitäten eines Menschen bis ins kleinste vom Personal reguliert und beurteilt; das Leben des Insassen wird dauernd durch sanktionierende Interaktionen von oben unterbrochen, besonders während der Anfangsphase seines Aufenthaltes, noch bevor der Insasse die Vorschriften gedankenlos akzeptiert.»[17]

Trotz aller notwendigen Vorsicht das Konzept der Totalen Institution auf Pflegeheime für alte Menschen anzuwenden, trotz mancher Abweichungen, sind seine zentralen Aussagen zutreffend und bündeln die Erfahrungen, die

---

12 E. Goffman, 1977, S. 49.
13 E. Goffman, 1977, S. 25.
14 R. Schwendter, 1991, S. 67.
15 R. Schwendter, 1991, S. 67.
16 «Das Personal hält die Insassen häufig für verbittert, verschlossen und wenig vertrauenswürdig, während die Insassen den Stab oft als herablassend, hochmütig und niederträchtig ansehen. Das Personal hält sich für überlegen und glaubt das Recht auf seiner Seite, während die Insassen sich – zumindest im gewissen Sinn – unterlegen, schwach, tadelnswert und schuldig fühlen.» (E. Goffmann, 1977, S. 19).
17 E. Goffman, 1977, S. 45.

eine intensive und zugewandte Auseinandersetzung mit dem Leben und Arbeiten im Pflegeheim hervorrufen.

Das Ziel von Pflegeheimen ist – anders als in Gefängnissen, Asylen oder Erziehungsheimen – nicht Strafe oder Vergeltung, nicht Umerziehung oder Anpassung und Wiedereingliederung in die Welt außerhalb der Einrichtung. Und trotzdem bestimmen – auf der rechtfertigenden Basis der Schwäche der alten Menschen und deren realem oder ihnen zugewiesenem Unvermögen, ihr Leben selbst in die Hand zu nehmen – ein hoher Anpassungsdruck einerseits und eine hohe Anpassungsbereitschaft andererseits das Leben im Heim. Läßt sich also das Pflegeheim (Sommerberg) als eine ‹gemäßigte totale Institution› bezeichnen?

Die Ergebnisse einer amerikanischen Untersuchung über das tägliche Leben in einem Pflegeheim[18] weisen dieses als totale Institution aus, die jedoch – verglichen mit dem Konzept von Goffman – einen geringeren Totalitätsanspruch besitzt. Heterogenität der BewohnerInnen, aufgrund von Biographie, Persönlichkeit und Lebenssituation einerseits und Uneinigkeit der MitarbeiterInnen über die individuellen und institutionellen Ziele andererseits eröffnen Spielräume. Doch Kraftlosigkeit der BewohnerInnen lassen sie dennoch in große Abhängigkeit von der Definitionsmacht der Institution geraten. Sie werden wie unfähige Kinder behandelt und ihrer Persönlichkeit und Biographie beraubt.[19]

Das Bemühen der MitarbeiterInnen, die alten Menschen gut zu versorgen und ihrer Individualität Rechnung zu tragen, stößt an institutionsbedingte und gesellschaftliche Grenzen. Sie fühlen sich als Opfer und Täter der vorfindbaren und perpetuierten Verhältnisse. Es bleibt neben der sozio-analytischen Durchdringung der Situation im Pflegeheim der Verdacht bestehen, daß das Pflegeheim – psychoanalytisch verstanden – die gesellschaftliche «Inszenierung der Rache der Jungen an den Alten»[20] die unbewußte Reaktion auf deren Verletzungen, Versäumnisse und Verfehlungen darstellt.[21]

Ein anderes Licht fällt auf den Alltag im Pflegeheim, wenn die Schwäche des Alters als gegeben, im wesentlichen unveränderbar betrachtet und Selbsterleben und Verhalten der alten Menschen von negativen Institutionalisierungseffekten wenig beeinflußt eingeschätzt wird. Im Hinblick auf seine starken physischen und psychischen Einschränkungen, die es dem alten Menschen verwehren, in bisher gewohnter Weise selbständig zu entscheiden, zu handeln

18 R. R. Shield, 1988.
19 R. R. Shield, 1988, S. 91 ff.; vgl. auch J. F. Gubrium, 1975.
20 T. Moser/Supervision.
21 Eine solche Sichtweise ist mir erst aufgrund intensiver Auseinandersetzung mit meiner Beziehung zum Alter und zu alten Menschen möglich, die des schützenden Rahmens der Supervision bedurfte.

und zu leben, ist die Institution Pflegeheim und die Gemeinschaft der ‹Schicksalsgenossen› als der angemessene Lebensort zu betrachten. Der alte Mensch entscheidet sich aus freiem Willen oder aus (widerwilliger) Einsicht in die Unabänderlichkeit zum Leben im Heim und erlebt dort Spielräume und Akzeptanz seiner Individualität, seiner biographischen Prägungen, seiner Verrücktheiten und Absonderlichkeiten. Er erfährt im Austausch und in der Auseinandersetzung mit MitbewohnerInnen und MitarbeiterInnen eine Spiegelung seiner Persönlichkeit, die Bestätigung seines Seins und aufgrund eines lebensalterbedingten thematischen Gleichklanges von den MitbewohnerInnen Unterstützung im Abschiednehmen vom Leben. Voraussetzung ist eine Gestaltung des Alltags, die die Beziehung zu den alten Menschen als Subjekte einer sich verändernden Institution in den Vordergrund stellt und die Begegnung von MitarbeiterInnen und alten Menschen als Wegbegleiter im Sinne von «freien Austauschverhältnissen in realistischen Grenzen» zuläßt.[22]

Der totalitäre Charakter von Pflegeheimen ist nicht allein an Mauern gebunden, auch nicht an unsichtbare Barrieren, wie im Pflegeheim Sommerberg zu beobachten. «Total wird eine Institution vor allem aufgrund der Unterdrükkung von Individualität, durch die vorrangige Orientierung an institutionsgeleiteten Zielen, Normen und Aufgabenstrukturierungen, die dazu führt, daß die Mitglieder der Institution unter entfremdenden Bedingungen leben und arbeiten.»[23]

1.2 Krankheit und Heilung

«Die Krankheit ist die Sprache, durch die eine zersplitterte Identität spricht, wenn der Rückblick auf eine von Irrtümern belastete Vergangenheit, unerfüllt gebliebene Hoffnungen und eine globale Infragestellung der Persönlichkeit zusammen kommen.»[24]

Alter, Krankheit und Schwäche sind Assoziationen, die leicht von den Lippen fließen und den Alltag im Pflegeheim dominieren. Trotz allen Bemühens, eine Wohnatmosphäre zu schaffen und den alten Menschen ein ‹Heim› zu gestalten, bleibt das Pflegeheim ein Haus der Krankheiten, geprägt von der Pflege der geschwächten und kranken Körper einerseits und deren Behandlung mit den

22 E. Wulff, 1983, S. 99. Aus der Antipsychiatriebewegung in Italien, Frankreich, aber auch Deutschland, kommen entscheidende Impulse für eine Veränderung auch der Pflegeheime und der Beziehung zwischen MitarbeiterInnen und PatientInnen/BewohnerInnen. Im deutschen Sprachraum sind es vor allem die Veröffentlichungen von K. Dörner und in unserem Zusammenhang ganz besonders wichtig: K. Dörner (Hrsg.), 1991.

23 W. Hofmann, 1983, S. 39.

24 G. Herberich-Marx, F. Raphael, 1988, S. 348.

therapeutischen Möglichkeiten moderner Medizin andererseits. Die Übersiedlung ins Heim ist von einer medizinischen Diagnose begleitet, auf deren Basis die individuelle Pflegeplanung durchgeführt wird. Ärzte besuchen und behandeln regelmäßig ihre Patienten. Die Arbeitsabläufe der MitarbeiterInnen und die Gespräche in den Übergaben drehen sich weitgehend um Krankheiten und Funktionsstörungen.[25]

Der Gegenstand moderner Medizin – im Gegensatz zu traditionellen Heilweisen[26] – ist der «seiner Subjektivität und der Bindung an die Welt, der er angehört, beraubter Körper».[27] Selbst dem alten, dem Tode nahen Körper wird die Reparaturbereitschaft und -fähigkeit eingeräumt und somit die Illusion geweckt oder verstärkt, daß die systematische Bekämpfung von Krankheiten diese zu überwinden in der Lage ist und den Tod überlistet.

Bereits durch Vollzeitunterbringung in Institutionen der Altenpflege aus den gesellschaftlich-kulturellen Lebenszusammenhängen herausgelöst und unsichtbar gemacht, erfährt der alte Mensch innerhalb der Institution eine weitere Isolierung. Der einseitige Blick der medizinischen Wissenschaft auf den Körper, dem die Pflege weitgehend Folge leistet, trennt den alten Menschen von seiner Lebensgeschichte und verhindert, daß alte Menschen und MitarbeiterInnen die Sprache der Krankheit verstehen: «Krankheit als Flucht, als Flucht vor der Verantwortung, als bedingungslose Kapitulation, aber auch Krankheit als Identität, als Botschaft der Selbstvergewisserungschance in einer Welt, in der kein Raum mehr ist für Identität oder für eine Selbstverwirklichung, die sich mit den Parametern von ‹Erfolg› oder ‹Mißerfolg› nicht messen läßt»[28], Krankheit als Störung eines dynamischen Gleichgewichtes und als Versuch, die Harmonie wieder zu erlangen. Selbst der Tod gerät aus dem Blickfeld, weil die medizinische Wissenschaft das Individuum «von seiner unmittelbaren, angstvollen Beziehung zum Tod befreit und als Vermittlerin die Krankheit anbietet».[29] So ist es nur konsequent, daß die MitarbeiterInnen im Pflegeheim ihre Bemühungen um den alten Menschen auf die unmittelbare Gegenwart konzentrieren, Vergangenes und Zukünftiges weitgehend ausklammern, und das zum großen Teil gegen den wahrnehmbaren Widerstand der alten Menschen selbst.[30] Doch die alten Menschen sind – selbst sozialisiert in Vorstellungen von den nahezu unbegrenzten Möglichkeiten der Medizin – weitgehend versucht, der Enteignung ihrer Körper stattzugeben und die Verantwortung über Leben und Tod an medizinisches Personal und Institutionen

---

25 Vgl. 2. Teil, Kapitel 5 und 7.
26 E. Heinemann, 1990, S. 32 ff. J. Achterberg, 1993.
27 F. Ongaro Basalia, 1985, S. 156.
28 F. Ongaro Basalia, 1985, S. 13.
29 F. Ongaro Basalia, 1985, S. 20.
30 Vgl. 2. Teil, Kapitel 6.

abzugeben. Sie tragen nicht unwesentlich zur Mystifizierung der naturwissenschaftlichen Medizin und ihrer VertreterInnen bei.

Eine Pflege, die sich als ein ganzheitlicher Prozeß der Unterstützung und Begleitung in einer schwierigen Lebenslage versteht[31], wird aufgrund der angetragenen und übernommenen Dominanz der Medizin im Handlungsgeflecht der Versorgung alter pflegebedürftiger Menschen abgewertet.[32] Gleichzeitig werden die Erwartungen an die Medizin und an ihre VertreterInnen enttäuscht. Angesichts der Vielzahl chronischer und akuter Krankheiten (Multimorbidität) im Alter stößt die Medizin schnell an ihre Grenzen. Viele in der Geriatrie eingesetzte Medikamente, einschließlich der Psychopharmaka, erzielen nur dämpfende oder beruhigende, die Symptome unterdrückende Wirkung, jedoch keine heilende. Erfolglosigkeit, Stillstand der therapeutischen Möglichkeiten und die relativ geringe Chance, Expansion und Fortschritt medizinischer Technik auf diesem Gebiet voranzutreiben, schwächen das Interesse der Medizin an den alten Menschen und ihren Leidensgeschichten.

Die Dynamik einer unaufgelösten Koppelung von Mystifizierung und Enttäuschung bindet psychische Energie an die konzentrierte Beschäftigung mit dem Körper und verstellt den Blick auf das Lebensganze. Denn das «Kennzeichen des klinischen Denkens ist die Barriere, die sich zwischen dem Wissen und den Menschen, der sich selbst erkennen will, zwischen der Krankheit und den an ihr Leidenden ... errichtet».[33]

Die kurze kritische Analyse der Medizin, die sich im 19. Jahrhundert endgültig von einer an den kranken Menschen orientierten Tätigkeit zur Linderung seines Lebens zur wissenschaftlichen Beschäftigung mit Krankheiten verändert hat, von der den ganzen Menschen umfassenden Fürsorge zur Dienstleistungstechnik[34], bezieht sich nicht nur auf den pflegebedürftigen alten Menschen. Sie beleuchtet – jedes Lebensalter betreffend – die künstliche Trennung von Gesundheit und Krankheit, die Absonderung des Todes vom Leben und unsere lebenslange verantwortungslose Konsumierung medizinischer Angebote. Jedoch vom Ende des Lebens her betrachtet, erfährt die Abtrennung der Krankheit vom kranken, leidenden Menschen und seiner Lebensgeschichte eine besondere Brisanz. Reduziert auf den Körper und seine Schwächen, die

---

31 L. Juchli, 1985; A. Elsbernd, 1994.

32 Vgl. 2. Teil, Kapitel 2.4. Viele MitarbeiterInnen sehen daher in der Teilhabe an medizinischen Hilfsfunktionen (z. B. Spritzen geben) eine Aufwertung ihres Berufes. Andererseits gibt es das Bemühnen – verstärkt durch die Etablierung einer Pflegewissenschaft – die Eigenständigkeit der Pflege gegenüber der Medizin zu sichern oder wiederzuerlangen. (E. Seidel (Hrsg.), 1993; Robert-Bosch-Stiftung (Hrsg.): 1992; Ev. Fachhochschule Rheinland-Westfalen-Lippe (Hrsg.), 1994).

33 F. Ongaro Basalia, 1985, S. 45.

34 M. Foucault, 1973; M. Erdheim, 1993, S. 75 ff.

sich schmerzend in den Vordergrund drängen, geht dem alten Menschen das Bewußtsein seiner ganzheitlichen Identität als Einheit von Körper, Seele und Geist verloren. Wenig Hilfe wird ihm zuteil, bilanzierend das Kontinuum seines Lebens in den Blick zu nehmen.

Damit soll einer Vernachlässigung der medizinischen Versorgung älterer Menschen – wie sie zum Teil geschieht – nicht als Wort geredet werden. Es geht vielmehr um die Entwicklung therapeutischer Verfahren, die der spezifischen Lebenssituation alter pflegebedürftiger Menschen Rechnung tragen und um die Einbindung moderner medizinischer Techniken in eine holistische Medizin, die den Menschen in seiner Ganzheit sieht, ihn «in einem weiten ökologischen Kontext erkennt und betont, daß der schlechte Gesundheitszustand oder die Krankheit auf einer Störung des Gleichgewichts, auf eine Fehlanpassung an die Umwelt und nicht nur auf die Wirkung von Krankheitserregern und genetischer Programmierung zurückzuführen sind».[35]

Heilung auf der Basis der Einheit von Körper, Geist und Seele bedeutet nicht Instandsetzung eines defekten Körpers, sondern

- Integration – auch der schmerzhaften Lebensereignisse – in das eigene Selbstbild,
- Raum für Artikulation von gestauten, krankmachenden Erfahrungen und Gefühlen,
- Gewahrwerden des Todes als Element des Lebens,
- Leben in einer Atmosphäre von Vertrauen und Hoffnung,
- Eingebundensein in ein tragendes, Solidarität schaffendes soziales Netz.

Verfahren, die sich angesichts der entpersonalisierenden, Distanz schaffenden Technisierung von Medizin und ihrer ethischen Probleme auf die sanften Kräfte berufen, auf traditionelle und alternative Formen des Heilens, auf Stimulierungen von Selbstheilungspotentialen gewinnen in der Auseinandersetzung mit dem gegenwärtigen Gesundheitswesen zunehmend an Bedeutung. In der Pflege alter Menschen jedoch spielen sie eine äußerst periphere Rolle. Therapien, die unter Ausnutzung kreativer Potentiale, die Sensibilisierung des Körperbewußtseins anstreben und zur bewußten Konfrontation mit den eigenen Lebensentwürfen anregen und auf diese Weise Identität stützen und einer Heilung – auch im Sinne der Versöhnung mit dem eigenen Lebensschicksal – den Weg bereiten, finden in Pflegeheimen nicht statt oder degenerieren zur Beschäftigung der alten Menschen, zur Möglichkeit «die Zeit tot zu schlagen».[36]

---

35 WHO, 1978, S. 14.
36 Vgl. 2. Teil, Kapitel 4.

Auch eine alltägliche Begegnung zwischen den Menschen, die sich auf die heilende Wirkung des Wortes (Zuspruch und Zuhören) und der Hände (Berührung) besinnt, wird dem Diktat der Körper und Krankheitsversorgung untergeordnet.[37] Eine Stimulierung der Sinne mit dem Ziel der Aktivierung von Selbsterfahrung und Lebensfreude unterbleibt weitgehend. Der Krankheit und dem «Irre sein» (Verwirrtheit, demenzielle Störungen) der alten Menschen wird im Pflegeheim zwar ein Ort zugewiesen. Dort finden die alten Menschen einen weitgehend geschützten Raum für ihre Klagen, für ihre Freude, für ihr Schimpfen und auch für ihr Verstummen über ihre Lebenssituation.[38] Doch hört ihnen jemand wirklich zu? Und wer nimmt Anteil an ihrer Lebenssituation? Die Chance des Pflegeheims, ein Ort der Persönlichkeitsentfaltung zum Tode hin, ein Ort der Solidaritätserfahrung und ein Ort des Heilwerdens zu sein, wird unter den gegebenen Bedingungen weitgehend verpaßt. Heilung ist ein Weg, ein Prozeß, nicht ein im menschlichen Leben zu erreichender absoluter Zustand. Sie vollendet sich erst im Tod. Gehen wir also von den falschen Bildern über Krankheit, Gesundheit und Heilung aus, Bilder, die uns ablenken von der unverrückbaren Gewißheit und Nähe des Todes?

1.3 Vom Leben zum Tod

«Und so lang du das nicht hast,
Dieses: Stirb und Werde!
Bist du nur ein trüber Gast
Auf der dunklen Erde.»
J. W. Goethe

Das Goethe-Wort – vermutlich in vielen Poesiealben der alten Frauen im Heim aufzufinden – ist durch die Gefälligkeit seines Reimes und seine Vertrautheit seiner Weisheit weitgehend entzogen. Es geht uns leicht und ohne Nachdenken von den Lippen.

Ohne ein tiefes Bewußtsein vom ‹Stirb und Werde› werden das Pflegeheim zu einem von Trübnis gekennzeichneten Ort und die alten Menschen (auch die MitarbeiterInnen?) trübe Gäste. Gekettet an körperbezogene Gesundheitsziele und Verdrängung des Todes gibt es keinen Raum, das Leben im Pflegeheim als eine Übergangsphase vom Leben zum Tod und das Leben insgesamt als vom «Stirb und Werde», von Abschied und Wiederkehr, von Verlust und Gewinn gekennzeichnet zu betrachten.[39] Das Spiel des Lebens, seine vom Wechsel ge-

---

37 Vgl. 2. Teil, Kapitel 7.
38 Vgl. 2. Teil, Kapitel 2.
39 L. Juchli, 1985.

tragene Leichtigkeit wird vollständig von der Schwere und dem Leiden am Leben überrollt. Stöhnen, Klagen und Verstummen prägen die Atmosphäre im Pflegeheim. Der Kampf gegen den unausweichlichen Tod verbraucht die Kräfte, die notwendig sind, um der Phase des Übergangs vom Leben zum Tod Gestalt zu geben.

In vielen Kulturen werden Übergangssituationen, in denen das Individuum seine Rolle innerhalb seiner sozialen Gruppe, innerhalb der Gesellschaft verändern muß, von ausgeprägten Riten begleitet. Übergangsriten verlaufen in drei Phasen: «die Trennungs-, Schwellen- und Angliederungsphase». Sie folgen jeweils aufeinander und sind von unterschiedlichen Aufgaben gekennzeichnet: die Loslösung von bisher vertrauten Menschen, von gewohntem Umfeld und von das Verhalten steuernden Erwartungen, das Durchschreiten einer Phase, die von Unsicherheit und Ambiguität, «die wenig oder keine Merkmale des vergangenen und zukünftigen Zustands aufweist», und schließlich die Akzeptanz eines Zustandes mit neuen «klar definierten, sozialstrukturbedingten Rechten und Pflichten».[40]

Am eindrücklichsten sind die vielfältigen Formen von Initiationsriten in «kalten Kulturen»[41], die den Übergang von der Kindheit ins Erwachsenenalter begleiten. Von ihnen berichten viele ethnologische Forschungen.[42] Auch andere Lebensereignisse, wie Krankheit, Sterben und Tod werden von entfalteten Ritualen getragen, die das Geschehen aus der individuellen Schicksalhaftigkeit herausheben und in die Verantwortung der umgebenden sozialen Gruppe einbinden. Selbst in heißen Kulturen wie der unseren, die den Ritualismus[43] wegen erlebter Sinnentleerung als «unwertige Kommunikationsform»[44] einschätzt, existieren – wenn auch mit verhaltener oder schwindender Gestaltungskraft – von Ritualen begleitete Übergangssituationen: Taufe, Einschulung, Kommunion, Konfirmation, Jugendweihe, Hochzeit, Jubiläen, Begräbnisse.[45]

---

40 V. Turner, 1988, S. 94.

41 C. Lévi-Strauss unterscheidet kalte Kulturen von heißen. Kalte Kulturen zeichnen sich durch einen äußerst geringen Wandel aus und heiße entsprechend durch einen beschleunigten. C. Lévi-Strauss, 1972.

42 M. Erdheim, 1990, S. 284 ff.

43 Ritualismus: «Geschärfter Sinn für symbolisches Handeln und Verhalten, der sich auf zweierlei Weisen manifestiert: durch den Glauben an die Wirksamkeit institutionalisierter Zeichen und durch die Aufnahmefähigkeit für verdichtete Symbole.» (M. Douglas, 1986, S. 20).

44 M. Douglas, 1986, S. 12.

45 Am Beispiel von Heirat beschreibt R. R. Shield den Wechsel von einer privaten Beziehung hin zu einer öffentlichen Angelegenheit und die besonderen Kennzeichen einer solchen noch unstrukturierten Situation, die von Aufregung, Angst, erhöhtem Engagement, aber auch sozialer Einbindung gekennzeichnet ist. (R.R. Shield, 1988, S. 183).

Der Einzug ins Pflegeheim, die Lebensphase zwischen dem tätigen Erwachsensein (eingebunden in das Gemeinwesen, in die Gesellschaft) und dem erwartbaren, erwarteten Tod findet jedoch keine besondere rituelle Begleitung. Die alten Menschen werden aus vertrauten Lebensbezügen gelöst (Trennungsphase), aber laufen Gefahr, in der von Unsicherheit und Konflikten gekennzeichneten Schwellenphase verhaftet zu bleiben. Leben alte Menschen im Pflegeheim in einer überdehnten Schwellenphase?[46]

Initiationsriten – so lehrt uns die Ethnologie – sind nicht nur an Separierung und Abhängigkeit der Initiierten zu erkennen. Eine kleine Gruppe von Menschen begleitet sie darüber hinaus auf dem Weg in die neue Rolle und bereitet sie auf die neue Lebensweise vor. Alte Menschen im Pflegeheim werden mit der Übersiedlung aus bisherigen Bindungen herausgenommen, und Abhängigkeit bestimmt das Verhältnis zwischen Pflegenden und Gepflegten, doch es mangelt dort weitgehend an lehrenden Ritualen.[47] Der tägliche Ablauf im Pflegeheim wird von immer wiederkehrenden Ereignissen geprägt: Mahlzeiten, geregelte Wach- und Schlafzeiten, standardisierte Behandlungsweisen, festgelegte Arten die Betten der BewohnerInnen zu machen. Solche Alltagsrituale bieten – neben der Einschränkung individueller Freiheit und Flexibilität – besonders den Menschen, die in ihrer Orientierung eingeschränkt sind, Sicherheit. Sie vermitteln Gewißheit, daß für sie in den grundlegenden Bedürfnissen wie Schlafen, Essen, Reinigung und Pflege des Körpers gesorgt ist und daß sie sich nicht beständig um deren Einlösung sorgen müssen. Sie bieten ein Gefühl von Aufgehobensein. Orientierung und Sicherheit sind wichtige Funktionen von Ritualen. Sie helfen, sich im sozialen Umfeld zurechtzufinden, geben Halt in Interaktionen. Die Alltagsrituale im Heim gewähren jedoch keine oder eine nur unzureichende Interpretation des Geschehens im Übergang und zu geringe Unterstützung für die Initiation der BewohnerInnen auf ihrem Weg vom Leben zum Tod. Die alten Menschen bleiben mit dieser Aufgabe weitgehend allein.[48]

Die Abkehr von (tradierten) Ritualen mag im tätigen Erwachsenenleben aufgrund der zunehmend praktizierten Orientierung an Werten wie Autono-

46 R.R. Shield (1988, S. 183 ff.) spricht von «endless transition».

47 R. R. Shield (1988, S. 184) schreibt in bezug auf das Pflegeheim: «There is little cameraderie or ceremonial notice to accompany this transition.»

48 R. R. Shield, 1988, S. 184. «Nursing-home residents begin their last rite of passage aided neither by already socialized nursing-home residents, by staff members of the nursing home, nor by individuals from Harrison. Thus this rite of passage accentuates the lonely aspects of liminality. And resolution is secured only by the physical fact of death.» (Harrison ist eine Industriestadt im Nordosten der Vereinigten Staaten von Amerika. Dort befindet sich das Pflegeheim, in dem R. R. Shield ihre anthropologische Studie durchgeführt hat.).

mie, Individualismus, Arbeit und Leistung erträglich sein.[49] Im Alter jedoch, wenn hohe Pflegebedürftigkeit die Möglichkeit der Autonomie und der individualisierten Lebensplanung zunehmend einschränkt und der sich nähernde Tod Fragen nach dem Lebenssinn, nach Vergangenem und Zukünftigem verstärkt hervorruft – führt das Schwinden von «Verbundensein durch gemeinsame Symbole»[50] in die innere Emigration.

Ohne von Symbolen getragene Erfahrungen des Eingebundenseins in das vorangegangene Leben sind die alten Menschen auf die Originalität von einzelnen Kontakten verwiesen und damit überfordert. Ohne verdichtete Rituale, die der Entlastung von Schuld, der Einordnung des individuellen Lebens in das Weltganze und in den Ablauf der Zeit dienen, wächst Verzweiflung über den Verlauf und den Verlust des Lebens.[51]

Zwingen also die «Wiederkehr des Körpers» und die damit verbundene Abhängigkeit zu einer verstärkten Hinwendung zur Ritualisierung des Lebens? Verursacht das Gefühl des Ausgestoßenseins und des Verlassenseins eine Orientierung und ein Festhalten an Ritualen?[52]

Und wie finden die alten Menschen zu gemeinsam praktizierten und erlebten Ritualen? Erkennen sie in gemeinsamen Zeichen und Handlungen Symbole von Solidarität und das Verbundensein auf der Basis ähnlicher Lebenserfahrungen? Die Menschen im Pflegeheim sind zum großen Teil zu entfalteten Kontakten untereinander und verbalen Kommunikationen nicht fähig oder nicht daran interessiert. Sie nehmen einander als individuelle Persönlichkeiten nur sehr begrenzt wahr oder sie sind völlig verstummt. Können also «rituelle Verhaltensstrukturen eine wortlose Kommunikation ermöglichen, die nicht total inkohärent ist»?[53] Sie sind im Alltag des Heimes nicht ohne weiteres zu entdecken.

---

49 Das Fehlen von Ritualen kann in vielen Situationen zu Verunsicherung und Überforderung des einzelnen im sozialen Kontakt führen. Beispiele: Verunsicherung bei der Begrüßung von eher fremden Menschen in fremder Umgebung, Unbeholfenheit bei Festen, Verwirrung bei der Begegnung zwischen den Geschlechtern, also immer dann, wenn das Losgelöstsein von fest umschriebenen Rollenvorschriften Verhaltensweisen destabilisiert.

50 M. Douglas, 1986, S. 11.

51 Abendmahls- und Sterbesakramente sind z. B. aus der christlichen Tradition verbliebene Rituale diesen Inhaltes. Entsprechende Rituale der Sterbebegleitung finden wir auch in anderen Religionen, z. B. im Buddhismus. (S. Rinpuche, 1993).

52 M. Douglas (1986, S. 15) beschreibt, wie die in London lebenden Iren (genannt Sumpfiren) an kirchlichen Ritualen, wie z. B. der Freitagsabstinenz (das Gebot, am Freitag kein Fleisch zu essen) festhalten, obwohl die römisch-katholische Kirche in England dieses Gebot schon längst abgeschafft und für überflüssig erklärt hat.

53 M. Douglas, 1986, S. 76; F. Steffensky (1985, S. 73) spricht von Gesten als der Sprache der unaussprechlichen Wünsche.

Das gemeinsame Singen verstehe ich als eine solche Situation hoher Kohärenz, Solidarität und des Eingebundenseins in das Lebenskontinuum von Vergangenheit, Gegenwart und Zukunft.[54] Kann es noch andere kollektive Symbole und Rituale geben, die die Menschen auf ihren inneren Wanderungen[55] begleiten, ihren Gedanken und Gefühlen Bilder und Stimmungen zur Verfügung stellen, auf die sie sich konzentrieren, an denen sie sich beruhigen und aus denen sie Kraft für die Vollendung ihres Lebens schöpfen können?[56]

Unabhängig von der Existenz der nahezu verborgenen Rituale im Heim, die die Schwelle vom Leben zum Tod markieren, scheinen sich manche der BewohnerInnen im Pflegeheim – ihre Umgebung nahezu völlig ausblendend – auf ihren inneren Wanderungen, in tranceähnlichen Zuständen lebensbilanzierend auf ihren physischen Tod vorzubereiten.[57]

Ist diese Abkehr von den anderen Menschen, von den Abläufen und Ereignissen des Heimalltags für sie die einzige Chance, Raum zu finden für die Begegnung mit dem Lebensende, mit dem Tod und der Überwindung des Todes in interindividuell und kulturell unterschiedlicher Gestalt?[58] Oder bedarf es in einer vom Todesverbot[59] geprägten Gesellschaft einer so ungeheuren Widerstandskraft, daß die Verwirrung der Sinne, die Einschränkung oder der Abbruch von Kontakt der einzige (verborgene) Weg ist, dem Tod ins Angesicht zu schauen?

Klagen die alten Menschen mit ihrem unübersehbaren und herausfordernden Rückzug eine Enttabuisierung des Todes ein?

Ist es also an der Zeit, die inneren Wanderungen der alten Menschen als lebens- und todesnotwendig wahrzunehmen, hellhörig für die sich daraus artikulierenden Gedanken und Gefühle zu werden, damit sie sich «der Stufe der Integrität»[60] annähern und ihr Leben beruhigt vollenden und lebenssatt sterben

---

54 Vgl. 2. Teil, Kapitel 3.5 und Reflexion 3.

55 Vgl. 2. Teil, Kapitel 3.

56 Ich denke an die archetypischen Bilder, die Märchen enthalten, an ‹Projektionsflächen› für die inneren Bilder wie Fotos, Gemälde, an meditative Musik, aber auch an kreatives Gestalten, durch die den inneren Bildern zum Ausdruck verholfen wird. Schöpferisches Gestalten im Dienste einer Persönlichkeitsentwicklung, nicht zum Zwecke der bloßen Beschäftigung.

57 A. Mindell, 1994.

58 «Es scheint eine psycho-logische Grundwahrheit zu sein, daß nur der (wieder) geboren wird, der bereit ist, den Tod zu erleiden, und daß die Kontinuität des Lebens nur durch immer aufs Neue geforderte Todesdurchgänge gewahrt bleibt, wobei ‹Leben› noch andere Kategorien beinhaltet als das konkrete leibliche Leben und geistige bzw. religiös-spirituelle Ebenen miteinbezieht.» (R. Daniel, 1990, S. 195).

59 P. Ariés, 1976, S. 57 ff.

60 E. Erikson, 1953, S. 60 ff.; Wolfram Kurz, 1991, S. 133 ff.; vgl. 2. Teil, Reflexion 3.

können?[61] Verbergen sich hinter den inneren Wanderungen Rituale, die von archetypischen Bildern gefüllt werden?[62]

Rituale entlasten von der Notwendigkeit, die eigene Lebensgeschichte gänzlich und immer wieder neu zu erfinden, sie betten die Suche nach dem individuellen Lebenssinn in kollektive Bilder der umgebenden Kultur ein und sie helfen die Komplexität der Welt zu reduzieren. In ihrer Entlastungs- und Orientierungsfunktion ist Ritualisierung von Verhalten und das kollektive Einverständnis über Symbole unerläßlich, um individuelles Leben vollziehen zu können.

Die Gefahr, daß Rituale das persönliche Leiden in einer Weise einbinden und entschärfen, daß es der individuellen Reflexion und dem öffentlichen Bewußtsein entzogen wird, muß gleichzeitig mitbedacht werden. Auf das Pflegeheim bezogen bedeutet es, daß die individuellen und gesellschaftlichen Ursachen von Krankheit, Pflegebedürftigkeit und Leid einerseits und die Entbehrungen, Vernachlässigungen und Belastungen, die alte Menschen und MitarbeiterInnen im Heim erfahren, andererseits mit Vehemenz in die Gesellschaft hineingetragen und vor dem Verschwinden hinter den Mauern der Bastion Pflegeheim gehindert werden müssen. Das bedeutet: Ritualisierung des Übergangs vom Leben zum Tod und Skandalierung der Bedingungen, unter denen dieser Übergang stattfindet.

«Die meisten Kulturen haben seit je die Reifungsschritte des Menschen religiös und sozial eingebettet und seine Verwandlung vom Kind zum Greis und darüber hinaus über die Schwelle des physischen Todes rituell begleitet. (...) Solche Initiationsrituale sind in unserer modernen Zivilisation weitgehend verlorengegangen, oder der moderne Mensch, der am Erbe der Aufklärung trägt, wird von den Angeboten der bestehenden, vor allem kirchlichen, Institutionen nicht mehr ausreichend angesprochen. Die Folge ist die mangelnde Auseinandersetzung mit dem Tod als eine dem Leben immanentes Ereignis, ja, seine weitgehende Verdrängung – eine nicht unwesentliche Wurzel der psychischen Erkrankungen, denen wir uns gegenübersehen.»[63]

---

61 P.H. Ariés (1976, S. 19) beschreibt unter der Überschrift «Der gezähmte Tod» die Einstellung zum Tod, die im Mittelalter hervorherrschte, folgendermaßen: «Man stirbt nicht, ohne Zeit gehabt zu haben, sich damit vertraut zu machen, daß man sterben wird. Andernfalls handelt es sich um einen schrecklichen Tod, etwa den Pesttod oder den plötzlichen Tod, und der mußte als außergewöhnlich hingestellt werden, man durfte nicht von ihm sprechen. Normalerweise kündigte er sich den Menschen jedoch an.»

62 An dieser Stelle erinnere ich mich an den Satz von Herrn Dupois: «Und ich gehe die Straße entlang, bis zum Ende – dort. So weit muß ich noch gehen.» Hätten MitarbeiterInnen häufig die Chance, solche Sätze zu hören, bewußt wahrzunehmen und ihren Gehalt zu entschlüsseln, vergrößerte sich das Verständnis über die besondere Situation des Lebens im Pflegeheim und intensivierte die Beziehung zwischen den Pflegenden und den Gepflegten.

63 R. Daniel, 1990, S. 195 f.

1.4 Beruf Altenpflege

«Es ist schwer, nicht der Süße der Hoffnungslosigkeit zu verfallen. Ich nenne die Hoffnungslosigkeit süß, weil sie nichts von uns verlangt, außer daß man sich ihr ergibt. Sie verlangt keinen Aufschrei, keinen Zorn, keinen Protest.» F. Steffensky

Zwischen den Anforderungen einer Begleitung und Versorgung alter Menschen, die ihrer spezifischen Lebenssituation gerecht wird und den durch strukturelle Probleme und individuelle Grenzen bedingten Realitäten der Altenpflege klafft eine beachtenswerte Lücke. Diese unmittelbar entschlüsselbare oder eher intuitiv erfaßbare Lücke erzeugt nicht nur bei den alten Menschen und den MitarbeiterInnen Fluchttendenzen oder Abwehrreaktion, sondern verursacht auch bei den eher Abseitsstehenden, den Angehörigen, Besuchern, Trägervertretern, Sozialpolitikern und Gerontologen das Bedürfnis, weg- oder nicht genau hinzuschauen oder hinterläßt zumindest ein unangenehmes Gefühl.

Es ist üblich geworden, die Probleme der Altenpflege oder – personalisiert – der PflegemitarbeiterInnen mit den ungünstigen Rahmenbedingungen (Personalschlüssel, Ausstattung des Arbeitsplatzes, Ausbildung, Bezahlung) und dem geringen Stellenwert, der dem Beruf der Altenpflege insgesamt beigemessen wird (Image, Ausgrenzung), der besonderen Belastung, der die MitarbeiterInnen ausgesetzt sind, oder gar mit Persönlichkeitsdefiziten der in der Altenpflege Tätigen (Auswahl, Motivation) zu begründen. Eine Situationsanalyse der Altenpflege, die sich allein auf diese Bedingungsfaktoren und deren Interdependenz beschränkt, bleibt jedoch auf der Oberfläche haften. Sie berührt noch nicht die inhaltliche und konzeptionelle Ebene des Alltags im Pflegeheim, nicht die existenziellen Fragen und Belastungen der MitarbeiterInnen und alten Menschen in einer entfalteten Weise.

Mit ihrem Rückzug, mit ihrem Verstummen und im Bewußtsein der Todesnähe fordern die alten Menschen eine Paradigmenverschiebung hinsichtlich der Ziele der Altenpflege ein. Sie versuchen mit ihren Klagen, mit ihren Freuden Tag für Tag eine Veränderung der Bilder von Pflege im (hohen) Alter zu erzwingen.

Der Weg weist von bisher dominierenden Zielvorstellungen zu deren Verwandlung. Die Dominanz des bloßen Körpers wird von einem den Körper, die Seele und den Geist integrierenden Verständnis der Pflege alter Menschen abgelöst. In diesem Sinne finden gleichwertige Bedeutung und Raum:

- Heilung der Krankheiten und Stärkung des Wohlbefindens und der Persönlichkeitsentwicklung;
- Körperpflege und psychosoziale Begleitung, Gestaltung von mehrdimensionalen Beziehungen zwischen alten Menschen und MitarbeiterInnen;

- Konzentration auf den Körper und seine Funktionen und Beachtung emotionaler und geistiger Bedürfnisse;
- Harmonisierung des Zusammenlebens und Zulassen von (starken) Gefühlen (auch von eher gemiedenen wie Wut, Aggressivität, Verzweiflung).[64]

Es ist der Abschied von einer Pflege im Sinne einer Behandlung von Kranken, von kranken und behinderten Körperteilen und -funktionen und die Wiedergeburt[65] einer Pflege als ganzheitliches – sanftes und konfrontatives – Geschehen und als soziales Ereignis.[66]

Der angedeutete Paradigmenwechsel verwandelt das Pflegeheim von einer ‹Verwahranstalt für verbrauchte Körper› zu Orten der Heilung der zersplitterten Seele und der Versöhnung mit dem eigenen Lebensschicksal, zu einem Ort des abschiedlichen Lebens in Trauer, Zweifel und heiterer Gelassenheit.

Für die MitarbeiterInnen im Pflegeheim bedeutet der Paradigmenwechsel eine große persönlich-existenzielle und professionelle Herausforderung. Gefragt ist – das zeigen die Beobachtungen und Reflexionen des Alltags im Pflegeheim Sommerberg – ein hohes Maß an psychosozialer Kompetenz. Neben der Weiterentwicklung von Pflegestandards werden ein hohes Maß an interaktiven und interpretativen Fähigkeiten verlangt und das Vermögen, trotz sich im Alltag aufsplitternder Tätigkeiten das Leitbild einer ganzheitlichen Begleitung des alten Menschen nicht aus dem Auge zu verlieren.[67]

Die MitarbeiterInnen benötigen Frustrationstoleranz, nämlich die Fähigkeit, Beziehungen auch dann noch aufrecht zu erhalten und die Arbeit fortzusetzen, wenn zwischen den eigenen Bedürfnissen und Werten einerseits und den Erwartungen, die mit der Rolle als Pflegekraft verbunden sind, Diskrepanzen entstehen. Sie benötigen Ambiguitätstoleranz, nämlich die Fähigkeit, Ambivalenzen und Unklarheiten (sich widersprechende Anforderungen, Diskrepanzen zwischen Konzept und Realität) auszuhalten und handlungsfähig zu bleiben. Sie benötigen die Fähigkeit, Distanz zur eigenen Rolle als Pflegekraft zu nehmen, das eigene Handeln kritisch zu reflektieren und der Situation angemessene Konsequenzen daraus zu ziehen.[68]

---

64 «Wer den pfleglichen Umgang mit Gefühlen im menschlichen Zusammenleben vernachlässigt, richtet Unheil an, und die Rechnung wird uns an ganz unerwarteten Stellen präsentiert.» T. Moser, 1992, S. 182.

65 Gemeint ist das Anknüpfen an frühere Formen des Heilens, vgl. 3. Teil Kapitel 1.2.

66 L. Juchli, 1985.

67 H. Steppe, 1988, S. 255 ff.; Deutsche Gesellschaft für Gerontologie und Geriatrie, Fachbereich IV, Positionspapier, März 1995; F. Weidner, 1995, S. 49 ff.

68 Die von J. Habermas als Grundqualifikation des interaktionistischen Rollenhandelns bezeichneten Fähigkeiten beschreiben Dimensionen der Ich-Identität, die in der Konfrontation von biographisch geprägter Selbstinterpretation (personale Identität) und durch Gruppenzugehörigkeit und Rollenübernahme geprägte Selbstbilder (soziale Identität) ausbalanciert wird. (J. Habermas, 1973, S. 118 ff.; L. Krappmann, 1973, S. 132 ff.).

Aufbauend auf diesen Basisqualifikationen, die die Grundlage jeglichen sozialen Handelns darstellen, werden – zusammenfassend betrachtet – den MitarbeiterInnen in der Pflege spezifische Fähigkeiten abverlangt.

- Die Bereitschaft und die Fähigkeit, sich mit der eigenen Biographie, eigenen Lebensentwürfen und mit dem eigenen Älterwerden auseinanderzusetzen.
- Die Bereitschaft und Fähigkeit, sich mit den eigenen Ängsten (vor Krankheit, Behinderung, Sterben), mit Schuldgefühlen, mit der eigenen Scham und mit den Motiven eigenen Handelns zu konfrontieren.
- Die Bereitschaft und die Fähigkeit, dem Unverständlichen, Befremdlichen, Irrationalen und Verrückten zu begegnen und mit ihm umzugehen.
- Die Bereitschaft und die Fähigkeit, zwischen dem eigenen Leben und seinen Entwürfen und dem der alten Menschen zu unterschieden (und so dem ‹Sog des Negativen›, der Resignation, der Depressivität zu entgehen).
- Die Bereitschaft und die Fähigkeit, vorgeprägte (individuelle, institutionelle oder gesellschaftlich/kulturelle) Bilder vom Alter, von den alten Menschen zu überprüfen und gegebenenfalls aufzugeben.
- Die Bereitschaft und die Fähigkeit, sich mit der Lebenssituation der alten Menschen in seinen Zeitdimensionen von Vergangenheit, Gegenwart und Zukunft zu identifizieren, ihnen Empathie und Sorge entgegenzubringen.
- Die Bereitschaft und Fähigkeit, sich von den alten Menschen und den Arbeitsvollzügen immer wieder zu distanzieren und auf diese Weise ein ausgewogenes Verhältnis von Nähe und Distanz zu finden.
- Die Bereitschaft und Fähigkeit, das eigene Handeln – einschließlich der unvermeidbaren und vermeidbaren Grenzüberschreitungen – zu reflektieren.
- Die Bereitschaft und Fähigkeit, Anzeichen von Überdruß, Überbelastung und Streß wahrzunehmen und nach den Ursachen auf der persönlichen, institutionellen und gesellschaftlichen Ebene zu forschen.
- Die Bereitschaft und Fähigkeit, Verantwortung zu übernehmen und gleichzeitig mit anderen zu teilen (den alten Menschen, Angehörigen, Leitung, Träger, Gemeinwesen, ...).
- Die Bereitschaft und Fähigkeit – individuell und in Kooperation mit anderen – Perspektiven, Ziele und Konzeptionen für das Arbeitsfeld zu entwickeln.
- Die Bereitschaft und Fähigkeit, die Grenzen des eigenen Einflusses und der Veränderbarkeit wahrzunehmen und zu akzeptieren.
- Die Bereitschaft und Fähigkeit, die Faszination des Alters zu entdecken und Maßstäbe für die Gestaltung des eigenen Lebens daraus zu entnehmen.

Ein in dieser Weise sich anspruchsvoll weiterentwickelnder Beruf gewinnt individuell und gesellschaftlich an Interesse und Attraktion. Anstatt von der Perspektivlosigkeit eines zunehmend kränker und schwächer werdenden Menschenkörpers gelähmt, vom isolierten Blick auf Wunden, Ausscheidungen, durchnäßten Windeln und Behinderungen niedergeschlagen zu werden, setzt eine Einbindung der Geschehnisse des Alters und der eigenen Tätigkeit in die beständige Wiederkehr von Werden und Vergehen, Kreativität frei und weckt Neugier auf die so unterschiedlichen Variationen von Leben.

MitarbeiterInnen benötigen für eine solchermaßen qualifizierte Tätigkeit Entlastung und Unterstützung. Sie brauchen Angebote und Orte, an denen sie die erforderlichen Fähigkeiten erlernen, weiterentwickeln und stützen können.[69] Sie brauchen Raum für die Aufarbeitung der individuellen Erfahrungen und Belastungen des Berufalltages, für eine intensive Selbsterfahrung als Pflegende und für die Erprobung alternativer Handlungskonzepte.[70] Ohne solche begleitenden Maßnahmen sind Schädigungen für alte Menschen und MitarbeiterInnen vorprogrammiert.[71]

So wie die alten Menschen brauchen die MitarbeiterInnen zur Bewältigung ihres Alltags im Heim Rituale: Rituale der Distanzierung, Rituale, um den aufsteigenden Gefühlen eine Sprache zu geben, den Haß und die Aggression zu kanalisieren.[72] Doch auch das Ritual immer wiederkehrender, strukturverleihender Abläufe und Handlungen, die die Komplexität der Anforderungen reduzieren helfen und vom beständigen individuellen Entscheidungs- und Veränderungsdruck entlasten und das drohende Chaos in Schach halten, ist vonnöten.

---

69 «Eine Ausbildung, die im wesentlichen nur für die restriktiven und reduzierten Bedingungen einer Grund- und Behandlungspflege qualifiziert, kann den Bedürfnissen und Bedarfen der alten Menschen nicht gerecht werden und läuft Gefahr, den quantitativen und qualitativen gesellschaftlichen Minimalismus in Sachen Altenhilfe zu reproduzieren und zu verstärken. Doch sie bleibt nicht nur ihrem Klientel Entscheidendes schuldig, sondern verschärft durch eine derartige Teilqualifizierung ihre eigene Misere.» (E. Hammer, 1994, S. 124.) Vgl. auch C. Knobling, 1993, S. 84 ff.

70 Durch Fort- und Weiterbildung und berufsbezogene Beratungsformen, wie Supervision und Balintgruppen haben MitarbeiterInnen die Möglichkeit zur Reflexion der eigenen Arbeit, zur Überprüfung der eigenen Bilder vom Alter, zur Aufarbeitung von Grenzerfahrungen und zur Entlastung von in der Arbeit aufgestauten Gefühlen (wie Wut, Enttäuschung, Neid, Schuld, Ekel), zur Überprüfung der eigenen Verantwortung und deren Grenzen und zur Stärkung von Selbstbewußtsein und Anerkennung der eigenen Leistungen; R.D. Hirsch, 1993.

71 H. Petzold, 1992, S. 248 ff.; L. Rosenmayr, 1992, S. 248 ff.

72 Die gepflegte Kaffeepause, die regelmäßige Zigarette, die Schimpftiraden im geschützten Raum, die «Kriegstänze» vor dem Wäschesack, das Lachen über Mißgeschicke zum Beispiel.

Erweiterte und veränderte Konzepte der Heilung alter Menschen und Sichtweisen, die die Zeit des Aufenthalts im Pflegeheim als eine Phase des Übergangs vom Leben zum Tod wahrnehmen und gestalten helfen, befreien die MitarbeiterInnen vom Druck unerreichbarer, ja falscher Anforderungen, erhöhen die Zufriedenheit mit den eigenen Arbeitsleistungen, stärken das eigene Selbstbewußtsein und die Akzeptanz der Grenzen des Einflusses und der Verantwortung.

Denn das Leben am Ende des Lebens ist «ein Sein zum Tode hin»,[73] in dem die alten Menschen der Welt fremd werden.[74]

---

73 P. Slotterdijk, 1994.

74 Literarische Beschreibungen dieses Fremdwerdens stellen die Bücher von Y. Inoue, Meine Mutter, 1987 und H. Hesse, Das Glasperlenspiel, 1943 (darin die Beschreibung der letzten Begegnung des Josef Knecht mit dem sterbenden Musikmeister) dar.

2. Das Pflegeheim – Welt der Frauen[75]

Frauen bevölkern als Pflegende und Gepflegte die Heime.[76] Liegt es an dem gewohnten Anblick, daß diesem bedeutenden Faktum keine Aufmerksamkeit geschenkt wird? Oder stellt Geschlechtlichkeit im Heim kein wesentlichen differenzierendes Moment dar, werden also alte Menschen und mit ihnen die MitarbeiterInnen zu sexuellen Neutren?[77]

Die Gründe für die weitgehende Abwesenheit von Männern sind bekannt. Geringere Lebenserwartung von Männern, das in der Regel geringere Alter von Ehefrauen und traditionelle Muster familiärer Versorgungsleistung bedingen, daß Männer in viel höherem Maße die Chance haben, im häuslichen Umfeld – mit oder ohne Unterstützung von ambulanter Hilfe – gepflegt zu werden. Frauen dagegen, nicht selten von Jahren der Pflege der alten Angehörigen (Eltern, Schwiegereltern, Ehemännern) gesundheitlich beeinträchtigt[78] und mit geringeren Kompensationsmöglichkeiten in Form von materiellen und sozialen Ressourcen ausgestattet[79], sehen den Weg ins Pflegeheim vorgezeichnet. Und auf seiten der Pflegekräfte halten fest verankerte Bilder und Erfahrung von der besonderen Qualifikation der Frauen für mütterliche, hausarbeits- und körpernahe Tätigkeiten das Erstaunen über die Eigentümlichkeit einer Verweiblichung der Pflege in Schach.[80] Das Pflegeheim ist ein Feld, das den Frauen weitgehend überlassen bleibt. Die Frage ist, auf welche Weise diese unübersehbare und doch vielfach übersehene Dominanz der Frauen im Pflegeheim den Alltag und das Milieu prägt.

---

75 Um die Bedeutung der Frauen in der allgemeinen und frauenspezifischen Forschung zu würdigen und die Zusammenhänge von Geschlechtszugehörigkeit einerseits und Forschungsthema und -methoden andererseits deutlich werden zu lassen, sind in diesem Kapitel die Vornamen der AutorInnen ausgeschrieben.

76 Am 31.12.91 leben im Heim Sommerberg 25 Frauen und 5 Männer. Es arbeiten dort zum gleichen Zeitpunkt 17 weibliche und 2 männliche Pflegekräfte (einschließlich Schüler/innen und Frauen im Freiwilligen Sozialen Jahr).

77 Vgl. 2. Teil, Reflexion 7.

78 Mechthild Middeke, 1987, S. 113 ff.

79 Literatur: Gerhard Nägele, Hans-Peter Tews (Hrsg.), 1993.

80 Literatur: Ilona Ostner, Elisabeth Beck-Gernsheim, 1979; Elisabeth Beck-Gernsheim, 1976.

2.1 Weibliche Identität und Moral

Frauen entwickeln im Verlaufe ihres Sozialisationsprozesses ein spezifisch weibliches Denken, eine weibliche Moral, die die Grundlage für Duldsamkeit und Verfügbarbeit bilden. Frauen entscheiden und handeln auf dem Hintergrund einer Moral, die um die «Begriffe von Verantwortung und Fürsorge organisiert» ist. ... Sie argumentieren, «daß man den Kontext verstehen müsse, um eine moralische Wahl treffen zu können, und behaupten, daß die Bedürfnisse der einzelnen nicht immer aus allgemeinen Regeln und Prinzipien abgeleitet werden können und daß die moralische Entscheidung auch induktiv von den besonderen Erfahrungen bestimmt sein muß, die jeder Beteiligte in die Situation einbringt.»[81] Das Ziel der Frauen ist, nicht zu urteilen, sondern zu verstehen. Darüber hinaus sind sie geneigt, sich äußeren Autoritäten unterzuordnen, bis hin zum völligen Verstummen. Dieses Konzept von Moral steht im starken Gegensatz zu der Moral der Rechte, zu der – in der Untersuchung von C. Gilligan (1982) – Männer und Jungen eher neigen. Sie «berufen sich auf das Bild der blinden Gerechtigkeit und verlassen sich auf abstrakte Gesetze und universelle Prinzipien, um Auseinandersetzungen und Konflikte zwischen im Streit liegenden Ansprüchen unpersönlich, unparteiisch und fair zu schlichten».[82]

Das weibliche Selbstbild, wie ein naturgemäßer Geschlechtscharakter internalisiert und von außen als Rollenerwartung an sie herangetragen, prädestiniert Frauen für die Pflege.[83] Dort wo Kümmerarbeit und Hausarbeit die Berufstätigkeit bestimmen, können sie – in Übertragung privater und familiärer Beziehungsmuster – Geduld, Einfühlungsvermögen, Fürsorglichkeit, Anteilnahme und Wärme entfalten.[84] Personenzentrierte Einstellungen und Fähigkeiten (die Menschlichkeit, die in den Beruf eingebracht wird) werden folglich als wesentlicher Teil der spezifischen Persönlichkeitsstruktur von Frauen angesehen und nicht dem beruflichen Arbeitsvermögen zugeordnet. Sie sind nicht Teil der erworbenen beruflichen Kenntnisse und Fähigkeiten, sondern sie werden als Zugabe oder Dreingabe selbstverständlich von Frauen geleistet und von anderen erwartet.[85] Selbstverständlichkeiten bedürfen keiner besonderen

81 Mary Field Belenky, Blythe Mc Vicker Clinchy, Nancy Rule Goldberger, Jill Mattuck Tarule, 1989, S. 19. Die Autorinnen nehmen Ergebnisse der Forschungen von Carol Gilligan, 1984, auf.

82 Mary Field Belenky et al., 1989, S. 19.

83 Nancy Chodorow, 1985.

84 Daß das besondere Arbeitsvermögen der Frauen nicht nur in sozialen Bereichen eingesetzt und mißbraucht wird, zeigt eine Untersuchung an Stewardessen der DELTA-Airlines: Arlie Russel Hochschild, 1990. Oder: Eine Stellenanzeige in der Frankfurter Rundschau vom 26.2.1994: Unter der Überschrift «Schreibtisch sucht Seele» wird eine Agentursekretärin gesucht.

Honorierung und Anerkennung. Denn obwohl Pflege ohne Mitmenschlichkeit unvorstellbar ist, wird diese Arbeit – eben aufgrund ihrer großen Nähe zur Familientätigkeit – unterbewertet, sowohl hinsichtlich Bezahlung, gesellschaftlicher Anerkennung, Qualität und Angebot von Aus-, Fort- und Weiterbildung und anderer stützender Maßnahmen.

Frauen selbst schätzen ihre Leistungen entsprechend niedrig ein, obwohl sie täglich erleben, in welchem Ausmaß sie sich engagieren und wie erschöpft sie von der Arbeit sind. Sie bleiben und arbeiten im Schatten derer, die die Situation und die Arbeitsbedingungen definieren, ordnen sich ihnen unter. Aus den spezifisch weiblichen Fähigkeiten ziehen Frauen allerdings Selbstbewußtsein (im Sinne von Anders-Sein, Zugewandt-Sein, gründlich arbeiten, ...), aber auch viele Minderwertigkeitsgefühle. Da psychosoziale und psychodynamische Kompetenzen nicht explizit der beruflichen Kompetenz zugerechnet werden, wird ihr Selbstwertgefühl als Berufstätige nicht ausreichend gestärkt. Die Übertragung von familiären Konzepten und Erfahrungen auf das Arbeitsfeld führt zu Überforderungen und Konflikten. Und eine Berufstätigkeit in einem weitgehend vertrauten und gewohnten Raum läßt nur geringen Widerstand gegen die gesellschaftlichen und institutionellen Rahmenbedingungen, unter denen sie arbeiten und unter denen alte Menschen leben, aufkommen. Sie schätzen ihre Einflußmöglichkeiten außerhalb des engen Rahmens der täglichen Pflegearbeit niedrig ein. «Das Elend der alten Leute»[86], dem sie sich nicht verschließen können (es könnte ja die eigene Mutter sein), gepaart mit der fatalistischen Vorstellung, daß grundsätzliche Veränderungen der Situation außerhalb ihres Einflußbereiches liegen, verführen die Frauen zu immer größeren Anstrengungen und zum Überschreiten der eigenen physischen und psychischen Grenzen. Neuere, in der Altenpflege vertretene Konzepte, wie ganzheitliche Pflege, tragen die Gefahr in sich, daß Familien- und Hausarbeitsorientierung in der Pflege festgeschrieben werden.

Die MitarbeiterInnen treffen im Heim auf Frauen, die ebenfalls weibliche Tugenden verinnerlicht haben. Die BewohnerInnen bringen nicht nur die Anfang des Jahrhunderts geltenden autoritären und streng geschlechtsgebundenen Sozialisationsprägungen mit. Auswirkungen spezifisch weiblicher Lebensschicksale, wie Unterordnung unter (Ehe-)Männer und Autoritäten, Abhängigkeit in der materiellen Absicherung des Lebens, Verantwortung für und Gebundensein an Familie und Haushalt, begrenzter Zugang zu öffentlichen Räumen, setzen sich unter den besonderen Bedingungen im Pflegeheim und auf dem Hintergrund nachlassender physischer und psychischer Kräfte nahezu ungebrochen fort.

---

85 Claudia Bischoff, 1992.
86 Titel eines Buches von Rudolf Schenda, Düsseldorf 1972.

2.2 Weibliches Milieu

Das Milieu im Pflegeheim Sommerberg ist ein Weibliches. Die zentrale Aufgabe ist Pflege und Versorgung von Menschen, die es aus eigener Kraft nicht mehr vermögen. Die notwendige Konzentration auf elementare Versorgungsleistungen und Körperpflege, die Interaktionen im Intimbereich, das Füttern, Heben und Stützen erinnern an Säuglings-, Kinder- und Krankenpflege und Fürsorge in der Familie, Tätigkeiten, die bisher weitgehend Frauen vorbehalten waren und von ihnen geprägt wurden.[87] Die MitarbeiterInnen vollziehen diese Pflege im geschützten Raum. Sie gestalten ein «Nest», das von Wärme, von einfühlendem Miteinander geprägt ist und das sich von der bedrohlichen Welt außerhalb unterscheidet.[88] Sie spüren eine große Verantwortung für das Wohl und Wehe der BewohnerInnen, fühlen sich für alle Belange zuständig und befördern bei den alten Menschen eine starke Konzentration auf das Hilfevermögen der MitarbeiterInnen.[89] Auch wenn es in der Fülle der Anforderungen häufig nicht gelingt, so bleibt doch der Anspruch, fürsorglich-mütterlich zu sein, mögliche Gefahren prospektiv zu sehen und abzuwenden, Wünsche von den Augen abzulesen. Ein solches Verhalten korrespondiert mit der Regressionsbereitschaft der alten Menschen. Diese Prozesse verstärken sich zirkulär.

Die Art und Weise wie alte Menschen im Pflegeheim die Phase des hohen Lebensalters deuten, ist lebensgeschichtlich und kulturell geprägt. Bewältigungsstrategien und Handlungsmuster, die die alten Menschen im Pflegeheim daraus entwickeln – und die ihnen als Erwartung durch die Pflegekräfte wiederum entgegengebracht werden – sind vorwiegend von Anpassung, Anspruchslosigkeit, Fatalismus, Gleichgültigkeit, Apathie, Antriebslosigkeit, Resignation, Klagen, Enttäuschung und Verbitterung geprägt. Courage, Aufmüpfigkeit, Wehrhaftigkeit, Lebensbejahung, Zuversichtlichkeit, Gelassenheit und Glück dagegen sind Charakteristika von Einstellungen und Verhalten, die im Pflegeheim höchst fremd erscheinen.[90] So entsteht – nach meiner Beobachtung – nicht nur eine Bastion als Abwehr gegen die bedrohliche Außenwelt, sondern

---

87 2. Teil, Kapitel 7.
88 2. Teil, Kapitel 2.5.
89 2. Teil, Kapitel 9.
90 Christel Schachtner, 1985, S. 51 ff. Christel Schachtner beschreibt die oben aufgeführten Bewältigungsformen aus dem Erfahrungshintergrund der ambulanten Versorgung durch Sozialstationen. Es erhebt sich die Frage, warum nicht auch im Pflegeheim ein ausgewogenes Verhältnis von Anpassung und Gegenwehr, von Resignation und Zuversicht zu beobachten ist. Sind Menschen – vor allem eben Frauen – dort versammelt, deren Lebensmuster vom Schweigen, Leiden und Unterwerfung geprägt ist? Oder rufen institutionelle Bedingungen und infantilisierende Weisen des Helfers diese erst hervor?

auch eine atmosphärische Dunstglocke, die die potentielle Vielfalt möglicher Reaktionen auf Alter, Krankheit, Abhängigkeit und institutionelle Unterbringung einschränkt und austrocknet. Nur in Form von Klagen, von diffuser oder versteckter Unzufriedenheit, die auf die eigene Bedürftigkeit und Überforderung hinweisen, dringt rationaler oder affektiv gefärbter Protest in die Öffentlichkeit des Pflegeheims.

Die MitarbeiterInnen entwickeln, auch ohne daß sie detaillierte Kenntnisse über die Biographie der alten Menschen besitzen, eine hohe Identifikation mit den BewohnerInnen. Sie betrachten sie weitgehend als Opfer individueller Benachteiligung und gesellschaftlicher Ausgrenzung. Sie sind – Ausdruck eigener Lebenserfahrungen – interessiert am Unterdrückten und Unbeachteten. Und mir scheint, daß sie – individuellen Lebenslaufprägungen und institutionellen Rahmenbedingungen zum Trotz – ihre ganzes persönliches Gewicht, ihre spezifische Weiblichkeit und ihre Professionalität in die Waagschale werfen, um wenigstens weitere Benachteiligungen und Leiden zu minimieren. Das ist eine Stärke, die den Menschen zugute kommt. Ihr Bemühen, ihre individuellen Anstrengungen und Einflußnahmen bewegen sich jedoch weitgehend innerhalb der Grenzen des Heimalltags.

2.3 Gefährliche Pflege

Anziehend ist das Bild vom warmen Nest, in das sich die alten Menschen fallen lassen können. Erstrebenswert sind Empathie und Fürsorge als Ingredienzen einer guten Versorgung alter Menschen. Doch gleichzeitig birgt ein solchermaßen geprägtes Milieu erhebliche Gefahren für die alten Menschen und die sie betreuenden MitarbeiterInnen.

Die bewußte oder unbewußte Familialisierung der beruflichen Tätigkeit im Heim bewirkt vielfach eine Beziehungskonstellation zwischen jüngeren Pflegenden und alten Menschen, die – gewohnte Generationsabfolgen auf den Kopf stellend – dem Mutter-Kind-Verhältnis ähnelt. Immer schon wissen, was der alte Mann sich wünscht oder braucht, was zum Besten der alten Bewohnerin ist, aber auch Erziehung zu einem den Lebensumständen angemesseneren Verhalten, fürsorglicher Zwang, liebevolle Bevormundung und die weitgehende Abwesenheit von subjektorientierter Auseinandersetzung und Konfliktlösung sind Folgen der in den Beruf getragenen Mütterlichkeit.[91] Die Realität des alten Menschen, der sich in einer «angstbesetzten, undurchschaubaren Situation»[92] und abhängig von der Kraft und Führung der Mitarbeiterin erlebt,

---

91 Vgl. 2. Teil, Kapitel 6.
92 Annemarie Bauer und Ulrike Bauer, 1990, S. 466.

erschwert es, das Maß der notwendigen, jedoch Entmündigung vermeidenden Hilfe einzuschätzen. Schwäche und Regression einerseits und Infantilisierung andererseits greifen ineinander.

Hinter der mit Mütterlichkeit verbrämten Infantilisierung verbergen sich jedoch nicht selten Macht und Aggression: Einordnung der alten Menschen in weitgehend festgezurrte Tages- und Arbeitsabläufe – als Notwendigkeit der Organisation interpretiert –, Versuche, die BewohnerInnen – auch gegen ihren Widerstand – in die vorgegebenen Tagesbeschäftigungen und in die Gegenwart zu ziehen, Sanktionen, die trotz zugelassener Spielräume den gefügigen alten Menschen zum Ziel haben.[93] Auf diese Weise vereinigen sich Überlastungssymptome der MitarbeiterInnen, Fürsorge und Macht zu einem nicht ohne weiteres zu entwirrenden Knäul.

Das in der Altenpflege auch offen verbreitete Bild, daß die alten Menschen zu Kindern werden, führt zu Entsexualisierung der alten Menschen, mit der Gefahr, daß dennoch auftretende sexuelle Bedürfnisse und Konflikte nicht wahrgenommen oder pathologisiert werden.[94]

Das Hineinschlüpfen in die Mutterrolle gegenüber dem alten Menschen bewirkt nicht nur Nähe. Sie ermöglicht auch Abgrenzung und Betonung von Andersartigkeit. Die Distanzierung schützt vor der Gefahr, selber zu regredieren, mit dem Schicksal und dem Elend der alten Menschen zu verschmelzen und hilft, Ängste vor dem eigenen Altwerden abzuwehren.

2.4 Weibliches Dilemma

Moderne Lebens- und Arbeitsformen «entziehen dem traditionellen Modell der gesellschaftlichen Organisation von Pflege zunehmend dessen zentrale Voraussetzung, nämlich eine Lebensführung, die auf Selbstverleugnung aufbaut».[95] Im Zuge wachsende Professionalisierung auch der Altenpflege wächst die Ablehnung von selbstloser Fürsorge und Unterwerfung. Es wächst auch die Erkenntnis, daß der ständige Versuch, die «Berufsrolle mit dem Leitbild von Weiblichkeit in Übereinstimmung zu bringen» ... und «das Ideal von Mütterlichkeit wider alle Realitäten von Beruflichkeit zu realisieren ungeheuer anstrengend ist».[96] Die Versuche führen letztlich zu physischen und psychischen Erschöpfungszuständen, zu Symptomen des burn-out.

93 Vgl. 2. Teil, Kapitel 6 und 9.
94 Vgl. 2. Teil, Reflexion 7.
95 Wolfgang Dunkel, 1993, S. 10.
96 Birgit Rommelspacher, 1986, S. 176.

Die Klagen der MitarbeiterInnen im Heim Sommerberg über ihre Belastung, über die Unerschöpflichkeit der Anforderungen weisen in ihrer auffälligen Dominanz im Heimalltag neben schwierigen und unzulänglichen Arbeitsbedingungen auf die Widersprüche zwischen einer Orientierung an «traditionsgebundener Solidarität und Professionalität» einerseits und zwischen «traditionsgebundener Solidarität und eigenständiger Existenzsicherung» (materielle und ideelle) andererseits hin.[97]

Die Zukunft der Pflege ist von Unsicherheiten gekennzeichnet. Ansätze zur Aufhebung des Pflegedilemmas werden in Strukturveränderung der Arbeit (zeitlich dispositionelle Spielräume, materielle und immaterielle Anreize und Aufwertung) und in der Aufhebung geschlechtsspezifischer Arbeitsteilung (auch hinsichtlich Aufstiegschancen und Teilnahme an Definitions- und Entscheidungsmacht) gesehen.[98]

Das Ziel muß sein, «private Beziehungsmuster als kritische Norm in die Professionalisierung hineinzutragen – aber auch Professionalität als kritische Instanz von Privatheit zu begreifen».[99]

2.5 Die Abwesenheit der Männer

Es ist nicht ohne weiteres darzustellen, in welcher Weise und welchem Umfang sich der Alltag und das Milieu des Pflegeheims verändern würde, wären die Männer als Pflegende und Gepflegte in der Überzahl. Männer sind im Pflegeheim Sommerberg, aber auch in anderen entsprechenden Einrichtungen unterrepräsentiert und eine sich aus der allgemeinen Wahrnehmung herausschleichende Größe. In einem weiblichen Milieu ist es schwierig, Anzeichen auf divergierende Deutungs- und Handlungsmuster von Alter und Pflege herauszukristallisieren. Zu beobachten sind auf seiten der männlichen Pflegekräfte eine geringere Bereitschaft zu hausarbeitsähnlichen Tätigkeiten und eine größere Distanz zu den Schicksalen der alten Menschen und auf seiten der alten Männer eine deutlichere Artikulation von Unzufriedenheit und Forderungen. Doch versuche ich das Milieu des Pflegeheims in seiner Ganzheit zu erfassen, so gehen «männerspezifische» Prägungen in der allgemeinen Anpassung und Reduziertheit unter.[100] Eine Moral, die eher an «abstrakten und universellen

97 Gertrud Backes, 1994, S. 141.

98 Wolfgang Dunkel, 1993, S. 19; Gertrud Backes, 1993 (a), S. 4.

99 Dieter Kleiber, Birgit Rommelspacher (Hrsg.), 1986, S. 178.

100 Herr Holz und Herr Rupoldt sind vollständig verstummt. Herr Marx zieht sich nach anfänglichen Versuchen, seine Person ins Spiel zu bringen, in sein Schneckenhaus zurück und stirbt schnell. Herr Fromm, der wegen seiner gewalttätigen Ausbrüche besonders bei den weiblichen Pflegekräften Angst einflößt, wird allmählich zahm.

Prinzipien orientiert ist»[101], und Verhaltensweisen, die stark von Durchsetzungskraft und Bereitschaft zu Konflikten bestimmt sind, treffen in einem von weiblichen Harmonisierungsstrategien geprägten Pflegeheim – ob von Männern oder Frauen repräsentiert – auf keinen Widerhall. Der Macht der Frauen in den Pflegeheimen, die die Ohnmacht (die geringen Einflußmöglichkeiten außerhalb der Bastion Pflegeheim und fehlende Beteiligung an der Konstruktion der Lebens- und Arbeitsbedingungen im Heim) kaschiert, schließen sich die im Heim aufhaltenden männlichen Pflegekräfte weitgehend an. Ihr geringes Vorkommen weist darauf hin, daß nur wenige zu dieser Unterordnung bereit sind.

Macht es Sinn, die Männer aus dem von Frauen geprägten Raum der Altenpflege herauszuhalten? Bleibt so gewährleistet, daß die problembelasteten bis skandalösen Verhältnissen in Pflegeheimen nicht ins öffentliche Bewußtsein dringen? Das funktioniert jedoch nur, solange Frauen ungebrochen den tradierten Willen von Mütterlichkeit anhängen, schweigend und geduldig mit nach innen gekehrter Aufopferung ihre Arbeit verrichten, und Aufstieg, Karriere und die Übernahme von Verantwortung außerhalb der persönlichen Beziehungen zu den alten Menschen aufgeben. Könnte es sein, daß sich die Verhältnisse schnell und radikal änderten, wenn in der Mehrzahl Männer als Pflegende und Gepflegte mit der Realität der Pflegeheim hautnah konfrontiert wären?

2.6 Als Frau in Frauenräumen forschen

Es war nicht meine bewußte Intention, ein von Frauen dominiertes Feld zu erforschen. Es war eher das Interesse am Verborgenen und Ausgegrenzten in einem (mir) vertrauten Bereich sozialer Arbeit. In der nachträglichen Reflexion jedoch verknüpfen sich in meinem von Intuition geleiteten Weg ins Pflegeheim meine Erfahrung als Frau mit den Realitäten der Frauen im Pflegeheim (als MitarbeiterInnen und alte Frauen) unter der Prämisse von gesellschaftlicher Benachteiligung, Ausgrenzung und Tabuisierung einerseits und Frauenempathie und -solidarität andererseits. Es sind Erfahrungen, die aus individuellem, sozialem, beruflichem und gesellschaftlichem Kontext stammen.[102]

Für mich stellt sich die Frage, in welcher Weise die Gleichgeschlechtlichkeit das notwendige «komplexe Oszillieren zwischen Einfühlen und Abgrenzen» beeinflußt.[103] Könnte es sein, daß mein Vertrautsein mit der Welt der Frauen meinen Blick trübt, daß der diesbezügliche Mangel an Fremdheit die nötige

---

101 Vgl. 3. Teil, Kapitel 2.1.
102 Vgl. 1. Teil, Kapitel 1.
103 Maya Nadig, 1992, S. 159.

Distanz unzulässig verringert? Darin liegt sicher eine Gefahr, der mit Hilfe von Selbstreflexion und supervisorischer Begleitung begegnet werden kann. Denn es kann nicht darum gehen, mit der Situation der Frauen identifikatorisch zu verschmelzen und in einer «einseitigen Sicht der Anklage und Gegenposition» steckenzubleiben und damit die «unangenehme Erkenntnis» zu verhindern, daß ich selber «Teil des angeklagten Systems» bin, oder daß «dieses partielle und wünschenswerte Inhalte beinhaltet».[104]

Zwei Realitäten des Forschungsfeldes Pflegeheim unterstützen zusätzlich das für den gewählten Forschungsansatz notwendige Maß an Fremdheit. Die BewohnerInnen unterscheiden sich aufgrund ihres Alters, ihrer Lebenserfahrung und ihrer gegenwärtigen Lebenssituation erheblich von meinen Lebensmustern. Und die MitarbeiterInnen gestalten einen Arbeitsalltag, der mir nur aus entfernter Beobachtung bekannt war, ganz abgesehen davon, daß die meisten aus einem anderen kulturellen Milieu stammen. Doch es sind auch Männer im Pflegeheim anwesend, als Pflegende und Gepflegte. Ich nehme sie aufmerksam wahr. Sie dienen als Korrektiv bei der Reflexion meiner Gegenübertragungen und Widerstände.

Wie ein Forscher das Pflegeheim mit seiner Frauendominanz wahrnimmt, wie seine subjektive Sicht zu einer Darstellung des Alltags und Milieus des Pflegeheims Sommerberg gerinnt, bleibt offen.

Für mich ist wesentlich, daß eine vom gleichen Geschlecht geleitete Identifikation mir tiefe Zugänge zu den Deutungs- und Handlungsmuster der Frauen im Forschungsfeld, zu den sie bewegenden Sinnfragen, zu ihren Glückserfahrungen, Konflikten und Verzweiflungen ermöglicht.

Der Arbeits- und Lebenssituation der Männer im Pflegeheim nähere ich mich ebenfalls als neugieriger, einfühlsamer, staunender und zweifelnder Mensch, wobei die Grenze dieses Vermögens aufgrund der unterschiedlichen Geschlechtlichkeit früher erreicht wird.

Von Interesse ist schließlich die Frage, ob Frauen in spezifischer Weise mit den Erfahrungen und Überraschungen, die ihnen im Laufe des Forschungsprozesses begegnen, umgehen.

Die Begegnung mit dem Fremden löst Ohnmachtserfahrungen aus. Sie bewirken, während meines gesamten Forschungsprozesses, immer wiederkehrende regressive und depressive Tendenzen, Gefühle von Einsamkeit oder Wünsche, die Grenzen zwischen mir und den anderen zu verwischen, als auch aggressive Reaktionen, die sich nicht selten in Zweifel oder Entwertung meines Engagements und meiner Forschungsarbeit verwandeln.[105] Diese auf das eigene Selbst gerichtete Erschütterungen, verbunden mit identifikatorischen

104 Maya Nadig, 1992, S. 159.
105 Vgl. 3. Teil, Kapitel 5.

Verschmelzungstendenzen, interpretiere ich als divergierend zu männlichem Konflikt Lösungsstrategien. Männer reagieren auf Regressions- und Ohnmachtserfahrungen in der Feldforschungssituation tendenziell mit Entwertungs- und Vernichtungsphantasien.[106]

«Ohne identifikatorische Verschmelzung, ohne Hingabe an das Fremde, ist Fremdverstehen nicht möglich.»[107] Die entstehenden Abwehrmechanismen bedürfen einer sorgfältigen Reflexion mit dem Ziel der Minimierung von Wahrnehmungsverzerrung. Sie bieten jedoch gleichzeitig wesentliche Hinweise zum Verstehen des Unbewußten in der fremden Kultur.

Es könnte sein, daß Männer, die auf das Fremde tendenziell mit «Entwertungs- und Vernichtungsphantasien» reagieren[108], in geringerem Maße dazu bereit sind, den ethnopsychoanalytischen Weg des Erforschens zu wählen und sich weiterhin eher an der klassischen, subjektfernen Sozialforschung orientieren, die mehr Distanz, Sicherheit und wissenschaftliche Anerkennung bieten. Sind es Frauen, die eher bereit sind, Geduld und Durchhaltevermögen aufzubringen, auch die Täler der Einsamkeit, der Verwirrung und des sozialen Todes (als weibliche Leidensfähigkeit beschrieben) zu durchschreiten?[109] In der Frauenforschung insgesamt jedenfalls sind folgende Tendenzen zu beobachten: «Die Bereitschaft, unorthodoxe Wege zu gehen, die Neugier auf alles, was der Erkenntnis auf die Sprünge hilft, die Neigung zu ungewohnten Synthesen und eine Art offensiver Eklektizismus. [...] Aus der Position der Dissidenz gegenüber dem sogenannten ‹main-stream› der Wissenschaften und der immer wieder Probleme aufwerfenden ‹Ortlosigkeit› feministischer Fragestellungen in der Alma Mater, rührt eine spezifische Mischung aus Antidogmatismus und Entschiedenheit, die wir für ein Charakteristikum feministischer Wissenschaft im besten Sinne halten. Und sicherlich ist gerade das Moment des Herumsuchens und der Vagabondage ein Grund für die Lebendigkeit mancher feministischer Debatten.»[110]

106 Elisabeth Rohr, 1993, S. 133 ff.
107 Elisabeth Rohr, 1993, S. 145.
108 Elisabeth Rohr, 1993, S. 159.
109 Maya Nadig steht für ethnopsychoanalytische Forschung aus feministischer Perspektive (vgl. Literaturverzeichnis). Bei der Durchsicht der mir vorliegenden Literatur sind es viele Frauen, die sich dieser Forschungsrichtung verschrieben haben.
110 Gudrun-Axeli Knapp, Angelika Wetterer (Hrsg.), 1992, Vorwort, S. 10.

3. Gespräche über die Studie

Im Verlaufe der Beobachtungsphase im Heim und während des Entstehens der Studie gab es mehrere Gelegenheiten, an denen ich meine Erfahrungen und Reflexionen zur Diskussion stellte. Diese Konfrontationen sind Bestandteil der Studie und waren von Anfang an geplant. Es sind Zwischen- und Abschlußberichte, die ich den MitarbeiterInnen während meiner Anwesenheit im Heim gab. Es ist ein Auswertungsgespräch, das ich mit MitarbeiterInnen aus dem Heim und Kollegen und Kolleginnen aus der Fort- und Weiterbildung führte, nachdem der größte Teil der Studie schriftlich vorlag. Und es ist ein Diskussion (im Sinne einer Intervision) mit Gerontologinnen und Gerontologen, die ebenfalls auf der Basis der verschriftlichten Ergebnisse ruht. Darüber hinaus gab es andere Gelegenheiten, die sich ungeplant ergaben und an denen ich von der Absicht, von der Konzeption und aus Teilen der Studie berichtete und sie zur Diskussion stellte.

Diese Gespräche hatten die Funktion,

- den MitarbeiterInnen im Heim Rückmeldungen über meine Beobachtungen zu geben,
- zu überprüfen, ob meine Beobachtungen und Reflexionen für die Beschreibung der Praxis der Altenpflege und der Situation der alten Menschen im Heim zutreffen und relevant sind,
- blinde Flecken und Verschiebungen meiner Wahrnehmungen aufzuspüren und
- die Wirkungen der Studie auf diejenigen, die in diesem Arbeitsfeld engagiert sind, zu erfahren.

Diese Konfrontationen mit der Öffentlichkeit wirkte der Gefahr entgegen, in der Einsamkeit des Forschens zu versinken und eine gewisse Sicherheit über den Sinn dieses Vorhabens zu behalten. Die Ergebnisse der Gespräche führten zu erneuten Überprüfungen von Arbeitsschritten, Interpretationen und Reflexionen und fanden auf diese Weise Eingang in die endgültige Fassung der Studie.

3.1 Berichte an das Mitarbeiterteam

Es erwies sich als nicht einfach, die geplanten Rückmeldungen an die MitarbeiterInnen zu organisieren. Das Team bemühte sich, Termine zu finden, an denen möglichst viele MitarbeiterInnen anwesend sein könnten. Aber gerade an diesem hohen, der Realität des Heimes widersprechenden Ziel scheiterten Vereinbarungen oder wurden verschoben. Zwei Zwischenauswertungen kamen zustande. Sie fanden beide im siebten Monat nach dem Beginn meiner Beobachtungsphase im Heim statt, jeweils eineinhalb Stunden zwischen Früh- und Spätschicht. Das erste Treffen fand die größere Resonanz. Außer den PflegemitarbeiterInnen kamen die beiden Frauen aus der Küche und die Verwaltungsangestellte, die die tägliche Gymnastik mit den alten Menschen gestaltet. Der Raum konnte alle Interessierten nur mit Mühe fassen. Das Treffen für den Abschlußbericht fand außerhalb der Übergabe am Abend nach der zweiten Tagesschicht statt. Die Zeit erwies sich als ungünstig (viele MitarbeiterInnen mußten noch einmal den Weg von zu Hause auf sich nehmen), und die besondere Hitze an diesem Tag trug das ihre dazu bei, daß nur ein kleiner Kern von sieben MitarbeiterInnen anwesend war. Oder war das Interesse, jetzt da «alles gelaufen ist», erlahmt?

Ein sehr verzögerter Start beim ersten und viele zugelassene Störungen beim zweiten Bericht erlebte ich als Zeichen von Anspannung, die ich durchaus auch auf meiner Seite wahrnahm. (Was werden wir über unsere Arbeit zu hören bekommen? Wie werden die MitarbeiterInnen auf meine Belastungen reagieren?)

Das Abschlußtreffen dagegen geriet ruhiger und gelassener. Für alle Anwesenden war Feierabend, und als Zeichen meines Dankes hatte ich einen Imbiß vorbereitet. Im nachhinein realisiere ich, daß ich unbeabesichtigt und unversehens einen Schritt aus der Distanz meiner Rolle als Forscherin getan hatte, so daß am Ende der gemeinsamen Zeit wieder stärker das Gefühl von Solidarität und der Arbeit an der gemeinsamen Sache – so wie am Anfang während der Präsentation meines Forschungsvorhabens – in den Vordergrund trat. Das gemeinsame Essen im Garten des Pflegeheims unter freiem Himmel an einem wunderschönen Sommerabend, trug dazu bei und verwischte Distanzen und reduzierte die Bereitschaft zur Auseinandersetzung mit den Beobachtungen.

Eine ganze Reihe von Themen hatte ich für die drei Berichte vorbereitet. Da meine Beobachtungen im Heim zu diesem Zeitpunkt noch nicht systematisch ausgewertet waren, stellten die ausgewählten Themen eine erste Bündelung meiner Eindrücke dar. In Anbetracht der knapp bemessenen Zeit kamen jedoch nur wenige thematische Schwerpunkte zur Sprache. Es waren die folgenden:

Thema: Zeit

Unterschiedliche Tempi von MitarbeiterInnen und alten Menschen. MitarbeiterInnen in Eile. MitarbeiterInnen, die sich auf das Tempo der alten Menschen einlassen. Die unruhigen alten Menschen und die fast in Reglosigkeit verharrenden.

Die MitarbeiterInnen hören aufmerksam zu. Nach einer Phase des Schweigens und der Nachdenklichkeit äußern sie sich: Es ist nicht nur das persönliche Tempo und der Arbeitsdruck, die sie zur Eile treiben, sondern die Ansprüche und Mahnungen der alten Menschen (am Morgen schnell genug den Kaffee zu bekommen, am Abend schnell genug ins Zimmer gebracht zu werden ...). Sie verstehen es als Versuch der alten Menschen, Aufmerksamkeit und Beweise der Zuwendung zu erlangen. Den morgendlichen Streß, das Tempo, das sie vorlegen, interpretieren sie als Arbeit gegen die Zeit. Alles was den notwendigen Ablauf der Grundpflege verzögern könnte, wie ausführliche Gesprächsbedürfnisse der alten Menschen oder zusätzliche Wünsche von KollegInnen und alten Menschen, müssen «weggeschaltet» oder kleingehalten werden, um «durchzukommen». Die knappe Zeit, das Tempo, in dem sie ihre Arbeit verrichten, erleben die MitarbeiterInnen als von außen induziert.[111]

Das Thema Zeit beenden sie in diesem Gespräch mit dem Hinweis auf zwei Probleme, die sie noch dringend in der großen Runde besprechen müssen. Den zweiten Zwischenbericht brechen einzelne MitarbeiterInnen mit dem Hinweis ab, daß die alten Menschen ungeduldig werden, weil sie ihren Nachmittagskaffee pünktlich erwarten. Bei beiden Zwischenberichten demonstrieren die MitarbeiterInnen, wie gehetzt sie sich fühlen, ohne Möglichkeit, diesem Streß aus eigener Kraft Einhalt zu gebieten. Unruhe und Hektik sind nach anfänglicher Konzentration spürbar.

Thema: Gestaltung der Beziehungen der BewohnerInnen

Zuständigkeit aller für alle. Kommunikationsweisen. Umgang mit den Ansprüchen der BewohnerInnen.

Die MitarbeiterInnen stellen ihren Konflikt zwischen den Wünschen der BewohnerInnen nach Kontakt und Zuwendung einerseits und den fortlaufenden Arbeiten andererseits eindrücklich dar. Sie befürchten, daß wenn sie sich zu sehr auf die Erwartungen der BewohnerInnen einließen, sie der nächsten Schicht zuviel Arbeit überlassen müßten. Für alles, was getan werden muß,

---

111 Am Ende des Gesprächs frage ich mich, ob ein solches Verständnis die MitarbeiterInnen nicht auch schützt, sich intensiver auf einzelne Situationen einzulassen.

reicht die Zeit nicht, und die KollegInnen zu belasten, «das ist auch nicht in Ordnung».

Auf meinen Hinweis, daß durch Art und Weise, wie sie ihre Arbeit organisieren, ein Beziehungsnetz entfaltet wird, das sich – dem Anspruch nach – über 30 BewohnerInnen spannt, reagieren sie mit Erstaunen. Die Fülle der Beziehungen, die sie tagtäglich gestalten und die Überforderung, die darin liegen könnte, waren ihnen noch nie zu Bewußtsein gekommen.

Sie stimmen der Beobachtung zu und begründen gleichzeitig ihr System. Es ermöglicht ihnen, die Verantwortung für die einzelnen Bewohner auf alle Schultern zu verteilen. Und es schützt sie davor, «zu tief in die Beziehung mit einzelnen Bewohnern hineinzurutschen». Trotzdem gibt es am Ende des Gesprächs eine von meinem Bericht losgelöste Diskussion, wie man personenbezogener die BewohnerInnen versorgen könnte, ein Thema, das sich nach dem offiziellen Ende in kleiner Runde fortsetzt. Später erfahre ich, daß die MitarbeiterInnen im Heim ein Gruppenpflegesystem installiert haben.[112]

Thema: Nüchternheit und Kargheit (Beispiel: Mahlzeiten und Badezimmer)

Die MitarbeiterInnen können diese Beobachtungen gut nachvollziehen und äußern, daß sie in der Zusammenarbeit mit der Küche bisher keinen Schritt weitergekommen sind. Das Badezimmer halten sie für einen auch für sie unerträglichen Raum. Im Laufe der Zeit gewöhnen sie sich an diesen Anblick. Der Elan zur Veränderung schwächt sich ab.

Thema: Erfolg

Die Diskrepanz zwischen ihren Bemühungen um Gesunderhaltung, Verbesserung und Aufrechterhaltung von Körperfunktionen, an denen sie weitgehend den Erfolg ihrer Arbeit messen, auf der einen und dem unvermeidbaren Nachlassen der Kräfte der alten Menschen bis hin zum Tod auf der andern Seite bestätigen sie als gegebenes Phänomen. Im Gespräch entwickeln sie keine Idee, wie sie diese Diskrepanz auflösen könnten. Sie betonen jedoch, daß weniger die

112 Mich beeindruckt nach der Diskussion, wie sich die MitarbeiterInnen einerseits für eine optimale Versorgung der BewohnerInnen einsetzen, sich um eine gute Beziehung zu ihnen bemühen und gleichzeitig versuchen, intensive Kontakte zu vermeiden.

schwindende Gesundheit und das Sterben sie belastet als vielmehr die Verantwortung, in akuten Krisen die richtige Entscheidung treffen zu müssen.[113]

Andere Themen, die ich in den Rückberichten ansprach, haben die MitarbeiterInnen ohne weitere Kommentierung oder kritische Stellungnahme aufgenommen: das Heim als Bastion, Definitionsmacht des Pflegeteams, Vereinzelung und Gemeinschaftsleben, Zusammenarbeit des Teams, Desensibilisierungen. Ähnlich wie in den täglichen Übergaben reduzierte sich die aktive Beteiligung am Gespräch nur auf wenige MitarbeiterInnen. Auch die anderen zur Mitarbeit zu bewegen, hätte mehr Zeit verlangt und andere methodische Schritte. Daß das Interesse dennoch vorhanden war, zeigten mir viele Gespräche mit einzelnen MitarbeiterInnen, die sich ‹en passant› nach der Beendigung der offiziellen Sitzungen ergaben: Nachfragen, zusätzliche Informationen und Erklärungen, Wünsche nach einem Einzelgespräch an einem anderen Ort, Hinweise, daß ihnen meine Beobachtungen Anregungen zum Nachdenken geben.

Wie schwer Kontinuitäten im Heim herzustellen sind, war die Erfahrung dieser Rückmeldungen. Nur ein kleiner Kern war bei allen drei Berichten anwesend. Die anderen kamen nur zum einen oder anderen Gespräch, entsprechend ihrer Dienstpläne. Einige der TeilnehmerInnen waren neu und nicht über meine Studie und ihr Anliegen informiert. Ein aufeinander aufbauender, sich vertiefender Gesprächsverlauf war nicht möglich.

3.2 Austausch über die Ergebnisse

In einer ganz anderen Weise war der Austausch mit MitarbeiterInnen aus dem Sommerberg nach dem Abschluß der zentralen Teile der Studie möglich. Die MitarbeiterInnen erhielten das in schriftlicher Form vorliegende Material und bereiteten sich vor. Wir hatten zwei Tage Zeit. Das Treffen fand in der Freizeit der MitarbeiterInnen außerhalb des Heimes statt.[114] Anette und Gisela (Altenpflegerinnen) und Beate (Hauswirtschafterin) nahmen teil.[115] Zusätzlich hatte ich eine Kollegin und einen Kollegen aus der Fort- und Weiterbildung für MitarbeiterInnen in der Altenarbeit (Soziologin und Diplompädagoge/Sozialarbeiter) eingeladen, die beide Pflegeerfahrung besitzen (als langjährige ange-

113 Für mich entstehen daraus Fragen nach den Zielen ihrer Arbeit, den offenen und den eher verborgenen.

114 Den MitarbeiterInnen standen die Kapitel 2 bis 9 des Zweiten Teiles zur Verfügung. Das Treffen fand in meiner Wohnung statt, am Wochenende von Freitag abend bis Sonntag nachmittag.

115 Ein Pfleger hat kurzfristig abgesagt, die Kolleginnen meinten, «er kneift». Und Mira, die ursprünglich sehr an diesem Gespräch interessiert war, arbeitet inzwischen in der ambulanten Pflege und wollte «mit dem Altenheim nichts mehr zu tun haben. Es belastet mich zu sehr».

lernte Mitarbeiterin bzw. als Praktikant im Pflegeheim).[116] Meine Absicht war es, nicht allein ihre Erfahrungen als Pflegende einzubeziehen, sondern auch ihre vielfältigen und spezifischen – auf der Basis der Fortbildung gewonnenen – Kenntnisse über die Situation der Pflegekräfte in Heimen. Ich dachte ihnen eine Vermittlerrolle zu, zwischen den MitarbeiterInnen, die ihre Praxis zu verteidigen hatten, und mir, die ich die Ergebnisse meiner Studie vertreten mußte. Auf ihre kritischen, den Diskurs vorantreibende Fragen war ich gespannt.

Dennoch stand im Mittelpunkt des Austausches der Bericht über meine Beobachtung und Reflexion einerseits und deren Rezeption durch die MitarbeiterInnen, einschließlich möglicher Ergänzungen, Korrekturen und Zurückweisungen andererseits.[117] Ich wollte erfahren, wie sich die MitarbeiterInnen in dem Spiegel sehen, den ich ihnen mit den Ergebnissen der Studie vor Augen hielt. Werden sie sich und ihre Arbeit klar erkennen? Oder eher getrübt und verzerrt? Ich wollte erproben, ob die Beobachtungen und Gedanken die MitarbeiterInnen zur Reflexion ihrer Praxis motivieren. Und schließlich war es mir wichtig, eine weitere Möglichkeit der Überprüfung meiner Studie durch die PraktikerInnen, die Mitglieder der Ethnie Pflegeheim Sommerberg zu erhalten.[118] Ich wurde nicht enttäuscht.

Die MitarbeiterInnen erklären übereinstimmend, daß sie sich und ihre Arbeit in den Texten erkennen können und angemessen beschrieben finden. Um das vom Spiegel zurückgeworfene Bild konzentriert betrachten zu können, bedarf es jedoch der Überwindung einiger Unsicherheiten, die den veränderten Rahmen, die veränderten Rollen und die Anwesenheit der unbekannten KollegInnen betreffen. Die Frage, ob wir ungeschoren aus diesem Gespräch hervorgehen werden, hängt in der Luft. Welche Blessuren an unseren Selbstverständnissen als Pflegekräfte und als ForscherInnen werden wir erhalten? Die Frauen realisieren darüber hinaus, daß sie die Studie in schmerzlicher Weise mit einem Teil ihrer Geschichte im Heim konfrontiert. Sie schildern ausführlich die Veränderungen, die sich im Pflegeheim in der Zwischenzeit vollzogen haben. Sie bewerten sie als radikale Abkehr von ihren früheren Ansprüchen und Zielen.

116 Ursprünglich hatte ich den Plan, zusammen mit den PraktikerInnen GerontologInnen unterschiedlicher wissenschaftlicher Disziplinen und unterschiedlicher Verankerung in der Altenarbeit einzuladen. In der Vorbereitungsphase stellte ich jedoch fest, daß ich den Austausch zu sehr überladen würde. Zu unterschiedliche Interessen und Erfahrungen könnten zu Verständigungsschwierigkeiten führen und von der konkreten Praxis des Heimes im Sommerberg ablenken.

117 Die Reflexionen der Kapitel 5 bis 9 des Zweiten Teiles lagen den TeilnehmerInnen nicht in schriftlicher Form vor. Ich wollte vermeiden, daß sie sich zu sehr in meinen Interpretationslinien verfangen. Ich trug sie jedoch mündlich vor, jeweils nach der Diskussion meiner Beobachtungen in der Gruppe.

118 Situationsbedingt fehlt ein ‹feed-back› der alten Menschen. Ich versuchte immer wieder nachzuempfinden, wie sie auf die Ergebnisse reagieren würden (siehe Epilog).

Trauer über das Verlorene aber auch stolz über ihre Leistungen mischen sich. Letztere bieten die Basis, um dem Alltag der Pflegenden, so wie er in der Studie dargestellt ist, näherzutreten.

Diskrepanzen

Die MitarbeiterInnen realisieren mit Erstaunen, daß ihr Bild vom Heim stärker vom Ideal als von der Realität geprägt ist. «Ich wollte gar nicht so genau hinsehen, daß es auch anders ist, daß Kolleginnen mit den alten Menschen ganz anders umgehen, als ich das bisher angenommen habe.» Die Diskrepanz, die sie selbstkritisch auch auf ihr eigenes Verhalten beziehen, so unerwartet vor Augen geführt zu bekommen, erleben sie als kränkend. Einerseits folgern sie daraus, daß diese Blindheit unvermeidbar ist, um die Arbeit mit den KollegInnen zufriedenstellend arrangieren zu können. Andererseits sehen sie die Notwendigkeit, Abstand zur eigenen Arbeit zu nehmen, um festgefahrene Verhaltensmuster überhaupt entdecken zu können, anzusprechen und zu verändern.[119]

Begrenzte Welt Pflegeheim

Dem Prinzip «Öffnung der Heime»[120] einerseits und dem Bedürfnis nach Intimität der BewohnerInnen andererseits Rechnung zu tragen, empfinden die MitarbeiterInnen als eine nahezu unlösbare Aufgabe. Sie erleben die große Anstrengung der alten Menschen, sich die Welt innerhalb des Heimes zu erschließen, sich eine Heimat zu schaffen, die Bezugspersonen um sich zu scharen, so daß die Kraft für eine Verbindung nach draußen nicht ausreicht. Sie machen die Tür hinter sich zu, weil der Blick zurück schmerzhaft ist und der Gang nach draußen die Ausgrenzung spürbar werden läßt.

Die Akzeptanz des Pflegeheims im Stadtteil ist schlecht. Sie erleben viel Ablehnung, gerade von den älteren Menschen außerhalb des Heimes. Sie sehen den verengten Blick, die Geschlossenheit des Heimes als Auswirkung der institutionellen Eigendynamik (eigene Welt, Gruppendruck), aber ebenso als ein Bedürfnis der alten Menschen, sich der Welt außerhalb nicht mehr zu stellen. Sie fragen sich, ob das Konzept der Öffnung der Situation angemessen ist und dessen Aufrechterhaltung nicht zu kontinuierlichen Überforderungen von BewohnerInnen und Team führt.[121]

---

119 Vgl. 2. Teil, Kapitel 5.2, 10.4 und Reflexion 10.
120 K. Hummel, 1982.
121 Vgl. 2. Teil, Kapitel 2, 9.1 und Reflexion 9.

Verrücktheiten

«Man nimmt die Menschen aus der normalen Welt und steckt sie in eine verrückte. Dort versucht man dann wieder Normalität einzuführen. Ist das nicht verrückt?» Die MitarbeiterInnen fragen nach der Konsequenz. Ist es richtig, die Verrücktheit zu akzeptieren und nicht dagegen anzukämpfen?

Verrückt ist für sie, daß alte Menschen sich alles leisten können, während die MitarbeiterInnen unendlich geduldig sind. Die Vielzahl der MitarbeiterInnen ermöglicht diese Toleranz, «da immer wieder jemand anderes mit neuer Kraft zur Verfügung steht und weitermachen kann». Auseinandersetzungen mit den alten Menschen werden weitgehend vermieden, da die Konkurrenz der MitarbeiterInnen um die Gunst der alten Menschen («die Liebe sein wollen, die Beste») groß ist. Im Team ist das ein tabuisiertes Thema. Darüber hinaus kostet die Auseinandersetzung mit den BewohnerInnen zuviel Energie und «manche kann man ohnehin nicht erreichen oder glaubt es wenigstens».[122]

Die verblassende Vergangenheit

Es herrscht das heimliche Gebot: Das Gegenwärtige, die Belange des Heimalltags haben Vorrang. Der Biographie der alten Menschen Raum zu geben, sehen die MitarbeiterInnen trotzdem als notwendig an. Sie weisen jedoch auf das Recht der BewohnerInnen hin, ihre Biographie zu schützen.

Im Alltag fehlt ihnen die Zeit und der Raum, in dem sich die Geschichten der alten Menschen entwickeln könnten. «Ist es nicht Selbstbetrug, wenn es mir gelingt, ein Gespräch für eine halbe Stunde zu führen, von dem ich nicht weiß, ob ich es je weiterführen kann? Und will ich es überhaupt?» – «Je mehr ich von den alten Menschen weiß, um so schwieriger wird es zu handeln», denn das Wissen um die Biographie müßte zu Konsequenzen für die individuelle Gestaltung der gegenwärtigen Lebenssituation führen. Viele alte Menschen wollen nicht an die Vergangenheit erinnert werden, weil ihnen – so vermuten es die MitarbeiterInnen – die Gegenwart um so schmerzlicher erschiene. Sie schotten sich vor den Gefühlen ab, die mit der Rückschau auftauchen, vor allem vor der Angst.[123]

---

122 Zum Thema «Verrücktheiten», vgl. 2. Teil, Kapitel 6, 9 und 10.4.
123 Zum Thema «Die verblassende Vergangenheit», vgl. 2. Teil, Kapitel 6.

Aktivitäten

Die Aktivitäten, die den BewohnerInnen angeboten werden, haben in den Augen der MitarbeiterInnen weniger die Funktion, den alten Menschen in die Gegenwart zu locken. Sie sind vielmehr ein Ritual der Aufmerksamkeit und Wertschätzung. Die BewohnerInnen entschlüsseln dieses Ritual mit Bemerkungen wie: «Es geschieht etwas für uns.» In erster Linie wirken die Aktivitäten jedoch bei den MitarbeiterInnen als «Antidepressiva» und schützen vor zu großer Nähe. Die MitarbeiterInnen schlagen vor, die Wahl der Aktivitäten an den Interessen der MitarbeiterInnen zu orientieren. Ihre eigene Freude daran könne den einen oder anderen alten Menschen vielleicht anstecken.[124]

Belastungen

Die MitarbeiterInnen nennen:

- Den Mangel an Zeit, der sich aus der Endlosigkeit der Arbeit und dem Gefühl des Nichtgenügens («es reicht nie!») speist.
- Das Aushalten der Diskrepanz zwischen eigenen Ansprüchen und der Realität.
- Die schwere Stimmung, die sich schnell im Heim verbreitet und zirkulär alte Menschen und MitarbeiterInnen erfaßt und damit verbunden das Gefühl, «unter einer Käseglocke zu arbeiten mit der Perspektive Tod vor Augen».

«Großen Streß» erzeugen fehlender Rückhalt im Team oder bei der Leitung und Druck von außen (Angehörige, Ärzte).

Die MitarbeiterInnen schildern, auf welche Weise der Streß für sie nützlich sein kann:

- um Nähe zu vermeiden,
- um die psychischen Belastungen nicht zu spüren und
- um sich von den BewohnerInnen abzugrenzen und trotzdem etwas für sie zu tun (z. B. «Putzaktionen»).

Und sie äußern den Verdacht, daß sie den Streß zum Teil selbst erzeugen. Es existiert ein unterschwelliges Einverständnis und Gebot, «gestreßt und gefrustet zu sein» und nicht allzu viel Spaß an der Arbeit zu haben. «Es darf einem

124 Zum Thema «Aktivitäten», vgl. 2. Teil, Kapitel 4 und 6.

nicht gut gehen.» Die demonstrierten Belastungen dienen als Ausweis geleisteter Arbeit. Nur eine gute Atmosphäre, ein Aufeinander-Abgestimmtsein kann diesen aus Konkurrenz entstehenden Streß vermindern. Da hat auch die Freude an der Arbeit Platz. Gute Kollegen sind wichtiger als die Zahl der anwesenden MitarbeiterInnen, um Streß zu vermeiden.[125]

Rückzugswünsche

Während der Arbeit entwickeln sie immer wieder das Bedürfnis nach Abstand von allen, von den BewohnerInnen und den KollegInnen. «Allein sein wollen, Luft holen müssen, im Heim ist es so stickig.» Abstand auch vom ständig präsent sein müssen und ständig beobachtet werden.

Auch die Spiele, die sie mit den alten Menschen treiben, sehen sie als in Humor verpackte Distanzierungswünsche. Distanzieren müssen sie sich vor allem vor der großen Bedürftigkeit der alten Menschen, die ihnen zu schaffen macht. Die MitarbeiterInnen wehren sich zunächst gegen die Beschreibung ihrer Rückzugsstrategien und spüren moralischen Druck. Sie betonen, daß nicht nur dem alten Menschen ungewollte Beziehungen (und Lebensumstände) oktroyiert werden, sondern auch ihnen. «Die notwendige Organisation der Abläufe ist eine Zumutung für beide Seiten.» Aber sie fragen sich auch, ob die vielfältigen Methoden, die sie entwickeln, um den alten Menschen gegenüber Abstand halten zu können, auch Anteile von Strafe enthalten. Strafe dafür, daß sie «sich so hängen lassen, so raushalten, so bedürftig sind». Hilfreich wäre für sie, wenn sie die Möglichkeit hätten, in der letzten halben Stunde der Arbeitszeit ihre Erfahrungen auszutauschen, um sich zu entlasten, um Abstand zu bekommen. Denn notwendig ist es, auch die eigene Bedürftigkeit wahrzunehmen, sie zuzulassen.[126]

Körpernähe

Nicht die Körper erwecken Widerwillen, sondern unter Umständen ihre Träger. Ein «persönliches Zuwidersein» kann sich darin zeigen. Oder: «Die vom Schmerz gezeichneten Körper wirken abstoßend». Die Ausscheidungen sind eine Möglichkeit der Kommunikation, können Aggression und Protest ausdrücken, aber auch den Wunsch nach Zuwendung. Reinliches und regelmäßiges Waschen sind Rituale, um den Widerwillen zu bannen. Ebenso die Ver-

---

125 Vgl. 2. Teil, Kapitel 5 und 8. Die MitarbeiterInnen schildern in viel pointierterer Weise die Funktion von Streß und die Dynamik, die sich im Team entwickelt.

126 Zum Thema «Rückzugswünsche», vgl. 2. Teil, Kapitel 8.

gabe von Abführmitteln, «pünktlich eine Viertelstunde danach erfolgt die Reinigung».

An die Arbeit in Körpernähe gewöhnen sie sich und trotzdem bleibt ein sich ab und an ins Bewußtsein drängendes Schamgefühl: «immer wieder Täter sein müssen».

Daß das Thema Sexualität eine so geringe Rolle im Heim und in ihrer eigenen Aufmerksamkeit spielt, erstaunt die MitarbeiterInnen. Zwei der Bewohnerinnen (Frau Beier und Frau Schnur) reden nachts manchmal darüber. Und Frau Schnur, die viel mit ihrem Freund in der Wohnanlage zusammen ist, erregt Neid bei den anderen. Aber erst nach ihrem Tode kam die Eifersucht richtig an die Oberfläche.

Und die MitarbeiterInnen selbst, werden sie begehrt oder begehren sie? Die Frage bleibt im Raum stehen, Nachdenklichkeit und Verwunderung zurücklassend. Den MitarbeiterInnen ist bewußt, daß sie einander als Pflegende bei der Pflege der BewohnerInnen oft sehr nahe kommen. Es kann Genuß sein. Aber das Thema ist tabu.[127]

Schätzenswertes

Die MitarbeiterInnen schätzen die Intensität der Beziehung zu einzelnen BewohnerInnen. Manche hinterlassen einen nachhaltigen Eindruck. «Es sind ungeheuer starke Persönlichkeiten mit einer starken Ausstrahlung und mit prägnanten Zügen», die durch den Wegfall mancher Konventionen noch stärker hervortreten. Ihre Langsamkeit, ihre verläßliche Anwesenheit läßt sie für die MitarbeiterInnen zum Ruhepol und zur Orientierung für die Auseinandersetzung mit der eigenen Zukunft werden, die ihnen dort im Heim täglich vor Augen geführt wird. Auch die immer Gutgelaunten, die ein sonniges Gemüt haben, die «sie während der Nacht unterhalten», bringen Freude. Und das Verrückte macht Spaß.

Daß aus solchen «Gewinnen» auch besondere Vorlieben entstehen, die im Falle von Frau Marek bei mir zu dem Eindruck führte, daß sie das Maskottchen ist, weisen die MitarbeiterInnen zurück. Doch sie stellen nach ihrem Tod fest, welch eine zentrale Rolle sie eingenommen hatte, «wieviel sie bei ihr entschuldigt haben, welche Vogelfreiheit sie besaß».[128]

127 Zum Thema «Körpernähe», vgl. 2. Teil, Kapitel 7.

128 Zum Thema «Schätzenswertes», vgl. 2. Teil, Kapitel 5. Es ist Beate, die Leiterin der Hauswirtschaft, die im Gespräch ihren KollegInnen die Augen für die besondere Rolle von Frau Marek öffnet. Die Chance ihres Blickes aus größerer Distanz.

Resümee

Die Gespräche dieses Austausches erlebte ich als intensiv und konzentriert. Ich war erstaunt über die große Bereitschaft, sich mit dem Alltag des Heimes und den eigenen Verhaltensweisen auseinanderzusetzen, immer wieder nach Hintergründen und Wegen zu fragen.

Für mich war es eine in diesem Maße unerwartete Bestätigung dessen, daß es mir weitgehend gelang, die Situation der MitarbeiterInnen zu erfassen und relativ unbelastet von vertrauten Bildern und Vorurteilen den Alltag des Heimes und sein Milieu aufzunehmen. Durch kritische Nachfragen, Anmerkungen und Zurückweisungen hatte ich die Gelegenheit, meine Beobachtungen, aber auch Reflexionen noch einmal zu überprüfen: Woher kommt der moralische Druck, den die MitarbeiterInnen empfinden? Wo verzerrt oder entstellt meine selektive Wahrnehmung das entworfene Bild vom Heim? Auf welche Weise verursachen untergründige Emotionen, die aus ganz anderen Zusammenhängen stammen, den Verlust der notwendigen Distanz?

Ein Beispiel: In der ursprünglichen Fassung bescheinigte ich den MitarbeiterInnen ein weitgehendes Desinteresse an der religiösen Dimension im Leben der alten Menschen, deutlich an der Beiläufigkeit, mit der der Gottesdienst im Heim zelebriert wird.[129] Diese Beobachtung der Beiläufigkeit ist zwar zutreffend, in meiner Schlußfolgerung, die den MitarbeiterInnen eine Einschätzung der Bedeutung der Religiosität bescheinigen, lag jedoch vor allem Enttäuschung über die Pfarrerin und die in meinen Augen mangelnde Fähigkeit kirchlicher Institutionen und ihrer Vertreter, die alten Menschen ihrer Lebenssituation entsprechend zu begleiten.

Ein zweites Beispiel: Die MitarbeiterInnen kennen die große Abhängigkeit, in die die alten Menschen im Heim geraten und die Schnelligkeit, mit der sie ihre Entscheidungsfähigkeit verlieren. Sie merken selbstkritisch an, daß sie sich schnell an diese Verhältnisse gewöhnen. Sie bedeuten mir gleichzeitig, wie «schwer es ist, diese Rolle auszufüllen und sich selbst als Bestimmer zu sehen». Hat mich mein eigenes Unbehagen, in Abhängigkeit zu geraten, dazu verleitet, vor allem das Behagen an der Definitionsmacht wahrzunehmen?

Die MitarbeiterInnen äußern zu ihrer eigenen Überraschung, daß die intensive Auseinandersetzung mit ihrer Arbeitsrealität sie im Laufe des Gesprächs zunehemend entlastet und befreit. Zusammenhänge und Hintergründe zu reflektieren und wahrzunehmen, wie die KollegInnen die Situation erleben, läßt «alles viel leichter» erscheinen. Das Gefühl von Solidarität wächst – trotz der Unterschiede. Diese Wirkung macht sich besonders nach dem Austausch über die Themen «Belastung» und «Rückzug» breit. Die Feststellung «auch wir

129 Vgl. 2. Teil, Kapitel 6.1.

können uns wehren und gemein sein», wirkt wie ein Ventil und löst viel Lachen aus. Die MitarbeiterInnen fühlen sich der Heimsituation nicht mehr so ohnmächtig ausgeliefert und an sie gefesselt. Das zuvor benutzte Bild «doch nur für die Verwaltung von Mängeln» eingesetzt zu werden, verliert seine Mächtigkeit. Sie entwickeln Ideen für Veränderung ihrer jetzigen Arbeitssituation und ihrer Verhaltensweisen und spüren Schwung sie anzupacken. Sie betonen die Notwendigkeit eines regelmäßigen, das eigene Verhalten, die eigenen Abläufe und Regelungen des Heimes reflektierenden Austausches unter den KollegInnen. Sie denken über die Balance von Nähe und Distanz nach und ihre Möglichkeiten, in ausreichendem Maß Abstand vom Heim zu bekommen.

Das Heim erscheint ihnen jetzt als ein «spannender Mikrokosmos», in dem das ganze Leben drinsteckt, «Schmerz, Nähe, Verletzung, Sehnsucht, Wut ...» – trotz aller Belastungen. Und als sie gehen, sagt eine der MitarbeiterInnen, «jetzt freue ich mich richtig auf die Arbeit», und die anderen stimmen ihr zu.

3.3 Gerontologisches Fachgespräch

In einer ganz anderen Art und Weise verläuft die Diskussion mit den Kolleginnen und Kollegen der Gerontologie. Unterschiedliche disziplinäre Zugänge zur Gerontologie vertreten sie: eine Psychologin, ein Pädagoge, ein Mediziner und ein Jurist. Das als Intervision gedachte Gespräch gerät unversehens zum Fachgespräch über das vorgelegte Material.[130] Sechs Stunden stehen für die Diskussion zur Verfügung. Ein systematischer Austausch über die thematischen Schwerpunkte (die Kapitel des Zweiten Teiles) kommt nicht zustande. Vielmehr konzentrieren sich die TeilnehmerInnen vorwiegend auf das methodische Konzept und die Anlage der Studie insgesamt. Daraus ergab sich noch einmal eine Möglichkeit zur grundsätzlichen Überprüfung der Studie und ihrer Konstruktion.

Folgende Aspekte werden im Fachgespräch angesprochen:

- Der subjektive Charakter der Beobachtungen und Reflexion und damit der als gering eingeschätzte Grad der Übertragbarkeit auf Pflegeheime insgesamt.
- Die Begrenztheit von Empathie und Intuition als Wege, sich die Heimwelt zu erschließen.

130 Die TeilnehmerInnen erhielten im vorhinein eine Beschreibung des Forschungsprojektes, einschließlich seines methodischen Konzepts und der Durchführungs- und Ausführungsschritte und die Kapitel 1–6 und 8 des 2. Teiles.

- Die Begrenztheit der Analyse von Übertragungsphänomenen als Erkenntnisinstrument.
- Die Notwendigkeit der Klärung meiner Ausgangsbasis, meiner Position, aus der heraus ich das Pflegeheim als fremde Welt wahrnehmen kann.
- Die Schwierigkeit, Fremdheit herzustellen, wenn die Beobachterin Gerontologin ist und ein breites Erfahrungsspektrum im Forschungsfeld besitzt.
- Das Erstaunen über das Interesse des Teams an der Studie und seine Bereitschaft, sich darauf einzulassen, verbunden mit dem Verdacht der Solidarisierung mit den MitarbeiterInnen in einer gemeinsamen Ablehnung des Pflegeheims.
- Eine beobachtete Distanzierung von den MitarbeiterInnen im Laufe meiner Arbeit.
- Eine beobachtete durchgängige «negativistische Sicht» und wertende Darstellung sowohl hinsichtlich der Beobachtungen als auch der Reflexionen.
- Die geringe Berücksichtigung der Position des Heimleiters.

Die Schwerpunkte des Gesprächs führen zu einer neuerlichen Klärung meiner Position im Forschungsfeld und der Ziele und Absichten meiner Studie. Kritisch überprüfe ich, an welchen Stellen eine Bewertung der Situation stattgefunden hat, die vor allem Ausdruck einer nicht erkannten Betroffenheit ist, statt einer realitätsorientierten Erkundung des Heimes.[131]

Auf der anderen Seite beschäftigt mich die große Diskrepanz zwischen der Reaktion der PraktikerInnen (der MitarbeiterInnen aus dem Heim) und der Gerontologen.

Das Fachgespräch verläuft von Anfang an in einer tendenziell abweisenden Atmosphäre. Mich verläßt der Eindruck nicht, daß mir die Unmöglichkeit meines Unterfangens bewiesen werden soll. Die TeilnehmerInnen des Fachgesprächs lehnen viele Darstellungen der Situation als nicht zutreffend, einseitig oder negativ gefärbt ab. Wenn dieser Verdacht angemessen ist: Warum erleben die MitarbeiterInnen das nicht in vergleichbarer Weise? Es ist der von ihnen getragene, hergestellte und auf sie wirkende Arbeitsalltag, der ihnen im Spiegel vor Augen geführt wird. Gerade von ihnen erwartete ich einen größeren Grad an Ablehnung oder Korrektur der ihnen reflektierten Bilder. Statt dessen zeigen sie eine große Bereitschaft, sich mit ihnen auseinanderzusetzen.[132]

---

131 Es ist die endlose, nicht enden dürfende Frage nach den blinden Flecken, der verzerrten oder selektiven Wahrnehmung.

132 Vgl. 3. Teil, Kapitel 3.2.

Zwei Bemerkungen aus dem ExpertInnenkreis bringen mich auf die Spur: «Wenn ich das lese, werde ich ganz traurig.» – «Ich frage mich, welchen Sinn meine Arbeit noch hat.»

Die TeilnehmerInnen des Fachgesprächs sind sehr engagierte GerontologInnen. Es ist schwer zu ertragen, daß die Beschreibung des Arbeitsfeldes, für das sie sich einsetzen, für dessen Optimierung sie arbeiten, diskrepant zu ihren Vorstellungen ist. Entlastend kann es sein, das System der Regelungen des Heimalltages, das aufeinander bezogene Verhalten der Mitglieder unter dem Blickwinkel von Produktivität und Sinn für den Bestand und die Weiterentwicklung der Institution zu verstehen. Eine solche systemische Sichtweise ist für alle beruhigend, für die, die im Heim arbeiten und die, die es mehr oder weniger von außen betrachten. Schwere, Trauer und Gefühle der Ausweglosigkeit sind dennoch nicht zu eliminieren. Sie kränken das eigene Bemühen, sie verwerfen die guten Bilder und müssen deshalb abgewehrt werden. Die Reaktionen der KollegInnen erinnern an meine eigene Traurigkeit, meine Versuche wegzuschauen, den Beobachtungen zu mißtrauen, sie durch Erklärung zu entschärfen oder sich an sie zu gewöhnen, sie als selbstverständlich hinzunehmen. Kein Wunder, denn wir alle, nicht nur die MitarbeiterInnen, sind bei der Beschäftigung mit dem Thema ‹Alter› mit unserer eigenen Zukunft konfrontiert, mit unseren Ängsten, Hoffnungen, Enttäuschungen und auch mit unseren gegenwärtigen Lebensentwürfen.[133]

Den MitarbeiterInnen, die täglich unmittelbar und während ihrer Anwesenheit im Heim unentrinnbar der Situation im Pflegeheim ausgesetzt sind, gelingt die Abwehr nicht in einem solchen Ausmaß. Die Traurigkeit, der «Sog des Negativen», wie sie es ausdrücken, kriecht ihnen unter die Haut. Und obwohl auch sie verletzt sind von der Vergeblichkeit mancher Anstrengungen, sind sie bereit, sich mit den aus zugewandter Distanz und in dichter Beschreibung entstandenen Bildern auseinanderzusetzen. Sie erhoffen und erleben Aufklärung ihres Verfangenseins in eine partiell unüberschaubare Situation und eine daraus resultierende Erleichterung. Sie wünschen sich weniger die vollständige Veränderung ihrer Situation als vielmehr eine Klärung der Rolle, die sie in diesem Arbeitsfeld spielen. Sie lockern die Abwehr und entdecken dahinter Seiten ihres Arbeitsalltages, die sie neugierig werden lassen und sie ermutigen. Sie entwickeln Kreativität. Sie müssen nicht mit mir um die Richtigkeit der Bilder konkurrieren, da ich ihnen nicht als Expertin begegne, die ihnen die «Wahrheit» vorstellt und Handlungsanweisungen gibt, sondern vielmehr Anstöße, die eigene Arbeit zu reflektieren. Meine grundsätzliche Anerkennung ihrer Arbeit und ihres Bemühens um die alten Menschen ist die Basis

133 Vgl. 2. Teil, Kapitel 8.

für einen gelingenden Beginn und Abschluß der Zusammenarbeit – trotz aller Vorbehalte und Unsicherheiten.[134]

Das Fachgespräch mit den Gerontologen, der Gerontologin dagegen erlebte ich als eine Auseinandersetzung unter KollegInnen, die um den «richtigen Weg» zur Veränderung der Altenpflege ringen. Das Ergebnis dieses Gesprächs half mir vor allem, meine Position innerhalb des Forschungsgeschehens kritisch zu überprüfen. Doch ich fühlte mich nach dem Gespräch auch als «Nestbeschmutzerin». Ich hatte es gewagt, mit hoher Intensität dorthin zu schauen, wohin die Blicke sonst nur oberflächlich oder flüchtig fallen, und besitze die Unverfrorenheit, es zu veröffentlichen. Ich habe mich vom Leben im Pflegeheim, von der Situation der alten Menschen und BewohnerInnen berühren lassen und behalte die Erfahrungen nicht – als nur subjektiv zu bewertende – für mich.

Im Verlauf des Fachgesprächs empfand ich Gefühle von Entwertung und Isolierung, Gefühle, die mir während des gesamten Forschungsprozesses häufig begegneten. Ist diese Erfahrung unvermeidbar, wenn eine Methode des Erforschens gewählt wird, die den Heimalltag dicht und unter die Haut gehend zu entdecken versucht?

Wiederfuhr mir, die ich den fremden, den ethnologischen Blick auf einen Aspekt, eine Institution der eigenen Kultur warf, der «soziale Tod, jener Prozeß, in welchem die sozialen und kulturspezifischen Rollen zerfallen, die unbewußten Werte und Identitätsstützen ins Wanken kommen und damit auch die, diesen Verhältnissen angepaßten Wahrnehmungsformen»?[135]

134 Die Ablehnung des Heimes als Basis der Solidarität zwischen mir und den MitarbeiterInnen kann es nicht sein, da die MitarbeiterInnen mit dem Heim und ihrer Arbeit in der Regel hoch identifiziert sind.

135 M. Erdheim/M. Nadig, 1979, S. 125; vgl. 3. Teil, Kapitel 4.

4. Reflexionen der eigenen Erfahrungen

Mein Aufenthalt im Pflegeheim Sommerberg war – allen vorhandenen Kenntnissen zum Trotz – eine Reise in die Fremde, vielleicht vergleichbar folgender Situation: Ich lese Berichte über ein mir noch unbekanntes Land, schaue Photos an, spreche mit Menschen, die von dort stammen, und kann doch trotz gründlicher Vorbereitung nicht vorwegnehmen, was mich an Ort und Stelle überwältigt.

Manches im Heim schien mir bekannt zu sein und verwandelte sich in Befremdliches, anderes, das mich zunächst zum Staunen brachte, entpuppte sich als vertraut. Viele meiner Erfahrungen auf meiner Reise in die fremde Welt Pflegeheim sind bereits in die Beschreibung des Heimalltages eingegangen, sind Auslöser für Entdeckungen hinter der Oberfläche und Anker zum Verstehen.[136] Deshalb sollen sie an diesem Ort nur in großen Linien zusammengefaßt werden.

4.1 Als älter werdende Frau und als Gerontologin

«Das Fremde ist im Grunde nur ein Schatten einer Imagination, einer Art Brunnen, auf dessen Oberfläche man sich selber sieht und in dessen Tiefe man noch mehr von sich verborgen ahnt.»[137]

Über vier Jahre sind vergangen, seit ich das Pflegeheim Sommerberg das erste Mal betrat, eine Zeit, die tiefe Eindrücke hinterlassen hat. Nicht ungeschoren gehe ich aus diesem Prozeß hervor, nicht als älter werdende Frau und nicht als Gerontologin.

Eine hohe Konzentration verlangte das Thema Pflegeheim von mir ab. Ich war in einer Weise mit meiner ganzen Person involviert, daß über lange Phasen hinweg andere Interessen und Bereiche meines Lebens in den Hintergrund traten. Die alten Menschen und die Situation im Pflegeheim insgesamt schlugen

---

136 Zweiter Teil.
137 U. Jeggle, 1987, S. 14.

mich in ihren Bann. Und manches Mal hatte ich das Gefühl, als ob die alten Menschen ‹nach meinem Leben trachteten›.

Die Überfülle und Komplexität der Eindrücke, die sehr bald unter der Oberfläche der Eintönigkeit und der Wiederholung auftauchten, hinterließen ein beständiges Gefühl von Unvollkommenheit. Meinen Wunschphantasien, den Alltag des Heimes lückenlos zu erfassen, mußte ich Einhalt gebieten. Ich lernte zu akzeptieren, daß es nicht möglich ist, alle Aspekte zu beschreiben und zu reflektieren.

Fremd blieb ich im Heim, ein Eindringling trotz wachsenden Vertrautwerdens mit den Menschen und den Abläufen. Die daraus resultierende Unsicherheit erinnerte mich an andere Konfrontationen mit mir fremden Milieus. Als ich begann, partiell eine starke Identifikation mit dem Verhalten und Erleben von MitarbeiterInnen und alten Menschen zu entwickeln, beschloß ich das Ende meiner Anwesenheit im Heim. Die für das Forschungsprojekt unerläßliche Distanz drohte sich zu verringern.[138]

Auch wenn ich gelegentlich das drängende Bedürfnis verspürte aufzugeben, meine Beobachtungen im Heim und mein Nachdenken zu Hause, ließ mich letztlich die Faszination daran festhalten. Neugierig blieb ich auf die alten Menschen und ihre Geschichten, die sich hinter der Oberfläche ihrer Körper und hinter ihren Andeutungen verbargen. Mit großem Interesse verfolgte ich, wie die alten Menschen und MitarbeiterInnen den Alltag bewältigen und welche Strategien und ‹Tricks› sie anwenden, um ihre Belange durchzusetzen. Ich war berührt von der Nähe und Solidarität, die sie sich untereinander gewährten, aber auch von ihren Entfernungen und Konflikten.

Ich war nicht neutrale Beobachterin im Heim, die mit kühlem Kopf das Geschehen protokollierte. Die Situation im Pflegeheim löste starke Gefühle aus. Ich durchlebte – nicht immer erkannt – viele Variationen: Zorn, Zuneigung, Sehnsucht, Mitleid, Trauer, Empörung, Verzweiflung, Hoffnung, Beglückung, Angst, … Meine Aufgabe war es, solche Emotionen wahrzunehmen und sie produktiv zu nutzen: einerseits als Kristallisation von Erkenntnissen, andererseits als Motor, der meine Arbeit vorantrieb. Die Unterstützung durch die Supervision war notwendig, vor allem, um negative und tabuisierte Gefühle zulassen zu können.[139]

Ich war in äußerst intensiver Weise mit meinen eigenen Lebensentwürfen konfrontiert, mit meinen biographischen Erfahrungen und meinen Gedanken um meine Zukunft im Alter. Ich entdeckte in den alten Menschen und den MitarbeiterInnen Anteile meiner eigenen Persönlichkeit und Handlungsweisen.

---

138 In einer Diskussion einer kleinen Gruppe von MitarbeiterInnen zum Thema Arztvisite gelang es mir nur mit Mühe, mich zurückzuhalten und nicht das im Heim praktizierte Verfahren gegenüber einer neuen Mitarbeiterin zu verteidigen.

139 Vgl. 3. Teil, Kapitel 4.2.

Ich projizierte eigene Erfahrungen und Gefühle auf die Menschen, die mir im Heim begegneten. Ich stellte mir viele Fragen. Ich entwickelte einen großen Hunger nach Leben, nach Bewegung, nach Liebe, nach Zärtlichkeit, nach Streit, ...

Mein Wissen um die Altenpflege wurde erweitert, erschüttert und auch bestätigt. Die Intensität meiner Beschäftigung mit dem Leben und Arbeiten im Heim veränderte bisher geltende Deutungsmuster. Meine Tätigkeit als Fortbilderin, Supervisorin und Publizistin im Bereich der Gerontologie beeinflußten sie nachhaltig, sowohl in Richtung größerer Tiefe des Verständnisses als auch größerer Vorsicht und vermehrter Fragen. Die schnellen Urteile und Beruhigungen kann es nicht mehr geben. Ich beobachte eine wachsende Zögerlichkeit beim Entwickeln von Lösungen.

Der wiederkehrenden Erfahrungen im Heim, der Gefühle, Gedanken und Fragen war ich manchmal überdrüssig. Ich betrat mit Widerständen das Heim, ich quälte mich an den Schreibtisch. Abwehrmechanismen wurden hervorgerufen. Ich reagierte mit Müdigkeit, Niedergeschlagenheit und körperlichen Symptomen (Regressionen), mit Wahrnehmungslücken, mit Leugnung der Realität und Gewöhnung an sie, mit Rationalisierungen, aber auch mit erlösend erscheinenden Phantasien über meine Möglichkeiten, die Situation im Heim grundsätzlich aus den Angeln zu heben. Ich versuchte dieser Widerständigkeit gegenüber dem Heim auf die Spur zu kommen und zum Verstehen der psychosozialen Situation von BewohnerInnen und MitarbeiterInnen zu nutzen.

Schließlich erfuhr ich Einsamkeit. Die Rolle als ethnologische Forscherin zwang mich dazu, Außenseiterin zu bleiben, mich nicht mit Hilfe von Grenzen verwischenden Identifikationen oder Aktivitäten den dichten Erfahrungen zu entziehen.[140]

Ich hatte oft das Gefühl, ein Tabu zu brechen, indem ich meinen Blick auf das richtete, was nicht angesehen oder gar angesprochen werden soll. Ich erkannte, daß die Konzepte und Aktivitäten, die im Heim Sommerberg – aber auch in der Altenpflege und Gerontologie insgesamt – entwickelt werden, daß Bemühungen um eine ansprechende Umwelt und um Verbesserung der Arbeitsbedingungen, als individuelle und kollektive Beruhigungen wirken, mit der Folge, daß das Pflegeheim – trotz aller Mängel – als ein angemessener Ort zum Leben und Arbeiten akzeptiert wird. Diese Konstruktion von Wirklichkeit erlaubt es MitarbeiterInnen und alten Menschen dort auszuharren und die an-

---

140 Ganz am Ende meiner Zeit im Pflegeheim bot ich – die Grenze meiner bisherigen Rolle im Heim überschreitend – meine Mitarbeit beim Sommerfest an. Obwohl an diesem Nachmittag viel geschah, ein einmaliger Trubel sich entfaltete, konnte ich danach nur ein äußerst kurzes und karges Ablaufprotokoll anfertigen. Ich fühlte mich dem Heim zugehörig und sehr wohl. Ich genoß es, aktiv sein zu können. Doch für ein reflektierendes Erleben der Situation war wenig Platz.

stehenden Aufgaben zu bewältigen. Hinter die weitgehend befriedete Oberfläche zu schauen, Energie, Aufbegehren, Lebenslust, Verzweiflung, Todesangst ... zu entdecken, ist gefährlich. Umwälzende persönliche, konzeptionelle, institutionelle und gesellschaftliche Konsequenzen wären die Folge oder die schwer oder nicht zu ertragende Einsicht in individuelle und kollektive Grenzen. Fortwährend stellte ich mich selbst unter den Verdacht verzerrter Wahrnehmungen und subjektivistischen Verstehens, weil es auch mir Angst machte, mich tragende Werte und Identifikationsstützen zu verlieren, weil auch ich beruhigt werden wollte. Ich benötigte die Rückenstärkung von Kolleginnen und Kollegen und das Aufgehobensein in Freundschaften, um den Blick hinter die Kulissen immer wieder zu wagen.[141]

4.2 Im Spiegel der Supervision

Die subjektiven Erfahrungen, die ich während der Feldforschung und in der Phase der Auswertung gemacht habe, sind nicht ohne weiteres in ihrer Bedeutung für die Beschreibung und das Verstehen der fremden Kultur Pflegeheim zu entschlüsseln. Denn bei genauer Analyse entpuppt sich ein «höchstkomplizierter und undurchsichtiger Prozeß der Überlagerung von subjektiver Idiosynkrasie, institutioneller Rollenidentifikation und rationalisierten Abwehrmechanismen, die vor dem Forschungsgegenstand aufgerichtet werden».[142]

Ein erster Schritt ist, die Analyse der im Forschungstagebuch verschriftlichten subjektiven Reaktionen aus gewisser zeitlicher und räumlicher Distanz.[143] Es bedarf darüber hinaus der Vertiefung durch Supervision.[144] Besonders die von Angst begleiteten oder negativ bewerteten Reaktionen entziehen sich einer bewußten Wahrnehmung. Erfahrungen von Ausgrenzung und Einsamkeit (sozialer Tod) können sich schnell in abwertende Abgrenzungen und «Pathologisierung des anderen im Dienste der eigenen Abwehr verwandeln»[145] oder rufen «Größenphantasien» hervor.[146]

Besonders schwer war es für mich, meinen Zorn zu spüren, Zorn gegen die alten Menschen, die mich mit ihren Traurigkeiten, ihren vielen Krankheiten zu

141 Vgl. M. Erdheim/M. Nadig, 1979, S. 125 f. und 3. Teil, Kapitel 3.3.

142 M. Nadig, 1986, S. 40.

143 Klärung mancher Verwirrungen oder Auflösung von festgefahrenen Bildern brachten mir auch meine Aufenthalte in einem kleinen griechischen Dorf, an einem Ort, an dem alte Menschen in augenfällig anderer Weise ihr Leben beenden.

144 In der ersten Phase des Forschungsporjektes nahm ich Supervision bei Maya Nadig in Anspruch, in der zweiten, der Auswertungsphase, bei Tilmann Moser.

145 Maja Nadig, 1986, S. 50.

146 M. Erdheim, M. Nadig, 1979, S. 125 f.

Mitleid und Verzeihung erpressen, Zorn auf eine Generation, die so viel Destruktivität (politisch, sozial, ökologisch, individuell) hinterlassen hat, Zorn auf die Menschen, die die institutionalisierte Not zu verantworten haben, die sich in Problemverweigerung üben und Zorn auch gegenüber den MitarbeiterInnen, die sich als ausführende Organe zur Verfügung stellen. Die supervisorische Begleitung meiner Selbstreflexion war unerläßlich, um die Wut, die sich in Melancholie, Lähmung, Erschöpfung, Depressivität und Gefühlen von Sinnlosigkeit zu verflüchtigen drohte, in Energie zur Durchdringung des Forschungsfeldes umzusetzen. Zorn und Aggression passen so wenig in die gerontologische Welt, erscheinen angesichts des Alters und der Nöte der Menschen so unangemessen, widersprechen der von Kindesbeinen an antrainierten Verpflichtung, das Alter zu ehren und Respekt zu üben, daß das Zulassen von negativ bewerteten Gefühlen als Tabubruch erlebt wird.

Auch die Erkenntnis der Tiefe der Verflochtenheit mit den eigenen biographischen Prägungen und Erfahrungen, besonders dann, wenn die auslösenden Faktoren im Forschungsfeld zu schmerzhaften und kränkenden oder gar schuldbehafteten Gefühlen führen, benötigen unterstützender und schützender Begleitung. Das große Anstrengungen abverlangende Bemühen um ein entfaltetes Bewußtsein über eigene Belastungen und neurotische Entwicklungen ist einer realitätsangemessenen Wahrnehmung der Situation im Pflegeheim dienlich.

Sehr stark verunsichernd wirkten die vielfältigen regressiven Prozesse, die ich bei alten Menschen und auch MitarbeiterInnen wahrnahm. Anstatt deren Sinnhaftigkeit zu leugnen oder sie mit Rationalisierungen abzuwehren und dadurch Gefahr zu laufen, in einen blinden Aktivismus zu verfallen, mußte ich versuchen, der Konfrontation mit meinen eigenen regressiven Tendenzen, die bis zu verborgenen Todeswünschen reichten, nicht auszuweichen. Wie könnte ich sonst die Chancen der Regression entdecken: das Zulassen von Verwöhnung, das Entstehen von Kreativität und Neugier, das spielerische und lustvolle Überschreiten von normativen Schranken?

Das im Arbeitsfeld als geschunden wahrgenommene Selbstwertgefühl bei alten Menschen und auch MitarbeiterInnen, drohte mit Selbst- und Fremdabwertungen der eigenen Fähigkeit als Wissenschaftlerin und als ein mit Potentialen zur Identifiktion und Intuition begabtes Wesen zu korrespondieren. Gefühle von Ohnmacht und Sinnlosigkeit sind die Folge, wenn die Zusammenhänge nicht aufgedeckt werden.

Supervisorische Begleitung ermöglicht oder erweitert eine «Umstrukturierung bisheriger Erfahrungen», die Erschütterung von Sicherheit spendenden, die eigene «Identität stützende und die Wahrnehmung lenkende» Erklärungsmuster. Sie hilft, sich auf den Prozeß des sozialen Sterbens einzulassen, «denn wenn man versucht ihn abzuwehren, verfängt man sich in Rollenfixierungen, welche die Wahrnehmung der Realität einschränken und die Begegnung von

Subjekten verhindern».[147] Die durch Supervision gestützte Selbstreflexion der Erfahrungen im Pflegeheim weist schließlich den Weg zu Gedanken, Empfindungen und Gefühlen, die den Mitgliedern der Ethnie Pflegeheim begegnen, die sie entwickeln, wahrnehmen oder zu verdrängen versuchen. Denn die durch Selbstbeobachtung und Selbstanalyse ins Bewußtsein gehobenen unbewußten Reaktionen (Gegenübertragungen) stellen ein «zentrales Instrument dar, um Zugang zum Gegenüber und seinen unbewußten Prozessen und Konfliktstrukturen zu erhalten».[148]

147 M. Nadig, 1986, S. 43 f.
148 M. Nadig, 1986, S. 38.

Epilog

Stimmen der Alten[149]

Sie sind doch noch relativ jung, stehen mitten im Leben. Und sie beschäftigen sich so lange ‹mit Haut und Haaren› mit uns Alten? Kommt ihnen das nicht selbst eigenartig vor?

Daß wir im Pflegeheim leben, unter diesen Bedingungen, daran können Sie doch auch nichts ändern. Sie verschwenden nur ihre Kraft. Wir gehen so oder so dahin.

Es stimmt schon, es ist hart, was wir uns manchmal hier bieten lassen müssen. Aber wir haben nicht die Kraft, das zu ändern. Und die Schwestern haben sie auch nicht. Sie haben sich mehr oder weniger arrangiert. Sie sind oft unzufrieden und klagen, wenn die Arbeit zu viel wird. Aber sie haben sich wohl damit abgefunden.

Und für die draußen ist's auch gut, daß wir weggesperrt sind. So fallen wir nicht auf mit unseren entstellten und kranken Körpern, mit unseren Rollstühlen und unseren verrückten Sätzen.

Im Grunde interessiert uns kaum noch etwas, was um uns herum vorgeht. An uns prallt fast alles ab. Auch der Ärger der Schwestern, wenn wir mal nicht so wollen, wie sie wollen. Oder wenn sie uns zu irgendeiner Beschäftigung drängeln.

Und was Sie da machen, warum Sie immer gekommen sind, das haben wir ohnehin nicht verstanden. Machen Sie nur. Wir haben auch nicht weiter Notiz von Ihnen genommen. Sie waren mal da, und wenn Sie nicht da waren, war's auch gut. Manchmal hat jemand von uns nachgefragt, was Sie hier tun. Aber auf die Antwort haben wir nicht mehr gewartet. Sie sind einfach eine von den vielen, die hier kommen und gehen. Ohne unser Zutun.

Auf diese Weise sind wir ganz widerständig. Wir lassen einfach nichts mehr an uns herankommen. Sollen sich doch die Jungen abzappeln. Wir haben uns in unsere Phantasiewelt zurückgezogen. Wir haben unser Leben gelebt.

---

149 Es ist mir ein Anliegen, die alten Menschen zum Schluß der Studie zu Wort kommen zu lassen. Da sie die Studie nicht lesen und auch zu einem mündlichen Bericht nicht Stellung beziehen können, wähle ich den Weg der Imagination. In der vorletzten Supervisionsstunde versetzte ich mich in die Rolle der alten Menschen und verbalisierte ihre Gedanken und Gefühle zu meiner Anwesenheit im Heim und zu den Ergebnissen der Studie.

Noch einmal: ich finde es eine Zeitverschwendung, sich freiwillig mit uns Alten zu beschäftigen. Wir kommen hier sowieso nicht mehr raus. Wir sterben bald. Irgendwann wird es Ihnen genauso gehen. Auch daran können Sie nichts ändern.

Haben Sie eigentlich nichts anders zu tun? Vor welchen Aufgaben drücken Sie sich? Gut, daß es jetzt aufhört. Kümmere Dich doch um Dein eigenes Leben. Da hast Du genug zu tun.

Schon recht so. Sie haben viel gesehen und verstanden. Aber das ist alles noch viel zu schwach. Zu lau. Wo bleibt Ihr Zorn? Wollen Sie vielleicht so Ihr Leben beenden? Sie als Fachfrau müßten doch daran etwas ändern. Wenn wir schon die Kraft nicht mehr haben, dann ist es doch Ihre Pflicht, unser Los zu ändern. Wir könnten doch Ihre Eltern sein!

Sie sollten haarklein beschreiben, was hier jeden Tag geschieht. Nicht so viel Wenn und Aber. Das haben wir nicht verdient. Sie müssen Sprachrohr für unsere Wut, für unsere Enttäuschung, für unsere Verzweiflung sein.

Es tut gut, daß Sie sich so viel Zeit für uns genommen haben. Es tut gut, daß Sie sich so viel Mühe gegeben haben, unsere Lage zu verstehen. Es ist sicher nicht leicht, uns anzuschauen, unsere Mühe, unser Leben zu beschließen. Unsere Schmerzen und ungelösten Fragen. Aber es gibt ja auch schöne Momente. Und gut versorgt sind wir allemal.

Für uns, die wir hier sitzen, wird sich nichts mehr ändern. Vielleicht haben wir es auch verdient, weil wir in unserem Leben so viel haben schleifenlassen. Aber das, was Sie gemacht haben, wird hoffentlich Ihrer Generation zugute kommen. Sie haben immerhin eine Chance, weil Sie sehen, wie beschwerlich das Leben enden kann. Wir sind ziemlich blind hineingetappt.

Jetzt lassen Sie es auch mal gut sein. Es gibt im Leben so viel zu entdecken. Daran erinnern wir uns schon noch. Und wir haben manches versäumt.

Anhang

1. Zeitereignisse im Leben alter Menschen[1]

Jahrgangsgruppen / Zeitereignisse	I. Die älteren Arbeitnehmer geb. 1930 bis 1939	II. Vorruheständler und Frührentner geb. 1920 bis 1929	III. Jüngere Rentner geb. 1910 bis 1919	IV. Die Ältesten geb. 1900 bis 1909	IV. Die Ältesten geb. 1885 bis 1899
	Alter in Jahren				
1. Der erste Weltkrieg 1914 bis 1919			0 bis 8	6 bis 19	15 bis 34
2. Die Weimarer Republik 1920 bis 1932		0 bis 12	1 bis 22	11 bis 32	21 bis 47
3. NS-Staat erste Phase 1933 bis 1938	0 bis 8	4 bis 18	14 bis 28	24 bis 38	34 bis 53
4. NS-Staat – 2. Weltkrieg 1939 bis 1945	0 bis 15	10 bis 25	20 bis 35	30 bis 45	40 bis 60
5. Erste Nachkriegsphase 1946 bis 1948	7 bis 18	17 bis 28	27 bis 38	37 bis 48	47 bis 63
6. Erste Aufbauphase 1949 bis 1960	10 bis 30	20 bis 40	30 bis 50	40 bis 60	50 bis 75
7. Wohlstandsphase bis zur Ölkrise 1961 bis 1974	22 bis 44	32 bis 54	42 bis 64	52 bis 74	62 bis 89
8. Wohlstand und Wachstumskrise 1975 bis 1985	36 bis 55	46 bis 65	56 bis 75	66 bis 85	76 bis 100
	im Jahrzehnt				
9. Eintritt in die Altersgruppe der „Ältesten“ (75 Jahre und mehr)	2005 bis 2014	1995 bis 2004	1985 bis 1994	1975 bis 1984	1960 bis 1974
	Bezugsjahr*)				
	2014	2004	1994	1984	
10. Anzahl als „Älteste“ (in Tausend)	4971,1	4401,2	3883,4	4067,0	

	I. M	I. F	II. M	II. F	III. M	III. F	IV. (1900–1909) M	IV. (1900–1909) F	IV. (1885–1899) M	IV. (1885–1899) F
	1820,1	3151,0	1415,0	2986,2	1116,7	2766,7	116,9	2291,8	164,5	494,8
	100	173	100	211	100	248	100	205	100	301
IV. zusammen							M: 1281,4		F: 2786,6	
							M: 100		F: 217	

- - - - Ausbildungszeit

· · · · Reproduktionszeit

▭ Vermögensbildung

*) Zahlen nach der Vorausschätzung des Statist. Bundesamtes vom November 1984 (Modell 1)

1 Bundesministerium für Jugend, Familie, Frauen, Gesundheit, Vierter Familienbericht, Bonn 1986, S. 55.

2. Informationen zum Pflegeheim Sommerberg[2]

2.1 Bewohner- und Mitarbeiterstruktur

Die Bewohner:

- *Zahl der BewohnerInnen:* 30 (29 Dauergäste, 1 Kurzzeitpflegeplatz)

Altersstruktur:	55–69 Jahre	1 BewohnerIn
	70–74 Jahre	1 BewohnerIn
	75–79 Jahre	1 BewohnerIn
	80–84 Jahre	6 BewohnerInnen
	85–89 Jahre	12 BewohnerInnen
	90–94 Jahre	9 BewohnerInnen

- *Geschlecht der BewohnerInnen:* 25 weiblich, 5 männlich
- *Zahl der Todesfälle pro Jahr:* 5–7 BewohnerInnen. Im Jahr 1991 sind fünf alte Menschen gestorben, ein(e) Bewohner(in) ist verzogen.
- *Einzugsbereich:* Die meisten der BewohnerInnen kommen aus der sich im gleichen Gebäudekomplex befindenden Wohnanlage. Alle BewohnerInnen hatten ihren letzten Wohnsitz vor dem Einzug ins Pflegeheim in dieser Stadt.

Mitarbeiterinnen in der Pflege

- *Zahl der PflegemitarbeiterInnen:* 19. Sie teilen sich 12,6 Vollzeitstellen. Pflegeschlüssel: 1 (Mitarbeiterin) zu 2,37 (BewohnerInnen).
- *Geschlecht:* 17 weiblich, 2 männlich

Ausbildung:	AltenpflegerInnen:	9 (davon 1 männlich)
	Krankenpfleger:	1 (männlich)
	Pflegehelferin:	1 (weiblich)
	AltenpflegeschülerInnen:	4 (weiblich)
	Angehörige des Freiwilligen sozialen Jahres:	4 (weiblich)

Die Mehrzahl der PflegemitarbeiterInnen sind in Vollzeit beschäftigt.

- *Alter der Pflegekräfte:*

27 Jahre und jünger:	8 MitarbeiterInnen
28–37:	5 MitarbeiterInnen
38–47:	4 MitarbeiterInnen
48–57:	1 MitarbeiterIn
älter als 58:	1 MitarbeiterIn

2 Stand vom 31.12.1991; Auskünfte des Heimleiters. Eröffnung des Pflegeheims Sommerberg: 1977.

– *Fluktuation der MitarbeiterInnen:* Darüber gibt es keine genauen Angaben. Der Heimleiter schätzt sie als gering ein («nahezu null») und bezieht sich mit dieser Aussage offensichtlich auf einen Kern von «StammitarbeiterInnen».

Mitarbeiterinnen in der Hauswirtschaft

– *Zahl:* 9

In der Küche:	2 ausgebildete MitarbeiterInnen in Vollzeit (weiblich)
	2 Lehrlinge (weiblich)
Reinigung und Wäsche:	3 MitarbeiterInnen (weiblich) als «geringfügig Beschäftigte»
Hausmeister:	1 (männlich; mit einem Viertel seines Stellenanteils im Heim beschäftigt)
Sekretärin:	1 (weiblich; mit der Hälfte ihres Stellenanteils im Heim beschäftigt)

Sozialpädagogik-Praktikantin (Fachhochschule) für den Zeitraum eines halben Jahres: 1 (weiblich)

2.2 Tages- und Nachtablauf[3]

Der Tag

– *6.45 bis 7.00 Uhr:* Übergabe der Nachtwache an die Frühschicht (Plan: 6 MitarbeiterInnen in der Frühschicht) und Arbeitseinteilung: Neben der Grund- und Behandlungspflege (2 MitarbeiterInnen pro Gang) gehören dazu Bettenbeziehen, Badeplan, Begleitung ggf. von BewohnerInnen zum Arzt, Einkauf, Friseur ...

Ablauf der Arbeiten in der Früh- und Spätschicht[4]

Mitarbeitergruppe A (4 MitarbeiterInnen):

– *7.00 bis 9.30 Uhr:* Grund- und Behandlungspflege (beim Aufstehen helfen, zur Toilette führen, Waschen, Anziehen, Medikamente, Spritzen geben, Verbände anlegen, ...)

– *9.30 bis 10.00 Uhr:* Pause der MitarbeiterInnen

3 Information einer Pflegemitarbeiterin

4 Die Frühschicht arbeitet von 6.45 bis 14.00 Uhr, die Spätschicht von 13.30 bis 20.45 Uhr, die Nachtwache von 20.30 bis 7.00 Uhr.

- *10.00 bis 11.30 Uhr:* Geschirr und Essen im Speisesaal wegräumen und in der Küche versorgen, Betten machen, die BewohnerInnen für die tägliche Gymnastik in die Runde setzen, Zwischenmahlzeiten verteilen (10.30 Uhr 1 MitarbeiterIn), geplante Beschäftigungen (wie Kuchen backen, Gemüse putzen, aus der Zeitung vorlesen, Marktbesuch, ..., 1 Mitarbeiterin), Baden

Mitarbeitergruppe B (2 MitarbeiterInnen)

- *7.00 bis 10.00 Uhr:* Grund- und Behandlungspflege; ab 8.00 Uhr ist eine(r) der MitarbeiterInnen im Speisesaal, um den alten Menschen beim Frühstück zu helfen.
- *10.00 bis 10.30 Uhr:* Pause der MitarbeiterInnen
- *10.30 bis 11.30 Uhr:* Restliches Geschirr im Speiseraum abräumen, Betten beziehen, Versorgung der Wäsche- und Müllsäcke

MitarbeiterInnen beider Gruppen

- *11.30 Uhr:* Toilettengänge, die BewohnerInnen in den Speisesaal begleiten, Tropfen stellen und Medikamente verteilen
- *12.00 Uhr:* Mittagessen Hilfestellung beim Essen
- *12.30 bis 12.45 Uhr:* Pause der MitarbeiterInnen
- *12.45 bis 13.30 Uhr:* Toilettengänge, Hilfe beim Hinlegen zur Mittagsruhe
- *13.30 bis 14.00 Uhr:* Übergabe (Plan: 4 MitarbeiterInnen in der Spätschicht)
- *14.00 bis 15.30 Uhr:* Kaffee machen und Kuchen richten, im Speisesaal oder auf der Terrasse eindecken, BewohnerInnen in den Speisesaal begleiten, Hilfestellung beim Essen
- *15.30 bis 16.00 Uhr:* Pause der MitarbeiterInnen
- *16.00 bis 18.00 Uhr:* Baden von BewohnerInnen (meistens zwei), Beschäftigung von BewohnerInnen im Aufenthalts-/Speiseraum, Wäsche verteilen und sonstige Stationsarbeiten, ggf. Arztvisiten begleiten, Abendessen vorbereiten, Toilettengänge, Tropfen stellen und Medikamente verteilen.
- *18.00 bis 18.45 Uhr:* Hilfestellung beim Abendessen
- *18.45 bis 19.00 Uhr:* Pause der MitarbeiterInnen
- *19.00 bis 20.30 Uhr:* Hilfe bei der Abendtoilette, beim Zubettgehen der BewohnerInnen, evtl. Baden eine(r) BewohnerIn
- *20.30 bis 20.45 Uhr:* Übergabe an die Nachtwache

– *19.30 bis 7.00 Uhr:* Nachtwache

Oft fängt eine der MitarbeiterInnen der Spätschicht erst um 14.30 Uhr an und bleibt bis 21.30 Uhr. So können einzelne BewohnerInnen zusammen mit der Nachtwache später ins Bett gebracht werden.

Die Nacht[5]

- *19.30 bis 19.45 Uhr:* Übergabe; anschließend Aufräumen
  Medikamente für den nächsten Tag stellen
- *22.00 Uhr:* Erste Runde durch die BewohnerInnenzimmer: Einlagen wechseln, die BewohnerInnen in eine andere Liegeposition bringen, ..., Dauer: etwa 1 Stunde
  Anschließend: Fortsetzung des Medikamentenstellens; Medikamentenbestellung vorbereiten (nur freitags)
  Pause
  Zellstoffschneiden und andere Hilfsarbeiten
- *2.00 Uhr:* Zweite Runde durch die BewohnerInnenzimmer (s. o., aber kürzer)
  Anschließend: Hilfs- und Küchenarbeiten
- *ab 5.00 Uhr:* Dritte Runde durch die BewohnerInnenzimmer: falls erforderlich Einlagen wechseln, Beine einzelner BewohnerInnen waschen, einreiben, wickeln, Morgentropfen richten und verteilen, ...
- *6.45 Uhr:* Übergabe an die Frühschicht

5 Eine Mitarbeiterin übernimmt die Nachtwache. Sie kann notfalls die Mitarbeiterin der Rufbereitschaft der Wohnanlage dazuziehen.

3. Skizzen aus dem Heimalltag

3.1 Pflege am Morgen

Morgenpflegerunde (1)[6]

Ich komme um 6.45 Uhr am Ende der Nachtübergabe ins Heim. Noch ein paar Informationen werden nur murmelnd ausgetauscht. Ich werde mit Erstaunen begrüßt, da heute ausgesprochen viele MitarbeiterInnen da sind: 6 PflegemitarbeiterInnen und der neue Sozialpädagogikpraktikant, der zum Einarbeiten eine Woche mitläuft. Einzelne phantasieren heimzugehen, andere wissen gar nicht so recht, was sie tun sollen; sie wirken angesichts der ungewohnten Situation irritiert. Später zeigt sich, daß alles viel gemächlicher zugeht, mehr Austausch untereinander.

Mir wird angeboten, wechselnde MitarbeiterInnen zu begleiten, in irgendeinem Zimmer als Überraschung aufzutauchen.

Ich begleite zunächst Elisabeth, eine etwas ältere Altenpflegeschülerin. Wir gehen zu Frau Kistner. In dem noch dunklen Zimmer (Frau Beyer und Frau Becker bewohnen es auch) schlägt mir ein beißender Uringeruch entgegen. Es scheint niemanden zu stören. Es geht gleich heftig los mit den Streitereien zwischen Frau Beyer und Frau Kistner. «Seit einer Stunde schimpft sie mich an, ich solle Brötchen holen. Und dann hat sie's noch mit den Soldaten.» Frau Kistner beschimpft Frau Beyer mit Kraftausdrücken. Elisabeth ermahnt Frau Kistner, versucht sie zu beschwichtigen. Frau Kistner zu Elisabeth: «Machen Sie das da runter» (sie zeigt auf das Bettgitter). Elisabeth (im barschen Ton): «Nein, das bleibt oben.» Frau Kistner wird im Bett «unten herum» gewaschen. Das ganze Bett ist voll Urin. Die nasse Einlagen hat Frau Kistner schon zuvor auf den Nachttisch gelegt. Dann wird sie mit Hilfe von Markus in den Rollstuhl gehoben (wegen eines Oberschenkelhalsbruches darf sie immer noch nicht auftreten). Sie wäscht sich mit Unterstützung von Elisabeth am Waschbecken «oben herum». Sie wird von Elisabeth ausführlich befragt, was sie anziehen möchte, welches Kleid, welche Jacke dazu. Das erlebe ich das erste Mal. Sie soll möglichst früh in den Speiseraum, damit Frau Beyer noch in Ruhe weiterschlafen kann. Doch im Speiseraum wird sie noch eine lange Weile auf ihr Frühstück warten müssen.

Als nächstes folge ich Markus (junge Aushilfe ohne Ausbildung, im letzten Jahr war er ZDL im Heim). Er rasiert gerade Herrn Holz, der stumm und teilnahmslos in seinem Rollstuhl im Bad sitzt, nur um sich schlägt, bei einer ihm unangenehmen Berührung. Ein paar Erklärungen von seiten Markus, was er jetzt gerade macht.

6 Auszug aus dem Protokoll P 31.

Herr Werner schläft noch, wird aber erst einmal gefragt, ob er noch weiterschlafen will. Er bleibt, nach einem neuerlichen Sturz, mit Platzwunde am Kopf, ohnehin in seinem Bett, bzw. im Zimmer – 92 Jahre alt ist er. «Seine Schwindelzustände sind trotz des Herzschrittmachers keineswegs besser geworden, eher schlimmer, wie überhaupt sein Allgemeinzustand.» Die MitarbeiterInnen fragen sich, ohne das Wort in den Mund zu nehmen, warum man ihn nicht hat sterben lassen. «Er hat von Fuß bis Kopf Durchblutungsstörungen, aber jetzt hat er ein starkes Herz, das regelmäßig und verläßlich schlägt. Jetzt aber kann er nicht. Die wollten wohl ein Experiment machen, ob man so einem alten Mann noch einen Herzschrittmacher einbauen kann. Der Sohn ist jedes Mal, wenn er kommt, auch ganz verzweifelt», sagt mir Ilse später.

Im nächsten Zimmer. Frau Senefeld. Sie will noch weiterschlafen. Frau Huth möchte wider Erwarten aufstehen. Mit halb hochgeschlagenem Nachthemd wird sie Schritt für Schritt zur Toilette geführt, unten herum gewaschen, oben darf sie es dann im Sitzen zum Teil selbst machen. Am Kleid, das nur so um sie herumschlappert, fehlt ein Knopf, «na ja», kommentiert Markus. Die Haare werden lieblos gekämmt und dann ab in den Speisesaal im Rollstuhl, obwohl sie mit Hilfe den kurzen Weg sicher laufen könnte. Markus' Tempo einerseits und die Tonlage seiner Sprache andererseits sind dem der alten Menschen angepaßt, verhalten, resignativ, ohne Erwartungen.

Ich mache eine kleine Pause. Mir ist nach einer Stunde ganz schwindlig. Ich mache mir ein paar Notizen.

Dann begleite ich wieder Elisabeth. Sie treffe ich bei Frau Brehm, die sie gerade, nachdem sie sie «unten herum» im Bett gewaschen hat, auf die Toilette setzt. Das im Überfluß ins Waschbecken laufende Wasser begeistert mich geradezu – Verschwendung, ungebremste Kraft, Überfluß gegen diese karge, reduzierte Welt. Ich erwähne das Elisabeth gegenüber. Sie versteht mich nicht und sagt, «es hilft für's Pipimachen». … Waschen, Frau Brehm anregen, ein bißchen im Wasser zu planschen, Zähne putzen, Gebiß einsetzen – Frau Brehm scheint immer wieder wegzudämmern, wird immer wieder mit ihrem Namen wachgerüttelt. Zuletzt ein weinrotes Kleid, das ihr gut steht, eine weiße Perlenkette dazu, mit Bedacht ausgewählt, aber ohne angefragte Beteiligung von Frau Brehm – alles geht über ihren Kopf hinweg. Und die Ansprache stets in Wir-Form, «so jetzt putzen wir uns die Zähne», etc. Wenn ich die Augen schließe, kann ich glauben, ein Kind würde versorgt.

Der gleiche Umgangston auch bei Frau Vogel, die als nächste drankommt. Markus bittet Elisabeth, bei Frau Vogel weiterzumachen, da er gleichzeitig noch in einem anderen Zimmer beschäftigt ist. Sie sitzt schon mit Einlage, Unterhose und Strumpfhose am Waschbecken. Reste von Joghurt, die ihr aus dem Mund rinnen. Die üblichen Prozeduren laufen ab, das Anziehen im Sitzen und Herumwürgen an den Menschen. Ich fahre sie schließlich in den Speiseraum, wo sie von einer Bewohnerin mit einem schönen Geburtstagslied empfangen wird. Elisabeth und Markus wußten offensichtlich nicht, daß sie Geburtstag hat. Die anderen BewohnerInnen stimmen beim «Hoch soll sie leben» teilweise mit ein. 87 Jahre alt ist sie geworden. Sie selbst behauptet, daß sie über 90 ist.

Auf dem Rückweg läuft mir Frau Endrich über den Weg (Kurzzeitgast aus der Wohnanlage). Sie ist verunsichert, daß sie den Rolladen nicht hochkriegt, nur kaputte Strümpfe hat, vielleicht nicht richtig gekämmt ist. Sie scheint voller innerer Nöte zu stecken. Ich geh mit ihr ins Zimmer, versuche sie zu beruhigen und ihr zu helfen. Ich begleite sie zurück zu ihrem Eßplatz. «Schwer ist's, sich hier einzugewöhnen», sagt sie und erzählt, wo sie früher gewohnt hat. Sie bricht dann mitten im Satz ab: «Das erzähle ich Ihnen ein ander Mal.» Sie wird ganz traurig. Sie versucht in dieser Situation jedoch Haltung zu bewahren, sich von den anderen BewohnerInnen zu unterscheiden.

Frühstückspause der MitarbeiterInnen. Ingeborg schimpft eine Küchenmitarbeiterin (Lehrling) an, weil sie das Frühstück so «lieblos auf den Tisch geknallt» hat.

Danach: Der Stuhlkreis wird für die morgendliche Gymnastik gestellt und die Leute zu ihren Plätzen gebracht. Nur wenige können es noch alleine. «Das mit der Geburtstagsfeier war nicht richtig abgesprochen, jetzt müssen sie es eben aushalten, daß wir noch Gymnastik machen», sagt eine Mitarbeiterin in die Runde. Frau Wicke (die nebenamtlich täglich die Gymnastik übernimmt) gibt ihre Anweisungen in einer erwachsenengemäßen Sprache. Auf mich wirkt das nach dem Vormittag sehr erholsam.

Morgenpflegerunde (2)[7]

Als ich das Heim um 6.45 Uhr betrete, schleicht Frau Marek mit weit aufgerissenen Augen im Flur herum und steuert auf ihren Stammplatz im Stationszimmer zu.

Die MitarbeiterInnen sind schon am kleinen Tisch im Flur versammelt. Hans, die Nachtwache, übergibt an Herbert. Insgesamt sind sieben MitarbeiterInnen (einschließlich zwei ZDL) und eine Küchenfrau anwesend. Eine bleierne Müdigkeit erfaßt mich, kaum habe ich mich dazugesetzt. Eine ganz lockere Stimmung herrscht. Doch im wesentlichen ist es wieder ein Gespräch zwischen Nachtwache und Schichtleitung. Richtig munter wird es, als jemand sich erinnert, daß früher Frau X. immer die «vollgeschissenen Windeln an der Wand aufgehängt hat. Da mußte man sich erstmal um die Wand kümmern und dann um Frau X. ...»

7 Auszug aus dem Protokoll P 40.

Die Absprache, wer welchen Gang, bzw. welches Zimmer übernimmt, gestaltet sich ziemlich schwierig. Manches ist heute morgen rundherum unbeliebt, es wird richtig gehandelt: «Wenn ich die Frau A. mache, dann kannst du doch noch ...» – «Ich mach Frau B. fertig, ja das schaffe ich schon, die fertig zu machen.»

Susanne, die Schülerin im zweiten Ausbildungsjahr, ist bereit, mich mitlaufen zu lassen.

Erstes Zimmer: Frau Roman/Frau Altmann. Frau Altmann sitzt schon auf dem Bettrand, munter und fröhlich. Sie wartet darauf, gebadet zu werden. Doch sie muß sich noch gedulden, da Frau Roman zuerst die Beine im Bett gewaschen werden. Auch sie ist schon ganz munter, spricht fortwährend und fröhlich, aber für mich ziemlich unverständlich, von einem Geburtstagslied, auf dessen Text sie einfach nicht kommt. Sie ist ganz und gar damit beschäftigt, sich zu erinnern und uns zu fragen, so daß sie – wie es scheint – von dem Waschvorgang (die Beine und «unten herum») nichts mitbekommt. Alles andere macht Frau Roman, die Hilfe beim Gehen braucht, alleine. In der Zwischenzeit hüpft Frau Altmann auf ihrem Bett herum, juchzt und freut sich wie ein Kind, weil am Montag ihr Neffe wiederkommt. Er war zu Hause in Italien, «das muß ja auch mal sein – jetzt habe ich drei Wochen ausgehalten, dann werde ich auch noch die vier Tage durchhalten». Sie niest, «aber krank werden darf ich nicht, heute kommt der Doktor, der muß mir gleich was verschreiben». Es ist eine ganz muntere Stimmung in diesem Raum. Die beiden Frauen haben einen freundlichen Kontakt miteinander und kommentieren ihr Verhalten gegenseitig.

Jetzt wird Frau Altmann ins Bad gefahren, sie freut sich sehr darauf. Das Bad sieht aus wie eine Rumpelkammer, alles Mögliche ist dort abgestellt, fliegt herum. Eine Atmosphäre der Zweckmäßigkeit, alte Badewanne, alter mechanischer Lifter. Frau Altmann macht es trotzdem Spaß in die Lüfte, «in den Himmel» gehoben zu werden. Sie genießt das Wasser und wäscht sich selbst das Gesicht. Sonst muß (oder will?) sie alles gewaschen bekommen – mit ungeheuer viel Fichtennadellotion. Ein paar Mal «planschen», dann muß sie schon wieder heraus. Sie würde gerne noch bleiben. Auch Susanne meint, daß das viel zu kurz ist. Aber Frau Altmann ist offensichtlich schon an das Zeitmaß gewohnt, das sie ohne «mit der Wimper zu zucken» hinnimmt. Sorgfältig wird sie abgetrocknet und angezogen. «So gebadet fühlt man sich ja wie ein neuer Mensch, das ist wunderbar», sagte sie. Nach dem Anziehen wird sie in den Speisesaal zum Frühstück geschoben. Insgesamt wirkt das Baden – trotz der Eile – ganz freudebringend und spannungslos.

Frau Roman sitzt auch schon beim Frühstück, irgend jemand hat sie dort hingeführt, ihr beim Anziehen geholfen. [...]

Das nächste Zimmer, Frau Müller/Frau Brehm. Frau Müller ist gerade am Aufwachen. Irgend jemand muß es in diesem Zimmer aber schon taghell gemacht haben. Zu Frau Müller gewandt, sagt Susanne: «Da Sie richtig wach sind, dürfen Sie jetzt aufstehen und sich richtig waschen.» Zu mir gewandt: «Sie sagt immer, sie würde sich waschen, aber sie tut es nicht, da muß man richtig hinterher sein und kontrollieren.»

Frau Brehm schläft noch ganz fest. Ihren Namen rufen, sie leicht in die Beine kneifen, alles nützt nichts. «Sie würde auch heut mittag noch so daliegen.» Also kriegt sie die Bettdecke weggezogen und nach Ankündigung in jeden Oberschenkel eine Spritze verpaßt. Sie rührt sich kaum, als würde sie es gar nicht spüren. So läßt sie sich auch waschen, während mir Susanne über sie berichtet, als wäre sie gar nicht anwesend: «Daß sie einfach nicht mittut, sich gegen alles sperrt, sich schwermacht wie ein Sack, sich einfach hängen läßt, obwohl sie auf ihren Beinen stehen kann. Einmal habe sie gesagt, ganz energisch: ‹Ich laufe nicht.›» Susannes Stimme klingt empört, «denn normalerweise sagt Frau Brehm gar nichts». «Sie kann eigentlich auch alleine essen. Ich stelle ihr immer das Essen hin, drücke ihr z. B. das Brot in die Hand, und sie kann essen; nur Suppe, das geht nicht; aber wenn ihr Mann da ist, der gibt ihr alles, der macht alles für sie. Der ist ja rührend, aber so wird unsere Arbeit wieder vertan.»

Und dann kommt sie auf Herrn Fromm zu sprechen. «Kennen Sie den schon? Das ist ja ganz fürchterlich. Das ist eine arme Sau. Wie den seine Familie fertig macht. Die beschimpfen ihn, drohen ihm, wenn er nicht gehorcht, würde der Teufel kommen. Jetzt hat er schon Verfolgungswahn, kann schlecht schlafen, ist ganz unruhig, weil er glaubt, der Teufel würde ihn holen. Erst haben sie ihm versprochen, ihn zu pflegen, damit sie in seinem Haus wohnen können und jetzt haben sie ihn ins Heim gesteckt. Sie haben ihm auch verboten, in den Speiseraum zu gehen. Er soll immer hinten im Zimmer bleiben ... Und wie es da stinkt im Zimmer. Der kotet immer ein und schmiert damit herum ... Und die Nichte, die ist die schlimmste, wenn ich die schon sehe, geht mir das Messer in der Tasche auf. Jedesmal ist ein riesiger Krach im Zimmer. Wir haben schon tausendmal mit den Angehörigen geredet, aber die reagieren nicht darauf. Es wäre das beste, wir würden Besuchsverbot erteilen. Und jetzt geht die Nichte einfach an den Wäschewagen und nimmt sich die Sachen von dort. Sie sagt, die Pflege sei ihre Sache, darum brauchen wir uns nicht zu kümmern. Sie macht unsere ganze Arbeit kaputt. Der Herr Fromm kann einem ja so leid tun.»

Susanne ist richtig in Rage. Das Berichten geht über die stumme Frau Brehm hinweg, die inzwischen mit Herberts Hilfe in den Rollstuhl gesetzt wird und jetzt auch die Augen geöffnet hat. Beim Hinüberheben macht sie sich wirklich steif, wie eine leblose starre Puppe und beim Waschen macht sie auch nicht mit. Im Gegenteil, sie wehrt sich, indem sie z. B. die Arme verschränkt, auch beim Anziehen. Susanne wird allmählich ziemlich ungeduldig, schimpft schließlich: «So hören Sie doch auf, sich zu wehren, ... so sind sie selber

Schuld, wenn ich so an Ihnen herumzerren muß … Sie hängen da rum, wie Spucke in der Kurve!» Sie bleibt stumm, schließt immer wieder die Augen oder reißt sie ganz groß auf. Vorher schon, noch im Bett, als Susanne mir erklärt, wie kaputt die Oberschenkel vom vielen Spritzen schon sind, läßt sie den Körper von Frau Brehm wie ein totes Stück Fleisch prüfend durch die Hand gleiten. – Die gleiche Assoziation habe ich, als sie Frau Brehm auf die Seite dreht, man ihren Kopf gar nicht mehr sieht, eben ein großes Stück Fleisch. Zwischendurch wurde Frau Hinz – noch im Bett – auch mal wieder «abgelegt», weil Frau Schwindt jetzt dran ist, «die bestimmt noch beleidigt wegen vorgestern ist, als ich so mit ihr geschimpft habe. Ich hatte noch nie Krach mit ihr, das ging aber zu weit. Ich laß mir ja nicht alles gefallen.»

Frau Schwindt sitzt noch am Waschbecken, wo sie von irgend jemand anderem hingesetzt worden ist. Wie lange sie wohl schon dort im Wasser plätschert? Sie wird abgetrocknet, angezogen. Sie möchte was anderes anziehen als das, was gerichtet ist. Das akzeptiert Susanne. Der Kontakt ist freundlich. Frau Schwindt trägt als eine der wenigen eine Uhr. Schließlich wird sie in den Speiseraum gerollt.

Jetzt wieder zu Frau Brehm. Bei ihr muß noch das Gebiß eingesetzt werden. Auch dagegen wehrt sie sich und öffnet nicht den Mund, bis ihr Susanne die Zähne ziemlich heftig reinschiebt. «Die Frau kostet mich Nerven. Die muß ich gleich am Anfang machen, sonst halte ich das nicht aus.» Und ihr Kommentar zu den Haaren: «Die Dauerwelle hätten sie sich auch sparen können, das sieht aus wie eine Sturmfrisur.» Zwischendurch redet Susanne Frau Brehm auch mal direkt an. «Manchmal hilft es, wenn ich den Erich (ihren Mann) erwähne. Das hilft schon mal, aber heute auch nicht.» Im Speisesaal drückt ihr Susanne ziemlich fest ein Stück Brot in die Hand, mit den Fingern mitten in die Marmelade.

3.2 Übergabe

Protokoll einer Übergabe (Fragmente)[8]

Durcheinandersprechen

A: Die Hos' war wieder voll heut.
[…] (nicht verständlich)

B: Anne hat einen Warnstreik veranstaltet. Aber es ist okay.

A: Der […] (Name des Bewohners nicht zu verstehen) hat gebadet. Der wär der Elisabeth beinahe vom Sitz in die Wanne runter (durcheinanderspre-

8 Übergabe 12/12. Da in dieser Übergabe viel durcheinandergesprochen wurde und die Nebengeräusche erheblich waren, ist die Aufzeichnung nicht ganz vollständig.

chen) ... der wollte hopsen. Die Elisabeth war völlig fertig. [...] (nicht verständlich)

A: Ja, der wollt rein, obenrüber und Elisabeth war völlig fertig.

A: Herr Holz war nichts, Frau Hennninger weiß ich auch nichts, Frau Schreiber, mit der bin gelaufen im Zimmer.

C: [...] (unverständlich)

A: Also die Frau Schreiber hat Bronchitis, die liegt im Bett. Ich bin jetzt mit ihr zwar rumgelaufen. Und bitte heute abend einreiben mit Transpulmin. Sie hat die Salbe schon seit Montag daliegen und hat sie noch nie benutzt. Sie sagt zwar, es stinkt und sie will es nicht, aber.

D: Transpulmin.

A: Ich hab [...] (unverständlich) Sie hat gemeint, ich sei rabiat, weil ich gesagt habe, das gibt's nicht. Die Salbe ist verschrieben, dann wird sie auch genommen. (Lachen, Durcheinandersprechen)

C: Frau Köslin ist ebenfalls krank, die ist auch recht schlapp noch.

D: Auch die Grippe?

E: Die wird auch eingerieben?

A: Ja, ja.

D: Also, die beiden Damen liegen im Bett. Also offiziell oder inoffiziell, oder wie man will?

A: Ebenso die Frau Igel, die hat's erwischt, die hat 37,8° rektal gehabt, klagt über Halsschmerzen, ist ein bißchen heißer, und sie genießt es natürlich sichtlich.

D: Eben. (Lachen, Durcheinandersprechen)

F: Und sie kann nicht mehr aufstehen. Endlich gibt's Frühstück am Bett. (Lachen)

A: Frau Wolter ist auf. Frau Beyer muß um 2.00 Uhr gleich zum (Durcheinandersprechen) [...] (Arzt)

D: Vielleicht kann der [...] (unverständlich)

A: Der war noch nicht.

C: Die kommt gleich dran. Muß 10 Minuten warten, also so um zehn nach zwei fertig.

G: Ja soll ich dann dort bleiben?

A: Ja, ja, die ist in 10 Minuten.
Herbert! (vorwurfsvoll)

C: Ist doch nur, weil wir nur zu viert sind.

A: Also 10 Minuten, 10 nach 2. Und zwei machen Kaffee.
Frau Huth ist auf. Frau Kaufmann, die war heut' also echt ein Hammer.

Also sie steht auf. Dann war sie von halb neun bis halb elf draußen. Die wollt absolut nicht ins Bett. Dann hab' ich gesagt, das gibt's doch nicht mehr. Die hing wie ein Schluck Wasser in der Kurve. Also wirklich, so zur Seite, hat geturnt im Rollstuhl. Und dann hat sie angefangen zu heulen, wo ich gesagt hab, das gibt's jetzt nicht mehr, sie soll ins Bett. Und Beate hat so Kartoffelbrei mit Soße zum Mittagessen gemacht. Sie war so erschlagen, ich hab sie nicht wachgekriegt. Dr. Müller hat 'nen Tagespflegestuhl für sie verschrieben. Wir sollen bei Frau Köslin nachfragen, die hat 'ne Logopädin mal gehabt. Er weiß auch nicht mehr, wie die heißt. Sollen mal schauen, ob wir den Namen rauskriegen von der Logopädin und Termine abmachen. Und dann stellt er ein Rezept aus, weil das nicht so alt sein darf. Und er glaubt nicht, daß zwischen den Jahren noch viel läuft. Und ich hab' ihn angesprochen wegen Reha und er hat es sich jetzt angeguckt und meint, es sei wirklich zu überlegen im neuen Jahr, daß wir sie vielleicht nach L. oder so ...

E: In K. ist auch so etwas.

A: Aber in L. hat es eine Neurologie dabei. Er meint, es wär besser mit einer Neurologie noch.

E: Also, die Frau Kaufmann, die ist fit, ... (Durcheinandersprechen) Die wollte sich hinlegen. Und dann will sie packen, hat sie gesagt. (Lachen)

A: Die hat mir heute morgen fast das Trommelfell gesprengt. Boa! Die hat ein Organ!

A: Frau Marek war ...

E: Die hat sich auch, sie wollte auch hinliegen.

A: Ebenso Frau Groß

E: Die ist auch nicht so ganz auf der Höhe. Ist jetzt mal gestürzt. [...] (unverständlich)

C: Ja, was soll ich denn jetzt sagen?

A: Wem?

C: Dem Dr. Winter.

A: Ich weiß auch nicht, ob es rechts oder links ist, das Knie. Also einfach nach dem Knie gucken.

C: Und das mit dem Kollaps, [...] (unverständlich)

A: Blutdruck war heute morgen 120 zu 70.

C: Also das mit dem Knie ist das Problem.

A: Ja. Frau Marek, die war heutemorgen auch bis zu den Ohrlappen voll. Also, nach dem Versorgen, wollte sie auch packen. Also es war unmöglich

hier. Wie man so was nur machen kann!
(Lachen)

A: Also die klagt auch über Halsschmerzen. Frau [...] (Name nicht verständlich) da hat Christa gemeint, also die ist morgens kaum wachzukriegen und hat einen Blutdruck von 150 zu [...] (unverständlich). Also recht gut gehabt [...] (unverständlich)

A: Also mit dem Essen geht's eigentlich ganz gut, ich hab, obwohl, sie ißt nicht alleine. Heute früh saß sie vor ihrem Brot. Hat nicht's gegessen. Ich hab's ihr aber dann gegeben. Und nur mit dem Trinken hat sie ein bißchen Probleme. Ähm, aber man muß ihr nur kleine Schlucke geben, hab' ich gemerkt, das geht besser.

A: Nee, sie verschluckt sich beim Schlappern. Sie verschluckt sich halt leicht, wenn sie viel Flüssigkeit hat [...] (Durcheinandersprechen) und das mit dem Essen ist, weil er[9] ihr immer das Essen gibt.

E: Sie ißt eigentlich alleine. Sie hat alles gegessen heut mittag.

A: Ja, sie ißt schon gut und sie hat am Anfang nämlich immer alleine gegessen und er hat dann angefangen es ihr zu geben. Ne und er läßt sie nicht.
Frau Stark, die hat auch Schnupfen und Husten. Temperatur war 37,1° rektal. Frau Müller hat heut' nacht nicht geschlafen. Frau Altmann hat wieder 'ne Schlaftablette verlangt. [...] (unverständlich) Frau Schneider ist im Krankenhaus in B. Zum Zucker einstellen. Also, sie hat dann eine Woche, seit Dienstag ist sie weg. Frau Joka ist nichts.

E: Doch, sie geht morgen zur Ärztin.

A: Morgen früh?

E: Ja, zur Gynäkologin wegen ihrem Ausschlag. Weil das nicht besser geworden ist. [...] (Durcheinandersprechen)

C: Was hat sie denn?

A: Wegen ihrem Ausschlag, an den Leisten, ist weiter rüber zum Schambein [...] (nicht verständlich, Durcheinandersprechen)

C: Das Bett bleibt noch leer.

A: Das heißt auch über Weihnachten ...

C: Au weia, ist immer wenig mit Kurzzeitpflege.

A: Die Frau Czerny geht am Samstag nach Paris, wieder für ca. 4 Wochen. Ich hab' jetzt schon Medikamente, die Mira hat schon was aufgeschrieben und ich hab' noch was dazugeschrieben, daß es für 4 Wochen reicht. Da soll bitte die Frühschicht morgen früh bei Frau Dr. Hase anrufen, ob die noch im Urlaub ist. Wenn nicht muß man's vorholen und Rezept bestellen.

---

9 Vermutlich der Ehemann

G: Ich weiß nicht, ob die schon zurück ist.

E: Die ist im Urlaub

A: Und wenn sie morgen nicht käme, dann muß man es vorholen und das Rezept bestellen für Frau Czerny.
Herr Graf war nix. Herr Sch. (Sanitätshaus) war da, [...] (unverständlich) Kommt morgen nochmal wegen Strumpfhosen zum Abmessen bei Frau Reukauf. Und die Frau W., frag mal Mira heute abend, ob sie mit Frau W. wegen der Tropfenbecher gesprochen hat. Ob das die Frau W. war, die schafft nämlich nicht mehr beim Sch. Und ich hab' wegen dem Kissen letzte Woche angerufen. Also er kümmert sich darum, ob die bestellt sind oder nicht. Ob die Frau W. das noch gemacht hat, oder nicht. Also er kommt morgen noch einmal vorbei. Ja dann kann man morgen früh wegen Frau Kaufmanns Stuhl ihm das sagen [...] (Durcheinandersprechen)

E: Was ist das für ein Tagespflegestuhl?

A: Ja, da gibt's verschiedene. Oder? Er soll jetzt morgen mal kommen. Wie ein Fernsehsessel. Geriatriestühle. Kannst noch ein Brett davor machen, aber das ist schlimm [...] (Durcheinandersprechen)

H: Die wollt ja, Wahnsinn, gell?

A: Morgens, sie wollt' unbedingt raus. Die hat nicht mehr warten können. Also hab' ich gesagt, ich muß erst mal die Sondennahrung geben. Und dann hab ich gesagt, sie muß zur Entwässerung [...] (unverständlich) Also, die hat Elisabeht gleich [...] (unverständlich), die kann einen schon ganz schön triezen. Ne also, die drei heute morgen, das war das Höchste der Gefühle.

F: Die weiß genau, was sie will.

A: Und dann macht sie immer fünf, sechs Bewegungen auf einmal. Dann weißt du gar nicht mehr, was sie will [...] (Durcheinandersprechen) Der (auf einen anwesenden Kollegen bezogen) macht schon wieder Pläne für das Jahr 2000. (Durcheinandersprechen) Frau Kaufmann ist in 10 Minuten fertig. Er ist in 10 Minuten wieder da.

Das Ende der Übergabe geht in viel Gelächter über, die MitarbeiterInnen ziehen sich gegenseitig auf, sprechen darüber, wann sie an den Weihnachtstagen frei haben. Es herrscht eine ganz gelockerte Stimmung.

3.3 Szene am Nachmittag[10]

Speise-/Aufenthaltsraum
Eine Mitarbeiterin bäckt Waffeln. Das Ereignis wird von den meisten mit verhaltener Freude aufgenommen. Alle, BewohnerInnen, Pflegekräfte, auch die beiden Reinigungsfrauen, Frau Wicke aus dem Büro und die Mitarbeiterin aus der Waschküche konzentrieren sich auf das Geschehen rund um die Waffeln. Die Stimmung ist fröhlich und beschwingt. MitarbeiterInnen tauschen das Rezept untereinander aus, einige kommentieren die Waffelherstellung. Die BewohnerInnen beteiligen sich daran nicht. Sie sind mit dem Verzehr der Waffeln beschäftigt.
[...]

Später:
In einem Teil des Raumes hat sich zusammen mit einer Mitarbeiterin eine kleine Spielgruppe versammelt. Erst eine Runde Rätselraten, dann noch Luftballon zuwerfen. Es macht den meisten Spaß.

Im Hintergrund der Spielgruppe Frau Vogel, die alleine an einem Tisch sitzt, die meiste Zeit mit schräg zur Seite fallendem Kopf vor sich hindösend. Die Waffel und Kaffeereste stehen noch vor ihr. Am nächsten Tisch eine völlig stumme Frau, die aber die ganze Zeit von Herrn Dupois angesprochen wird, meist in vor sich hinschimpfender Weise, aber mit gedämpfter Stimme. An seinem Tisch eine weitere Frau, von der abgewandt er aber sitzt und die auch kaum Notiz von ihm nimmt, meistens auch schläft, den Kopf auf den Armen.

Auf der anderen Seite der Spielgruppe: eine völlig voneinander isolierte Gruppe von BewohnerInnen. Zwischendurch nimmt mal die eine oder andere Mitarbeiterin kurz Kontakt mit dem einen oder anderen auf, aber die MitarbeiterInnen sind im wesentlichen mit Materialausteilen und später Abendbrotrichten beschäftigt.

Zwischendurch rauscht ein junges, schwarz-weiß gekleidetes Pärchen durch den Raum, grußlos an den BewohnerInnen vorbei. Sie überreichen einer Bewohnerin einen Blumenstrauß. «Wir wollen nur kurz vorbeikommen, wir wünschen Ihnen noch einen schönen Tag.» Bis die Besuchte begriffen hat, wer der Besuch ist, sind sie schon wieder durch den Raum zur Ausgangstür gelangt. Die anderen BewohnerInnen helfen, «das ist doch der, der sonntags manchmal zu ihr zum Gottesdienst kommt.»

10 Auszug aus dem Protokoll P 27.

3.4 Nachtwache

... mit Altenpfleger Herbert[11]

Das «Medikamentenstellen» wird von der Schelle unterbrochen. Es ist nicht das erste Mal, aber diesmal ist es Frau Schwindt. «Sie läutet die erste Runde ein.» Der Medikamentenschrank und die Tür werden verschlossen, damit niemand sich daran vergreift, vor allem Frau Marek nicht. «Vor der ist nichts sicher.» Doch zum Speiseraum hin ist alles offen und zugänglich. Frau Marek sitzt im Flur, barfuß und döst. Ihr blaurotes Auge sieht wirklich sehr eindrucksvoll aus. Sie will nicht wieder ins Bett.

Frau Schwindt wird fürs Schlafen «zurechtgemacht», sie wundert sich ein bißchen, daß ich dabei bin. Sie ist aber ganz schnell beruhigt. Ihre Sorge gilt vor allem ihrer Handtasche, die Herbert, für sie besser greifbar, halb unter dem Kopfkissen hervorzieht. «Damit sie auf ihre Million aufpassen können.»

Die erste Runde, das bedeutet: von Zimmer zu Zimmer gehen, neue Einlagen wechseln, die Bettpfanne unterschieben oder die alten Menschen zur Toilette führen. Das Einlagenwechseln führt zu Manipulationen an den verschlafenen Menschen und sieht nicht gerade zartfühlend aus. Bei manchen wird nur ins Zimmer geschaut, wie bei der «Kurzzeitpflege», und auf ihren Atem geachtet. Oder bei Frau Czerny: «Ich will nur schauen, ob alles in Ordnung ist», sagt er zu ihr. Und zu mir draußen: «Bei ihr besteht extreme Brandgefahr, so mit der Kerze, ...»

Während dieser ersten Runde durch die Zimmer stellt Herbert mit Schrekken fest, daß er Frau Roman im Fernsehzimmer vergessen hat. Sie will immer «um Viertel vor elf, jedenfalls zu einer festen Stunde, abgeholt werden. Da muß ich mir aber eine gute Ausrede einfallen lassen», meint Herbert. Aber von Frau Roman kommt keine Kritik. Sie freut sich, daß er kommt, läßt sich mit ihren beiden Krücken zur Toilette begleiten, zieht dort ihr Nachthemd an, wird zum Bett begleitet und schwingt sich ins Bett. Sie ist eine der wenigen, die ohne Einlagen schläft.

Frau Henninger sitzt dagegen noch vor dem Fernseher. Sie geht dann später ganz allein ins Bett. Herbert wird ihr dann die Beine einreiben.

[...]

Es ist inzwischen Mitternacht vorbei. Seine Pause nimmt Herbert im Flur am offenen Fenster ein. Er genehmigt sich einen Hawaitoast, der noch vom Abendessen übriggeblieben ist. Ich habe keinen Hunger, nur unendlich viel Durst. Einmal «gehe ich auf die Glocke» von Frau Senefeld, damit Herbert seinen Toast weiteressen kann. Ich hatte ihm schon zu Anfang des Abends an-

11 Auszug aus dem Protokoll P 44.

geboten, da und dort Hilfestellung zu geben. Aber er meinte, das gehe nicht, da die Leute darauf bestehen, von der Nachtwache versorgt zu werden. «Alles ist zum Ritual geworden, alle Handgriffe. Selbst Klaus, als er neulich noch abends hier war, durfte nichts machen, weil er keine Nachtwache hatte.»

Wir sprechen über das Alter. Er erzählt, daß seine Mutter – obwohl auch schon über 70 – ganz viel unternimmt. Er spricht von den jungen Alten, die sich auf Mallorca vergnügen. Danach kommen wir auf seine Kinder zu sprechen und seine Familiensituation.

[...]

Zweite Runde durch die Zimmer. Diese ist wesentlich kürzer. Sie besteht vor allem aus dem Wechseln der Einlagen, wobei Herbert häufig zu spät feststellt, daß die Einlagen des einen oder anderen noch trocken sind. Um die Leute für das Wechseln der Einlagen zu gewinnen, wedelt Herbert mit den frischen Windeln über den Köpfen der BewohnerInnen (wie mit einem begehrenswerten Spielzeug), «hier, ich habe eine frische Windel für Sie!» Herr Ruhpoldt muß bei jeder Runde in seinem Bett gedreht werden, damit er nicht aufliegt. Kissen werden um ihn herum, unter den Kopf, unter den Ellenbogen und zwischen die Knie gestopft – ein kunstvolles Nest, das Herbert auf seine Richtigkeit noch einmal vom Fußende her überprüft. So wird Herr Ruhpoldt bis zum nächsten Drehen liegenbleiben. Ein ähnliches Nest bekommt auch Frau Vogel. Sie beide, Herr Ruhpoldt und Vogel, zeichnen sich durch die Unfähigkeit aus, sich selbst im Bett zu bewegen durch ihre völlig abgemagerten Körper. Sie zu heben, was notwendig ist, scheint ein Kinderspiel zu sein.

Die Unterschiedlichkeit in der Weise wie bei den Alten die Einlagen gewechselt werden, ist wohl eine Kunst für sich. Die einen bekommen nur eine Einlage vorgelegt, bei anderen wird sie durch eine netzartige, elastische Unterhose festgehalten. Das Bettuch wird zudem noch mit einer Unterlage bedeckt. Die meisten Männer erhalten noch einen «Lendenschurz», der aus einem normal großen Bettuch besteht, das um sie – der Länge nach gefaltet – herumgeschlungen wird. Natürlich gibt es dann noch Einlagen unterschiedlicher Größer. Oder Frau Schwindt: Sie bekommt nur eine Vorlage in der Größe einer Babywindel, da sie nachts auf die Bettpfanne gesetzt wird.

... mit Altenpflegerin Ilse[12]

Ilse geht leise durch und in die Zimmer. Sie versucht, Schlafende beim Reinschauen in die Einlagen nicht zu wecken. Das Einlagenwechseln gelingt ihr dafür aber weniger sorgsam, wie sie selbstkritisch anmerkt. Viele Falten in den Unterlagen, Bettüchern und Einlagen. Nicht bei allen schaut sie in die Zimmer.

12 Auszug aus dem Protokoll P 45.

Auch kümmert sie sich nicht bei allen Inkontinenten um die Einlagen. Vielleicht kennt sie die «Gewohnheiten» der alten Menschen besser, weil sie schon seit acht Jahren in diesem Heim arbeitet.

[...]

Frau Marek erscheint im fast durchsichtigen, richtig hübschen Nachthemd im Flur. Ilse führt sie zu ihrem Zimmer zurück, zur Toilette, aber da ist schon eine riesengroße Pfütze, die Ilse mit Putzeimer und Feudel beseitigt.

Mit Ilse betrete ich das Zimmer von Herrn Fromm. Beißender Uringeruch weht uns entgegen. Er liegt angezogen und verkehrt herum in seinem Bett. Er will so liegenbleiben und murmelt so etwas wie: «Es kann ja nur nässer werden». Ilse reagiert nicht darauf, macht keine Anstalten, ihn aus seiner Lage zu befreien. Mir scheint, sie will Ruhe vor ihm, sie will sich nicht mit ihm belasten.

Frau Senefeld kann wieder nicht schlafen. Bei Frau Stark gelingt es Ilse nicht, sie im Bett nach oben zu ziehen, da sie zu schwer ist. Also muß sie mit eingeknickten Beinen schlafen. Das Zimmer von Frau Schnur betreten wir nicht. Ilse erzählt mir: «Frau Schnur lebt ganz für sich. Nur morgens beim Wickeln der Beine kriegt sie geholfen. Dann frühstückt sie noch mit und anschließend holt sie ihr Freund, der in der Wohnanlage lebt. Sie duscht dort oben, wäscht sich die Haare ... Ihr Freund kümmert sich um alles, geht mit ihr Einkaufen, ins Café ... Er muß ganz schön ran. Es war wohl auch früher so. Er war der Hausmann, während sie ins Büro arbeiten ging.»

Im Aufenthaltsraum läuft immer noch laut das Radio. Nach den Nachrichten tönt jetzt sehr laute Musik. Nur Frau Roman sitzt dort und wartet, bis sie schließlich von Ilse abgeholt, ins Bad begleitet wird und sie ihr beim Waschen hilft. Zuletzt führt sie sie zum Bett. Noch ein paar andere BewohnerInnen bekommen Besuch oder läuten Ilse herbei. Noch viel unangenehmer und aufdringlicher als am Tag holt die Schelle Ilse von einem Zimmer zum anderen.

[...]

Kurze Pause mit Kaffee und Zigarette. Danach nimmt Ilse das Medikamentenstellen in Angriff. Sie erzählt mir, daß der Medikamentenschrank bis vor kurzem – fast ein Jahr lang – offen gestanden hat, weil das Schloß kaputt war. Sie wundert sich, daß nichts passiert ist. Sie erzählt von einer früheren Kollegin, die auch hier im Heim gearbeitet hat und jetzt schon zum vierten Mal in E sei. Sie habe bei ihrem letzten Anruf erzählt, wie leicht man dort an die Medikamente herankäme.

[...]

Nach einer Weile fängt das Klingeln wieder an. Frau Altmann muß auf die Bettpfanne. «Das ist aber heute früh», meint Ilse. Frau Schwindt muß auch auf die Bettpfanne. Und Herr Fromm ist naß ... Ilse beschließt, die zweite Runde anzuschließen, in die Einlagen zu schauen und sie gegebenenfalls zu wechseln.

3.5 Musiktherapie[13]

Speise-/Aufenthaltsraum
Vorbereitung für die Musiktherapie. Eine große Stuhlrunde wird zusammengestellt. Möglichst viele sollen teilnehmen. Stammplätze werden berücksichtigt. Die MitarbeiterInnen messen diesem Ereignis offenbar eine große Bedeutung zu und bleiben später den größten Teil der Zeit dabei. Viele müde erscheinende Menschen sitzen im Kreis ohne erkennbares Interesse für das, was da geschieht. Am Rande ein Gespräch zwischen einer Bewohnerin und ihrer ebenfalls alten Besucherin. Sie unterhalten sich über Weihnachtseinkäufe und die gestiegenen Preise. Die anderen warten still und in sich gekehrt auf den Beginn der Therapie.

Die Musiktherapeutin, Frau Jaschke, kommt herein – leicht und beschwingt. Ilse sagt: «Nun lassen wir uns mal überraschen, was die Anna mit uns macht.»

Zwei MitarbeiterInnen sitzen hinter dem Stuhlkreis. Frau Jaschke markiert den Beginn der Stunde, indem sie die alten Menschen begrüßt, die Hand schüttelt. Während der Begrüßung ermuntert Frau Jaschke die BewohnerInnen, unterstützt von den MitarbeiterInnen, doch mitzumachen. Frau Jaschke spricht die alten Menschen sehr freundlich an, mit einer Stimme, wie man sie aus dem Umgang mit Kindern gewohnt ist.

Ein Lied wird gesungen. Besonders beim Refrain tritt Lebendigkeit in einigen Gesichtern auf. Orffsche Instrumente werden verteilt. Ilse unterstützt Frau Jaschke beim Zuteilen der Instrumente. Herr Berg, der teilnahmslos dabeisitzt, wird von zwei MitarbeiterInnen – in großer körperlicher Nähe – bearbeitet, doch die Triangel zu nehmen. «Gell, jetzt haben wir sie eiskalt überrumpelt», sagt eine Mitarbeiterin.

Es folgt das Lied «Kommt ein Vogel geflogen ...», das von den Instrumenten leise begleitet wird. Die Stimmung verwandelt sich in Richtung Traurigkeit. (Wie wird das von den alten Menschen erlebt, daß man «hier bleiben muß» und nicht zur Mutter kann?) Die Therapeutin begleitet das nächste Lied mit der Flöte und tanzt vor den alten Menschen. Die Atmosphäre von Schwere und Trauer steigert sich mit dem Lied, das vom Abschied der Heimat berichtet. Die MitarbeiterInnen helfen den BewohnerInnen, den Rhythmus des Liedes mit dem Klatschen der Hände aufzunehmen. Frau Jaschke tanzt weiter in der Mitte des Kreises – wie ein hüpfendes Kind, bekleidet mit strahlend weißer Bluse und großem üppigem Spitzenkragen. Es entsteht eine atmosphärische Spannung zwischen der Unbeweglichkeit und Traurigkeit der alten Menschen und der lebendigen Fröhlichkeit der Therapeutin.

---

13 Auszug aus dem Protokoll P 11.

4. Portraits einzelner BewohnerInnen

Frau Altmann, geb. 1906
Sie ist die «Türwächterin». Stunden sitzt sie an der Tür, vor dem Ausgang, dem Heim den Rücken kehrend. Sie liest, meist Romane, oder beobachtet Ein- und Ausgang. Sie ist eine sehr temperamentvolle Frau. Sie ist älter, als man sie schätzt.

Seit einem Oberschenkelhalsbruch kann sie nicht mehr richtig laufen und sitzt nun im Rollstuhl, den sie mit beachtlichem Tempo durch die Gänge bewegt. Wahrscheinlich könnte sie das Laufen wieder trainieren, aber sie bringt dafür keine Energie mehr auf (warum will sie es nicht mehr?).

Sie hat ganz wache Augen und eine ungeheure Lebendigkeit in ihrem Gesicht, in ihren Händen, in ihrem gesamten Körper.

Sie lebt bewußt etwas distanziert zum Heimalltag und zu den anderen BewohnerInnen und in beständiger Verbindung zu ihrem Neffen, der sie fast täglich besucht und den sie sehr verehrt. Ich frage mich, warum sie überhaupt im Pflegeheim wohnt. Aber offensichtlich hat sie außer dem Neffen, der selbst Rentner ist, keine Angehörigen, die sich um sie kümmern könnten. Und der Neffe ist Witwer. Das Heim nimmt sie ganz selbstverständlich und weitgehend zufrieden als ihren Lebensort an und bestimmt ihren Tageslauf, soweit es möglich ist, nach ihrem eigenen Gusto. Sie wählt ganz bewußt aus den Angeboten, die das Heim bietet, aus. Ihr privater Raum, in und um das Bett, ist persönlich gestaltet mit Fotos, Büchern, Obstschale, ...

Gerne und viel erzählt sie aus ihrem Leben. Von Beruf war sie Schneiderin, hat aber lange im Lebensmittelladen der Eltern mitgearbeitet. Später hat sie ihre Eltern bis zum Tod gepflegt. Danach war sie in einem Pflegeheim tätig. Sie blieb unverheiratet und kinderlos.

Ihre lebenslustige, dem Leben zugewandte Art, wirkt wie eine «Oase» im Heim. Sie ist die einzige der BewohnerInnen, die mich auch nach längeren Besuchspausen wiedererkennt und freudig begrüßt.

Frau Beyer, geb. 1903
Unüberhörbar, unübersehbar ist sie, diese Sächsin mit ihrer kraftvollen Stimme, den Kopf beim Reden immer etwas schiefgelegt. Sie geht ohne Hilfe, mit kleinen Schritten und dennoch selbstbewußt durch die Räume. Von den ständigen Piksereien ihrer Freundin, Frau Kistner, versucht sie sich nicht provozieren zu lassen. Doch manchmal platzt auch ihr der Kragen, dann spart sie nicht mit Worten. Sie hilft ab und an beim Tischdecken mit. Insgesamt wirkt sie sehr präsent und relativ zufrieden, eingefügt in das Heimleben.

Zu besonderen Anlässen trägt sie eine Perücke, die sonst ungenutzt auf dem Nachttisch steht. Ihr Aussehen wird von der künstlichen Haarpracht sehr verändert und eigentlich sieht sie mit den wenigen weißen Haaren sehr viel besser aus.

Im Heim ist man an ihren forschen, etwas befehlshaften Ton und ihre Bemerkungen, mit denen sie häufig ins Schwarze trifft, gewöhnt. Ganz gerne erzählt sie davon, daß sie früher einmal Lastwagenfahrerin war.

Frau Brehm, geb. 1910

Frau Brehm lebt die meiste Zeit im Dämmerzustand und scheint ihre Realität, das Leben im Heim, die Menschen, die um sie herum sind, kaum noch zu erfassen. Manchmal erwacht sie und schaut ganz erstaunt um sich, doch sie spricht nur wenig. Sie ist vollständig von der Hilfe der MitarbeiterInnen abhängig. Sie wird im Bett hin- und hergeschoben und gerollt, in den Rollstuhl gehoben, auf die Beine gestellt, auf denen sie sich aus eigener Kraft nicht mehr halten kann (oder will?). Sie läßt sich in den Armen ihrer HelferInnen hängen wie eine Puppe, mit unbeweglichem Gesichtsausdruck. Eigene Willensäußerungen sind von ihr selten zu vernehmen.

Ihr Ehemann ist täglich für ein paar Stunden an ihrer Seite, hilft teilweise bei der Versorgung seiner Frau mit. Seine Fürsorglichkeit ist auch ein Trost für die MitarbeiterInnen, denn so ist Frau Brehm nicht allein. Frau Brehm lebt mit Frau Müller in einem Zimmer. Mit Ausnahme einiger unbeantwortet bleibender Kommentare von Frau Müller gibt es zwischen den beiden Frauen keinen Kontakt.

Frau Czerny, geb. 1921

Sie bekommt man niemals zu Gesicht, denn sie verläßt ihr Zimmer nicht. Man muß sich schon zu ihr bequemen, sich durch Rauchschwaden durchkämpfen. Würdig sitzt sie in ihrem Lehnstuhl, eine Decke über den Knien, ein Stuhl vor ihr mit Kerze darauf und den Raucherutensilien und daneben der übervolle Aschenbecher. Auf einem niedrigen Tisch liegen Berge von alten, vergilbten Zeitschriften. Die Tapeten und Gardinen sind vom Kettenrauchen gelb-braun eingefärbt. Ich habe sie niemals an einem anderen Ort als in ihrem Stuhl angetroffen. Sie versorgt sich im wesentlichen selbst, die einzigen Kontakte zu den MitarbeiterInnen sind kleine Pflegeverrichtungen, das Bringen der Mahlzeiten und das Saubermachen des Zimmers. Sie ist meist höflich und freundlich, sie drückt sich auffallend gewählt aus. Ihr Verhalten wirkt ein wenig aristokratisch. Sie ist davon überzeugt, daß um sie herum ehemalige Nazis leben, sie meint damit die BewohnerInnen. Ihren Rückzug in ihr Zimmer begründet sie damit, daß sie mit dem Streit, der außerhalb sich abspielt, nichts zu tun haben möchte. Doch sie poltert schon mal, wenn es vor ihrer Tür oder im Nachbarzimmer zu laut wird, und beschimpft die Störenfriede als «Nazischweine». Ihr Zimmer ist von außen abgeschlossen, damit sie nicht gestört wird. Von Beruf war sie Kinderpflegerin und leitete zuletzt ein Heim.

Herr Dupois, geb. 1904
Herr Dupois lebt mit Herrn Ruhpoldt in einem Zimmer. Die beiden haben keinen Kontakt miteinander. Es sieht so aus, als würden sie beide einander überhaupt nicht wahrnehmen. Herr Dupois wirkt auf mich weise, über die Situation erhaben, macht nicht selten Bemerkungen oder kleine Scherze, die die jeweilige Situation haargenau treffen. Er hat ein offenes und interessiertes Gesicht und beobachtet ganz genau das, was um ihn herum vorgeht. Mir gefällt seine Art, Kontakte aufzunehmen, mich neugierig anzusprechen.

In scheinbarem Widerspruch dazu steht, daß er oft seine Lebenssituation verkennt (er weiß dann nicht, daß er im Heim lebt), daß er schwere Gedächtnisstörungen hat (er vergißt nach wenigen Minuten, daß seine Frau ihn gerade besucht hat). Er ist auch von Ängsten geplagt. Er befürchtet, daß eingebrochen werden könnte, oder daß sein Geld nicht langt, um das Nötigste bezahlen zu können. Oft ist er auch tief verzweifelt, er glaubt, daß seine Frau nicht mehr kommt, und weint. Aber immer wieder richtet er sich innerlich auf. Er bekommt sehr häufig Besuch von seiner Tochter, seinem Sohn, seiner Frau und der Schwiegertochter. Dann wird erzählt, was es Neues der Familie und bei Freunden gibt. Essen darf er dann nicht mehr allein, sondern wird von seinen Angehörigen gefüttert. Er nimmt es hin, nur manchmal versucht er unbemerkt, die Kaffeetasse selbst in die Hand zu nehmen (was er durchaus kann).

Ohne Hilfe gelingt es ihm nicht mehr aufzustehen. Rollstuhl oder Stuhl sind außer dem Bett seine Aufenthaltsorte. Im Speiseraum sitzt er lange und schaut mit großen Augen, döst auch einmal eine Weile vor sich hin oder verwickelt seine Tischnachbarn, besonders Frau Stark, in lange Gespräche.

Früher, so konnte ich erfahren, war er Maurer bei der Bahn.

Herr Holz, geb. 1909
Eigentlich könnte er sprechen, aber er ist gänzlich verstummt, schon seit einigen Jahren. Er braucht zu allen Tätigkeiten Hilfestellung, auch zum Essen, Waschen und Stehen. Er ist inkontinent. Eigentlich reagiert er nur, wenn er beim Waschen, Einlagenwechseln oder Anziehen «angepackt» wird, besonders wenn es den Bereich seiner Genitalien betrifft. Dann wehrt er diese Berührungen mit erstaunlich viel Körperkraft ab, schlägt nicht selten um sich. So entwickelt sich das tägliche Waschen häufig zum Machtkampf zwischen ihm und den Pflegenden. Trotz seiner Kräfte bleibt Herr Holz stets der Verlierer. Sonst wirkt er wie eine starre, unbewegliche Marionette, keiner Ansprache zugänglich.

Bei ihm fragen sich alle danach, was ihn noch am Leben hält. Manche, wie Anette, versuchen dennoch, den Kontakt mit ihm aufzunehmen, ihm beim Essenreichen anzusprechen, ihm zu erklären, was gerade geschieht. Aber das immerwährende «Herr Holz» erreicht ihn nicht: keine Reaktion. Das einzige, wonach er spontan greift, ist das Essen. «Ließe man ihn alleine gewähren, so gäbe es eine unglaubliche Sauerei.» Deshalb wird er immer gefüttert. Morgens und mittags wird er aus seinem Bett geholt und sitzt dann schief im Rollstuhl. Er schläft oder döst die ganze Zeit in den Kissen, mit denen sein Rollstuhl ausgepolstert ist.

Frau Marek, geb. 1906

Das «Maskottchen der MitarbeiterInnen». Sie murmelt oft und anhaltend «Marmelade, Marmelade ...» vor sich hin, oder auch andere Wörter oder Sätze, die sie gerade aufgeschnappt hat. Sie ist vollständig verwirrt. Zart gebaut, mit aufgeblähtem Bauch. Starke Brille. Sie hat ihren Stammplatz im Stationszimmer und ist, wenn sie nicht dort anzutreffen ist, viel in den Gängen unterwegs. Sie singt schön und kann lachen. Sie gibt auch ab und zu einmal einen Kommentar über das ab, was sie gerade in ihrer Umgebung bemerkt. Die MitarbeiterInnen lieben sie alle, ein Sonnenschein. Sie erhält viel Aufmerksamkeit. Sie macht keine «Schwierigkeiten». Nur beim Essen ist sie unbeherrscht. Da sie den anderen immer in den Teller greifen würde, muß sie in ihrem Zimmer alleine essen.

Herr Ruhpoldt, geb. 1916

Er ist ein großer Mann und ganz hilflos. Er kann seinen Körper nicht mehr ohne Unterstützung bewegen. Er wird bewegt. Er muß gefüttert und dabei zu jedem Mundöffnen und Schlucken animiert werden.

Er schaut durch alle, durch alles hindurch, als wäre er nicht mehr von dieser Welt. Mit Kehllauten macht er sich manchmal bemerkbar. Ein trostloser Anblick. Da seine Gelenke steif, seine Arme und Beine angewinkelt sind, ist das An- und Ausziehen jedes Mal eine Tortur. Seine Frau kommt täglich, übernimmt teilweise die Versorgung. Es geschieht nicht ohne Konkurrenz mit den MitarbeiterInnen.

Sein Bett ist für ihn mit vielen Kissen ausgepolstert, denn dort verbringt er die meiste Zeit des Tages. Zwischendurch sitzt er stundenweise in seinem Sessel – regungslos. Er ißt in seinem Zimmer, in der ersten Zeit noch im Sessel, später dann im Liegen im Bett, da so das Essen besser rutscht. Das Radio läuft oft, wenn er in seinem Zimmer allein ist. Was er davon mitkriegt? Eine Krankengymnastin kommt regelmäßig.

Nachtrag: Inzwischen ist Herr Ruhpoldt gestorben. Erlöst? In der Todesanzeige wurden große Anerkennung und Dankbarkeit für die Pflegenden im Heim zum Ausdruck gebracht. Die Anzeige hin lang im Stationszimmer am schwarzen Brett.

Frau Schneider, geb. 1912

Sie hat ein scharfkantiges Gesicht und schaut ganz ernst und streng auf das, was um sie herum vorgeht. Sie zieht sich meist in ihr Zimmer zurück, beordert zeitweise über Tage und Wochen die Mahlzeiten ans Bett. Sie fühlt sich immer von irgendwelchen Krankheiten geplagt. Von den MitarbeiterInnen wird dies als Hypochondrie eingestuft, weil auch die Ärzte niemals etwas Ernstes bei ihr finden. Ihre Hausärztin verschreibt ihr dennoch willig, was sie verlangt. Der Zustand ihres Körpers ist ihre Hauptbeschäftigung und über dieses Thema ist sie auch in ständigem Kontakt mit den MitarbeiterInnen: ein ständiger Kampf um Rückzug und Aufmerksamkeit. Sie demonstriert ihre ungebrochene Überzeugung, daß die MitarbeiterInnen ihr zu Diensten sein müssen. Sie sieht gesund aus und bewegt sich sicher und ohne Hilfe auf ihren Beinen.

Frau Schreiber, geb. 1900
Sie ist eine kleine, äußerst energische Person. Selbstbewußt läuft sie mit ihrem schwarzen Stock durch die Räume: aufrecht, fordernd. Sie kann sich vehement, mit spitzem Ton beschweren, z. B. daß nicht anständig geputzt sei. Sie weiß, was sie wert ist und welche Rolle die MitarbeiterInnen zu spielen haben. Sie hält sich meist in ihrem Zimmer auf, nimmt, meiner Beobachtung nach, an den Gemeinschaftsaktionen nicht teil. Früher war sie Sekretärin. Lange glaubte ich an ihrem Verhalten ablesen zu können, daß sie Lehrerin gewesen sei.

Frau Schwindt, geb. 1909
Ist sie die «Primadonna» des Hauses? Sie ist schon lange an den Rollstuhl gefesselt und hat große Schwierigkeiten mit dem Sprechen und mit dem selbständigen Essen. Sie weiß sehr genau, was sie will und ihre jeweilige Stimmung beeindruckt die MitarbeiterInnen sehr. Sie kriegen schon mal Krach mit ihr und dann machen die MitarbeiterInnen große Anstrengungen, sich zu rechtfertigen und den Konflikt wieder beizulegen.

Sie ist eine kleine, schwere und unförmige Frau. Bewundernswert ist ihre Kraft, mit der sie «regiert». Zusammen mit zwei anderen BewohnerInnen ist sie im Heimbeirat.

Sie bewohnt ein Zimmer für sich alleine. Dort herrscht eine ganz private Atmosphäre, Berge von Zeitungen, Zeitschriften, Bilder, Krimskrams. Alles ist ordentlich aufgeräumt. Eine Urkunde eines Wohlfahrtsverbandes an der Wand zeugt von ihren Verdiensten.

5. Ein Gespräch mit Frau Groß[14]

5.1 Protokoll des Gesprächs

Aufenthaltsraum. Musik im Hintergrund. Heimorgel. Getragen, sentimental. Ich bin im Heim, um Frau Groß ein Foto zu bringen. Frau Groß hatte kurz zuvor schon mit einer Besucherin gesprochen und von ihrer Befürchtung berichtet, daß der Ehemann nicht beerdigt worden sei. Mit der gleichen Sorge spricht sie auch zu mir.

Ich: «Glauben Sie nicht, daß das geschehen ist? Ich bin sicher, daß Ihr Mann beerdigt worden ist.»

Frau Groß: «Ich weiß es nicht.»

Ich: «Sie haben es vielleicht vergessen. Es hat sicher auch eine Todesanzeige gegeben.»

Frau Groß: «Aber dann müßte er doch auch in einem Grab sein.»

Ich: «Das ist er auch bestimmt.»

Frau Groß: «Ja?»

Ich: «Das ist er bestimmt. Vielleicht müßten Sie mal hingehen. (Kleine Pause) Ich glaub, ich hab ein Foto von Ihnen, warten Sie mal, Frau Groß. Ein ganz schönes Foto habe ich von Ihnen.»

Frau Groß: «Das darf doch nicht sein.»

Ich: «Mhm.»

Frau Groß: «Das darf doch nicht sein, daß man so, wenn man gar nicht beerdigt ist, einfach, den Sohn ... (sie spricht nicht mehr weiter).»

Ich: «Ihr Sohn? Ich denk Ihr Mann.»

Frau Groß: «He?»

Ich: «Haben Sie nicht eben noch von Ihrem Mann gesprochen?»

Frau Groß: «Nein, ja von meinem Mann nicht, mein Mann lebt noch.»

Ich: «Ihr Mann lebt noch?»

Frau Groß: «Aber der Sohn.»

Ich: «Der Sohn, ich dachte, Sie hätten die ganze Zeit von Ihrem Mann gesprochen.»

Frau Groß: «... (die Musik ist sehr laut) den haben sie eben grad so auf die Seite getan.»

---

14 Tonbandprotokoll

Ich: «Das kann ich Ihnen aber auch nicht sagen, ob das wirklich stimmt, daß Ihr Sohn gestorben ist. Ich hab eben gefragt, und da hieß es, daß Ihr Mann gestorben ist.»

Frau Groß: «... (Musik sehr laut) bei den Totengräbern oder bei den toten Soldaten ...»

Ich: «Sie sind ganz traurig, mhm?»

Frau Groß: «Und der war so lieb ... (die Musik ist sehr laut) das kann ich nicht verstehen, da muß irgendetwas vorgefallen sein.»

Ich: «Ich weiß es nicht.»

Frau Groß: «Soll das die Beerdigung sein?» (Zeigt auf das Bild an der Wand.)

Ich: «Nein, das ist eine Straße in D.»

Frau Groß: (Die Musik ist sehr laut) «Ich kann nicht verstehen, daß man einen jungen Soldaten einfach verscharrt ... das war mein jüngster Sohn.»

Ich: «Ihr jüngster Sohn?»

Frau Groß: (Sie antwortet, aber die Musik ist zu laut, um es zu verstehen.)

Ich: «Das ist wahrscheinlich ein Kanal in D., ja?»

Frau Groß: «Ich kann das nicht verstehen. Das dürfen sie doch nicht, ein toter Soldat einfach verscharren ... (Musik ist sehr laut, Singen im Hintergrund) Ja, an dieser Straße da, ich weiß nicht mehr ...»

Ich: «Es ist ja auch in D.»

Frau Groß: «Bitte?»

Ich: «Das ist in D.»

Frau Groß: (Musik ist sehr laut) «In K. Ich kann das nicht begreifen.»

Ich: «Mhm»

Frau Groß: «Wenn er krank ist, dann soll er doch im Krankenhaus und da drin, irgendwie doch nicht gleich.»

Ich: «Frau Groß»

Frau Groß: «Das dürfen sie doch gar nicht.»

Ich: «Ich weiß es nicht, ich war nicht dabei. Erkennen Sie das, können Sie das sehen, wer das ist?» (Ich lege ihr das Foto vor.)

Frau Groß: «Das könnt sie sein. Unsere Oma!» (Frau Groß kann sich nicht erkennen.)

Ich: «Wer könnte das sein? Das sind Sie, Frau Groß. Ein ganz schönes Foto von Ihnen.»

Frau Groß: «Ich kann das aber nicht glauben.»

Ich: «Das sind Sie aber, da haben Sie hier vorne gesessen, hier im Sessel hinter den Pflanzen, da sitzen Sie ja oft, gell. Das ist ein ganz schönes Foto von Ihnen.»

Frau Groß: «Ich muß das meiner Tochter bringen.»

Ich: «Ja, bringen Sie's Ihrer Tochter, ich schenke Ihnen das.»

Frau Groß: «Die soll mal, ob das wirklich sein kann, … mit dem Toten.»

Ich: «Ja.»

Frau Groß: «Und da.»

Ich: «Sie müssen Ihre Tochter fragen, ja. Aber das sind Sie, das sind ja auch Sie. Das sind ja auch Sie. Das ist die Frau Groß, das sind Sie.»

Frau Groß: «Ich muß jetzt mein Mädle (die Musik ist zu laut) mich freut das.»

Ich: «Mhm.»

Frau Groß: (Sie spricht, aber die Musik ist zu laut.)

Ich: «Das sind ja auch Sie, das ist nicht Ihre Oma, das sind Sie. Wissen Sie, wie alt Sie sind?»

Frau Groß: «Ja ja. Aber das kann nicht, da ist gar nichts, nicht einmal da.» (Die Musik übertönt wieder das Gesprochene).

Ich: «Soll ich mal hinten drauf schreiben, Frau Groß, ja, am 1. Mai. Ich schreib das mal hinten drauf. Jetzt steht's da hinten drauf.»

Frau Groß: «Danke schön.»

Ich: «Da steht's jetzt drauf, Frau Groß, 1. Mai.»

Frau Groß: «Ich bring jetzt das meiner Tochter.»

Ich: «Ja, machen Sie das. Können Sie vielleicht ja Ihrer Tochter schenken, ne.»

Frau Groß: «Die hätt doch ein, eine Traueranzeige oder irgendetwas zukommen lassen müssen. Ich kann das nicht verstehen.»

Ich: «Das können wir ja Ihre Tochter fragen, aber … (sie unterbricht mich).»

Frau Groß: «Wie kann denn das passieren? Wie kann denn das passieren? Ich muß das jetzt meiner Tochter geben und dann geh ich … (die Musik ist wieder sehr laut).»

Das Gespräch ist beendet.

5.2 Reflexion des Gesprächs

Ich überdenke mein Gespräch mit Frau Groß, das sich ganz zufällig ereignete. Frau Groß ist beherrscht von sie quälenden Gedanken aus der Vergangenheit: Gestorben sein ohne beerdigt zu sein.

Hat sie nicht Abschied nehmen können von dem im Krieg gefallenen Mann? Was ist mit dem Sohn? Befürchtet sie für sich selbst, ohne Beerdigung, ohne Ritual aus dem Leben zu verschwinden? Fühlt sie sich jetzt schon abgeschnitten von ihrem Leben?

Ich kann ihr kaum folgen. Meine Versuche, sie mit meiner Logik zu erreichen, scheitern. Ebenso mein Bemühen, sie mit dem Hinweis auf das «schöne» Foto in die Gegenwart zu ziehen. Stellenweise erlebe ich mich sogar ziemlich ungeduldig. Abgrundtief erscheint mir ihre Verzweiflung. Im Gespräch gelingt es mir kaum, den emotionalen Hintergrund ihrer Sätze wirklich anzusprechen.

Später versuche ich noch einmal, das Gespräch zu reflektieren. Auf diese Weise finde ich einen Weg, auch die Ratlosigkeit der MitarbeiterInnen zu verstehen, die vergleichbare Situationen erleben.[15]

Frau Groß überschüttet mich völlig unerwartet mit ihrer inneren Not. Sie zieht mich in ihren Bann, löst aber gleichzeitig Panik bei mir aus. Meine Versuche, ihr ihre Not, ihren Druck zu nehmen, scheitern in meine Augen. Am Ende des Gesprächs trennen wir uns, beide mit unerlösten Fragen.

Was ist geschehen? Was löste die Blockade aus, die meine Kenntnisse und Fähigkeiten im Umgang mit alten desorientierten Menschen verstellte?

Es ist aussichtslos, ausweglos, zwecklos: Das sind die Gefühle, die mich im Gespräch mit Frau Groß beherrschen. Ich kann sie mit meinen Worten nicht erreichen. Sie hört nicht auf das, was ich zu ihr sage. Sie kann meine Botschaften (doch) nicht entschlüsseln. Sie ist von ihrer fixen Idee «wie vom Teufel besessen», meine Kraft ist zu gering, sie davon zu befreien. Sie steckt so tief in ihrer Vergangenheit, in Zeiten, in Lebenssituationen, in die ich ihr nicht folgen kann. Frau Groß nimmt mich gar nicht wahr, benutzt mich nur als Projektionsfläche für ihre inneren Bilder. Fühle ich mich ausgenutzt oder aber völlig überflüssig und auswechselbar?

Wut ist auch dabei, wenn einer meiner Wünsche (im nachhinein spürbar) ist, sie vehement anzupacken, sie zu schütteln, um sie aus der Vergangenheit rauszuholen, um ihr zu zeigen, wo sie jetzt ist, wo ich bin. Doch im gleichen Moment zweifle ich am Nutzen eines solchen Handelns, weniger weil ich dieser zarten Frau körperlich nicht wehtun möchte, sondern vielmehr, weil ich Frau Groß das Etikett «verwirrt», «von Sinnen», «krank», «unzurechnungsfä-

15 Für dieses nachträgliche Nachdenken nehme ich die Unterstützung von Supervision in Anspruch.

hig» aufdrücke und den Zugang zu ihr aus diesem Grunde für völlig verstellt interpretiere.

Ich fühle mich wie gelähmt. Wozu nützt mir diese Lähmung? Auf der einen Seite verbirgt sie meinen Ärger, meine Wut, daß mir Frau Groß solche Verhaltensweisen zumutet, daß sie mir diese alten Geschichten auflädt, mit denen ich nichts zu tun habe und daß sie mir diese in einer Weise präsentiert, daß ich nicht vernünftig mit ihnen umgehen kann. Wut also auf ihre Verrücktheit?

Auf der anderen Seite schützt mich meine Lähmung auch davor, mich auf Frau Groß und ihre Lebenssituation wirklich einzulassen: auf ihre Trauer um den verlorenen Mann/Sohn, auf ihre Verzweiflung, ihn nicht am sicheren Ort zu wissen, auf ihre Not, sich nicht von ihm verabschiedet zu haben, auf ihre Schuldgefühle, etwas versäumt zu haben, auf ihre Wut über den mörderischen Krieg, auf ihre Wut, verlassen worden zu sein ... wahrscheinlich auch auf ihre Wut und Verzweiflung, jetzt in dieser elenden Situation zurückgelassen worden zu sein (Frau Groß äußert immer wieder, wie schlimm sie es findet, im Heim zu leben, drückt ihre Wut aus, versucht, das Heim zu verlassen).[16]

Glauben wir hoffnungslos überfordert zu sein, wenn wir uns auf alle diese Geschichten einlassen? Fürchten wir, in diesem Sumpf mit unterzugehen, angesteckt zu werden von der sich zeigenden Depressivität? Erscheint uns die Aufgabe des Sich-Einlassens so überwältigend groß, daß wir sie lieber (den gar nicht zur Verfügung stehenden) Fachleuten, den Therapeuten überlassen möchten? Dann lieber weghören, wegsehen, die Verhaltensweisen von Frau Groß der undurchschaubaren Symptomatik eines unbeeinflußbaren Krankheitsprozesses zuordnen.

Hier liegt der nächste Stolperstein: wir definieren die Aufgabe als unseren Kräften und Fähigkeiten nicht angemessen und entwerten damit unsere vorhandenen menschlichen Fähigkeiten der Zugewandtheit und Einfühlung. Das Ziel unserer Hilfeleistung schrauben wir so hoch, daß schon der Gedanke daran uns resignieren läßt und unsere Handlungen mit großer Wahrscheinlichkeit zum Scheitern verurteilt sind.

Solche unerreichbaren Ziele könnten sein, Frau Groß möge doch «all diesen schlimmen Kram» für immer vergessen, sie möge wieder fröhlich sein und lachen, sie soll aufhören zu schimpfen, sie soll sich im Heim wohlfühlen ...

Bei genauerem Hinsehen, steckt in solchen Zielen ein ungeheurer Anspruch (um nicht zu sagen Größenwahn). Als hätten wir die Macht, die dunklen Seiten einer langen Lebensgeschichte ungeschehen zu machen, die Enttäuschungen und Schmerzen des Verlassenseins aufzuheben und die Ängste vor der Zukunft

16 «Sie hat vielleicht mit niemandem bisher darüber geredet. Niemand weiß, daß da ein ‹Kind› ist, das glaubt, Unbeerdigte sind unglücklich oder irren herum oder kommen in die Hölle oder ins Fegefeuer und müssen dort warten. Und was sie tun kann? Oder ob sie Schuld hat?», so kommentiert der Supervisor die Situation von Frau Groß.

zum Verschwinden zu bringen. Es kränkt, daß wir all das nicht können, daß wir die alten Menschen um uns herum nicht glücklich und zufrieden machen können, daß wir die «Teufel» der Vergangenheit, Gegenwart und Zukunft nicht mit «Stumpf und Stiel» austreiben können.

Überhöhte, unerreichbare Ziele verstellen uns den Blick für das, was in der Begegnung mit alten Menschen möglich ist, für lösende Schritte, die unserem Vermögen, unseren Fähigkeiten angemessen sind. Das Prinzip «Alles oder Nichts» führt zur Stagnation, zur Ohnmacht, zur Hilflosigkeit, zum Gefühl von Ausweglosigkeit, zur Kapitulation.

Was könnten im Falle von Frau Groß angemessene Schritte und Verhaltensweisen sein? Schritte, die nicht die «große Hilfe», die (Er-)Lösung bedeuten, aber Entlastungen?

- Aufmerksames, zugewandtes, aktives Zuhören. Frau Groß erhält einen Raum für ihre inneren Nöte. Sie findet in mir eine Projektionsfläche, auf der ihre Gefühle aufgefangen werden und nicht ins Leere fallen. Sie fühlt sich nicht mehr so allein, sie kann ein Stück ihrer Not abgeben. Mein Beitrag dazu: ich akzeptiere, daß sie sich diesen Raum nimmt. Lasse ihr die notwendige Zeit. Ich höre ihr aufmerksam zu und gebe ihr zu verstehen, daß ich ihre Not nachempfinden kann.

- Ich interessiere mich für ihre Geschichte(n) und frage danach: nach den inneren Bildern, die sie von den letzten Lebensstunden ihres Mannes/Sohnes hat; nach den letzten Erinnerungen an ihren Mann/Sohn, nach dem gemeinsamen Wohnort; nach dem gemeinsamen Leben; nach seiner Persönlichkeit, seinem Wesen; nach ihrer Vorstellung über den Ort, wo ihr Mann/Sohn jetzt ist; nach den vorgestellten Reaktionen ihres Mannes/Sohnes, wenn er sie nach so vielen Jahren immer noch in Trauer und Verzweiflung sähe.

- Ich unterstütze sie dabei, ihren Mann/Sohn in der Phantasie zu beerdigen, sich von ihm zu verabschieden, um so die unvollendete Geschichte zu vollenden.[17] Die Fähigkeit desorientierter Menschen, so intensiv die Vergangenheit in der Gegenwart zu erleben, kann ich für diese Vollendung nutzen.

- Ich frage sie nach den Bildern und Wünschen für ihre eigene Beerdigung und kann ihr vielleicht die Ängste nehmen, selber nicht beerdigt zu werden. Ich frage sie nach ihren Vorstellungen vom Leben nach dem Tod.

Nocheinmal: was hindert mich daran, dieses mein Wissen und meine Erfahrungen einzusetzen? Habe ich Angst, daß Frau Groß noch deutlicher ihre Ge-

---

17 Gestaltpsychologie: Das Bedürfnis des Menschen zur guten Gestalt. Zu denken ist auch an Rituale, die das Versäumte in der Gegenwart nachholen.

fühle zum Ausdruck bringt, mich mit Tränen, Wut, verzweifelten Rufen überschüttet, daß ein «Damm bricht»?

Aber lasse ich dann nicht zu, daß Frau Groß mit ihren Nöten alleine bleibt, sie immer tiefer in sich verschließt, sie versinkt und ihre Weisen, sich Entlastung zu verschaffen, immer unverständlicher, verquerer, gefährlicher werden und letztlich belastender auch für die Arbeit mit ihr. (Verstummen, absurde Handlungen, Aggressivität, Weglaufen ...) Weiß ich nicht von mir selbst und aus meinem Alltag, daß ausgesprochene, entäußerte Gefühle Erleichterung verschaffen können?

Befürchte ich, daß Frau Groß keine Reaktion auf meine Bemühung zeigen wird? Kann ich also nicht darauf vertrauen, daß meine Angebote, mein Interesse an ihr möglicherweise schon entlastend wirken, Verhärtungen lösen hilft und so neue innere Bilder auftauchen, die beruhigen? Warum gelingt es schwer, auch ohne außen sichtbare Zeichen von Gehörtwerden, von Veränderungen die Beziehung zu Frau Groß aufrechtzuerhalten? Warum kann ich keine Zeit lassen? Und reagiere eher mit der Einstellung, «es ist doch alles zwecklos»?

Es ist offensichtlich nur schwer auszuhalten, daß nichts unmittelbar zurückkommt, daß der (große) Erfolg ausbleibt, nicht sichtbar wird, daß meine Anstrengungen, mein Interesse, meine Zuwendungen ins Leere zu fallen drohen. Wieviel einfacher ist es dann, wegzugehen, Frau Groß als unheilbar krank, als unerreichbar einzustufen oder aber ihr und mir schnelle Erlösung durch ein Psychopharmaka zu verschaffen?

Frau Groß ist stark desorientiert, ja. Wer kann aber nachweisen, daß absolut nichts von meinen Bemühungen, meinem Interesse an ihr und ihrer Lebensgeschichte aufgenommen wird, daß sie nicht einmal spürt, daß jemand ihr nahe ist, sie versteht, mit ihr fühlt? Meine Erfahrungen sind doch, daß gerade sogenannte «Verwirrte» in besonders sensibler Weise den emotionalen Gehalt von Begegnungen, von Beziehungen entschlüsseln.

Verschließe ich mich trotz besseren Wissens den Nöten von Frau Groß, weil sie in mir eigene heftige Gefühle wachrufen: meine Erfahrungen und Ängste, verlassen zu werden, meine Schwierigkeiten mit dem Abschied nehmen, meine Ängste vor Krankheiten, Behinderungen und Schwächen? Oder meine Wut, über aufgezwungene Lebensformen im Alter, die auch mir unter Umständen bevorstehen? Oder scheue ich die alten Menschen mit ihren Geschichten, weil mir in ihnen meine eigenen Familiengeschichten begegnen?

Es sind meine Eltern und Großeltern, also meine mich und mein Leben prägende Vorfahren, denen ich in den alten Menschen, die ich versorge, stellvertretend begegne. Scheue ich mich also, mich mit den Wurzeln meines eigenen Lebens auseinanderzusetzen, mit den Traditionen, den Verirrungen, Brüchen, Entsagungen, die mich geprägt haben?

Oder bin ich versucht, die alten Menschen als «Unberührbare» zu betrachten, um auch die Geschichte des Volkes, dem ich angehöre, nicht anrühren zu müssen? Rührt auch daher mein Überdruß an den sich ständig wiederholenden Geschichten der alten Menschen vom Krieg, von Flucht, von Hunger, von den Anstrengungen des Wiederaufbaus ...?

Die alten Menschen sind Repräsentanten, Zeugen, Akteure, Opfer der Geschichte – eben auch der Verbrechen des Nationalsozialismus – die die individuelle, soziale und gesellschaftliche Situation auch der Gegenwart prägen. Will ich nicht wahrnehmen, daß ich genauso wie meine Vorfahren Täter und Opfer der gesellschaftlichen Verhältnisse bin und ebenfalls mich an den nachfolgenden Generationen schuldig mache?

Ich erkenne deutlich, daß mein Engagement in der Arbeit mit älteren, alten Menschen mich dazu zwingt, mich mit meiner eigenen individuellen Lebensgeschichte (einschließlich der meiner Familie) auseinanderzusetzen und dies auf dem Hintergrund der Historie, in die mein Leben eingebettet ist. Ich empfinde dies weniger als Zumutung (obwohl es durchaus schmerzhaft und anstrengend sein kann), sondern als eine Chance, mich von einengenden, die Entfaltung meiner Potentiale einschränkenden Fesseln zu distanzieren.[18]

Nicht nur die Konfrontation mit der Geschichte, den Geschichten alter Menschen vermeiden wir, sondern auch den Blick in die Zukunft. Seltsam: wir alle wissen, wie nahe der Tod von hochaltrigen, unter Umständen schwer kranken Menschen ist, doch gleichzeitig verweigern wir den Blick in die Zukunft. Wir selber richten – auf uns selbst bezogen – unsere Gedanken, Gefühle, unsere Hoffnungen und Befürchtungen beständig in die Zukunft. In der Begegnung mit alten Menschen tabuisieren wir diesen Aspekt.

Was kann mich daran hindern, mit Frau Groß in die Zukunft zu schauen, obwohl ich doch erkannt habe, daß in der Fixierung auf den unbeerdigten Mann/Sohn die eigenen Ängste vor dem Sterben oder davor, nicht angemessen beerdigt zu werden, verborgen sein können? Oder auch die Sehnsucht nach dem Tod, weil dadurch die Chance des Wiedersehens mit dem Ehemann/Sohn wachsen könnte, die aber gleichzeitig gefährdet ist, wenn er nicht bestattet wurde?

Die alten Menschen konfrontieren mich unbarmherzig mit der Tatsache meines begrenzten Lebens, rütteln an meinen Versuchen, meinem Sterben und meinem Tod und die Ängste davor abzuwehren. Will ich also, indem ich es vermeide, mit Frau Groß in die Zukunft zu schauen, die Illusion von der Unbegrenztheit meines/des Lebens erhalten?

Die alten Menschen reden oft vom Sterben, voller Furcht und Zweifel oder aber mit Sehnen und Bildern vom Weiterleben nach dem Tod. Wir überhören

---

18 Literatur zum Thema Nationalsozialismus und die Folgen für die Nachgeborenen. Peter Sichrovsky, Schuldig geboren – Kinder aus Nazi-Familien, Köln 1987; Barbara Heimannsberg/Christoph J. Schmidt (Hrsg.), Das kollektive Schweigen, Nazi-Vergangenheit und gebrochene Identität in der Psychotherapie, Heidelberg 1988; vgl. auch 1. Teil, Kapitel 1.2.

meist solche Signale, oder beschwichtigen die Botschaften («wer wird denn daran denken, Sie sind ja noch so gesund und rüstig ...»). Wir lassen so die alten Menschen alleine mit ihren auf den Tod bezogenen Fragen, Ängsten und Zweifeln, mit ihrer Unruhe und Panik. Wir nehmen uns gleichzeitig selbst die Chance der Auseinandersetzung mit der Begrenztheit unseres Lebens. Wir verpassen die Gelegenheit, bewußt uns die alten Menschen zu Vorbildern zu nehmen, mit denen wir unser eigenes Leben und Sterben – eher uns abgrenzend oder eher nachahmend – konfrontieren. Fehlt es uns an Akzeptanz und Vorstellung vom Sinn des begrenzten Lebens? Fehlt es uns an Bildern von einem Leben jenseits der uns bewußten irdischen Existenz?

Mir wird bewußt, daß die Arbeit mit alten Menschen mich dazu zwingt, mich mit Fragen nach dem Sinn des und meines Lebens auseinanderzusetzen. Ich bin aufgefordert, mich mit den religiösen Lehren und Traditionen zu beschäftigen, die die alten Menschen, aber auch mich geprägt haben. So lerne ich nicht nur die Bedeutung religiöser Botschaften – wie Wiedergeburt oder Weiterleben nach dem Tode – für andere Menschen zu akzeptieren und zu verstehen, sondern habe gleichzeitig Anlaß, mich der Art und Weise meiner religiösen Sozialisation und ihren Prägungen zu stellen.[19]

Wenn es auch schwer einzugestehen ist, so bestimmt immer wieder auch Wut mein Verhalten, meine Weigerung, mich auf die Geschichte bzw. Geschichten der alten Menschen einzulassen: Wut auf die Zumutung, beständig mit alten Menschen zu tun zu haben, sie zu pflegen, mit ihren physischen und psychischen Krankheiten belastet zu sein, mit ihren Unverschämtheiten und Bösartigkeiten überschüttet zu werden, ... Wut auch auf diejenigen, die mir diese Arbeit zuschieben (die Angehörigen, die Gesellschaft, ...), die mir Arbeitsbedingungen bieten, die zu ständigen Überforderungen führen. Ich sehe mich gezwungen, auch solche Gefühle bei mir bewußt wahrzunehmen, anstatt sie in mir zu verschließen, in unangemessenen Schuldzuschreibungen und zerstörerischen Aggressionen nach außen abzuladen.

Die Akzeptanz und Interpretation solcher negativ bewerteter Gefühle (und anderer Belastungen) ist für mich nicht leicht. Ich muß mir Zeit und Raum lassen, meine Arbeit, meine Einstellung, Gefühle und Verhaltensweisen zu reflektieren. Und oft benötige ich – genauso wie die alten Menschen auch – einen geschützten «Ort», um meinen Gefühlen und Gedanken zum Ausdruck zu verhelfen: andere Menschen, die mir verständnisvoll zuhören, sich für meine Geschichte(n) interessieren.[20]

---

19 Selbst wenn wir keine explizit religiöse Erziehung erfahren haben, sind wir doch in dieser Gesellschaft von christlichen Traditionen geprägt. Literatur zur Auseinandersetzung mit der eigenen religiösen Sozialisation: T. Moser, Gottesvergiftung, Frankfurt a. M. 1976.

20 Gemeint ist auch professionelle Unterstützung in Form von Beratung, Supervision und Fortbildung.

Wie soll es mir sonst gelingen, mich den alten Menschen und ihren Geschichten, ihren Nöten, fixen Ideen, Zweifeln, … zuzuwenden? Wie soll es mir sonst gelingen, aus der Begegnung mit den alten Menschen, für mich, für mein eigenes Leben und Sterben zu profitieren?

«Die Geburt ist nicht ein augenblickliches Ereignis, sondern ein dauernder Vorgang. Das Ziel des Lebens ist es, ganz geboren zu werden, und seine Tragödie, daß die meisten von uns sterben, bevor sie ganz geboren sind.
Zu leben bedeutet, jede Minute geboren zu werden. Der Tod tritt ein, wenn die Geburt aufhört.»
Erich Fromm

Abkürzungen

B	BewohnerIn
bzw.	beziehungsweise
ebd.	ebenda
f.	die folgende Seite
ff.	die folgenden Seiten
MA	MitarbeiterIn
s.	siehe
S.	Seite
vgl.	vergleiche
z. B.	zum Beispiel

Im Gesprächsmaterial/Protokollauszügen bedeuten

...	nicht vollendeter Satz, Gedankensprung im Gespräch
[...]	Auslassung im Protokoll/Transskript
«...»	wörtliche Rede, bzw. im Heim benutzter Ausdruck
‹...›	Redewendung

Die Verweise zum Erhebungsmaterial (Protokolle, Gespräche) sind folgendermaßen gekennzeichnet:

AB	Abschlußbericht an die MitarbeiterInnen
B 6	Gespräch mit Anette (Mitarbeiterin) S. 6
BV 2	Vorgespräch mit Anette (Mitarbeiterin) S. 2
E 1/4	Gespräch mit Mira (Mitarbeiterin) Nr. 1/S. 4
G 10/8	Gespräch mit BewohnerIn (am 10.8.). Der Name des Bewohners, der Bewohnerin ergibt sich aus dem Zusammenhang im Text
P 14/1	Protokoll Nr. 14, S. 1
S 25	Gespräch mit dem Heimleiter S. 25
Ü 4/12	Übergabe im Team (am 4.12.)
ZB 30/4	Zwischenbericht an die MitarbeiterInnen (am 30.4.)

Die Studie gliedert sich in 3 Teile. Kapitelverweise ohne zusätzliche Angabe des Teiles beziehen sich auf den Zweiten Teil: Der Alltag in Pflegeheim.

Glossar

Abwehr/Abwehrmechanismen – Spannungsreduzierende Maßnahmen, die das Individuum vor unangenehmen, schmerzhaften Affekten schützen; zu den Abwehrmechanismen gehören z. B. Projektion, Verdrängung, Verleugnung, Regression …

Affekt, affektiv – Allgemeine Bezeichnung für jede Form von Gefühlen, Gemütsbewegungen (Emotionen).

Aktivierende Pflege – Eine über die Grund- und Behandlungspflege hinausgehende oder besser sie integrierende Versorgung, die die Erhaltung und Förderung der Selbständigkeit und Eigenverantwortlichkeit der (alten) Menschen zum Ziel hat.

Altenheim – Einrichtung zur Verpflegung und Betreuung alter Menschen, die nicht oder nur in geringem Maße pflegerische Versorgungsleistungen benötigen.

Altenpflegeheim – Einrichtung, in der pflegebedürftige alte Menschen und chronisch Kranke umfassende Pflege, Betreuung und Versorgung erfahren.

Altenwohnheim/Altenwohnanlage – Zusammenfassung altersgerechter Wohnungen, in denen selbständige Lebensführung der alten Menschen möglich ist und erwartet wird.

Altenwohnstift – Altenwohnanlage für die gehobenen Ansprüche.

Alzheimer Krankheit (Demenz vom Alzheimer Typ) – Neuropathologische Veränderungen des Gehirns, fortschreitender Verlauf bis zu hochgradigen Störungen des Gedächtnisses, der Orientierung und der Sprache.

Archetypen – Inhalte des kollektiven Unbewußten, die unabhängig vom individuellen Unbewußten existieren (Lehre von C. G. Jung); archetypische Bilder finden sich zum Beispiel in Märchen, Mythologien und Religionslehren.

Bastion – (vorspringendes Bollwerk einer) Festung

Behandlungspflege – Dienstleistungen, die in Zusammenhang mit Krankheiten notwendig sind und der Kranke/Behinderte nicht selbst durchführen kann.

Demenz (demenzielle Störung) – Hirnleistungsstörung; Demenz beschreibt ein klinisches Zustandsbild, beinhaltet keine Aussage über die Entstehungsbedingungen. Demenz wird im alltäglichen Gebrauch als Verwirrtheit bezeichnet und reicht von leichter kognitiver Beeinträchtigung bis hin zur Demenz nach dem Alzheimer Typ.

‹education permanente› – Konzept des lebenslangen Lernens, das sich sowohl in Bildungseinrichtungen als auch durch Erfahrungen im alltäglichen Leben vollzieht.

Eigenübertragung – Unbewußte Reaktion des Analytikers in der psychoanalytischen Therapie, relativ unabhängig von der Übertragung des Patienten, aus der eigenen Biographie des Therapeuten entstehend; vgl. 2. Teil, Reflexion 6

Empathie – Einfühlung, die Fähigkeit, sich in den anderen auf dem Wege der Identifikation hineinzuversetzen.

Fokus – Brennpunkt; Fokussieren: das Augenmerk auf einen ganz bestimmten Sachverhalt konzentrieren.

Ganzheitliche Pflege – Ein Pflegeverständnis, das den Menschen als untrennbare Körper-Seele-Geist-Einheit wahrnimmt und die Pflege in diesem Sinne konzipiert.

Gegenübertragung – Unbewußte Reaktion des Analytikers in der psychoanalytischen Therapie als Reaktion auf die Übertragung des Patienten; vgl. 1. Teil, Kapitel 2.2 und 2. Teil, Reflexion 6

Grundpflege – Hilfeleistungen bei der Körperpflege und zur Gesunderhaltung, die ein gesunder und nicht behinderter Mensch in der Regel selbständig ausführen würde.

Gruppenpflege – Eine Teilgruppe des Pflegeteams ist für eine begrenzte Zahl von Pflegebedürftigen zuständig; Gruppenpflege reduziert die Vielzahl der Bezugspersonen für den/die einzelne(n) Bewohner/in und ermöglicht einen höheren Grad individuell zugeschnittener Pflege.

Habitualisierung – Verhaltensweisen verfestigen sich, werden zur Gewohnheit

In-Group – Eigengruppe, Wirgruppe, Bezeichnung für eine Gruppe, zu der man sich zugehörig fühlt.

Institution – Umgangssprachlich meist mit Einrichtung und Organisation gleichgesetzt; Soziologie: Komplex relativ festgefügter Handlungs- und Beziehungsmuster in bezug auf gesellschaftlich bedeutende soziale Systeme (z. B. Ehe, Erziehung).

Institutionalisierung – Vorgang der Verfestigung und Generalisierung von Handlungs- und Beziehungsmustern.

Interaktion – Wechselseitige Beeinflussung des Verhaltens von Individuen oder Gruppen.

Introversion/Extroversion – Konzepte der Persönlichkeitsforschung, introvertierte Persönlichkeit – Interesse ist eher nach innen, auf das eigene Selbst ausgerichtet; extrovertierte Persönlichkeit, Interesse ist eher nach außen, zu anderen Menschen, zur Umwelt hin gerichtet.

Kurzzeitpflege – Zeitlich befristete stationäre Ganztagsbetreuung zur vorübergehenden Entlastung von pflegenden Angehörigen oder zur Verkürzung/Vermeidung von Krankenhausaufenthalten

Milieu – Gesamtheit von räumlichen und sozialen Umweltfaktoren, die auf die Entwicklung und das Verhalten von Menschen Einfluß nehmen

Narzißtische Kränkung – Reaktion auf eine massive Verletzung des Selbstbildes/Selbstwertgefühls, vgl. 2. Teil, Reflexion 6

Narzißtische Störung – Übersteigerte Selbstbezogenheit, deren entwicklungspsychologische Ursachen in der (frühen) Kindheit liegen (Narzißmus – Selbstliebe, nach der Sage vom griechischen Jüngling, Narkissos, der sich in sein Spiegelbild verliebte)

Organisation – Soziale Einheit, die dauerhaft ein Ziel verfolgt, eine formale Struktur (hierarchische Gliederung) aufweist und deren untereinander koordinierte Aktivitäten von formalen Regelungen bestimmt werden (z. B. Pflegeheim).

Projektion – Verlagerung abgespaltener Persönlichkeitsanteile auf andere Menschen

Pseudodemenz – Symptomatik, die der «echten» Demenz ähnelt, jedoch die Folge schwerer depressiver Störungen sein kann.

Regression – Rückkehr (zeitweise, partiell) zu früheren Entwicklungsformen des Denkens, der Gestaltung von Beziehungen und der Strukturierung von Verhaltensweisen; vgl. 2. Teil, Reflexion 4

Stereotyp – Festgefügte, relativ überdauernde, positiv oder negativ bewertete und emotional gefärbte Sichtweise oder Vorstellung von Personen oder Gruppen.

Surplus – Überschuß, Gewinn

Szenisches Verstehen – Ganzheitliches Erfassen konkreter Situationen

Übertragung – Psychoanalytische Bezeichnung für die unbewußte Verlagerung von affektiven Einstellungen oder Bindungen aus einer früheren Beziehung in eine spätere, in irgend einer Hinsicht ähnliche Beziehung; vgl. 1. Teil, Kapitel 2.2

ubiquitär – überall verbreitet

Widerstand – Weigerung eines Menschen, sich seiner unbewußten, verdrängten Wünsche und Gefühle bewußt zu werden.

Literaturverzeichnis

Achterberg, J., 1993: Die Frau als Heilerin. Die schöpferische Rolle der heilkundigen Frau in Geschichte und Gegenwart, Bern

Adler, M., 1993: Ethnopsychoanalyse. Das Unbewußte in Wissenschaft und Kultur, Stuttgart

Aichelin, H./Feist, D./Herzog, R./Lindner, R./Pöhlmann, H.G., 1978: Tod und Sterben. Deutungsversuche, Gütersloh

Akademie der Wissenschaften zu Berlin, 1992: Forschungsbericht 5: Zukunft des Alterns und gesellschaftliche Entwicklung, Berlin

Alteninitiativen (Hrsg.), 1983: Morgens um sieben ist der Tag schon gelaufen. Der alltägliche Skandal im Pflegeheim, Weinheim

Anthes, J./Karsch, N., 1975: Zur Organisationsstruktur des Altenheimes. Eine Inhaltsanalyse von Hausordnungen von Altenheimen in Nordrhein-Westfalen und Bayern. KDA, Köln

Arbeitsgruppe Bielefelder Soziologen, (Hrsg.), 1980: Alltagswissen, Interaktion und gesellschaftliche Wirklichkeit, Opladen

Aries, Ph., 1976: Studien zur Geschichte des Todes im Abendland, München

Backes, G., 1987: Frauen und soziales Ehrenamt. Zur Vergesellschaftung weiblicher Selbsthilfe, Augsburg

Backes, G., 1993 (a): Frauen zwischen ‹alten› und ‹neuen› Alter(n)srisiken. In: G. Naegele, H.P. Tews (Hrsg.), Lebenslagen im Strukturwandel des Alters, Opladen, S. 170–187

Backes, G., 1993 (b): Pflegende Frauen. In: Sozial Extra 12/1993, S. 2–5

Backes, G., 1994: Pflegende Frauen: zwischen traditioneller Solidaritätsnorm und modernen Lebensformen. Chancen für die Humanisierung von Pflege. In: H. Braun, Th. Klie, M. Kohnert, I. Lüders, Zukunft der Pflege. Beiträge zur Pflegediskussion in Altenarbeit und Gerontologie, Melsungen, S. 137–164

Baklan, M., 1988: Wer sich Allah nähert, wird frei von Frei-Zeit werden. Sichtweisen und Probleme alternder Türken in der Bundesrepublik. In: G. Göckenjan, H.J. von Kondratowitz, Alter und Alltag, Frankfurt a. M., S. 386–407

Balint, M., 1970: Therapeutische Aspekte der Regression, Stuttgart (1968)

Bar-On, D., 1990: Die Kinder der Holocaust-Täter und ihre Suche nach moralischer Identität. In: Integrative Therapie 3/90, S. 222–245

Bauer, A./Bauer, U., 1990: Macht und Kränkung als Korrelate pflegender Berufe. In: H. Pühl (Hrsg.), Handbuch der Supervision, Berlin, S. 464–476

Bauer, I., 1993: Patients Privacy. An Exploratory Study of Patients: Perception of their Privacy in a German Acute Care Hospital, College of Medicine University of Wales, Cardiff (Dissertation)

Bauer, I., 1996: Die Privatsphäre der Patienten, Bern.

Bauer, J., 1991: Entwicklung im Vorfeld dementieller Erkrankungen, Vortrag, 3. Symposium Psychoanalyse und Altern in Kassel

Bauriedl, T., 1988: Das Leben riskieren. Psychoanalytische Perspektiven des politischen Widerstands, München

Beauvoir, S., 1972: Das Alter, Reinbek (1970)

Becker, H.S., 1973: Außenseiter, Frankfurt a. M. 1963

Becker, W., 1994: Pflegen als Beruf: Ein Berufsbild in der Entwicklung, Bielefeld

Beck-Gernsheim, E., 1976: Der geschlechtsspezifische Arbeitsmarkt. Zur Ideologie und Realität von Frauenberufen, Frankfurt a. M.
Beck-Gernsheim, E., 1993: Familie und Alter: Neue Herausforderungen, Chancen, Konflikte. In: G. Naegele, H.P. Tews (Hrsg.), Lebenslagen im Strukturwandel des Alters, Opladen, S. 158–169
Beckmann, D., 1978: Übertragungsforschung. In: L.J. Pongratz (Hrsg.), Handbuch der Psychologie Band 8: Klinische Psychologie (2. Halbband), Göttingen, S. 1242–1256
Belenky, M.F./Clinchy, B./Goldberger, N.R./Tarule, J.M., 1989: Das andere Denken. Persönlichkeit, Moral und Intellekt der Frau, Frankfurt a. M. (1983)
Berger, P.L./Luckman, Th., 1990: Die gesellschaftliche Konstruktion der Wirklichkeit, Frankfurt a. M. (1969)
Bergmann, J.R., 1991: «Studies of Work» – Ethnomethodologie. In: U. Flick et al. (Hrsg.), Handbuch Qualitative Sozialforschung, München, S. 269–272
Bernsdorf, W. (Hrsg.), 1972: Wörterbuch der Soziologie, Band 1–3, Frankfurt a. M.
Bienstein, Ch./Fröhlich, A., 1992: Basale Stimulation in der Pflege, Düsseldorf
Bischoff, C., 1992: Frauen in der Krankenpflege. Zur Entwicklung von Frauenrolle und Frauenberufstätigkeit im 19. und 20. Jahrhundert, Frankfurt a. M.
Blau, P.M., 1964: Exchange and Power in Social Life, New York
Blimlinger, E./Ertl, A./Koch-Straube, U./Wappelshammer, E., 1994: Lebensgeschichten. Biographiearbeit mit alten Menschen, Hannover
Bond, J./Coleman, P./Peace, S. (Hrsg.), 1993: Aging in Society, London
Bonß, W., 1991: Soziologie. In: U. Flick et al. (Hrsg.), Handbuch Qualitative Sozialforschung, München, S. 36–39
Borscheid, P., 1989: Geschichte des Alters, München
Borsi, G. (Hrsg.), 1989: Die Würde des Menschen im psychiatrischen Alltag, Göttingen
Bosch, C., 1992: Daheim. Eine unterschiedliche Realität für betagte Patientinnen und ihre Pflegepersonen im Pflegeheim. In: Pflege, Band 5, 1/92, S. 41–49
Brandt, H./Dennebaum, E.M./Rückert, W., 1987: Stationäre Altenhilfe – Problemfelder – Rahmenbedingungen – Perspektiven, Freiburg
Braun, H./Klie, Th./Kohnert, M./Lüders, I. (Hrsg.), 1994: Zukunft der Pflege, Melsungen
Braun, U./Halisch, R., 1989: Pflegeplanung als Arbeitsstil, Hannover
Bright, R., 1984: Musiktherapie in der Altenhilfe, Stuttgart
Bruder, J., 1990: Alterspsychotherapie und Angehörigenarbeit. In: R.D. Hirsch (Hrsg.), Psychotherapie im Alter, Bern/Göttingen, S. 73–82
Buck, R., 1984: The Communication of Emotion, New York
Buff, W./Gronemeyer, R., 1987: Hilfe um jeden Preis. Von der Notwendigkeit der Altenhilfe Grenzen zu setzen. In: U. Koch-Straube (Hrsg.), Die Zukunft des Alters ist das Leben, Darmstadt, S. 149–160
Bundesminister für Jugend, Familie und Soziales (Hrsg.), 1978: Altenwohnheime, Personal und Bewohner, Stuttgart
Bundesministerium für Familie und Senioren, 1993: 1. Altenbericht der Bundesregierung, Bonn
Burgess, R.G., 1982: Field Research: A source book and field manuel, London
Chodorow, N., 1985: Das Erbe der Mütter, München (1978)
Cicourel, A.V., 1970: Methode und Messung in der Soziologie, Frankfurt
Cohen, A.P., 1994: Self Consciousness. An Alternative Anthropology of Identity, London
Cooper, B./Mahnkopf, B./Bickel, H., 1984: Psychische Erkrankungen und soziale Isolation bei älteren Heimbewohnern. In: Zeitschrift für Gerontologie 17/1984, S. 117–125
Cooper, D., 1976: Psychiatrie und Antipsychiatrie, Frankfurt a. M. (1971)
Corr, D.M./Corr, C.A., 1992: Gerontologische Pflege, Bern
Cremerius, J., 1978: Zur Theorie und Praxis der psychosomatischen Medizin, Frankfurt a. M.

Cumming, E./Henry, W.E., 1961: Growing old, the process of disengagement, New York
Daimler, R., 1991: Verschwiegene Lust. Frauen über 60 erzählen von Liebe und Sexualität, Köln
Daniel, R., 1990: Das Todesthema im psychotherapeutischen Prozeß aus der Sicht der Tiefenpsychologie. In: Integrative Therapie 3/90, S. 191–209
Dannemann, M., 1991: Partnerschaft und Sexualität aus ethnologischer Sicht. In: F. Karl, I. Friedrich (Hrsg.), Partnerschaft und Sexualität im Alter, Darmstadt, S. 133–140
Davis, A.J., 1973: The phenomenolocical approach in nursing research. In: E.A. Garrison (Hrsg.), Doctoral preparation for nurses, San Francisco/California, S. 221–228
Devereux G., 1967: Angst und Methode in den Verhaltenswissenschaften, München
Devereux, G., 1978: Ethnopsychoanalyse. Die komplementaristische Methode in den Wissenschaften vom Menschen, Frankfurt a. M.
Devereux, G., 1982: Normal und anormal. Aufsätze zur allgemeinen Ethnopsychiatrie, Frankfurt a. M.
Deutsche Gesellschaft für Gerontologie und Geriatrie, 1995: Fachbereich IV (Soziale Gerontologie und Altenarbeit), Professionelle Pflege alter Menschen, Positionspapier
Deutsches Zentrum für Altersfragen (Hrsg.) 1982: Altwerden in der Bundesrepublik Deutschland: Geschichte – Situationen – Perspektiven, Bd. 1–3, Berlin
Deutsches Zentrum für Altersfragen, 1982: Sozialdienste und Gesundheitsdienste für ältere Menschen. In: Deutsches Zentrum für Altershilfe (Hrsg.), Altwerden in der Bundesrepublik: Geschichte – Situationen – Perspektiven, Band 2, Berlin, S. 681–852
Dießenbacher, H., 1988: Gewalt gegen Alte. Über Vernachlässigungs-, Mißhandlungs- und Tötungsrisiken in Einrichtungen der Altenhilfe. In: G. Göckenjan, H. Kondratowitz (Hrsg.), Alter und Alltag, Frankfurt a. M., S. 372–385
Dießenbacher, H./Schüller, K., 1993: Gewalt im Altenheim, Freiburg
Dörner, K. (Hrsg.), 1991: Aufbruch der Heime, Gütersloh
Douglas, J.D., 1976: Investigative Social Research, Beverly Hills
Douglas, M., 1986: Ritual, Tabu und Körpersymbolik. Sozialanthropologische Studien in Industriegesellschaft und Stammeskultur, Frankfurt a. M., (1970)
Douglas, M., 1991: Wie Institutionen denken, Frankfurt a. M.
Drever, J./Fröhlich, W.D., 1971: Wörterbuch der Psychologie, München
DTV Lexikon, 1966: Ausgabe in 20 Bänden, München
Dunkel, W., 1993: Altenpflege und der Rest des Lebens – Was der Pflegenotstand mit der alltäglichen Lebensführung zu tun hat. In: Altenpflege Forum 3/1993, S. 10–20
Eastman, M., 1991: Gewalt gegen alte Menschen, Freiburg
Ebberfeld, I., 1992: «Es wäre schon schön, nicht so allein zu sein». Sexualität von Frauen im Alter, Frankfurt a. M.
Eicken, B. von/Ernst, E./Zenz, G., 1990: Fürsorglicher Zwang, Köln
Eisler, P., 1991: Berühren aus Berührtsein in der integrativen Leibtherapie. In: Integrative Therapie 1–2/ 1991, S. 85–116
Elsbernd, A., 1994: Zum Verhältnis von pflegerischem Wissen, pflegerischer Handlungsfreiheit und den Grenzen des Gehorsams der individuellen Pflegeperson, in: Pflege, Band 7, Heft 2, S. 105
Enzmann, D./Kleiber, D., 1989: Helfer-Leiden. Streß und Burnout in psychosozialen Berufen, Heidelberg
Erdheim, M., 1984: Die gesellschaftliche Produktion von Unbewußtheit. Eine Einführung in den ethnopsychoanalytischen Prozeß, Frankfurt a. M.
Erdheim, M., 1990: Initiation: Adoleszenz in kalten Kulturen. In: Mario Erdheim, Die gesellschaftliche Produktion von Unbewußtheit, Frankfurt a. M., 1984, S. 284–295

Erdheim, M., 1993: Therapie und Kultur, Zur gesellschaftlichen Produktion von Gesundheits- und Krankheitsvorstellung. In: Ethnopsychoanalyse, Band 3, Körper, Krankheit und Kultur, Frankfurt a. M., S. 75–89

Erdheim, M./Nadig, M., 1979: Größenphantasien und sozialer Tod. In: Kursbuch 58, Berlin, S. 115–126

Erdheim, M./Nadig, M., 1991: Ethnopsychoanalyse. In: Ethnopsychoanalyse Band 2: Herrschaft, Anpassung, Widerstand, Frankfurt a. M., S. 187–201

Erikson, E., 1965: Kindheit und Gesellschaft, Stuttgart

Erikson, E., 1966: Wachstum und Krisen der gesunden Persönlichkeit, Stuttgart (1953)

Erlemeier, M., 1993: Grenzen psychologischer Intervention in der Altenpflege. In: Altenpflege 8/1993, S. 380–382

Ethnopsychoanalyse Band 1, 1990: Glaube, Magie und Religion, Frankfurt a. M.

Ethnopsychoanalyse Band 2, 1991: Herrschaft, Anpassung, Widerstand, Frankfurt a. M.

Ethnopsychoanalyse Band 3, 1993: Körper, Krankheit und Kultur, Frankfurt a. M.

Evangelische Fachhochschule Rheinland-Westfalen-Lippe, Pflege als Studium, Bochum 1994

Fengler, Ch./Fengler, Th., 1984: Alltag in der Anstalt, Rehburg-Loccum

Flick, U./Kardorff, E.v./Keupp, H./Wolff, S. (Hrsg.), 1991: Handbuch Qualitative Sozialforschung, München

Floeth, Th., 1991: Ein bißchen Chaos muß auch sein, Bonn

Forum Sozialstation, 1993: Aktivitäten und existentielle Fragen des täglichen Lebens, 7/1993 (Sonderheft)

Foucault, M., 1973: Die Geburt der Klinik. Eine Archäologie des ärztlichen Blicks, München (1962)

Foucault, M., 1981: Überwachen und Strafen, Frankfurt a. M. (1975)

Freud, S. 1968: Drei Abhandlungen zur Sexualtheorie. Gesamtwerke, Band V, Frankfurt a. M. (1905)

Frieling-Sonnenberg, W., 1994 (a): Das unglaubliche Schweigen. Zur sexuellen Lebensgeschichte der Pflegenden und alten Menschen im Heim. In: Sozial Extra 10/94, S. 9–11

Frieling-Sonnenberg, W., 1994 (b): Prämissen eines qualitativen Wandels in der Altenpflege. In: Pflege Band 7, 2/94, S. 117–123

Frieling-Sonnenberg, W., 1994 (c): Unterlassene Hilfeleistung. Die systematische Ausgrenzung von Pflegefällen. In: Sozial Extra 10/94, S. 5–8

Fromm, E., 1980: Die Kunst des Liebens, Frankfurt a. M.

Füsgen, I., 1991: Demenz, Braunschweig

Galuschka, L./Hahl, B./Neander, K.-D./Osterloh, G., 1993: Die Zukunft braucht Pflege. Eine qualitative Studie über die Belastungswahrnehmungen beim Pflegepersonal, Frankfurt a. M.

Gamm, H.J., 1977: Der aktuelle pädagogische Ansatz: Lebenslanges Lernen. In: H.J. Gamm, Umgang mit sich selbst, München S. 23–35

Garfinkel, H., 1967: Studies in Ethnomethodology, New York

Garfinkel, H., 1981: Das Alltagswissen innerhalb und außerhalb sozialer Strukturen. In: Arbeitsgruppe Bielefelder Soziologen, Alltagswissen, Interaktion und gesellschaftliche Wirklichkeit, Reinbek, S. 189–263

Garfinkel, H., 1986: Ethnomethodological Studies of Work, London

Gastinger, L., 1988: Freiheitsschutz und Haftungsrecht in der stationären und ambulanten Altenhilfe, Freiburg

Geer, B., 1964: First days in the Field. In: P.E. Hammond, Sociologists at work, New York, S. 372–398

Geertz, C., 1987: Dichte Beschreibung. Beiträge zum Verstehen kultureller Systeme. Frankfurt a. M. (1983)

Gildemeister, R., 1989: Institutionalisierung psychosozialer Versorgung. Eine Feldforschung im Grenzbereich von Gesundheit und Krankheit, Wiesbaden

Glaser, B.G./Strauss, A.L., 1979: Die Entdeckung gegenstandsbezogener Theorie. Eine Grundstrategie qualitativer Sozialforschung. In: C. Hopf, E. Weingarten, Qualitative Sozialforschung, Stuttgart, S. 91–111

Göckenjan, G./Kondratowitz, H.J., 1988: Alter und Alltag, Frankfurt a. M.

Goffman, E., 1977: Asyle, Frankfurt a. M. (1961)

Goffman, E., 1982 (a): Das Individuum im öffentlichen Austausch, Frankfurt a. M. (1971)

Goffman, E., 1982 (b): Territorien des Selbst. In: E. Goffman, Das Individuum im öffentlichen Austausch, Frankfurt a. M.

Golde, P. (Hrsg.), 1986: Women in the Field. Anthropological Experiences, Berkeley/California (1970)

Greenson, R., 1989: Technik und Praxis der Psychoanalyse, Stuttgart

Grond, E., 1984: Die Pflege verwirrter alter Menschen. Psychisch Alterskranke und ihre Helfer im menschlichen Miteinander, Freiburg

Gronemeyer, R., 1987: Elemente sozialer Infantilisierung in einer sich wandelnden Gesellschaft. In: DZA (Hrsg.), Die ergraute Gesellschaft, Berlin, S. 439–445

Gröning, K., 1994: Die Mutterfalle im Pflegeheim. In: Altenheim 10/94, S. 728–733

Gubrium, J.F., 1975: Living and Dying at Murray Manor, New York

Gubrium, J.F., 1976: Time, roles and self in old age, New York

Gubrium, J.F., 1988 (a): Analyzing Field Reality, Beverly Hills

Gubrium, J.F., 1988 (b): Gefühlsarbeit und emotionaler Diskurs beim Erleben der Alzheimer Krankheit. In: G. Göckenjan, H.-J. Kondratowitz, Alter und Alltag, Frankfurt, S. 351–371

Gubrium, J.F./Hollstein, J.A., 1994: Analyzing Talk and Interaction. In: J.F. Gubrium, A. Sankar (Hrsg.), Qualitative Methods in Aging Research, Thousand Oaks, S. 173–188

Gutzmann, H. (Hrsg.), 1992: Der dementielle Patient, Bern

Haag, A., 1985: Psychosomatische Aspekte funktioneller Störungen bei der Bewältigung von Verlusten im Alter. In: M. Bergener, B. Kark, Psychosomatik in der Geriatrie, Darmstadt, S. 24–31

Habermas, J., 1973: Stichworte zu einer Theorie der Sozialisation. In: J. Habermas, Kultur und Kritik, Frankfurt a. M., S. 118–194

Häfner, H., 1986: Psychische Gesundheit im Alter, Stuttgart

Hall, E.T., 1966: The Hidden Dimension, New York

Hammer, E., 1994 (a): Qualifikationsanforderungen in der Altenhilfe, Frankfurt a. M.

Hammer, E., 1994 (b): Zwischen Mütterlichkeit und Management. In: Forum Sozialstation 19/94, S. 14–17

Hammond, P.E., 1964: Sociologists at Work, New York

Hazan, H., 1988: Körperbild und sozialer Kontext. Über die Konstruktion somatischer Erfahrungen in Alteneinrichtungen. In: G. Göckenjan und H.J. Kondratowitz, Alter und Alltag, Frankfurt a. M., S. 299–330

Hecker, M., 1988: Familienrekonstruktion in Deutschland. Ein Versuch, sich der Vergangenheit zu stellen. In: B. Heimannsberg, Ch. Schmidt (Hrsg.), Das kollektive Schweigen, Nazivergangenheit und gebrochene Identität in der Psychotherapie, Heidelberg, S. 175–195

Heimannsberg, B./Schmidt, Ch.J. (Hrsg.), 1988: Das kollektive Schweigen. Nazivergangenheit und gebrochene Identität in der Psychotherapie, Heidelberg

Heinemann, E., 1990: Mütter der Magie. Afrokaribische Kulte in Jamaica. In: Ethnopsychoanalyse Band 1: Glaube, Magie, Religion, Frankfurt a. M., S. 32–54

Heinrichs, H.-J. (Hrsg.), 1985: Das Fremde verstehen. Gespräche über Alltag, Normalität und Anormalität, Frankfurt a. M. (1982)

Henderson, V., 1977: Grundregeln der Krankenpflege, Genf

Herberich-Marx, G./Raphael, F., 1988: Der verdrängte Körper. Sexualität und Körperpräsenz in Altenpflegeheimen. In: G. Göckenjan und H.-J. Kondratowitz, Frankfurt a. M., S. 331–350
Herrmanns, H., 1991: Narratives Interview, in: U. Flick et al. (Hrsg.), Handbuch qualitative Sozialforschung, München, S. 182–185
Hesse, H., 1977: Das Glasperlenspiel, Frankfurt a.M: (1943)
Heuft, G., 1990: Bedarf es eines Konzeptes der Eigenübertragung? In: Forum Psychoanalyse 6/1990, S. 299–315
Heuft, G., 1993: Konstituierende Faktoren der Übertragung/Gegenübertragung, Vortrag, 5. Arbeitstagung für Psychotherapie im Alter, Bonn, Juni 1993, Tagungsthema: Spannungsfeld: Älterer Patient – Jüngerer Therapeut
Heuft, G., 1994: Persönlichkeitsentwicklung im Alter. Ein psychoanalytisches Paradigma. In: Zeitschrift für Gerontologie 27/1994, S. 116–121
Heuft, G., 1995: Der Zusammenhang zwischen lebenslanger Entwicklung und Ausbildung akuter funktioneller Körpersymptome im Alter. In: G. Heuft, A. Kruse, H.-G. Nehen, H. Radebold, Interdisziplinäre Gerontopsychosomatik, München, S. 20–30
Heuft, G./Kruse, A./Nehen, H.-G./Radebold, H. (Hrsg.), 1995: Interdisziplinäre Gerontopsychosomatik, München
Heuft, G./Senf, W., 1992: Stationäre fokaltherapeutische Behandlung Älterer und erste Ergebnisse. In: Zeitschrift für Gerontologie 25/1992, S. 380–385
Hirsch, M., 1994: Psychologie für Altenpfleger, Berlin
Hirsch, R.D., 1990: Psychotherapie im Alter, Bern
Hirsch, R.D. (Hrsg.), 1992: Altern und Depressivität, Bern
Hirsch, R.D., 1993: Balintgruppe und Supervision in der Altenarbeit, München
Hirsch, R.D. (Hrsg.), 1994: Psychotherapie bei Demenzen, Darmstadt
Hochschield, A.R., 1973: The Unexpected Community. Portrait of An Old Age Subculture, Berkeley
Hochschield, A.R., 1990: Das gekaufte Herz. Zur Kommerzialisierung der Gefühle, Frankfurt a. M. (1983)
Hoffmann-Riem, Ch., 1980: Die Sozialforschung einer interpretativen Soziologie. Der Datengewinn. In: Kölner Zeitschrift für Soziologie und Sozialpsychologie, 32,S. 339–372
Hofmann, W., 1983: Die «psychothérapie institutionelle». Theorie und Praxis einer psychiatrischen Bewegung in Frankreich, Frankfurt a. M.
Hohmeier, J., 1978: Alter als Stigma. In: J. Hohmeier und H.J. Pohl (Hrsg.), Alter als Stigma, Frankfurt a. M., S. 10–30
Hohmeier, J./Pohl, H.J., 1978: Alter als Stigma, Frankfurt a. M.
Horkheimer, M./Adorno, Th.W., 1971: Dialektik der Aufklärung, Frankfurt a. M.
Hummel, K., 1982: Öffnet die Altersheime, Weinheim
Inoue, Y., 1987: Meine Mutter, Frankfurt a. M.
Jeggle, U., 1987: Das Fremde im Eigenen. Ansichten der Volkskunde. In: A. Kuntz, B. Pfleiderer, (Hrsg.), Fremdheit und Migration, Berlin, S. 13–32
Jonas, H., 1984: Das Prinzip Verantwortung. Versuch einer Ethik für die technologische Zivilisation. Frankfurt a. M.
Josczok, D./Rasche, B., 1994: Mullverband, Chiffre oder Zauberstab, in: Frankfurter Rundschau (Forum Humanwissenschaften) 2.6.1994
Jouhy, E., 1987: Ohne Arbeit leben. Von der Notwendigkeit des Engagements älterer Menschen in der Gesellschaft. In: U. Koch-Straube (Hrsg.), Die Zukunft des Alters ist das Leben, Darmstadt, S. 41–54
Juchli, L., 1985: Heilen durch Wiederentdeckung der Ganzheit, Stuttgart
Juchli, L., 1987: Krankenpflege, Stuttgart
Kamper, D./Wulf, Ch. (Hrsg.) 1982 (a): Die Wiederkehr des Körpers, Frankfurt a. M.

Kamper, D./Wulf, Ch. (Hrsg.) 1982 (b): Die Parabel der Wiederkehr. In: Die Wiederkehr des Körpers, Frankfurt a. M., S. 9–21
Kast, V., 1982: Trauern. Phasen und Chancen des psychischen Prozesses, Stuttgart
Kast, V., 1990: Verlust, Ablösung und Trauer im therapeutischen Prozeß. In: Integrative Therapie 3/90, S. 174–190
Kempe, P./Closs, Ch., 1984: Bedeutung und Hintergrund altruistischer Motivationen in der Altenpflege. In: Das Altenheim 12/1984, S. 374–386
Kempe, P./Lindner, I./Sauter M., 1993: Bewältigungshilfen für das Pflegepersonal. In: Altenheim 5/93, S. 374–386
Kemper, J., 1990: Alternde und ihre jüngeren Helfer, München
Kernberg, O., 1979: Borderlinestörung und pathologischer Narzißmus, Frankfurt a. M.
Kernberg, O., 1988 (a): Innere Welt und äußere Realität, München/Wien
Kernberg, O., 1988 (b): Pathologischer Narzißmus im mittleren Lebensalter. In: O. Kernberg, Innere Welt und äußere Realität, München/Wien, S. 153–174
Keupp, H., 1976: Abweichung und Alltagsroutine. Die Labeling-Perspektive in Theorie und Praxis, Hamburg
Kipp, J., 1992: Imaginäre Lebenswelten. Bewältigungsstrategien bei akuten psychischen Erkrankungen im Alter. In: Ch. Petzold, H. Petzold, Lebenswelten alter Menschen, Hannover, S. 218–225
Kipp, J./Jüngling, G., 1991: Verstehender Umgang mit alten Menschen. Eine Einführung in die praktische Gerontopsychiatrie, Berlin
Klausing, G., 1988: Demenz und Therapie, Kasseler Gerontologische Schriften, Kassel
Klee, E., 1983: Euthanasie im NS-Staat, Frankfurt a. M.
Kleiber, D./Rommelspacher, B. (Hrsg.), 1986: Die Zukunft des Helfens. Neue Wege und Aufgaben psychosozialer Praxis, Weinheim/Basel
Klie, Th., 1986: «Anordnungen des Heimarztes ist Folge zu leisten». Grundsätze zur Heimvertragsgestaltung und Wirklichkeit der Heimverträge. In: Das Altenheim 11/1986, S. 320–326
Klie, Th., 1987: Heime im normativen Konflikt. In: H. Brandt, E.M. Dennebaum, W. Rückert, Stationäre Altenhilfe. Problemfelder, Rahmenbedingungen, Perspektiven, Freiburg, S. 47–57
Klie, Th., 1993: Recht auf Verwirrtheit, Hannover
Klie, Th./Lörcher, L., 1994: Gefährdete Freiheit. Fixierungspraxis in Pflegeheimen und Heimaufsicht, Freiburg
Klie, Th./Riedel, A./Rapp, B., 1994: Dokumentierte Pflege. Eine Studie zur Pflegedokumentation im Heim, Schriftenreihe der Evangelischen Heimstiftung Stuttgart
Knapp, G.-A./Wetterer, A. (Hrsg.), 1992: Traditionen Brüche. Entwicklungen feministischer Theorie, Freiburg
Knauth, B./Wolff, S., 1991: Zur Fruchtbarkeit der Konversationsanalyse für die Untersuchung schriftlicher Texte. In: Zeitschrift für Soziologie 1/91, S. 36–49
Knobling, C., 1983: Interaktionsanalyse im Altenheim. Eine qualitative Analyse des Umgangs zwischen jungen Altenpflegern und pflegebedürftigen Heimbewohnern in berufspädagogischer Absicht, Würzburg, (Dissertation)
Knobling, C., 1985: Konfliktsituationen im Altenheim. Eine Bewährungsprobe für das Pflegepersonal, Freiburg
Koch-Straube, U., 1982: «Junge Liebe ist von Erde – Späte Liebe ist von Himmel». Einstellung zur Sexualität im Alter. In: Zeitschrift für Gerontologie 15/1982, S. 220–227
Koch-Straube, U., 1988: Die Zukunft des Alters ist das Leben, Darmstadt
Koch-Straube, U., 1992 (a): Alter – eine Last? Gedanken zur Geschichte und Gegenwart des Alters. In: E. Lade (Hrsg.), Ratgeber Altenarbeit (Loseblattsammlung), Teil 4/3.3, Ostfildern
Koch-Straube, U., 1992 (b): Von der Angst, den Kopf zu verlieren. In: Forum Sozialstation 61/1992, S. 13–19

Koch-Straube, U., 1994: Zur Identität von Frauen in Pflegeberufen. In: H. Braun, Th. Klie, M. Kohnert, I. Lüders (Hrsg.), Zukunft der Pflege, Melsungen, S. 217–222

Kohli, M., 1992: Altern in soziologischer Perspektive. In: Akademie der Wissenschaften zu Berlin, Forschungsbericht 5, Zukunft des Alterns und gesellschaftliche Entwicklung, Berlin, S. 231–259

Kohut, H., 1979: Die Heilung des Selbst, Frankfurt a. M.

Kondratowitz, H.J., v. 1988 (a): Allen zur Last, niemandem zur Freude. Die institutionelle Prägung des Alterserlebens als historischer Prozeß. In: G. Göckenjan; H.J. von Kondratowitz (Hrsg.), Alter und Alltag, Frankfurt a. M., S. 100–136

Kondratowitz, H.J., v., 1988 (b): Das ungeliebte Heim. Historische Gründe und neue Alternativen. In: A. Kruse, U. Lehr, O. Frank, Ch. Rott (Hrsg.), Gerontologie. Wissenschaftliche Erkenntnisse und Folgerungen für die Praxis, München, S. 427–465

Krappmann, L., 1973: Soziologische Dimensionen der Identität, Stuttgart

Krug, W./Reh, G., 1992: Pflegebedürftige in Heimen: Statistische Erhebung und Ergebnisse, Schriftenreihe des Bundesministeriums für Familie und Senioren, Bd. 4, Stuttgart

Kruse, A., 1988 (a): Die Auseinandersetzung älterer Menschen mit chronischen Krankheiten, Sterben und Tod. In: A. Kruse, U. Lehr, O. Frank, Ch. Rott (Hrsg.), Gerontologie. Wissenschaftliche Erkenntnisse und Folgerungen für die Praxis, München, S. 384–426

Kruse, A., 1988 (b): Krisen- und Belastungssituationen im Alter. Aspekte psychotherapeutischer Intervention. In: A. Kruse, U. Lehr, O. Frank, Ch. Rott (Hrsg.), Gerontologie. Wissenschaftliche Erkenntnisse und Folgerungen für die Praxis, München, S. 353–383

Kruse, A., 1991: Kompetenz im Alter in ihren Bezügen zur objektiven und subjektiven Lebenssituation, Habilitationsschrift, Ruprecht-Karls-Universität Heidelberg

Kruse A., Kröhn, A./Langerhans, G./Schneider, Ch., 1992: Konflikt- und Belastungssituationen in stationären Einrichtungen der Altenhilfe und Möglichkeiten ihrer Bewältigung. Studie im Auftrag des Bundesministeriums für Familie und Senioren, Stuttgart

Kruse, A./Lehr, U./Frank, O./Rott Ch. (Hrsg.), 1988, Gerontologie. Wissenschaftliche Erkenntnisse und Folgerungen für die Praxis, München

Kruse, A./Schmitt, E., 1995: Wurden die in der Lagerhaft erlittenen Traumatisierungen wirklich verarbeitet? Ergebnisse aus dem Forschungsprojekt zu psychischen Nachwirkungen des Holocaust. In: G. Heuft, A. Kruse, H.-G. Nehen, H. Radebold, Interdisziplinäre Gerontopsychosmatik, München, S. 31–39

Kuntz, A./Pfleiderer, B. (Hrsg.), 1987: Fremdheit und Migration, Berlin

Kuratorium Deutscher Altershilfe, 1993: 1600 Literaturangaben zur Pflegepraxis. Die AEDL-Bereiche, Köln

Kurz, W., 1991: Die Sinnfrage in der letzten Lebensphase. Zur Bedeutung der Logotherapie für die Gerontagogik. In: Gottfried Adam, Reiner Lachmann (Hg), Suche nach Sinn, Studien zur Theologie, Bd. 5, Würzburg, S. 133–147

Laplanche, J./Pontalis, J.B., 1973: Das Vokabular der Psychoanalyse, Frankfurt a. M.

Lau, Th./Wolff, S., 1983: Der Einstieg in das Untersuchungsfeld als soziologischer Lernprozeß. In: Kölner Zeitschrift für Soziologie und Sozialpsychologie, 35/1983, S. 417–437

Legewie, H., 1991: Feldforschung und teilnehmende Beobachtung. In: U. Flick et al., Handbuch Qualitative Sozialforschung, München, S. 189–193

Lehr, U., 1978: Interventionsgerontologie, Darmstadt

Lévi-Strauss, C., 1972: «Primitive» und «Zivilisierte», Zürich

Lexikon zur Soziologie, Fuchs W. et al. (Hrsg.), 1988, Opladen

Lindgren, H.C., 1973: Einführung in die Sozialpsychologie, Kap. 2: Das Bedürfnis nach Kontakt mit anderen, Weinheim

Lippe, R. von, 1982: Am eigenen Leibe. In: D. Kamper, Ch. Wulf, Die Wiederkehr des Körpers, Frankfurt a. M., S. 25–39

Lorenzer, A., 1983: Sprache, Lebenspraxis und szenisches Verstehen in der psychoanalytischen Therapie. In: Psyche 37, 2, S. 97–115
Lückel, K., 1990: Begegnung mit Sterbenden. Gestaltseelsorge, München
Malinowski, B., 1981: Korallengärten und ihre Magik, Frankfurt a. M.
Malinowski, B., 1985: Ein Tagebuch im strikten Sinne des Wortes. Neuguinea 1914–1918, Frankfurt a. M..
Mann, L., 1972: Sozialpsychologie, Weinheim
Mariné, J.F., 1981: I väntan på döden. En etnologisk undersökning av åldringarnas situation på en långvårdsavdelning, 1976–1977, Stockholm
Matthes, J., 1983: Die Soziologen und ihre Wirklichkeit. In: Soziale Welt (Sonderband 3), Entzauberte Wissenschaft, Göttingen, S. 49–64
Mauss, M., 1967: The Gift. Form and Functions of Exchange in Archaic Societies, New York
Mautner, S.L./Standl, A./Pillau, H., 1983: Wer überlebt im Pflegeheim? In: Zeitschrift für Gerontologie 26, S. 149–156
Mayring, Ph./Saup, W. (Hrsg.), 1990: Entwicklungsprozesse im Alter, Stuttgart
Mead, G.H., 1973: Geist, Identität und Gesellschaft, Frankfurt a. M. (1934)
Meifort, B., 1992: Ausbildungssituation in der Altenpflege. Problemlagen und Lösungsansätze. In: Kuratorium Deutscher Altershilfe: Personalsituation in der Altenhilfe – heute und morgen. Bericht von der Tagung am 17.-18.10.1991 in Benzberg. Köln
Mentzos, S., 1988: Interpersonale und institutionalisierte Abwehr, Frankfurt a. M. (1976)
Merleau-Ponty, M., 1966: Phänomenologie der Wahrnehmung, Berlin (1945)
Mertens, W., 1986: Psychoanalyse, Stuttgart
Middeke, M., 1987: «Früher habe ich gepflegt – heute bin ich selber dran». In: M. Bracker, U. Dallinger, M. Middeke (Hrsg.), Altweibersommer, Beiträge zu den späten Jahren der Frau, ASG-Veröffentlichungen, Kassel, S. 113–144
Miller, A., 1981: Du sollst nicht merken, Frankfurt a. M.
Mindell, A., 1989: Coma: The dreambody Near Death, London
Mitscherlich, A./Mitscherlich, M., 1967: Die Unfähigkeit zu trauern, München
Moreno, J.L., 1972: Die Psychiatrie des 20. Jahrhunderts als Funktion der Universalia Zeit, Realität und Kosmos. In: H. Petzold (Hrsg.), Angewandtes Psychodrama, Paderborn, S. 79–89
Morgenthaler, F./Weiss, F./Morgenthaler, M., 1984: Gespräche am sterbenden Fluß. Ethnopsychoanalyse bei den Iatmul in Papua-Neuguinea, Frankfurt a. M.
Moser, T., 1990: Das zerstrittene Selbst, Frankfurt a. M.
Moser, T., 1992: Vorsicht Berührung, Frankfurt a. M.
Moser, T., Pesso, A., 1991: Strukturen des Unbewußten, Stuttgart
Müller, B., 1986: Der eigene und der fremde Alltag. Zur sozialpädagogischen Relevanz der Ethnopsychoanalyse. In: Neue Praxis 5/86, S. 430–441
Müller, B., 1989: Das Persönliche ist politisch. Über kritische Theorie und Psychoanalyse als Handlungsorientierung. In: Neue Praxis 2/89, S. 160–167
Müller, B., 1995: Außensicht – Innensicht. Beiträge zu einer analytisch orientierten Sozialpädagogik, Freiburg
Müller-Schwartz, A., 1994: Musiktherapie mit Demenzkranken. In: R.-D. Hirsch, Psychotherapie bei Demenzen, Darmstadt, S. 159–166
Nadig, M., 1985: Ethnopsychoanalyse und Feminismus. In: Feministische Studien, Weinheim, Heft 2, S. 105–118
Nadig, M., 1986: Die verborgene Kultur der Frau. Ethnopsychoanalytische Gespräche mit Bäuerinnen in Mexiko, Frankfurt a. M.
Nadig, M., 1991: Frauenräume. Formen gelebter Frauenkultur. Einige Ergebnisse einer ethnopsychoanalytischen Untersuchung in der eigenen Kultur. In: Ethnopsychoanalyse Band 2: Herrschaft, Anpassung, Widerstand, Frankfurt a. M., S. 36–57

Nadig, M., 1992: Der ethnologische Weg zur Erkenntnis. Das weibliche Subjekt in der feministischen Wissenschaft. In: G.-A. Knapp, A. Wetterer (Hrsg.), Traditionen Brüche. Entwicklungen feministischer Theorie, Freiburg, S. 151–200
Nadig, M., 1995: Zur kulturellen und subjektiven Gestaltung der Geburt, Vortrag anläßlich der 4. Fachtagung zur Ethnopsychoanalyse, Mainz, Januar 1995
Nägele G., Tews H. P., 1993: Lebenslagen im Strukturwandel des Alters. Alternde Gesellschaft. Folgen für die Politik, Opladen
Nestmann, F./Schmerl, Ch. (Hrsg.), 1991: Frauen. Das hilfreiche Geschlecht. Reinbek
Ongaro Basalia, F., 1985: Gesundheit Krankheit. Das Elend der Medizin, Frankfurt a. M. (1982)
Ostner, I./Beck-Gernsheim, E., 1979: Mitmenschlichkeit als Beruf. Eine Analyse des Alltags in der Krankenpflege, Frankfurt a. M.
Ostner, I./Krutwa-Schott, A., 1981: Krankenpflege – ein Frauenberuf? Bericht über eine empirische Untersuchung, Frankfurt a. M.
Parin, P., 1983: Der Widerspruch im Subjekt. Ethnopsychoanalytische Studien, Frankfurt a. M. (1978)
Parin, P./Morgenthaler, F./Parin-Matthèy, G., 1983: Die Weißen denken zuviel. Psychoanalytische Untersuchungen bei den Dogon in Westafrika, Frankfurt a. M. (1963)
Parin, P./Parin-Matthey, G., 1988: Subjekt im Widerspruch, Frankfurt a. M. (1986)
Patzelt, W.J., 1987: Grundlagen der Ethnomethodologie. Theorie, Empirie und politikwissenschaftlicher Nutzen einer Soziologie des Alltags, München
Petzold, Ch./Petzold, H., 1992: Lebenswelten alter Menschen, Hannover
Petzold, H., 1982: Leibzeit. In: D. Kamper, Ch. Wulf (Hrsg.), Die Wiederkehr des Körpers, Frankfurt a. M., S. 68–81
Petzold, H., 1983: Der Verlust der Arbeit durch die Pensionierung als Ursache von Störungen und Erkrankungen. In: H. Petzold, H. Heinl, Psychotherapie und Arbeitswelt, Paderborn, S. 409–446
Petzold, H., 1985: Die Verletzung der Alterswürde. Zu den Hintergründen der Mißhandlung alter Menschen und zu den Belastungen des Pflegepersonals. In: H. Petzold (Hrsg.), Mit alten Menschen arbeiten. Bildungsarbeit, Psychotherapie, Soziotherapie, München, S. 553–572
Petzold, H. (Hrsg.), 1987: Mit alten Menschen arbeiten. Bildungsarbeit, Psychotherapie, Soziotherapie, München
Petzold, H., 1989: Integrative Bewegungs- und Leibtherapie, Paderborn
Petzold, H., 1992: Bedrohte Lebenswelten. Überforderung, Burnout und Gewalt in Heimen. In: Ch. Petzold, H. Petzold, Lebenswelten alter Menschen, Hannover, S. 248–292
Petzold, H./Orth, I., 1991: Körperbilder in der integrativen Therapie. In: Integrative Therapie, Heft 1–2, S. 117–146
Pohlmann, W., 1993: Der Andere und das Fremde in uns. Zum Begriff der Einfühlung. In: Ulrich Streeck (Hrsg.), Das Fremde in der Psychoanalyse, Bonn, S. 235–246
Pollner, M./Donald-Wikler, L. Mc., 1985: The social construction of unreality: A case study of a family's attribution of competance to a sererely retarted child, in: Family Process 24, S. 241–254
Radebold, H. (Hrsg.), 1982: Psychoanalyse und Altern, Kasseler Gerontologische Schriften 14, Kassel
Radebold, H., 1992: Psychodynamik und Psychotherapie Älterer, Berlin
Radebold, H./Bechthold, H./Pina I., 1973: Psychosoziale Arbeit mit älteren Menschen, Freiburg
Radebold, H./Bechtler, H./Pina, I., 1989: Therapeutische Arbeit mit älteren Menschen, Freiburg
Rahm, D./Otte, H./Bosse, S./Ruhe-Hollenbach, H., 1993: Einführung in die Integrative Therapie, Paderborn
Reichmayr, J., 1995: Einführung in die Ethnopsychoanalyse, Frankfurt a. M.

Reinharz, S., 1994: Qualitative Evaluation and Policy. In: J.F. Gubrium, A. Sankar (Hrsg.), Qualitative Methods in Aging Research, Thousand Oaks, S. 263–274
Rinpuche, S., 1993: Das tibetische Buch vom Leben und Sterben, Bern
Ritter, V., 1982: Krankheit und Gesundheit. Veränderungen in der sozialen Wahrnehmung des Körpers. In: D. Kamper und Ch. Wulf, Die Wiederkehr des Körpers, Frankfurt a. M., S. 40–51
Robert-Bosch-Stiftung, 1992: Pflege braucht Eliten, Stuttgart
Rohr, E., 1993: Faszination und Angst. In: Mechthild M. Jansen, Ulrike Prokop (Hrsg.), Fremdenangst und Fremdenfeindlickeit, Basel/Frankfurt a. M., S. 133–162
Rommelspacher, B., 1986: Zukunft des Helfens – Zukunft der Frauen? Zur professionellen Identität von Frauen in psychosozialen Berufen. In: Dieter Kleiber, Birgit Rommelspacher (Hrsg.), Die Zukunft des Helfens. Neue Wege und Aufgaben psychosozialer Praxis, Weinheim, S. 161–183
Rommelspacher, B. (Hrsg.), 1987: Weibliche Beziehungsmuster, Frankfurt a. M.
Rommelspacher, B., 1992: Mitmenschlichkeit und Unterwerfung. Zur Ambivalenz der weiblichen Moral, Frankfurt a. M./New York
Rosenhan, D.L., 1985: Gesund in kranker Umgebung. In: P. Watzlawick (Hrsg.), Die erfundene Wirklichkeit. Wie wissen wir, was wir zu wissen glauben? Beiträge zum Konstruktivismus, München, S. 111–137
Rosenmayr, L., 1992: Die Gefahren des Beherrschens in der Pflege oder die Freude der sehenden Hilfe. In: Ch. Petzold und H. Petzold, Lebenswelten alter Menschen, Hannover, S. 293–303
Rosenkötter, L., 1979: Vergangenheitsbewältigung in Psychoanalysen, in: Psyche 33, S. 1024–1038
Rückert, W., 1985: Art und Ausmaß der Aktivitäten von Pflegeheimbewohnern. In: Mitteilungen zur Altenhilfe, 4/1985, S. 25–33
Rückert, W., 1991: Personalnotstand in der Altenpflege. Arbeitszeitverkürzungen schmälern den Zugewinn an Mitarbeitern. Kuratorium Deutsche Altershilfe, Presse- und Informationsdienst 6/91, S. 6–7
Rückert, W., 1992: Gegenwärtige Personalsituation in der Altenhilfe. In: Kuratorium Deutsche Altershilfe: Personalsituation in der Altenhilfe – heute und morgen, Bericht von der Tagung am 17.-18.10.1992 in Benzberg, Köln
Rutschky, K. (Hrsg.), 1977: Schwarze Pädagogik, Frankfurt a. M.
Sachs U., 1993: Bericht über den Chirurgen Mortan Doran. In: Geo 6/93, S. 108–124
Saup, W., 1984: Übersiedlung ins Altenheim, Weinheim
Saup, W., 1985: Zur Verbesserung der Wohnqualität in Altenheimen. In: Archiv für Wissenschaften und Praxis der sozialen Arbeit 16, S. 264–277
Saup, W., 1990: Übersiedlung und Aufenthalt im Alten- und Pflegeheim. In: P. Mayring, W. Saup (Hrsg.), Entwicklungsprozesse im Alter, Stuttgart, S. 75–104
Saup, W., 1993: Alter und Umwelt, Stuttgart
Schachtner, Ch., 1985: Formen der alltäglichen Bewältigung von Alter und Krankheit. In: M. Heinemann-Knoch, J. Drake, Ch. Schachtner, Alltag im Alter: Über Hilfsbedürftigkeit und Sozialstation, Frankfurt a. M., S. 51–58
Schachtner, Ch., 1988: Störfall Alter. Für ein Recht auf Eigen-Sinn, Frankfurt a. M.
Scharfetter, Ch., 1989: Die Indikation zu leib- und bewegungstherapeutischen Verfahren in der Psychiatrie. In: Integrative Therapie, 1/89, S. 16–24
Schatzmann, M., 1974: Die Angst vor dem Vater. Langzeitwirkungen einer Erziehungsmethode, Reinbek
Schenda, R., 1972: Das Elend der alten Leute, Düsseldorf
Schmidbauer, W. (Hrsg.), 1992: Pflegenotstand – das Ende der Menschlichkeit. Vom Versagen der staatlichen Fürsorge, Reinbek

Schmidt, G., 1992: Pflege des 90jährigen dementen Vaters, Vortrag, 4. Symposium Psychoanalyse und Altern in Kassel
Schmitt, E./Kruse, A., 1995: Soziale Identität und Lebensrückblick jüdischer Emigranten in Deutschland und Argentinien. In: G. Heuft, A. Kruse, H.-G. Nehen, H. Radebold, Interdisziplinäre Gerontopsychosomatik, München, S. 40–54
Schneider, H.D., 1980: Sexualverhalten in der zweiten Lebenshälfte. Ergebnisse sozialwissenschaftlicher Forschung, Stuttgart
Schneider, H.D., 1994: Gewaltfreiheit als Prozeß. In: Altenheim 1/1994, S. 8–19
Schreyögg, A., 1991: Die «organisationsanalytischen Brillen» des Supervisors. In: Gestalt und Integration 1/91, S. 49–63
Schulz, H., 1979: Soziale Beziehungen im Alter. Integration durch «Insulation», Frankfurt a. M.
Schütz, A., 1960: Der sinnhafte Aufbau der sozialen Welt, Wien
Schwendter, R., 1991: Totale Institutionen. In: Gestalt und Integration 1/91, S. 64–71
Schwerdt, R., 1994: Ausgebrannt. Entstehungsbedingungen für Burnout bei AltenpflegerInnen. In: Altenpflege Forum 4/94, S. 110–119
Seidel, E. (Hrsg.), 1993: Betrifft Pflegewissenschaft. Beiträge zum Selbstverständnis einer neuen Wissenschaftsdisziplin, Wien
Seligman, M., 1992: Erlernte Hilflosigkeit, Weinheim
Shield, R.R., 1988: Uneasy Endings – Daily Live In An American Nursing Home, New York
Sichrovsky, P., 1987: Schuldig geboren. Kinder aus Nazi-Familien, Köln
Singer, K., 1988: Kränkung und Kranksein, München
Singer, P., 1984: Praktische Ethik
Singer, P./Kuhse, H., 1985: Should the baby live?, Oxford
Slotterdijk, P., 1994: Über das Alter. Im Zeitalter der letzten Menschen, Vortrag, Kongreß der Deutschen Gesellschaft für Gerontologie und Geriatrie: Altern und Politik, 22. bis 24. September 1994 in Freiburg
Sowinski, Ch., 1994: Lust und Frust in der Altenpflege. Bewältigungsstrategien für den Alltag. In: Altenpflege Forum 4/1994, S. 97–109
Spradley, J.P., 1980: Participant Observation, New York
Starr, B.D./Weiner, M.B., 1982: Liebe und Sexualität in reiferen Jahren, Bern und München (1981)
Steffensky, F., 1985: Feier des Lebens, Stuttgart
Steppe, H., 1988: Pflegetheorien und ihre Bedeutung für die Praxis. In: Die Schwester/Der Pfleger 4/89, S. 255–262
Strauch, B., 1978: Altenheim und Altenrolle. In: J. Hohmeier, H.J. Pohl (Hrsg.), Alter als Stigma, Frankfurt a. M., S. 102–123
Strauss, A.L./Glaser, B.G., 1975: Chronic illness and the quality of life, St. Louis
Streek, U. (Hrsg.), 1993: Das Fremde in der Psychoanalyse. Erkundungen über das «Andere» in Seele, Körper und Kultur, München
Sydow, K. von, 1992: Die Lust auf Liebe bei älteren Menschen, München
Sydow, K. von/Buck, G./Calé, P./Ulrich, D./Saup, W., 1990: Auswirkungen einer mikrosoziologischen Intervention im Altenheim auf das Befinden der Bewohnerinnen. Vorgestellt anläßlich der 18. Jahrestagung der Deutschen Gesellschaft für Gerontologie in Lübeck, Abstract im Tagungsbericht, Lübeck 1991, S. 274
Tartler, R., 1961: Das Alter in der modernen Gesellschaft, Stuttgart
Teising, M., 1992: Narzißtische Kränkbarkeit im Altersprozeß. In: H. Radebold, Psychoanalyse und Altern, Kasseler Gerontologische Schriften 14, Kassel, S. 71–85
Tews, H.P., 1990, Neue und alte Aspekte des Strukturwandels des Alters, WSI Mitteilungen 8/90

Tews, H.P., 1992: Zwischenbilanz. Konsequenzen für die Mitarbeitergewinnung. In: Kuratorium Deutscher Altershilfe: Personalsituation in der Altenhilfe – heute und morgen. Bericht von der Tagung am 17.-18.10.1991 in Benzberg. Köln

Thomä, H., 1989: Das Individuum und seine Umwelt, Göttingen

Thomä, H./Kächele, H., 1988: Lehrbuch der psychoanalytischen Therapie, Band 1, Grundlagen, Berlin

Thomä, H./Kächele, H., 1989: Lehrbuch der psychoanalytischen Therapie, Band. 2, Praxis, Berlin

Toman, W., 1968: Motivation, Persönlichkeit, Umwelt, Göttingen

Turner, V., 1989: Das Ritual. Struktur und Antistruktur, Frankfurt a. M. (1969)

Waldenfels, B., 1986: Das Problem der Leiblichkeit bei Merleau-Ponty. In: H. Petzold (Hrsg.) Leiblichkeit, Paderborn, S. 149–172

Weidmann, R., 1990: Rituale im Krankenhaus, Wiesbaden

Weidner, F., 1995: Professionelle Pflegepraxis. Ausgewählte Ergebnisse einer Untersuchung auf der Grundlage eines handlungsorientierten Pflegeverständnisses, in: Pflege 1/1995, S. 49-

Weingarten, E./Sack, F./Schenkein, J. (Hrsg.), 1976: Ethnomethodologie. Beiträge zu einer Soziologie des Alltagshandelns, Frankfurt a. M.

Wendt, W.R., 1989: Der Würde Raum. Ökologische und ethische Reflexionen. In: G.M. Borsi (Hrsg.), Die Würde des Menschen im psychiatrischen Alltag, Göttingen, S. 163–178

WHO, 1978: Promotion et développement de la médicine traditionelle, Technischer Bericht Nr. 622, Genf

Winnicott, D.W., 1969: Übergangsobjekte und Übergangsphänomene. In: Psyche 23, S. 666–682

Winnicott, D.W., 1974: Reifungsprozesse und fordernde Umwelt, München (1965)

Wirsing, K., 1984: Psychologisches Grundwissen für Altenpflegeberufe, Weinheim

Wolff, S., 1983: Die Produktion von Fürsorglichkeit, Bielefeld

Wolff, S., 1991(a): Die Anatomie psychiatrischer Gutachten, Abschlußbericht des DFG-Forschungsprojektes WO 286/6–1, Hildesheim

Wolff, S., 1991(b): Ethnomethodologie. In: G. Reinhold (Hrsg.), Soziologie Lexikon, München

Wolff, S., 1993: Innovative Strategien qualitativer Sozialforschung im Bereich der Psychotherapie. In: Psychotherapie Forum 1/1993, S. 220–229

Wulf, Ch., 1982: Körper und Tod. In: D. Kamper, Ch. Wulf, Die Wiederkehr des Körpers, Frankfurt a. M., S. 259–273

Wulff, E., 1983: Nachwort. In: W. Hofmann, Die «psychothérapie institutionelle». Theorie und Praxis einer psychiatrischen Bewegung in Frankreich, Frankfurt a. M., S. 96–100

Zander, M. (Hrsg.), 1987: Anders Altsein. Kritik – Perspektiven der Altenpolitik, Essen

Zimmermann, R., 1977: Alter und Hilfsbedürftigkeit. Zur Soziologie von Krankheit und psychischem Leiden und soziale Abhängigkeit alter Menschen, Stuttgart